中国历史全知道

历史是你必须知道的事

任浩之 ◎ 编著

当代世界出版社

图书在版编目（CIP）数据

中国历史全知道/任浩之编著.—北京：当代世界出版社，2008.1
ISBN 978 – 7 – 5090 – 0298 – 8

Ⅰ．中…　Ⅱ．任…　Ⅲ．中国—历史—通俗读物
Ⅳ．K209

中国版本图书馆 CIP 数据核字（2007）第 182302 号

编　　著：	任浩之
责任编辑：	张　勇
出版发行：	当代世界出版社
地　　址：	北京市复兴路 4 号（100860）
网　　址：	http://www.worldpress.com.cn
编务电话：	（010）83908400
发行电话：	（010）83908410（传真）
	（010）83908408
	（010）83908409
经　　销：	全国新华书店
印　　刷：	北京市通州富达印刷厂
开　　本：	710×1020 毫米　1/16
印　　张：	30
字　　数：	660 千字
版　　次：	2008 年 1 月第 1 版
印　　次：	2012 年 5 月第 2 次
书　　号：	ISBN 978 – 7 – 5090 – 0298 – 8/K·049
定　　价：	45.80 元

前　言

近年来，历史题材的电视剧屡屡引发收视热潮，"百家讲坛"中的历史讲座也广受好评，一批历史学者走出书斋，成为深受人们喜爱的学术明星。这说明，历史深受人们的喜爱，这是一件好事。

可是，社会中存在一种"戏说"历史甚至"恶搞"历史的现象，一些所谓的历史事件纯属子虚乌有，有的则是张冠李戴，或者捕风捉影、以讹传讹。这是一种文化污染，贻害甚大。

正是有感于这种不良风气，笔者不揣浅陋，想做一些历史普及的工作，编著了这本《中国历史全知道》。

这本书有以下几个特点：

一是知识全面，纵横结合。全书分为两大部分，第一部分是大事纵览，基本涵盖了中国历史上发生的重大事件；第二部分是文史百科，搜集了大量政治、文化、教育、科技、军事、考古等方面的知识，很多是近年来史学界的新观点、新发现，可以开阔读者的眼界。一纵一横，搜罗古今，展现中国历史之概貌。

二是编选严谨，言必有据。那些毫无根据的"戏说"被本书摒弃。书中还专辟一章"追根求源"，分辨传说的真伪，还原历史的本真。比如"项羽是否烧了阿房宫"、"吕四娘是否刺杀了雍正"、"光绪皇帝之死"等等，帮助读者走出戏说的误区。通观全书，无一事没有出处，皆确凿可信。读者可以放心阅读，必会大大地丰富自己的历史知识。

三是内容精练，知识点多。每篇文章800字左右，不作长篇大论。笔者的用意是使这本书的内容尽可能丰富、扎实、实用。全书共有600多个知识点，是一本很耐看的书。中国历史悠久，可以介绍的内容很多，选哪些或不选哪些，是颇费斟酌的。笔者注重每一个选题的价值和意义，并兼顾其知识性和趣味性。

此外，笔者专辟一章，介绍了一些史学名家和他们的著作。如陈寅恪、黄仁宇、唐德刚、钱穆、费正清等,他们都是史学界的泰斗,提出了重要的观点,作品也流传甚广。作为一个文史爱好者,如果不知其名,不知其书,是说不过去的。读者朋友应该多读一些名家的书,多读一些经得起时间考验的书。

最后要说的是,历史是深邃的,它的魅力是无穷的,本书的内容只是历史长河中的朵朵浪花。希望这本书能激发你进一步读史的兴趣,鼓舞你去历史长河中漫游!

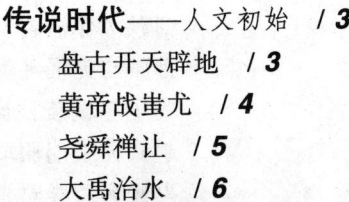

第一编　历史大事全知道

目录 Contents

传说时代——人文初始 / 3
　　盘古开天辟地 / 3
　　黄帝战蚩尤 / 4
　　尧舜禅让 / 5
　　大禹治水 / 6

夏——华夏奠基 / 7
　　"家天下"制度的开端 / 7
　　商汤如何灭夏 / 8

商——青铜时代 / 9
　　圣君商汤与名相伊尹 / 9
　　周文王知遇姜太公 / 10
　　武王克商是怎么回事 / 11

西周——礼乐盛世 / 12
　　周公吐哺，天下归心 / 12
　　周召共和——我国确切历史纪年的开始 / 13
　　烽火戏诸侯 / 14

春秋——秩序重建 / 15
　　郑庄公箭射周天子 / 15
　　曹刿论战 / 16
　　齐桓公九合诸侯 / 17
　　管鲍之交 / 18
　　唇亡齿寒 / 19
　　"五羖大夫"百里奚 / 19
　　重耳的流亡生涯 / 20
　　晋文公退避三舍 / 21
　　秦晋崤山大战 / 22
　　楚庄王一鸣惊人 / 22
　　伍子胥发誓灭楚 / 23
　　机智善辩的晏子 / 24
　　老子与《道德经》 / 25
　　周游列国的孔子 / 25
　　功成身退的范蠡 / 26

· 1 ·

目录 Contents

战国——群雄逐鹿 / 28
  "三家分晋"是怎么回事 / 28
  西门豹治邺 / 29
  邹忌讽齐王纳谏 / 30
  商鞅"作法自毙" / 30
  孙膑与庞涓斗智 / 31
  墨子守城破云梯 / 32
  赵武灵王胡服骑射 / 32
  冯谖客孟尝君 / 33
  庄子：乱世的隐者 / 34
  张仪：背信弃义的纵横家 / 35
  屈原与《楚辞》 / 35
  田单的火牛阵 / 36
  蔺相如完璧归赵 / 37
  触龙说服赵太后 / 38
  赵括纸上谈兵 / 38
  毛遂脱颖而出 / 39
  信陵君窃符救赵 / 40
  李冰修筑都江堰 / 41
  神医扁鹊的故事 / 41
  "大投资家"吕不韦 / 42
  荆轲刺秦王 / 43

秦——天下一统 / 45
  秦始皇统一六国 / 45
  焚书坑儒 / 46
  赵高指鹿为马 / 46
  陈胜揭竿起义 / 47
  项羽破釜沉舟 / 48
  刘邦起兵反秦 / 49

西汉——帝国雄风 / 50
  刘邦赴鸿门宴 / 50
  萧何月下追韩信 / 51
  韩信背水一战 / 52
  楚霸王乌江自刎 / 53
  田横与五百壮士 / 54
  叔孙通制定朝仪 / 54

目录 Contents

匈奴雄主冒顿单于 / 55
吕后临朝称制 / 56
晁错削藩与七国之乱 / 56
卫青与霍去病 / 57
李广功高难封侯 / 58
司马相如与卓文君 / 59
大经营家桑弘羊 / 59
张骞出使西域 / 60
苏武北海牧羊 / 61
巫蛊之祸 / 62
三朝重臣霍光 / 62
王昭君出塞 / 63
失败的改革家王莽 / 64
绿林赤眉起义 / 65
奠定胜局的昆阳大战 / 65

东汉——河洛苍茫 / 67
刘秀小忍成大谋 / 67
不畏权贵的洛阳令 / 68
汉明帝与佛教 / 69
投笔从戎的班超 / 70
跋扈将军梁冀 / 70
党锢之祸 / 71
黄巾大起义 / 72
王允除董卓 / 72
曹操挟天子以令诸侯 / 73
以少胜多的官渡之战 / 74
孙策占据江东 / 75
刘备三顾茅庐 / 76

三国——大江东去 / 77
周瑜火烧赤壁 / 77
吕蒙白衣渡江 / 78
陆逊火烧连营 / 79
诸葛亮七擒孟获 / 79
司马昭的野心 / 80

西晋——胡汉交融 / 82
王濬楼船破吴 / 82

目录 Contents

晋惠帝和贾南风 / 83
魏晋名士的风度 / 84
石崇与王恺斗富 / 85
八王之乱 / 85
李特流民大起义 / 86

东晋——浊世清风 / 88
　王与马共天下 / 88
　祖逖中流击楫 / 89
　大野心家桓温 / 90
　王猛扪虱谈天下 / 90
　干宝写《搜神记》 / 91
　千古书圣王羲之 / 92
　淝水之战破前秦 / 93
　顾恺之为母画像 / 93
　陶渊明归隐田园 / 94

南北朝——胡马关山 / 96
　刘裕智摆却月阵 / 96
　冯太后和孝文帝改革 / 97
　迷恋佛教的梁武帝 / 98
　陈后主亡国 / 98

隋——分久必合 / 100
　隋文帝统一中国 / 100
　杨广弑父夺皇位 / 101
　瓦岗军起义 / 102

唐——盛世华章 / 103
　李渊太原起兵 / 103
　玄武门之变 / 104
　薛仁贵三箭定天山 / 105
　文成公主入藏 / 106
　玄奘西行取经 / 106
　武则天篡唐称帝 / 107
　武周时代的酷吏 / 108
　禅宗六祖慧能 / 109
　唐明皇与杨贵妃 / 110
　李林甫口蜜腹剑 / 111
　鉴真东渡扶桑 / 111

目录 Contents

李白：盛唐的歌者 / 112
杜甫：记录苦难的诗圣 / 113
安禄山包藏祸心 / 113
张巡坚守睢阳 / 114
颜氏兄弟首举义旗 / 115
李光弼大破史思明 / 116
郭子仪单骑退回纥 / 116
李愬雪夜下蔡州 / 118
牛李党争四十年 / 118
甘露之变 / 119
会昌灭佛——佛道之争 / 120
"满城尽带黄金甲" / 121

五代——乱风凄雨 / 123

朱全忠杀宦官 / 123
李存勖宠信伶人 / 124
耶律阿保机建辽 / 125
"儿皇帝"石敬瑭 / 126
乱世不倒翁冯道 / 126
以词闻名的李后主 / 127

宋——文功武略 / 129

赵匡胤陈桥兵变 / 130
太祖杯酒释兵权 / 131
精明能干的萧燕燕 / 132
宋军兵败高梁河 / 132
赤胆忠心杨家将 / 133
寇准的三起三落 / 134
李元昊建立西夏 / 135
范仲淹心忧天下 / 136
狄青不怕出身低 / 136
王安石的富国强兵梦 / 137
奉旨填词的柳永 / 138
乐天才子苏东坡 / 139
奇男子阿骨打抗辽 / 140
东京的太学风潮 / 140
徽钦二帝作俘虏 / 141
宗泽三呼"过河" / 142

目录 Contents

金兵被困黄天荡 / 143
岳飞大战爱华山 / 143
"莫须有"冤狱 / 144
以少胜多的采石之战 / 145
亘古男儿一放翁 / 146
金戈铁马辛弃疾 / 146
朱熹传授理学 / 147
成吉思汗统一蒙古 / 148
韩侂胄草率北伐 / 149
耶律楚材"以儒治国" / 150
贾似道粉饰太平 / 150
震动世界的钓鱼山之战 / 151
忽必烈与阿里不哥争位 / 152
惨烈的襄樊之战 / 152
文天祥一身正气 / 153
张世杰死守厓山 / 154

元——大漠风云 / 155

蒙古铁骑闯欧亚 / 155
大元帝师八思巴 / 157
马可·波罗与忽必烈 / 157
书画双绝赵孟頫 / 158
关汉卿与《窦娥冤》 / 159
石人一出天下反 / 159

明——历史变局 / 161

乞丐皇帝朱元璋 / 162
明太祖严惩贪吏 / 162
明太祖大兴冤狱 / 163
朱棣装疯夺皇位 / 164
郑和七下西洋 / 164
土木堡的惨败 / 166
忠臣于谦的悲剧 / 166
离经叛道的正德皇帝 / 167
杨继盛冒死劾严嵩 / 168
海瑞备棺上书 / 169
不尊孔子的李贽 / 169
务实的改革家张居正 / 170

目录 Contents

戚继光驱逐倭寇 / 171
离奇的明宫三大案 / 172
九千岁魏忠贤 / 172
利玛窦来华传教 / 173
通俗文学家冯梦龙 / 174
努尔哈赤与萨尔浒之战 / 175
袁崇焕横戈戍边 / 175
李自成陕北起事 / 176
张献忠奇袭襄阳 / 177
吴三桂借清兵 / 178

清——天朝日暮 / 179

史可法死守扬州 / 180
夏完淳怒斥洪承畴 / 181
郑成功收复台湾 / 181
少年康熙除鳌拜 / 182
康熙平定三藩之乱 / 183
雅克萨之战 / 184
康熙帝三征噶尔丹 / 184
历算大师梅文鼎 / 185
雍正是如何登位的 / 186
雍正大兴文字狱 / 187
曹雪芹写《红楼梦》/ 188
纪晓岚与《四库全书》/ 188
暮年乾隆接见英使 / 189

白莲教大起义 / 190
贪官和珅的倒台 / 191
林则徐虎门销烟 / 192
陈化成血战吴淞 / 192
洪秀全金田起义 / 193
石达开兵败大渡河 / 194
英法火烧圆明园 / 195
西太后垂帘听政 / 195
晚清重臣曾国藩 / 196
左宗棠收复新疆 / 197
清朝外交家曾纪泽 / 197
镇南关大捷 / 198

目录 Contents

中日甲午海战 / 199
李鸿章赴日谈判 / 200
台湾的抗日风潮 / 200
中国的富强之梦——洋务运动 / 201
亦官亦商的盛宣怀 / 202
由状元到实业家的张謇 / 202
袁世凯在朝鲜 / 203
康有为变法改制 / 204
严复翻译《天演论》 / 204
八国联军进北京 / 205
清政府推行"新政" / 206
孙中山伦敦历险 / 207
鉴湖女侠秋瑾 / 207
汪精卫刺杀载沣 / 208
黄花岗七十二烈士 / 209
武昌起义 / 209

民国——复兴之路 / 211

袁世凯称帝 / 212
宋教仁遇刺 / 212
张勋复辟的丑剧 / 213
五四爱国运动 / 214
中国共产党的诞生 / 215
冯玉祥"逼宫" / 215
国共合作北伐 / 216
八一南昌起义 / 217
朱毛井冈山会师 / 218
张学良东北易帜 / 218
"九一八"事变 / 219
四渡赤水出奇兵 / 220
张、杨西安"兵谏" / 220
卢沟桥事变 / 221
八百壮士守四行 / 222
平型关战役 / 223
日军南京大屠杀 / 223
张自忠以身殉国 / 224
张国焘叛党投敌 / 225

黄埔之英戴安澜 / 225
"名将之花"命丧太行 / 226
党中央主动撤离延安 / 227
刘邓挺进大别山 / 227
百万雄师过大江 / 228
"中国人民站起来了!" / 229

第二编　文史知识全知道

王朝皇族 / 233
我国历史朝代名称的由来 / 233
中国古代帝王的称谓 / 234
古代皇族简释 / 235
皇帝的朝会 / 236
古代皇位的继承 / 236
谥号、庙号与尊号 / 237
为什么中国历代都有"文帝"、"武帝" / 237
古籍中的避讳 / 238
中国历史上的年号 / 239
中国历代皇帝有多少 / 239
中国历史上的小皇帝 / 239
满族大臣不向皇帝称臣 / 240
也有君主怕实录 / 240
清代皇室的试婚格格 / 240
光绪为何称慈禧为"亲爸爸" / 241
清帝退位诏书的主笔是谁 / 242

制度法律 / 243
无形的长城：郡县制 / 243
两汉的察举和征辟 / 243
绝无仅有的两京制度 / 244
古代的监察制度 / 245
我国古代的招聘制度 / 246
考勤起源于何时 / 246
古代的休假制度 / 246
我国古代官吏退休制度 / 247
我国古代的特殊备忘簿——笏 / 248

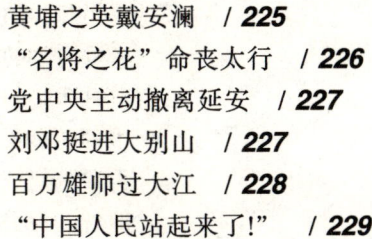

目录 Contents

"九卿"的演变 / 248
"司马"的演变 / 249
"翰林"的演变 / 249
中国历朝宰相知多少 / 249
古代的言官 / 250
巡抚、总督、都督与提督 / 250
我国早期的成文法典 / 251
刑法的由来 / 251
古代的五刑 / 252
"枷"的演变 / 252
"十恶不赦"的由来 / 252
何谓十族株连 / 253
何谓"铁券" / 253
监狱的由来 / 253
古代的喊冤方式 / 254
故宫午门与午门斩首 / 254
惨无人道的人殉制何时废止 / 255
明清时期的内阁与军机处 / 255
何为补服,何为顶戴 / 256
"中堂"是什么官 / 257

军事兵器 / 258

历代兵役制度简介 / 258
古代的海军 / 259
历史上最早的骑兵 / 259
何谓"武经七书" / 260
击鼓与鸣金 / 260
古代的号角 / 261
古代的符与节 / 261
烽火台小史 / 262
弓箭的历史 / 262
何谓十八般兵器 / 263
古人佩剑之风 / 263
匕首的历史 / 264
火器的历史 / 264
古代的火箭 / 265
古代的响箭 / 265

目录 Contents

清代的兵与勇 / 266

教育科举 / 267
    古代教育简史 / 267
    九儒十丐的来历 / 267
    我国历代的学位 / 268
    古之博士、硕士、学士非学位 / 268
    我国古代的科举制度 / 269
    漫话考卷弥封 / 269
    独占鳌头与魁首 / 270
    科举中的连中三元 / 270
    我国状元有多少 / 270
    举人与秀才 / 271
    何谓科举四宴 / 271
    钦点状元趣事 / 271
    白发考生知多少 / 272
    应试举人为何称公车 / 272
    何谓八股文 / 273
    中国古代的书院 / 273
    书院的讲会制度 / 273
    历史上的四大书院 / 274
    太学与国子学 / 275
    何谓"门生" / 276
    学生为何称桃李 / 276

科学技术 / 277
    古代科技史上的巨星——墨子 / 277
    蔡伦改进造纸术 / 277
    绝妙的浑天仪 / 278
    比"五禽戏"还早的健身图 / 279
    祖冲之推算的圆周率 / 280
    孙思邈的神奇医术 / 280
    《千金方》和"药学碑林" / 281
    毕昇发明活字印刷术 / 281
    法医学家宋慈与他的《洗冤集录》 / 282
    中医药名著《本草纲目》 / 283
    《天工开物》的遭遇 / 284
    林则徐如何销烟 / 284

· 11 ·

目录 Contents

考古发掘 /286
 新石器时代考古文化的分布和类型 /286
 仰韶时代及其成就 /286
 龙山时代及其成就 /287
 炎黄子孙的生理印记 /288
 怎样为石器、陶器、铜器断定年代 /289
 司母戊鼎的制作和考证 /290
 甲骨文是怎样被发现的 /290
 夏商周断代工程破解历史陈案 /291
 秦兵马俑是怎样被发现的 /292
 秦始皇陵为何暂不发掘 /293
 我国的三大兵马俑遗址 /293
 秦汉青铜器不逊于先秦 /294
 汉代墓葬玉衣的发现 /294
 长沙马王堆一号汉墓发掘趣闻 /295
 罗布泊中的楼兰古国 /296
 楼兰消失之谜 /297
 说说汉代的厕所 /297
 唐三彩是随葬品 /298
 宋代的瓷器与五大名窑 /299
 世界文化遗产——敦煌莫高窟 /300
 西夏王陵是怎样找到的 /301
 洪泽湖下的泗州城与明祖陵 /302
 朱元璋明孝陵的奇特布局 /303
 神秘的明定陵 /303
 打捞中山舰的经过 /304
 塔在中国的演变 /305
 "碑"原先是做什么用的 /306
 "始作"之"俑"及其变化 /306
 西周时期的火锅 /307
 爵是古代的酒杯吗 /308
 中国古代的坐具 /308
 古代的计时工具 /309
 中国人的主食有些什么变化 /309
 馒头和饺子的由来 /310
 蹴鞠——中国古代的足球运动 /311

目录 Contents

古代的夜壶为什么叫"虎子" / 311

文物珍宝 / 313
"文物"与"古董"的区别 / 313
千年不锈的越王勾践剑 / 313
先进的战国兵器双孔弩 / 314
战国虎符趣闻 / 314
重不到一两的素纱禅衣 / 315
石雕"昭陵六骏"的命运 / 316
《韩熙载夜宴图》背后的故事 / 316
永乐大钟何以声传九十里 / 317
中国瓷器的艺术价值 / 318
精美绝伦的清朝金编钟 / 319
天王洪秀全金印的下落 / 319
忠王李秀成的佩剑是怎样回到中国的 / 320
圆明园文物今何在 / 320
慈禧墓中珍宝知多少 / 321
太和殿皇帝宝座的下落 / 322
同盟会的盟书是什么样子 / 323
杀害107名中国人的日本军刀 / 323

文史掌故 / 325
"炎黄子孙"称谓的由来 / 325
齐桓公与"座右铭"的由来 / 325
晋文公与清明节的由来 / 326
秦始皇为何穿黑衣 / 326
秦始皇陵为何要坐西朝东 / 326
我国历史上的"十圣" / 327
关羽为何称帝 / 327
"破天荒"的来历 / 327
欧阳修的"三上"文章 / 328
欧阳修与"出人头地" / 328
"脚踏实地"成语的由来 / 329
"圈阅"的来历 / 330
"敲竹杠"一词的由来 / 330
郭沫若一言定"国" / 330

中外交往 / 331
走向世界的《道德经》 / 331

· 13 ·

目录 Contents

西方人心目中的孔圣人 / 331
享誉世界的《孙子兵法》 / 332
《史记》在日本 / 333
罗马军团到过西域吗 / 333
丝绸之路知多少 / 334
"汉委奴国王"金印逸闻 / 334
国外对诸葛亮的崇拜 / 335
《大唐西域记》对世界考古的贡献 / 336
唐诗与外国歌曲 / 337
《马可·波罗游记》与哥伦布探险 / 337
太平军中的外国人 / 338
李鸿章出访轶事 / 338
京剧是怎样走向世界的 / 339
外国人心目中的长征精神 / 340

名人逸事 / 342

孔子的姓名、相貌和诞辰 / 342
诸葛亮为何被人们誉称为"龙" / 342
曹丕在王粲墓前学驴叫 / 343
陶渊明的儿子为何都智力低下 / 343
唐太宗智取《兰亭集序》 / 344
唐太宗教子无方 / 344
"画圣"吴道子趣闻 / 345
王安石的邋遢及溺爱家教 / 346
沈括的不幸婚姻 / 346
司马光巧拒"走后门" / 347
宋徽宗的命题作画 / 347
李清照的坎坷人生 / 348
关于米芾的趣闻 / 349
朱元璋本名朱重八 / 350
朱元璋的相貌 / 350
朱元璋的忌讳 / 351
郑成功的家世 / 351
林则徐拒贿戏义律 / 352
"六不"将军叶名琛 / 352
张之洞清高失礼轶事 / 353
慈禧油画肖像趣闻 / 354

目录 Contents

黎元洪保印的闹剧 / 355
"辫帅"剪辫轶闻 / 355
末代皇帝剪辫子 / 356
胡适面见溥仪轶事 / 357
章太炎大骂袁世凯 / 357
章太炎不修边幅 / 358

名人之死 / 360

死后被割去舌头的皇帝 / 360
名医华佗之死 / 361
隋炀帝之死 / 361
李煜的死地 / 362
赵匡胤之死与"烛影斧声"之谜 / 363
朱高煦的悲惨下场 / 363
崇祯皇帝安葬思陵始末 / 364
吴三桂之死 / 365
洪秀全遗体的下落 / 366
李鸿章之死 / 366
陈天华的葬礼 / 366
"五省联帅"孙传芳之死 / 367
韩复榘被杀始末 / 368
"秀才军阀"吴佩孚之死 / 369
军统头子戴笠之死 / 369
女谍川岛芳子的末日 / 370

内幕细节 / 372

李隆基是怎样当上皇帝的 / 372
北宋二帝被俘后的遭遇 / 373
朱棣为何铸造永乐大钟 / 373
明代宗朱祁钰死后为何未葬十三陵 / 374
康熙是怎样当上皇帝的 / 374
清宫四大奇案 / 375
太平天国封了多少王 / 376
被捕后的戊戌六君子 / 376
戊戌变法后的翁同龢 / 377
迫于八国联军压力而遭赐死的清朝官员 / 377
武昌起义时间两次变动的原因 / 378
只供袁世凯一人读的报纸 / 379

目录 Contents

曹汝霖、陆宗舆、章宗祥被免职后的结局 / 379
在"二十一条"上签字的中国外长
　　当了修道士 / 380
中山陵为何选址紫金山 / 381
张作霖皇姑屯被炸秘闻 / 381
溥仪是怎样当上伪满洲国皇帝的 / 382
长征中两组令人肃然起敬的数字 / 383
"八一三事变"秘闻 / 384
淞沪会战蒋介石险些被炸内幕 / 384
白求恩是谁请来中国的 / 385
日本"仁丹"广告实是路标暗语 / 385
罪恶的731部队为何长期不为人知 / 386
杀害项英的叛徒刘厚总的下场 / 387
日本投降的签字仪式为何选在
　　密苏里号军舰上 / 387
孟良崮战役来自一份偶然的电报 / 388
是谁镌刻了中华人民共和国的国玺 / 389
开国大典为何没留下纪录片 / 390

追根求源 / 391
《孙子兵法》是谁写的 / 391
到底有没有卧薪尝胆这回事 / 392
谁家美女叫西施 / 393
端午节是纪念屈原吗 / 393
孟姜女不是秦始皇时代的人 / 394
项羽没有火烧阿房宫 / 394
有了司马迁才有《史记》吗 / 395
中国有那么多的第一吗 / 396
关羽也好色 / 397
包拯到底有多神奇 / 397
董小宛做了顺治皇帝的妃子吗 / 398
纪晓岚何许人也 / 399
雍正皇帝是死于吕四娘之手吗 / 400
光绪皇帝是谁害死的 / 400
谁在甲午海战中率先逃跑 / 401
走近真实的李鸿章 / 402
胡适说过"历史是任人打扮的小姑娘"吗 / 403

目录 Contents

少数民族 / 405
  匈奴 / 405
  鲜卑 / 406
  突厥 / 406
  吐蕃 / 407
  回纥 / 408
  契丹 / 409
  党项 / 410
  西夏 / 410
  南诏国 / 411
  大理国 / 412
  从女真到满洲 / 412

经史子集 / 414
  孔子删定的《春秋》 / 414
  人文荟萃的稷下学宫 / 415
  司马迁的《史记》 / 415
  班固的《汉书》 / 416
  刘知几的《史通》 / 417
  司马光的《资治通鉴》 / 417
  郑樵的《通志》 / 418

  袁枢的《通鉴纪事本末》 / 419
  何谓"二十五史" / 420
  "十三经"的由来 / 420
  中国最大的百科全书 / 421
  《四库全书》：中华传统文化的集成之作 / 421
  藏传佛教的宗派 / 422
  汉传佛教的宗派 / 423
  道教的宗派源流 / 424
  历史上的全真教 / 425
  今文经与古文经之争 / 425
  流行于两汉的谶纬神学 / 426
  乾嘉学派的考据之学 / 427
  敦煌学：历百年而成国际显学 / 427

史学观点 / 429
  中国人起源于非洲吗 / 429
  近世史家对炎黄传说的认识 / 429

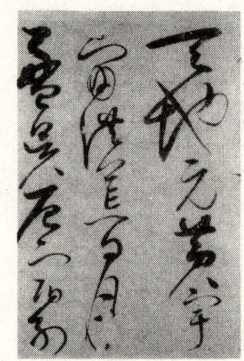

目录 Contents

地理环境对民族关系的影响 / **430**
解读"封建"的本意 / **431**
重新认识秦亡汉兴 / **432**
五胡十六国时期的汉胡互化 / **433**
唐朝是中亚竞争的失败者吗 / **433**
元朝在中国文化史上的地位和影响 / **434**
东林书院:"一支重整道德的十字军" / **435**
东林党究竟是不是一个"党" / **436**
晚明时期中国真的衰落了吗 / **437**
闭关自锁的"天朝" / **437**
清朝中叶的人口压力与社会危机 / **438**
对历史上盛世的透视 / **439**
中国历史上的"士" / **439**

史家小传 / **441**

黄仁宇和他的"大历史观" / **441**
吴晗与《海瑞罢官》 / **441**
博大精深的陈寅恪 / **442**
钱穆与《国史大纲》 / **443**
"学衡派"史家吴宓 / **443**
开一代风气的梁启超 / **444**
自学成才的陈垣 / **445**
大胆疑古的顾颉刚 / **446**
为时代殉身的王国维 / **446**
融会贯通的吕思勉 / **447**
口述史专家唐德刚 / **448**
国学大师章太炎 / **449**
郭沫若与《中国古代社会研究》 / **449**
启蒙导师胡适 / **450**
近代史专家蒋廷黻 / **451**
纯粹的学人余英时 / **452**
考古学家李学勤 / **453**
"西方现代中国学之父"费正清 / **453**
美国汉学家孔飞力 / **454**

中国历史全知道

第一编
历史大事全知道

传说时代——人文初始

（前200万年—约前21世纪）

我国的黄河、长江流域是人类文明的重要发祥地。

考古发现，约200万年以前，中国境内就生活着早期人类。约170万年前的元谋人、80万年前的陕西蓝田人、50万年前北京周口店的北京猿人、10万年前的大荔人和许家窑人，留下了早期人类进化的遗迹，他们已能使用石块作为工具，进行捕猎和采集活动，属于旧石器时代文化。

大约在公元前1万年到前5500年。人们已经能打磨一些细小石器，这是一大历史进步。山西怀仁出土的最早的农具，是人类从采撷和渔猎生活向农耕和畜牧生活过渡的标志。仰韶文化和龙山文化是这一时期的代表。仰韶文化东到河南，西达甘肃、青海，南到湖北，北达河套地区。

新石器时代约在公元前6000年到前4000年期间，考古发掘出的手制泥质红陶和夹砂红陶十分精美，上面绘着植物、动物与几何图案。山东和江苏地区的龙山文化则以黑陶为特征，精致的蛋壳陶，乌漆一般亮光闪烁，上面有巧妙的花纹图样，标志着一个新的文明高度。

中华文明的早期基础，在母系氏族社会为主调的新石器时代已经逐渐奠定。房屋建构的规则，墓葬的方法、仪式，鬼魂、祖先和生殖崇拜的原始宗教萌芽，各种工具的制造，逐渐勾勒出中华文明的粗线条轮廓。

关于这个时代，流传着许多神话传说，如有盘古开天，女娲造人，神农氏尝百草，黄帝战蚩尤，尧舜禅让等等，有些传说虽然很荒诞，但我们还是能从中读出早期人类社会的一些信息。

盘古开天辟地

宇宙是怎样产生的？人类是怎样起源的？人们自古以来就对这些问题充满了好奇，因此很多民族都有创世纪的神话。

在中国的很多民族中，广泛流传着盘古开天辟地的神话。据说，在天地尚未形成的时候，到处都是混沌一片，在这个混沌的中心就孕育着我们人类的始祖：盘古氏。

经过18000年的孕育，盘古氏终于出生了。他感到这个空间非常压抑，于是用一把巨斧奋力将混沌劈开。混沌一经劈开，就分成两部分：轻而清的部分形成天空；重而浊的东西形成大地。盘古在天地间每天也长一丈，成了顶天立地的巨人。

从开天辟地到天和地的最终形成，经过了18000年之久。这时候，天地间只有盘古一个人，他的喜怒哀乐直接影响着天象：盘古高兴时，天就晴朗；生气的时候,天就阴沉;哭泣时,眼泪就变成雨和雪;叹气时,就有了风和云。

盘古活了18000岁,他死后,左眼变成了太阳,右眼变成了月亮,血液变成了江河,肌肉变成田地,头发变成了星辰,皮毛变成了草木,牙齿骨头变成了金石,精髓变成珠玉,汗水变成了雨露。他的头隆起,变成东岳泰山,双脚变成西岳华山,肚子变成中岳嵩山,左臂变成南岳衡山,右臂变成北岳恒山。

那么,人是从哪里来的呢?另一个神话回答了这个问题。

据说盘古氏去世以后,天地间一直空荡荡的,一个人也没有。后来不知过了多少年,才又出现了人类的始祖,名叫女娲氏。她一个人生活在天地间,感到太寂寞了,就想造出一批人来,跟她一起生活。于是她用水和好一大堆黄泥,用黄泥捏起泥人来。她捏好一个,向泥人吸一口气,往地上一放,这泥人就变成了一个会跑会跳会说会笑的活人。这些人成群结队地围在女娲氏的周围,叫女娲氏为妈妈。这就是"女娲造人"的神话。

黄帝战蚩尤

大约在5000年以前,在我国黄河流域生活着许多部落。其中有黄帝和炎帝。

炎帝率领自己的部落向东发展的时候,碰到一个极其凶恶的敌人名叫蚩尤,炎帝部落经常受到蚩尤部落的侵扰,炎帝起兵抵抗,但被蚩尤杀得一败涂地。

战败后的炎帝带领他的部落请求黄帝援助。他们联络其他一些部落,在涿鹿附近的阪泉与蚩尤展开一场大决战。

黄帝率领自己豢养的虎豹熊罴(这是四种凶猛的野兽)和四方鬼神杀将下来,蚩尤带着81个铜头铁额的弟兄,还有魑魅魍魉等鬼怪和尖牙利齿的"苗民"迎战。

战争一开始,黄帝不是蚩尤的对手,蚩尤不知施展了什么法术,兴起漫天大雾,他的魑魅魍魉到处横行。黄帝看不清方向,溃不成军。眼看即将惨败,黄帝身后站出一员谋臣,叫"风后"。风后往后一站,顿时平地刮起狂风,大雾消散。黄帝抬头望天,但见北斗星指向北方。黄帝得到启示,发明了指南车,率领部队从南方杀出重围。

蚩尤又让魑魅魍魉纷纷发出可怕的鬼叫,黄帝的部下军心动摇,慌乱起来。黄帝下令用牛羊角吹动军号。牛羊角的军号发出一种低沉的龙吟之声,所有的鬼叫统统归于沉寂——原来,魑魅魍魉最怕龙吟。

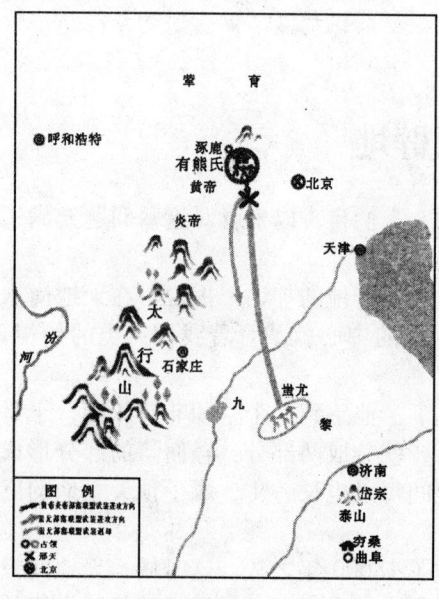

涿鹿之战示意图

黄帝命令军士擂动雷鼓,由"应龙"

行云布雨,去掩杀那批铜头铁额的家伙。蚩尤也请来了风伯雨师,准备水淹黄帝。风伯雨师蹿上天空,与应龙斗法。结果,黄帝的部下给浇了个落花流水。

黄帝请来丑女魃(bá)前来助阵,她有一种神奇的本领:她一到哪里,哪里就炎热难耐,所有的水分都蒸发殆尽。果然,魃一上场,暴风骤雨立即停止。她冲到蚩尤军中,那边顿时烈日当空。蚩尤大军被暴晒得浑身乏力,一个个昏死过去。最后蚩尤被黄帝抓住了。他被砍下脑袋,尸首分解——后来这块地方就叫"解州"。

阪泉大战的胜利,确保了轩辕黄帝在中原的统治地位。黄帝也成了中华民族在观念习惯上共同信奉的帝王和祖先。

尧舜禅让

黄帝以后,尧成了部落联盟的首领。尧很善于治理天下,到八十六岁那年,他想要找一个人来接替他。向各地发出公告,号召人们推荐贤能的人。

过了不久,人们推荐虞舜,说这个小伙子人品好,又能干,可以做他的继承人。

虞舜姓姚,他的父亲是个糊涂透顶的人,人们叫他瞽叟(gǔsǒu,就是瞎老头儿的意思)。舜的生母早死了,后母很坏。后母生的弟弟名叫象,很傲慢,瞽叟却很宠他。舜生活在这样一个家庭里,待他的父母、弟弟挺好。所以,大家认为舜是个德行好的人。

尧听了挺高兴,决定先把舜考察一下。他把自己两个女儿娥皇、女英嫁给舜,还替舜筑了粮仓,分给他很多牛羊。那后母和弟弟见了,很妒忌,和瞽叟一起用计,想暗害舜。

有一回,瞽叟叫舜修补粮仓的顶。当舜用梯子爬上仓顶的时候,瞽叟就在下面放起火来,并把梯子拿走,想把舜烧死。幸好舜随身带着两顶遮太阳用的笠帽。他双手拿着笠帽,像鸟张翅膀一样跳下来,一点也没受伤。

瞽叟和象又叫舜去淘井。舜跳下井去后,他们用土石把井填没,想把舜活活埋在里面,没想到舜在井边掘了一个孔道,钻了出来,又安全地回家了。

象不知道舜早已脱险,得意洋洋地回到家里,跟瞽叟说:"这一回哥哥准死了,现在我们可以把哥哥的财产分一分了。"说完,他向舜住的屋子走去,哪知道,他一进屋子,舜正坐在床边弹琴呢。象心里暗暗吃惊,说:"哎,哥呀!我正在想你。你怎么挖井挖半天也不上来,都快把我想死了呀!"

舜也装作若无其事,说:"你来得正好,我的事情多,正需要你帮助我来料理呢。"

以后,舜还是像过去一样和和气气对待他的父母和弟弟,瞽叟和象也不敢再暗害舜了。

尧听了大家介绍的舜的事迹,又经过考察,认为舜确是个品德好又挺能干的人,就把首领的位子让给了舜。这种让位,历史上称做"禅让"。舜接位后,也是又勤劳,又俭朴,跟老百姓一样劳动,受到大家的信任。

大禹治水

尧在位的时候,黄河流域发生了很大的水灾,尧召开部落联盟会议,商量治水的问题。首领们都推荐鲧(gǔn)去治理水。

鲧花了9年时间治水,没有把洪水制服。因为他只懂得水来土掩,造堤筑坝,结果洪水冲塌了堤坝,水灾反而闹得更凶了。

舜接替尧当部落联盟首领以后,亲自到治水的地方去考察。他发现鲧办事不力,就把鲧杀了,又让鲧的儿子禹去治水。

禹改变了他父亲的做法,用开渠排水、疏通河道的办法,把洪水引到大海中去。他和老百姓一起劳动,戴着箬帽,拿着锹子,带头挖土、挑土,累得磨光了小腿上的毛。

经过13年的努力,终于把洪水引到大海里去,地面上又可以供人种庄稼了。

禹王治水

禹新婚不久,为了治水,到处奔波,多次经过自己的家门,都没有进去。有一次,他妻子涂山氏生下了儿子启,婴儿正在哇哇地哭,禹在门外经过,听见哭声,也狠下心没进去探望。

当时,黄河中游有一座大山,叫龙门山。它堵塞了河水的去路,把河水挤得十分狭窄。奔腾东下的河水受到龙门山的阻挡,常常溢出河道,闹起水灾来。禹到了那里,观察好地形,带领人们开凿龙门,把这座大山凿开了一个大口子。这样,河水就畅通无阻了。

后代的人都称颂禹治水的功绩,尊称他是大禹。

舜年老以后,也像尧一样,物色继承人。因为禹治水有功,大家都推选禹。到舜一死,禹就继任了部落联盟首领。

据传说,为了纪念治理洪水这件大事,夏禹用当时九个州出产的铜矿石,铸了9个鼎,代表9个州。这9个鼎后来就成了国家政权的象征。

夏——华夏奠基

(约前22世纪末至约前21世纪初—前17世纪初)

约公元前21世纪初至公元前17世纪初,是中国第一个王朝——夏朝统治时期。夏王朝的开始,标志着中国原始社会的基本结束,数千年的阶级社会从此开始。它的诞生是中华文明史上的一个重要里程碑。

约公元前21世纪初,华夏大地发生了一次大洪水,禹带领大家成功治理了洪水。因为禹受封于夏,所以他的部落就称为夏。治水成功以后,禹又征讨三苗,南巡东狩,会诸侯,划九州,建立了不朽的功勋。大禹死后,他的儿子启破坏了禅让的传统,自立为王,从此,王位传子不传贤,实行世袭制度,开创了古人所说的"家天下"。

夏朝的政治中心在今河南省偃师、禹州、登封等一带地区,是从陕西、甘肃、河南一带的仰韶文化东移而来。夏朝的人们已经能冶炼较好的青铜,用于制造生产工具和生活用具;商品交换也有所发展,有了比较进步的阴阳合历和干支记日的方法。夏朝的农业很发达,当时已能种植谷、稻、麦、菽、糜、瓜等多种农作物。

夏王朝总共传了14代,17个王,延续近500年。夏桀在位时,由于暴虐无道,被新起的商王朝所取代。

"家天下"制度的开端

虞舜去世以后,夏禹正式做了部落联盟的领袖。夏禹晚年时,也曾按照旧例指定过继承人。起初指定的是深得众望的皋陶(yáo),但没料到皋陶死得早,人们又推荐皋陶的儿子伯益。

十年以后,夏禹巡视到会稽,死在那里了,按理应当由伯益来继承王位,可是夏禹的儿子夏启不干。他用武力把伯益赶到箕山南边,公开宣布自己做了夏朝的第二代王。

夏启刚登上王位,有许多部落不服。有一个部族首领叫做有扈(hù)氏,首先出来指责夏启,夏启大怒,双方在甘泽这个地方发生了战斗。有扈氏是师出有名,他们的战士越战越勇,夏启的部队被打得七零八落,几乎全面崩溃。

夏启明白,想要得到胜利,首先要收服人心。于是他对自己从严要求,做一个贤明的国君。他生活俭朴,爱护小孩,尊敬老人,任人唯贤。这样才过了一年,他的声誉就大大提高了,远近的人们都知道夏启是个贤君。

夏启就又一次发动了对有扈氏的战争,浩浩荡荡向有扈氏的地盘挺进。两军在战场相遇,夏启发布战前动员令,慷慨激昂。将士们也发出激昂的呐喊,声震云霄,有扈氏的军队听了不免心惊肉跳。夏军像潮水一样冲去,有扈氏的军队一触即溃,他本人也做了俘虏。

除去了有扈氏，夏启少了一块心病。夏启宣布：将有扈氏放逐到草原地区去做放牧牛羊的奴隶；所有俘获的俘虏，分给夏朝的官兵当奴隶。

这一招确实是杀一儆百。但还有不少部落首领心里不服，可谁也不敢再说一个"不"字。有扈氏的下场摆在那儿，还有谁想当放牧奴不成？

夏启终于坐稳了江山，父子相传，兄终弟及的家天下制度终于形成。这也标志着我国原始社会晚期的氏族公社制度已经被彻底破坏，私有财产制度正式确立，阶级开始出现，奴隶社会开始形成，国家的雏形也开始出现了。

商汤如何灭夏

夏桀是夏禹的第14代子孙，他贪图享受，生活糜烂，不理朝政，不体察百姓的疾苦。夏朝的政治越来越腐败了。

正当夏朝势力日渐衰落的时候，黄河下游的商国却在兴起。夏桀胡作非为的时候，正是汤掌管商国政权。商汤看到夏桀已经是众叛亲离，就决心积蓄力量，推翻夏朝。

商汤像

商汤是个仁义的人，据说有一次，商汤到城外去玩，看到一个捕鸟的人张着四面网在捕鸟，捕鸟人口里还不断地叨念说："从天上落下来的，从地面往上飞的，从四面八方来的，都掉进我的网里来！"商汤看了，对捕鸟人说："你这样做太残忍了，赶快撤掉三面网，留下一面就够了。"捕鸟人说："一面网怎么能捕鸟？"商汤说："你张一面网，对鸟喊叫：'鸟儿啊！你们愿意往左就往左飞；愿意往右就往右飞；实在不想活了，就进我的网里来吧！'这样才显得你心地善良。"

商汤对捕鸟人说的这一番话很快就流传开来，人们都说商汤这个人真仁慈，我们应当真心拥护他。

商汤做好了准备工作后，就对夏朝发动了进攻。他在宣言中说："夏桀这个人太昏庸，天下被他糟蹋得太不像话了，他做的坏事真是天地难容，现在我奉着老天爷的旨意去消灭他，你们应当帮助我。你们如果能在战争中立功，我一定重重地赏赐；如果不努力作战，我一定要重重责罚！"

夏桀听说商汤带兵打来了，赶紧命令从属夏朝的昆吾国、韦国、顾国三个小国家的军队来保卫夏朝。商汤先派兵灭亡了韦国和顾国，打败了昆吾国，大军直逼夏朝的重要城市鸣条。夏桀亲自带兵到鸣条迎战，但是军心涣散，士兵都不听他的指挥，有的逃散，有的投降。

夏桀带着他的妻子妹喜逃出重围，乘上一只小船渡江到了南巢（今安徽省巢县），最后双双饿死在南巢山中。

商汤赶走了夏桀，肃清夏朝的残余势力。大约在公元前17世纪初，商汤正式建立了我国历史上的第二个朝代——商朝。

商——青铜时代

（约前17世纪初—前11世纪）

商是中国奴隶社会的一个重要发展阶段，其灿烂辉煌的青铜文化，在世界文明史上占有重要位置。商汤在伊尹的辅佐下，兴兵伐夏，夏桀兵败逃至南巢而死，商朝建立。

商朝共30代王，17世。商汤的孙子太甲在位时无道，伊尹把他放逐而由自己摄政。三年后，太甲悔过，又被迎立复位。此后，一直到第9位天子太戊，都是商王朝巩固和发展的时期。

从第10位天子仲丁开始，商王室出现混乱。其后5代9王，多次发生权力斗争，并且多次迁都。九世之乱，造成严重的社会问题，国力衰微，诸侯不朝，各种矛盾交错，危机四伏。盘庚取得王位后，为了挽救王朝的危机，将都城由邢邑迁至殷（今河南安阳西北），并进行改革，使局势得以安定，政治、经济、文化开始迅速发展。史称"盘庚迁殷"。所以商朝又称作殷商，或者殷朝。

自24代王祖甲以后，社会矛盾加剧，殷王朝逐渐出现衰乱的景象。到30代王纣时，王权与贵族权势的斗争发展到了顶点。西方的周人乘机发展起来，终于灭掉了殷商。

商朝的农业已很发达，农作物主要有小麦、高粱、大米和小米等，酿酒业已达到相当高的程度。在制造业方面，殷人的最为人知的成就是青铜器的制造，"司母戊大方鼎"即是商朝青铜器发展水平的一个标志。

商朝还是中国有文字记载的历史的开端。出土的甲骨文和金文，是我们研究商朝文明的宝贵资料。

圣君商汤与名相伊尹

伊尹原是商汤的岳父有莘氏家里的奴隶，后来作为陪嫁奴隶到了商汤家里。

伊尹为了让商汤知道自己是个有本领的人，就找机会接近商汤。有时候他把菜做得很可口，有时候，却故意做得过咸或过淡，招惹商汤来找他问话。

有一天，商汤对饭菜很不满意，就找伊尹来问话。伊尹赶紧抓住这个机会，用做菜打比方，说出一些弦外之音来："治理国家和做菜一样，既不能操之过急，也不能松弛懈怠，只有恰到好处，才能把事情办好。"

商汤听了，觉得此人出语不凡，眉宇间显出自信。商汤这才知道自己家的厨房里原来还藏着个人才，他很高兴。伊尹见遇到了知音，就把自己的政治见解和盘托出，商汤听了大为赞赏，直接任命他为右相。后来，伊尹为商汤出谋划策，一举灭亡了夏朝，建立了商朝。

伊尹竭尽臣子之道，全力辅佐商汤，商汤死后，伊尹继续辅佐商朝的第二代、第三代君主,帮助他们管理好国家。

商汤的孙子太甲继承王位不久,伊尹一连写了三篇文章给太甲阅读,教他学习怎样做一个好的君主。太甲即位的头两年还算虚心,到了第三年,他就有些忍不住了,由着自己的性子办事,每天寻欢作乐,渐渐显出败家子的作派。

伊尹先是一再规劝,提醒太甲多加检点。可是太甲继续在宫中干出很多荒唐事,伊尹看不下去,命人把太甲放逐到商汤的坟墓所在地桐宫(今河南省偃师县)去,由他自己暂时管理国家大事。

太甲被放逐到了桐宫,早晚看到的是他祖父商汤的坟墓。商汤虽然是商朝的开国君主,坟墓却非常简陋,墓地上只修了一座低矮的宫室,供一年一度的祭祀之用。守墓的老人每天对他讲述当年商汤创业的故事,以及商汤订下的种种规矩,太甲幡然悔悟,决心改正错误。他先在桐宫这个小范围里把事情办好:他关心老弱孤寡,多做善事,把桐宫管理得井井有条。

伊尹感到非常欣慰,于是亲自把他接回首都亳城,郑重其事地把政权交还给他。太甲接受过去的沉痛教训,认真治理国家,商朝进一步走向繁荣。

周文王知遇姜太公

周部落周文王姬昌,是个能干的政治家。他在位的时候,周强大起来。商纣王昏庸残暴,周文王决定替天行道,讨伐商朝。可是他身边缺少一个有军事才能的人帮他指挥作战。

姜太公垂钓图

周文王每年都要外出打几次猎,目的是为了寻访贤才。有一次,文王来到渭河北岸,看到一位鹤发童颜的老人,正聚精会神地在钓鱼呢。文王停步观看,只见老人一连钓上来几条大鱼。文王不禁赞叹道:"我看先生钓鱼的技术很高妙,钓鱼也有精深的道理吗?"老人有条有理地回答:"天地间万事万物都有一定的道理。拿钓鱼来说,要考虑天气的阴晴冷暖,河水的深浅,流速的快慢,要确定下钩的时间和方法,还要懂得各种鱼的生活习性和喜欢吃的鱼饵,投其所好。引钩要适时,不要快,也不要慢。一切心领神会,恰到好处,吞钩的鱼才不会跑掉。"文王听了很高兴,就跟这老头儿聊了起来,越聊越投机。老头有问必答,谈到治军、施政、理财,无不见解精辟,讲得头头是道,文王十分钦佩。经过这一番交谈,文王才知道这老头姓姜,名尚,字子牙。姜尚年轻时志气很大,努力求学，精通兵法，熟悉政事，可惜怀才不遇，一无所成。70多岁来到周部落谋生，在渭水边上隐居起来，靠钓鱼过日子。可是，他从来没有钓过鱼，一连几天没有一条鱼上钩。有一天姜尚在溪水边焦急地走来走去。这时，一位老农路过，指点他钓鱼的方法，姜尚果然有了收获。他又不断改进，很快成了钓鱼专家。有人说那位老农是神仙变的，经过神仙传授，姜尚钓鱼都用直钩，这就是所谓"姜太公钓鱼，愿者上钩"。谈毕，文王立即请姜尚上车，一同回到了都城，拜姜尚为师，称他为"太公望"。后来，人们就把姜尚称呼为姜太公。

太公辅助文王治理国家很得民心。文王死后，他又辅佐文王的儿子武王，周国一天天强大起来。在太公的协助下，武王率领天下诸侯出兵讨伐无道的商纣王，建立了周王朝。

武王克商是怎么回事

商朝的纣王荒淫无道，弄得民不聊生。而周国国势蒸蒸日上，周武王和姜太公开始了蓄谋已久的讨商行动。周武王派使者通知各个部落的首领，各个小国的诸侯，让他们到黄河边的孟津（今河南孟津）会盟。这次会盟来了800多家诸侯。听说周武王要讨伐商纣，大家都纷纷表示支持和声援，并且出谋划策，出财出人，恨不得立刻就打到商的都城朝歌城（今河南淇县），砍掉纣王的人头。

不久，周武王的部队就出发了，讨伐的大军意气扬扬，浩浩荡荡。商的军队却是委靡不振，无心作战。结果，根本没碰上什么像样的抵抗，周军势如破竹，打到了朝歌附近的牧野。

纣王只好亲自率军，要跟周军决一死战。他把弄来的奴隶也编进队伍里，七拼八凑居然也凑了70万人，乱糟糟的就朝牧野开去了。

姜太公只派了微不足道的一部分士卒为先锋，先行迎上去；过了好一会儿，他才和武王带着大队人马，缓缓地压了上去。姜太公早就探听清楚了商军队伍的情况，知道中间大部分都是奴隶，他们早就对纣王恨之入骨。派出的先锋队伍在战场上朝对方一喊话，奴隶们听说只要反戈一击，就能解放成自由人，高兴坏了。他们纷纷加入武王的队伍，朝纣王进攻过去了。

纣王一看大势不妙，飞逃回朝歌城去了。他眼看末日到来，于是就把宝库里的宝贝、财物、丝绸衣服什么的都堆在鹿台上，放了一把火，自己也跳到火里烧死了。

周武王带领军队开进朝歌，城里的百姓都做好了饭，烧好了开水，夹道欢迎他们。这一来，商朝算是正式灭亡了；人民就拥立周武王做了天子，建立了周朝。

西周——礼乐盛世

（约前 11 世纪—前 771 年）

西周从武王灭商建国，到幽王亡国，共历 300 多年，是中华帝国的一个重要时期，也是中华古典文明的全盛时期，它的物质文明和精神文明对后世历史的发展有很深的影响。

商纣王不仁，国力衰退。位于渭水中游黄土高原上的周部落，经周文王励精图治，日益强大起来。约公元前 1066 年，周武王东征商王朝，经过牧野之战而灭商，建立了周朝。

武王灭商以后，开始分封诸侯。严格说来，在中国的政治制度史上，只有周朝是完整意义上的封建制度。所谓封建，就是国家政权封而建之，通过封王、封地来治理一个国家，周天子则是国家至高无上的统治者。

与殷商相比，周朝的经济发展的水平要高出许多。与井田制相一致的集体劳动是农业生产的主要特征之一，农业比较发达。同时，以纺织、染织、酿造、烧制和冶炼为主的手工业也得到了长足的进步。而在商业贸易方面，虽然说货币交易还处在萌芽阶段，但以货易货的贸易方式却十分流行。

公元前 771 年，西北的犬戎攻入周的都城镐京，杀死周幽王。第二年，周平王迁都洛邑，周王朝走向衰微。历史上把迁都前的周王朝称为西周，迁都以后的周王朝称为东周（前 770—前 256）。东周分为春秋战国两个时期，周赧王 59 年（前 256），周为秦所灭。

周公吐哺，天下归心

为了巩固自己的统治，周武王把自己的亲戚朋友、有功之臣封为诸侯来分管各个地区。武王的弟弟周公旦被封在曲阜，称为鲁国。周公觉得周朝初建，自己需要留在武王身边辅佐，于是就让儿子伯禽前往鲁国就封去了。

灭商的第二年，武王得了重病，不久就死去了。武王临终时，把年幼的太子姬诵和军国大事托付给了周公。

周公把姬诵扶为天子，就是周成王。因为成王年少，国家事无论大小，都由周公代管。

周公天资聪明，才华出众，理起国政来，得心应手，而且十分卖力。有一次，周公正在洗头发，刚把头发浸湿，外面来人有急事要报告。周公连忙出去接待，办完事回来再接着洗；洗到半截儿，又有人来报告，他又赶紧出去。一连出去好几次，才把头发洗干净。

还有一次，周公正在吃饭，刚夹起一块肉放进嘴里，外边有客人来访。他马上把肉吐出来起身去迎接客人。一顿饭的功夫,来了三次客人,周公就连吐了三次饭菜。惟恐怠慢了人家呢,这就是典故"周公吐哺,天下归心"的来历。

周公为了周朝的大业,是这样的废寝忘食,呕心沥血。谁料到他这么尽心地办事,还是有人在他背后说坏话。说他起了坏心,要把侄子赶走,自己作天子。

遭到了诽谤,周公一面更加勤恳地处理国家大事,一面恳切地对人解释。姜太公、召公等人很感动,不再怀疑他了。只有商纣王的儿子武庚和另外有些地方的人趁机起兵反周,周公果断地下令东征,终于取得胜利,叛乱被平息,周朝的疆土也得到大大的拓展。

周公还在洛水北岸建起一座大城洛邑,作为周朝的东都,安排商朝的遗民进去居住,中华名城洛阳的辉煌历史就以此作为起点。周公又在洛邑的南面、北面封了宋、卫两个大国;规划了周朝的官制;制定了礼乐,创造周朝的文化,为周朝的统治奠定了坚实的基础。

姬诵长大成人,就是周成王。周公把国家大政交还给成王,自己恭恭敬敬地退回到大臣的行列。周公用自身的行动树立了历代大臣的榜样,他制定礼乐,也成了中国儒家文化传统的开创者。

周召共和——我国确切历史纪年的开始

周朝时,住在都城里的平民叫"国人",住在农村种田的叫"野人"。国人大多从事手工业和商业,同样受到奴隶主的剥削和欺凌。

周朝的第十代国君,是厉王姬胡。厉王贪婪凶残,百姓怨声载道。厉王派了一个卫国巫师在街市上明察暗访,听到有人咒骂厉王,就立即进宫报告,咒骂厉王的人就会被抓来杀死。

国人从此噤若寒蝉,再也不敢聚集在一起咒骂国王,大家是敢怒而不敢言哪。他们暗地里进行串连。公元前841年,终于爆发了国人暴动,人们潮水般涌进宫去,四处寻找厉王。

厉王慌慌张张地从后门逃了出去,总算保住了性命。国人就四处打探太子姬静的下落,太子躲在召公的家中。暴动的国人立即将召公的家围个水泄不通。国人对召公还算尊敬,只要他把太子交出来就算完事。

召公对周王朝忠心耿耿,决心要给周王室留下血脉。他将自己的儿子冒充太子,交给了暴动的国人,暴动渐渐平息。召公和另一位大臣周公代替周天子处理朝廷里的事务。

召公和周公事事小心,处处在意,不敢触犯国人的利益;国人对召公一向没有什么反感,见召公对待他们还不算苛刻,也就没有再发起暴动。

史书将召公和周公开始共同执政的那一年(前841年)称作"共和元年"。这也是我国历史有确切纪年的开始。

由于有了"共和行政",周王朝才得以苟延残喘,继续维持下去。"共和行政"维持了14年,国家还算平安。14年后的一天,忽然从彘地传来消息,流亡在彘地的厉王,在悲苦郁闷中死去。

召公和周公商量了一番,认为过去实行"共和行政"是不得已而为之,"共和行政"不合礼法,应当趁这个机会把政权还给周天子才是。公元前827年,太子姬静继位,他就是周宣王。

周朝到了宣王时,天子的权力已经衰微,不少诸侯不听从周天子的支配,周王朝已经岌岌可危。公元前781年,周宣王去世,王位由他的儿子姬宫湦继承,他就是西周的末代天子周幽王。

烽火戏诸侯

西周的末代天子是周幽王,他天天吃喝玩乐,不问国事。

周幽王有一个心爱的妃子叫褒姒(sì),她是一个宫女的私生女,从小经历坎坷,命运悲惨,所以从来没有笑过。幽王因喜欢她,特别想看到她笑,但她怎么也笑不出来。于是幽王宣布,谁能让他的爱妃褒姒笑一笑,就赏他黄金千两。幽王手下有个人叫做虢石父,他对幽王说,他有一个办法保能使妃子娘娘笑,这个办法就是"烽火戏诸侯"。

原来西周时候,为了防备西边犬戎部族的侵扰,在镐京附近的骊山一带修了许多座烽火台。如果发现犬戎来进攻,晚上就在烽火台上烧起大火,白天就在烽火台上烧狼粪使它冒烟,向诸侯发出警报。远方的诸侯看到烟和火光,天子有难,就会带着军队和战车前来救援。

这一天,周幽王带着褒姒来到桥东的城楼上。他派人在烽火台上烧起了熊熊大火。诸侯们一看到火光,以为天子有难,赶快派出大军赶来救援。将领们乘着战车,士卒们奔跑赶路,个个都跑得气喘吁吁,汗流浃背。他们赶到镐京城下,只见幽王和褒姒坐在城楼上喝酒,旁边还有人奏乐助兴呢。诸侯们这才知道自己受了愚弄,只好命令退兵。这时还有一些军队不明情况,仍不断向城下涌来,退的退,进的进,结果乱成了一团,狼狈相百出。褒姒往城下一看,嫣然一笑。周幽王见褒姒笑了,高兴得什么似的,马上给了虢石父千金的奖赏。

幽王的王后是申后,后来被废掉了,而褒姒被立为王后。申后的父亲是申国的诸侯,他得到这个消息后,就联合了缯(céng)国和犬戎,发兵攻打镐京。

幽王得知犬戎打了过来,就连忙派人去点燃烽火向诸侯求救,可是这一次,诸侯们以为幽王还是拿他们取乐,一个也不派兵来。镐京被攻破,幽王被杀掉了,褒姒也被掳走了。诸侯们看到幽王已死,就只好和申侯一起商量,拥戴幽王的儿子宜臼继承王位,就是周平王。

周平王即位以后,把王都从镐京迁到了东都洛邑。因为镐京在西边,所以历史上把平王东迁以前的周朝称为西周,把平王东迁以后的周朝称为东周。

春秋——秩序重建
（前770年—前476年）

东周分为春秋和战国两个时期，这一时期的政治中心逐渐从周王室转移到诸侯各国。

"春秋"的名称，来源于鲁国的史书《春秋》。这部书，以鲁国事务为中心，兼记各国政要，是那个时代最直接和最可靠的历史记载。这部编年史书的记载，始于鲁隐公元年（前722年），终于鲁哀公十六年（前479年），于是，史学家就把这段时间称为"春秋"时期。《春秋》记事开始时，东周政权已有了近50年的历史，但为了记述方便，还是把这几十年归入了春秋时代。

公元前770年周平王东迁之后，王室的权力大受削弱，但在新的权力中心形成之前，它还是天下集权的象征。郑庄公为了争夺周王室的权力，打败了周王，成为春秋早期霸主。此后，其他诸侯迅速发展自己的力量，各国之间攻伐不断。

在中原各国大打出手的同时，起先被中原各国称为蛮夷的南方楚国迅速崛起，形成对中原各国的强大威胁。而周边地区经济发展相对滞后的少数民族，也不断侵犯中原各国的利益。齐桓公打的是"尊王攘夷"的旗号，团结诸侯、共同对付周边民族的威胁，得以称霸40余年。前643年，齐桓公死后，宋襄公自不量力，曾有过图霸的野心，但在楚国的沉重打击下，旋即破产。就在楚国准备乘虚而入之时，晋文公却在城濮之战中击败楚国，并联合秦国，再兴霸业。

晋、秦和晋、楚之间的争霸战争，断断续续打了近百年。到了春秋末期，东南地区的吴国和越国发展成了强有力的军事大国。先是吴国向楚国挑战，并在前506年一度占领了楚国的都城。十年之后，吴国又击败了越国，并表现出了称霸中原的图谋。其他各大国当然不能坐视吴国的扩张，也秣马厉兵，准备在随后到来的战国时代一决高下。

郑庄公箭射周天子

东周的时候，天子的地位被诸侯大国动摇。首先敢于跟周天子公开抗争的，是郑国国君郑庄公。

郑武公去世后，他的职位应由郑庄公继任。周平王对此不满，想让虢国国君忌父接替郑庄公的职位。这件事传到郑庄公的耳朵里，他恼怒万分，故意提出要辞去卿士的职位。周平王反倒着了急，眼下郑国力量强大，周天子可惹不起。平王再三请庄公留任，庄公搭起了架子不答应，平王为了稳住庄公，竟然答应让太子狐到郑国做人质。太子狐去做人质之后，周平王去世了，太子狐回到洛邑准备继位，没料到，他刚回到洛邑就死了，郑庄公就把太子狐的儿子姬林立为天子

（即周桓王）。

新天子周桓王不甘被郑庄公操纵，继位后想免除郑庄公的卿士地位。这么一来，郑国国君对周天子的仇恨就更深了。郑庄公返回封地后十分恼火，纵容郑军在边境抢粮，故意滋事。

公元前719年，宋殇公联合了陈、蔡、卫攻郑。四国军队敌不过强大的郑军，只得无功而返。郑庄公想攻打领头的宋国，报此大仇。他去朝见周天子，计划打着周天子的旗号去攻宋。

按规矩，诸侯前来朝见，天子要设宴招待，临行时天子要赠送礼品。周桓王既没有设宴款待，也没有赠送礼品。郑庄公将周桓王恨入骨髓。

公元前714年，郑国联合鲁国、齐国伐宋。宋军被打得大败，宋国太宰华督杀了宋殇公。郑庄公俨然以老大自居，一手扶持了宋庄公继位。

周桓王见郑庄公心怀叵测，下令免去郑庄公卿士的职务。郑庄公更加痛恨周桓王，再也不到洛邑去朝觐。周桓王以此为借口，征调了蔡、陈、卫三国军队向郑兴师问罪，与郑军大战于繻葛。最后三国军队大败而逃，周桓王左肩中箭坠马。仗打过之后，郑庄公还要给周桓王一些颜面。他派祭足送去一些慰劳品，并向桓王请罪。桓王正愁没办法下台，他便装模作样地赦了庄公之罪，然后灰溜溜地领兵返回了。

这一仗击垮了周天子神圣不可侵犯的权威，从此以后天下的局势失去了控制，诸侯之间的争斗日趋激烈，争相夺取霸权。

曹刿论战

公元前684年，齐国的桓公派兵攻打到鲁国。

鲁国有个叫曹刿（guì）的人，他只是一个普通百姓，但他很关心国家兴亡。有一天他请求见鲁庄公，问他打算靠什么来战胜齐军。

鲁庄公回答说："我有大家的支持。平时好吃好穿的，我常常与臣下分享。"

曹刿说："这不过是小恩小惠，并不是所有的百姓都能得到您的好处，百姓是不会为您去卖命的。"

鲁庄公又说："我祭祀神灵诚心诚意，神灵会保佑我的。"

曹刿摇了摇头说："这都是鸡毛蒜皮的小事，神灵不会为这个就保佑您打胜仗的。"

鲁庄公接着又说："老百姓来打官司，但凡是我处理的案件，尽量公平合理。"

曹刿高兴地说："这还差不多。能想到老百姓的疾苦，就能得到民心，凭这点是能够打胜仗的。"

鲁庄公听曹刿说得十分有理，估摸他一定有办法，便带着他奔赴长勺战场。

战场上，齐鲁两军严阵以待。齐国的鲍叔牙求胜心切，两军刚一接触，便下令擂鼓进攻。鲁庄公也要下令擂鼓冲锋，曹刿赶忙拦住。这时候，齐军随着鼓声冲了过来，鲁军却纹丝不动。齐军见无隙可乘，只好退回去。过了一会儿，齐军鼓声又起，鲁军还是不动。齐军只好又退了回去。鲍叔牙以为对方怕了，就又传令擂鼓，齐军很松懈。而鲁兵如猛虎下山般冲了过来，杀得齐军狼狈而逃。鲁庄公下令追击，曹刿连忙拦住，他跳下兵车察看了地面，又登上兵车瞭望了前方，过一会才说："可以追击！"鲁军凯旋而归。

鲁军大获全胜，鲁庄公请教曹刿，曹刿回答说："打仗最要紧的是士气。擂鼓是为鼓舞士气的。擂第一次鼓，士气最旺盛，擂第二次鼓，士气开始下降，等到擂第三次鼓，就没有多少士气了。等他们三鼓一过，齐军士气最低落的时候，我们一鼓作气地攻过去，他们还能不败吗？"

鲁庄公又问为什么不让马上追击。曹刿说："我担心他们的败退有假，设下埋伏，但等我看到他们的车辙混乱，远望军旗东倒西歪，判定他们确实是狼狈逃窜，这才请您下令追击。"

齐桓公九合诸侯

公元前663年，齐桓公帮助燕国打败了侵犯他们的部落山戎，还把山戎方圆几百里的土地全送给燕国。后来，邢国也遭到另一个部落狄人的侵犯。齐桓公又带着人马去赶跑了狄人，还帮助卫国在黄河南岸重建国都。通过这几件事，齐桓公的威望大大地提高了。

只有南方的楚国，不但不服齐国，还跟齐国对立起来，要跟齐国比个高低。

公元前656年，齐桓公约会了宋、鲁、陈、卫、郑、曹、许七国军队，联合进攻楚国。

楚成王得知消息，也集合了人马准备抵抗。他派了使者去见齐桓公，说："齐国在北面，楚国在南面，两国素不往来，为什么你们的兵马要跑到这儿来呢？"

管仲责问说："我们两国都是周天子封的。谁要是不服从天子，齐国有权征讨。你们楚国本来每年向天子进贡包茅，为什么现在不进贡呢？"使者说："这是我们的不是，以后一定进贡。"

使者走后，齐国和诸侯联军又拔营前进，一直到达召陵（今河南郾城县）。

楚成王又派屈完去探问。齐桓公为了显示自己的军威，请屈完去看各路兵马。齐桓公说："你瞧瞧，这样强大的兵马，谁能抵挡得了？"

屈完笑了笑，说："咱们国力虽不强，但是用方城作城墙，用汉水作壕沟。您就是再多带些人马来，也未必能打得进去。"

齐桓公听屈完说得挺强硬，估计也未必能轻易打败楚国，而且楚国已经答应进贡包茅，也算有了面子。就这样，中原八国诸侯和楚国一起在召陵订立了盟约，各自回国去了。

后来，周王室发生纠纷，齐桓公帮助太子姬郑巩固了地位（姬郑就是周襄王）。周襄王为了报答齐桓公，特地派使者把祭祀太庙的祭肉送给齐桓公，算是一份厚礼。

齐桓公趁此机会，又在宋国的葵丘（今河南兰考东）会合诸侯，招待天子使者。并且订立了一个盟约,这是齐桓公第一次会合诸侯。像这样大的会合,一共有许多次,历史上称做"九合诸侯"。

管鲍之交

管仲和鲍叔牙在年轻的时候曾经合伙做买卖,管仲家里穷,出的本钱没有鲍叔牙多,可是到分红利的时候,他却要多拿。鲍叔牙手下的人骂管仲贪婪。鲍叔牙却解释说是他自愿让给他的。鲍叔牙总是替管仲辩护,管仲非常感动。

齐襄公没有儿子,只有两个异母兄弟,一个叫公子纠,一个叫公子小白。管仲当上了公子纠的随身老师,而鲍叔牙当上了公子小白的随身老师。

公元前686年,齐国内乱,齐襄公被杀。当时公子纠在鲁国,公子小白在莒(jǔ)国。两位公子听说齐国无君,都想尽快回去即位。公子纠考虑到莒国离齐国很近,担心公子小白会先赶回去,便派管仲去阻截公子小白。管仲没日没夜地赶路,到了莒国边境的时候,果然就追上了公子小白的队伍。他弯弓搭箭,向小白射去。只听见小白大叫一声,口吐鲜血,倒在车里。

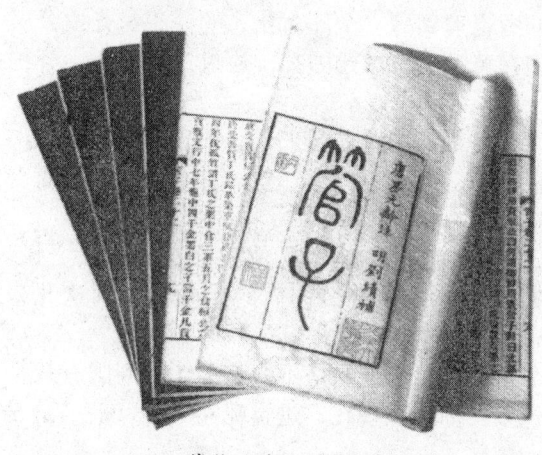

管仲的著作《管子》

谁知道小白并没有死,管仲那一箭只射中了他的衣带钩,小白故意咬破舌头,吐出血来,骗过了管仲,等管仲走远,他才起来。小白和鲍叔牙一行日夜兼程,抢先到了国都临淄,公子小白当上了齐国国君,他就是齐桓公。

这时候公子纠他们一行人却还在半路上悠哉游哉呢。最后,公子纠被杀,管仲被抓。齐桓公想杀了管仲报仇,鲍叔牙反对,并极力推荐管仲:"我不过是个小心谨慎、奉公守法的臣子,管仲才是治国图霸的人才哪。"

管仲被带来见齐桓公,他跪下来请罪。齐桓公把他扶起来,向他询问治国方略。管仲侃侃而谈,说得齐桓公万分高兴,随即任命他为卿,让他管理国政。

管仲当上了齐国的卿之后,立刻进行了一系列的改革,过了5年时间,齐国的面貌为之一新,政治、军事、农业、手工业都发达起来,齐国很快就成了诸侯国里首屈一指的强国。

鲍叔牙主动让贤,把管仲推上齐国的政治舞台。后来,管仲并没有因为老交情就推荐鲍叔牙接替自己作相,而是推荐了比鲍叔牙更贤能的人。鲍叔牙不但没有因此责怪管仲,反而认为管仲做得对。管仲和鲍叔牙是好朋友,同时又以国事为重,心怀坦白。后人一直称赞他们这种真正的交情,"管鲍之交"就意味着这种意思。

唇亡齿寒

　　春秋时候有两个小国，一个叫虞，一个叫虢，相处得十分和睦。虢国和晋国是近邻，晋国的晋献公老想发兵吞并虢国。

　　晋献公派人送给虢公很多美女，果然，虢公便整日吃喝玩乐。他又派大夫荀息去见虞公，先送上一双名贵的玉璧和一匹千里马。虞公眉开眼笑。荀息说："敝国国君有点小事求您帮个忙。虢人多次侵犯我们边界，我们打算惩罚惩罚他们，贵国可不可以借一条道，让我们过去？如果侥幸打赢了，所有缴获，都送给您。"虞公见有厚利可图，当即表示同意。

　　大夫宫之奇不断地向虞公使眼色，说："您千万不能答应啊。虢虞两国好比嘴唇和牙齿，俗话说'唇亡齿寒'。虢国灭了，咱们虞国还能够生存吗？"虞公就是不听。

　　宫之奇料到虞国一定要灭亡，就带着全家老小悄悄地跑了。

　　公元前658年，晋献公派大将里克和荀息去讨伐虢国，荀息对虞公说："我听说虢公正和犬戎交战，胜负未定，您假装前去下阳关助战，他们一定会放您进去。您把兵车都装上我们晋兵，只要他们一开城门，下阳关就是我们的了。"虞公言听计从，帮助晋军拿下了下阳关。晋军又乘胜前进灭了虢国。里克把大军驻扎在虞国都城外，说休息几天再回去。

　　一天，晋侯忽然到来，约虞公到箕山打猎，虞公为了显示自己的排场，将城中的兵马全部调出，跟随自己去打猎。等他回到城边，只见城楼上一员大将，威风凛凛，朝虞公喊道："前次蒙您借给我们一条路，这次又蒙您借给我们一个国家，谢谢您了！"虞公如梦初醒，悔恨交加。

　　正说着，晋献公到了，他笑嘻嘻地对虞公说："我这次来，就是为了取回我的玉璧和千里马的！"虞公贪图一点小利，就这样出卖了自己的友国，最终惹火上身，把自己的国家断送了，自己也当了晋国的俘虏。唇亡齿寒，这个教训是多么的深刻。

"五羖大夫"百里奚

　　百里奚是虞国人，家里一直很穷，他决定出去闯荡。他先是到了齐国，后来又流浪到宋国，在那里碰到一个叫蹇叔的人。两人谈论天下大事，十分投机，互相佩服，于是结成了好朋友。后来两个人就动身到了虞国。经蹇叔的朋友宫之奇向虞公推荐，百里奚当上了官。后来，虞公因为贪财丢了国家，百里奚也当了晋国的俘虏，成了奴隶。

　　晋献公把女儿嫁给秦穆公，百里奚成了陪嫁的奴隶。在出嫁路上，他偷偷地逃跑了，可是又被楚国人抓进了大牢。秦穆公发现陪嫁来的奴隶少了一个，就查问起来，知道了是百里奚。秦穆公知道百里奚原是虞国大臣，就想派人拿厚礼去楚国赎百里奚。他的大臣公孙枝说："如果真的拿厚礼去赎他，岂不是告诉楚人这人是人才么？楚国人哪里会放他回来呢？"

秦穆公就按照一个奴隶的身价，派人带了5张羊皮去楚国赎回了百里奚。使者带百里奚回到秦国，秦穆公连忙召见他，可是看见他老得头发都白了，大为失望，问他："你多大年纪了？"

百里奚告诉秦穆公："70岁了。"

秦穆公不禁叹了口气。百里奚一看，就知道了穆公心里的想法，忙说道："大王如果派我去山上打老虎猛兽，我确实就是个老朽不中用的人了。可是如果大王要用我来出谋划策，那我岂不是比当年的姜子牙还年轻十岁吗？"

秦穆公听他这样说，很是高兴，随后向他请教治国强兵的道理，百里奚滔滔不绝，秦穆公听了激动不已，说道："太好了！我得到先生，就像周文王得到姜太公啊！"

于是秦穆公就任命百里奚为大夫。百里奚又推荐了蹇叔，秦穆公非常高兴，任用他和百里奚为左右相，改革内政，发展生产，国家也就一天比一天富强起来，开始有了同诸侯争霸的气象。

因为百里奚是从楚人手里用5张羊皮换回来的，当时的人就称呼他为"五羖大夫"，就是五张羊皮换来的大夫。

重耳的流亡生涯

春秋历史上，晋国称霸的时间最长，而晋文公重耳则是开创晋国称霸事业的第一人。

重耳是晋献公的庶子，晋献公去世后，他的宠妃骊姬买通朝中佞臣，企图陷害太子申生，另立自己的儿子奚齐为太子。由此宫中发生内讧，太子申生被害死，重耳不得不出国逃亡。跟他出生入死的有狐毛、狐偃、赵衰、魏犨（chōu）、介子推等能人。

晋文公复国图卷

重耳辗转来到齐国。齐桓公对重耳招待得十分周到，还把本家的一个美女齐姜嫁给重耳作夫人。这样重耳迷恋于眼前的安逸生活，再也不想离开齐国了，因此狐偃等人密谋带重耳逃跑。

齐姜知道了这件事，但她深明大义，主动帮助他们将重耳灌醉，狐偃等人把重耳抬上车，连夜出了城。重耳无奈只得随了他们。他们一行流浪到曹国、宋国、楚国，最后到了秦国，一晃就是6年。秦国的国君穆公决定帮助重耳，于是派重兵送重耳回国去当国君。

来到黄河渡口，上船的时候，管行李的壶叔小心地把所有的东西都搬上船。重耳见了哈哈大笑，说："我今天回晋国当国君，要什么有什么，还要这些破烂干什么？"说罢，叫人把这些东西全扔到岸上。

狐偃见状，不由倒吸了一口凉气，他跪在重耳面前辞行。重耳吃了一惊，说："我全靠舅舅帮助才能有今日。如今正该回去同享富贵才是。"

狐偃说："我跟随您奔走数年，就像旧衣、破鞋一样，带回去能有什么用处？"

重耳羞愧得流下泪来。晋国的大臣们迎接公子重耳，立他为国君，就是晋文公。重耳当上国君后，注意整顿国内政治，发展生产，安定人心，晋国很快强盛起来，成为春秋时期长期的霸主。

晋文公退避三舍

晋国公子重耳流亡的时候，曾投奔过楚国。楚成王对重耳十分友好，待他以国君之礼。

一次，楚成王问重耳将来如果回晋国做了国君，打算怎样报答他。

重耳斟酌了一番，认真地说："万一两国交战，我将退避三舍，以此作为报答。"

后来，重耳在秦穆公的帮助下回晋国做了国君，就是晋文公。他一心一意治理国家，晋国逐渐强大起来。

公元前633年，楚国借宋国投靠晋国为由，纠集陈、蔡、郑、许等国的军队攻打宋国。宋成公赶紧派人向晋国求援。狐偃说："楚国不久前刚把曹国拉过去，又和卫国结成儿女亲家，现在他们三国正是关系最好的时候，曹、卫两国跟主公结过仇，我们出兵去攻打这两个国家，楚国一定会来救，这样一来，宋国的围就可解了，我们的仇也报了，一举两得。"

晋文公在公元前632年攻下了曹国和卫国。

楚成王听说晋国接连打下曹、卫两国，怕领兵在外的大将子玉有个闪失，就打发人叫他班师回去，子玉不服，一定要打了胜仗再回来。

晋文公为了称霸中原，打发人去联络秦国和齐国，请他们一起来帮助中原的诸侯抵御"楚蛮"；一面逼迫曹、卫两国国君与楚绝交。曹、卫两国迫于无奈，给子玉写了一封绝交信。子玉很恼怒，带领兵马，撤了对宋国的包围，气势汹汹地向晋军扑来。

两军相遇，晋文公遵循先前的诺言，退后90里，恰好是三舍之远。晋军的后退，被子玉误认为是害怕楚军。于是，楚军紧逼而去，一直追到城濮。

两兵相接，晋军大将先轸诈败。子玉轻敌，不顾一切地追了过去。先轸把楚军引诱到设有埋伏的地方，伏兵齐出，切断了他们的后路，杀得楚军七零八落。晋文公吩咐不许追赶滥杀，免得辜负了楚王先前的情义。晋军联合秦、齐、宋国

的军队打败了楚军,楚将子玉羞愧得无地自容,自杀了。

晋文公得胜后,周天子派使臣慰劳诸国军队。晋文公在践土(今河南荥泽)邀集十来个诸侯签订盟约,正式做了霸主。

秦晋崤山大战

前628年,晋文公去世了。秦穆公想趁机扩大地盘,灭掉郑国。可是老臣蹇叔、百里奚不同意偷袭郑国。秦穆公不听,派孟明视、西乞术、白乙丙带着大军偷偷地出发了。晋国得到这个情报后,便在秦军回国的必经之地崤山(今河南渑池、洛宁一带)布下了重兵。

秦军本想神不知鬼不觉地把郑国灭了,没想到走到半路上被牛贩子弦高发现了。弦高是郑国人,他一面派人去郑国报信,一面赶着牛群向秦军走去,装作是郑国的使臣来慰劳秦军。

孟明视以为郑国已有防备,只好另做打算。顺手把附近的小国滑国灭掉了。秦军灭滑以后,班师回国。四月初,秦将孟明视率领军队到了崤山。走着走着,忽然听到远处有鼓角的声音,晋军冲杀出来,直扑秦军。秦军慌乱中抵抗不住,只得往前跑逃命。没跑多远,一支晋军迎面杀了过来,秦军只好又往回跑。前有堵截,后有追兵,秦兵走投无路,晋军又点着了大火,霎时间山谷变成了火海。秦军死伤无数。

孟明视、西乞术和白乙丙都成了晋军的俘虏。晋襄公的后母文嬴(即怀嬴),是秦穆公的女儿,她听说襄公要把秦国的三员大将杀掉,急忙向晋襄公求情。晋襄公答应将孟明视等三人放回秦国。

孟明视等三人死里逃生,拚命往回赶路,生怕晋襄公变卦。没过多久,晋襄公果然后悔了,派阳处父去追。阳处父赶到黄河边上,孟明视等人乘的船刚刚离开岸边。阳处父急中生智,解下拉车的马,高声叫道:"三位慢走,我们国君怕你们路上没有车坐,特派我送上一匹千里马,请三位收下吧!"这三个秦将好比漏网之鱼,哪里还敢再上岸?孟明视站在船尾上,对阳处父说:"贵国国君不杀我们,已经感激万分,哪里还敢再接受这么贵重的礼物啊!请您回去转告贵国国君,如果我们还能活着,三年之后,我们一定亲自来贵国道谢。"阳处父还想说什么,只见那只船已经荡过中流,朝对岸划去。孟明视、西乞术、白乙丙三人,就这样回到了秦国。

楚庄王一鸣惊人

公元前613年,楚庄王即位。这时他还不满20岁,整天喝酒、打猎,不问政事。

有一天,大夫伍举来见楚庄王说:"有人要我猜一个谜语,我怎么也猜不着,特地来向您请教。谜语是:楚国都城,有只大鸟,五彩缤纷,美好娇娆;整整三年，不飞不叫，满朝文武，莫名其妙。请您猜猜看，这究竟是只什么鸟？"楚庄王一听，心里明白，笑着说："我猜到了。这可不是一只普通的鸟，这只鸟呀，三年不飞，一飞冲天；三年不鸣，一鸣惊人。你等着看吧。"伍举也明白了楚庄王的意思，高兴地退了下去。

原来楚庄王是故意装糊涂呀。

第二天，楚庄王上朝，召集文武百官，当众宣布了一些重大的人事调整。奸臣被罢免，贤臣被提拔到关键的岗位上去。经过六年的苦心经营，楚国的势力和声威大大振作起来。

一次，庄王平定了国内的叛乱，回到郢都后，大摆宴席，正在酒酣之际，一阵狂风把蜡烛全吹熄了。不知是谁趁机拉了庄王最美貌的

春秋时期的战车

许姬的袖子，许姬把那个人帽子上的缨子揪下来，许姬到庄王跟前，请庄王点燃蜡烛查看。庄王赶忙站起来大声说："等一会儿再点燃蜡烛，今天晚上我们来个痛快，不要那么衣冠整齐，请大家都把帽缨子摘下来。"大臣们都莫明其妙地把帽缨子摘下来了，庄王这才叫人点燃蜡烛，请大臣们照样喝酒。

后来楚国讨伐郑国时，健将唐狡自告奋勇当开路先锋，进兵神速。庄王召见唐狡，要奖赏他。唐狡说："在宫廷酒宴上，拉住美人袖子，犯下欺君之罪的就是我。承蒙君王不杀之恩，现在舍命相报。"庄王给唐狡记了头功。这个消息一传出，大臣和将士们就更加佩服楚庄王了。

三年不鸣的楚庄王终于一鸣惊人，他后来成功地问鼎中原，成为春秋时期的霸主。

伍子胥发誓灭楚

伍子胥本来是楚国人，可后来他成了吴国的重臣，帮助吴王阖庐打败了楚国。原来，这其中隐藏着深仇大恨。

公元前527年，楚平王派大夫费无极去秦国给太子建求婚。秦哀公把自己的妹妹孟嬴许给了太子建。孟嬴长得娇美动人，楚平王见了很心动。费无极就把孟嬴送到了楚平王的宫里，而把孟嬴的侍女嫁给了太子建。

费无极深怕太子建知道，就在楚平王跟前说太子的坏话。楚平王便把太子建的老师伍奢关进了监狱。费无极进一步挑唆，楚平王下决心要杀掉太子建。

太子建得到消息，立即逃到宋国去了。费无极又献计杀了伍奢和他的大儿子

伍尚。小儿子伍子胥连夜跑了。

伍子胥到宋国找到了太子建。不巧宋国内乱,楚国派兵来干涉,太子建和伍子胥赶快逃往郑国。郑定公很热情地招待他们,没想到太子建恩将仇报,他瞒着伍子胥,暗中勾结晋国,想要篡夺郑国大权,郑定公及时发觉了这一阴谋,就把太子建杀了。

伍子胥又带着太子建的儿子公子胜逃向吴国。走了十几天,来到了楚国和吴国交界的昭关。可是楚平王估计伍子胥一定要逃到吴国去,特地增派兵马来昭关把守,还在关前挂上伍子胥的画像。真是天罗地网,插翅难飞。伍子胥和公子胜在昭关附近停了好几天,就是过不去。

一天,伍子胥发现关前突然挤满了人,乱哄哄的,守关的士兵都检查不过来了,他急忙化了装,带着公子胜混在人群当中,乘机过了关,投奔了吴国。据说伍子胥在昭关前焦虑过度,一夜之间愁白了头发胡子,守关的士兵认不出来,这才混出了昭关。事实是否如此,已不可考,不过可以从中看出,人们很同情伍子胥。

后来,伍子胥协助吴王阖庐治理吴国,使吴国强大起来。公元前506年,吴王阖庐伐楚,把楚国打得落花流水,吓得楚昭王丢下郢都逃命去了。

这时楚平王已经死了,楚昭王也逃跑了。伍子胥很不解气,就带领手下的士兵,找到楚平王的坟墓,拖出楚平王的尸体,他一口气抽了三百鞭才罢手。

机智善辩的晏子

管仲去世之后,过了一百多年,齐国又出了个贤相,名叫晏子,他博学多才,聪明机智。

齐景公派晏子出使楚国。楚灵王听说晏子要来,便想当面羞辱他一番。他派人连夜在城门旁开了一个五尺来高的小洞,过了不久,晏子到了,见大门没开,守门的士兵说:"听说齐国使臣身材矮小,可以从小洞进城嘛,用不着开大门了。"晏子严肃地说:"这是狗洞,出使狗国的人才从狗洞进城,难道我是出使到狗国来了吗?"守门的人只好打开城门。

晏子拜见楚王,楚灵王笑嘻嘻地说:"怎么,齐国就没有人了吗?为什么单单派你这样的人来当使者呢?"晏子哈哈大笑说:"我们齐国有个规矩:有德有才的人,出使贤者为王的国家;没有出息的人,出使庸者为王的国家。我是个没出息的人,只能出使到你们楚国来。"

楚灵王觉得晏子不好惹,又请晏子喝酒。大家正喝得热闹的时候,有两个士兵押着一个囚犯从殿下走过。楚灵王问:"这个囚犯是哪里人?犯了什么罪?"士兵回答说:"是齐国人,犯了盗窃罪。"楚灵王笑嘻嘻地说:"齐国人都善于偷盗吗?"楚国大臣哄堂大笑。晏子从容不迫地回答道:"我听说,橘树生长在淮河以南,结出来的橘子又大又甜;而种在淮河以北,就只能结出又小又酸的枳。因为淮南淮北的水土不一样!同样道理,这个人在齐国并不偷盗,一到楚国就偷盗,这大概是因为楚国的水土容易使百姓偷盗吧?"楚灵王又讨了场没趣。

晏子还慧眼识才。有一次，晏子乘车外出，他的车夫的妻子看到她的丈夫得意扬扬，自命不凡。车夫回家之后，他的妻子要求离开他。车夫就问为什么。妻子说："晏子身高不到五尺，却做了齐相，而且态度谦卑。而你身高八尺，给人驾车，却趾高气扬。"这些话对车夫的触动很大，从此以后，他越来越谦恭。

晏子发现了他的变化，车夫就把实情相告。晏子觉得车夫善于改过，很有潜力，就向景公推荐他做了大夫。

老子与《道德经》

老子是春秋后期著名的大哲学家，出生在楚国苦县历乡曲仁里（今河南鹿邑一带）的一个李姓人家。他从小聪明好学，后来又来到都城洛阳。当上了国家图书馆的官员。他更是如饥似渴地拼命读书，逐渐成为全国知名的大学问家。许多人不远千里前来向他请教问题，孔子曾专门向他请教有关礼制的问题。

老子对孔子说："你提到的这些古代圣贤都已经死去很久了，就剩下这些话还流传在世上，你没有必要用这些话来约束自己的言行，一味地模仿他们呀。君子应该具有适应社会的能力，碰到机遇就轰轰烈烈地干一场事业；没有机遇就远离政治，无拘无束自由自在地生活。"

孔子大受震动，回去之后对弟子们大发感慨："我知道鸟会飞，鱼会游，兽会跑，不过我可以用网子、钓饵、弓箭把他们捉住。但是对于乘云直上天空的龙，却不是我的智力所能了解的。老子知识广博，见解深刻，大概就是出神入化的云中之龙吧！"

老子一直住在洛阳，当时东周却一天天衰落下去，还爆发了长达五年之久的内战。老子决定去民风淳朴、战乱极少的秦国安度晚年。

老子骑着青牛，踏上了旅途。没走几天，老子便来到函谷关口，守关的官员尹喜迎出来恭恭敬敬地向老子施礼说："素闻先生学问广博，见识精深，既然路过这里，就请小住几日，将您的真知灼识写成一部书，一来可让我拜读，二来可让天下老百姓受到您的教诲，请您不要推辞！"

老子被尹喜的真挚所感动，便住下来，把自己对宇宙、人生、社会等方面的见解，写成了一部五千余字的《道德经》。这部书最核心的内容就是"道"。老子认为"道"是宇宙的本源，世界上万事万物的形成和发展，都由"道"转化和生成，它的规律就是自然的规律、社会的规律。老子的这一思想成为中国古代思想的源头之一，一直到现在还深深地影响着国人。

周游列国的孔子

孔子是中国古代的大思想家、政治家、教育家，是儒家学派的创始人。

孔子饱学诗书，却一直不受重用，直到五十出头，才在鲁国做了个小官。鲁国国君鲁定公是一个昏君。近邻齐国采取美人攻势，送给他80名妖艳少女，从此他整天陪着美人玩，把上朝的大事都忘了。学生们都劝孔子辞职，可孔子还是想等过了祭祀节气再说。依照当时的规矩，祭祀用的肉在祭祀过后应当由国君很隆重地分给大臣们，孔子想，如果鲁定公还像往年那样重视这件事，或许还可以规劝他做个好国君。祭祀过后，孔子回到家里，眼巴巴地等待国君送祭祀肉来，可始终也不见国君的影儿。国君连这等大事也不做了，孔子难受得直流泪，于是丢下官职，带着他的学生出城走了。

孔子问道图，描绘孔子向老子求教的历史典故。

从此，他踏上了整整14年周游列国的征途。

孔子先到了卫国，却受到国君不礼貌的待遇，只好离开。他们来到宋国的国都附近，看到一棵参天大树，长得挺拔秀美，孔子就指挥学生们在树下演习礼仪。宋国的桓大司马不喜欢孔子的学说，得报大怒，带了一队兵，赶到大树下，令人铲平孔子的脚印，砍倒大树。孔子知道了，心情十分平静。

孔子又来到陈国、蔡国，都没有安顿下来。于是收拾行李，准备动身到楚国。蔡国和陈国见孔子要到楚国去，怕对自己不利，便联合发兵围困住孔子一行。孔子和学生们被困在野外，整整绝粮七天，可孔子却坚持照样给弟子们讲学、弹琴、唱歌。楚王得到消息，发兵来救，孔子才脱离困厄。

到了楚国，楚王听信谗言，只把孔子养着，不给他任何施展才能的机会。孔子彻底绝了在政治上建功立业的念头，年近70的他带着寥寥几人回到老家。推门一看，只见满屋的书卷都埋在厚厚的灰尘里。孔子心里突然亮起来，幽默地说："功名成不了，还可以成仁，我的工作不就在这里吗？"于是他开始进行大规模的学术工作，由于孔子的努力，儒家有了系统的经典流传后世。

功成身退的范蠡

在吴越争霸的过程中，范蠡立下了汗马功劳。然而越王勾践称霸之后，范蠡悄悄留下一封信，从此离开了越国。

据说范蠡辗转来到一个叫陶的地方，干起了买卖的行当，不久暴富，天下人把他称为"陶朱公"。陶朱公是后世商人的保护神，也是在中国有史可考的开创商业的第一人。

范蠡的一个儿子在楚国杀了人，被关进了监牢。范蠡的大儿子要去营救，范蠡便写了一封信托大儿子带给在楚国的自己的好友庄生。临行前他嘱咐大儿子："到了楚国后把钱财放在庄生那里，一切由他料理，你不要跟他争什么。"大儿子去了,还带上了自己往日攒下的百两黄金。

到了楚国,长子发现庄生很穷,但还是把钱财交给了他。庄生说:"好了,你快回去吧,你弟弟一旦出狱,你也不要问他为什么。"长子没有按庄生说的做,私自留在楚国,又拿自己的钱去贿赂楚国管事的人。

这庄生虽穷,却是楚国第一廉直之人,举国上下,无不知其大名。陶朱公这次送给他的钱财,他无意接受,打算过后再还给他。

庄生去见了楚王,规劝他行善消灾,没多久,楚王宣布大赦。范蠡的二儿子得救了,他的长子很高兴,可他觉得送给庄生的钱财是白送了,就又去了庄生那里,要回了前日送去的金子。庄生才高德重,被一个晚辈无端猜忌,感到羞愤。于是前去见楚王,说:"我听人说富甲天下的陶朱公的儿子杀了人被关在楚国牢中,他家拿了许多钱财贿赂大王的手下重臣,因此这次赦令,反倒好像是单为赦免陶朱公儿子的。"楚王听了大怒,于是下令先对陶朱公的儿子行刑,然后再兑现赦令。陶朱公长子只得带着弟弟的尸骨回家。

长子到家后,一家人哀伤恸哭,惟有陶朱公笑了起来。他说:"我就知道二儿活不了!大儿不是不爱他弟弟,他只是把钱财看得太重。他小时候跟我一起白手起家,吃过苦,知道钱财得来不易,所以痛惜银子。"

范蠡从越迁至齐,又从齐迁至陶,所到之处,必成就一番大事业。这与他的深明大义、精明干练是分不开的。

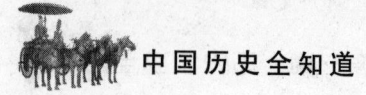

战国——群雄逐鹿
（前475年—前221年）

"战国"的名称，源于《战国策》。这部书是西汉学者刘向根据《国策》而编定的。

这一时期，诸侯争霸照常进行，只是一些旧势力退出了历史舞台，另外一些新势力则开始扮演主要角色。江南的吴国和越国渐渐销声匿迹了，鲁、卫、宋、郑等国，也失去了发言权，逐渐衰落。原本强大的齐国，被田氏取代之后，也显出败相。春秋时的大国晋国，被韩、赵、魏三家瓜分。楚国自春秋末年被吴国击破之后，一直没有缓过气来，吴起在楚国的改革也胎死腹中。不过，最后就形成了齐、楚、燕、韩、赵、魏、秦七个大国，号称"战国七雄"。

偏居西部的秦国，相继出现了几位英明有为的君主。先有秦献公的稳扎稳打，接着是秦孝公任用商鞅主持变法，使国势强大起来。在秦国进行彻底改革的同时，山东六国却在不停地厮杀，他们各打自己的小算盘，在连横与合纵之间徘徊不定，终使秦国乘机不断向东蚕食，势不可挡。而唯一能与秦国抗衡的齐国，则因为自高自大，反被默默无闻的燕国击破。这样一来，进入战国末期，秦国形成一枝独秀之势，统一天下只是个时间问题了。

战国时期，各国为了富国强兵，打败其他国家，都先后实行变法，废除奴隶制残余，进行封建化改造，使生产力得到了很大发展。此时的思想文化也空前活跃，儒、墨、道、法等诸子百家各抒己见，展开论战，形成了百家争鸣的生动局面。

"三家分晋"是怎么回事

春秋时期，晋文公曾称霸诸侯，但到了晋出公时，晋君已名存实亡，成为卿大夫的傀儡。

当时，卿大夫中权势最大的，是智氏、韩氏、魏氏、赵氏、范氏、中行氏，被称为"六卿"。"六卿"中智氏的权势最大，智伯一心要独揽晋国大权，他先灭了范氏和中行氏，还计划铲除了另外三家之后自立为君。

他先派使者到韩康子和魏桓子那里，要他们割让土地，他们都被迫答应了。智伯洋洋得意，又要赵襄子割让土地。没想到赵襄子不买他的账。智伯大怒，号令韩、魏两家起兵，跟随自己一同攻打赵氏，并答应灭赵之后将赵氏的土地平分。

三家大军人多势众，赵襄子无法抵挡，他和属下商量了一番，决定前往晋阳（今山西太原），那里是赵氏的老地盘，城池坚固，人心又齐，能够固守。

晋阳的百姓拥戴赵襄子，同仇敌忾，士气旺盛，粮草储备充足，可以长期支撑，只是武器不足，需要赶制。赵襄子采纳了家臣张孟谈的建议，拆了城内的公房，用拆下的材料连夜赶制武器。

三家大军潮水般涌来，智伯下令奋力攻打，但因晋阳防守严密，一次次的猛攻都被赵军击退。狂妄的智伯不禁皱起了眉头，他下令挖开河堤，滔滔的汾河水向晋阳灌去。

但洪水上升到离城头还差三块木板高度的时候，水位不再上升了。洪水虽没淹过城头，晋阳城里还是遭了殃。赵襄子心乱如麻，派人找足智多谋的张孟谈来商议。

张孟谈于夜半时分偷偷出了城，找到了魏桓子和韩康子。说服了他们阵前倒戈。

到了约定起事的那天夜间，赵襄子和韩、魏三家军队汇合，打败了智家军，诛杀了智伯。此后，赵、魏、韩三家不仅平分了智氏封地，连晋君仅存的一点儿土地也瓜分了，这就是历史上有名的"三家分晋"。

公元前403年，周天子只得承认既成事实，封赵、魏、韩为诸侯。从此以后，他们和秦、楚、齐、燕平起平坐，形成了战国"七雄"。

西门豹治邺

魏国有一位著名的政治家，叫西门豹。一年，他到邺城上任，只见那里田地荒芜，人烟稀少，一片荒凉景象，就把当地父老请来，询问原由。

原来，这地方有一条大河，叫做漳河。河水经常泛滥成灾。巫婆说主管漳河的水神河伯，每年都要娶一位漂亮姑娘，如果按时挑出姑娘嫁给他，他就保佑地方上风调雨顺。不然的话，他就会兴风作浪，冲毁房屋。为了得到河伯的保佑，每年春天，巫婆就挨家挨户挑选闺女，送给河伯。这样，有闺女的人家纷纷逃走了。而且，每年给河伯娶媳妇，都要老百姓出上百万的钱，这些钱都进了巫婆和乡绅的腰包。

这年，又到了给河伯送媳妇那天，这天，西门豹也来到现场，巫婆的众弟子把一个哭得泪人儿似的姑娘拽上来。西门豹看了看，说这个女孩子模样儿配不上河伯，请巫婆去报告河伯，改在后天送上。然后命令兵士把老妖婆扔到河里去了。

过了一会儿，西门豹说："大巫是女的，可能说不清楚，请乡绅们再辛苦一趟吧！"西门豹吆喝兵士上前，连拉带拽，把几个乡绅也扔到河里去了。

另外那些乡绅官吏、里长衙役，一个个胆战心惊，"扑通"一声，一齐跪下，连声哀求"饶命"。

这时候，西门豹转过脸来，对大伙儿说："他们平白编出个河伯来，盘剥百姓，真恨不得把他们统统扔到河里去，偿还血债！"接着西门豹派出兵士把这帮坏蛋从老百姓那里盘剥来的财物全部追回来，发还给老百姓。河伯娶媳妇的迷信就这样破除了。一些逃荒避难的人家，也纷纷回来了。

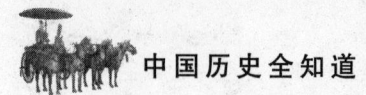

西门豹亲自带着人察看地形,发动群众在漳河两岸挖了十二道水渠。这样,不仅分散了水势,免除了水涝灾害,而且可以引漳河的水灌溉农田,促进了农业生产的发展。

邹忌讽齐王纳谏

齐国到了齐威王的时候,强盛起来了。国家一强,讲奉承话的人就多,齐威王就有些飘飘然了。相国邹忌就想找个机会规劝他。

一天早晨,邹忌起来穿好衣服,戴上帽子,拿镜子照了照,就问他妻子、侍妾、客人:"我跟美男子徐公比,谁漂亮呀?"他们都说邹忌更漂亮。第二天,徐公来拜访。邹忌把徐公打量了一番,觉得自己比徐公差远了!

从这件事上,邹忌悟出来一番道理。他把这件事说给威王听:"他们都是为了讨好我啊!"威王点点头说:"很对,别人的好话,得考虑考虑,不然就很容易受蒙蔽。"邹忌严肃地说:"您受的蒙蔽比我还深呢。齐国上下没有不巴结大王的,在您跟前尽说些好听话。由此看来,大王受到的蒙蔽是很深的啊!"

威王恍然大悟,发布了一道命令鼓励人们给他提意见。邹忌还派人做调查,一次,他听大臣们夸阿城县令好,即墨县令坏。邹忌请威王暗地里派人去调查,然后,威王下令召两位县令入朝。

威王对即墨县令说:"我这儿不断地有人告你的状,说你如何的坏。但我派人到你那里去考察,发现百姓安居乐业,社会安宁。可是因为你不肯向我左右的大臣行贿送礼,所以他们总说你的坏话。我要是偏听偏信,岂不是要冤枉你吗?现在,我奖给你黄金绸缎,另外还封给你一万户的俸禄!"大臣们心里都打起鼓来。这时候,威王指着阿城县令说:"几乎天天都有人向我夸你。但我派人到你那里去考察,只见庄稼荒了,百姓缺吃少穿,你也不管。就知道贿赂买通我身边的大臣。要是官员都像你,齐国不就完了吗?来人呀!把他处死!"兵士们就一拥而上,把阿城县令扔到开水锅里去了。

这样那些贪官污吏再也不敢胡来了,从此齐国更加强大了。威王很高兴,也很感激邹忌,封他为"成侯"。

商鞅"作法自毙"

卫鞅原是卫国人,在卫国不受重用,听说秦孝公招募人才,就到了秦国,见到了孝公。把他的一套富国强兵的道理和办法给孝公讲了一遍,孝公很感兴趣,决定推行卫鞅提出的新法令。

卫鞅很快就把变法方案制订出来了,他怕新法令没有威信,就想了个办法。叫人在都城的南门竖了一根三丈来长的木头,说:"谁能把这根木头扛到北门去,赏他十金(即十斤铜)。"

吸引了很多人,但谁也不敢去扛。卫鞅又把奖赏提高到五十金。这么一来,人们更疑惑了。这时候,只见一个粗壮汉子扛起了木头。卫鞅果然把准备好的五十金奖给了他。这事儿很快就传开了,大家都说卫鞅说话算数,说到做到。

公元前356年,卫鞅的新法令公布了。一开始推行,就遇到很大阻力。那些贵族宗室的特权受到了侵害,实行连坐法以后,他们也不能为所欲为了。因此,都疯狂地攻击新的法令。后来,太子也故意犯法,卫鞅就把太子的老师治了罪。

几年以后,秦国变得强盛起来。接着,又进一步推行新法令,都是发展生产的有力措施。新法令实行了十年以后,秦国变成当时最富强的国家。秦孝公十分欢喜。后来把商、于一带十五座城镇封给了卫鞅,表示酬谢。从此以后,人们就把卫鞅称做商鞅了。

商鞅变法,使秦国走上富强之路。

过了几年,秦孝公病死了,太子即位,是秦惠文王。惠文王记恨商鞅,于是和反对变法的人一起捏造罪名,硬说商鞅阴谋造反。商鞅只得逃走,但是在潜逃途中,没有一户人家敢收留他,因为根据新法,不得收留不明身份的人,否则要受连坐的重罚。商鞅作茧自缚,只得喟然长叹。不久,商鞅被抓住,处以车裂之刑。

孙膑与庞涓斗智

孙膑和庞涓都是战国时的著名将领,他们早年是同学,都在鬼谷子那里学习兵法。

后来,庞涓在魏国做了将军。他嫉妒孙膑的军事才能,把孙膑骗到魏国,想置他于死地。孙膑装疯卖傻,才逃过劫难。从此,他流落于街头。

齐国的使者来到魏国,把孙膑偷偷地带回了齐国,

过了几年,魏惠王派庞涓去攻打赵国。赵军向齐国求救。齐威王派出军队救赵国,任命田忌为主将,孙膑为军师。田忌打算率兵直奔被围的赵国,孙膑说:"现在魏国出兵攻打赵国,精锐部队一定都在外面,留在国内的都是一些老弱病残。您不如率兵迅速前往魏国国都大梁,他们一定会放下赵国撤兵赶回救援。这样我们可以一举多得:既为赵国解了围,又叫魏军疲于奔命,还可以趁势攻击。"田忌采纳了这个策略,果然把魏军打得落花流水。这就是"围魏救赵"的故事。

又是10多年过去了。庞涓率领魏军去攻打韩国。齐威王又命孙膑为军师,率兵救韩。

孙膑仍然用老办法,不直接去救韩,而是派大军向魏国进发。庞涓连忙带兵回救。谁知大队人马撤回魏国边界时,齐国却退回去了。庞涓恨恨地带兵紧追不舍,一直追到河北的马陵。

马陵地势险峻,山高涧深。魏军在漆黑的夜色中沿着山道缓缓进行。忽然有

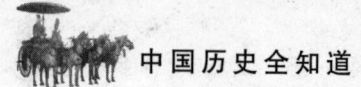

哨兵来报：前面的山道被齐军用木头和石头堵住了。庞涓亲手指挥士兵们清除乱石和杂木，忽然注意到马陵两旁的树木都被伐倒，单单留下一棵大树没有砍，他走上前去察看。只见那棵大树上的一面被刮去了树皮，上面映出几个大字："庞涓死于树下"。他大叫一声，正要回马，两山上箭如雨下。霎时间，庞涓和身边的将士中箭而死。

齐军冲下山来，勇猛无比，锐不可当。魏军全军覆没。这一仗打下来，魏国元气大伤。魏王向齐国上表求和。齐威王很高兴，要重重地封赏孙膑。孙膑却不愿接受封赏，他亲手把自己写的《孙膑兵法》献给齐威王，然后便辞官隐居了。

墨子守城破云梯

墨子是战国初期的思想家和科学家，他反对战争。

当时有个最有本领的工匠叫公输般（后来人们称他为鲁班），他会造各种兵器。有一次，他为楚王造了一种攻城的器械，叫云梯。楚王决定用它来攻打宋国。这时候，墨子听到这消息，他一方面派他的学生赶到宋国去，帮助他们做好防御的准备，另一方面决定劝说楚王停止攻宋。

墨子一到楚国都城郢都，就先去找公输般，说服他一起去见楚王。

墨子拜见过楚王，就跟他讲起故事来："我碰到这样一个人，自己有华丽的车子不坐，偏偏要去偷邻居的破旧车子；自己有丝绸衣服不穿，偏偏要去偷邻居的破衣烂袄，自己有山珍海味不吃，偏偏要去偷邻居的粗茶淡饭。您说这个人是什么毛病呢？"楚王笑了，说："我看这人八成是偷上瘾了。"墨子接着说："照我看来，贵国领土方圆五千里，宋国只有五百里；贵国土地肥沃，宋国地瘦民穷；贵国森林密布，宋国树木稀少。这样说起来，大王派兵去攻打宋国，不是和那个人犯了同样的毛病吗？"楚王听了，连说："先生讲得对！不过，公输般已经为我造好了云梯，我还是打算在宋国试一试，看管用不管用。"墨子说："有了云梯也不见得就能取胜吧？您可以让我跟公输大夫用一些东西代替器械，当场比试比试。"

楚王同意让他们当场比试。结果，公输般组织了一次又一次的进攻，结果都被墨子用防御的武器击退了。

公输般突然忽地站了起来，气狠狠地说："哼，我知道怎样对付你，可是我不说。"墨子微微一笑，说："我也知道你怎样对付我，可是我也不说。"楚王倒给弄得莫名其妙了，忙问怎么回事。墨子说："公输般的意思是要把我杀掉，杀了我，没有人替宋国守城，他攻宋不就可以成功了吗？可是，我的学生禽滑釐等三百多人，早已拿着我设计的防御器械，在宋国城楼上布防呢！就是把我杀了，你们也休想把宋国打下来！"楚王听了，泄气了，只好不再攻打宋国了。

赵武灵王胡服骑射

三家分晋以后，赵襄子建立了赵国，赵国一度是个强国，可后来渐渐衰落下来。公元前325年,赵武灵王即位,他决心实行改革,改变落后状态。

当时,北方的胡人经常来骚扰边境,他们擅长骑马射箭,来去迅疾,赵军穿的是宽袍长袖,驾着笨重的车,吃了很大的亏。

赵武灵王有感于此,决定先改革服装,一律改穿胡服,并且带头示范。一时间,朝廷上下议论纷纷,武灵王的叔父公子成更是赌气托病不上朝了。

这一天,公子成正在家里生闷气,武灵王来了。公子成很冷淡,武灵王并不生气,把学习胡服骑射的好处和必要性细细地说了一遍,最后说:"我提倡胡服骑射,就是要提高军队战斗力,使国家强盛起来,防备来犯的敌人。可是您拘泥于陈腐的偏见,反对改革,忘掉了国家的危难。"一席话,终于把公子成说服了。

第二天,武灵王召集群臣集会,正式颁布了全国上下一律穿胡服、兵士学习骑马射箭的命令。公子成也现身说法,自己穿上了胡人的衣服,讲起了胡服骑射的好处。大家一看国君的决心很大,又看这几个人穿起胡服,行动确实干净利索,都表示拥护。

赵武灵王胡服骑射复原图

不出一年,一支精锐的轻骑部队训练出来了。于是武灵王发动了讨伐中山国的战争,用了四五年工夫,就占领了中山国大部分领土,一直打到距离中山国都城只有80里的地方,吓得中山国君赶忙逃到齐国去避难。赵国从此国威大振,不要说中原各国,就是强大的秦国也不得不把赵国另眼看待了。

公元前297年赵武灵王灭了楼烦。过了两年,又联合齐燕两国,最后灭了中山。这时候在原来的"三晋"中,赵国算是最强的了。

赵武灵王首开风气,胡服骑射,训练出中原国家的第一支骑兵部队。后来中原各国纷纷效仿,轻骑军渐渐多了起来。

冯谖客孟尝君

齐国国相孟尝君喜欢广罗天下人才,收为自己的门客。

有一次,一个叫冯谖的老头来投奔孟尝君。他一身破衣裳,脚穿草鞋,声称没有什么本事,还要吃好的,住好的,孟尝君都满足了他。

过了一年光景,孟尝君让冯谖替他去收债。冯谖到了薛城,当着债主们的面,一把火把那些债券都给烧了。冯谖说:"我奉孟尝君之命把这些债务一笔勾销,这都是孟尝君的恩典啊!"大家都万分感激孟尝君。

孟尝君听到冯谖焚烧债券的消息,不由得火冒三丈,冯谖说:"薛城百姓对

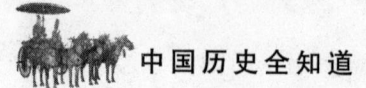

您感恩戴德，这不是大好的事情吗？我临走的时候，您嘱咐我拣您家缺少的东西带回来。我看您这儿就缺少一个'情义'二字，所以我就把'情义'给您买回来了。"

过了几年，齐湣王听信谣言，免去了孟尝君相国职务。门客纷纷离去，只有冯谖还一心一意地跟着他。孟尝君只得到薛城去闲居。他还没进城，老远就看见人们夹道欢迎他。孟尝君对冯谖说："先生给我买的情义，今天我算是亲身感受到了。"

冯谖说："狡猾的兔子有三个洞，才能保证它的安全呢。我再给您找两个安身之处吧：一个在秦国的咸阳，一个就在咱们齐国的都城临淄。"孟尝君给他好多车马和金子做费用。冯谖就到秦国去了。

这时候，秦国的相国死了，秦昭襄王就想要拜孟尝君为相国，冯谖就利用这一点来游说秦昭襄王去聘请孟尝君。

这时候，冯谖求见齐湣王，气喘吁吁地说："我亲眼看见秦昭襄王派彩车百辆，带着黄金千斤来聘请孟尝君，他知道国家许多机密，真要当上秦国的相国，咱们齐国不就完了吗？大王应该马上重新任用他为相国，再多给他点封地。到那个时候，秦国虽然强大，也不能拉走人家的相国呀？"齐王一听，派人去察看秦国的使臣是不是真的来了，等到听说已经入境，连忙派人把孟尝君接来，重新拜他为相国。秦国的使者知道孟尝君重新当了齐国的相国，也无可奈何，只好空手回国去了。

这样，孟尝君又稳稳当当做了好几年相国。

庄子：乱世的隐者

庄子名周，宋国蒙（今河南商丘东北）人，是战国时期道家学派的重要人物。

庄子继承了老子学说"道"，并对他作了神秘的阐发。他认为，人只不过是"道"在其发展的过程中某一瞬间的存在形式。所以，人世间的生老、寿夭、福祸、荣辱，丝毫不值得日夜为之去计较。

庄子的妻子不幸死了，庄子蹲在地上，一面敲着瓦盆，一面唱歌。惠子批评庄周不悲伤反而幸灾乐祸。

庄子回答说："生死交替，就好像春夏秋冬四季的交替一样自然。现在，我的妻子正安然地回到宇宙这个大房子中去，我为啥为她伤心痛苦呢？"

一次，庄子在濮水上钓鱼，来了两个楚王的使者请他去做官。庄子说："我听说楚国有个神龟，死了3000多年了，楚王把它珍藏在庙堂之上。就这个龟来说，是愿意死后使它的骨甲得到珍重，还是愿活着拖着尾巴在泥涂中爬行呢？我就宁愿做个曳着尾巴在泥涂中爬行的龟。"庄子就这样回绝了楚王的盛情。

还有一次，庄子穿着一件破烂的衣服去见魏王。魏王说："先生怎么这么狼狈？"庄子回答："处在现在这样一个上昏下乱的时代，怎能不狼狈呢？"

庄子在广泛传播自己的"无为"思想，在自己生活贫困交加的情况下，为后世留下了一部巨著——《庄子》。这部书在我国学术思想史上有着深远的影响，而且其文字优美、生动、绘声绘色，在古代文学史上也占有突出的地位。庄子在这部著作中，阐述了自己的思想精华，对"道"的观点、态度，以一个个小故事加以阐发。其文笔优美，想象丰富，比喻生动，善于用讲故事的形式来阐明一个个深刻的道理。成语"庖丁解牛"、"东施效颦"、"朝三暮四"等即出于此书。

张仪：背信弃义的纵横家

秦国打算伐齐，又怕与齐交好的楚出兵干涉，于是派张仪使楚以说服楚王。楚怀王听说名震天下的秦相张仪来了，以前所未有的贵宾之礼待他，张仪说："大王要是照臣下说的跟齐断交，秦愿意把最肥沃的六百里地、最漂亮的姑娘送给大王。秦、楚两国互相通婚，永远做兄弟。"楚王听了，马上便答应了。还把相印授予张仪，同时与齐断交。齐王大怒，与秦交了好。张仪对楚的使者说："我有六里地的私人田产，特意献给楚王。"楚使者说："我们大王说的是商、于的六百里地，不是六里。"张仪不再说话，楚使忿忿地走了。

楚王闻言大怒，立即出兵伐秦。惨败而归，被迫割了两座城才平息战事。

秦看中了楚的黔中，要用武关跟楚换。楚王要拿张仪来换，张仪来到楚国，被楚王囚在死牢中。张仪暗中贿赂楚大夫靳尚和怀王宠妃郑袖，又取得了楚王的信任，从狱中出来了，回到了秦国。

秦王派张仪去六国当说客。张仪充分施展他的口舌之功，历时不多，便达成了秦与各国的"连横"，此举彻底破坏了六国的"合纵"。

秦惠王死后，他的儿子武王继位。武王做太子时，便非常讨厌泼皮无赖出身的张仪。周围的群臣又纷纷对他说："张仪这人言而无信，习惯说谎，又惯于谄媚，谁有势力就投靠谁，是个卖主求荣的无耻之徒。由他做我们的相国，恐为天下人耻笑。"诸侯听说张仪在秦失了势，又纷纷背叛了他们的"连横"而转入"合纵"。

秦武王元年，张仪害怕得祸，便对武王说："齐国最恨张仪，张仪在哪国做官，齐就攻伐哪国。因此张仪恳求到魏国去，当齐、魏征战之间，大王借机伐魏，经魏入周，挟天子以令诸侯，如何？"秦王答应了，放张仪去了魏。齐王果然伐魏，张仪前去对他讲了与武王的那个攻魏挟周的约定，齐便退了兵。

张仪后来在魏国当相国，一年后老死在了那里。苏秦因纵横得祸，结局悲惨，而张仪却得到了善终。

屈原与《楚辞》

屈原生活在战国中后期的楚国，他很有才能，也深受楚王信任，因此被很多人嫉妒。他们在楚怀王面前说他的坏话，楚怀王渐渐对屈原疏远了。

秦昭襄王请楚怀王到武关相会，举行和谈。楚怀王不听屈原的劝阻，执意前往，结果被秦王软禁，最后客死在秦国。

楚国太子即位，就是楚顷襄王。这个楚王上台后，整天吃喝玩乐。屈原不由得忧心如焚。他连续上了几封奏章劝告。这招来了子兰和靳尚等大臣的仇视。不久，屈原被革职放逐。

屈原在流放中，仍然时刻关怀着楚国的命运，牵挂着楚王，内心的悲愤真是难以形容。

在流放中，屈原有了更多的机会接触下层人民。他看到老百姓缺吃少穿，生活十分悲惨，对他们深表同情。他同下层人民同甘苦，共患难，思想感情发生了深刻的变化，这使他写出了更多更好的诗歌。

公元前278年，秦国大将白起带兵攻打楚国，占领了楚国的郢都；楚国到了朝不保夕的地步。屈原得到这个消息，伤心地哭了起来。他不愿看到楚国沦亡，不愿看到楚国的百姓受秦国的残害和欺压，于是在五月初五那天，抱了块大石头，投进汨罗江滚滚的波涛中。

当地的老百姓得到这个噩耗，都很悲痛，争先恐后地来打捞屈原的尸体。也不知来了多少船，打捞了多少时间，结果都一无所获。有人对着江面，把盛在竹筒里的米撒了下去，算是祭祀屈原。

到了第二年五月初五那一天，当地的百姓想起这是屈原投江一周年的日子，又划船去把盛在竹筒里的米撒到水里，祭祀他。后来，他们把划小船改为赛龙船，把撒盛在竹筒里的米的改为包粽子。这种纪念活动一直延续到现在，成为中国的传统节日——端午节。

屈原死后留下的一些优秀诗歌，被后人整理为《楚辞》。在他的诗歌里，痛斥了卖国的小人，表达了忧国忧民的心情。他被称为我国历史上第一位伟大的爱国诗人。

田单的火牛阵

公元前284年，燕昭王任命乐毅为上将军，联合了秦、楚、赵、魏、韩五国，大举进攻齐国。

开始，燕国对齐国的进攻势如破竹，一连攻占了70多座城。只有莒和即墨还在顽强抵抗，当时在即墨领导齐国人的将领名叫田单。田单身先士卒，有勇有谋。

这个时候，燕昭王去世了，燕惠王即位。田单知道机会来了。他派了人到燕国散布关于乐毅的谣言，说乐毅打算趁新王即位的时机自己做齐王。大夫骑劫想要取乐毅而代之。正好齐国的谣言传来，他就在惠王中伤乐毅。燕惠王就撤了乐毅的职，召他回国。骑劫就取代了乐毅的位置，当上了将军，来到齐国，指挥军队。进攻了几次，也没有攻下。

田单这时派使者去见骑劫，说城里粮食早就没有了，实在守不住了，要求投降，骑劫大喜。燕军也丧失了警惕，只等受降进城了。

田单却在加紧准备反攻。他命令把全城的牛都集中起来，又给牛披上褂子，画上五颜六色、稀奇古怪的花纹。给牛角上绑上匕首尖刀，尾巴上绑上一捆浸了油的芦苇。

他又挑选了5000名精悍的士兵，穿上花哨的衣服，涂上各种颜色的花脸，拿着锋利的武器跟在牛群的背后。

就在约好了的"投降"时间的前一天晚上，田单命令把城墙挖开了几个口子，悄悄地把牛赶出城外，然后点燃了牛尾巴上的芦苇。这一下牛群可就惊慌了，没命的往前跑。火借风势，越燃越大，牛也就越来越疯狂，只顾朝前面横冲直撞过去，那5000名士兵紧紧跟在牛后面，向燕军的营地冲杀过去。

骑劫和燕军官兵没有防备，都正在睡觉呢，猛一见这些怪兽和怪人，以为是天兵天将杀来了呢，也不敢抵抗，掉头就跑，逃跑的士卒互相践踏，死伤无数，连将军骑劫也被打死了。

田单的"火牛阵"，是中国历史上的经典战例之一。

蔺相如完璧归赵

公元前283年，赵惠文王得到一块玉璧，叫"和氏璧"，是天下无双的宝物。秦昭王听说了，向赵王表示，愿意用十五座城来换。

赵惠文王十分为难：秦国向来不守信用，给玉璧吧，只怕是有去无回；不给吧，又怕惹恼秦王。最后，派蔺相如带着和氏璧到秦国去了。

秦昭王听说玉璧送来了，非常高兴，接过来欣赏了好半天，压根儿就不提换城的事。

相如走上前去，说："大王，玉璧上还有一点小毛病，让我指给您看。"秦王信以为真，把玉璧交给了蔺相如。相如一拿到玉璧，后退了几步，靠着柱子说："大王说情愿用十五座城来换和氏璧。可是今天我看大王根本没有拿城交换的诚意，所以把玉璧要回来。大王要是逼我的话，我宁可把头和玉璧一起在这根柱子上撞得粉碎，也不肯让您得到它！"说着，举起玉璧，对着柱子就要摔。

秦王舍不得玉璧，连忙陪笑答应给城，并叫人把蔺相如送到宾馆休息。

相如拿着玉璧到了宾馆，叫一名随从人员化装成穷人的样子，把玉璧包好缠在腰间，抄小路偷偷赶回赵国去了。

五天以后，秦王召集众大臣，邀请了各国的使臣，一起来参加接受玉璧的仪式。可是相如说："贵国前后有二十多位君主，没有一个是讲信义的。我担心再受大王的欺骗，已经派人把玉璧送回赵国去了。不过大王如若真想得到玉璧，不妨先割给赵国十五座城，然后只须派一名使者上赵国同我一起去取，赵国得了十五座城，难道敢说话不算数，不给秦国玉璧而得罪大王吗？我知道自己欺骗了大王，罪该万死。我已经捎信给赵王，不准备活着回去了。请治我的罪吧，让各国都知道秦王为了想得到一块玉璧而杀了赵国的使者，弄清楚是非曲直在哪一方。"

秦王没有办法，也不好当面杀他，只好送走了相如。结果，秦国舍不得把十五座城给赵国，赵国也没有把玉璧给秦国。事情就这样不了了之。

蔺相如不辱使命，完璧归赵，赵王见他是个人才，就任命他为上大夫。

触龙说服赵太后

赵孝成王即位时很年幼，国家大权由他母亲赵太后掌管。

这时候，秦国出兵侵犯赵国，赵国向齐国求救。齐国提出一个条件，要把孝成王的弟弟长安君送来做人质，才肯出兵。

长安君是赵太后最疼爱的小儿子，所以无论如何不肯让他去，大臣们的劝告也没有用。

左师触龙知道这个情况，就去求见赵太后。太后心想，一定又是来劝我的，就怒气冲冲地等着他。触龙已经上了年纪，他慢慢走到太后跟前坐下，却和她扯开了家常话，太后慢慢消了气。

接着，触龙说要为自己最疼爱的小儿子在宫廷求个职位，太后感兴趣地问："你们男人也疼爱自己的小儿子吗？妇人家才最疼小儿子呢！"触龙说："我看不能这样说，比方太后对燕后（燕后是嫁给燕国君主的赵太后的女儿）就比对长安君还要疼爱。"太后听了很不以为然，触龙说："父母真正疼爱子女：总是为他们做好长远打算。记得燕后出嫁的时候，您抱着她的脚哭，想的是她嫁出的地方太远了，心里非常难过。但还是祝愿她子子孙孙世代相传做燕国的君主，您替她思虑得还不远吗？"太后似有所悟。

触龙又问太后："赵家立国到现在已经二百多年了。请您想一想，除去最近的三代以外，过去的赵家子孙，还有谁能把爵禄继承到今天的吗？"太后说："早没有了。"触龙说："这些子孙都是继承父辈传下来的现成爵位，可是没立过什么功勋，也没有为国家做出多少贡献，但却有很大的权力。这样他们的地位往往很不稳固，所以过去的赵家子孙现在还当侯爵的就没有了。如今太后一心提高长安君的地位，封他最肥沃的土地，给他最大的权力，却不趁现在让他为国家建立功勋，有一天您去世之后，长安君凭着什么功劳能在赵国站住脚呢？看来太后为长安君想得太近了，所以我说太后爱他不如爱燕后呀！"听了这一番话，赵太后才猛醒过来，同意长安君到齐国去做人质。齐国随后就出兵来援救赵国。秦国见齐赵结盟，只好撤军。

赵括纸上谈兵

前262年，秦昭王派出了大将王龁领兵去攻打赵国的上党，赵军阻止不了秦军的进攻，只好退到长平驻扎下来。

赵王赶紧派老将廉颇带领大部人马赶到长平支援。廉颇采取拒不出战，以逸待劳的战略，想要把远来的秦军拖垮。秦昭王见久攻不下，十分着急，大臣范雎就想出了一个离间的办法，赵孝成王果然上当，打算派赵括去代替廉颇。赵括是大将赵奢的儿子，从小就熟读兵书，谈论起军事来旁征博引，可是赵奢却认为他只会空谈，没有什么真才实学。

前260年，赵王不听劝告，召回廉颇，让赵括当上了赵军的大将。秦王见赵王果然换了主将,非常高兴,任命名将白起为秦军上将,前来迎战赵军。

白起知道赵括年轻气盛,骄傲轻敌。于是使用诱兵之计,故意先打了几个败仗,然后迅速地撤退。赵括这下可就得意了,于是率领兵马,一路追击下去。

白起却用两支精兵,从侧面迂回到了赵括的后面,把赵军的营垒截开,使赵括无法回营。又用5万精兵进攻赵军,赵军守了3年的长平大营就被秦军一下子攻破了。

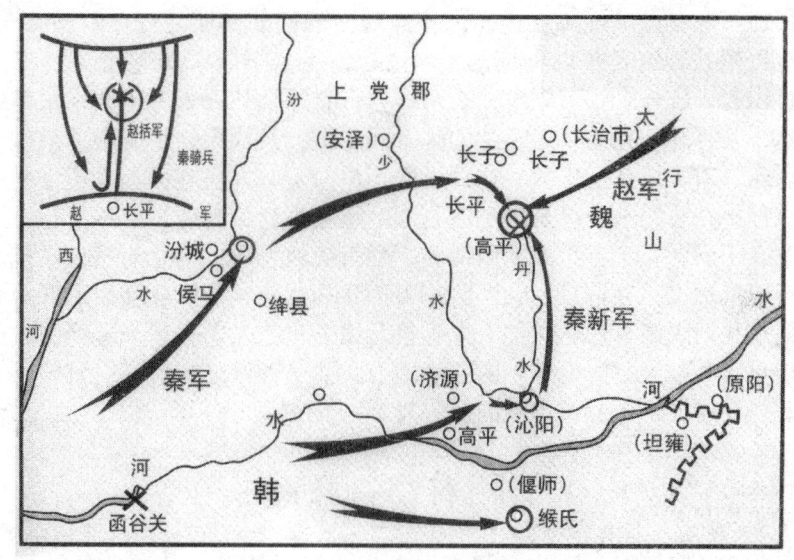

长平之战示意图

赵军只好就地安营扎寨,白起的大军迅速包围了赵军,这样一围就围了40多天,赵括没有办法,亲自率兵强行突围,刚一出阵,就被秦军的乱箭射死了。

赵军失去了主帅,没有了主心骨,顿时大乱,秦军猛烈进攻,赵军大败特败,纷纷投降。

投降的40万赵军士卒被白起全都给活埋了,制造了历史上有名的一次大惨案。

赵国这一次损失惨重,从此再也没有能力与秦国抗衡。而秦国却借此增强了威势和实力,已经初步形成统一天下的势头了。

毛遂脱颖而出

平原君赵胜是赵国的丞相。一日,秦兵入侵赵国,围攻邯郸。平原君要挑选20人去出使楚国,谋求与楚合纵抗秦,但只选出19个合适的人才,还差一个,却再也挑不出来了。

有一个叫毛遂的门客,走上前来,向平原君自荐,平原君笑道:"有贤能的人在世上,就好比把锥子放进布袋里,它的尖一下子便露了出来。如今您到我门下多年了,我从未听到有人称颂您有什么才能,我甚至对您都没有一点印象,说明您并没有什么特殊的地方。请留下吧。"毛遂说:"臣今日请您把我这锥子放进布袋里去!您要是早这样做,我这锥子早就扎破布袋,整个露在外面,何止一个锥尖!"平原君见他出言不凡,便准许毛遂一同去。

到了楚国,平原君与楚王商谈合纵之事,从早上开始,直到中午都没有结果。毛遂按捺不住,便按着剑上前说:"我听说,得了天下的商汤起初只有70里土地,而文王使诸侯称臣时也不过只有区区百里疆壤,他们哪里是靠着人多兵多!他们能依靠自己的优势发扬光大,这就是他们的高明之处。楚国有5000里土地,百万精兵,这是足以称霸的资本。以楚的实力,恐怕整个天下都不是对手。秦将白起,跟一个小流氓没什么两样,带着那么几万人,也敢来跟楚打,并且还居然一胜再胜,先是夺走了楚的鄢、郢二城,又放火烧了夷陵,最后还烧了楚国的宗庙,羞辱了您的先人!这百世洗不清的羞耻,连赵国都看不下去了,您难道一点都不在意吗?合纵是为楚的利益,不是为赵的利益!"

毛遂义正词严,毫不给楚王留情面,楚王恍然大悟,同意与赵合纵抗秦。平原君深有感慨地说:"我赵胜再也不敢以慧眼识才自夸了!自以为天下的有才之士不会漏过我的眼睛,而居然把毛先生给漏掉了!毛先生去了一趟楚国,使赵的气势威望重于九鼎大吕。毛先生的三寸之舌,强于百万之师啊!"

从此,毛遂成了平原君赵胜的一等宾客。

信陵君窃符救赵

公元前259年,秦军围住了赵都邯郸。赵国平原君给魏国的信陵君写信求救。

秦王知道了这个消息,派使臣到魏国威胁,魏王不敢再救赵国了。信陵君看此事终于无望,就组织自己手下的门客,准备自己去救赵国。

一个叫侯嬴的看门人却对信陵君的计划不以为然,他替信陵君想出了一个计策。原来,信陵君曾经替魏王最宠爱的妃子如姬报了杀父之仇,如姬视信陵君为恩人,一心想要报答他。信陵君可以利用如姬偷出在魏王身边的调兵用的虎符的一半。大将晋鄙带领10万人马驻扎在赵魏边界上,如果能调动他们,何愁赵国的围不能解呢?

信陵君还有一点担心,道:"如果拿到虎符后晋鄙不听调动,那又该怎么办呢?"

侯嬴说:"我的朋友朱亥,武功超群,所用兵器是一柄40多斤重的大铁锤。如果让他跟公子一起去,到时候晋鄙听令则罢,否则就一锤打死!"

信陵君依计而行,没多久,如姬果然把虎符偷了出来。信陵君拿着虎符,带上朱亥,连夜赶往魏军军营去调兵。

见了晋鄙,信陵君说:"大王特意让我来替换将军,让您休息。"

晋鄙验过了虎符,自然真实无误。可是他想:"大王让我带领这10万大军,我又没犯什么过错,却突然要撤换我。而且这么大的事情,也没有信函,只是口说,实在让人不太放心。"就说道:"请公子不要见怪,这样大的事情,还需要禀告大王一声才能……"

话还没说完，朱亥就喝道："不遵大王的命令就是反叛！"从袖中取出大铁锤，一下就把晋鄙的头打得粉碎。

信陵君握着虎符，大声道："大王命令我代替晋鄙将军领兵，去救援赵国。他不服从军令，所以杀了他。现在大家不许惊慌。"于是，大军在信陵君的带领下向邯郸进军。

秦军没料到魏军还会来援，邯郸城里的平原君这时候也率军冲出城来，内外夹攻，秦军腹背受敌，死伤过半，只好退兵。邯郸之围终于解了。

李冰修筑都江堰

都江堰修于战国时期，是当时秦国蜀郡郡守李冰和他儿子二郎带领人民修筑起来的。

李冰一上任就积极了解水情民情。他看见有一座山矗立在岷江东岸，正好挡住了岷江的去路。李冰领着大家仔细察看了地形，决定凿开玉垒山，分洪减灾，引水灌田。

于是一场声势浩大的开山战斗打响了，大伙儿经过辛勤劳动，终于把山挖开了一个缺口。因为玉垒山新开的缺口像一个瓶口，大伙就管他叫"宝瓶口"。这凿开的一段山头，取名叫"离堆"。他们还把岷江原来的河道叫"外江"，新的支流叫"内江"。

宝瓶口工程修建以后，李冰发现，内江的水量还不大，不能满足灌溉的需要。李冰父子打算在离宝瓶口不远的岷江上游建一个分水堰，硬把江水分成两股。这样更多的水就能流到内江里来了。

经过艰苦的施工，分水堰筑成了，它屹立在江中心，形成一个狭长的小岛。远远望过去，又像一条大鱼，鱼头朝着岷江的洪流，破浪而上，把岷江分成两条水道，所以人们把它叫做"分水鱼嘴"。修了这个分水堰以后，内江的水量加大了，可以灌溉更多的农田，一年四季也不断流。

为了保证夏天水涨的时候内江的水量不致过大，李冰父子又带领大家在分水鱼嘴和离堆之间修了一条"飞沙堰"。堰身全部用竹篓和石头子儿堆筑，堰顶比堤岸低，这样内江水太大的时候就会自动从堰顶上漫过，流到外江里去，不会造成灾害。从此以后，岷江被制服了，两岸劳动人民可以更好地生产了，李冰就给大堰起了个名，叫都安堰。后来人们把它改名叫都江堰。

都江堰修成以后，历代劳动人民在这个基础上又不断加以改进，使工程的规模更加宏大和完善，能够更充分地为农业生产服务。这一水利工程到现在仍旧发挥着巨大的作用，灌溉着几百万亩良田，使成都平原成为我国著名的粮仓。

神医扁鹊的故事

相传，扁鹊是齐国人，他云游各地，为人治病，历史上流传着很多关于他妙

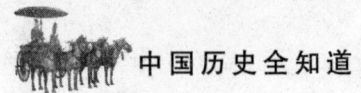

手回春的故事。

有一次，扁鹊到了虢（guó）国，听说太子刚刚死了，就急忙打听是得了什么病。有人告诉他："太子先是呼吸不畅，气血不顺，内脏受害，然后突然气绝身亡的。"扁鹊又详细问起病人是什么时候死的，收殓了没有。然后，他郑重地说："请转告贵国大王，我可以把太子救活。太子没有真死，他现在下半截身子肯定还是温热的。"

国君听说名医扁鹊来了，亲自出来迎接，愁眉苦脸地请他为儿子看病。扁鹊让弟子们用针刺太子的几个穴位。不一会儿，太子果真苏醒了。扁鹊又用灸烧燎他的两肋，太子就能坐起来了。再服汤药，又过了十多天，太子完全复元了。

还有一次，扁鹊去拜见蔡桓公，他观察了蔡桓公的气色，说："大王已经有病了，如果不治就会加重的。"蔡桓公却不高兴地说："我没什么不舒服的感觉，怎么会有病呢？"过了五天，扁鹊又见到桓侯，有些着急地说："您的病已经进入血脉了，要赶紧治才行。"桓侯气哼哼地说："我好好的嘛！"又过了几天，扁鹊第三次见到桓侯，吃惊地说："您的病已经进入肠胃，再不治就危险啦！"桓侯听着厌烦，理也不理。两个人第四次见面的时候，扁鹊看了桓侯一眼，不说话，扭头就走。桓侯觉得奇怪，忙派人追上他问原因。扁鹊说："大王的病，一开始在皮肤上，后来发展到血脉，又进了内脏，这些都可以用热敷、扎针、吃药的办法治好，可今天，我看他的病已进入骨髓，没法医治了。所以我只好离开。"

过了几天，桓侯果然发病，再派人去请扁鹊，他已经离开了齐国。桓侯不久就死了。

扁鹊的医术代表了春秋战国时期的医疗水平，也奠定了我国传统医学的基础。到今天，"望、闻、问、切"，针灸，汤药，仍然是中医诊治的基本手段。

"大投资家"吕不韦

吕不韦是韩国商人，很有经商的头脑。有一次，他到赵国的邯郸去做生意，碰见了在那里做人质的秦国公子子楚。吕不韦认识了子楚以后，心里暗想："奇货可居呀！"

吕不韦对子楚说道："你是秦国的王孙，可是却生活得这么窘迫。我有办法光大你的门庭。我听说你祖父昭王已经立安国君为太子，你是安国君的儿子，可是你向来不被看重。如果你祖父一死，你父亲即位，多半会立你大哥为太子，你还有什么机会呢？"

吕不韦道："安国君最宠爱的就是华阳夫人了，如果你能设法讨好华阳夫人，认她为母亲，你做太子的事，就不是一点希望也没有了。"

于是吕不韦带着黄金珠宝，到了秦国。他先是和华阳夫人的姐姐搭上了关系，向她行贿，她姐姐照吕不韦的安排，做了子楚的说客。华阳夫人听从了姐姐的劝告，就找了机会跟安国君说子楚的好话，又说她不幸不能生育，只想认子楚做她的儿子。后来又使安国君答应立子楚为太子。

吕不韦达到了目的，高兴地回到邯郸，请子楚来自己家喝酒庆贺。席间，吕不韦让一个自己宠爱的美女出来给子楚劝酒。子楚看中了这个美女,吕不韦把这个美女送给了他。

过了没多久,这个美女生下了一个儿子。因为是农历正月生的,就取名叫正。秦的远祖姓嬴,就叫嬴正,也叫作嬴政,据说他实际上是吕不韦的儿子。

安国君即位后,子楚才以太子的身份,带嬴政一起回了秦国。一年后,安国君死去,子楚即位,就是秦庄襄王。庄襄王拜吕不韦为相国。

仅仅过了3年,庄襄王也死了,13岁的嬴政继承了王位,就是秦王政。吕不韦继续做相国,号称仲父,一手把持秦国的朝政大权。秦王政亲政后吕不韦被免职,放逐至蜀郡,忧惧自杀。

吕不韦任相国期间,对内继续发展生产,整军备战,对外则保持了扩张的势头。在他的扶持之下,秦国的国力更加强盛,统一天下已经成为不可避免的大趋势了。

荆轲刺秦王

前228年,秦王嬴政出兵,灭了赵国,直接威胁到燕国。燕太子丹想用刺杀秦王的办法阻挡秦国统一六国的脚步。这时候,有人向他推荐了勇士荆轲。

荆轲说:"要想靠近秦王的身边,必须要能有什么让他信任我们的,秦王用千金重赏捉拿樊於期樊将军,如果我能带上樊将军的人头,再献上燕国最富饶的督亢的地图做礼物,秦王一定会高兴地接见我,那时候,事情就好办了。"燕太子不忍心。荆轲就背着太子丹去见樊於期。樊於期为了报灭门之仇,主动拔剑自尽。

荆轲刺秦王画像砖　汉

前227年,荆轲带领朋友秦舞阳到了秦的都城咸阳。荆轲手里捧着装有樊於期人头的盒子,秦舞阳捧着督亢的地图,一先一后进了秦宫。上大殿台阶的时候,秦舞阳见宫殿里仪仗威武,禁卫森严,不禁浑身打颤,几乎走不上台阶。荆轲从秦舞阳手中拿过地图来,独自一人上了大殿。

秦王验过樊於期的人头，心中得意，又叫荆轲献上地图来。荆轲捧上地图卷轴，一点一点地打开，指给秦王看，卷轴终于完全打开，露出里面藏着的一把寒光闪闪的匕首来，秦王大吃一惊，跳将起来，却被荆轲用左手揪住了袖子。

荆轲右手一把抓起匕首，就向秦王刺去。秦王使劲一挣，扯断了被荆轲揪住的袖子，拔腿就逃。荆轲手执匕首追将上去。秦王无路可逃，只好围着大殿的柱子兜圈子。荆轲跟在后面紧追不舍。

秦王惊惶失措，好不容易拔出了剑。这时荆轲的匕首已经向他刺了过去。一个宫中的医生扔过来一个装药的口袋，打在荆轲右胳膊上，秦王挥手就是一剑，把荆轲的一条腿给砍断了。

荆轲一下倒在地上，忍痛将匕首朝秦王掷过去，被秦王闪过。匕首从秦王耳边掠过，飞到后边的铜柱上，迸出火星来。最后秦王叫上卫兵杀死了荆轲。

尽管荆轲的这种刺杀行为无法改变秦统一六国的历史潮流，但他的英勇机智、不畏强暴、视死如归的精神品质一直被人们广为传颂。

秦——天下一统

（前221年—前206年）

秦朝的统治虽然短暂，但是在我国历史上是个十分重要的朝代。中国封建社会的各种制度，在秦朝已经初步形成，那就是：皇帝有至高无上的权力，实行中央集权的专制统治；设立三公九卿等封建官僚群，辅佐皇帝治理国家；地方上实行郡县制，郡县的长官由皇帝直接任免。

秦始皇统一中国以后，对与人民生产生活有密切关系的文字、货币、度量衡、车轨等，也都做了统一规定。北修万里长城，抵御匈奴；南凿灵渠，开发岭南，为安定中原地区，保障中原人民的生产和生活做出了贡献。但是他又大兴土木工程，频繁地征派徭役和兵役，征收沉重的赋税，实行苛刻的刑罚，使得广大人民实在无法忍受。在他死后不久，爆发了中国封建社会的第一次农民大起义，秦朝被推翻。

秦始皇统一六国

秦王嬴政亲自执政后，便开始了剪灭六国的宏大计划。

公元前230年，秦内史腾率军攻克韩都新郑，韩国灭亡。

公元前228年，秦将王翦大破赵军，俘虏了赵王迁。赵公子嘉后也被秦将王贲活捉，赵国余脉从此断绝。

公元前225年，秦王派大将王贲攻打魏国。魏王命令将士死守大梁。大梁城墙高大，护城河又宽又深，秦军久攻不下。

王贲决定改为水攻，他命令一部分士卒在黄河、汴河筑拦河坝，一部分士卒开挖通往大梁的水渠。十多天后，水渠一直挖到大梁城下，拦河坝也将筑成，王贲一声令下，拦河坝合龙，扒开河堤，滚滚河水直泻大梁。魏王知道再也守不住，只好投降。

之后不久，秦王决定派王翦灭楚。王翦步步为营，缓缓推进，到了天中山一带，扎下营寨不再前进。楚将项燕求胜心切，命令楚军开拔，准备绕到秦军背后发起突然攻击。王翦闻报楚军已经离营，立即命令秦军追击，项燕万万没有想到秦军会从后面杀来，丝毫未作防备，楚军被秦军冲得乱作一团。王翦指挥大军追赶，在蕲南将楚军包围。楚军伤亡殆尽。项燕被王翦杀死。

公元前227年，秦军攻燕，在易水以西大败燕军。第二年，秦军再度攻燕，燕王斩杀太子丹求秦息兵未允。燕王出逃，奔至辽东。公元前222年，秦将王贲率军攻打辽东，活捉燕王，燕国终于灭亡。

公元前221年，秦将王贲从燕南攻齐，直抵齐都临淄。齐王被俘，齐国随之

灭亡。

秦王嬴政花了十年时间，消灭了东方六国，结束了春秋战国以来诸侯割据、混战的局面，建立了我国历史上第一个中央集权的封建国家。六国已灭，天下一尊；"王"的称号似乎还不能显示出绝对权威，秦王嬴政采用皇帝称号，他成了中国历史上第一个皇帝，自称"始皇帝"，规定其后世按数计算，称二世、三世，以至万世。

焚书坑儒

秦始皇灭六国后，建立了统一的国家，但有一些守旧的读书人多次重提分封的事情，秦始皇有些厌烦。丞相李斯说："古今时代不同，我们决不能再拿古代的制度到今天来实行。读书人应当努力学习现行的法令制度。可是如今还有那么一些读书人，总是死抱住老一套的东西不肯放弃，老是根据过去古书上的记载来攻击当前的政治制度，这对于陛下的统治是很不利的，必须予以严厉禁止。我建议：史官所收藏的图书，凡属不是秦国的历史，全都拿来烧了，不是政府任命的博士官所收藏的《诗经》、《尚书》，而是私家收藏的这一类书籍，一律焚烧掉，杜绝混乱思想的根源。"

秦始皇觉得事情确实是这样，如果听任那些有旧思想的人到处宣扬旧制度，的确会妨碍他的统治。于是他决定接受李斯的建议，下令焚书，除了那些讲医药、占卜、种树一类的书以外，凡不是秦国史官所记的历史书，不是官家收藏而是民间所藏的《诗经》、《尚书》和诸子百家的书籍，都要缴到地方官那里去烧毁。

焚书使得中国的文化事业遭受了一次浩劫，秦朝以前的许多历史事实和学术思想情况从此失传。这是秦始皇摧残中国文化的一大暴行。

秦始皇下令焚书，使得许多读书人都非常反感。秦始皇听说读书人在背后说他的坏话，十分生气，决定要狠狠地惩治他们。

于是秦始皇下了一道命令，叫御史大夫去查办那些在背后诽谤他的读书人。被抓去审问的人，受不了残酷的刑罚，为了给自己开脱，就一个一个的攀连其他的人，攀来攀去，一下子查出来有460多个方士和儒生犯有嫌疑。秦始皇一怒之下，也不详细审问和查证核实，就叫人在咸阳城外挖个大坑，把他们全都给活埋了。其实460多人当中，真正反对秦始皇的只有少数人，大多数人都是含冤死去的。这是秦始皇对读书人的残暴屠杀。

秦始皇焚书坑儒，钳制了人们的自由思想，对文化传承造成难以估量的损失，是秦始皇所犯的重大历史错误之一。

赵高指鹿为马

公元前210年，秦始皇在巡游途中病死。宦官赵高出于个人野心，篡改了秦始皇的遗嘱，除掉秦始皇的长子扶苏，立胡亥为帝，称为二世皇帝。胡亥自然十分感激赵高，封赵高做了郎中令。

赵高并不以此为满足，先想出毒计来谋害了丞相李斯，李斯一死，胡亥就拜赵高为丞相，国家大事全都交给他去处理。

赵高窃取了朝政大权以后，生怕还有一些大臣不服。有一天，他特地牵着一只鹿到朝堂上来，当着许多大臣的面，指着鹿对二世皇帝说："我找到了一匹好马，特地牵来献给陛下。"

二世皇帝一看，认得那是一只鹿，他就笑着对赵高说："丞相真会开玩笑，这明明是一只鹿，怎么说是马呢？"赵高装着很不高兴的样子说："这是我花了很大气力搜罗来的一匹好马，怎么会是鹿呢？各位大臣都在这里，陛下叫他们说说，这到底是鹿还是马？"

大臣们一听，心想赵高又要搞什么鬼了。那些胆小怕事不敢得罪赵高的人，赶快争着回答说："是马！是马！还是一匹好马！"一些不肯昧着良心说话但又怕死的人，装聋作哑，一言不发；少数几个大胆而又正直的人则说："这是鹿，不是马。"赵高暗暗地记下了说是鹿的那几个人，没过几天，就假借罪名，把他们都给杀了。

从此以后，朝廷上的大小官员都很害怕赵高，赵高说东，他们就不敢说西；赵高说是黑的，他们就不敢说是白的。二世皇帝看到大臣们都很害怕赵高，再想想赵高对付李斯等人的残酷手段，也禁不住捏着一把汗，他也害怕起赵高来了。赵高指鹿为马的最终目的，是要钳制二世，压制大臣，为他自己谋篡皇位做准备。

不久，反对秦朝统治的农民起义爆发了，秦朝的统治摇摇欲坠。赵高找了个机会，派自己的心腹杀了二世皇帝。可是他怕大臣们不服，终于没有敢自己即位做皇帝，而是把二世皇帝的侄儿子婴抬出来继承了皇位。子婴即位以后，不甘心做傀儡，他找自己的心腹太监韩谈商量，把赵高骗进宫去杀了。

陈胜揭竿起义

陈胜出身贫贱，但他怀有大志，不甘平凡。不久，他和吴广以及其他的穷苦农民被秦二世征发去渔阳驻防。那时候正是夏天，雨水很多，道路泥泞。他们走到蕲县大泽乡的时候，大水淹了道路，无论如何也不能按期到达渔阳，已经犯下了杀头之罪。

陈胜、吴广商量，反正都是一死，不如造反，他们利用迷信，在群众中造成了当领袖人物的舆论。吴广平日的人缘最好，大伙儿愿意为他奔走效劳。他和陈胜带领了一大帮人，乘着押送他们的军官喝醉了酒，把他们都杀死了。

陈胜、吴广把大伙儿召集起来，大声地说："弟兄们！咱们遇上了大雨，已经不能如期赶到渔阳了。按照法律，误期的就要杀头。即使万一能够饶了咱们的命，屯驻边防，到头来十有六七都是要死的。反正是个死，不如死得有个名堂。那些骑在咱们脖子上的王侯将相，难道都是天生的贵种吗!?"大伙儿听了陈胜的话，都大声说："我们听你的！"

陈胜、吴广看到大伙儿都很齐心,就决定立即起义。陈胜、吴广领导着大伙儿脱下一只衣袖,露出右臂宣誓。他们俩顺应广大老百姓拥护公子扶苏和楚将项燕的心情,假称奉了扶苏、项燕的号令起兵。大伙儿公推陈胜、吴广做首领。陈胜叫人把两个军官的脑袋割下来祭旗,他宣布自己的称号是将军,封吴广为都尉。九百个人的起义队伍一下子就攻占了大泽乡。

陈胜、吴广在大泽乡揭竿而起的消息很快传开,附近穷苦的老百姓纷纷赶来加入起义军,起义军一下就壮大了好几倍。陈胜、吴广带着起义军从大泽乡出发,一举攻克蕲县。接着,陈胜派葛婴带领一支队伍,攻下了蕲县以东的五座县城。打到陈县的时候,起义军已经发展到拥有六七百辆战车、一千多名骑兵、几万名步兵的大部队。起义军很快就占领了陈县。陈胜在陈县建号称王,国号"张楚",就是要张大楚国的意思。

陈胜、吴广领导的农民大起义最后虽然失败了,但它拉开了反抗暴秦的序幕,沉重打击了秦朝的腐朽统治。

项羽破釜沉舟

陈胜吴广首举义旗之后,天下豪杰纷纷响应。楚将项燕的儿子项梁、孙子项羽也在会稽郡起兵。

项梁的队伍壮大得很快,为了使自己名正名顺,他找到楚怀王的孙子,把它立为楚怀王,以楚国的名义讨伐暴秦。

项梁兵败被杀。项羽、刘邦、吕臣等将领只好后撤到彭城一带,采取守势。

秦将章邯杀死项梁以后,把项羽、刘邦他们暂时撇开不管,渡过黄河,去进攻当时自称赵王的赵歇。赵军一战即溃,只好退到巨鹿固守。章邯派部将王离等人领兵包围巨鹿,他自己驻扎在巨鹿南边,接济王离的军粮。楚怀王派宋义和项羽北上救赵。

宋义带兵进到安阳后,听说秦军势力强大,就驻扎下来不再往前走了。一停停了好些日子,项羽是个火暴性子,无法忍受宋义的作战方法。一天早上,他冲进宋义住的营帐,一剑砍死了宋义,然后向全体将士宣布说:"宋义按兵不动,想要谋反,我奉怀王密令,已经把他杀了。"将士们表示愿意服从他的指挥。于是项羽就派遣英布、蒲将军担任先锋,率领二万人渡过漳河,抢占对岸阵地。接着,他自己率领全部兵马渡过河去,解救巨鹿之围。

楚军全部渡过漳河以后,项羽命令每个士兵准备好三天的干粮,叫大家把渡河用的船全都凿沉了,把做饭用的釜全都砸破了,然后率领人马向秦军阵地挺进。项羽用这种破釜沉舟的办法,来显示他有进无退、誓必夺取胜利的信心和决心。

项羽指挥楚军很快包围了王离的军队,同秦军展开了激烈的战斗,终于把秦军打得大败,杀死了秦将苏角,俘虏了王离。章邯带着残兵败将急忙后撤。巨鹿大战以楚军胜利秦军失败而结束。那些旧贵族派来的援军,看到项羽大获全胜,又是佩服,又是害怕。从此项羽就做了上将军,诸侯的军队都归他统率。

巨鹿一战，项羽率领的楚军击溃了秦军的主力，扭转了整个反秦战争的局势。

刘邦起兵反秦

刘邦，沛县丰乡人，所以起兵之后，也称"沛公"。他好义爱仁，在当地人缘很好。

有一次，刘邦又押着一批民夫到骊山去。一路上，民夫不断开小差，刘邦估计到达骊山的时候，这一批人都会跑光了。一天夜里，他叫民夫们都吃饱了饭，喝足了酒，把民夫全给放了。有十几个壮丁看到刘邦如此仗义，不肯离开他，愿意跟他一块儿逃亡，寻找出路。

他们一行人乘着夜色赶路，进入一片沼泽地。走着走着，前面探路的人突然跑了回来，说前面有一条白蛇！刘邦借着三分酒意拔出宝剑，壮着胆子，走上前去，把蛇斩为两截。人们对刘邦崇拜不已，视他为非常之人。沛县中很多人跑去依附刘邦，久而久之，刘邦就形成了一定的势力。

陈胜发动起义以后，天下响应，各地百姓都杀了地方长官来接应陈胜起义军。沛县县令惊恐万分，打算投降陈胜。当时县府的刑狱官吏萧何和曹参怂恿县令起兵，招募人马，并派樊哙联络刘邦。刘邦带领手下的人来后，县令后悔，担心刘邦兵变，于是闭城坚守并要捕杀萧何和曹参等人。萧、曹等立即联合一起投靠刘邦，城中百姓杀了县令，开门迎刘邦进城。百姓们要立刘邦为县令，刘邦认为不妥，推让再三，在萧、曹的尽力推举下，刘邦最后被立为沛公（即沛邑的主公）。于是刘邦就祭祀炎帝和蚩尤，衅鼓染旗（古代军队的一种祭礼），揭竿起兵，响应天下起义大势。而萧何、曹参、樊哙等人都竭力为刘邦招收人马，壮大起义军声威。他们很快攻下了胡陵和方与，队伍不断壮大。然后据守丰邑，以丰邑作为根据地反抗秦朝暴政，渐渐发展为反秦力量中最为重要的一支。

后来，刘邦投奔了项梁和项羽的军中，转战各地，势力不断壮大，成为秦末战争中的一支重要军事力量。

西汉——帝国雄风

（前206年—25年）

秦朝灭亡后，起义军中的项羽和刘邦两大势力，为了争夺天下，进行了长达四年之久的楚汉战争。最终，刘邦打败了劲敌项羽，建立了汉朝，定都长安，史称西汉。汉朝是一个重要的朝代，它使中华帝国经历了一个长期的繁荣时期，西汉的200余年间，在中国持续了近2000年的专制政治制度得以确立。而"汉族"这一称谓也与西汉政权对天下政治形势的基本确定有关。

汉高祖刘邦在位时，与异姓封王的矛盾不断加剧，刘邦先后铲除了韩信、彭越、英布等异姓王，并杀白马立誓，异姓不准封王。刘邦死后不久，吕后篡夺了政权，重用吕氏亲族。后在周勃、陈平等人的努力下，铲除了吕氏，恢复了刘氏江山。景帝在位时，刘濞等同姓王不服从中央集权，发动了"七国之乱"。汉景帝平定了叛乱，汉朝的中央政权才巩固下来，国家逐渐走向了安定和繁荣，出现了所谓的"文景之治"。

景帝之后的汉武帝，是汉朝最有作为的君主，但由于其一生与匈奴作战，并由此引发了朝廷内部持不同意见的政治派别的争斗，终使西汉政权由极盛转向衰败。后来虽然有"宣帝中兴"的努力，但毕竟元气大伤，无法恢复到武帝之前的盛势。从昭帝、宣帝时代出现的外戚专权的风气，最终发展为王莽独掌朝政，建立"新朝"。至此，西汉统治结束。

西汉是个重农业的时代。与前几朝相比，由于社会安定的时间比较长，农业得到了长足发展。工商业也空前繁荣，国家对商人和商业十分重视，大商人做官已经不算鲜见。

西汉政权的一大特色，是对文化事业的扶持和重视。在文景时期，汉代就开始设立经学博士，并以此为从仕的途径之一。在逐级任用官吏的同时，汉代一直重视举荐贤良方正之士，这也为取仕拓宽了范围。汉代的文学也得到了高度的发展，先后出现了有名的汉赋和乐府诗。这些都使汉代在我国文化史上占有举足轻重的地位。

刘邦赴鸿门宴

刘邦、项羽都是秦末起义军的领袖，他们约定"先入关者为王"。刘邦先攻破了咸阳，但他此时尚不敢得罪项羽，于是撤退到咸阳东郊的灞上等待项羽的到来。

项羽率领大军日夜兼程，攻入函谷关，很快打到新丰鸿门的地方，离刘邦所在的灞上只有40里路了。

项羽在鸿门安营扎寨后，摆下宴席，请刘邦赴宴。

一见面，刘邦赶紧向项羽表明忠心说自己日夜盼他的到来，请他不要轻信小人的谗言怀疑他。项羽听后果然相信了，和刘邦握手言欢，坐下喝酒。项羽的谋士范增，在酒宴上多次示意项羽下令动手杀刘邦，谁知项羽非但不理，反而和刘邦一团火热。范增心中着急，吩咐项庄去舞剑，借机杀死刘邦。

等在帐外的樊哙闯了进来，张良介绍道："这是沛公的车夫樊哙。"项羽哈哈大笑说："好一个魁伟的壮士，快让他过来坐下喝酒！"手下人听了，赶紧取过一斗好酒和一只生猪蹄子，递给樊哙。樊哙接过，用剑把猪蹄切开，一口酒，一块猪蹄地大吃大喝，顷刻把酒肉一扫而光。

项羽觉得这人傻得可爱，问他说："壮士还能再喝吗？"

樊哙粗声粗气地说："我死都不怕，还怕喝酒吗？想当年秦王狠毒如虎狼，杀人如麻，逼得天下人都起来造反。楚怀王和大家约定：谁先打败秦国，攻入咸阳，谁就可以称王。如今沛公先打进了咸阳，可他封闭宫室，什么也没拿，退兵灞上，单等大王到来。像他这样劳苦功高的人，你却听信小人谗言，不但不赏，反要杀害，这与残暴的秦王还有什么区别？所以，我特地不怕死前来相救！"

一席话，说得项羽无言以对。乘此机会，张良目视刘邦，刘邦会意，过了一会儿，便以上厕所为由，带着樊哙走出帐外，一溜小跑回到灞上，逃离了虎口。

事后，项羽的大谋士范增长叹一声说："唉！项王太幼稚，真不值得替他出主意。将来抢夺项王天下的，必定是刘邦这个家伙，我们都等着做俘虏好了。"

这话没错，四年后，刘邦果然以弱胜强，打败项羽，统一了天下，建立了大汉帝国。

萧何月下追韩信

韩信是淮阴人，少时贫苦无依，家里穷得丁当响，饱尝了别人的白眼。

当天下起义军风起云涌时，韩信投奔了名声很大的项梁、项羽，刘邦入川后，韩信因为计策屡次不为项羽所用，也就投奔刘邦去了。但在刘邦军中，他仍然不受重用。韩信常去找萧何谈自己的想法和志愿，萧何认定韩信是个不平凡的人。

韩信心想：萧何是刘邦最信任的人之一，而萧何又非常欣赏我，很多次向刘邦举荐，可刘邦还是没有重用我，不如走罢。于是，他拣一个月黑风高之夜，策马逃走了。

萧何一听说韩信逃跑了，立即策马追去。终于把他追了回来，刘邦听说萧何连夜去追一个逃跑的小兵，十分惊讶。但他认为萧何的眼光是不会错的，最终听取了萧何的建议。采取了隆重的仪式，拜韩信为大将。拜将完毕，刘邦问韩信："丞相多次谈起将军，对将军夸奖有加。不知道您现在有什么奇谋大计，可以让我见识见识吗？"

韩信谦让一番，然后问汉王："如今，从气势上看，最有可能夺取天下的，是不是项王？"

汉王说:"是的。"

韩信说:"项王虽然称霸天下,诸侯纷纷臣服,但是他目光短浅,不占据关中,非要定都彭城。不但如此,又违背誓言,杀了义帝,而让自己的亲信取而代之,诸侯表面上没说什么,但是心里不服。还有,项王残忍,军队所到之处,全部夷为平地,遭天下人心里怨恨,他虽然名义上是霸主,实际上已失去人心。项王失去人心,大王应该反其道而行,任用天下勇士,封赏有功之臣,得天下人心。项王曾经用欺骗的手段活埋了二十多万秦兵,让秦地人民恨之入骨;而大王您不同,您进关之后,一点没有侵犯秦地百姓,而是约法三章,深得民心。现在,您赶到汉中,秦地百姓没有不感到遗憾的,如果大王起兵东进,不费吹灰之力就可以得到三秦。"

刘邦听了韩信的分析,十分高兴,大有相见恨晚之意,从此军队一切听从韩信部署调遣。

韩信背水一战

公元前205年,刘邦命韩信、张耳率几万汉军,兵锋直指赵国。赵王歇、成安君陈余立即调集兵马近20万进驻井陉口。

赵王歇是一个昏聩之徒,实际的指挥者是成安君陈余,陈余很自负,不听别人的计谋。韩信率军在离赵军驻地井陉口不到30里的地方驻扎下来。

这天,韩信树起帅旗,率军退出井陉口,赵军出城猛追,双方大战一阵后,韩信佯装败走,退至江边,赵军直压过来,韩信的军队已全退到了江边,可谓是绝境了——前面是近20万的赵军压过来,后面是滔滔黄河,又没有舟船。大家都明白,后退是死路一条,只有勇敢向前拼杀,或许还有生存的希望。于是汉军个个殊死拼杀,无不以一当十,士气大振。

而韩信已经事先安排2000骑兵乘赵军出征之时,在他们的军营里插上汉军的红旗。赵军碰到处于死地的汉军的顽强抵抗,一时无法取胜,正想回军,却看见自家军营上插满了汉军红旗,以为赵王已被汉军伏兵所擒,全军大乱,纷纷溃走,赵将连连挥剑斩杀退逃的兵士,也丝毫不能挽救溃退的局势。此时,赵军已毫无战斗力,韩信立即挥军追击,加上赵营的2000骑兵,两面夹击,大破赵军,斩杀成安君陈余,擒得赵王歇。

战后,大家问韩信:"兵法上说,右边后边是险峻高山,前面左边是大水,这才合理,而将军您怎么反而背水布阵,还自信地说'打完胜仗吃早饭',结果还真如您所说的,难道这其中有什么奥妙吗?韩信大笑说:"我的计策也是出自兵法呀,只是你们没有仔细读通兵法而已。兵法上不是说'陷之死地而后生'吗?而且,我们的军队并不是训练有素的部队,说得难听点,我们的军队犹如乌合之众,以这样的部队去抗击数倍于我们的精锐赵军,如果不将我们的军队布阵到毫无退路的绝境,恐怕早已是溃不成军了,怎么能人人殊死拼杀呢?"

众将听后恍然大悟,佩服不已。项羽的"破釜沉舟"与韩信"背水一战"有异曲同工之妙,都充分考虑到了心理作用在战争中的重要性。

楚霸王乌江自刎

公元前202年，项羽的楚军与刘邦的汉军进行的长达4年的"楚汉战争"终于接近尾声。刘邦的几路人马会合，将项羽军围困在垓下。

一夜，汉军故意在楚营四周唱起楚国将士们家乡的歌曲，勾起了他们的思乡之情，使楚营笼罩了怆然悲凉的气氛。当项羽听到四面的楚歌时，非常震惊，以为汉军已经攻破了楚营。

项羽身边有一位美丽的女人，名字叫虞姬，经常陪伴在项王身边，很得他的宠爱。项羽还有一匹宝马，取名为乌骓，项羽珍爱万分。项羽眼看大势已去，就连一直陪伴身边的虞姬和乌骓马恐怕都保不住了，不禁悲从中来。

霸王别姬　年画

虞姬劝说项羽尽力突围，然后乘项王不备，拔剑自杀了。趁着夜色，悲痛的项羽跨上战马，率领八百骑兵向南突围。汉王赶紧命令骑兵将领灌婴带五千骑兵火速追击。项羽大声呼喊，冲向敌阵，汉军被杀得作鸟兽散。其他人见项王英勇，也都奋力突围。项羽他们且战且退，到了乌江。乌江亭长把船划到江边，等候项王，并开导他说："江东地方虽小，但毕竟也有千里土地，几十万民众，算得上是个王国了。希望大王马上渡江，现在只有我有渡船，汉军来了之后，想过去也没有船。"

项羽大笑说："我项羽曾带八千子弟渡江，现在没有一个人生还，我还有什么脸面去见江东父老？"他对亭长说："谢谢你的好意。我这匹宝马跟随我五年了，就把它送给你吧！"

说完，项羽命令骑士全都下马步行，与汉军交战。项羽身先士卒，杀死敌人上百人。他虽然英勇无比，无奈汉军人多势众，项羽不甘心被俘受辱，愤然拔剑自刎。

豪气干云的项羽就这样死去，他身边的乌江水，滚滚向东流去，似乎在为他哭泣。

田横与五百壮士

在秦朝末年的群雄争夺中,刘邦固然是最后的赢家,但许多失败者虽败犹荣,他们也在历史上写下了精彩的一笔。除了前面的项羽,田横和他的五百壮士就是典型的例子。

田氏是齐国的大族,秦末,也投入到群雄争霸之中。韩信等击破齐国后,齐相田横逃奔到淄博一带,并再次集聚残部自立为王,以图东山再起。于是,田横率军反攻汉军灌婴的部队,但被灌婴打得大败。不得已,田横只好再次逃亡,投靠了彭越。

梁王彭越一度中立,但又不坚定,刘邦建立了汉朝帝国后,彭越归顺了汉王朝。寄在梁王彭越篱下的田横只好再次逃亡,率领下属追随者约500人逃入海中,据岛自安。

但是,汉高祖刘邦很为这件事忧心。就诏告天下宣布赦免田横等人的一切罪过,并召他们回汉朝做官,但田横害怕刘邦言而无信,很不放心,因而推辞。

刘邦认为田横显然是在对抗自己,一定要收服田横才放心。最后,田横不得不带了两名随从,离开岛随使臣归朝。

但田横忧惧不已,而且离京城越近越感觉害怕。于是他拔剑自刎了,使者和随从只好捧着田横的头去见刘邦。刘邦心里很高兴,嘴上却感叹不已,下令以王侯的身份厚葬田横,还加派2000士兵营葬并护墓。同时,拜封田横两名亲随为侯。

不料,营葬完毕,两名已被封侯的随从立即在田横墓边自杀身亡了。刘邦这次着实震惊不小,认为田氏兄弟果然善招揽才士,居然有人对他这样死心塌地。因此,刘邦赶紧派使臣到岛上去召还驻留的田横的追随者,然而使者很快回来报告说:"岛上的500名田横亲信,一听说田横自杀了,也立即全体自杀,以表忠心报答田横。"刘邦听了唏嘘感叹不已,深感五百壮士的贞节与义气,令褒奖并厚葬他们。

田横与五百壮士悲壮地死去,刘邦自此少了一块心病。

叔孙通制定朝仪

在汉朝刚刚建立的时候,没有什么礼法,商议大事,将士们总是吵嚷不已,刘邦自己虽然没有什么文化,但也觉得这样下去不是办法。

有个叫叔孙通的儒生,看出了刘邦的心思,就对刘邦建议制订朝仪,整顿好朝廷上的秩序。

刘邦虽然不满意朝廷上乱糟糟的情况,可是一听说要制订朝仪,却又犯了愁,他怕儒家那一套礼仪太烦琐。叔孙通说:"礼仪不是一成不变的,不同时代的人根据当时的需要制订礼仪。我可以把古代的礼仪和秦朝的礼仪结合起来,再根据今天的需要,制订出一套新的礼仪来。"

于是叔孙通就到了原先鲁国的地方,召集懂得古代礼仪的儒生三十人,开始制订并演习朝仪。搞了一个多月,叔孙通请汉高祖来观看演习。汉高祖看了演习后很满意，下令叫朝廷里的全体文武大臣都来学习朝仪。

公元前200年10月的一天，天还没有大亮，朝拜皇帝的仪式在长安的长乐宫正式开始。各级官员在宫门外排队等候，并分两路进入大殿，太尉等武官站在西边，面向东；丞相等文官站在东边，面向西。等大家站定以后，传令官代表群臣请皇帝上朝。汉高祖坐辇车从内宫来到殿上，接受群臣朝拜。参加朝拜的群臣，各人要自报姓名官职，恭恭敬敬地行跪拜礼，然后再退回到自己的位置。

朝拜完毕，汉高祖赏赐群臣饮法酒。群臣把酒杯举到跟自己额头一样的高度，齐声喊："谢酒！敬祝皇帝万寿无疆！"在朝拜的过程中，御史负责执法，凡是在礼仪上出了差错的，就叫卫士把他带走。因此大臣们都十分严肃认真，从开始到结束，没有一个人敢喧哗失礼的，唯恐出了差错。

自从叔孙通制订朝仪以后，原先宫廷上那种乱哄哄的情况再也没有出现过了。从此，皇帝有了至高无上的威权，臣子成了皇帝的忠实奴仆，君臣之间的一整套礼仪规矩建立起来了。这套礼仪，沿袭了两千年，基本没有大的变化。

匈奴雄主冒顿单于

秦汉之交，正当中原发生大乱的时候，匈奴的势力在冒顿单于的统率下崛起于北部草原地区。

冒顿单于是头曼单于的太子，头曼单于想把冒顿太子给废了，立他的小儿子为太子。但是，他想了个借口，派遣冒顿去做邻国大月氏的人质。

不久，头曼单于故意率领大军去攻打大月氏，他满以为大月氏一定会把冒顿杀了。没有料到冒顿机灵得很，他偷了一匹大月氏的快马，赶回了匈奴。头曼单于看到冒顿竟然溜回来了，心里暗暗叫苦。表面上还是称赞他勇敢，并且派他担任一万骑兵的指挥官。

冒顿也是个工于心计的人，他养了一批听命的死党，又设计了一种射出去有"呜呜"声响的箭，叫作鸣镝。冒顿告诉部下说："打猎的时候，鸣镝所射的方向，大家都得照着射，谁要是不射，就砍谁的脑袋。"

有一天，头曼单于外出打猎，冒顿率领手下尾随在后。瞅准了一个时机，冒顿忽然把他的鸣镝向头曼单于射去，冒顿的手下也纷纷随着一起射箭，头曼单于就这样糊里糊涂地被儿子给杀了。冒顿随即抢夺了单于的大位，成为控制整个广大北部地区的霸主。

汉高祖刘邦建立汉朝，统一中国后，和匈奴形成了南北对峙的局面。双方都是最有作为的君主，谁也不服谁。

公元前200年，双方终于发生军事冲突。刘邦因为轻敌被困在白登山七天七夜，足智多谋的陈平派了一个有胆有识的使者，偷偷求见单于皇后——阏氏。对她说："我们汉朝的皇帝为单于所困，愿意罢兵修好，所以派我送上金银财宝，又准备把国中第一美人献给单于，不久即可送到了。"

阏氏酸溜溜地瞪着画上的美人说："这倒不必了，你把画带回去吧。"

阏氏马上去劝说冒顿放走汉朝天子，冒顿原定计划是约好匈奴另外两个部族

一同来攻打平城,现在,那两个部族迟迟不到,冒顿单于怀疑那两部跟汉朝有勾结,内心里本来就有些不安。听了阏氏的话,便同意放松白登山的包围圈,让汉高祖从一条缝隙中冲出了重围。

吕后临朝称制

楚汉相争时,刘邦为了笼络部下,先后封了7个异姓王,建立汉朝后,刘邦将这些异姓王相继剪除。之后,刘邦带着文武百官在太庙杀白马起誓:非刘姓不得为王;无功劳不许封侯。

汉高祖死后,太子刘盈即位,就是汉惠帝。但大权全由他母亲吕后掌握。

吕后用残酷的手段先后杀死了赵隐王刘如意、赵幽王刘友,逼死赵共王刘恢、燕王刘建。几年当中,把汉高祖的八个儿子杀了四个。还有一个齐悼惠王刘肥,差一点也被吕后害死,后来他向吕后的亲生女儿鲁元公主献了一个城阳郡,才换得了一条命。

汉惠帝见母亲如此残暴,抑郁而死。汉惠帝的皇后一直没有生儿子,吕后抱来一个宫中美人生的婴儿,假称是皇后所生,汉惠帝死后,这个抱来的婴儿即位做了皇帝,历史上称为少帝。其实,这个少帝只不过是一个小小的傀儡,当时的一切号令都由吕后发出,她实际上在行使皇帝的权力。

吕后篡权以后,想封吕家的子侄为王,巩固她的地位。她先征求右丞相王陵的意见。王陵是个直心肠,他不懂得吕后的用意,当面表示反对。吕后很不高兴。过了几天,她就免掉了王陵右丞相的职务,叫他去做少帝的老师。王陵很生气,推说有病,告假回故乡去了。吕后赶走了王陵,把左丞相陈平升任右丞相,把自己的亲信审食其提拔为左丞相。

接着,吕后大封吕姓家人。她的侄子吕台被封为吕王,把济南郡作为他的封国。后来又封吕产为梁王,吕禄为赵王,吕台的儿子吕通为燕王,还封了六个吕家的人为列侯。大臣们敢怒不敢言,只好顺着她。

再说那个傀儡少帝长大以后,吕后怕他威胁自己,就杀了他,又找了个名叫刘弘的小孩子来做皇帝,照旧由她自己执掌朝政大权。到这时候,吕后和她的侄子侄孙们,已经把刘姓的天下篡夺去了。

直到吕后死后,刘氏子弟起来反抗,许多大臣,如陈平、周勃等人,协助刘氏子弟剪灭诸吕,迎立代王刘恒,即汉文帝。

晁错削藩与七国之乱

汉景帝时,诸侯的势力很大,有些诸侯不受朝廷的约束,特别是吴王刘濞,更是骄横。御史大夫晁错建议削减他们的封地,汉景帝同意了,并陆续削减了一些诸侯的封地。

不久,吴王濞先造起反来了。他打着"诛晁错,清君侧"的幌子,煽动别的诸侯一同起兵叛乱,历史上称为"七国之乱"。

汉景帝为了保住自己的皇位，批准了这个诛杀晁错的奏章。

汉景帝杀了晁错，派人下诏书要七国退兵。这时候吴王濞已经打了几个胜仗，夺得了不少地盘。他听说要他拜受汉景帝的诏书，冷笑说："现在我也是个皇帝，为什么要下拜？"

汉军营里有个官员名叫邓公，到长安向景帝报告军事情况。汉景帝问他说："你从军营里来，知不知道晁错已经死了？吴楚愿不愿意退兵？"

邓公说："吴王为了造反已经准备了几十年了。这次借削地的因头发兵，哪里是为了晁错呢？陛下把晁错错杀了，恐怕以后谁也不敢替朝廷出主意了。"

汉景帝这才知道自己做错了事，但后悔已来不及。亏得周亚夫很能用兵。他先不跟吴、楚两国的叛军正面作战，却派一队轻骑兵抄了他们的后路，断绝了叛军的粮道。吴、楚两国军队没有粮食，自己先乱起来。周亚夫才发动精兵出击，把吴、楚两国的兵马打得一败涂地。

吴、楚两国是带头叛乱的，两国一败，其余五个国家也很快地垮了。不到三个月时间，汉军就把七国的叛乱平定了。

汉景帝平定了叛乱，虽然仍旧封了七国的后代继承王位，但是打那以后，诸侯王只能在自己的封国里征收租税，不许干预地方的行政，权力大大削弱，汉朝的中央政权才巩固下来。

卫青与霍去病

在西汉抗击匈奴的斗争中，卫青和霍去病舅甥俩多次指挥汉军打败了匈奴，为解除匈奴对汉朝北方的威胁，立下了汗马功劳。

卫青出身低微，是个小家奴。后来姐姐卫子夫进宫，受到汉武帝的宠幸，卫青成了汉武帝身边的侍卫。

当时，北方的匈奴经常前来骚扰，汉武帝决心好好训练军队，反击匈奴人的进攻。汉武帝看到卫青勇敢坚强，忠诚可靠，就交给他一支军队，让他做将军。不久，匈奴骑兵又来侵犯边境，汉武帝派出四路兵马抗击匈奴，其中一路由卫青指挥。卫青率领三万精兵，与他们展开一场惊天动地的激战，取得了重大胜利。

公元前124年，匈奴又派右贤王率领大队骑兵，到汉朝边境烧杀抢掠。汉武帝任命卫青为车骑将军，率领10万大军出征，深入匈奴腹地决战，又取得了胜利。

卫青的外甥霍去病也是个很有军事才能的人，一次，他随卫青出征，他带领八百名骑兵，偷袭匈奴，立了奇功。

为了根除匈奴的侵犯，公元前119年，汉武帝再次派卫青、霍去病分两路合击匈奴。大胜而归，从此，匈奴在很长一段时间里，再也没有力量侵犯汉朝了。

西汉军士复原图

霍去病24岁的时候，得病去世了。10年后，卫青也去世了。这两员最得力的大将去世后，汉武帝十分悲痛，特意在自己的陵寝（汉武帝的陵寝叫做"茂陵"）旁边，建造了两座巍峨宏伟的坟墓，把他俩安葬在这里。据说卫青的坟墓，形状像匈奴境内的卢山，霍去病的墓形状像祁连山。这两座坟墓一直保存到今天，在陕西省的兴平县。

杰出军事统帅卫青和霍去病的英雄形象，就像卢山和祁连山一样高大挺拔，在历史上闪耀着光芒。

李广功高难封侯

汉代名将李广，箭法精准，屡立奇功，人称"飞将军"。可是他一生都怀才不遇。

早在汉景帝初年，吴王刘濞发动"七国之乱"，李广部从太尉周亚夫进攻吴楚联军，李广夺旗斩将，威震敌胆，解救了梁国，梁王就授予李广以将军之印。平定叛乱回来后，本来应论功行赏，李广却因这次私受侯国将印的原故，没有受到丝毫奖赏。

随后，李广一直在边郡做太守，皆以勇敢善战闻名，但却迟迟不见他受封赏。

到武帝时，因为李广的名望，被征为未央卫尉。在马邑之战中，李广为骁骑将军，由于主将计谋失策，汉军大败，李广单骑逃回，但因这场损兵受俘之罪，被废为庶人。

李广一生征战，胜多败少，却因各种原因总没有得到相应的封赏，手下的将校们被封侯的人已有几十个，而李广自己却依然没有被封侯。一齐出来且能力和声名都远远在自己之下的堂弟李蔡已经身为丞相，位列三公之尊时，李广依然是一个普通将军。为此李广也很悲哀。

当李广年近60时，依然没能封侯，很不甘心。这次，大将军卫青要率大军出击匈奴，李广请缨出战，皇帝虽然拗不过他而答应了，却私下里告诫不要轻易让他出战。

卫青听从了皇帝的告诫，一直不让李广做前锋，总使他作为侧翼，命令李广和另外几支队伍只走旁道迂回攻击敌人，迫于军令，李广只好从侧道进军，因而迷了路。在李广他们陷于迷途时，大将军卫青的主力部队遇上了匈奴主力而开战，虽然后来李广等人会合了大部队，但战斗已经结束，李广非但无功而返，还因为失期之罪受了罚。

这一次无功而返，李广格外悲凉，眼见自己60岁了，还能打几天仗？自己已经大小不下70多次战斗都没能得功受封，恐怕以后也不会有什么希望了，而且以老迈之躯接受刀笔吏的审讯查问，更是他无法忍受的。这一切都是命中注定啊！想到这里，李广不禁老泪纵横，万分悲愤地拔出宝剑刎颈自杀了。全军上下，一片悲泣，全国上下百姓，无论认识不认识，都为李广将军威名一生及凄凉的结局而悲痛万分。

司马相如与卓文君

卓文君是西汉武帝时临邛富豪卓王孙最小的女儿，不仅聪明美丽，而且琴、棋、书、画样样皆通。可惜的是，卓文君刚出嫁不久，丈夫就死去了，年仅17岁的她开始守寡。卓文君从婆家回来，一直住在娘家。

在家无聊时，她会弹弹琴，看看一些文人最近的作品。当时一个叫司马相如的文人很有名，卓文君心中暗暗喜欢上了他。正巧这时，司马相如来到了临邛，卓王孙设宴款待一下司马相如，席间，司马相如弹了琴，很懂琴的卓文君听到司马相如的弹奏，明白了司马相如琴中的深意：原来他也喜欢我。原来司马相如早就听说卓王孙的新寡女儿美丽聪颖，已生爱慕之心。

司马相如离开宴会后，买通了卓文君的仆人，向卓文君再次表达了情意。惊喜的卓文君想到父亲也许不会同意这门亲事，两个人一起私奔到了成都。后来二人又回到了临邛，他们变卖了车马，开了一个小酒店。平时，卓文君出来招呼卖酒，司马相如穿着围裙当着众人的面洗盘子刷碗。他们的举动使卓王孙大丢面子，连大门也不好意思出。

这时有人劝卓王孙：司马相如虽然没钱，但他有才学，有人品，肯定会有出头之日的；何况家里又不是没钱，何必这样呢？卓王孙一来心疼女儿，二来也是无可奈何，就分给卓文君100多名仆人，100万文钱，连同第一次文君出嫁时的嫁妆。于是，卓文君便与司马相如又回到了成都，不过这次他们却过上了富贵的生活。

后来，司马相如终于做了大官，并且深得皇帝的喜爱与信任，没有辜负卓文君的眼光与爱情。这时，卓王孙又对别人说，文君嫁给司马相如太迟了，应该早点让他们认识。

司马相如与卓文君恩爱地过了一生。卓文君对爱情的执著，和把握自己命运的勇气，令人钦佩。

大经营家桑弘羊

桑弘羊出生在洛阳一个大商人家庭里。从小就显露出一个经营家基本的天赋——计算。汉武帝任命他实行改革。桑弘羊发行白鹿皮币和白金币。实行盐铁业的官营，这样大大增加了西汉的财政收入。

汉武帝非常高兴，他提升桑弘羊为大农丞。在做大农丞期间，桑弘羊又做了几件大事。他统一币制，将铸币权集中到中央，使用新的五铢钱。从此汉朝有了较为健全的货币制度，社会也渐渐稳定繁荣起来。桑弘羊还灵活地运用了商人从事贩运的经验，创办了均输法。它的具体办法是：各个郡国把应上缴的贡物，连同它的运费加在一起，按照当地的市价，折合为一定数量的当地土特产品，就地交给均输官。均输官再将这些土产，一部分上贡给朝廷，其余的运往缺乏这些东西的地区，进行出售。这一措施，使西汉王朝在土产品的辗转贸易中获得了巨额的利润，有力地保证了汉武帝对外用兵时的经费开支。

前110年，桑弘羊被提升为治粟都尉，并代理大农令的职责。这时的桑弘羊已经是全国财政的第一把手了。他继续以前的财政革新，使全国出现一片繁荣的景象。此外，桑弘羊又发展了两项新的政策。

一是推行平准，即由大农令设置一个"平准"机构，将国家和长安所有的物资都储存在这个机构里。当长安市场上某种商品价格过高时，"平准"长就以低价抛售；如果某种商品价格下降，"平准"长就进行收购。这样物价能够保持在一个比较稳定的水平上，同时也打击了一部分商人的投机倒把活动。二是实行酒类专卖。这也是一项保障国家收入的政策。使汉王朝在财政上获得了丰厚的收益。

桑弘羊在武帝死时受命为辅政大臣之一，这与他卓越的经营及理财能力是分不开的。尽管后来他居功自傲，参与谋反，而被押上断头台，但他一生积极进取，为汉王朝做出非凡的贡献，这一点是有目共睹的。桑弘羊是作为一个兴利除弊的功臣名扬后世的，他的经济理论和经济政策，对后世起到了巨大的启示和规范作用。

张骞出使西域

汉武帝初年，匈奴人多次南下入侵汉朝。汉武帝想要跟和匈奴有仇的月氏国联合起来，从两边夹击匈奴。

公元前138年，张骞带着100多人的队伍从长安出发了。不久，他们就进入了匈奴人的活动范围。不巧被匈奴士兵发现了，张骞被留下做了人质，随从被送去给右贤王牧羊。

张骞不甘心失败，一直想逃走。有一天，趁匈奴看守放松警惕的时候，偷了几匹骆驼和骏马，向西逃去。大沙漠一望无边，没有食物和水，张骞等人又渴又饿，一连走了十几天，累得走都走不动了。在大家几乎都绝望的时候，终于到了一个水草丰美的地方，而且有很多鸟儿和野兽，这时候，他手下有个叫堂邑父的人，使出看家本领，箭无虚发，射中很多鸟兽，大伙就生吃了。

翻过葱岭，他们来到了大宛国。这里风光独特，人们很友好，他们拿出酒肉招待远方来的贵宾。

大宛国王早就听说东方有一个神奇的国家，一听说汉使来了，很高兴。大宛国王说："这儿到月氏国，还要经过康居国，汉使尽可放心，我派骑兵和翻译把你们送去。"

张骞等人到了康居后，康居王也很热情，又派人把他们送到月氏国。再说月氏国，自从被匈奴打败后，向西逃到葱岭，联合大夏国建立了一个国家，叫做大月氏国。这些年来，他们无忧无虑，种地放羊，生活很美满，时间一长，就把报仇的事给忘了。张骞见到月氏国王后，表明自己的来意，劝他和汉朝联合对付匈奴。可是，月氏人老是借口路太远、力量不够来岔开话题，张骞感到很失望。

过了一年多，张骞看到还是不能达到目的，就决定回去了。又吃了不少苦，

张骞出使西域图 唐

终于回到了长安。尽管没有完成预期的任务,汉武帝还是非常高兴地重赏了他们。

可是,这次失败的西行,其历史意义却是深远重大的。中国和西亚、欧洲的经济、文化交流极大地发展起来,此后形成的丝绸之路也一直是航海事业没有发达以前东西方最重要的商业通道。

苏武北海牧羊

前101年,匈奴且鞮侯单于向汉朝讲和,汉武帝为了答谢单于,便任苏武为中郎将出使匈奴。

但由于跟随苏武出使的张胜和匈奴内部想投降汉朝的人勾结图谋不轨,被发觉,单于非常恼怒,迁怒于整个汉使团,特别是苏武,他想招降这些人,侮辱汉朝。于是他派人把苏武召来,迫使他投降。谁知苏武不但不投降,还试图自杀。

看到苏武如此坚决,单于决定用更残酷的折磨来使苏武屈服。他把苏武禁闭在一个大地窖里,而且不送任何的食物和水。正当苏武奄奄一息的时候,天下起了大雪,苏武便用毡毛和着雪,当做食物度日。苏武尽管生命危在旦夕,双眼仍然透露出坚定的神情。

单于恼羞成怒。他把苏武流放到了荒无人烟的北海,给了他50只公羊,让他拿着旄节放牧,说只有等到公羊生了小羊,才准许他回国。

苏武没有被眼前的困难吓倒。没有粮食,他就挖掘野鼠储藏的草籽、干果充饥;天气寒冷,他就偎在羊群里取暖。放羊的时候,他经常抚摸手中的旄节,寄托对祖国深深的怀恋。慢慢地,节上的旄毛都掉光了。

十来年过去了,单于绝口不提让苏武回国的事。这期间他还派因战败投降匈

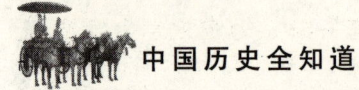

奴的李陵来劝服苏武。李陵先是请苏武喝酒，又送给苏武许多牛羊，妄图打动他后再来劝降。可苏武除了对李陵表示感谢外，始终表示：若要我投降，我就死在你的面前。最后，李陵又羞又愧，流着热泪告别了苏武。

19年后，匈奴和汉朝讲和，在众人的努力下，苏武于汉始元六年终于回到了汉朝。去的时候，苏武正当壮年，回来的时候，他已变成一个苍老憔悴的老头了。

回到汉朝的苏武受到昭帝隆重的接待，让他亲自带着太牢的祭礼去祭奠武帝，并任命他为典属国。苏武活了80多岁，公元前60年因病去世。宣帝时，为了表彰功臣的业绩，命人把11位汉朝有名的大臣相貌画在麒麟阁的墙上，这其中就有苏武。

巫蛊之祸

汉武帝共有六个儿子，他最疼爱小儿子刘弗陵。而太子刘据生性宽厚，与好大喜功的汉武帝很不同，于是汉武帝心里就不太喜欢太子，甚至打算废了太子刘据，改立刘弗陵做太子。

这时候，正赶上巫蛊术在京城里盛行。汉武帝对这一套很迷信，他有一回做了个噩梦，便以为有人在诅咒他，立即派绣衣御史江充去追查。江充心狠手毒，强迫人们招供。不管是谁，只要被江充扣上"诅咒皇帝"的罪名，就不能活命，这样，他杀死了好多人。

江充以前与太子刘据有矛盾，现在正好利用这一时机加以陷害。说在刘据和他母亲卫皇后的宫里挖出了诅咒皇帝的木头人。江充害怕刘据向汉武帝揭穿了自己的阴谋，派人拦住刘据不让他去见皇帝。刘据带领兵士围住了江充，借口他谋反，命武士将他斩首示众。

江充的同党逃到甘泉宫，却向汉武帝说是太子刘据起兵造反。汉武帝信以为真，命令军队进攻去捉拿太子。刘据事到临头，只好打开武库，把京城里的囚犯武装起来，城里的官民也不知道究竟是谁在造反，就更加混乱起来。

汉武帝只好带兵回到建章宫，亲自督促士兵同太子刘据作战。双方在城里混战了四五天，死伤了好几万人，大街上到处都是尸体和血污。结果，刘据被打败，眼看着大势已去，赶紧带着他的两个儿子逃出长安。不久，官兵来追，刘据无处逃跑，上吊死了。他的两个儿子也被杀死。

后来，汉武帝派人一调查，才知道这一切都是江充搞的鬼。在这场祸乱中，他死了一个太子和两个孙子，又悲伤又后悔。汉武帝到晚年越想越难过，就派人在湖县修建了一座宫殿，叫做"思子宫"；又造了一座高台，叫做"归来望思之台"，借以寄托他对太子刘据和那两个孙子的思念。

这个事件就是历史上所说的"巫蛊之祸"。

三朝重臣霍光

汉武帝七十一岁那年，指定八岁的小儿子刘弗陵在自己死后接替皇位，并且任命霍光为大司马大将军，辅佐幼帝。霍光辅政以后，公正无私，赏罚分明，老百姓没有不佩服的。

可是。朝廷里那些想跟霍光争权的人，却恨透了霍光。左将军上官桀、上官安和皇帝的姐姐盖长公主、桑弘羊等都是这一伙人。有一次，霍光到长安附近的广明去检阅军队，并且调了一个校尉到大将军府里去。上官桀等人就用燕王刘旦的名义，伪造了一封书信，告发霍光想要谋反。

汉昭帝把这封告发霍光的信仔细看了几遍，就收起来了。霍光阅兵回来，不敢去见汉昭帝。汉昭帝请他进来，说："我知道这封告发大将军的书信是假造的，大将军到广明去阅兵，是在京城附近的地方；调校尉去大将军府，也还不到十天，燕王在遥远的北方，他怎么能够知道这些事？就算他能知道，马上派人送信来，今天也还送不到京城。再说，大将军如果真想造反，也用不着调用一个校尉。我虽然年轻，却也看出了它的破绽，决不会上当。"汉昭帝不但没有治霍光的罪，并且还当场下令，要追查假造书信的人。

上官桀怕阴谋败露，就采取以攻为守的策略，布置了另一个阴谋，由盖长公主出面请霍光喝酒，在厅堂四周埋伏下武士，准备乘公主劝酒的时候，命武士们冲出来，把霍

霍光，辅佐汉室、功高遭忌的名臣

光杀死，然后再废掉汉昭帝，迎立燕王做皇帝。可是这一个阴谋很快败露了，他们也都被杀死了。霍光辅佐汉昭帝十三年，汉昭帝在二十一岁那年就去世了。霍光和皇太后迎立汉武帝的孙子昌邑王刘贺做皇帝。没想到昌邑王刘贺是个荒淫无道的家伙，因此，霍光跟文武大臣商量，奏请皇太后批准，废了昌邑王刘贺，另立汉武帝的曾孙刘询为皇帝，就是汉宣帝。

汉宣帝即位的时候也只有十八岁，霍光又辅佐他六七年，教他怎样做一个好皇帝。汉宣帝地节二年（公元前68年），霍光患病逝世。汉宣帝和皇太后亲自为霍光主持丧礼，十分隆重地安葬在茂陵汉武帝的陵墓旁边。

王昭君出塞

公元前57年，匈奴内部发生分裂，一下子冒出5个单于王。经过几年战争，只剩下呼韩邪单于跟郅支单于互相对峙。

呼韩邪单于向汉朝求和投降，有了汉朝作后盾，郅支单于再不敢轻举妄动。公元前33年，呼韩邪单于为了巩固和汉朝的关系，提出了"和亲"的请求。汉元帝为了保证北部边境安全，答应了他的请求，决定挑选一位漂亮的宫女嫁给他为妻。

后宫的宫女没有一个答应远嫁遥远荒凉的塞外,正在管事的太监急得团团转时,来了个应募人,她就是王昭君,她是一个聪慧美丽而又有志气的女子,汉元帝十分高兴,立即下旨应允。婚礼也很隆重。

呼韩邪单于更是欣喜万分,既娶到年轻美貌的妻子,又加强了同汉朝的关系。他封王昭君为"宁胡阏氏",意思是给匈奴带来安宁的皇后。

王昭君到了匈奴,帮助呼韩邪单于改革了游牧民族的一些落后习惯。跟随王昭君陪嫁到匈奴的汉人,教会了匈奴人从事农业生产。农业生产搞起来了,保障了牲畜精饲料的供应,畜牧业也得到进一步发展。匈奴地区呈现出人畜两旺的繁荣景象。

王昭君跟呼韩邪单于夫妻关系和谐,第二年就生了个儿子,这孩子名叫伊屠智牙师,长大后被封为右日逐王。

几年以后,呼韩邪单于病故,他的另一个儿子复株累单于即位。按照匈奴人的习俗,复株累单于娶王昭君为妻。以后她又生了两个女儿,长女叫须卜居次,次女叫当于居次。

王昭君远离自己的故乡,再也没有回来过。她去世后,葬在归化(今内蒙古呼和浩特)一处水草丰茂的高坡。那里的青草长得非常茂盛,因此后人将王昭君墓称为"青冢"。

由于昭君出塞给匈奴人带来了和平与繁荣,匈奴人对她非常敬重。匈奴人以王昭君葬在自己那里为荣,所以以后有10多处"青冢"。

失败的改革家王莽

西汉末年,都是小皇帝在位,国家政权控制在外戚手中。汉哀帝去世后,王莽依靠自己的姑妈、太皇太后王政君的地位,当上了大司马。上台后,王莽就迎立九岁的汉平帝当皇帝,他看到汉朝的天下已经很不稳固,就决心自己当皇帝,名正言顺地搞改革,以摆脱当时越来越严重的各种社会危机。

王莽通过各种办法提高自己的地位和名声,为了维持自己的权位,他把自己的女儿嫁给了平帝,作了皇后。朝廷送了大量的聘礼给王莽,王莽只收了五分之一,而且转送给贫困的人,让人们感觉到王莽的高超人格。

平帝渐渐长大,对王莽的作风很不满意,王莽就毒死了平帝,又选中了一个两岁大的刘婴当皇帝。不久,条件成熟,王莽利用政治权力与民意,强迫小皇帝让位给自己。但是表面上,王莽一再表示谦让,小皇帝则一定要让位。最后,王莽不得已只好接受小皇帝的禅让,登基做了真正的皇帝,改国号为"新"。

王莽做了皇帝,打着复古改制的幌子。可是,王莽的改革只做表面文章,加上食古不化,搞教条主义,最后全都不合时宜,人们不但不感激他,反而对他很怨恨。

比如王莽规定土地不得私自买卖,用意是要防止有钱人兼并土地,但是许多有土地的人如果遇到家里有急用,需要卖掉一块土地来应急。又有人赚了一笔钱,想买块土地做家产,却买不到,当然也会抱怨。又比如王莽规定不准买卖奴婢，但是王莽没有切实地设立救济机构，也没有给予人民职业训练，穷人们既得不到政府救济，又无谋生的一技之长，连卖身为奴的惟一出路都断了，要他们怎么活下去呀？至于王莽的货币改革更是一大失败，货币应该是越简单明了越好。但是，王莽的新货币有五类，每一类又有好几种，这样的货币一点都不实用，人们怎能不怨声载道？

这样不合时宜的改革很快就在农民起义的打击下失败了，王莽的新王朝也被推翻，他自己落了个身首异处的下场。

绿林赤眉起义

王莽的残酷压榨，加上一连串的天灾，逼得农民走投无路，纷纷起义。

公元17年，南方荆州闹饥荒，一个叫王匡，一个叫王凤的人就把这批饥民组织起来起义，他们占领了绿林山作为根据地，不到几个月工夫，这支起义军发展到七八千人。

王莽派了两万官兵去围剿绿林军，被绿林军打得大败而逃，投奔绿林山的穷人越来越多，起义军增加到五万多。

当南方的绿林军在荆州一带打击官兵的时候，东方的起义军也壮大起来。琅琊海曲有个姓吕的老大娘，儿子被县官杀害了，激起了公愤。有上百个穷苦农民起来替吕母的儿子报仇，杀了县官，跟着吕母逃到黄海，一有机会就上岸打官兵。这时候，另一个起义领袖樊崇带领几百个人占领了泰山。吕母死了后，她手下的人投奔樊崇起义军。樊崇为了避免起义兵士跟王莽的兵士混杂，叫他的部下都在自己的眉毛上涂上红颜色，作为识别的记号。这样，樊崇的起义军得了一个别名，叫"赤眉军"。王莽的军队和赤眉军打了一仗。结果，官兵打了败仗。

绿林、赤眉两支起义大军分别在南方和东方打败王莽军的消息一传开，别地方的农民也都活跃起来。有一批没落的贵族和地主、豪强也趁机起兵，反对王莽。南阳郡舂陵乡的豪强刘縯（yǐn）、刘秀兄弟两人，发动族人和宾客七八千人在舂陵乡起兵。他们和绿林军三路人马联合起来，接连打败了几名王莽的大将，声势就强大起来了。

绿林军的几支队伍没有统一的指挥。将士们认为人马多了，必须有个首领，才能统一号令。一些贵族地主出身的将军，利用当时有些人的正统观念，认为一定要找一个姓刘的人当首领，才能符合人心。

公元23年，绿林军各路将士就正式立一个没落贵族刘玄做皇帝，恢复汉朝国号，年号"更始"，所以刘玄又称更始帝。更始帝拜王匡、王凤为上公，刘縯为大司徒，刘秀为太常偏将军。从那时候起，绿林军又称为汉军。

奠定胜局的昆阳大战

更始帝刘玄即位后，派王凤、王常、刘秀进攻昆阳。他们很快地打下昆阳，还占领了定陵和郾城。王莽立即派大将王寻、王邑率领兵马，从洛阳出发，直奔昆阳。

为了虚张声势，王莽军还物色了一个巨人，名叫巨无霸，他有一个本领，就是能够驯养一批老虎、豹、犀牛、大象。王莽让他带了一批猛兽上阵助威。

驻守在昆阳的汉军只有八九千人。一天晚上，刘秀带着十二个勇士，趁黑夜冲杀出昆阳城南门。昆阳城虽然不大，但是汉军防守得很严密，城始终没被王莽军攻破。

刘秀到了定陵，把定陵和郾城的人马全部调到昆阳去。他亲自带着一支先锋部队，赶到昆阳，他们在离王莽军四五里的地方摆开了阵势，趁敌军还没有站稳阵脚，先发制人，亲自指挥先锋部队冲杀过去，一连杀了几十个敌人。

汉军前来救援的大队人马赶到，见刘秀的先锋部队打得勇猛，也鼓起了勇气，几路人马一齐赶杀过去，王寻、王邑被迫后退。汉兵乘胜猛击，越战越勇。

刘秀带着三千名敢死队，向王莽军的中坚部队冲杀过去，最后结果了王寻的性命。王莽军一听主将被杀，全都慌了神，乱奔乱逃，自相践踏。

这时候，天空突然暗了下来，响起了一声大霹雳，接着狂风呼啸，大雨像倾盆一样的直倒下来。巨无霸带来助威的猛兽，也吓得直打哆嗦，不但不往前冲，反而往后面乱窜。王莽军大败，当大将王邑逃回洛阳的时候，四十三万大军只剩下几千人。

昆阳大战消灭了王莽的主力的消息，鼓舞了各地人民，纷纷起来响应汉军。

更始帝率领汉军乘胜进攻长安。王莽惊慌失措，把监狱里的囚犯拼凑成一支军队，抵抗汉军。但是这样的军队很快陆续逃散了。不久，汉军攻进长安城，王莽最后也被杀死了。

王莽新朝维持了十五年，结果土崩瓦解。

东汉——河洛苍茫
(25年—220年)

王莽托古改制不合时宜，带来更大灾难，结果大规模农民起义爆发。公元25年夏，刘氏宗室刘秀正式称帝，重新建立起汉朝的统治。他建都洛阳，史称东汉（25年—220年）。

东汉王朝的建立得力于豪强地主，刘秀对他们采取了在政治上限制、经济上优待的政策。不过，刘秀多次下诏释放官私奴婢，限制奴婢主暴虐，并下诏检查垦田与户口实数，在一定程度上缓解了西汉后期土地兼并的问题和奴隶问题。他还加强中央集权，调整经济政策，发展生产，与民休养，对国力的恢复有积极作用。

汉明帝、汉章帝都继承了刘秀的做法，继续推动东汉经济的发展。东汉的科学技术、文化也有很大进步，比如改进了造纸术，出现了水车等农具，等等。为加强思想统治，东汉王朝大力提倡儒学。另外，道教发展起来，佛教也开始传入我国，并得到统治者的提倡。

从汉和帝开始，东汉基本上都是幼年皇帝即位，外戚和宦官交替把持政权。正是这两股势力的斗争，使东汉王朝日益衰败下去。到汉桓帝、汉灵帝时期，腐朽程度达到了无以复加的地步，再加上自然灾害的侵袭，使人民再也无法生活下去。184年，张角领导的声势浩大的黄巾起义爆发，给垂死的王朝以致命的一击。继而发生董卓之乱，汉献帝成为名副其实的傀儡，东汉名存实亡。196年，曹操迎接汉献帝到许县，挟天子以令诸侯。220年，曹操死，其子曹丕废汉献帝，即位称帝。

刘秀小忍成大谋

且说王莽末年，群盗蜂起，正是天下英雄用武之时。刘縯、刘秀兄弟二人也在公元22年发动舂陵起义。不久，他们领导的舂陵兵与另外两支造反武装合在了一起。虽然刘家兄弟在这次运动中起了领导作用，可他们的族兄刘玄受到起义部队的拥戴，在公元23年被立为皇帝，就是"更始帝"。刘玄称帝时，同为宗室的刘縯一肚子不高兴，这一点，刘玄心中也明白。为此，刘玄总想找个借口除掉刘縯兄弟。

刘玄想收买刘縯的部将刘稷，要他揭发刘縯意图谋反。刘稷不干，刘玄要杀掉他。刘縯出面维护自己的部将。刘玄一不做，二不休，干脆把刘縯和刘稷都杀了。

这时，刘秀正带兵在外。为了斩草除根，刘玄决定寻找机会杀掉刘秀。他派人拿着自己的诏书去试探刘秀,只要刘秀表现出一点异常,就可以名正言顺的除掉他。使者先宣布对刘秀的封赏,又宣布刘縯谋反被杀。听到哥哥被杀的消息,刘秀心里大惊,可是他何等聪明,怎能不明白刘玄现在斩尽杀绝的用意?"小不忍则乱大谋"。听完诏书后,刘秀强忍住内心的杀兄之恨,磕头谢恩。使者一走,刘秀回到自己的大帐内,捶胸大哭,恨得咬牙切齿。

"云台二十八将"版画 光武帝敕封的二十八位名将

第二天一大早,刘秀就匆匆从自己的驻地赶到刘玄的行宫。见了更始帝,刘秀言必称陛下,口必言皇恩浩荡,绝不提自己的功劳,也不为哥哥服丧,既显得十分恭谨,又表现得宽厚大度。刘秀"忍辱偷生"的表演,终于解除了刘玄的疑忌,保住了自己的性命。

三个月后,刘秀被派往河北去发展起义军的实力。从此,刘秀便摆脱了刘玄的监视和控制,迅速招兵买马,网罗人才,扩充实力。在不到一年的时间里,刘秀便发展到十余万人,还有了一批能征善战、忠心耿耿的战将,于是便我行我素,公开和刘玄分道扬镳了。

靠这批人马做班底,经过一番征战,到公元25年,刘秀称帝,建立了东汉政权。又经过十二年时间,刘秀终于铲平群雄,完成了国家的统一,坐稳了江山。

不畏权贵的洛阳令

东汉时候,出现了一位执法严明、敢于跟皇亲贵戚、豪强地主作斗争的官吏,他宁可不要自己的乌纱帽和性命,也要维护法律的尊严。他就是人称"强项令"的董宣。

有一次,光武帝刘秀的姐姐湖阳公主家里的管家在大白天杀了人,当时正是董宣在洛阳担任县令的时候,杀人犯害怕董宣治他的罪,就躲在湖阳公主家里,逍遥法外。董宣知道了,决心要把杀人犯抓来,依法治罪。

有一天,湖阳公主外出,带了一大群家奴同行。那个杀人的管家认为风头已经躲过去了,也混在家奴里面一起外出。董宣带了人马,挡住了公主的去路,要她交出管家。后来不顾公主的威逼和求情,当场就把那管家斩了。

湖阳公主非常气恼,找到光武帝刘秀哭诉,光武帝也很生气,立刻下令把董宣抓来,要用乱棍把他打死。

董宣说:"陛下自己制订法律,自己破坏,这怎么能把国家治理好呢?我看您不必打,我自己在这里撞死好了。"说完,就用头去撞宫殿的柱子,头皮撞破了,流了满脸的血。光武帝赶快叫太监把董宣拉住。他仔细一考虑,觉得董宣的话很有道理,但是为了照顾姐姐的面子,他想叫董宣给姐姐赔个罪,把事情了结。董宣听说叫他给公主磕头赔罪,很不服气,说什么也不肯答应。光武帝叫人把董宣拉到湖阳公主面前,按着他的脑袋叫他跪下磕头。董宣一屁股坐在地上,用两手撑着地,挺着腰杆,强着脖子,死也不肯低头。

光武帝这时也很佩服董宣了,就叫公主再找一个管家,下令赏赐董宣三十万文钱。董宣把这笔钱全都分给了他的手下人。从此,"强项令"董宣的名气到处传开了。

光武帝宽以待人,重用像董宣这样的能臣,汉朝才走向了复兴,史称"光武中兴"。

汉明帝与佛教

永平八年的一天晚上,明帝刘庄做了一个梦,梦见一个又高又大的金人,看起来十分威武尊严。第二天上朝,明帝把这个梦讲给文武大臣们听,请他们帮助他圆梦。楚王刘英说明帝梦见的是佛,这是吉祥的预兆。汉明帝十分高兴,派郎中蔡愔和博士弟子秦景等人,到天竺国去取经求佛。

天竺国就是现在的印度。蔡愔、秦景和他们的随从,经过艰苦的长旅途行,终于到了天竺国,并且找到了佛教大师,向他们介绍了汉朝的情况,转达了汉明帝想要取经求佛的虔诚愿望。佛教的大师们认为汉明帝不远万里地派人去取经求佛,确是出于虔诚的心情,就决定派遣竺法兰和迦叶摩腾两位大师,带着许多写在贝多罗树叶上的佛经,跟随蔡愔、秦景等人到中国来。

竺法兰和迦叶摩腾到了中国,朝见了汉明帝,向汉明帝讲解了佛教的教义。汉明帝认为佛教的教义很符合他加强封建专制统治的需要,就请他们两位带着一些佛教徒,把他们带来的贝叶经翻译成为汉文。竺法兰和迦叶摩腾起初住在汉朝政府招待贵宾的鸿胪寺里。他们希望汉朝政府能按照印度佛教寺院的样子修建一所佛寺,供他们居住,就画出佛寺的图样来交给汉明帝。汉明帝从国库里拨出一大笔钱,并且调来了有名的工匠,在洛阳城里修建了我国的第一所佛寺。因为竺法兰和迦叶摩腾是用白马驮着贝叶经到中国来的,所以这所佛寺就取名为白马寺。

自从汉明帝派人去天竺取经求佛以后,佛教就在中国广泛地传播开了。因为佛教起源于印度,有些教义跟中国的传统思想和风俗习惯不合,后来,中国的高僧对佛教教义作了部分改造,并且糅合了儒家、道家思想,成了中国的佛教。

佛教传至六朝,达到鼎盛。北魏迁都洛阳后,兴建佛寺达1000余所,著名的龙门石窟就建于此时。

投笔从戎的班超

班超是东汉著名历史学家班固的弟弟,他父亲班彪、妹妹班昭也都是有名的史学家,和班固一起完成了《汉书》的创作。班超虽然饱览群书,但并不满足于书本知识的获得,总是想把所学的东西用来建立真正的功业。

明帝委任班超为兰台令史,就在这期间,匈奴在东汉边境烧杀抢掠,听到这种情形,正在抄写文书的班超把笔往地上一扔,气愤地拍着案台,大声感慨说:"大丈夫应该像傅介子、张骞那样立功边地,封侯归乡,怎么能在纸笔中消磨一生!"班超凭着自己的才干和努力的争取,终于在31岁时,得到了一个假司马的军职,跟随大将军窦固出击匈奴,并立下大功。明帝和窦固都看到了班超的军事才能,明帝就又派遣了班超和郭恂出使西域。

在出使西域的过程中,班超以他高超的外交手段和智勇双全的政治才能,先后招附了鄯善、于阗,并帮助疏勒人赶走了龟兹,使他们摆脱了被龟兹控制的命运。班超帮助疏勒人立了自己的王,有了独立的政权,打退了龟兹一次次的进攻。汉章帝担心班超孤立无援,便下诏让他回朝。谁知消息一传出,疏勒都尉拔刀自杀,希望以自己的死来挽留班超;一些手下不顾往日的威严,大声哭泣,抱住班超所骑的马腿不肯放。班超十分感动,于是他上书章帝,要求留下,班超这一呆就是30多年。

经过多年奋战,班超凭着卓越的军事才能和一贯"不入虎穴、焉得虎子"的勇气,先后征服了莎车、月氏,收降了龟兹和姑墨,诛杀了顽固抵抗的焉耆王和尉黎王,使西域50多个小国全部归附东汉王朝,统一的多民族国家重新得到巩固。由于班超的非凡表现,他先被任命为西域都护,又于95年被封定远侯,食邑千户。

班超在西域生活了31年,他不仅得到了朝廷的充分信任,西域各国对他也非常敬佩,他几次想回归中原,都被当地人死死挽留。直到100年,年近七旬的班超因年老多病思念故土才回到洛阳。班超以一介书生,在万里西域立下赫赫战功,成就了封侯的雄伟志愿。

跋扈将军梁冀

东汉从和帝开始,都是年幼皇帝登基,因此朝政往往被外戚或宦官把持。梁冀就是东汉时期一个飞扬跋扈的人物,长期把持着政权。

汉安三年(144年),顺帝死了,两岁的刘炳继位,梁冀的妹妹梁纳以皇太后临朝,梁家独揽了朝政大权。两年后,刘炳又死了,梁冀便扶持8岁的刘缵为皇帝,即汉质帝。质帝虽然年纪很小,人却十分聪明,梁冀就毒死了他。

梁冀又和皇太后商量立与自己妹妹梁女莹有婚约的蠡吾侯刘志为皇帝,即汉桓帝。桓帝因为梁冀拥立有功,就对他大加赏赐,并给他很高的地位,简直是一人之下,万人之上。

梁冀靠着朝廷的俸禄和搜刮来的钱财，过着奢侈淫逸的生活。他大兴土木建筑府第，府第里堆满了金银财宝，珍奇玩物。梁冀还在京城西边另造别墅，窝藏了许多逃亡在外的流氓、罪犯，让他们为自己出力。同时，还把无辜的平民几千人抓去充当奴婢，称为"自卖人"。

梁冀权倾朝野，为所欲为，杀害了很多人，甚至连皇帝也不放在眼里，皇帝任命的官吏，要是不到他家去谢恩，用不了几天就会被撤职，或者遭到杀害。一些正直的大臣实在忍受不了这口气，就上书桓帝，请求惩办梁冀。桓帝也感到梁冀欺人太甚，就暗下决心，准备除掉他。

158年出现日食，太史令陈授认为这是老天对政治腐败的警告，便让小黄门徐璜奏告桓帝说："天降灾异，告责大将军。"梁冀很快就知道了，便让洛阳令找了个罪名把陈授逮捕入狱，并活活把他打死。桓帝听说了这事，很生气，决心把梁冀杀死。

皇帝并没有什么实权，只能依靠自己身边的宦官。公元159年，桓帝找来亲信宦官单超、具瑗、唐衡、左怕和徐璜5人，发动宫中卫兵1000多人，趁梁冀不备突然包围了大将军府。

梁冀万万没想到一直捏在自己手心里的桓帝会突然发难，顿时吓得不知所措。过了片刻，他清醒过来，知道自己性命不保，便和妻子孙寿服毒自杀了。

党锢之祸

桓帝诛杀外戚梁冀以后，宦官单超等五人因参与谋划有功，同日封侯，权倾一时，历史上号称"五侯专政"。从此，又出现了宦官当权的局面。

宦官当权以后，为非作恶，不但遭到广大劳动人民的反对，也遭到了中小地主出身的太学生的反对。他们经常在太学里公开揭露和抨击宦官的罪恶，号召大家团结起来，打倒宦官。

世家豪族出身的河南尹李膺、太尉陈蕃，跟太学生领袖结成了好朋友，逐渐形成为一个反宦官的党派。

宦官集团看到世家豪族和太学生联合起来结成党派，就寻找机会打击党人，先后发动了两次禁锢党人的暴力行动。

宦官唆使人向桓帝诬告李膺等人有谋反的嫌疑，把李膺等送进监狱。桓帝窦皇后的父亲窦武想利用党人打击宦官，把朝政大权抢到自己手里来。于是窦武上书，请求赦免李膺等党人。桓帝下令赦免李膺等二百多个党人，但把他们驱逐回乡，禁锢终身，永远不许再做官。这就是第一次的"党锢之祸"。

汉桓帝死后，窦皇后跟父亲窦武商量以后，把桓帝的侄子、十二岁的刘宏立为皇帝，就是汉灵帝。窦武被封为大将军，陈蕃被拜为太傅，由他们两人共同掌管朝政。窦武、陈蕃下令免除对党人的禁锢令，把李膺等几个为首的党人请出来做官，暗地里密谋诛杀宦官。宦官集团也立刻紧张地活动起来。窦武发动驻守京城的北军起兵讨伐宦官；宦官指挥防卫宫廷的虎贲军和羽林军抵抗。一场武装争夺权力的斗争展开了。结果，虎贲军和羽林军打败了北军，窦武被包围后自杀，陈蕃被宦官杀害。

宦官集团还在全国各地大肆搜捕和杀害党人,所有党人和党人学生、父子、兄弟,凡是做着官的,都一律免职,驱逐回乡,禁锢终身,永远不许再做官。这就是第二次的"党锢之祸"。

两次"党锢之祸"都是东汉统治阶级内部争权夺利的斗争。宦官们骄奢残暴,作恶多端,太学生发动的反宦官斗争,当时有一定的进步意义。自从他们的斗争被宦官击败以后,东汉的政权又一次完全被宦官集团所控制,政治越来越腐败了。

黄巾大起义

宦官和外戚争权夺利,弄得社会极不安定,再加上各地灾害不断,农民开始聚众起义。公元184年,汉灵帝刘宏在位的时候,终于爆发了一次波澜壮阔的黄巾大起义。

黄巾大起义是张角领导的。张角是太平道的首领,太平道是道教的一派,宣传"黄天太平"思想,大约10年的时间,太平道的信徒发展到了几十万人。

张角发动他在各地的信徒同时发动起义。起义军用黄巾裹头,作为"黄天"的标志,因此被称为黄巾军。张角自己称为天公将军,他的两个弟弟张宝和张梁称为地公将军和人公将军。他们三个人共同指挥起义军的战斗。

东汉朝廷十分惊慌,派八关都尉率重兵守住洛阳和附近的关口,又派皇甫嵩为左中郎将,朱儁为右中郎将,率领四万多名精兵来镇压黄巾起义军。颍川的黄巾军首领波才打败了皇甫嵩,把他围困在长社。老奸巨滑的皇甫嵩命令官军偷袭黄巾军,放火焚烧波才的军营,乘乱砍杀了成千上万的黄巾军战士。波才没有办法,只好退往阳翟。

北方由张角兄弟亲自率领的黄巾军打了胜仗,打败了东汉官军的北中郎将卢植和东中郎将董卓。汉灵帝赶快命令皇甫嵩从河南北上,夹击黄巾军。张角派张梁迎战皇甫嵩,两军在广宗大战。张梁作战很英勇,他率领黄巾军奋勇冲杀,打得皇甫嵩招架不住,只好紧闭营门,躲藏起来。

就在战局十分紧张的时候,可惜张角得病死了。张梁因为料理哥哥的后事,放松了警惕。皇甫嵩乘机向黄巾军反扑,打破了黄巾军的大营。张梁和三万多名黄巾军战士英勇战死,另外五万多名黄巾军战败以后英勇不屈,投到河里壮烈牺牲。

皇甫嵩居然劈开张角的棺材,砍下他的脑袋,送到京城里去请功。接着,皇甫嵩又去进攻张宝率领的黄巾军。张宝势孤力单,在下曲阳战死。

黄巾起义虽然被镇压下去了,但它沉重打击了东汉的统治。在镇压黄巾起义的过程中,董卓、袁绍、曹操等军阀也成长了起来,中原大地陷入了争霸割据状态。

王允除董卓

汉灵帝病死后,将军董卓立9岁的陈留王刘协为帝,即献帝,自己专权,他滥施淫威，放纵士兵奸淫抢掠。大司徒王允忍无可忍，决定杀死董卓。他和义女貂蝉想出了一条"美女连环计"。

董卓手下有一员大将叫吕布，勇猛善战，深得董卓重用。王允故意答应把自己聪明美丽的养女貂蝉许配给吕布，吕布十分高兴。王允又把董卓请到府中宴饮，把貂蝉送给了他。

吕布不知内情，对董卓很不满。貂蝉又故意装出对他很倾心但又无奈的样子，一次，在皇宫里，吕布见董卓和皇帝谈得正热乎，就偷偷溜出来，赶回相府找到貂蝉，在凤仪亭约会。董卓在宫中忽然发现吕布走了，立刻起了疑心，急忙回府，貂蝉见董卓回来，哭得像个泪人一样，说吕布调戏她。董卓恼怒万分。

这一天，王允便找到吕布，连激带劝，说得吕布咬牙切齿，表示与董卓誓不两立。王允见时机已到，便把皇帝命令杀董卓的秘密诏书给吕布看，说："董卓老贼，罪该万死。将军若能弃暗投明，杀死老贼，必然得到皇帝重用，又可和貂蝉永远在一起。"吕布当即表示同意，便和王允定下了杀董卓的计划。

192年四月的一天，董卓在侍卫的前呼后拥下也来上朝。吕布命令自己的心腹将领带10多个伪装的士兵守候在皇宫北掖门内，作为内应。吕布则紧紧跟随董卓。董卓到了宫门，埋伏的士兵早已做好准备，冲上前去，一戟刺向董卓，但没刺中要害，董卓大惊，喊道："吕布在哪里，快来保护老父！"吕布应声道："有皇帝诏书讨杀董卓。"吕布拿起长戟便把董卓杀死了。

董卓死后，万民欢呼。他那肥大的尸首被扔到大街上示众。百姓们气恨得又敲他的脑袋，又踩他的尸体，发泄心中的仇恨，吕布杀了董卓后便立即赶回太师府，先夺取了貂蝉，又杀死了董卓的家属。

董卓死后，他的余党又杀入长安，王允被害，吕布出逃，全国陷入一片战乱中。但王允连环计杀死董卓，真正是为民除去一害，只是因为后来也变得骄傲自大，才导致了动乱局面的快速爆发。

曹操挟天子以令诸侯

东汉末年，汉献帝刘协没有实权，一直在豪强军阀的争夺和挟持下颠沛流离；后来历经千辛万苦，回到首都洛阳。

汉献帝返回洛阳的消息传出后，在群雄中引起了强烈反响。一些有谋之士认为，在当前群雄混战的情况下，谁如果抓住了皇帝，"挟天子以令诸侯"，谁就可以号令天下，把持汉室的朝政。袁绍当时手握重兵，势力雄厚，但缺乏远见卓识，怕皇帝来了碍手碍脚，就没有去接汉献帝。

而另一枭雄曹操一听说汉献帝到了洛阳，处境苦不堪言，便主张立即前去迎驾。众将、谋士讲了想法，多数不同意，认为当务之急是多占地盘；惟有谋士荀彧坚决主张迎接献帝，他说："春秋时期，晋文公发兵把周襄王护送到京师，赢得了诸侯们的响应，尊他为霸王；秦朝末年，汉高祖为义帝戴孝发丧，争得了天下人心。现在皇帝历尽颠沛流离之苦回到洛阳，忠义之士思念汉朝，平民百姓怀念过去安宁的日子。在这种情况下，将军若能前去迎帝保驾，上可安服四方豪雄,下可顺从天下民心,何乐而不为?"曹操听罢,点头称是。

随后,曹操便亲自带领一支人马,去洛阳迎接献帝。曹操先把军队驻扎城外,而后只身去拜见国舅董承,竭诚赞扬董承在献帝返洛阳途中的护驾之功,取得董承的好感,然后才去拜见献帝。曹操对献帝说:"洛阳已成废墟,不是陛下立足之处,许城(今河南许昌)粮食充足,风景秀丽,又比洛阳安定,应该迁去为都。"献帝十分感动,便随曹操去了许城。

曹操逼宫年画

汉献帝到许城之后,曹操马上大兴土木,建造宫室殿宇,立宗庙社稷,祭祀汉室的列祖列宗。对此,汉献帝十分满意,当即拜曹操为大将军、武平侯,以出谋划策的荀彧为侍中。至此,曹操就名正言顺地统揽了朝政。

曹操把汉献帝抓到手中之后,便开始了"挟天子以令诸侯"的工作,从而使其势力迅速扩大,为后来魏国的大统一奠定了基础。

以少胜多的官渡之战

曹操把走投无路的献帝接到许都,牢牢地控制了朝中大权,这就与袁绍发生了冲突。袁绍自恃兵强,准备吃掉曹操。

公元200年2月,袁绍集结10万人马,准备渡过黄河直捣许都。他先派出大将颜良攻击白马,但颜良出师不利,死于曹操的部将关羽刀下。袁绍攻克白马的企图就此告吹。

袁绍在狂怒之下,又命大将文丑领兵出击。曹操设下埋伏,以少量骑兵出奇制胜,文丑也被杀死。

经过这两次交锋,袁绍失去了两员大将,只好暂停进攻,与曹军对峙于官渡(今河南中牟县北)。这时袁绍尚有近10万的军队,曹军不过三四万,袁军粮食充足,曹军粮草渐渐不继。

曹操知道自己不能耗下去,催动大军向袁军发起进攻,两军鏖战了一番,没能分出胜负,这一年冬天,袁绍的后方又将更多的粮草送往前线。大将淳于琼率领1万人马保护,停留在距袁绍大营40里的地方。谋士沮授提出建议,增派官兵在外围巡逻,袁绍固执己见,对沮授的建议置之不理。

就在这时,袁绍的谋士许攸投奔了曹操,向曹操报告了这一重要军事情报,并建议曹操派兵攻打袁绍的屯粮地。曹操大喜,亲自率领曹军摸黑来到袁绍的屯粮地,曹操一声令下,兵士们一齐放火。刹那间,风助火势,炎焰冲天。袁绍闻报曹操向淳于琼发动进攻,立即派高览、张郃攻打曹操的大营。张郃认为曹操大营坚固,一时难以攻取,应当首先援救淳于琼。结果袁绍只派了少量人马增援淳于琼,主力仍去攻打曹军大营。

结果,袁绍的守粮军大败,淳于琼被斩,袁绍军的粮草全部化为灰烬。

一连串的失败,使袁军官兵惊恐万状,全军顿时大乱,官兵四处逃散。袁绍带着儿子率领800名骑兵,渡过黄河逃了回去。经过官渡一战,袁绍损失了7万人马,他又急又恼,结果得了重病。公元202年,袁绍病死;到了公元206年,曹操将袁氏的残余力量消灭干净。

官渡之战是我国军事史上以少胜多、以弱胜强的著名战例,也是中国的北部由分裂走上统一的关键性战役。

孙策占据江东

曹操和袁绍在北方争雄的时候,孙氏父子逐渐占据长江下游的地盘,后来建立了政权,就是三国之一的吴国。吴国的开端要从孙策占据江东说起。

孙策、孙权是弟兄俩,他们的父亲孙坚,原是袁术的部下。孙坚死后,孙策仍旧去投靠父亲的老上司袁术。不久,扬州刺史刘繇侵占孙策舅舅吴景掌管的丹阳,孙策要求袁术借兵给他去讨伐刘繇,袁术于是就借了一千人马给孙策。

孙策进军江东,沿途不断招兵买马。半路上,他得到好朋友周瑜的援助,加强了自己的力量。打败了刘繇以后,他乘机控制了江东的一大块地盘。又乘胜攻下吴郡,占领会稽和其他四个郡,自任会稽太守。从此,他跟袁术断绝关系,开始在江东称霸。

孙策不满足于占有江东六郡,想要渡江与曹操争夺地盘。吴郡太守许贡暗中派人去给曹操通风报信。送信人在渡江的时候被孙策的士兵查了出来。孙策得到报告以后,就把许贡杀了。许贡的家属和奴仆,逃亡在外,并且决心报仇雪恨。

一天,孙策带了一些士兵在丹徒郊外打猎。他见一只鹿在前面跑过,赶快纵马追逐。追到树林深处,见有三个人持枪带弓等在那里。一个人趁孙策不备,一箭射中了孙策脸颊。那人大声喊道:"我们是为主人许贡报仇的!"孙策血流满面,受了重伤。士兵们急忙抢救,把他送回会稽养伤。

因为刺客的箭头上涂了毒药,所以孙策的伤势越来越重。他知道自己活不成了,就把弟弟孙权、长史张昭叫来,吩咐后事。孙策对弟弟说:"我死了以后,江东的局面就由你来支撑了。你应该常常想到父兄创业的艰难,要多依靠张昭、周瑜,要任用有才能的人,不要在强暴面前屈服,要坚决保住江东。"孙策把印绶挂在孙权的脖子上,不久就咽了气,死的时候,他只有二十六岁。

孙策死后,在文臣武将齐心协力的辅佐下,孙权用心管理政事,努力增强军事实力。从此,由孙策开创的称霸江东的事业,到孙权手里逐步地得到了巩固。

刘备三顾茅庐

刘备的祖上是汉朝的宗室,只是后来家族衰败了。东汉末年,天下大乱,刘备也趁机起事,想有所作为,匡扶汉室。可是二十多年过去了,他虽然名声很大,却一直寄人篱下,没有形成太大的势力。他经常感叹身边缺少能出谋划策指挥千军万马的干才。

刘备屯驻在新野以后,有不少的人从各地来投奔他,他自己也四处访求人才。有个叫徐庶的谋士向他推荐了诸葛亮。

这天,刘备同关羽、张飞带着礼物来到隆中的卧龙岗,拜会诸葛亮,可是他不在家,一行人失望地离开了卧龙岗。

三顾茅庐图 明 戴进

过了几天,刘备打听到诸葛亮已经回到家里,又带着关羽、张飞去请他。那天天气很冷,走到半路上,天下起大雪来了。张飞有些不耐烦,刘备却认为冒着风雪去请,正好能表明自己的诚意,坚持要去。他们好不容易到了卧龙岗,一打听,才知道孔明已经在头一天和朋友出去了,又扑了一个空。

过了些时候,刘备选定了一个好日子,准备第三次去请诸葛亮。这次连关羽也有些不高兴去了。刘备劝说他们一番,三人来到卧龙岗,从小童那里打听到诸葛亮还在草堂上睡觉,刘备恭恭敬敬地站在草堂的台阶下等着。过了好一会,诸葛亮这才把刘备和关羽、张飞迎接到屋里。两人坐定,开始谈论起天下大事来。

诸葛亮见刘备谦虚诚恳,就对当时形势作了精辟的分析,给刘备提出了一整套统一全国的战略方针。建议他先不与曹操争锋,荆州的主将刘表平庸,应当取而代之。先占据荆州,站稳脚跟,再取益州,励精图治,充实国力,联合孙权,结好西南各民族,然后等待时机,再向中原发展。最后完成统一天下的大业。

刘备十分佩服,他请诸葛亮尽快出山,共图大业。第二天,诸葛亮告别了亲友,跟着刘备一起到了新野。

从此以后,诸葛亮就全力辅佐刘备打天下,可谓鞠躬尽瘁,死而后已。

三国——大江东去

（220年—280年）

东汉末年的中国，先历黄巾起义，再经董卓之乱，后陷入无休止的州郡镇守的争夺与纷争之中。220年，曹丕废汉称帝，建立魏朝，史称曹魏。第二年，自称为汉室后裔的刘备也在成都登上帝位，表示恢复汉朝，史称蜀汉。孙权则于229年正式称帝，建立吴国，史称孙吴或东吴。三国鼎立的局面至此形成。

三国不断征伐，给人民带来无尽的苦痛。但是，各政权为了壮大自己的势力，也在当地发展经济。曹魏大兴军屯、民屯，凋敝零落的中原又重新恢复生机；蜀本就据有"沃野千里，天府之土"的成都平原，荆州亦有"帝王之资"的美誉，诸葛亮平定南中、屯田汉中，尽掘地力；江东也屡次经营山越。我国东南经济开发史由此揭开。中原经济的恢复，江东农业的发展，四川、云南的开发，为即将来临的大统一准备了经济基础。

三国时期是魏晋南北朝时期民族大融合的起点。中原的混乱，中央集权的衰落，为少数民族提供了新的历史舞台；而中原人口的锐减，也为内迁各族人民提供了适宜的生存空间。少数民族的内徙与融合成为一种不可逆转的历史潮流。

三国鼎立的政治分裂局面维持了大约六七十年。263年，魏军两路攻蜀，一举消灭蜀汉。只是当时的魏国政权已经掌握在司马氏集团手中，两年后司马炎学着曹丕的榜样，自立为皇帝，建立晋朝。在稳定了政权后，晋军于280年大举南下，顺利渡过长江，统一了全国。

周瑜火烧赤壁

曹操灭袁绍，破荆州，率领80万人马（号称）沿长江东下。大军驻扎在江汉，有统一天下之意。此时的曹操志得意满，根本不把刘备和孙权放在眼里。

曹军将士都是北方人，不服水土。在水上操练时，军士们受不了风浪的颠簸，呕吐不已。江东谋士庞统来到曹营，献计说：不如用铁环将大小船只连锁起来，以30艘或50艘为一排，上面铺设木板。一来将士们在船上如履平地，战马可以通行；二来连环战船体积庞大，能减少颠簸之苦，江中风浪就不可怕了。

东吴的大都督周瑜早已做好精密的策划。正是他让庞统巧使连环计，将曹军的战船锁起来，以便实行火攻。他还使用苦肉计，把主张"降曹"的老将黄盖打得皮开肉绽，并让黄盖给曹操写秘密信，说是准备投降曹操。

两军即将交战，周瑜正在山头上眺望曹军动向。踌躇满志，但他忽然想到到时候不一定有风，急得晕倒在地。诸葛亮看透了他的心事，他已观测到数日内风势将要转向。他对周瑜故弄玄虚说：自己懂得呼风唤雨，可以从老天爷那里借三天三夜的东南风，助东吴用兵。周瑜大喜。

将近三更时分,忽然听到风声响动,霎时间,东南风大起。风向一转,便有谋士提醒曹操提防,曹操不以为然。正好,东吴老将黄盖派人送来密信,说是当晚二更将率领粮船前来投降。曹操大喜,亲临水寨,准备接纳。东吴的战船离曹军水营还有二里左右。黄盖大手一挥,船上一齐发火。火趁风势,风助火威,一时间烟火蔽天。连环战船可遭了殃,纷纷着了火,无法解脱。东吴大军喊声震天,箭如飞蝗,蜂拥而至。曹军猝不及防,死伤落水者不计其数。

曹操回头看看岸上的营寨,已经几处起火,显然遭到了袭击。他慌了手脚,连忙跳上一条小船,由大将张辽护卫,驶向岸边。勉强凑得一千多人马,东挡西突,总算冲出了重围。

赤壁之战,曹操几乎全军覆没,大伤元气,此后,只能专力经营北方。而东吴巩固了江东,未来的蜀汉之主刘备也有了发展的余地。赤壁之战最终奠定了三国鼎立的局面。

吕蒙白衣渡江

吕蒙小时候家里很穷,生性顽劣,后来他参了军,赤壁之战中,身先士卒,大破曹军。东吴的将领都知道他是一个大老粗,很多人因此看不上他。

有一次,孙权经过吕蒙军营,顺道进去看他,见他依旧不知读书,就苦口婆心地劝他。吕蒙还真的听了孙权的话,或许他自己也已意识到不读书的坏处了,所以从此发奋学习,渐渐变得很有见识,孙权认为吕蒙能痛改前非,折节读书,有大将之才,因此非常看重他。

此时,关羽围攻樊城的曹军,水淹七军,司马懿劝说曹操派人约请孙权一起夹击关羽,孙权也在担心关羽势大会对东吴造成威胁,双方一拍即合。孙权随即命令吕蒙为他筹划攻打荆州的事。

吕蒙前思后想,也拿不出个准主意,孙权又催得急,实在没法,他只有冒充生病,向孙权要求回去休养。另一个大将陆逊向孙权建议可以将计就计,大张旗鼓地调吕蒙回来休养。关羽必定会放松警惕,倾全力攻打樊城,到那时江陵和公安守备空虚。

孙权于是准了吕蒙病假,派当时名声不怎么响亮的陆逊去把守陆口。陆逊上任后派人拜会关羽,并献上厚礼,还给关羽写了一封情真意切的书信,希望双方能一直和好,平平安安。关羽那时正在兴头上,哪里辨得出真假,看完信后哈哈大笑,洋洋得意一番之后,关羽果然如陆逊所料调整了军事部署,把原来防备东吴的人马陆陆续续调到樊城去了。

吕蒙立刻潜回了前线作战,他挑选了3万精兵,把战船全部改造成商船的模样,让大队人马潜伏在船舱里,极少一部分负责摇橹,而且都是身穿白衣,作商人打扮。这样,吕蒙的人马就成了一支商人的船队,顺顺利利地到了蜀军把守的北岸。这就是"白衣渡江"的典故。

蜀军防守的士兵都和他们的将领关羽一样骄傲轻敌,一看是商船,就让他们停靠在了江边。当天夜晚,吴军伏兵尽出,轻而易举就控制了江岸阵地。此时,关羽得知真相后，已悔之晚矣。魏、吴两军前后夹击，关羽仓皇败走麦城，寻路突围时遭到伏击被擒，一代名将做了瓮中之鳖，刀下之鬼。

陆逊火烧连营

刘备对东吴占领荆州，关羽被杀这件事，十分痛心。公元221年，他即位称帝之后，他不顾诸葛亮的反对，带领蜀汉的大部分人马，准备进攻东吴，报仇雪耻。刘备一面准备出兵，一面通知张飞到江州会师。还没有等刘备出兵，张飞的部将叛变，杀了张飞投奔东吴。刘备一连丧失两员猛将，力量大大削弱，但他急于报仇，已经没有冷静考虑的余地了。

警报到了东吴，孙权听说刘备这次出兵声势很大，也有些害怕，派人向刘备求和，但是遭到刘备的拒绝。

刘备心急火燎，自己率主力沿着长江南岸，翻山越岭一直进军到了猇亭。东吴将士看到蜀军得寸进尺，步步紧逼，都摩拳擦掌，想和蜀军大战一场。

但是陆逊一直按兵不动。双方相持了半年。

刘备等得急了，派将军吴班带了几千人从山上下来，在平地上扎营，向吴兵挑战，陆逊就是不出兵。刘军已经很疲劳了。

这天，陆逊召集将士们，宣布要向蜀军进攻。

当天晚上，陆逊命令将士每人各带一束茅草和火种，预先埋伏在南岸的密林里，只等三更时候，就直奔江边，火烧连营。

到了三更，东吴四员大将率领几万兵士，冲近蜀营，用茅草点起火把，在蜀营的木栅栏边放起火来。那天晚上，风刮得很大，蜀军的营寨都是连在一起的，点着了一个营，附近的营也就一起烧起来。一下子就攻破了刘备的四十多个大营。

等到刘备发现火起，已经无法抵抗。在蜀兵将士的保护下，刘备总算冲出了火网，逃上了马鞍山。

陆逊命令各路吴军，围住马鞍山发起猛攻，留在马鞍山上的上万名蜀军一下子全部溃散了，死伤的不计其数。一直战斗到夜里，刘备才带着残兵败将，突围逃走。吴军发现了，紧紧在后面追赶。还亏得沿途的驿站，把丢下的辎重、盔甲堵塞在山口要道上，阻挡住了东吴的追兵，刘备才逃到了白帝城。

这一场大战，蜀军几乎全军覆没，船只、器械和军用物资，全部被吴军缴获。历史上把这场战争称作"猇亭之战"，也叫"彝陵之战"。

诸葛亮七擒孟获

诸葛亮是三国时期蜀汉的大臣，也是一个办事周到、谨慎的政治家、军事家。

刘备在猇亭败给东吴后，不久就在白帝城病逝了。诸葛亮扶助刘禅即了帝位，这时发生了由少数民族首领孟获发动的叛乱。

公元225年,诸葛亮率领大军,向南中进发。诸葛亮派人全面了解了孟获的情况,知道他虽然英勇,但不懂兵法。于是,诸葛亮制定了周密的作战计划。

一天,两军对垒,蜀汉大将王平突然冲进孟获的营地,孟获慌忙迎战。开战不久,王平突然掉转马头,装作战败逃去,孟获穷追不舍,中了埋伏,被蜀兵绑了起来。

孟获很不服气,诸葛亮答应放他回去,重整人马,再打上一仗。

孟获回去后,当即挑选了一支精锐部队。当天晚上,他亲自带了这只队伍来劫营。一直走到蜀营跟前也没被发现,孟获把刀一挥,兵士们一窝蜂地冲了进去。这下,孟获才发现又上当了,原来营房里一个人也没有,还没等他发令撤退,营寨四周已是火把连天,蜀兵铺天盖地一般围了下来。孟获和他的部下又全都当了俘虏。但诸葛亮又把他放了回去。

孟获不敢再鲁莽行事。他回去后赶紧造土城、土垒,又退到泸水南岸,凭着河流作阻挡。这样充分准备后,孟获得意洋洋,以为可以高枕无忧了。但是,诸葛亮早已想好了从两边包抄的妙计。他只留下一部分士兵在岸边,装着准备渡河的样子,把孟获的军队吸引到岸边来准备作战。然后,诸葛亮派出两只精锐部队,分别从上游和下游水流缓慢的地方,偷偷渡过河去,再像一把铁钳一样,从两边包围上来。孟获的军队毫无准备,见到汉军就如见到天兵天将,还没来得及抵抗,内部已乱成一团,又全部都成了俘虏。

诸葛亮又把孟获放了回去。

这样捉了放,放了又捉,一连捉了孟获七次。孟获最后心服口服,南中恢复了安定。

足智多谋的诸葛亮七擒孟获,反映了他作为高瞻远瞩的政治家,深刻地意识到以和平方式处理民族问题是自己的最佳选择。此后,南中一带的少数民族和汉族大体相安无事,民族之间十分团结。

司马昭的野心

司马昭的父亲司马懿足智多谋,曹芳即位时,他和皇族曹爽同受遗诏辅政。司马昭的哥哥司马师代其父专国政后,嫌魏帝曹芳看着不顺眼,于是在254年废掉他,拥立曹髦,可惜司马师时运不济,第二年就呜呼哀哉了。

靠着父兄创下的基业,司马昭不费吹灰之力就当上了大将军,而且他比父兄想得更长更远,说白了他就是想当皇帝。

当时朝中大多数人皆已投靠司马昭,只有曾任征东大将军的诸葛诞不买他的账,司马昭决定尽快铲除诸葛诞这颗眼中钉,于是假传圣旨,召诸葛诞进京,声称要封他做司空。如果诸葛诞同意进京,那就进入了司马昭的势力范围,杀他易如反掌;如果他不进京受封,那就是抗旨不遵,等同于谋反之罪,司马昭可以名正言顺地发兵讨伐他。

诸葛诞进退两难,索性真的扯旗造反了,这下司马昭用堂堂正正之师,把他剿灭了。

诸葛诞一死，朝中再无人敢在司马昭面前大声说话，朝廷俨然成了司马昭家的，皇帝曹髦年轻气盛，于是秘密联络偏向曹氏的尚书王经等人，预备瞅准时机，放手一搏。他义愤填膺地对王经等人说："司马昭的谋权篡位之心，全天下的人都知道！我不能坐以待毙。"

可惜，早有人把曹髦找人密议的消息汇报给司马昭，司马昭先下手为强，曹髦带领少得可怜的几个亲信刚刚杀出宫门，就被司马昭的大队人马迎头截住，曹髦的一条小命就报销了。

曹髦死后，司马昭立曹奂为帝，并以太后的名义下了一道诏书，罗织了曹髦一大堆罪状，声明要把他废作平民。既已成为平民，曹髦的死就变得无足轻重了。后来，有好事的人议论纷纷，穷追不舍，司马昭只得找了个"替罪羊"杀掉，他自己则依旧安安稳稳地独揽朝政。

后来，"司马昭之心，路人皆知"就演变成了一句成语，意思是阴谋或野心完全暴露，连普通人都知道了。

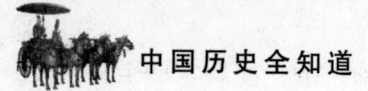

西晋——胡汉交融

(265年—316年)

公元265年,操纵着魏国实权的司马炎从幕后走到前台,他登台祭天,受魏"禅让",建立晋朝,定都洛阳,史称西晋。十余年后,晋平吴成功,汉末近一个世纪的分裂局面到此结束。

作为统一的帝国,西晋确立了一整套官僚制度。它设立了尚书省、中书省、门下省,作为中央皇帝之下的最高权力机构,三省制对后世产生了较大的影响。为避免皇室衰落的悲剧发生,西晋开始实行分封制,宗室子弟悉封为王;并实行都督制以加强司马氏皇室对地方的控制。但是这些大大小小的封国在晋末反而成为削弱中央的一种力量。

西晋政权从一开始就在统一之中存在着分裂的成分、稳定中蕴涵着不安定的因素。世家大族把持朝政,他们排斥庶族,威胁皇权,影响了帝国的政治基础。自三国时期已开始内徙的少数民族,如匈奴、鲜卑、羯、氐、羌,此时已形成一种强大的潮流,动摇着西晋政权。当封建国家剥削加重,王公贵族的掠夺过强时,阶级矛盾与民族矛盾错综复杂地纽结在一起,各族首领也伺机反晋。于是,晋政权遇到了前所未有的民族冲突。

在诸多因素的相互影响之下,西晋几乎从建国之始就潜伏着危机了。面对危机,统治阶级采取的是一种完全消极的态度。他们竞奢斗富、荒淫无度,又崇尚清谈、追逐玄虚,加速了西晋政权走向灭亡。

自291年至306年间,司马氏宗室演出一幕接一幕的骨肉相残、争控朝政的悲剧,史称"八王之乱"。311年(永嘉五年),匈奴攻陷洛阳,掳走晋怀帝,杀士兵百姓3万余人,史称"永嘉之乱"。公元316年晋愍帝向匈奴将领刘曜投降,西晋灭亡。

王濬楼船破吴

司马昭的儿子司马炎把挂名的魏元帝曹奂废了,自己做了皇帝,建立了晋朝,这就是晋武帝。晋朝的国都在洛阳,历史上把这个朝代称为西晋。

西晋建立的时候,三国中唯一留下来的东吴早已衰落了。东吴最后一个皇帝孙皓是残暴出了名的。

公元279年,晋朝一些大臣认为时机成熟,劝说晋武帝消灭东吴。晋武帝就决定发兵二十多万,派大将军杜预、王浑、王濬分几路进攻东吴国都建业。

王濬是个有能耐的将军。他早就作了伐吴的准备,在益州督造大批战船。这种船很高,叫楼船。为了不让东吴发觉,造船是秘密进行的。但是日子一久,难免有许多削下的碎木片掉在江里。木片顺水漂流,一直漂到东吴的地界。东吴有个太守吾彦,发现了这件事,连忙向吴主孙皓报告,可是孙皓满不在乎。

吾彦没有办法,但是觉得不防备总不放心。他想出一个办法,在江面险要的地方打了不少大木桩,钉上大铁链,把大江拦腰截住,又把一丈多高的铁锥安在水面下,好像无数的暗礁,使晋国水军没法通过。

过了年,打中路的杜预和打东路的王浑两路人马都节节胜利。只有王濬的水军,到了秭归,因为楼船被铁链和铁锥阻拦,不能前进。王濬的水军想办法扫除了水底下的铁锥和江面上的铁链,大队战船就顺利地打进东吴地界,很快就和杜预中路的大军会师。

由陆路进攻的杜预大军也取得大胜,攻下了江陵。这时候,东路王浑率领的晋军也逼近了建业。孙皓派丞相张悌率领三万吴兵渡江去迎战,被晋军全部消灭。

王濬的水军几乎没有遇到抵抗,一帆风顺地到了建业。建业附近一百里江面,全是晋军的战船,王濬率领水军将士八万人上岸,在雷鸣般的鼓噪声中进了建业城。

孙皓到了山穷水尽的田地,只得自己脱下上衣,让人反绑了双手,带领一批东吴大臣,到王濬的军营前投降。这样,从曹丕称帝(220)开始的三国分立时期宣告结束,晋朝统一了全国。

晋惠帝和贾南风

晋惠帝司马衷,是武帝司马炎的儿子,他是一个出了名的白痴皇帝。

他在位的时候,天灾严重,老百姓没有饭吃,连树皮都吃光了,到处都有饿死的人。有人把这个情况报告给晋惠帝,请他赶快下令赈济灾民。司马衷听了报告,问报告的人:"灾民们没有饭吃,为什么不去吃肉粥呢?"当时的灾民连树皮都没的吃,哪有肉粥吃?司马衷白痴到了这种地步。

晋惠帝的皇后叫贾南风,是西晋大臣贾充的大女儿。残忍暴虐,荒淫无耻,公开与朝中大臣厮混,还到处寻找俊美男子充当"面首",满足淫欲。在她擅权数年后,被赵王司马伦杀死。

关于贾南风有很多丑事,现举一例。

有一个长得英俊潇洒的低级官吏,有一天他却突然阔了起来,衣着华丽,整天吃的是山珍海味。人们都认为他的钱是偷来的。县尉于是便派人去责问他。那个小官吏高呼自己不是小偷,人们纷纷让他解释,他起初不愿解释,最后没办法才说:"一天我正在路上行走,忽然遇见一个老妇人,那个老妇人说她家人生病了,要找个城南少年压一下惊就可以好了,她想请我去一趟,事成之后必有重谢。我于是就跟着她去了。她让我钻进轿中一个笼子里,走了10多里路后,就到了她家。她的家太华丽太漂亮了,然后她就让我用充满香气的水洗浴,给我山珍海味吃,这时另一个约三十五六岁的妇人出现了,她长得矮小,皮肤是青黑色的,她挽留我住了几宿,天天与我同床共枕,我们享尽了幸福快乐;临走的时候,她给了我许多金银财宝,这就是我为什么现在如此富有的原因。"

在场的人听了小官吏的话,根据那妇人的模样,知道那人便是贾后,都笑着散开了,县尉也知道了那妇人是谁,只好作罢。

后来那些在场的人均神秘被害,只有那小官吏因贾后的宠爱而幸免于难。贾南风之风流淫荡于此可窥一斑。

皇帝无能,皇后荒唐,朝政日益荒废。分封在各地的同姓王乘机积蓄势力,企图造反。外戚也开始把持朝政,排除异己。西晋王朝岌岌可危。

魏晋名士的风度

司马氏的统治腐朽黑暗,一些清高的文人不愿意投靠司马氏集团,他们流连于山水之间,饮酒清谈,不拘形迹,表示蔑视权贵,反对礼教。"竹林七贤"就是这些文人的代表。

竹林七贤包括这7个人:阮籍、嵇康、山涛、刘伶、向秀、阮咸、王戎。其中为首的阮籍和嵇康,诗文都写得很好,在中国文学史上有较高的地位。

阮籍性情豪放,脾气古怪。他不满意现实,经常用酒来麻醉自己,喝醉了,就跑到山林中去长啸,发泄胸中闷气。有一次司马昭替儿子司马炎向阮籍家求婚,阮籍不愿意把闺女嫁给司马氏家族,就故意喝得烂醉,一直醉了60多天,终于躲了过去。

建安七子图 版画

阮籍对人会使用青白眼。对满嘴仁义道德的伪君子,他就翻着白眼看他们;对品行高洁、意气相投的人就用青眼相待。他写过一篇《大人先生传》,把那些满嘴仁义道德的人比喻成躲在人们裤缝里的虱子。

嵇康也是一个脾气古怪的人。他长得一表人才,学识极其渊博,不但善于弹琴做诗,还很有力气,擅长打铁,算得上是个文武全才。

有一次,嵇康和向秀一起在大树下打铁。这时来了个贵公子钟会,是司马昭的心腹,毕恭毕敬地拜访嵇康,嵇康理也不理他,钟会感到很没趣,就站起来走

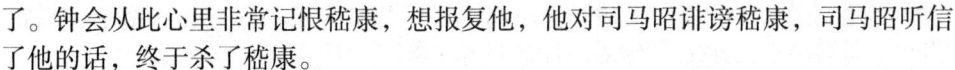

了。钟会从此心里非常记恨嵇康,想报复他,他对司马昭诽谤嵇康,司马昭听信了他的话,终于杀了嵇康。

嵇康音乐天赋很高。在被押往刑场的路上,家人与亲戚朋友都来给他送别。大家都泣不成声,嵇康脸色一点都没有变,向他的哥哥要过琴来,弹奏了一曲《广陵散》。弹完后,他长叹一声说:"从前袁康要跟我学《广陵散》,我没有教给他,没想到这个曲子今天就要在世间消失了!"嵇康死的时候才40岁。

嵇康被杀以后不久,阮籍也病死了。"竹林七贤"的其他人,后来先后做了司马氏集团的官。

石崇与王恺斗富

西晋时候,士族官僚阶层荒淫无耻、挥霍无度,石崇和王恺斗富的故事,就是他们糜烂生活的写照。

石崇是个大官僚,他家世代为官,富可敌国。王恺是晋武帝的舅父,被封为山都县公,领有一千八百户的封地,还做过骁骑将军、散骑常侍等高官。

论权势,王恺比石崇要大,但是在豪富方面却比不上石崇。石崇到了洛阳,一听说王恺的豪富很出名,有心跟他比一比。他听说王恺家里用麦糖水洗锅,就命令他家厨房用蜡烛当柴火烧。

王恺为了炫耀自己富,又在他家门前的大路两旁,夹道四十里,用紫丝编成屏障。谁要上王恺家,都要经过这四十里紫丝屏障。这个奢华的装饰,把洛阳城轰动了。石崇成心压倒王恺。他用比紫丝贵重的彩缎,铺设了五十里屏障,比王恺的屏障更长,更豪华。

王恺又输了一着。向他的外甥晋武帝请求帮忙。晋武帝就把宫里收藏的一株两尺多高的珊瑚树赐给王恺,好让王恺在众人面前夸耀一番。

王恺特地请石崇和一批官员上他家吃饭,请他们欣赏他的这件罕见的珊瑚宝贝,别人都在赞叹,而石崇在一边冷笑。顺手抓起一支铁如意,将珊瑚砸得粉碎。

王恺气急败坏。石崇叫他随从把他家的珊瑚树统统搬来让王恺挑选赔给他。不一会,一群随从回来,搬来了几十株珊瑚树。几乎个个都比王恺的大、美。

王恺和石崇还常常大宴宾客,表示自己的阔气。王恺请客人喝酒,要美女在席旁吹笛,如果稍有失韵走调,就把美女拉出去杀了。石崇叫美女劝客饮酒,如果客人不高兴喝或喝得不多,也杀劝酒的美女。这些人真是残暴到了灭绝人性的地步!

西晋的统治者就是这样一群贪得无厌、荒淫腐朽的家伙。正因为如此,所以西晋的阶级矛盾十分尖锐,统治集团内部争权夺利的斗争也很激烈。西晋只维持了短短二十多年的安定局面,统治阶级内部很快就先乱起来了。

八王之乱

晋武帝司马炎在夺得政权以后,曾经大封自己的子侄兄弟做王,其中势力较大的有楚王司马玮、汝南王司马亮、赵王司马伦、齐王司马冏、成都王司马颖、河间王司马颙、长沙王司马乂、东海王司马越等八人。

因为晋惠帝司马衷是个白痴，大权由他的外公太尉杨骏掌管。晋惠帝的皇后贾南风，不甘心让杨家的人掌权。晋惠帝元康元年，她命人杀了杨骏。杨骏死后，贾皇后请汝南王司马亮来辅政。司马亮不愿意做贾皇后的傀儡，于是贾皇后派司马玮去杀司马亮，之后，又说司马玮假传圣旨，把司马玮也杀了。这样，八个王被除掉了两个，贾皇后就夺得了全部大权。

她废除原来的太子，立自己抱来的儿子做了太子。赵王司马伦借口贾皇后废杀太子，杀死贾皇后。接着，他又废掉惠帝，自己称帝。

齐王司马冏，听说司马伦夺得了皇位，很不服气，号召大家起兵。成都王司马颖、河间王司马颙和齐王司马冏联合起来，共同攻打司马伦。最后司马伦兵败被杀。齐王司马冏进入洛阳，他假装让惠帝恢复皇位，叫惠帝封他为大司马，在幕后操纵政局。

长沙王司马乂也不甘心，他选派一百多名骑兵，打进洛阳，杀了司马冏，控制了朝政大权。这时候，八个王已经死了四个。

司马颙和司马颖联合，共同对付司马乂。东海王司马越，利用皇城的禁卫军，在夜里捉住司马乂，把他用火烧死。而司马颖也就乘机进入洛阳，做了丞相，控制了政权。

东海王司马越认为没有得到什么好处，很不甘心，就起兵讨伐司马颖，结果被打败，只好逃回东海郡。

这时候，跟司马颖有仇的幽州刺史王浚，起兵攻打司马颖。司马颖挟持着惠帝，逃到了长安。长安是在河间王司马颙的掌握之中，他乘机排挤司马颖，把惠帝控制在自己手里，独揽朝政大权。

东海王司马越，联合王浚攻打关中。不久，他杀死司马颖、司马颙，毒死了惠帝，拥立司马炽做皇帝，历史上叫做晋怀帝。至此，八个王在自相残杀的过程中，死了七个，一场混战才告结束。

"八王之乱"自291年始，至306年止，持续16年，严重动摇了晋王朝的统治，也给百姓带来深重灾难。

李特流民大起义

西晋的腐朽统治和混战，给百姓带来无穷无尽的灾难，他们四处逃荒。这种逃荒的农民叫做"流民"。

公元298年，关中地区闹了一场大饥荒，十几万流民逃荒到蜀地。有一个氐族人李特和他兄弟李庠、李流，也跟着流民一起逃荒。一路上，流民中间有挨饿的，李特兄弟常常接济他们。流民都很感激。

流民进了蜀地后，就分散在各地，靠给富户人家打长工过活，渐渐安定下来。但益州刺史罗尚，根据西晋朝廷的命令，强迫流民离开益州返回故乡。李特几次向官府请求放宽遣送流民的限期。流民听到这个消息，感戴李特，纷纷投奔他。

李特收容流民之后，派使者去见罗尚，再次请求缓期遣送流民。

而罗尚竟然在组织兵力准备攻打流民营，李特也立刻把流民组织起来，准备好武器，准备抵抗晋兵的进攻。

到了晚上，罗尚果然派部将带了步兵、骑兵三万人，偷袭绵竹大营。晋军没有料到流民早有准备，被流民杀得丢盔弃甲，四散逃窜。流民们杀散晋军，知道晋朝统治者不会罢休，就请求李特替他们作主，领导他们抗击官府。

李特和六郡流民首领一商量，大家推李特为镇北大将军，李流为镇东将军，几个流民首领都被推举为将领。他们整顿兵马，军威大振。过不了几天，就攻下了附近的广汉，赶走了那里的太守。

罗尚表面上派使者向李特求和，暗地里勾结当地豪强势力，围攻李特。李特在奋勇抵抗之后，战败牺牲。他的儿子李雄继续率领流民战斗。公元304年，李雄自立为成都王。过了两年，又自称皇帝，国号大成。后来到李雄侄儿李寿在位时，改国号为汉。所以历史上又称"成汉"。

这成汉是西晋末年由少数民族建立起来的第一个国家。接着，匈奴、鲜卑、羯、氐、羌等五个少数民族和汉族，又先后在黄河流域建立了十几个国家。古代汉族人习惯上把少数民族统称为胡人，这十几个国家，包括成汉在内，就被称为五胡十六国。

东晋——浊世清风
(317年—420年)

永嘉之乱后，洛阳陷落，中原人纷纷南迁。318年，司马睿在建业（今南京）正式称帝，建立东晋。

东晋和原先被晋朝消灭的东吴一样，依托长江割地以自保；而北方则陷入军阀豪强大混战的局面。在此后135年间，北方先后出现了成汉、二赵（前赵、后赵）、三秦（前秦、后秦、西秦）、四燕（前燕、后燕、南燕、北燕）、五凉（前凉、后凉、南凉、北凉、西凉）、夏等16个政权为代表，这一时期被称为"十六国时期"。这些政权既与其他势力不停交战，又经常和南方的东晋互相征伐，战争无休无止，社会经济遭到极大的破坏。直到439年，鲜卑族拓跋部建立的北魏统一了北方。

而此时的东晋只能偏安江南，祖逖、桓温等人先后北伐，但并没有真正收复中原。东晋王朝的统治是司马氏王族与南迁的世家大族及江南土著士族的联合统治，当司马氏皇族失去其号召力时，东晋也就面临灭亡了。420年，执掌军权的权臣刘裕废掉晋皇朝，建立自己的宋朝，史称刘宋。

虽然十六国是一段苦难深重的时代，但并不是一段停滞不前的时代，由于各族劳动人民的生产积累，北方的农业经济仍在进步、发展；由于民族间融合交流的积淀，北方将迎来北魏、北齐、北周三次民族融合的高潮。

东晋时期，南方的农业生产有了很大的提高，北方农民不断渡江南来，补充了南方不足的劳动力，也带来了比较先进的生产工具和生产技术。南北农民的结合，北方的工具技术同南方水田种植经验的结合，是南方农业发展的重要原因。于是，中国的经济重心从此开始南移。

王与马共天下

西晋末年，匈奴人侵入中原，攻破长安，灭亡了晋朝。

西晋灭亡后的第二年（公元317年），晋朝的皇族司马睿，依靠权臣王导的支持，在建康做了皇帝，重新建立晋朝。历史上称为东晋，司马睿就是晋元帝。

司马睿刚到南方的时候，势力单薄，当地士族并不怎么拥护他。王导想办法替司马睿拉拢士族。使东晋政权在江南站稳了脚跟。

司马睿很感激王导，尊称王导为"仲父"。后来，在举行皇帝正式登基典礼的时候，他三番五次地请王导和自己一起坐在御床上，接受文武百官的拜贺。当时老百姓当中纷纷传说："王与马，共天下"。

实际上，那时候司马氏的势力远比不上王氏的势力。王导做宰相，控制了政治大权,他的哥哥王敦握有重兵,控制了军事大权。其他重要的官职,大多数也被王家人占有。司马睿仅仅是西晋皇帝的本家,才被推为皇帝,其实他是没有实权的。

司马睿的皇位坐稳当了以后,他对于"王马共天下"这样的局面也就不满意了。他想削弱王氏的势力,由他自己来掌握大权。他培植了善于逢迎拍马的刘隗、惯会酗酒放肆的刁协作为心腹,暗中进行军事部署,逐渐疏远王导。

王导是个老谋深算的人,他看准了晋元帝司马睿这种做法也奈何不了他,所以他不动声色。但是王敦按捺不住了,就从武昌起兵,打败了刘隗,进入建康,对司马睿进行武力威胁。王导劝告王敦退回武昌,一场争夺才平息下去。晋元帝见动摇不了王氏的势力,忧愤得病,不久就一命呜呼了。他的儿子司马绍继承了皇位,就是晋明帝。第二年,王敦病重,晋明帝乘机发兵打败了王敦的军队,王敦气死了。但是晋明帝还是不敢触动王导,对王导还是很恭敬,为的是怕得罪了士族。

东晋的统治者,把心思全用在争权夺利的事情上,忘掉了国家的耻辱,根本不做恢复中原的准备。"王马共天下"的东晋王朝,继续一天天地腐败下去。

祖逖中流击楫

东晋朝廷偏安于江南,逐渐失去了收复中原的斗志。只有少数人坚持要"北伐",收复失地,祖逖就是其中的一个。祖逖年轻时怀有雄心壮志,他和好朋友刘琨闻鸡起舞,锻炼体魄,准备将来好为国出力。

祖逖住在京口,为了准备恢复中原,他招集了许多勇敢而有胆识的壮士,练习武艺。过了一些时候,祖逖向晋元帝建议北伐,晋元帝被祖逖的报国之志感动,就任命他为奋威将军,让祖逖自己去招兵买马,制造武器,出师北伐。

条件这样艰苦,可祖逖并不灰心。他带领亲信部属一百多人渡江,向北进发。等船开到江心,祖逖用佩剑敲着船桨,当众誓师说:"我祖逖如果不能肃清中原的敌人,决不再过这条大江!"祖逖这铿锵有力的誓言,在碧波浩淼的江面上久久回荡。

祖逖渡江以后,进驻江阳,先在那里起炉炼铁,制造武器,又招募了两千多壮士,然后继续向北进发。祖逖勇敢地跟敌军展开斗争。江北的人民听说祖逖北伐,都十分欢迎。在人民的支持下,几年之间,祖逖就收复了长江以北黄河以南的大部分地方。

祖逖打了许多次胜仗,东晋朝廷为了嘉奖他,升他为镇西将军。祖逖虽然做了将军,仍和将士们同甘共苦,认真训练部队,准备继续向黄河以北挺进。为了安定后方,祖逖还积极奖励农业生产,安排好从匈奴人和羯人统治地区逃出来的官兵和百姓。他还认真做好争取人心的工作,对那些曾经为后赵做过事的人放手任用,不怀疑他们。那些人都很感激祖逖,遇到后赵的军队有什么动静,就赶快向祖逖报告,使祖逖能及早准备,迎头痛击敌人。

祖逖的节节胜利,却引起了东晋统治集团的猜忌。他们不仅不再支持祖逖继

续前进,还派人去监视他,妄图夺他的兵权。祖逖看到朝廷不信任自己,感到恢复中原是没有指望了。他的内心痛苦到了极点,愤恨到了极点。在大兴四年(公元321年)的九月间,祖逖在忧愤中病死了。

大野心家桓温

祖逖北伐之后,东晋大将桓温也曾北伐,并一度打到长安附近。但桓温有着个人的野心,他的北伐在一定程度上是为了换取政治的筹码。

桓温是个很有军事才能的人,他向晋穆帝上书,要求带兵北伐。

公元354年,桓温统率晋军四万,从江陵出发,分兵三路,进攻长安。前秦国主苻健派兵五万在崤关抵抗,被晋军打得落花流水。苻健只好逃回长安,挖了深沟坚守。桓温胜利进军,到了灞上。百姓欢天喜地,都牵了牛,备了酒,到军营慰劳。

桓温驻兵灞上,想等关中麦子熟了的时候,派兵士抢收麦子,补充军粮。可苻健也厉害,把没有成熟的麦子全部割光,叫桓温收不到一粒麦子。

桓温的军粮断了,呆不下去,只好退兵回来。但是这次北伐毕竟打了一个大胜仗,晋穆帝把他提升为征讨大都督。

桓温长期掌握东晋的军事大权,野心越来越大。那时候,晋穆帝已经死去。在位的皇帝是晋废帝司马奕。桓温带兵到建康,把司马奕废了,另立一个司马昱当皇帝,这就是晋简文帝。桓温当了宰相,带兵驻在姑孰。

过了两年,晋简文帝病重,留下遗诏由太子司马曜继承皇位。这就是晋孝武帝。桓温本来以为简文帝会把皇位让给他,听到这个消息就带兵进了建康。

桓温到达建康那天,随身带的将士,都是全副盔甲。朝廷官员看到这个情景,吓得变了脸色。

桓温请两个最有名望的士族大臣王坦之、谢安到他官邸去会见,王、谢两人早已听说桓温想杀掉他们。所以,王坦之吓得浑身出冷汗,谢安却十分镇静。后来,桓温看到建康的士族中反对他的势力还不小,不敢轻易动手。不久,就病死了。桓温死后,谢安担任了宰相,桓温的弟弟桓冲担任荆州刺史,两人同心协力辅佐晋孝武帝,东晋王朝出现了团结的气氛。

桓温是一个不太好评说的人。他北伐立下战功,可是带有明显的个人意图;他气宇轩昂,有大气魄,可又并不是耿介忠信之士。到底应该说他是英雄,还是一个奸雄?

王猛扪虱谈天下

桓温伐关中之时,曾于灞上驻军。有一个奇人前往军中拜访桓温。此人身披短袄,鬓发蓬乱,貌不惊人,眉宇间却隐隐流露过人的聪敏。他名叫王猛。王猛一边与桓温交谈,一边在短袄上捉虱子,捉住便把虱子捏死,仿佛能从言谈与扪虱两件事中获得无穷乐趣。

王猛，是个出自民间的军事天才。因为他傲视流俗，不肯迎合世人，因此往往为浮华之士所看轻。他的政治才能无人赏识，便以卖畚箕为生。

公元357年，前秦的东海王苻坚经人举荐找到了王猛，十分赏识。这年6月，苻坚杀前秦主苻生而自立，立刻任王猛为中书侍郎，掌管机要。

苻健皇后强氏之弟强德是个无赖，横行京城。王猛刚被任命为京兆尹，便下令逮捕强德，不等苻坚批复，他已将强德处死。数月之间，氐族权贵被杀被刑的已有数十人。氐族权贵从此闻王猛名而色变，王猛抑制贵族势力的一系列举措也得以顺利推行。

为什么王猛以一介草民，得到了苻坚的如此信任和重用？因为王猛打击氐族贵族、抑制贵族中的保守势力，正是在加强苻坚的中央集权地位，巩固君主的统治。王猛既顺应了苻坚之意，又以他的卓越才能使前秦的封建化程度大大提高。

王猛抑制氐族贵族势力的手段是加强法治，使原先贵族们享有的特权纷纷丧失。他前后任相职16年，在王猛的执政下，前秦政治清明，任用人才，奖励农桑，兵强国富，战无不克，境内升平，国家大治。据《晋书》记载，当时关中一带秩序安好，百姓丰乐。

王猛日日夜夜为前秦的国事操劳，终于积劳成疾，一病不起。王猛临死之前，苻坚问他以后的国家大事怎么办。王猛说："东晋虽然偏处江南一角，但是它以晋朝的正统作为号召，民心还是归向它的。我死了以后，您千万不要急着去打东晋，而是应当先把自己的国家治理好，作长远的打算。"说完，他就死了，那年他51岁。

苻坚牢记王猛的话，励精图治，同时努力发展军事，于王猛去世后一年，统一了黄河流域。

干宝写《搜神记》

西晋时候，有个名叫干宝的历史学家，奉晋元帝司马睿之命，编写《晋纪》。同时，他自己又根据听到的故事和书上看到的材料，编写神怪小说《搜神记》。《搜神记》是中国最早的一部小说，在中国文学史上有着重要地位，这部小说里的许多故事，在后世流传甚广，成为戏曲、传奇的素材。

有一篇叫《干将莫邪》，写楚国有一对擅长铸剑的夫妇，名叫干将、莫邪。他们替楚王铸剑，干将知道楚王一定会杀掉自己。于是他把雄剑留给妻子。后来莫邪生了个儿子，取名叫赤比，他日夜地想着要替父亲报仇。楚王梦见有人杀他，就派人捉拿赤比，过路人愿意帮助赤比去杀楚王，他拿了赤比的头去见楚王，楚王命令架起大锅来煮头，还来到大锅边看。过路人一下子砍掉了楚王的头，同时也把自己的头砍到了锅里，三颗人头一起在锅里煮烂了，没法辨认了。于是人们只好把三个头一起埋葬，把坟墓通称为三王墓。

还有一篇叫《韩凭夫妇》，说战国时候宋康王的门客韩凭，娶妻何氏，长得很美。宋康王夺走了韩凭的妻子，把韩凭抓起来，韩凭的妻子何氏偷偷地写信给韩凭，不料这信落到了宋康王手里。韩凭害怕，不久就自杀了。何氏也跳楼自杀,她的衣带上写着遗嘱,希望宋康王答应她与韩凭合葬在一座坟墓里。宋康王很生气,故意把她和韩凭的坟墓一个修在东边,一个修在西边。说也奇怪,没过多久,这两座坟上都各长出了一株大树,大树的顶部各向对方弯下去,十几天工夫,两株大树的树枝就互相交错,搂抱在一起了。树上还经常停着一对鸳鸯,十分悲哀地鸣叫着。附近的人都很同情韩凭夫妇的不幸遭遇,见着这两株大树就更赞美他们的爱情,于是把这两株树命名为相思树。

《搜神记》的故事曲折生动,读来饶有趣味,从中还可以看出作者干宝是爱憎分明的,它对劳动者寄予了深切的同情,对残暴的统治者作了批判,这是难能可贵的。

千古书圣王羲之

王羲之出身于东晋的世家大族。他7岁的时候,开始跟杰出的女书法家卫夫人学习书法。他勤学苦练,常常废寝忘食,很快就成为了有名气的书法家。

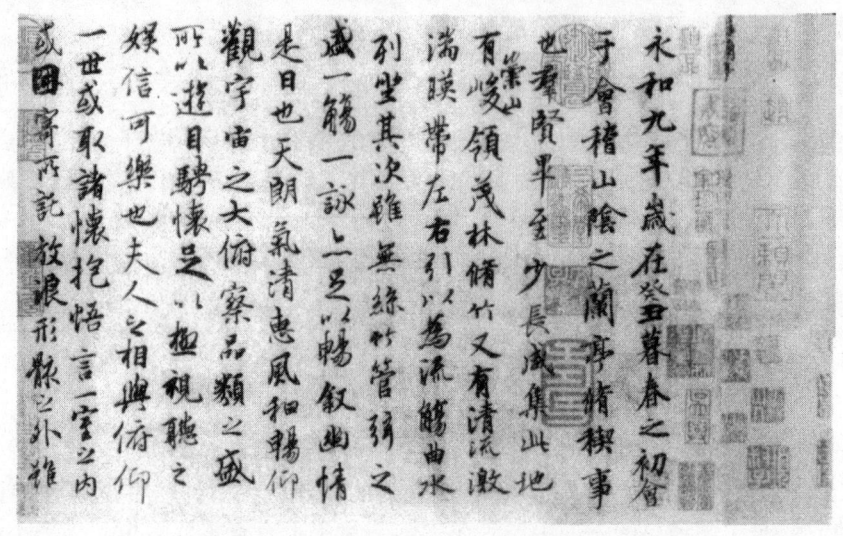

王羲之《兰亭序》,被誉为"天下行书第一"。

在浙江绍兴市西,有一座马鞍状的大山,称作兰渚山,山上有一座兰亭,是文人雅士聚会的好场所。

一年春天,王羲之和一群志趣相投的朋友到兰亭去踏青。大家列坐在弯弯的溪流两边,玩起"曲水流觞"的游戏来。两边人吟诗畅饮,玩得十分尽兴。

不知不觉,太阳已经偏西了。同游的人各抒情怀,共写了37首诗。有人提议把这些诗集在一起,叫做《兰亭集》,并推举王羲之为这本书写序。王羲之心情很好,便高兴地答应下来。只见王羲之一边磨着墨,一边思索,然后趁着酒兴,挥舞鼠须笔在蚕茧纸上一气呵成,这便是流传千古的《兰亭集序》。

《兰亭集序》的文风清秀,是古代序跋散文中为人称道的上品,至于它的书法,更是登峰造极。全序324个字,字字遒劲妩媚,同代与前代的书法杰作都无法与其相比。序中的20多个"之"字,千姿百态,没有一个相同。后人在评论这篇序文的书法时,都认为这是行书的扛鼎之作,故称其为"天下第一行书"。虽然不是图画,但具有图画的灿烂;虽然不是音乐,但却有音乐的和谐。千百年来,《兰亭集序》的书法影响着一代又一代的书法大师,至今人们仍把它看成书法的最高楷模。

淝水之战破前秦

公元376年,前秦统一了北方。王猛生前交待过苻坚不要轻易对东晋用兵,现在他已去世多年,苻坚早已把他的话忘得一干二净,做起了灭掉东晋、一统天下的美梦。

公元383年,苻坚发动百万大军,水陆并进,进攻东晋。前秦大兵压境,宰相谢安沉着冷静,力主抗战,十月,苻坚的先头部队已经攻占了项城和寿阳。东晋的将领退守险要之地硖石。前秦的前锋部队抓紧时机,一面攻打硖石,一面分派五万人马进驻洛涧西岸,阻止洛涧东岸的晋军前进。

苻坚偶然得到晋军粮草将要用完的消息,心花怒放,他丢下主力部队,自己只带了轻骑八万赶赴寿阳,准备跟晋军决一死战。他先派被俘的东晋官员朱序到东晋军中去劝降。朱序心里是向着东晋的,到了晋营之后,他将秦军的虚实全部告诉了谢石。十一月,谢玄派兵夜袭洛涧。秦军大败,晋军从水陆两面发动全线反攻,一直打到淝水东岸,与前秦部队隔河对峙。

苻坚听说晋军已到淝水,便登上寿阳城楼观察动静。只见晋军阵容严整,不禁暗暗吃惊。他远望对岸的八公山,把山上密密麻麻的草木也当成了晋兵,于是下令部队坚守待命,好等后续部队到齐后再决战。

晋军一时无法前进,谢石、谢玄急了。他们采用激将法,向苻融建议稍微往后撤一下,腾出一块地方,作为战场,大家一决胜负。苻坚以为这是战胜晋军的一个良机,表示同意,于是指挥全军后撤。

秦军虽然人多,但大部分是被征调过来的乌合之众,根本不愿为苻坚卖命。他们一听到后撤的命令,撒腿就跑,朱序乘机在秦军阵后大声呼喊:"秦军败了!秦军败了!"顿时,军心大乱,秦军溃败之势无法避免。晋军乘势抢渡淝水,发起了总攻。

苻坚赶紧骑上一匹马逃命,不料一支流箭飞来,正好射中了他的肩膀。苻坚顾不上疼痛,继续催马狂奔,一直逃到淮北才歇了口气。

淝水之战以东晋的胜利告终,确定了此后南北朝的长期分裂,统一全国的目标仍然任重道远。

顾恺之为母画像

顾恺之是东晋时代的大画家,他最拿手的的是画人物肖像,可惜的是,顾恺之绘画作品的真迹都已经散失,传世下来的都是后人的摹本,有《女史箴图》、

《洛神赋图》和《列女仁智图》。

顾恺之的童年很不幸，他一出生，母亲就去世了。小恺之懂事以后，常常一个人坐着发呆，思念自己的母亲。后来，他迷上了画画，尤其喜欢画女人。在整天的读书和绘画中，小恺之一天天长大了；然而他对母亲的思念却一点儿也没有减弱。

顾恺之心里有了一个神圣的想法，就是要为母亲画像。顾恺之从未见过自己的母亲，就给母亲画像，这可能吗？

顾恺之向父亲问了问母亲生前的情况和特征，父亲对他详细介绍后走出了书房。

顾恺之把自己关在屋子里继续为母亲画像，他画了一遍又一遍。再请他父亲来看是不是像，每次都有进步，先是手有些像，最后一次父亲说脸很像，只是眼睛没有神。顾恺之就继续画，他先画了母亲的像，单单留下眼睛没画。它在别的纸上专门练习画眼睛。画的人物的眼睛越来越传神，直到觉得满意了，才在母亲的画像上画眼睛。

几天后，父亲来到顾恺之的书房。父亲惊呆了，映入他的眼帘的是一位雍容华贵的夫人，这不就是自己的夫人吗？顾恺之画得栩栩如生，呼之欲出，差一点让父亲当堂认妻了。父亲连连说："画得像！像极了！眼睛画得最好，非常传神！"

有人说，顾恺之从此以后画的人物都不敢点眼睛，一点睛，画的人物就会和人说话。当然，这只是传说，由此可见，顾恺之的画技是多么的高超，达到了炉火纯青的地步。终于，顾恺之成为东晋时代众人仰慕的杰出画家。顾恺之最后卒于散骑常侍任上。

陶渊明归隐田园

陶渊明是魏晋南北朝时期最杰出的文学家。他出生在一个名门望族家庭里。但年幼时由于父亲去世，家境渐渐败落。后来，为了奉养母亲，他做过彭泽县令之类的小官。但做了80多天的县令后，碰上一位欺上压下的督邮大人来检察，不愿为五斗米折腰的他便依然抛弃了官职，带着妻儿退回家乡，做了一名隐士。他终日沉醉在如诗如画的景色中饮酒作诗，倒也怡然自得。

但不幸的是，他家里发生了一场大火，从此家境大不如前。田地少了，帮工雇不起了，一家人只好更加辛勤地劳作。

那时候世事动荡，战争不断，陶渊明常常天真的幻想，假如能回到传说中的上古时代就好了，那时候人们都淳朴无私，自食其力，日出而作，日入而息。后来，他终于以自己丰富的想像力，田园诗般的文笔写出了历代传诵的名篇《桃花源记》。在《桃花源记》中，陶渊明为人们描述了一个没有官府、没有租税、和平宁静的美好社会。这当然只是陶渊明的空想，但文章中所反映的那种人人平等、安居乐业的美好信念，那种对在苦难深渊中挣扎的农民的深厚同情，至今仍有重要意义。

但那毕竟只是幻想，生活却是严酷的。

一天，天气晴朗，太阳暖洋洋地照在地面上。陶家的门前忽然来了一大队人马。原来，新上任的江州刺史特地看望陶渊明来了。此时，年过60的陶渊明已经病倒在床。在儿孙的搀扶下，他勉强在厅堂里和刺史会面。刺史看到陶家房屋破旧，四周空空荡荡，不免感叹起来。

刺史原来此行的目的是要请陶渊明出山做官。陶渊明淡淡地拒绝了。连他带来的礼物也没有收下。刺史感到十分尴尬，又不便发作，只好无趣地走了。

这一年的9月，在秋风的萧瑟中，在黄菊的清香中，陶渊明平静地离开了人世。依照诗人的遗嘱，陶渊明的葬礼办得很简单，他在安详之中回归了自己熟悉、陶醉的大自然。

南北朝——胡马关山

(420年—589年)

420年，执掌东晋军权的权臣刘裕废掉晋恭帝，建立自己的宋朝，史称刘宋，从此开始了长达160多年的南（宋、齐、梁、陈）北（北魏、东魏、西魏、北齐、北周）朝对峙的历史时期。北魏（386年由道武帝拓跋珪建立）在刘宋建立之初就曾几次发动进攻，而刘宋也曾多次兴兵北伐，双方各有胜负。宋文帝刘义隆统治时期（424年—453年），政治较为清明，国力强盛，宋文帝与大臣们筹划北伐中原；而当时北魏太武帝也是雄才大略的君主，在统一北方后也一心要吞并江南。双方在450—451年间进行了生死存亡的大决战。结果刘宋国力大衰，北魏也损兵过半，从此双方再不敢轻易言战，继续维持南北对峙局面。

479年，刘宋军事将领出身的权臣萧道成夺取刘宋政权，建立南齐政权。502年，政权又落入另一个握有兵权的权臣萧衍手中，国号改为梁朝，史称南梁。557年，军事将领陈霸先建立陈朝，史称南陈。

北魏的孝文帝即位以后，实行了一系列改革，加速了北方经济的恢复与发展，加速了各族人民的民族大融合。可是在孝文帝死后，社会矛盾激化，接连爆发各族人民大起义，此时军阀尔朱荣乘机作乱，削弱了北魏的统治。虽然尔朱荣不久也被杀死，但北魏也随之在534年分裂成东魏、西魏两部分。东魏占有洛阳以东的原北魏领土，其政权实际掌握在军阀高欢手中。西魏占有洛阳以西的原北魏领土，其政权实际掌握在军阀宇文泰手中。这样在南北分裂之外，又出现了东西对峙的局面。至550年，高欢的儿子高洋代东魏称帝，国号为齐，史称北齐。557年，宇文泰的儿子宇文觉也代西魏称帝，国号周，史称北周。577年，北周消灭了北齐，统一了北方。不久，北周的政治实权落入外戚杨坚手中。581年杨坚称帝，建立起隋朝的统治。在稳定了政权后，隋朝大举渡江，589年消灭南陈，自304年以来长达285年的分裂战乱终于告一段落。

南北朝时期，创造了灿烂的文化，涌现出祖冲之、陶渊明、沈约、贾思勰等永载史册的科学家、文学家，留下了莫高窟、龙门石窟、云冈石窟这样的精品奇观。这一时期的南方，由于政权更迭、社会动荡、宗室残杀，经济更为衰落，政治陷入被动；而北方，经历孝文帝改革，经过民族大融合的进程，国势日益强盛。南北对峙中北方日益取得优势，为隋代统一大业的完成奠定了基础。

刘裕智摆却月阵

晋安帝时候，刘裕掌握着东晋大权。他为了提高自己的威望，决定发动北伐。

公元409年，刘裕出兵消灭了南燕，过了几年，刘裕再一次北伐，亲自率领水军沿着黄河进军。

那时候，北方鲜卑族建立的北魏开始强大起来，它的势力已经发展到黄河北岸。北魏在北岸集结了十万大军，威胁晋军。刘裕的水军沿着黄河前进，船只被水冲到北岸，就受到魏兵的攻击。刘裕派水军上北岸去打魏军，魏兵就逃，等晋军回到船上，他们又在北岸骚扰，弄得晋军来回奔跑，没法顺利进兵。

刘裕派了一个将军带了700兵士、100辆兵车登上北岸，沿岸摆开一个半圆形的阵势，两翼紧紧靠着河岸，中间鼓出，当中的一辆兵车上竖了一根白羽毛。因为这种布阵形状像个月钩，所以名叫"却月阵"。

魏兵远远观察着晋军的布阵，不懂是什么意思，也没有敢动。

一会儿，只见晋军中间车上有人举起白羽毛，两侧就涌出了2000名兵士，带着100张大弓，奔向兵车。魏兵看看也没有什么大不了，就集中3万骑兵向河岸猛攻晋阵。晋阵上100辆兵车上的弓箭齐发，仍旧挡不住魏兵。

没料到晋军在却月阵后面，另外布置好1000多支长矛，装在大弓上。魏兵正向晋军猛攻的时候，晋军兵士们就用大铁锤敲动大弓，那长矛往魏军飞去，每支长矛就能射杀魏兵三四个，三万名魏兵一下子就被射死了好几千。魏兵吓得抱头乱窜，全线崩溃。晋军又乘胜追击，杀死了大批魏兵。

刘裕打退魏军，打通了沿黄河西进的道路，顺利西进。那时候，王镇恶和檀道济带领的步兵，已经攻下洛阳，在潼关和刘裕水军会师。接着刘裕派王镇恶攻下长安，灭了后秦。过了几年，晋安帝死去，刘裕认为时机成熟，就派人劝说刚刚即位的晋恭帝让位。公元420年，刘裕即位做了皇帝，改国号为宋。这就是宋武帝。东晋王朝在南方统治了104年，到这时候灭亡了。

冯太后和孝文帝改革

公元465年5月，北魏的文成帝死后，他的妻子冯太后掌握了政权，她是历史上鼎鼎有名的少数民族女政治家。

当时北魏的社会危机十分严重，冯太后决心改革，扭转不利局面。造成这种局面的主要原因是大地主在地方上的势力太大，他们兼并农民的土地，逃避赋税。解决的办法是大臣李冲建议实行的"三长制"，以保证了国家对自耕农的绝对控制权和财政收入。

虽然有人反对，冯太后还是果断地实行了均田制，把政府掌握的荒地分配给农民耕种。这两项制度的施行，给中国以后几百年的政治制度打下了坚实的基础。

公元490年，冯太后去世，国家局势稳定，她的孙子孝文帝拓跋宏亲自执掌朝政大权，把改革推向深入。孝文帝在祖母的教育下，对汉族文化有较深的了解。他认识到，鲜卑人要想在中原站稳脚跟，就必须接受汉族的先进文化。当时北魏的都城在平城，这里气候恶劣，地理位置上也太偏北，不利于北魏统治中原地区，更不利于向南发展，统一中国。

孝文帝冲破了重重阻挠，把都城迁到洛阳。迁都后，孝文帝全面推行汉化政

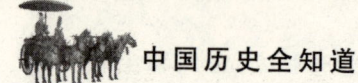

策，举措奇特，为中外历史所罕见。他下令禁止穿胡服、说鲜卑话，废除鲜卑姓氏，一律改为单音汉姓，并且带头把拓跋改为元，把自己的姓名改为元宏。他还鼓励鲜卑贵族同汉族大姓通婚，自己带头选了汉族大姓的女子作妃子，给五个弟弟娶了汉族大姓女子为妻，公主也下嫁给汉族的大姓。

可是，孝文帝的改革只是拓跋鲜卑民族在中国活动的尾声。因为北魏不久分裂为东魏、西魏，后又分别为北齐、北周取代，拓跋鲜卑在历史上销声匿迹。然而从历史的长远观点来看，正是这一系列的改革，一方面使黄河流域的鲜卑族和其他少数民族跟汉族逐渐地融合起来；另一方面为中国的再统一打下了制度上的基础，为混乱的历史找寻了一条出路。

迷恋佛教的梁武帝

公元502年，南齐的大司马萧衍乘南齐政治混乱的机会，夺得了帝位，改国号为梁，他就是梁武帝。

梁武帝看到宋、齐两个朝代都因为皇族之间互相残杀而发生内乱，他就对自己亲属格外宽容，从不办罪，显出一副仁义的面孔。梁武帝对亲属和士族百般纵容，对待百姓就完全是另外一套，谁触犯当时的法律，就要严办。

有一个正直的官员贺琛上了一个奏章，对梁武帝提出批评意见。贺琛说的条条是事实，但是梁武帝一句也听不进。

梁武帝也是个佛教信徒。每天早晚到寺里去烧香拜佛，讲解佛法，说这样做是为了替百姓消灾积德。到了他年老的时候，更干出一件奇怪荒唐的事来。

有一次，他到同泰寺出家。皇帝做和尚，这还是破天荒第一次。梁武帝做了四天和尚，宫里的人把他接回去了。后来他一想，这样做不妥当。因为按当地的风俗，和尚还俗，要出一笔钱向寺院"赎身"。第二次，他又到同泰寺舍身，大臣们请他回宫，他就不答应了。大臣们就凑了一万万钱到同泰寺给这位"皇帝菩萨"赎身。

第三次，梁武帝又想个新花样，他到同泰寺舍身的时候，说他为了表示他对佛的虔诚，不但自己的身子舍了，还把他宫里人和全国土地都舍了。舍的多，赎的钱当然应该更多。过了一个月，大臣们就凑足了二万万钱去把他赎了回来。

过了一年，他又舍了一次身。大臣们又花了一万万钱把他赎回来。梁武帝前后做了四次和尚，大臣们一共花了四万万赎身钱。这笔钱，当然转嫁到老百姓身上去了。

梁武帝信佛，并没有为百姓造什么福，相反只能加重百姓负担，荒废了朝政。在他晚年的时候，终于导致一场大乱——侯景之乱。在那场战乱中，梁武帝被软禁起来，活活地饿死了。

陈后主亡国

公元557年，梁朝的军阀陈霸先代梁自立，改国号为陈。陈朝传到的第五个皇帝陈叔宝，是个流连于舞榭歌台、终日醉生梦死的亡国之君，后人称他为陈后主。

陈后主作为一个艺术家，是颇有才能的人，可是作为皇帝，则完全不懂国事，只知道喝酒享乐。他大兴土木，造起了三座豪华的楼阁，让他的宠妃们住在里面。他精通音律，他时常自己编舞配曲，命宫女操练，乐工排演。其中《玉树后庭花》是吴声歌曲，歌词绮丽，男女唱和，非常婉美。

陈后主过了五年的荒唐生活。这时候，北方的隋朝渐渐强大起来，决心灭掉南方的陈朝。

公元588年，隋文帝造了大批大小战船，派他的儿子晋王杨广、丞相杨素担任元帅，贺若弼、韩擒虎为大将，率领50万大军，分兵八路，渡江进攻陈朝。

杨素率领的水军从永安出发，乘几千艘黄龙大船沿着长江东下，满江都是旌旗，战士的盔甲在阳光下闪闪发光。南陈的江防守兵看了，都吓得呆了，哪里还有抵抗的勇气。

陈后主正跟宠妃、文人们醉得七颠八倒，他收到警报，连拆都没有拆，就往床下一丢了事。后来，警报越来越紧了。有的大臣一再请求商议抵抗隋兵的事，陈后主才召集大臣商议。

大家你一言，我一语，根本不把隋兵进攻当作一回事，笑话了一阵，又照样叫歌女奏乐，喝起酒来。

公元589年正月，贺若弼的人马从广陵渡江，攻克京口；韩擒虎的人马从横江渡江到采石矶，两路隋军逼近建康。

到了这个火烧眉毛的时候，陈后主才有些惊醒过来。城里的陈军还有十几万人，但是陈后主手下的宠臣都不懂得怎么指挥。陈后主急得哭哭啼啼，手足无措。隋军顺利地攻进建康城，陈军将士被俘的被俘，投降的投降。

隋军打进皇宫，到处找不到陈后主。后来，捉住了几个太监，才知道陈后主逃到后殿投井了。兵士把绳索丢到井里，才把陈后主和两个宠妃拉了上来。

陈后主成了亡国之君，他创作的《玉树后庭花》则成了亡国之音。

隋——分久必合
（581 年—618 年）

公元 581 年，北周权臣杨坚废掉周静帝，自称皇帝，建立了隋朝，杨坚是为隋文帝。589 年，隋文帝发兵南下，统一南北，自西晋"永嘉之乱"后近 300 年的分裂局面就此结束。

隋文帝实行了一系列措施来加强中央集权，在中央，设置了三省六部制，分散宰相之权，使之相互制约。在地方，精简州县数目，实行州县两级制。他还推行科举制度，取代魏晋以来的九品中正制，科举制度对后世产生了深远影响。

文帝死后，其子杨广即位，是为隋炀帝。他派人去台湾、通西域，加强了大陆与台湾、内地同西域的联系；他开凿大运河客观上促进了大江南北经济、文化的交流。但是他好大喜功，穷兵黩武，以奢华享乐、耀武扬威为目的，在他短暂的一生之中，三次南巡江都，先后北游五原、恒山，相继西巡狩猎于陇西，最远抵达张掖。炀帝不珍视财富，更不珍惜民力。为征高丽，致使举国就役，扫地为兵，田亩荒芜，于是，全国反隋起义蜂起，统治集团内部分化，隋统治瓦解。617 年，宇文化及缢杀炀帝，隋朝仅存 37 年而亡。

隋文帝统一中国

公元 580 年，北周宣帝病死，周静帝即位，他此时年仅 8 岁，于是，皇后杨氏的父亲杨坚趁机窃取了国家大权。

杨坚家世显赫，他的父亲杨忠是北周的开国元勋，他的女儿又做了皇后，再加上他自己很有才能，一再担任要职。杨坚很有野心，他见北周宣帝无能，趁机培植自己的势力。周宣帝死后，北周的军政大权落入杨坚手中。

杨坚一心想取北周而代之，然而皇室宇文氏的子弟还很众多，其中，对杨坚威胁最大的是赵王宇文招、陈王宇文纯，越王宇文盛，代王宇文达等五人。除此之外，周宣帝的弟弟宇文赞还在宫中住着。杨坚诓骗年幼的宇文赞，让他出宫；然后又假传圣旨要五王还朝。他们一回到京城，就被杨坚软禁了起来。

同时，杨坚派出大将韦孝宽火速

隋文帝像

奔往相州，征召总管尉迟迥还京。尉迟迥是北周国舅，先朝重臣，握有兵权，镇居要地，是杨坚的心腹大患。尉迟迥已洞悉杨坚的野心，他一听到征自己入京的消息，便正式起兵造反。不久，郧州总管司马消难、益州总管王谦也举兵响应。杨坚对此早有准备，立即命韦孝宽与王谊、梁睿三员大将分头率兵前去讨伐。

诸王的种种行刺阴谋后来都没有得逞，反而被杨坚以谋反罪为名，先后把他们都杀掉了。

不久，尉迟迥叛乱被镇压，杨坚登基的时机已经成熟。大定元年（581年）二月，杨坚把北周静帝赶下台，自己做了皇帝（隋文帝），改国号为隋，改年号为开皇。

杨坚称帝以后，孜孜为政，不知疲倦。他减缓刑罚，轻徭薄役，鼓励生产，整顿吏治，厉行节俭，国力很快发展壮大起来。随后，他派兵北征突厥，南平陈国，结束了从东汉灭亡以来长达四个世纪的分裂局面，统一了中国。在他当政的二十几年中，隋朝政治稳定，经济繁荣，文化发达，成为一个强大的封建王朝。

杨广弑父夺皇位

隋文帝杨坚共有五个儿子，杨广是老二，他胸襟抱负不凡。总想取代大哥杨勇的太子地位。

杨广知道隋文帝喜欢简朴，就装模作样，一心讨好。隋文帝看到这种情景，以为杨广不好声色，非常满意。

太子杨勇有个小老婆，独孤皇后不喜欢她，几次要让太子把她废掉了。杨勇不但不听，反而更加宠爱她。独孤皇后大为不满。杨广知道独孤皇后恨杨勇，一见到皇后就毕恭毕敬。凡是皇上皇后派来的人，不论地位高低，杨广和他的妻子一定都亲自设宴招待；凡是执掌权力的大臣，杨广都去结交。这样，大臣、宫人都说晋王仁义厚道，独孤皇后对杨广更加宠爱了。

杨广后来到了扬州，把他的部下宇文述找来策划废太子的事情。宇文述带上金银珠宝，到长安，请杨素的弟弟杨约喝酒，送他许多金银财宝，宇文述对杨约说："皇上皇后有意要废掉太子，改立晋王，这全仗着您一句话了。事成之后，晋王一定感激您，您还愁富贵不能长久吗？"杨约连连点头。见了哥哥杨素，转告了宇文述的话，把厉害得失一摆，杨素就动心了，答应马上行动。

过了几天，杨素对皇后添油加醋地说了太子许多坏话。这些话正合皇后的心思，皇后便和杨素合谋废太子，立晋王。他们轮番在隋文帝面前说太子的坏话，最后皇帝就有些相信了。

杨广趁热打铁，又收买了太子的亲信姬威。姬威给皇上写信揭发太子："太子经常找人算卦，算过卦后高兴地声称，十八年皇上必死，我很快就可以登基了。"隋文帝看了之后，流着眼泪说："想不到杨勇的心肠这样狠毒！"于是下令把杨勇抓起来。

公元600年，隋文帝宣布废杨勇为庶人，立杨广为太子。杨广的阴谋终于得逞了。四年后，杨广杀掉父亲，自立为皇帝，就是隋炀帝。隋朝在他的手中，很快成了一个短命王朝，十四年后被唐朝取代。

瓦岗军起义

隋炀帝建东都，挖运河，征高丽，逼死无数百姓，百姓们怨气冲天，纷纷揭竿起义。其中最强大的一支，当数翟让领导的瓦岗军。

翟让原本是一名小吏，因为得罪上司，被捉拿下狱。隋朝的刑法严峻，小小的过错便被判了死罪。幸运得朋友帮助，逃了出来，他便在瓦岗寨聚集起了一支杀富济贫的队伍，农民，纷纷前来投奔。隋朝立即派了大军前来进剿，翟让他们一连吃了几次败仗，形势变得严峻起来。

这时候，瓦岗寨来了一位形同乞丐的书生，他叫李密，是一位名闻遐迩的能人。山寨来了李密，就像老虎插上翅膀。李密和翟让商量决定，第一个攻打的目标是洛阳以东的军事重镇荥阳。

荥阳的官员向东都求援。隋炀帝立即派出自己的王牌将军张须陀带大军前往荥阳镇压。

听说将要跟张须陀对阵，翟让心中有些发怵。过去瓦岗军曾经几次败在张须陀手下，但是，李密却充满信心。他设下埋伏圈，诱张须陀上当，经过一阵恶战之后，隋军悉数被歼，张须陀也被杀死，瓦岗寨取得了前所未有的胜利。

杀了张须陀，瓦岗寨威名大振。但李密和翟让却丝毫没有懈怠，他们又组织了另一场影响更大的战役，攻打隋室的粮库洛口仓。勇气百倍的瓦岗军锐不可当，很快就夺下了洛口仓。

在遍及全国的起义军的打击下，隋朝的统治迅速土崩瓦解。被起义浪潮吓破了胆的隋炀帝龟缩在扬州，天天心惊肉跳。这时候，隋朝各地的官兵也纷纷起兵反隋，驻守扬州的隋将宇文化及乘机发动了兵变。公元618年三月，宇文化及的士兵包围了隋炀帝的行宫，抓起了这位暴君，士兵们用绸带把这位遗臭万年的昏君缢死了。

可惜的是，推动了全国起义的瓦岗寨义军内部，却因为内讧失去了往日的威力。翟让见李密能力比自己强，把领导权让给了李密，拥戴他成为魏王，但李密和他的亲信却妒忌翟让在义军中的威望，借故杀了翟让。好端端的一支队伍从此四分五裂，没能完成彻底推翻隋朝、重新统一全国的大任。一个新的封建皇朝，还有待能力更强的人去建立。

唐——盛世华章
(618年—907年)

617年,留守太原的隋将李渊起兵,攻占长安,第二年建唐称帝,并依次削平了并起的群雄。

唐太宗李世民(626年—649年在位)励精图治,知人善任,政治清明,史称贞观之治。唐高宗李治在位时,皇后武则天掌握政权,一度废唐称周,自号皇帝。其时政局虽然纷纭,但社会仍较安定。唐玄宗李隆基(712年—756年在位)开元年间国势昌盛,史称开元盛世。天宝十五年(755年)范阳节度使安禄山及部将史思明发动叛乱,下洛阳,攻长安,玄宗向成都逃亡。唐军在郭子仪等人的努力下,平定了叛乱,但唐朝也从此衰落下去。

唐代是中国的全面发展时期,经济繁荣,军事强盛,边境也相对安定,呈现出兼收并蓄、海纳百川的大国气象。唐代的文化也气象万千,流光溢彩,当时的中外文化交流十分活跃。京师长安是一个国际性的都市,各国的贵族、商贾、使者、留学生都汇聚于此。

唐代的诗歌也空前繁荣,此时可谓名家辈出,灿若星辰,产生了李白、杜甫、白居易等一大批历史文化名人,留下了丰厚的文学财富。

然而安史之乱后,各地节度使拥兵自重,形成朝廷与藩镇之间长期的冲突。朝廷中则出现宦官专权和朝臣反宦官的斗争。唐文宗时发生甘露之变,宦官诱杀了大批朝臣。而分别以李德裕和牛僧孺、李宗闵为首的所谓牛李党争,迁延达半世纪之久,严重影响了朝政。

875年,再次爆发一场大规模的王仙芝、黄巢起义,席卷全国,京师陷落。接着藩镇混战,割据政权先后建立。907年,朱温建立"后梁",为大唐历史划上了黯然的句号。

李渊太原起兵

在镇压隋末农民大起义的过程中,太原留守李渊的势力壮大起来,后来,他起兵反隋,建立了唐朝。在这个过程中,李渊的二儿子李世民功劳最大,出力最多,显示出了过人的胆识和魄力。

李渊有四个儿子:李建成,李世民,李玄霸,李元吉。其中李世民最有政治眼光,他分析了当时的形势,认为隋朝的统治不会长久,只有趁天下大乱的机会,夺取政权,才能保住家族的地位和利益。

当时,地方割据势力的头子刘武周,反叛隋朝,占据了汾阳宫。李渊借口讨伐刘武周,派李世民、刘文静到各地去招兵。又暗地里派人去河东通知李建成、

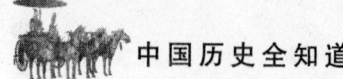

李元吉,到长安去通知女婿柴绍,都赶到太原相会。

不到半个月,就有近万人应征。太原副留守王威、高君雅二人是隋炀帝的心腹,他们见李渊把招来的新兵都分派给他自己的亲信统率,便起了疑心。两人商量以后,决定杀掉李渊。但这一消息被李渊掌握。

第二天,李渊升堂议事。右有高君雅,左有王威。忽然开阳府司马刘洛会跑了进来,说有机密事要报告。李渊让王威接过状子,刘洛会不给,说:"我要告的就是副留守,只有唐国公可以看。"李渊故作惊讶地说:"哪里会有这样的事!"说着,接过状子来,念道:"王威、高君雅阴谋引突厥入寇。"高君雅没等听完,勃然大怒,绾起袖子大骂道:"这是恶人先告状,谋反的人要杀我们!"说着抬腿要走。李世民事先布置好的十几个士兵一拥而上,把王威、高君雅捆起来,关进了监牢。

事情也真凑巧,过了两天,几万突厥兵真的来攻打太原城。李渊布置裴寂等人率领军队四面埋伏,然后让人把城门全部打开。突厥兵不知虚实,不敢进城,转了一圈,退走了。这一来,太原官兵都确信王威、高君雅通敌,突厥兵是他们勾引来的。李渊乘机下令杀掉了这两个监视他的人。

接着,李渊宣布起兵。这时候,瓦岗军已经包围了东都洛阳,关东一带的隋军主力已被农民起义军击溃,起义军又攻占了长安外围的许多据点。李渊在这种有利的形势下,率领大军攻进长安。

进入长安后,李渊立隋炀帝的孙子十三岁的代王杨侑做皇帝,就是隋恭帝,尊隋炀帝(当时南下江都)为太上皇,自己做大丞相。

大业十四年(618),隋炀帝在南方被叛军杀死。李渊废掉隋恭帝,自己当上了皇帝,建立唐朝,他就是唐高祖。短命的隋朝灭亡了。

玄武门之变

在唐朝建立的过程中,李世民立下了很大的功劳,声望超过了身为太子的李建成。于是,李建成就跟三弟李元吉携起手来,共同对付李世民。他巴结李渊身边得宠的贵妃们,由她们在李渊耳旁吹风,中伤秦王李世民。

李建成千方百计让李渊、李世民发生了嫌隙,还制造事端暗害李世民。在请李世民喝酒时,在酒里下了毒。幸好手下匆匆扶李世民回西宫医治,才躲过这一劫难。

到这时,三位皇子的暗斗变成了剑拔弩张的明争。李建成迫不及待地向李渊建议,由李元吉率兵抵抗突然入侵的突厥,并要把尉迟敬德一批秦王部下调到元吉部下,削弱李世民军队的实力。

尉迟敬德忍不住了,他和长孙无忌等人向李世民明确表示,要么先动手杀了建成、元吉,要么让他们离开长安。到这时,李世民已无退路,只得下决心除去两位亲兄弟。

第二天,李世民进宫向李渊揭发了建成和元吉勾结嫔妃,暗害自己的事实。李渊大吃一惊,决定第三日清晨召见三位儿子,让他们当面对质。

这一夜，双方都在作决一死战的准备。早晨，李建成跟元吉一同经由玄武门进宫。他们以为宫廷卫队在自己控制下，一路上毫不介意。直到玄武门前，才发觉气氛不对，门前冷清清的，看不到自己的部下，两人急忙回头想离开。

李世民早已设下了陷阱，他张弓搭箭，一箭把李建成射下马来。远远地，尉迟敬德飞马迫近，挽弓控箭，一箭把元吉也射死了。

这时候，李渊还在宫内跟大臣、贵妃们乘舟游海池。忽见尉迟敬德全副甲胄，手执长矛大步逼近，不觉大吃一惊。尉迟敬德声如洪钟："陛下，太子和齐王起兵作乱，秦王命臣来守卫宫殿。"再问太子齐王的下落，李渊才知两人均已被杀，这下子李渊吓得不知怎么办好。

大臣们听说太子已死，眼前尉迟敬德又持矛而立，只得劝李渊改立秦王为太子。李渊只得从命。过了几个月，李渊索性退位当了太上皇。李世民登位后，改元为贞观。一位名垂青史的开明君主贞观天子唐太宗，就在玄武门的血泊里诞生了。

薛仁贵三箭定天山

薛仁贵是唐朝前期著名的将领，他以勇猛善战而著称。在太宗时期他就战功卓著，唐高宗即位后，薛仁贵因为有一次救了高宗的性命，受到了更大的重视。

这时候，铁勒人和唐朝发生了矛盾。薛仁贵受命协助铁钦道行军总管郑仁泰出兵征伐铁勒。临行前，高宗设宴为他们送行，席间特意对薛仁贵说："古时候，善于射箭的人可以射穿7层的铠甲，现在你来试试射穿5层铠甲。"薛仁贵取过箭来，一箭射去，射穿了一个洞。高宗皇帝非常惊讶他的臂力以及射箭技术，赐给了他一件更加坚硬的甲衣。

之后，薛仁贵他们便率军前去征讨铁勒。当时，铁勒有部队10多万，他们仗着自己人多势众，就选了几十位骁勇善战的骑兵来向唐军挑战。薛仁贵单枪匹马前去应战，那些铁勒兵根本就没把他看在眼里。薛仁贵二话没说，张弓搭箭"唰唰唰"连发三箭，铁勒兵还没有明白是怎么一回事，只听见"扑通、扑通、扑通"，已有三个人被射落马下。他们一下被薛仁贵的箭术吓呆了，全部下马投降。之后，薛仁贵又带兵讨伐其他各部，并擒获了当时铁勒某部的三个首领，平定了天山南北。铁勒自此开始衰落，不再成为唐朝的边患了。薛仁贵的部下们非常钦佩他的箭术和武艺。当时，军中自编了很多歌曲赞颂薛仁贵，其中有一首唱道：将军三箭定天山，壮士长歌入汉关。这使得薛仁贵一时威震天下。

之后，薛仁贵又转战南北，虽曾兵败被贬，但他的威名还是有增无减。到了60多岁的时候，唐高宗又派他去征讨入犯的突厥。两军对阵的时候，突厥军问："唐朝的将领是谁？"唐军告诉他们说："是薛仁贵。"突厥军不相信，说："我们听说薛仁贵在被贬的时候已经死了，怎么可能又活了呢？"薛仁贵亲自出阵，突厥见的确是薛仁贵，大惊失色，纷纷下马向薛仁贵施礼，之后便悄悄退走了。

文成公主入藏

正当唐朝在李世民的统治下繁荣发展的时候,西藏高原上,出现了一个强大的少数民族政权——吐蕃。赞普松赞干布在位,统一了西藏各个部落,国势强大。

公元640年,松赞干布派他的大相禄东赞带着厚礼,来到长安向唐朝皇室求婚。

传说当时到长安的有五个国家的使臣,他们都带着贵重的礼物,想要娶唐朝的公主。唐太宗决定出几个难题,考一考这些使臣,看谁聪明能干,再作决定。

唐太宗拿出一颗九曲明珠和一束丝线,要他们把丝线穿过明珠中间的孔。几位使臣拿着丝线直发愁,禄东赞把丝线拴在蚂蚁的腰上,把蚂蚁放到九曲珠的孔内,然后不断向孔里吹气。一会儿,蚂蚁就拖着丝线从孔的另一端钻了出来。

接着,唐太宗又出了第二道难题,他让人把使臣带到御马场。御马场左右有两个大圈,一边是一百匹母马,一边是一百匹马驹。唐太宗要求使臣们把它们的母子关系辨认出来。禄东赞让人暂时不给马驹吃草和饮水。一天过后,他把母马和马驹同时放了出来。只见母马嘶叫,马驹哀鸣,小马驹一个个跑向自己的母亲去吃奶,它们的母子关系就这样被禄东赞辨认出来了。

经过五次这样的考试,禄东赞都取得了胜利。唐太宗非常高兴,决定将文成公主嫁给吐蕃赞普。

公元641年,文成公主动身到吐蕃去。唐朝为公主备了一份十分丰富的嫁妆。金银珠宝、绫罗绸缎,还有许多吐蕃没有的谷物、果品、蔬菜的种子。公主还带了大批有关医药、种树、工程技术、天文历法方面的书籍。

文成公主出嫁的消息传到吐蕃,吐蕃人民像过盛大节日一样,载歌载舞,夹道欢迎。

文成公主在吐蕃生活了40年,她为发展汉藏两族地区的经济文化交流作出了重大贡献。直到现在,西藏的大昭寺和布达拉宫还供奉着松赞干布和文成公主的塑像,成为那段友好历史的见证。

玄奘西行取经

唐朝初年,玄奘到四川研究佛经。他看遍了国内的佛经资料,有不少问题解决不了。于是,他学习梵文,决心到天竺去学佛经。

当时唐朝政府严禁百姓私自出境。玄奘没有被这些困难吓倒,公元627年秋天,他跟随一些商人由长安出发,踏上了西行的道路。

玄奘只身在沙漠中前进,上不见飞鸟,下不见走兽,白天热风如火,晚上寒风似刀。还要忍着极度的干渴和恐怖。经过半个多月的艰苦行程,玄奘终于走出八百里沙漠,来到了高昌国。高昌王也是一个佛教徒,他很尊敬玄奘,苦苦请求玄奘留下来说法,答应给他优厚的酬劳。玄奘说:"我远游是为求佛,现在被大王阻留，大王只能留住我的身体，却留不住我的精神。"高昌王还是不让他走，他一连三天不吃不喝。到了第四天，高昌王深受感动，答应送他西行，并且送给他衣物、干粮、挑夫和三十匹马，还给沿途各国写信，请他们保护这位远行的高僧。

此后，玄奘又翻山越岭，整整走了一年，公元628年夏天才到天竺。他几次横渡恒河，遍访佛教史上的古迹。他到了佛经中所说的西天灵山，参观了释迦牟尼说法的地址。天竺佛教的最高学府那烂陀寺的主持戒贤，特地收玄奘为弟子，给玄奘讲了最难懂的佛经。十年中，玄奘在天竺到处求教，通晓了全部经论的奥妙，博学的声誉传遍整个天竺。

公元645年初，玄奘带着六百五十多部佛教书籍，经由西域，回到了中国的都城长安。玄奘当年出国是违犯禁令偷偷出去的，现在，唐太宗知道了他的全部情况，很佩服玄奘的顽强精神，特地派房玄龄去长安迎接他。这一天，长安城里人山人海，路两旁摆着香案和鲜花，僧尼数万人，排着队，把玄奘带来的经卷佛像安置到弘福寺。

不久，玄奘开始了翻译佛经的工作，他还和参加翻译佛经的辩机和尚共同编写了《大唐西域记》。现在《大唐西域记》已经被译成许多种外国文字，成为一部世界名著。小说《西游记》问世以来，"唐僧西天取经"的故事更是家喻户晓。

武则天篡唐称帝

武则天本来是唐太宗宫里的一个才人，唐太宗死了后，按照当时宫廷的规矩，武则天被送进尼姑庵。唐高宗在他当太子的时候，就看中了武则天。即位两年后，他把武则天从尼姑庵里接出来，封她为昭仪。后来，又废了原来的王皇后，立武则天做皇后。

武则天当了皇后以后，就使出她那果断泼辣的手段，把那些反对她的老臣一个个降职、流放，连长孙无忌也被逼自杀。

不多久，高宗害了一场病，他看武则天能干，索性把朝政大事全交给她管了。

公元638年，高宗死了。武则天先后把两个儿子立为皇帝——中宗李显和睿宗李旦，都不中她的意。她把中宗废了，把睿宗软禁起来，自己以太后名义临朝执政。这一来，又遭到一些大臣和宗室的反对。

没多久，徐敬业在扬州起兵，武则天又派出大将带领三十万大军讨伐。徐敬业兵少势孤，抵抗了一阵，就失败了。接着，又有两个唐朝宗室——越王李贞和琅琊王李冲起兵反对武则天，也被武则天派兵镇压了。

经过这两场小小的兵变，全国恢复了安宁，没有人再敢反对武则天。武则天巩固了她的统治，就不满足太后执政的地位了。

有个和尚猜到了太后的心思，伪造了一部佛经，献给武则天。那部佛经里说，武则天本来是弥勒佛投胎到人世来的。佛祖派她下凡，就是要让她代替唐朝

武后步辇图 唐 张萱

皇帝统治天下。

又过了几月,有个官员名叫傅游艺,联络了关中地区九百多人联名上书,请求太后即位称帝。武则天一面推辞,一面提升了傅游艺的官职。结果,劝她做皇帝的人越来越多。据说当时文武官员、王公贵族、远近百姓、各族首领、和尚道士,上劝进表的有 6 万多人。

公元 690 年 9 月,武则天接受大家的请求,自称"圣神皇帝",改国号为周。她就成了中国历史上唯一的女皇帝。

武周时代的酷吏

女皇武则天为了巩固自己的政权,她大开告密之门,网罗了一批心狠手毒、残忍无道的刽子手,总想把心怀不满的人一个个杀掉。

在她手下的酷吏中,周兴、来俊臣、索元礼等人最为毒辣。来俊臣还写了一本《罗织经》,教他的走狗怎样去罗织罪名,使被告人无法申辩。

周兴、来俊臣所使用的刑罚是十分残酷的。有时让犯人跪着,手捧大木枷,枷上放着瓦罐,叫"仙人献果";有时让犯人站在高木上面,脖子上挂着巨石,回头向后看,叫"玉女登梯";有时用铁圈梏犯人的头,再往圈里钉木楔,直到把犯人钉得脑裂髓出;还有时用竹签刺人指甲;有时用热醋灌鼻;有时不给饮食，日夜审讯，摇晃身体，不许合眼。

这些做法，弄得朝廷上下，人人自危。人们都害怕和憎恨周兴、来俊臣，把他们比做虎狼，称他们为"酷吏"。

酷吏的横行，引起了人们越来越大的不满。武则天看到群情激愤，对她的统治很不利，就想杀几个酷吏，来缓和一下矛盾。正好有人告发周兴和犯罪被杀的丘神勣有牵连，武则天就判周兴流刑。人们恨透了周兴，在流放的路上就把他杀死了。

周兴的下场并没有使来俊臣收敛些，他的野心反而越来越大。他想诬告武承嗣、武三思和武则天的女儿太平公主，自己独掌大权。武承嗣等人知道来俊臣手段毒辣，便先发制人，把来俊臣抓了起来。武则天本想赦免他，无奈许多大臣纷纷上书，要求处死来俊臣。武则天只得下令把他处死。行刑的那一天，许多被害人的家属拥到刑场，为了泄愤，争着咬来俊臣尸体的肉。

武则天任用酷吏，是为了消灭反对派，巩固自己的统治，却使许多大臣和成千上万无辜的百姓遭到杀害。晚年的武则天越来越昏庸，朝廷政治越来越腐败。公元705年，她亲手提拔起来的大臣张柬之，趁她生病，发动政变，杀了她的亲信张易之、张昌宗兄弟，拥护唐中宗恢复帝位。就在这一年，82岁的武则天病死了。

禅宗六祖慧能

慧能俗姓卢，他家境贫寒，但资性颖悟。他曾经千辛万苦去拜见佛学大师弘忍，寻求成佛的道路。

弘忍见慧能出语新奇，决意将他收下，派了到碓房去作了个舂米行者。慧能在碓房舂米，遇到讲堂中弘忍升座说法，他便竖起耳朵仔细听，默默地思考微言大义，慢慢地有所领会。

这一天，弘忍大师忽然聚集门下弟子，当众宣布要选一位真正领悟佛法大意的弟子传付衣钵，作自己的继承人。他命弟子们各作一首偈语，借以观察各人对佛法的领会情况。

弘忍门下公认为最杰出的首席大弟子神秀做了一首偈语：
身是菩提树，心如明镜台。
时时勤拂拭，勿使惹尘埃。
慧能也做了一偈，其偈曰：
菩提本无树，明镜亦非台。
本来无一物，何处惹尘埃！
慧能的偈语，在认识上比神秀彻底得多，高妙得多。弘忍暗中将衣钵传给了他，但恐人心不服，嘱咐他速速离开东山。

慧能从此销声匿迹多年，这场争夺衣钵、法统的风波渐渐平息下去。慧能觉得时机成熟，应该出来弘法了，这才来到南海印宗法师门下听法。

一天，印宗问众人：那旗杆上头挂着的旗帜，被风吹着，是动还是不动？众人意见不一，议论纷纷。有的说是旗帜在动，有的说不是旗帜动，是风自己动。慧能忽然从座上站起来，高声说："不是风动，也不是旗帜动，只是众人的心在动。"

此言一出，印宗马上知道自己佛法修养不如慧能，转向慧能请教，才知慧能就是佛法的衣钵所在。不久，印宗亲自领着众徒来到慧能住处，为慧能剃法受戒。这样，慧能才正式出家，成为一名僧人。

印宗为慧能剃发之后，又拜在慧能门下，尊慧能为师。从此之后，慧能就常在菩提树下为人说法。不久，他来到韶关曹溪，广收徒众，扩建寺院，传法数十年，名声大振。

慧能的活动，始终扎根于民间基层。他的学说思想体现于《坛经》，开创了中国佛教前所未有的崭新局面，令人耳目一新。这一教派，就是日后长盛不衰的中国禅宗。

唐明皇与杨贵妃

唐玄宗在中国帝王史上，是一代盛世明君，故被称为唐明皇。然而他又是一个风流天子，和杨贵妃有一段哀艳离奇的风流韵事，被人们作为恋爱的经典故事传诵千古。

开元二十五年（公元737年）十二月七日，唐明皇李隆基最宠爱的武惠妃死了。从此，李隆基丧魂失魄，太监高力士见李隆基长期陷入苦闷之中，悄声道："陛下，我看寿王的妃子杨氏，样子长的和武惠妃当年一模一样！"李隆基也有些心动。

玄宗打马球图　唐　韦偃

开元二十七年（739年）新春后的一天，在李隆基妹妹玉真公主的安排下，寿王妃被请到了玉真观。她们正说着话，李隆基进来了，他们谈了音乐、舞曲，发现彼此有很多共同的兴趣。

此后，皇帝回到宫中，神不守舍，一门心思想着杨玉环。高力士为其出谋划策，做了安排。而寿王妃杨玉环回到府中，茶饭少进，睡眠不安，大吵大闹，一定要入庵出家。

第二年正月初二，朝廷送到寿王府一道敕书，同意杨玉环去万寿庵（太真观）出家，取号太真。

实际上，杨玉环在万寿庵出家的第六天，便被接往骊山温泉同唐明皇李隆基相会。出家是个幌子，为了遮人耳目，毕竟杨玉环是李隆基的儿媳。五年后，李隆基册立女道士杨玉环为贵妃。

从此，两人更加恩恩爱爱。有一年的七月七日，这一天是牛郎织女相会的日子，是中国的情人节。晚上，唐明皇和杨贵妃来到了长生殿，共同欣赏牛郎织女的相会，两情相悦，相对无言。夜深了，他俩望着夜空中璀璨的星河，看着银河两岸渐渐靠拢的牛郎、织女星座，双双不知不觉地跪到地上，对天立誓道："在天愿做比翼鸟，在地愿为连理枝。"这一七夕誓言，在诗人白居易的《长恨歌》中，做了动情的描述。

公元755年，安禄山在东北起兵，发动叛乱。第二年，潼关失守，唐明皇逃往四川。逃到马嵬坡的时候，部队发生哗变，杨贵妃被勒死。

李隆基和杨贵妃的爱情故事至此过早地划上了句号。而他们生离死别的缠绵悱恻，引起了历代文人墨客们无穷的遥想和遐思。

李林甫口蜜腹剑

唐明皇李隆基统治时期，有一个臭名昭著但却任期最长的宰相——李林甫。他没有什么学问，却凭着巴结、奉承、献媚取宠得到了皇帝的信任，凭着他的"口蜜腹剑"陷害了一个个大臣，以维护自己宰相的权位。

有一次，李隆基和李林甫谈到了一个官员严挺之，李隆基说："我听说他是个将相之才，应该委以重用。"李林甫本来就非常妒忌严挺之的才能，忽然听皇上这么一说，心里就更担心了。于是他找来严挺之的弟弟严损之说："皇上很喜爱你哥哥的才华，为什么不让你哥哥假说患了风寒，向皇上请求回京城医疗，这样就有机会见到皇上，得到重用了。"严挺之就这样做了，李林甫又报告皇上说："严挺之现在年老体衰，又得了风疾，应该让他担任闲官，以便治疗。"玄宗觉得很可惜，下令让严挺之呆在洛阳养病。

有一位副宰相叫李适之，是皇室中人，很受玄宗信赖。一天退朝后，李林甫拉住李适之的衣角悄悄说："华山有金矿，若是能够开采，可以充实国库！"李适之就报告了玄宗。玄宗一听十分高兴，转而征求李林甫的意见。

李林甫又悄悄地说："我早就知道这件事了。只因为华山是王气所在的地方，不能开采，所以才一直没有汇报。"玄宗一听，认为李适之没安好心，从此玄宗便开始疏远李适之，而更加宠信李林甫了。

传说在长安平康坊南街有一个院落，就是李林甫原来的住宅。他在寝室后面，另外建筑了一个厅堂，形状弯弯曲曲，好像新月，所以叫做"偃月堂"。宅院建筑华丽，雕刻精美，据说当时没有一家能比得上。李林甫每次想陷害一个人，或破坏一个家庭，就在这里进行谋划。如果他板着脸出来，那么这个人就不会有事；要是他面带笑容走了出来，那么这个人准得完蛋。

李林甫不知排斥了多少贤才，陷害了多少忠良，使朝廷内奸臣当道，小人飞扬跋扈，造成社会的黑暗与腐败，并引发了天宝末年的安史之乱。李林甫小人当道，也和玄宗晚年迷恋声色，贪图享受，不理朝政有关。

鉴真东渡扶桑

鉴真，是扬州江阳人。从小对佛教产生了浓厚的兴趣，十四岁那年出家当了

和尚。经过佛寺里著名师父的指导，鉴真成为名扬四方的高僧。

当时，日本受中国影响，大力提倡佛教，他们听说鉴真是一位德高望重的高僧，就想请鉴真到日本去。鉴真欣然同意。

但是，正当他们要开船远航的时候，浙江一带发生了海盗事件，沿海关防检查十分严格。官府没收了他们的船只。这次东渡没能成行。这以后，鉴真又进行了三次东渡，都失败了。

公元748年，六十一岁的鉴真做好了第五次东渡的准备。六月的一天夜晚，鉴真和他的弟子们登上大船出发了。不久就遇到了大风浪。他们一连在海上漂了十四天，船终于靠岸了。上了岸才知道已经到了海南岛最南端的振州。

这时候，鉴真因为南方暑热，得了眼病，双目失明。这一系列的打击和挫折，并没有吓倒鉴真。公元751年春天，鉴真回到了扬州，又着手准备第六次东渡。公元753年，鉴真所乘的船抵达日本九州岛，东渡终于成功了。

鉴真自从公元742年接受邀请，决心东渡日本，前后历时十二年才告成功。十二年中，历经五次挫折，艰苦行程数千里，先后有三十六人献出了生命，到达日本国的时候，鉴真已经六十六岁了。鉴真的到来，震动了日本各界，他们从早到晚前来拜谒慰问。

鉴真在日本天皇赐给他的一块宅地上建造了一座新寺院，叫做"唐招提寺"。鉴真就在唐招提寺中讲律授戒。唐招提寺成为当时日本最有影响的寺院。

鉴真精通医学，他带去了许多药方，还亲自给人看病，传授中草药知识。他还带去中国的绣像、雕像、画像、书帖等，对日本的美术界有很大影响。

鉴真在日本整整度过了十个春秋，为中日两国的友谊和两国科技文化的交流做出了杰出的贡献。公元763年，七十六岁的鉴真在奈良病逝了。日本朋友将他葬在唐招提寺，并且世世代代纪念他。

李白：盛唐的歌者

唐朝是我国诗歌发展史上的黄金时代，曾经涌现出像灿烂的群星般众多的诗人，其中最杰出的代表是伟大的诗人李白和杜甫。

李白很有政治抱负和生活理想。26岁的时候，他怀着强烈的登临山水、游览名胜的愿望，乘着竹筏出川，开始了生活的另一阶段。

李白一路纵情登览，恣意行乐，一日来到江夏。在江夏，李白遇到不少诗友，他们聚会，喝酒，好不快活。有一个廖秀才向李白请教作诗的秘诀。李白听罢，微微一笑，说："作诗本无秘诀，佳句天成，妙手偶得而已。"廖秀才不信，又问："您的《长干行》等好诗，是怎么得来的呢？"李白哈哈大笑说："那是我拾来的。"廖秀才以为李白是在开玩笑耍他，有些不高兴。李白见廖秀才认真了，赶紧收住笑容，态度诚恳地说："你要不信，咱们明天一起到南浦去再拾一首诗，如何？"

南浦是一个渡口，南来北往的客商很多，十分繁华热闹。李白、廖秀才漫无目的地到处玩赏。中午，他们来到一家小酒店喝酒，却见店中坐着一位漂亮的少妇,隔着窗户望着渡口,泪流满面,发出低低的抽泣声。原来,这个漂亮的少妇是一个商人的妻子,商人外出经商,一去三年不归,音讯全无。少妇只能每天坐在这临近渡口的小酒店,以泪洗面,盼望丈夫归来。望着眼前抽泣的少妇,李白、廖秀才心中充满了同情之情,俩人闷闷不乐地回到住处。廖秀才问李白:"南浦一行,你拾的诗在哪?"李白说:"请稍候。"

只见李白信手挥毫,一气呵成,写作了一首《江夏行》,记述了少妇作为商人妻子的悲剧。廖秀才一读,赞叹不已。李白说道:"平时心中要有所蓄积,这样,一旦碰上一个可以入诗的事物,马上就会触发灵感,作出好诗。"

李白正是凭借自己"妙手偶得之"的天才,写出了惊天地、泣鬼神的诗歌。他的诗歌艺术水平之高,感染力之强,在我国古代文学史上,是极其少见的。人们给他"诗仙"的美称,决非过誉。

杜甫:记录苦难的诗圣

杜甫字子美,出生于河南省巩县的一个文学世家。年轻的杜甫也曾经游览过祖国的大江南北,凭吊了许多名胜古迹。

公元746年,杜甫来到长安,渴望施展自己的抱负。可是,现实却重重地打击了他。他不仅投考名落孙山,就连生计也成了大问题。处于穷途中的杜甫,开始同情人民的苦难,开始严肃地思考人生、社会,开始用诗歌为人民呼号。

直到公元755年,44岁的杜甫才得到一个地位很低的职务。在上任之前,他特地去探望久别的妻儿。一路上,杜甫看到了老百姓悲惨的生活场景。到家后才知道他的小儿子也病死了。入夜,杜甫伤感得无法入睡。他拿起了笔,疾写了一首名为《自京赴奉先县咏怀五百字》的长诗,沉痛地揭露了统治阶级的荒淫,描述了人民的痛苦和自己的遭遇,留下了震撼古今的名句:"朱门酒肉臭,路有冻死骨!"

安禄山起兵造反,一路上势如破竹,攻向京师,杜甫也带着家眷到处避难。在朋友帮助下,他们全家来到了成都。过了一段艰苦但悠闲的生活。两年后,朋友病故。杜甫在成都失去了依靠,便打算回到他朝夕眷恋的河南老家。

取道夔州东下到岳州,由岳州再向南行到潭州,此时已经是公元770年了。杜甫在潭州没住多少日子,这里就发生了叛乱,闹得鸡犬不宁。见此情景,杜甫赶紧坐船离开了。当他沿湘江北上的时候,终于一病不起。在亲人的搀扶下,他支撑着坐起,用颤抖的手书写了他的最后一首诗。诗中,他念念不忘的仍是国家的灾难和百姓的不幸。此后没几天,59岁的杜甫就病死在这条小船上。

杜甫一生写了几千首诗,用诗描绘了一个复杂多变的历史时代,深刻地反映了悲惨的社会现实和人民的苦难。所以人们把他的诗称为"诗史",把他称为我国历史上最伟大的现实主义诗人。

安禄山包藏祸心

安禄山是混血胡人,很善于溜须拍马,唐玄宗认为安禄山是个人才,提拔他

当了平卢节度使,随后又让他兼任范阳节度使和河东节度使,握有重兵。

安禄山不满足于已经得到的权位和势力,还想爬上更高的位置。他就挖空心思来进一步博得唐玄宗的欢心,取得唐玄宗的信任。

有一次,玄宗叫他来见太子,安禄山不拜。左右的人叫他下拜,他只是站着,说:"我只知道有皇上,不知道有太子。"玄宗见他对自己这样忠心,很喜欢他。安禄山知道唐玄宗一心庞爱着杨贵妃,每当晋见唐玄宗和杨贵妃的时候,他总是先拜贵妃,后拜玄宗。玄宗问他为什么,他回答说:"我们胡人是先母后父。"唐玄宗越发觉得他憨厚可爱。

安禄山向上爬的欲望,一步步发展成为发动叛乱、起兵灭唐的野心。

安禄山像

早在天宝六年,安禄山就把一个心腹部将留在长安城里当坐探,随时把朝廷中的动静密报到范阳,为叛乱进行准备。还在军事上做了充分的准备。最后,他从亲信当中挑选了史思明、严庄、高尚等二十来人,充当谋士和心腹,作为指挥叛乱战争的核心力量。

经过十年的经营,安禄山从各方面进行了充分的准备,只等时机一到,就举兵发难。天宝十四年(公元755年)十一月初一,安禄山以讨伐杨国忠为名,在范阳举兵反叛。

天宝年间,唐朝统治腐败,军队战斗力锐减,加上这一带本来就是安禄山直接统治的地区,因此当叛军打来的时候,黄河以北二十四郡的文官武将,有的开城迎接叛军,有的弃城逃走,有的被叛军擒杀,叛军很快席卷了这一大片地区。这时候,唐玄宗才相信安禄山是真的反叛了。他匆忙调兵遣将,增募军队。可是这临时凑起来的军队,仓促上阵,哪里是叛军的对手?叛军一路势如破竹。在安禄山的放纵下,叛军每到一个地方,无恶不作,给人民带来了深重的灾难,给社会造成了巨大的破坏。

叛军很快攻占了东都洛阳,直抵京城长安东边的"大门"——潼关。接着,安禄山在洛阳自称"大燕皇帝",任命大臣,委派官吏,建立起一个割据政权。

张巡坚守睢阳

公元757年正月,安禄山被他的儿子安庆绪杀死。安庆绪当上了"大燕皇帝"。

随后,安庆绪派大将尹子奇统率十三万人马,进攻睢阳。睢阳太守许远向附近的守将张巡告急。张巡接到告急信,就带领三千将士前来支援。

尹子奇指挥十三万叛军轮番攻城。张巡督励将士,昼夜苦战,杀死敌兵二万多人,灭了叛军威风,长了唐军志气。敌人见睢阳攻不下来,反而损兵折将,就在一天夜里悄悄地撤走了。

到了五月，尹子奇增调兵马，重新包围了睢阳城。他以为张巡兵少，只会像上次一样，固守城池，不会出城迎战，把睢阳包围以后，他就安心地准备攻城器械了。

谁知就在当天夜里，张巡命令擂响战鼓，尹子奇听到鼓声，就集合队伍，摆好阵势，准备迎战，可忙了一个通宵，不见唐军一兵一卒出城。将士们折腾了一夜，十分疲劳，这时候，张巡骑兵，突袭叛军营寨。叛军大乱。

尹子奇养好了伤，在八月再一次进攻睢阳，把这座城包围起来。困死睢阳城内的军民。

睢阳城里没有一粒粮食了，连树皮都吃光了。张巡派南霁云连夜突围出城，到临淮节度使贺兰进明那里去求援。没想到贺兰进明对张巡心存妒忌，不肯出兵。

南霁云回到睢阳，情势越来越危急。再也想不出任何办法，人人都绝望了。这时候，全城只剩下四百人。然而，不管是将士，还是百姓，都宁肯饿死在睢阳城里，也没有一个人叛变或者逃走。

至德二年（公元757年）十月，睢阳城终于陷落，张巡、许远、南霁云等人被敌人逮捕。尹子奇下令把张巡等三十六人全部杀害了。临刑前，这些忠肝义胆的壮士，个个脸不变色，大骂叛军，正气凛然。

张巡、许远守睢阳，将士不满一万，坚守了九个月，大大小小打了四百仗，歼灭叛军数万人。在长时间内有力地阻挡了叛军南进，保障了江淮地区的安全和朝廷粮饷军需的供应，对后来平定安史之乱作出了很大的贡献。

颜氏兄弟首举义旗

颜真卿是大名鼎鼎的书法家，颜体字独树一帜。颜杲卿是颜真卿的堂兄。

颜真卿25岁进士及第后，便走上了仕途，但由于他不趋炎附势，为当时的奸臣杨国忠所不容，被逐出朝廷，到平原郡州出任郡守。颜真卿把平原郡治理得政通人和。颜真卿以自己多年的从政经验对安禄山的反唐的野心有了警觉，于是便开始准备防御。

755年安禄山起兵范阳，一路南下，就在这紧要关头，颜真卿打算举起义旗。一天，颜真卿在城西门大宴将士，号召大家起兵讨伐安禄山，他登上高台慷慨陈词。在颜真卿义军的感召下，附近的各郡也都纷纷响应，他们一致推举颜真卿做盟主，各地的人马都听他的指挥，颜真卿成了河北一带反击叛军的首领。

就在颜真卿起兵讨伐安禄山之时，他的堂兄颜杲卿也正准备起兵。他用计斩了镇守井陉口的李钦凑，并活捉了安禄山的左金吾将军高邈及何千年。

这时，安禄山派史思明和蔡希德攻打常山。由于颜杲卿起兵只有八天，还没有做好准备，城被攻破。颜杲卿及剩下的将士都被俘虏。叛军劝他投降，但他只是不说话。叛军把刀放在他最疼爱的小儿子颜季明的脖子上，他还是不说话。结果儿子被杀，他自己被押到了洛阳。

到了洛阳以后，见了安禄山，颜杲卿瞪着眼对他破口大骂，安禄山恼羞成怒，叫人把他绑在一根柱子上，用刀剐他的舌头，他仍然含混不清地骂个不停，一直到气绝身亡，那时颜杲卿64岁。

颜杲卿被杀，颜氏一家共30多人死于叛军刀下。但这并没有动摇颜家另一位英烈颜真卿抵抗叛军、报效朝廷的战斗意志和一腔忠诚。由于守城有功，颜真卿被封为户部侍郎兼中部防御使，不久又封为河北招讨采访使。

之后，颜真卿又取得了多次的胜利，并曾联合郭子仪资助唐军，为打击叛军做出了重大贡献。

李光弼大破史思明

在郭子仪、李光弼等将领的努力下，唐王朝逐渐转败为胜，这时候，叛军又发生内讧。史思明在邺城杀了安庆绪，自立为"大燕"皇帝，整顿人马，向洛阳方面进攻。

李光弼到了洛阳，下令把官员和老百姓全部撤出洛阳，带兵到了河阳，等史思明进洛阳的时候，洛阳已成了一座空城。史思明只好带兵出城，在河阳南面筑好阵地，和李光弼的唐军对峙。

史思明几次三番派部将进攻河阳，都被李光弼用计打退。

最后，史思明集中了强大兵力，派叛将周挚进攻河阳的北城，自己领了一支精兵攻打南城。李光弼就命令将士分头出击。双方不分胜败。

李光弼观察敌军的阵势，西北角和东南角的战斗力最强。他拨出五百名骑兵，分路攻打西北角和东南角。又把留下的将士都集中起来，严肃地宣布军令，说："将士们看我的旗帜行动，必须奋勇向前，不准临阵退却。"说到这里，他拿了一把短刀插在靴子里，说："你们如果战死在前线，我就在这儿自杀。"

将士们听了李光弼一番激励的话，都勇气百倍地杀上阵去。李光弼看到唐军士气旺盛，就急速挥动旗帜，下令总攻，各路将士看到城头旗号，争先恐后地冲进敌阵，喊杀声震天动地。叛军受到猛烈的攻击，纷纷溃退，被唐军杀死、俘虏了一千多，还有一千多兵士被挤到水里淹死，攻北城的叛将周挚逃走了。

史思明正在继续进攻南城。李光弼把北城俘虏来的叛军赶到河边，史思明知道周挚已经全军崩溃，不敢再战，连忙下令撤退，逃回洛阳。

不久，叛军发生了第三次内讧，史思明被他儿子史朝义杀死。叛军内部四分五裂，公元763年，史朝义兵败自杀。叛军这才被唐军肃清。

这场"安史之乱"持续了八年，给国家带来了深重的灾难，唐王朝从此开始由盛转衰了。

郭子仪单骑退回纥

郭子仪手下有一名大将叫仆固怀恩，在安史之乱中立过战功。他不满意唐王朝对他的待遇，发动叛变，派人跟回纥和吐蕃联络，欺骗他们说，郭子仪已经被杀害，要他们联合反对唐朝。

公元765年，仆固怀恩带领回纥、吐蕃几十万大军进攻长安。仆固怀恩到了半途上，得急病死了。回纥和吐蕃大军继续进攻，长安也受到威胁。

那时候，郭子仪正在泾阳驻守，手下没有多少兵力。决定采取分化敌人的办法。因为回纥将领药葛罗曾经和他一起平定过"安史之乱"，他决定先把他拉过来。

当天晚上，郭子仪派他的部将偷偷地到了回纥的大营，去约见回纥都督药葛罗。药葛罗不相信郭子仪还活着，郭子仪不顾劝阻，决定亲自到敌营去一趟，他带着几个随从兵士，骑马出了城，他们到了对方阵前，卸掉铁甲，把枪扔在地上，缓缓向回纥营靠近。

郭子仪七子八婿图　郭子仪是中国人心中功成名就、全身而退的理想人物

药葛罗和将领们目不转睛望着来人，异口同声地叫了起来："啊，真是令公他老人家！"说着，大伙围住郭子仪下拜行礼。

郭子仪跳下马来，走上去握住药葛罗的手，和气地对他说："你们回纥人曾经给唐朝立过大功，唐朝待你们也不错，为什么要帮助仆固怀恩闹叛乱呢。我今天到这儿来，就是为了劝你们悬崖勒马。我现在是单身到这儿，准备被你们杀掉，但是我的将士会跟你们拼命的。"

药葛罗很抱歉地说："令公别这样说。我们受了仆固怀恩的骗，才跟着他上这里来。现在知道令公还在，哪会同您打仗呢？"

郭子仪叫药葛罗派人拿酒来。药葛罗的左右送上酒，郭子仪先端起一杯，把酒洒在地上，起誓说："大唐天子万岁！回纥可汗万岁！两军将领万岁！从现在起，谁要违反盟约，叫他死在阵上！"

药葛罗也跟着郭子仪起了誓，洒了酒。双方订立了盟约。

郭子仪单骑访回纥营的消息，传到吐蕃营里，吐蕃的将领们害怕唐军和回纥联合起来袭击他们,连夜带着大军撤走了。

李愬雪夜下蔡州

安史之乱后,藩镇割据仍然是朝廷的一大祸患。宪宗时期,淮西节度使吴元济,盘踞淮河上游地区三十多年,甚是猖狂。他甚至派刺客暗杀主战的宰相武元衡和大臣裴度。

大将李愬心中激愤,率军讨伐淮西节度使吴元济。李愬到唐州以后,和士卒同甘共苦。军士们十分感激,都表示愿意为朝廷出力作战。李愬见军心已经振作,士气日益高昂,而蔡州又比较空虚,于是暗暗下了袭取蔡州的决心。他一面扩充军队,赶造兵器,一面对敌军分化瓦解,优待和重用俘虏。

十月十五日一早,天空浓云密布,接着下起了大雪。李愬率军从文成栅出发。将领们问出兵到哪里去,李愬只是说:"向东开拔!"

黄昏时候,队伍行进到离蔡州城七十里的张柴村,把守卫在这里的淮西军全部歼灭。李愬传令,留下五百人守张柴村,大部队连夜继续东进。将领们又问到底到哪里去。李愬这时候才说:"到蔡州城,捉吴元济!"大家听了大吃一惊。

因为三十多年来官军从来没有到过蔡州城,所以淮西军一点也没有防备。李愬等将领把正在熟睡的淮西军守城士兵全部杀死。然后打开城门,大队人马一拥而入。

鸡叫三遍的时候,李愬已经进入吴元济的外宅。吴元济赶紧带领亲兵,登上内城的牙城进行抵抗。李愬命令部将攻打牙城,捣毁了牙城的外门,收缴了里面的兵甲器械。天亮以后,官军放火焚烧内城的南门,官军又拥入内城。吴元济见大势已去,只好在城上低头请罪。第三天,李愬命令把吴元济装进囚车,押送到京城报捷。别地的淮西军见大势已去,也都先后投降了。

这时候,将领们问李愬:"您冒着大风大雪,连夜急行军,孤军深入,直取蔡州,一战成功。请问这是为什么?"

李愬笑了笑,从容地回答说:"大风大雪,天气阴晦,敌人看不见报警的烽火,不知道咱们会突然进击。孤军深入,士卒们抱着必死的决心,有进无退,所以能够一举袭取蔡州,活捉吴元济。"

李愬用兵,深谋远虑,胸有成竹,部下无不佩服。

牛李党争四十年

安史之乱以后,藩镇割据、宦官专政与朋党之争成为三大祸害,加速了大唐帝国走向不归路的进程。其中,朋党之争即是指牛李党争。

牛李两党,是当时朝中的重臣、大臣之间形成的两个朋党。牛党以牛僧孺、李宗闵等为代表;李党以李吉甫、李德裕等为代表。

朋党之争从唐宪宗在位的时候就开始了。有一年,长安举行考试,选拔人才。其中有两个下级官员，一个叫李宗闵，一个叫牛僧孺。考官认为这两个人符合选拔的条件，就把他们推荐给唐宪宗。

这件事让宰相李吉甫知道了。出身低微的李宗闵、牛僧孺居然敢批评朝政，揭他的短处，他很生气。于是就在唐宪宗面前说，这两人被推荐，是因为跟试官有私人关系。唐宪宗把几个试官降了职，李宗闵和牛僧孺也没有受到提拔。

李吉甫死后，他的儿子李德裕做了翰林学士。那时候，李宗闵也在朝做官。李德裕对李宗闵批评他父亲这件事，仍旧记恨在心。

唐穆宗即位后，又举行进士考试。李宗闵有个亲戚应考，被选中了。有大臣就向唐穆宗告发考官钱徽徇私舞弊，李德裕说真有这样的事。唐穆宗就把钱徽降了职，李宗闵也被贬谪到了外地。

李宗闵把李德裕恨透了，牛僧孺当然同情李宗闵。打这以后，李宗闵、牛僧孺就跟一些科举出身的官员结成一派，李德裕也跟士族出身的官员结成一派，两下明争暗斗得厉害。

到了唐文宗即位以后，李宗闵当上了宰相，又向文宗推荐牛僧孺，也把他提为宰相。两人合力打击李德裕，把他调到西川当节度使。

唐文宗本人没有主见。一会儿

朋党之争图

用李德裕，一会儿用牛僧孺。一派掌了权，另一派就没好日子过。两派势力就像走马灯似地转悠着，把朝政搞得十分混乱。

唐武宗即位后，李德裕当了宰相。他把牛僧孺、李宗闵都贬谪到南方。

唐武宗病死后，唐宣宗即位。他把武宗时期的大臣一概排斥，撤了李德裕的宰相职务。后又把他贬谪到崖州。

闹了四十年的朋党之争终于收场，但是混乱的唐王朝已经闹得更加不好收拾了。

甘露之变

唐文宗时候，宦官的权势很大，文宗一心想除掉他们，重用周围的一些低级官吏，像郑注和李训等人趁机渐渐掌握了大权。在朝廷大臣当中，李训、郑注找到舒元舆、王璠、韩约、王涯、贾𫗧等几个人，参加除掉宦官的密谋。他们先设

计处死了宦官集团的头目王守澄。

大和九年（835），舒元舆和李训当了宰相，郑注当了凤翔节度使。他们准备用内外夹攻的办法，消灭宦官。可是，他们私心太重，演出了一幕自遭屠杀的惨剧。

起初，李训、郑注两人商量：在王守澄下葬的那天，由唐文宗下令，所有宦官都去参加葬仪。郑注带兵乘机将宦官一网打尽，统统杀死。商量好了以后，郑注到凤翔去准备兵力了。

可是李训一直嫉妒郑注，怕他立功得势，秘密制定了另外一个行动计划。

这一天，唐文宗登上紫宸殿，大将军韩约上殿启奏说后院的石榴树上，昨晚承接了甘露。文宗叫宰相带领一些官员去看看。李训等人回来启奏说："不像是真甘露。"文宗听了，就叫宦官头子仇士良和鱼弘志二人带领宦官们再去验看。

仇士良、鱼弘志等人来到左金吾大厅后院，没想到韩约这时候神色惊慌，脸上汗流不止，仇士良很怀疑。恰巧一阵风吹过来，掀起了幕布，暴露了里面的伏兵。仇士良一见，赶快往外退。跑到紫宸殿，他劫持着文宗坐的软轿，躲进了宫里。李训看到事情失败，逃出宫去了。

仇士良打起"讨伐贼党"的旗帜，大肆屠杀，又派骑兵追捕逃亡的人。不久，李训在逃亡的路上自杀了。王涯、贾餗、舒元舆都被腰斩。

再说郑注按原定计划，带兵从凤翔出发，直奔王守澄的葬地。走到半路，听说李训已经失败，只好带兵返回。仇士良密令凤翔监军把郑注和他手下的将领、幕僚以及他们的家属、亲兵等一千多人，杀得一个不留。

郑注、李训除宦官，本身并不是什么正义之举，狗咬狗而已。所以他们兵败身死，也没什么值得同情的。不过，从甘露之变可以看出，宦官的势力如此之大，皇帝想除竟除不了，唐王朝衰弱到了这一地步，灭亡也是不远的事了。

会昌灭佛——佛道之争

在封建社会，宗教时常成为统治者麻痹人民群众的精神武器，因而备受统治者的支持和推崇。但并非在所有的时候宗教都会受到统治者的欢迎，即便是影响最大的佛教也屡遭排斥。"会昌灭佛"就是指唐武宗在会昌年间的毁佛活动。

佛教在历代统治者的提倡下，迅速发展起来，但同时也与封建国家存在着矛盾。大量的劳动人手出家为僧或者投靠寺院为寺户、佃户，寺院控制了许多土地和劳动力，寺院经济发展起来，而封建政府的纳税户却大为减少。因为存在争夺土地和劳动人手方面的矛盾，在这一矛盾达到一定程度时，封建国家就会向佛教势力宣战。

另外，唐武宗灭佛也是佛教与道教斗争中的一个回合。

道教是中国土生土长的宗教，追尊老子李聃为教祖。唐朝建立后，因为皇帝姓李，道教尊奉的老子也姓李，统治者为了借助神权，提高皇家的地位，自认是老子的后代，所以推崇道教。唐武宗灭佛的根本原因在于打击佛教寺院的经济势力，但也和道士赵归真对佛教的攻击有很大的关系。

会昌五年（845年），唐武宗实施灭佛行动，废寺、僧尼还俗、没收良田等。会昌末年，全国纳税户比宪宗"元和中兴"时增加了两倍多，是安史之乱以后国家最盛时期。可见，这次灭佛运动是成功的。

但是，武宗死后，宣宗即位。宣宗崇信佛教，下令恢复武宗时被废的佛寺，并杀死道士赵归真等。在此之后，佛教势力又兴盛起来。

会昌灭佛是中国历史上灭佛运动中最严厉、毁灭性最大的一次，也是对中国佛教打击最全面、最惨重的一次。他们真正做到了像毁佛健将韩愈所说的"人其人"（要和尚还俗）、"庐其居"（把和尚庙变成在家人的房屋）、要"火其书"（把经书全部烧掉）。这是对佛教采取的"三光"政策。佛教在这次法难中，各宗几乎全部被摧垮了。佛教从此在中国社会、政治、思想等方面的地位和影响大大降低。

"满城尽带黄金甲"

黄巢出生于一个世代贩卖私盐的家庭，善长击剑骑射。早年他参加科举考试失败，心中郁闷，写下《不第后赋菊》一诗："待到秋来九月八，我花开后百花杀；冲天香阵透长安，满城尽带黄金甲。"诗中充满豪气、霸气。

乾符元年（公元874年），濮州私盐贩子王仙芝率领数千农民在长垣起义。黄巢也在曹州聚众数千人，揭竿而起。数个月之后，他们的队伍就发展到了几万人。公元877年，他们攻到蕲州城下。

蕲州刺史裴偓，对起义军领袖进行诱降。王仙芝思想上开始动摇，黄巢知道以后，勃然大怒。王仙芝见大家都反对，这才没敢去投降。自此之后，黄巢就和王仙芝分道扬镳了。

后来，王仙芝死了，他的部分队伍投奔了黄巢，并推举黄巢做头领，号称"冲天大将军"。

黄巢率领起义军东征西战，驰骋中原。黄巢后来转战江南。队伍又得到了很大的发展，当时唐朝的皇帝是唐僖宗，他赶忙派淮南节度使高骈迅速进攻起义军。这次起义军连连失利，只得一再撤退，最后撤到了信州。在信州又遇上了瘟疫，起义军病死了很多，元气大伤。

黄巢只好答应投降，是"假投降"。他一方面用重金贿赂张璘，让他减慢进军的速度，另一方面写信给高骈，说要投降。高骈的进攻停止了，黄巢的起义军得到了喘息的机会。不久就恢复了元气，杀死了张璘，打败了淮南官兵。之后，黄巢重返中原，在这一年十一月，攻占了唐朝的东都洛阳。又一鼓作气攻下了潼关。随后，黄巢亲自率军向长安进攻。僖宗匆匆逃往成都，起义军没费吹灰之力就进入了唐朝的首都。

800年十二月，黄巢在含元殿即皇帝位，国号"大齐"。但是黄巢虽然建立了政权，却没有施行改革措施。而且没有及时去追击逃跑的僖宗，这给了他们喘息的机会，不久，僖宗就派人进军长安讨伐起义军，由于起义军轻敌，遭到惨败，黄巢也只好撤出了长安。

大齐政权只存在了3年。后来,黄巢又带领起义军残部征战了几年,但是最终还是遭到了惨败,黄巢也败死在泰山狼虎谷。

黄巢从揭竿而起到失败身亡,南北转战了10年之久。他的活动范围几乎遍及全国,沉重地打击了唐朝的腐朽统治,加速了唐朝的灭亡。

五代——乱风凄雨
(907年—960年)

唐朝末期，藩镇割据势力进一步发展。唐朝灭亡后，在中原一带相继出现了（后）梁、（后）唐、（后）晋、（后）汉、（后）周五个朝代，史称五代。五代共53年（907—959），共更换了8姓14君。

公元907年，唐宣武节度使朱全忠（原名朱温）消灭了许多割据势力。初步统一了黄河流域，废唐哀帝自立，建立（后）梁。朱全忠称帝后，其他藩镇一面斥责其篡位，一面又纷纷仿效而各自称王。923年，李存勖在洛阳建立（后）唐。936年，太原石敬瑭以出卖燕、云十六州为代价，向契丹借兵推翻了（后）唐，建立了（后）晋。946年，契丹攻陷（后）晋都城开封。（后）晋灭亡后，原石敬瑭部将、太原节度使刘知远于947年在太原称帝，建立（后）汉。950年，大将郭威发动兵变攻入开封，推翻了（后）汉，次年称帝，建立（后）周。

在北方五代更迭嬗变的同时，中国南方和北方河东地区，先后存在过10个割据政权（不包括一些小的割据势力），史称"十国"，即吴、前蜀、后蜀、南唐、闽、楚、北汉、南汉、南平（荆南）、吴越10个割据政权。

公元960年，（后）周禁军统领赵匡胤发动了陈桥兵变，夺取（后）周政权，建立宋朝。宋朝立国后，首先出兵南方，消灭了南平、后蜀、南汉、南唐、吴越等政权，979年又征服了北汉，五代十国的割据局面遂告结束，中国再次统一。

五代政权更迭，战乱频仍，社会经济破坏严重。南方则动乱较小，全国的经济重心已从黄河流域逐渐转移到长江中下游流域。吴、蜀等地继续发展，闽、广、湘、鄂地区也加速了开发过程。

朱全忠杀宦官

公元889年，唐僖宗死了，昭宗即位。他不甘心当宦官的傀儡，要摆脱宦官的控制。直到公元900年，唐昭宗才通过宰相崔胤，靠宣武节度使朱全忠的支持，把两个宦官头目宋道弼、景务修除掉，宦官的势力才稍稍受到抑制。

这一来，打草惊了蛇。掌握军权的宦官刘季述、王仲先立刻暗地里跟掌握政权的王彦范、薛齐偓商量，这4个宦官头目一致同意，要废了唐昭宗。

这年冬天，唐昭宗在打猎途中喝醉了酒，回宫后杀了几个太监宫女。刘季述有了借口。第二天一早就带兵包围了皇宫，幽禁了唐昭宗。他又撤了崔胤的职务。崔胤怎肯罢休？他一方面把京中情况详细报知在大梁的朱全忠，一方面寻找机会铲除这四个太监头目。他看到禁军将领孙德昭十分不满刘季述的行径，便派人跟他联络,设法杀了刘季述和王仲先,救昭宗出宫。使被关了一个多月的唐昭宗重登帝位。

唐昭宗将崔胤、孙德昭、朱全忠等人都升了职。可是,他依然选拔了韩全诲、张彦弘两个太监代替刘季述、王仲先,这就又种下了祸根。

韩全诲想找个强大的藩镇作靠山,他们找上了凤翔节度使李茂贞。李茂贞恰恰也想控制住皇帝,便跟韩全诲一拍即合。

崔胤写信给朱全忠,要他发兵来长安,把皇帝接到洛阳去。这年十月,朱全忠发兵七万,直往长安进发。

韩全诲立即先下手为强,劫持唐昭宗到凤翔去。朱全忠领兵进了长安,又攻打凤翔附近的州县,剪除李茂贞的势力。到第二年的九月,他才发兵包围了凤翔,凤翔变成了被围的孤城。

朱全忠最后攻进了凤翔,把所有的宦官统统杀了,还让唐昭宗下了道命令,凡是出使在外的宦官,一律就地正法。

唐代的宦官猖狂了100年,确实令人发指,朱全忠杀戒一开,把太监杀了个干净,倒是痛快。但是,前门杀狼,后门进虎,早已窥视皇位的朱全忠,不久就公开篡了位,结束了大唐289年的历史。

李存勖宠信伶人

朱全忠灭唐建梁,当上了皇帝,建都于大梁。当时,同朱全忠对峙的另一大劲敌是驻守太原的李克用、李存勖父子。梁太祖朱全忠后来一病不起,被儿子杀死了。

后梁龙德三年(公元923年),李存勖灭了后梁,统一了北方,即位称帝,建国号为唐,定都洛阳,就是后唐,他就是唐庄宗。

李存勖当了皇帝,就只顾享乐腐化起来。他特别喜爱演戏和打猎。他的宫里养了很多伶人(戏曲演员),他自己也常常和伶人一起登台表演。

由于唐庄宗特别宠爱伶人,伶人们胆大妄为起来。他们可以随便出入宫廷,任意侮弄朝臣,甚至跟庄宗打打闹闹。最受宠信的伶官景进,为了讨好唐庄宗,专门探听宫外的消息,回来说给庄宗听。庄宗特别爱听那些乱七八糟的事情。谁要是得罪了景进,他就无中生有,添油加醋地在庄宗面前说这

武士跪射图 五代

个人的坏话，叫这个人倒霉。所以人们见了景进，没有不害怕的。一些朝臣和藩镇争着向景进送贿赂。唐庄宗不顾大臣的反对，任命伶人去当刺史，那些真正有功的武将和有才能的文官，反倒得不到提拔重用。

唐庄宗生活糜烂，经常叫伶官和宦官出去掠夺民间女子，抢回来供他享乐。唐朝末年已经把宦官铲除了，梁太祖朱全忠也没有使用宦官。到了唐庄宗，他下令召集逃散在各地的唐朝宦官，进宫听他使唤，加上原来的，有将近1000人。他优待宦官，把宦官当作自己的心腹。他听从宦官出的坏点子，把天下的财赋分为"内府"和"外府"。外府作国家的费用，内府供他私人开支和赏赐之用。结果，外府常常空虚，不够支出，内府的财物堆积如山。他又是个吝啬鬼，财物再多，也舍不得拿出来犒劳军士。曾经给他卖命打天下的军士们，经常吃不饱穿不暖。他猜忌功臣，对有功的人不但不信任，不重用，还加以杀害。因此，唐庄宗当皇帝只有4年，就闹得众叛亲离，终于在一次兵变中，被箭射死了。

唐庄宗以后，还有明宗、闵帝和末帝3个皇帝。后唐寿命比后梁还短，只存在了14年，最后被石敬瑭推翻。

耶律阿保机建辽

公元872年，耶律阿保机出生在契丹一个贵族家里。阿保机长大后，曾经先后担任夷离堇和于越，掌握了军政大权。

此后，阿保机不断对外发动战争，掠夺了大量的财富和奴隶。他的权力很快超过了部落联盟的首领。唐朝灭亡那年，经过部落选举，阿保机当了部落联盟首领。

契丹部落联盟的首领，本来是三年推选一次。可是，阿保机做到第五年，还不肯让位。阿保机镇压了反对他的贵族。

第二年，有些贵族又起来反抗，这次，他下令举行传统的选举仪式。结果，他又当选为部落联盟的首领。这就使反抗的人只好向阿保机表示"谢罪"，愿意服从他的领导。

事情并没有结束。那些贵族不甘心，决计策划一次大规模的战乱。几个月之后，战乱发生了。经过艰苦的斗争，阿保机终于平息了战乱，并把三百多个参与这次战乱的人处了死刑。从此，他的地位更加巩固了。

那些参与战乱的贵族，都是氏族制度的维护者和代表。他们反对阿保机建立奴隶主专政的国家。阿保机和他们之间的斗争，实质上是两种势力、两种制度之间的斗争。阿保机决定废除部落联盟的旧制度，正式建立国家机构。

由于阿保机经常侵入汉族地区，俘虏大批的汉人，受汉族文化的影响比较深，所以，他决心按照汉族的政治制度来建立契丹的国家机构。

公元916年（当时中原是五代后梁时期），阿保机在临潢府当了皇帝。称为"大圣大明天皇帝"。阿保机进行了一系列的改革。他派人创造了契丹文字，制定了法律。还模仿汉族的城市，在潢河沿岸建造京城，称为上京。此外，阿保机还采取了一些发展农业和商业的措施。这些做法在当时都是有进步意义的。

契丹建国以后，阿保机不断向周围进行大规模的扩张。那时候，中原地区正处于五代十国统治时期，不断混战。阿保机利用这个机会，侵入河北东北部，攻占了许多州县。接着，他又统一了大漠南北和东北广大地区。他领导的契丹，成为当时我国北方的一个强大的地方政权。

"儿皇帝"石敬瑭

石敬瑭年轻时喜欢学习兵法，勇猛好斗。李克用的养子李嗣源（就是后来的唐明宗）对他很器重，把自己的女儿嫁给了他。

石敬瑭在后唐他虽然做到节度使的大官，被封为赵国公，仍然不满足，一心想要当皇帝。唐末帝李从珂任命他为天平节度使。他假称有病，不去上任。后唐朝廷下令削去了他的官职和爵位，命令晋州刺史张敬达领兵来包围晋阳。石敬瑭派亲信到契丹去请求援兵。契丹国王耶律德光一直想向南侵犯中原，当然乐意利用这次机会。于是他答应发兵去救石敬瑭。

后唐末帝清泰三年（公元936年）九月，耶律德光率领大军，从雁门关南下，跟后唐军队打了一仗，把唐军打得大败。石敬瑭得救以后，带领部下将领，从晋阳城出来拜见耶律德光。耶律德光拉着石敬瑭的手，跟他叙起父子的情谊来了。石敬瑭比耶律德光大十一岁，到底应该谁是"父"，谁是"子"呢？石敬瑭厚颜无耻，百般献媚，极力装出个孝顺儿子的模样。耶律德光就封他为"大晋皇帝"，对他说："我把你看作儿子，你对待我就像父亲一样，我和你永远是父子关系。"

石敬瑭对耶律德光感激涕零，他把雁门关以北的幽、云等十六州的大片土地，白白地奉献给契丹，每年再向契丹贡献丝绸三十万匹，还要送给契丹王、王太后和宰相等大官大批贿赂。石敬瑭称呼比他小十一岁的耶律德光为"父皇帝"，自称"儿皇帝"。从此以后，契丹王如果对哪件事感到不满意，就派人来责备石敬瑭。石敬瑭总是诚惶诚恐地谢罪赔礼，请求宽恕。

石敬瑭死了以后，他的侄子石重贵继位，就是晋出帝。晋出帝派人向契丹王报丧的时候，表上只称孙，没称臣。契丹王大发雷霆，发兵进攻后晋。晋出帝开运四年（公元947年），契丹军队攻进开封，灭亡了后晋。晋出帝石重贵向契丹王递交降表，自称"孙男臣重贵"。契丹王派人来抚慰他，说：孙儿不要发愁，我总让你有饭吃。后来契丹王把石重贵一家带回了契丹。这个亡国奴受尽了奇耻大辱，苟活了十八年，最后死在契丹。

乱世不倒翁冯道

五代十国时期，社会动荡，各个政权如走马灯似的换来换去，就是在这样的时代环境中，却有一个人历事五朝，侍奉过十一位皇帝，高居宰相之位二十多年而不倒，成了名副其实的官场不倒翁，这个人就是的冯道。

早年，冯道在晋王李存勖手下做掌书记。每一次随军出征，都和士兵们同苦同乐,从来不搞特殊化。冯道博学多才,颇有经世治国的才干。926年,后唐明宗李嗣源即位当了皇帝,一进驻洛阳城,就找到冯道,任他做了宰相。而冯道也的确没有辜负他的知遇之恩,在明宗时期充分发挥了他的政治才能。

冯道注重选拔有真才实学的人才,朝中很多出身寒微、却有真才实学的官员,几乎都是由冯道发现提拔的。而对于那些出身高贵但却一肚子草包的人,冯道无论如何也不会重用他。他还能居安思危,讽谏君主。但是他把皇帝只看做是自己的雇主,这个雇主倒台了,就再换一个雇主。

唐明宗死后,他的儿子唐闵宗即位。不久,他的义兄李从珂便起兵攻打首都洛阳,闵宗仓惶逃跑。这时冯道仍然是宰相,他知道李从珂必然会称帝,闵宗绝不是他的对手。所以,李从珂还没有到达洛阳,冯道就让人为李从珂草拟称帝的文件。李从珂到了洛阳之后,冯道不仅率百官列队迎接,并且上表请求他即皇帝位。

到了石敬瑭时期,冯道仍然做宰相。石敬瑭做了契丹的"儿皇帝",常需要派使者去契丹送礼或拜谒契丹皇帝,很多人都不愿意去。冯道为了向石敬瑭邀功就主动要求出使,到了契丹之后,契丹皇帝得知冯道在中原很有声誉,真的要将冯道留下来。冯道一口答应了下来。

晚年的时候,他写了一篇非常特别的自述,津津乐道地叙述自己的光荣历史,并自号为"长乐老"。

对于冯道的评价,历史上多有争议,欧阳修曾骂他不知廉耻,而王安石却非常喜爱他。我们对他应该客观评价,不能把他捧上天,毕竟他见风使舵的品格不值得肯定;但也应看到他的确有些才能,在他多年的从政生涯中,也曾有过不少的政绩。

以词闻名的李后主

五代十国时期,有一个南唐政权,南唐的最后一个君主叫李煜,史称南唐后主。他是个典型的风流才子,读书很多,文章诗词样样精通,还工书善画,通晓音律,可以说是个相当全面的大艺术家。但他的兴趣都在吟诗作画上,对国家大事却是一窍不通。

当时,赵匡胤已在北方建立了宋朝,南唐局势岌岌可危。李煜对宋朝是年年进贡,委曲求全。他最大的心愿就是偏安一隅,得过且过,不做亡国奴。只要能满足这一点,哪怕对大宋改称"江南国主",贬损朝仪,改变朝服,降封子弟他都甘心接受。宋太祖诏他入朝,他始终怕有去无回,所以一再称病推辞不去。

这下可惹恼了宋太祖,开宝七年(公元974年)九月,宋太祖派大将曹彬、潘美统率十万大军,浩浩荡荡地向南唐压来。

公元976年,曹彬率领宋军攻破金陵,南唐灭亡。之后,李煜被迁到了北宋的首都开封。虽然封了侯,其实说穿了还是人家的阶下之囚。后主经常思国怀乡,感慨人生的无常。

公元978年的一天,李后主与同来汴京的后妃们一起庆贺42岁生日,席间

多喝了几杯，伤感从心头涌起，挥笔写下了那首著名的《虞美人》：

春花秋月何时了，往事知多少！小楼昨夜又东风，故国不堪回首月明中。

雕栏玉砌应犹在，只是朱颜改。问君能有几多愁？恰似一江春水向东流。

当时的宋太宗听说李煜竟然还有心思欣赏歌舞，就非常生气，后来又听到了《虞美人》这首词中的"小楼昨夜又东风，故国不堪回首月明中"，与"问君能有几多愁，恰似一江春水向东流"两句，冷笑着说："李煜还在怀念故国呀。"他命人赐酒给李煜，为他祝寿，其实酒中已下了毒。后主中毒而死。

李煜作为南唐皇帝，在他的手上亡了国，的确不是一个称职的皇帝。但作为一个文人，他是优秀的。他的词在整个中国文学史上都可以算是浓墨重彩的一笔。生于帝王之家，是他的"幸"，抑或"不幸"？

宋——文功武略
（960年—1279年）

宋朝存在于公元960年到1279年，共320年。整个宋朝可分为北宋（960年—1127年）和南宋（1127年—1279年）两个阶段，所以有时也把宋朝称为"两宋"。北宋以开封（今河南开封）为国都，南宋以临安（今浙江杭州）为国都。

北宋是一个比较独特的历史时期，它自赵匡胤通过"陈桥兵变"立国伊始，即强邻压境，自始至终国力萎靡不振，为少数民族政权辽、金、夏所欺凌压迫。但其文化却多姿多彩，影响甚远，成为整合中华民族的一个主要时期。

北宋为加强皇权，中央集权制有了重大发展。这主要表现为封建政权、军权、财权的高度集中和意识形态领域内唯心主义道学（又叫理学）的兴起。北宋统治者为了加强中央集权，吸取唐末藩镇割据、节度使拥兵的沉重教训，对藩镇武将的权力大加削弱。在财、政、军诸领域多用文人，宋统治者还特别重视以科举笼络文人。实行文治，以达到其"强干弱枝"、"守内虚外"巩固统治的目的。

与宋同时，中国版图上还存在着几个少数民族政权：辽、金、西夏。

契丹人于916年在西拉木伦河流域建国，947年正式改称辽朝。辽朝采用"北南面官制"，以"北面官"统治契丹少数民族，以"南面官"统治汉人，妥善地解决了统治和管理上的矛盾。这开创了中华民族"一国两制"的先河。

可以毫不夸张地讲，10世纪中后期到11世纪前半期的辽朝，是当时中华民族的主导性政权，它撑起了中华民族大厦脊梁。辽朝统治时期，为中华多民族走向融合和统一，做出了重大贡献。

辽宋疆域大体以今河北中部为界。宋太宗曾两次攻辽，都未成功。后来辽朝军队南侵，很快打到澶州，结果宋朝被迫与辽签订屈辱的澶渊之盟，换取了暂时的和平。

西夏是以党项人（羌族的一支）为主体的国家，基本地境包括今宁夏全部以及甘肃、陕西、青海、内蒙古一部。1038年，李元昊称帝，此后连败宋军和辽军，形成宋、辽、西夏鼎立形势。宋夏战争中宋军损失惨重，双方时战时和，关系不稳定。南宋时，西夏最后被蒙古灭掉。

北宋立国不久，积贫积弱的局面就暴露出来。随着土地兼并日益严重，阶级矛盾也不断尖锐和激化。北宋后期，王安石变法图强没有成功，反而引起党争之祸，北宋政权岌岌可危。

其时，松花江流域的女真族兴起，完颜阿骨打于1115年建立金国，向南屡次打败辽兵。宋金约定联合攻辽。1125年，金灭辽，乘势攻宋，进逼开封。宋钦宗拒绝李纲等人意见，对金割地赔款求和。结果于1127年，北宋招来"靖康之耻"而走向灭亡。

就在北宋灭亡的同一年，赵构在南京应天府（今河南商丘）即位，重建宋朝，史称南宋。

南宋自建国伊始，就与金对峙。虽有岳飞等南宋军民英勇抵抗金军的进攻，但宋高宗赵构与权相秦桧等一味屈膝求和，苟安江南。与金对峙百余年虽有一些君臣励精图治，但往往权臣专擅朝政，政治昏暗，多少北伐雪耻之志，皆梦断于西湖烟雨之中。尖锐的民族矛盾与阶级矛盾激起此伏彼起的人民起义。不久，大漠雄鹰蒙古族崛起，挥骑南下，灭（西）夏扫金。公元1279年随着陆秀夫抱幼帝赵昺投海而死，山河破碎的南宋王朝历经152年，终致灭亡。

赵匡胤陈桥兵变

后周老皇帝死后，小皇帝继位，这时候赵匡胤掌握着后周的实权。他看到柴宗训这个皇帝年幼无能，就想取而代之。赵匡胤的弟弟赵匡义，还有专门给赵匡胤出谋划策的赵普看出了赵匡胤的心思。

公元960年正月初一，开封城内一片繁华热闹景象。宫廷内大摆筵席，忽然有人进来禀报说边关来人说辽兵联合北汉十余万人大举南下。年幼的小皇帝只得下诏命赵匡胤领兵出京迎敌。

其实根本没有什么辽兵，那是赵匡胤秘密派人谎报的军情，小皇帝听敌兵必然惊慌，如果派人与敌人作战，这个人只能是赵匡胤了，这样他就名正言顺地将军队掌握住了。

赵匡胤立即征调京城和各地的兵马，正月初三，赵匡胤带兵浩浩荡荡离开开封城向东北进发。当日黄昏时分，部队行至陈桥驿，赵匡胤下令全军就地安营扎寨，他从心里是不想再往前走了。

这时候的赵匡胤在中军大帐里不停地踱步，思索着：事情的成败，就在今天晚上了。

天慢慢地黑了下来，在大将高怀德的营帐中，烛光闪闪，人影绰绰。

"有谁反对赵点检当皇帝，我的剑可不认人。"这是高怀德的声音，他和赵匡胤拜过把兄弟。赵匡义接着说："当今皇帝年幼无为，早应废除才是！"

赵普见大家都默认了，就拿出一件新做的龙袍。黄色龙袍在烛光下闪闪发光，夺人眼目。

将军们前呼后拥向中军大帐走来。众将进到帐中，拿着龙袍就往赵匡胤身上套。

赵匡胤还假意推脱，众将都倒地叩头，高呼"万岁"。

这就是历史上有名的"陈桥兵变"。

赵匡胤马上率领军队返回开封，反对他的人都一一被杀了。柴宗训和符太后这时已无回天之术了，只愿求得一条生路，拱手让出了皇帝宝座。

赵匡胤名正言顺地当起了皇帝，他原来担任过后周的宋州归德节度使，因此，他把国号定为"宋"，这一年是公元960年，后周灭亡标志着五代的结束，中国历史上重要的朝代北宋开始了。

太祖杯酒释兵权

宋太祖赵匡胤是篡夺后周王权登上皇帝宝座的,所以他担心有朝一日他手下的重臣之中,忽然会冒出另一个"赵匡胤",也来个"黄袍加身",让他成为第六个短命王朝的君主。

这年秋天的一个晚上,赵匡胤召石守信等一批"好兄弟"进宫欢宴。酒喝得差不多的时候,这位皇上开始"口吐真言",他忧心忡忡地说:"当个天子实在也难,简直没有哪一晚是能睡个安稳觉的。"

石守信等人心无城府问赵匡胤:"陛下已登大宝,还有什么忧虑呢?"宋太祖苦笑一声:"我这个位置,谁不想坐呢!你们绝不会有什么非分之想,这点我放心。但是,有朝一日你们的部下贪图富贵,也把黄袍披到你们身上,那时候你们即使不想做什么,恐怕也无法回避啦!"

一席话,说得石守信他们冷汗直淌,连忙拜伏在地。

宋太祖见时机已到,便劝他们辞官回家享乐。第二天,石守信他们都说自己身患疾病,一个个乖乖地交出了兵权。宋太祖龙心大悦,对他们大加恩赏。这便是历史上有名的"杯酒释兵权"的故事。赵匡胤使出这一手,稳稳地把禁军全部掌握在自己手中,消除了重新出现部下篡夺皇位的隐患,走出了五代十国帝王频频更替的怪圈。

接着,宋太祖赵匡胤彻底改革了官制,他采取"强干弱枝"的办法,把军队改成两大系统,强大的禁军直接由朝廷指挥,而且统军的将军经常调换,部队也按时调防,任何人都无法控制禁军,无法拥兵自重。而地方上只设厢兵,这个系统的

太祖雪夜访赵普　明　刘俊

军队只能维持治安,根本无法跟朝廷军抗衡。地方设路,行政和财权由朝廷分别派人接管,节度使成了无实权的空衔。

这些做法,对结束国家分裂的混乱局面确实起了重要作用。但是,"兵不识帅,帅不识兵"的局面,却大大削弱了部队的战斗力,宋朝的边患不断,朝廷软弱,很大程度上是由于这种制度造成的。

精明能干的萧燕燕

辽朝和北宋对峙时期，妇女站在政治权力顶峰上的事情屡见不鲜，辽朝临朝称制的太后有三位，其中最有名的就是辽景宗的皇后萧燕燕。

辽景宗从小就有抽风的毛病，疼得他只好卧床休息，就把军国大事托付给能干的皇后萧燕燕代为掌管。

那时候，中国的政治形势十分复杂，宋、辽两个大国分庭抗礼，四周还有北汉、党项等几个小国各自为政。

宋太宗赵光义上台后，雄心勃勃。在轻而易举攻灭了北汉之后，他立即掉转马头，乘胜进攻辽朝，想把后晋时候石敬瑭割给辽朝的燕云十六州夺回来。

对于宋军的进攻，辽朝没有做好准备。战争一开始，宋军连连得胜，很快打到幽州城南，形势对辽十分不利。辽景宗得到幽州危急的报告，赶快请皇后萧燕燕召开紧急会议，商量对策。会上有人被宋军的强大攻势吓破了胆，主张放弃幽州，辽景宗也同意这种主张。萧燕燕坚决反对，大将耶律休哥主动向辽景宗请缨。萧燕燕以皇后的身份命令他出征。耶律休哥和耶律沙见萧皇后如此信任他，更加增强必胜信心。经反复商量，决定由耶律沙率领精锐骑兵先赶赴幽州，耶律休哥则带兵绕到幽州城南，跟原先驻扎在那里的部队会合，分两路夹击宋军。他们把拟好的作战计划拿去请萧皇后批准，萧燕燕说："行军作战，大将有权自己决定，只要你们考虑周全，布置得当，确有取胜把握，就可放开手脚去做。"耶律休哥和耶律沙觉得萧皇后真是英明，真正懂得用兵打仗的道理。

由于部署得当，很快，他们就在幽州的高粱河地区，把宋太宗亲率的大军打得丢盔弃甲，逃命都几乎来不及。

高粱河一战，显示了萧燕燕处理军国大事的才干。辽景宗英年早逝后，萧燕燕她们孤儿寡母照样把辽国治理得井井有条，并逼着北宋签订澶渊之盟，取得了军事政治方面的重大胜利。她实在是一个了不起的少数民族女政治家。

宋军兵败高粱河

北宋初年，辽国是北方的一个强大的敌人，双方不断征战。

公元979年初，宋太宗亲自带领大军平定了北汉，之后，宋太宗想乘胜攻打辽国，夺回燕云十六州。许多大将感到士兵连续作战，十分疲劳，带去的粮饷也快要用完了，不愿再打下去，但是又都不敢提出来。因为辽国没有准备，一开始宋军取得了一些胜利，收复了岐沟关和涿州，很快打到了幽州城南。宋军把幽州团团包围起来。宋太宗督促将士日夜攻城，可是，宋军从太原赶到幽州，连日作战，已经疲惫不堪，锐气大减。

这时候，辽景宗耶律贤，连忙派大将耶律休哥和耶律沙带领十万大军，前往幽州。

耶律沙带领一支辽军，先赶到幽州。宋军集中力量迎击。双方在高粱河打了起来。耶律沙远道赶来，人困马乏，加上军队人数不多，因此，吃了败仗，只好退却。

这天晚上，耶律休哥带领大队人马赶到。为了壮大声势，耶律休哥命令每个士兵拿着两支火炬，远远看去，像条火龙。宋军不知道敌人究竟又来了多少，害怕起来。

耶律休哥跟驻扎在幽州城外的南院大王耶律斜轸的军队会合了。第二天，辽军分左右两路，向宋军展开了猛烈的攻击。

正当双方激烈搏斗的时候，守卫幽州的辽军也一面打鼓，一面呼喊，杀出城来。宋军腹背受敌，支持不住，打了一个大败仗，死了一万多人。

宋太宗看到情形不妙，连忙退兵南逃。逃到涿州，天色已晚，宋太宗正想进城休息，不料辽军又追来了。他的马已经跑不动了，慌忙跳上驴车，继续南逃，直到逃出辽国的国土，才松了一口气。南逃的宋军，乱成一团，大量物资和武器都丢失了。

耶律休哥虽然得胜，但是因为战斗中受伤，不能骑马，只好坐着车子追赶。他追到涿州，见宋军已经走远，才停了下来。宋军收复的一些失地，又被辽军夺回去了。

这次战争，就是高梁河之战，又叫幽州之战。

赤胆忠心杨家将

杨业，本是北汉名将，因为他英勇善战，所以人们称他"杨无敌"。宋灭北汉后，杨业归降宋朝，仍镇守代州。

高梁河战役之后，辽军不断南下，辽景宗乾亨二年又出动十万大军，侵犯雁门关。镇守代州的杨业带领数百名骑兵抵抗，打了胜仗。宋太宗非常高兴，给杨业升了官。

这一来，杨业的威望大大提高，因此引起了一些大官僚的妒忌。防守边境的主将潘美，上疏给宋太宗说杨业的坏话。

辽景宗死后，十二岁的辽圣宗即位。宋太宗看到辽圣宗年幼，决心出兵收复失地。公元986年，宋太宗分兵三路攻打辽国。杨业在西路军中，做潘美的副将。他们一路上英勇作战，很快收复了山西西北部的大部分失地。

正当西路军节节胜利的时候，不料东路军在涿州打了败仗。宋太宗看到主力部队失败，连忙下令退兵。于是，潘美、杨

宋代武士复原图

业退回代州。不久,应州的宋军逃跑了,辽军又乘机打进了寰州,形势非常紧张。

杨业凭着多年来对辽国作战的经验,提出了一个稳妥的作战方案。可是监军王侁反对说他胆小害怕。杨业十分气愤。他不愿跟王侁争论,横下心来,说:"你既然这样责怪我,我按你说的领兵前去就是了。"

辽军听说杨业前来,出动大批军队把宋军团团包围起来。杨业他们英勇奋战,毕竟寡不敌众。他们从中午一直打到傍晚,只剩下一百多人,好不容易突出重围,边战边走,向陈家谷退却,指望着潘美前来接应。哪知道潘美的军队早已离开了陈家谷。杨业只得带领将士,继续跟敌人奋勇作战。最后被俘,他坚贞不屈,绝食三天,光荣牺牲。

杨业有七个儿子,都很有军事才华,积极抗击辽国。他的孙子杨文广,曾在西北抵抗过西夏,他提出过收复燕云十六州的计划,但是,宋朝统治者未采纳。

杨家将祖孙三代英勇抗辽,为保卫宋朝做出了贡献。人们非常怀念和敬佩这些反抗外族侵略、保卫边境的英雄,因此杨家将的故事在民间广泛流传。但是其中有很多情节和人物(如杨宗保、穆桂英等)都是虚构的了。

寇准的三起三落

980年,19岁的寇准考中进士,开始做官。一次,他奉太宗的命令分析宋与契丹的关系,反对与契丹议和,深受太宗的赏识,被提升为枢密院直学士。

寇准年纪轻轻就做了高官,又得到太宗的信任,不免引起别人的嫉妒。992年夏末,寇准骑马从宫里出来,突然有一个疯子跑到马前,倒头就拜,嘴里狂喊着"万岁"。这时同僚张逊看见了这个场景,一向对寇准耿耿于怀的他便向太宗报告。太宗非常生气,寇准说这件事情纯粹是出于偶然,而张逊则一口咬定寇准是大逆不道。两个人在太宗面前吵了起来,太宗觉得两人有失大臣体面,一气之下把他们两个都贬到了外地。

事后,太宗想起寇准,觉得他忠心耿耿,经常想到他。在第二年,便把寇准召回,担任参知政事。

宋真宗即位后,寇准被拜为宰相,此时辽军大军南侵,在寇准的坚决主张下,宋真宗御驾亲征,击退了契丹人的进攻,签订了澶渊之盟。而在辽国南侵时曾建议真宗逃到金陵的王钦若因为受到寇准的痛骂而一直怀恨在心。他对真宗说:"城下之盟,不是陛下的胜利,而是陛下的耻辱,您想必听说过赌博。赌徒在快输光的时候,便把他的所有东西都拿来做赌注,这叫做'孤注'。澶渊会战时,寇准正是利用陛下来孤注一掷的。"宋真宗觉得王钦若说得有道理,从此便渐渐地疏远了寇准,后来又罢免了寇准的宰相职务。

1019年,寇准又被任命为宰相,这个时候,他犯下了一个致命的错误,那就是任用了丁谓这个奸诈小人。他只看到了丁谓的才气,却没有觉察到他品行不好。寇准推荐丁谓做了参知政事。丁谓感激流涕。有一次宴会上,寇准的胡须上沾了汤。丁谓赶快走过来,为寇准把胡须上的汤抹掉。寇准嘲笑他说:"参政是国家的重臣，怎么能为长官拂拭胡须呢？"丁谓羞愧得无地自容，从此怀恨在心。

寇准后来被贬为道州司马，丁谓还觉得不解恨，便勾结刘皇后，再一次把寇准贬为雷州司部参军。

宋仁宗天圣元年（1023 年）九月，晚境凄凉的寇准在雷州贬所逝世。

李元昊建立西夏

李元昊的父亲李德明是党项族人，他接受了北宋王朝的封号，并利用宋辽争斗的时机大力发展自己的势力。李元昊长大成人后，对父亲向北宋称臣十分不满。李德明死后，李元昊掌握了夏州政权。他立即开始了称帝的准备。

李元昊首先强化党项族的民族意识，扫除境内的异己力量。宋仁宗宝元元年（1038 年）十月，李元昊正式登上了皇帝的宝座，定国号为"大夏"。第二年，李元昊派使者到北宋，要求宋仁宗承认他皇帝的地位。宋仁宗断然拒绝，并且悬赏捕捉李元昊。李元昊大怒，集结兵力，进攻北宋，首要目标便是延州的军事要塞金明塞。

当时守卫金明塞的李士彬。李元昊派西夏士兵故意投奔到李士彬那里做内应。除此之外，他还暗中命令西夏将士遇到李士彬都要不战而退。李士彬不由放松了对西夏的警惕。李元昊见时机已到，便假装投降宋朝，却暗中联络内应，一举攻占了金明塞。接着李元昊又采用"围点打援"的战术，在三川口大败宋军。

西夏武士复原图

接下来的两年内，李元昊又连续两次大规模进攻宋朝。宋仁宗派文武双全的范仲淹和韩琦负责对西夏的防务。范仲淹和韩琦精心防守，使李元昊无机可乘。此时西夏由于连年用兵，人民的正常生活受到了很大影响。1044 年，西夏向北宋俯首称臣，签订了和约。

这时，辽国的兴宗率领十万骑兵，进攻西夏。李元昊采用缓兵之计，向辽兴宗请罪求和。辽兴宗同意了。辽国大臣建议辽兴宗不要答应议和。辽兴宗一时拿不定主意，李元昊却当机立断，命人将沿途的野草全部烧完。大火烧了三天三夜，辽军的战马没有草吃，辽兴宗被迫同意议和。

李元昊故意拖延议和的日子，等到辽军人疲马饥之时，突然发动进攻。偏偏这时狂风大作，掀起黄沙，逆风作战的辽军被沙迷住了眼睛，阵中大乱。西夏士兵冲上前去大肆砍杀。李元昊反败为胜后，权衡利弊，归还了辽国的俘虏，并与

辽国讲和。

这次战争以后,西夏、宋、辽三国鼎立的局面正式形成。李元昊也成为雄霸一方的开国君主。

范仲淹心忧天下

范仲淹在十分艰苦的环境中成长,但是他仍旧刻苦自学。苦读了五六年,终于学得满腹诗书,并考中进士。

范仲淹原来在朝廷当谏官,因为看到宰相吕夷简滥用职权,就向仁宗大胆揭发。可是吕夷简反咬一口,说范仲淹交结朋党,挑拨君臣关系。宋仁宗把范仲淹贬谪到南方,直到西夏战争发生以后,才把他调到陕西去。

范仲淹在宋夏战争中立下了大功,宋仁宗觉得他的确是个人才,就把范仲淹从陕西调回京城,派他担任副宰相。

范仲淹一回到京城,宋仁宗马上召见,要他提出治国的方案。范仲淹知道朝廷弊病太多,要一下子都改掉不可能,在宋仁宗一再催促下,他提出了十条改革措施,宋仁宗立刻批准在全国推行。

范仲淹为了推行新政,先跟韩琦、富弼等大臣审查分派到各路担任监司的人选。有一次,范仲淹在官署里审查一份监司的名单,发现有贪赃枉法行为的人员,就提起笔来把名字勾去,准备撤换。在他旁边的富弼看了就对范仲淹说:"范公呀,你这笔一勾,可害得一家子哭鼻子呢。"范仲淹严肃地说:"要不让一家子哭,那就害了一路的百姓都要哭了。"

范仲淹的新政刚一推行,就像捅了马蜂窝一样。一些皇亲国戚,权贵大臣,贪官污吏,纷纷闹了起来,散布谣言,攻击新政。

宋仁宗看到反对的人多,就动摇起来。范仲淹被逼得在京城呆不下去,就自动要求回到陕西防守边境,他一走,新政就被废止了。

范仲淹为了改革政治,受了很大打击,但是他并不因为个人的遭遇感到懊恼。隔了一年,他的一位在岳州做官的老朋友滕子京,重修当地的名胜岳阳楼,请范仲淹写篇纪念文章。范仲淹挥笔写下了《岳阳楼记》。在那篇著名的文章里,范仲淹提到,一个有远大政治抱负的人,他思想感情应该是"先天下之忧而忧,后天下之乐而乐"。这两句名言一直被后来的人传诵,而岳阳楼也由于范仲淹的文章而更加出名了。

狄青不怕出身低

狄青自幼爱习武,练就一身骑射绝技。成年之后,他投身行伍。宋朝时候,凡是以普通士兵身份投军的人,都要在脸上刺字,以防止士兵逃跑。狄青的脸上,当然也少不了那个人人引为耻辱的记号。

狄青脸上刺字的那天,正是开封科举发榜的日子。别人都在哀叹:同是新人,状元郎跟新兵命运悬殊,真有天壤之别哪!狄青不以为然:"今后如何还很难说，得看各人才能如何呢。"

施展自己才能的机会终于来到了。西夏骚扰宋朝边境，朝廷派兵增援陕西边境州郡。狄青也来到了延州，提任了指挥使，在他麾下，有一支大约500人的士兵队伍。从开封到延州，别人都认为是一种变相的流放。而狄青当时的心态却完全不同，他在这里找着了表现才能的机会。他作战勇猛，威镇敌胆。

当狄青升任秦州经略招讨副使的时候，他的名声传进了宋仁宗的耳朵。皇帝召狄青进京，问他守边方略。他的分析深得宋仁宗赏识。从此以后，他总是被朝廷调到战事最吃紧的地方去，取得了辉煌的战果。

这位行伍出身的大将终于被任命为朝廷的枢密副使，成为全国军队的副帅。就在他刚刚上任的时候，岭南传来了紧急战报。狄青毅然放弃了京都优裕的生活，自请带兵南下。出征之前，宋仁宗打破惯例，不派文官牵制武将，由狄青统一指挥岭南宋军。狄青果然不负众望。得胜回朝后，他升任枢密使，成为唯一一名从士兵升任全国军事长官的将军。

直到这个时候，狄青的脸上，还留着当初刻的士兵的印记。别人劝他想法把印记磨去，他却说："留着它也好，它能让所有士兵都明白，即使是人人视为低贱的士卒，也有可能建功立业，升任为执政大臣。"

正因为狄青用自己的经历，向只重门第的封建制度了一次有效的挑战，但一些别有用心的官僚开始中伤狄青，宋仁宗出于自己的根本利益，解除了狄青枢密使的职务，让他出任河南陈州的地方官。狄青郁郁地来到陈州，不到半年就生起病来，只有50岁的一代将星终于殒落了。

王安石的富国强兵梦

王安石是江西临川人，出生于一个中层官员家庭，自幼喜欢读书，记性极好，号称"一过目终身不忘"。长大后，他考中进士做了地方官，还保持好读书的习惯。

后来，王安石被调进京城，当了翰林学士，他提出了一整套改革的想法。

宋神宗知道了，很有兴趣，就决定让他当宰相，开始变法。

王安石变法的内容非常多，有的叫均输法，有的叫青苗法，有的叫免役法，还有市易法、保甲法等等。这些新法都对国家有好处，有能发展农业生产的，有能增加财政收入的，有能加强兵力的，有能发展文化教育的。

可是，朝廷里反对王安石变法的大臣很多，他们串连起来，议论纷纷，反对变法，弄得宋神宗也有点犹豫了。

有一天，宋神宗见到王安石，很紧张地问他：

"你听到'三不足'的说法了吗？现在外面有人说，咱们变法是天变不足惧，人言不足恤，祖宗之法不足守。真要是这样，不等于说变法是反对天，反对众人，反对老祖宗了吗？

"说这话的人虽说是反对变法的，可他也说出了几分道理呀！"王安石笑着说。

"为什么呢？"宋神宗问。

"说众人的议论不可怕，这话并不错。如果咱们变法是合乎道理的，就不用怕别人议论和反对。至于不能死守祖宗的老规矩，我看本来就是这样。"

"那又为什么呢？"宋神宗问。

"您想想，离现在太远的事不说，就是本朝的法，前几位皇上不也修改过好几次了吗？如果法不能变，那老祖宗为什么还要改呢？"

宋神宗听了，脸上露出笑容："这么讲，说咱说'三不足'，倒是说对了。"

"是这样。"王安石大声说，"我在变法以前，就料到会有人反对的。这一点也不奇怪。"

反对变法的人根本没想到，他们攻击王安石"三不足"，正好被王安石用来说明自己的看法。

可是由于变法冲击了享有特权的大官僚、大地主、大商人的既得利益，遭到了他们和保守势力的强烈反对，最后，王安石不得不离开宰相职位。大变法失败了，王安石的富国强兵梦也破灭了。

奉旨填词的柳永

柳永是北宋开一代词风的大家，他曾为宋词的发展做出了全面巨大的贡献。

柳永年轻时一心追求功名，可惜屡考不中。极度失望之下，曾写了一首《鹤冲天》的词自我解嘲：

黄金榜上，偶失龙头望。明代暂遗贤，如何向？未遂风云便，争不恣狂游荡，何须论得丧？才子佳人，自是白衣卿相。烟花巷陌，依约丹青屏障。幸有意中人，堪寻访。且恁偎红倚翠，风流事，平生畅。青春都一晌。忍把浮名，换了浅斟低唱。

词虽然流露出柳永名落孙山之后的愁闷情绪，但主要表达了他看淡功名利禄，向往自由自在世俗生活的人生态度。据说，宋仁宗听人唱完此曲，很不高兴。后来，有一次科举考试，柳永本来已经榜上有名，宋仁宗却说："这个人喜欢在花前月下'浅斟低唱'，又何必要这个'浮名'？我看他还是填词去吧。"

此后，柳永就自称"奉旨填词柳三变"。他虽然仕途不畅，却占尽了词坛风流。他为歌伎们填制了许多歌曲，四处传唱。

有一段时间，柳永住在杭州。那时候，两浙转运使孙何驻守杭州，柳永曾多次登门拜访，但孙府门卫森严，他始终未能如愿。后来，柳永想出了一个办法，他精心构思写成了一首《望海潮》词，并谱了曲，写完后，他把它送给了最红的歌伎楚楚。

到了中秋节，孙何邀请了许多朋友在府里饮酒赏月，楚楚也应邀参加。在筵席上，她为客人们唱了柳永的新作《望海潮》。

这首歌咏西湖的词清新流畅，曲词婉转动听，深深地打动了在座的每一位客人的心弦。当楚楚唱到"有三秋桂子，十里荷花，羌管弄晴，菱歌泛夜，嬉嬉钓叟莲娃"时，整个客厅响起一片喝彩叫好声。当孙何知道了这是柳永的大作之后，派人请他进府畅谈，直到深夜。

柳永一生放荡不羁，他有一句词叫作"一生赢得是凄凉"，恰是他一生的真切写照。相传他最后死在一个佛寺里，由于身后不名一文，还是一群歌伎集资埋葬了他的尸骨。以后每年清明节，歌伎们不约而同合备祭品，到柳永坟前祭扫，以慰藉柳永那一颗孤苦的心。

乐天才子苏东坡

苏轼很年轻的时候，就开始了自己的仕宦生涯，并在文坛上崭露头角。

到宋神宗时，王安石开始变法，苏轼公开表示抗议，认为变法急于求成，肯定会出问题。不久，他遭到变法派的打击，苏轼被贬到黄州。

在黄州，苏轼一家靠种一个朋友送的几十亩薄地来维生。他把这块地取名叫"东坡"，自己取号为"东坡居士"。在黄州的西北靠近长江的地方有一座山，靠着江的一面是一块大石壁，颜色褐红，被称为赤壁。当然，三国时的赤壁大战并不是在这儿打的，但文人们都把这个赤壁当作当年打过仗的地方。苏东坡和朋友们多次游览赤壁，他先后写过《前赤壁赋》和《后赤壁赋》，还写过一首《念奴娇·赤壁怀古》的词，都是文学史上的经典之作。

几年后，变法派倒台，苏东坡被召回京师。以司马光为代表的保守派掌权，要全部废除新法。昔日激烈反对新法的苏东坡为了保留新法的一些成果，在朝廷上与司马光发生争执。结果，他又受到排挤，到杭州去作太守。杭州成了苏东坡的第二故乡，已经漂泊半生的他将自己的欢乐和痛苦都与西湖联系在一起。

几年后，司马光去世，变法派重新上台，开始利用新法来整人。苏东坡又被贬到广东惠州。

苏东坡跨越千山万水来到岭南，起初饮食起居多有不适。不过，乐观的苏东坡很快喜欢了这里别有风味的风光，他特别喜欢的是树木葱茏的罗浮山和当地的特产挂绿荔枝。

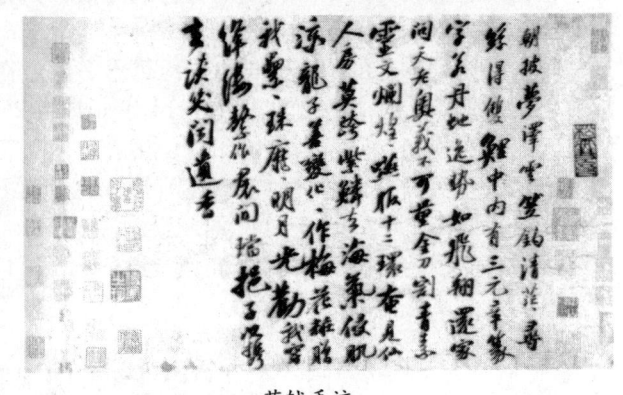

苏轼手迹

他的政敌看他过得很安逸，就又把六十三岁的苏东坡流放到了一个远得不能再远的地方——儋州，在今天海南岛的中部。在这里，苏东坡没有住房，还经常缺衣少食。但诗人却始终不改其乐。他常常在儿子苏过的搀扶下到海滨缓缓而行，观赏落日和在晚霞中迎风而立的椰树。

公元1101年，新皇帝宋徽宗登基，苏东坡在大赦中回到了江南，病逝于江苏常州。

苏东坡数次被贬，一生坎坷，丰富的经历使他写下了大量优秀的文学作品。

另外,他还擅长书画,是宋代书法四大家之一。他真是一个多才多艺的大文艺家。

奇男子阿骨打抗辽

阿骨打是辽朝完颜部节度使劾里钵的儿子。小时就喜欢拉弓射箭,到15岁时箭法已经百发百中。有一天,辽国使者来到生女真,阿骨打的父亲把他请到府中设宴招待。正好阿骨打在院内玩弄弓箭,辽国使者就要他表演射箭给自己看,这时,一群鸟从空中飞过,阿骨打搭箭撑弓,不用细瞄,连射三箭,箭不虚发。辽国使者惊呆了,竖起大拇指称赞道:"真乃奇男子也!"这就是历史上"奇男子"一词的来历。

当时,女真隶属于辽朝。辽朝将女真族编入辽朝户籍,称为熟女真;另一部分没编入辽朝户籍,被称为生女真。阿骨打的完颜部就是生女真的一支。

辽王朝对女真各部的统治十分残暴,对没编入辽朝户籍的生女真尤其歹毒。最令人无法容忍的是"银牌天使"的侮辱。这些银牌使者来到生女真各部,不仅贪婪骄横,而且以玩弄女性取乐。辽朝规定,凡有"银牌使者"到后,生女真必须献出没嫁人的年轻女子陪宿,称为"荐枕"。这种奇耻大辱,激起了生女真各部的强烈愤怒。

1112年春天,辽朝的天祚帝举行"头鱼宴",酒至半酣时,天祚帝命令各部首领依次起舞助兴。那些酋长虽然不情愿,可不敢违抗皇帝的命令,就挨个儿离开座位,跳起民族舞蹈来。轮到阿骨打的时候,只见他神情冷漠,两眼直瞪瞪地望着天祚帝,一动也不动。

阿骨打回到自己的部落,再也忍无可忍,决心奋起抗辽。经过两年的整军备战,时机成熟了,阿骨打就在公元1114年九月将2500名将士召集起来,举行誓师大会,历数辽朝侮辱女真族的罪行。接着,他又带领全体将士祭祖宣誓,顿时士气大振,士兵们个个摩拳擦掌。在阿骨打的带领下,女真族全体将士浩浩荡荡向辽国杀去。

经过一年多的苦战,阿骨打大获全胜。公元1115年,他建立金朝,定都会宁,开始了女真人对北方的统治。

东京的太学风潮

公元1125年十月,金军大举南侵攻宋。宋徽宗事前毫无警惕和防备。他怕得要命,这年十二月,宋徽宗退位,称"太上皇"。他的儿子赵桓登上了皇位,就是宋钦宗。宋钦宗也是个软骨头。

第二年一月,金军到达黄河北岸。宋徽宗、蔡京和童贯等人慌慌张张逃到南方去了。宋钦宗和宰相白时中、李邦彦也想丢掉京城南逃。但是,以李纲为首的少数爱国将领,坚决主张守城抗战。于是,宋钦宗命令李纲领兵守城。

李纲亲自率领军民,仅用三天时间,就将守城的战备设施准备好了。宗望看到汴京已有防备，就要宋朝派使臣到金营议和。这正合宋钦宗的心意，他马上接受了屈辱的条件。李纲极力反对，但也无济于事。

这时候，宋朝各地的援军纷纷赶到。有个叫姚平仲的将军，建议夜间去偷袭金营，不料姚平仲消息泄露，金军做好了准备，姚平仲被打得大败。

宗望派使臣来质问偷袭的事。宰相李邦彦推罪给李纲，宋钦宗连忙下令罢免李纲，向金军谢罪。

李纲被罢免的消息一传开，群情激愤。太学生陈东率领几百名太学生，到宣德门上书，他们请求罢免李邦彦，恢复李纲的官职。汴京的军民自动赶来声援，很快就聚集了几万人。这时候，李邦彦正好去上朝，愤怒的群众当面把他痛骂了一顿，还抛掷石块、瓦片打他。人群像潮水一样，又涌到皇宫门口，喊声震天动地。

宋钦宗躲在宫中，胆战心惊。他害怕发生变故，派宦官朱拱之去召回李纲。朱拱之十分勉强，拖拖拉拉，走得很慢。群众本来就痛恨这些仗着皇帝威势、欺压百姓的宦官，看到朱拱之这种样子，更加恼火，有人喊了声"打"，大家一齐动手，当场打死了朱拱之等几十名宦官。

这一来，宋钦宗只得宣布恢复李纲的官职，命令他兼任京城四壁防御使。人群这才欢呼散去。这件事是北宋末年有名的一次事件，叫"太学风潮"。

李纲立刻布置防务，下令重赏杀敌立功的人。京城里的守军，士气高涨。金军看到宋朝加强防备，决心抵抗，形势对自己不利，不等宋朝缴足财物，就急忙撤退了。

徽钦二帝作俘虏

靖康元年（公元1126年）八月，金太宗又出动大军，侵略北宋。

这时候，各地宋军又自动赶来保卫汴京。但是，投降派一心求和，命令这些军队停止前进。于是，这些军队又纷纷回去了。金军到了黄河北岸，见宋朝守军有十几万人，不敢渡河。他们把许多战鼓集中起来，敲了一夜，吓得宋军全部逃光。

金军渡过黄河以后，宗翰派使臣到宋朝，提出划黄河为界，河北、河东的地方全部归金国。宋钦宗百依百顺，立即派门下侍郎耿南仲和开封知府聂昌去割地，还下诏书给那些地方的军民，叫他们开城降金。

河北、河东的人民非常愤怒，立即掀起了反投降反割地的斗争。金军来到汴京，城中的守军很少，援军早已被遣散，宋钦宗非常惊慌。抗战派官员请求率兵出战，宋钦宗却不答应。不久汴京就失守了。

城破后，宋钦宗带领几个大臣，赶到金营，向宗翰、宗望交了降表，向金国称臣。宋钦宗送上降表，金军提出要废除宋钦宗的帝号，另立一个宋国的国君。宋钦宗回到城里，吓得放声大哭，后悔当初不该听投降派的话。接着，金军派人进城，查封府库中的金银财物，勒索去金一千万锭，银二千万锭，绢一千万匹。宋钦宗还派出大批官员，三番五次到老百姓家中大肆搜括金银。

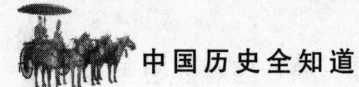

靖康二年（公元1127年）春天，金军要宋钦宗再到金营去。宋钦宗一到金营，就被扣起来。没几天，宋徽宗也被押送到金营。金太宗下令废掉了宋徽宗和宋钦宗，把徽宗、钦宗、太后、皇后、妃子、公主、驸马，以及宋朝的亲王、大臣，各种手工业匠人等三千多人，押送到金国当奴隶，还掠夺去大量金银财宝和文物图书。就这样，北宋王朝被金国灭亡了。这次事变是在北宋靖康年间发生的，所以历史上称作"靖康之变"。

金军在退走以前，立宋朝投降派的头目张邦昌做傀儡皇帝，国号楚，利用他来镇压南方人民。

当时，在汴京的宋朝皇族中，只有康王赵构领兵在外，逃脱了这场灾难。于是，有些宋朝官员决定拥护赵构继承皇位。

宗泽三呼"过河"

北宋灭亡之后，金国扶植了卖国贼张邦昌当了傀儡皇帝。老将宗泽和其他大臣一起，拥护赵构称帝，重建宋朝。不久，宗泽被赵构派去做东京留守兼开封知府。

宗泽进驻汴京以后，当地的形势还很紧张。金军主力虽然已经北撤，但是留在黄河沿岸的队伍还不少。汴京的防御工事和兵营都被破坏殆尽，社会秩序混乱。宗泽到了那里以后，制定整肃措施，汴京的形势很快安定下来了。

宗泽上书赵构，请他赶快回到汴京，以便进一步安定民心，为出师北伐、收复失地做好准备。

金人听说宗泽已经扭转了汴京的局势，想探听一下虚实，派人来到开封府。宗泽立即下令把这些人拘禁起来，准备杀掉他们。宋高宗听说之后，急忙下令给宗泽，要他好好款待金国使者，不许怠慢。

宗泽对于宋高宗迟迟不回汴京，一味想跟金军议和，还想继续南逃的行为，十分不满。他一再上书给宋高宗，但皇帝就是不理。

宗泽听说金军正在黄河上造浮桥，准备再次进攻汴京，便派部将刘衍去滑州，刘达去郑州，跟汴京结成犄角之势，以便互相策应。金军见宗泽有了准备，就拆掉浮桥退走了。第二年，金兵偷袭郑州，逼近汴京。宗泽派几千精兵绕到敌后，去策应刘衍他们。金军正在跟刘衍的队伍激战，突然见宋军从背后杀了过来，他们怕两头挨打，慌忙丢掉武器，四散逃走了。

可是宋高宗并不重视宗泽的战功，对宗泽请他回师汴京的建议一直没有采纳。宋高宗仗着有长江天险，实际上想长驻杭州。宗泽忧愤成病，背上生了一个碗口大的疔疮，他知道自己已经不行了，整天念着杜甫歌颂诸葛亮的那首诗，每次念到"出师未捷身先死，长使英雄泪满襟"这两句时，就情不自禁地流下泪来。

建炎四年（公元1130年）的一天，正当金军南下发动攻势的紧张时刻，70岁的老将宗泽终于与世长辞了。死的时候，他没有留下别的遗言，只是连喊了三声："过河！过河！过河！"他临死前还不忘过河北伐，收复失地。

金兵被困黄天荡

宋金战争中，南宋的一些抗战派将领韩世忠、岳飞等，指挥军队奋起阻击，其中韩世忠和他的夫人共同指挥的黄天荡大战最有名。

建炎四年的上元节，韩世忠得知金军开始北撤的消息，就下令在秀州张灯结彩，大闹元宵。等到夜深人静的时候，却悄悄地把主力部队转移到镇江。

兀术听探子报告说韩世忠的主力部队在秀州，就决定避开这条路，由镇江到建康。三月里，金军一到镇江附近，就发现形势不妙，长江渡口已经被封锁了。兀术的十万兵马被包围在一个死港汊黄天荡里，渡江渡不了，后退退不成。无可奈何他只好派人来跟韩世忠约定决战的日期。到了决战那天，韩世忠的夫人亲自擂响战鼓，韩世忠率领将士冲杀。士兵受到极大鼓舞，个个奋勇杀敌，把金兵打得大败，夺得了许多武器马匹。

兀术决战失利，就又改变办法，派人来向韩世忠求和，韩世忠一口拒绝了。江北岸的金军派船来接应。韩世忠早就预料到了这一步。他派海船停泊在江心的岛屿金山旁边，每条船上载了许多力气大懂得水性的士兵，手拿有铁链条的大钩，等敌人的船一靠近，士兵们甩出大钩，钩住敌船，把它掀翻在江心。

兀术见求和不成，打又打不赢，十万兵马被围在黄天荡里已经四十多天，军粮快吃完了，心里十分焦急。他到处打听怎样才能突破宋军的包围。

这时候，有个宋军的叛徒告诉他：黄天荡北面原有一条老鹳河，现在被淤塞了，只要把它挖通，通向长江，就可以从上游渡江逃脱。兀术喜出望外，连夜派兵挖了一条三十里长的渠道，并且抢来民船，趁着夜晚，一边放火，一边射箭，从宋军防守薄弱的地方突出重围，仓皇地沿着长江逃往建康。

黄天荡一战，韩世忠只有八千人的队伍，却打败了兀术的十万大军，把他们困在黄天荡里整整四十八天。虽然金军最后脱逃了，没能歼灭他们，却沉重地打击了金军，扭转了南宋军队老是打败仗的局面，使金国不能轻易地灭亡南宋。

岳飞大战爱华山

在岳飞成长的年代，金国先后灭掉了辽国和北宋，练就一身本事的岳飞为了尽忠报国，参军了。在抗击金国的入侵中，他的军事才干逐渐成长起来，屡立战功，后来做了统帅。

这年秋天，完颜兀术带领大部兵马又来进犯中原，岳飞带领十万大军前去迎敌。他先派出了一支先头部队去打探虚实，大部队跟在后面。宋军来到一处叫爱华山的地方，只见山坡陡峭，遍地是荒草和乱石头，一条曲曲弯弯的小路通往山中，群山之中是一片平地。于是，岳飞就在这里安营扎寨。

这时，先头部队的人马回来了。他们吃了败战，被金兵打了回来。岳飞让士兵们不用担心，吃好饭，睡好觉，准备明天打战。

第二天一早，岳飞主意已定，开始调兵遣将。按照计划，吉青带领三百兵士

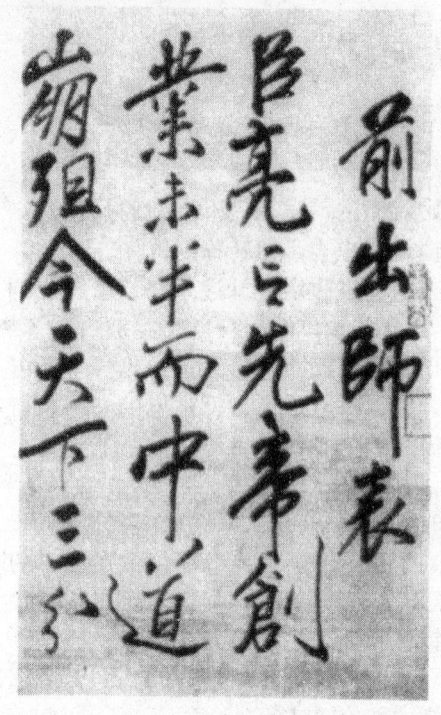

岳飞手迹《前出师表》

去迎击金军，完颜兀术带领几万人马杀了过来，抡着斧头就砍，吉青使出狼牙棒相迎。打了没几个回合，吉青就装着打不过的样子跑了。

完颜兀术紧紧追赶，追了二十多里地不追了。吉青大叫道："你这个蛮贼，怎么不追了！我不是你的对手，可前面埋伏着我们的人马，谅你也不敢来。"兀术大怒道："你不说有埋伏，我饶了你，你说有埋伏，我偏抓你。"

吉青在前，金兀术在后，眼看着进了爱华山。兀术的军队也跟着进了山口。这时候，兀术的军师赶紧追了上来，大叫道："这里必有埋伏。"兀术停下仔细看了看周围的地势，觉得不妙，惊慌失措地要求部下赶紧退出去。

但是一切都晚了。只听见一声炮响，周围的山上传来了震耳欲聋的呐喊声，金军被团团围在中间。帅字大旗下，岳飞骑着白马，手拿长枪，完颜兀术忙用斧来挡，两人杀成一团。

这时，金军的骑兵部队发挥不了优势，宋军将士人人奋勇向前，直杀得金军上天无路，下地无门，四处逃命。兀术不敢恋战，带领残兵败将拼杀出一条血路，往西北方向逃跑了。

后来，岳飞带领岳家军把金军打得就像丧家狗，金军将士都说"撼山易，撼岳家军难。"他们只要听说岳家军来了，吓得掉头就跑。

"莫须有"冤狱

岳家军不断收复失地，离开封越来越近了。这时候，他却接连收到了宋高宗的12道金牌，令他班师回朝。原来，宋高宗不愿看到钦宗回朝，只想安心当他的南宋小皇帝。

宰相秦桧本怨恨岳飞，决意设法谋害岳飞。他知道谏议大夫万俟卨跟岳飞有冤仇，就让他编造一套谎话，上奏章弹劾岳飞。另外又让中丞何铸和侍御史罗汝楫这两个奸人编造罪名诬告岳飞。宋高宗接到这些诬告的奏章之后，不问真假，就罢了岳飞的官。

秦桧听说岳飞的部下有个叫王俊的副统制，因为作战不卖力气，没有得到奖赏，非常怨恨岳飞，于是就想法把王俊收买过来，指使他诬告岳飞部将张宪和岳云谋反。然后把张宪、岳云逮捕入狱，进行严刑拷打，逼他们招供。张宪和岳云却始终不承认谋反的罪名。

这时候，已经被罢官的岳飞在庐山闲居，秦桧把他骗到临安，以谋反的罪名逮捕了他。岳飞向来襟怀坦白，对秦桧的诬告十分愤慨。秦桧把案件交给奸贼万俟卨审判。万俟卨提出了一些假证据，都被岳飞用事实一一驳了回去。万俟卨动用了各种刑罚，也没能迫使岳飞招供。万俟卨硬说岳飞、岳云和张宪曾经给别人写信，策划一起谋反。岳飞叫他拿出信来对质，万俟卨却说信已经烧了。就这样，审来审去，连续搞了两个多月，都没有办法定岳飞的罪名。万俟卨阴谋施尽，束手无策了，秦桧也没有了主意。

后来，秦桧决定不再审判岳飞了。他匆匆写了一张字条给监狱的看守，叫他们在监狱里害死岳飞。当天夜里，岳飞被害，死的时候才三十九岁。接着，岳云和张宪也被杀害了。

临安人民听说岳飞被害的消息，痛哭流涕，有些人在门口摆了香案，把本来预备祭神祭祖的供品用来祭祀岳飞。

被罢了官的韩世忠听说岳飞被害，跑去责问秦桧，问他岳飞犯了什么罪？有什么证据？秦桧回答说："岳飞父子和张宪的书信虽然没有弄明白，但是谋反的事莫须有（就是'或许有'的意思）。"韩世忠听后十分愤慨地说："这'莫须有'的罪名怎么能使天下人服气呢！"

以少胜多的采石之战

公元1147年，金国太保完颜亮发动宫廷政变，自立为皇帝，历史上称为海陵王。

公元1161年，海陵王调集兵马，大举南侵，妄图一举消灭南宋。金军势如破竹，很快渡过淮河，一直打到采石矶（今安徽马鞍山境内）。

险情传到临安，宋高宗在抗战派大臣的鼓励之下，他才派了知枢密院事叶义问到江浙一带督军备战，又派中书舍人虞允文为参谋军事。

虞允文到采石犒军，鼓动起士兵的士气来。他又视察了江边的形势，对防务做了周密的部署。这边刚部署完毕，北岸的金兵就擂响战鼓，冲了过来。眨眼间，战船已经冲到了南岸。虞允文命令已准备好的海鳅船猛烈地冲撞敌人的战船。金兵的战船多是用旧木料打造的平底船，并不坚固，被海鳅船一撞，船底便很快破裂进水，沉没了。这样一来，金兵死伤众多。

这时，恰好有一队从光州撤退下来的宋兵来到了采石。虞允文又命令他们高举大旗，喊着杀敌口号，从后山转出，以此来迷惑敌人。海陵王果然中计，以为来了大队援军。于是立即放下红旗，挥动着黄旗，指挥金兵撤退。虞允文抓住时机，命令弓箭手一阵猛射，又杀死了许多敌人。

就在海陵王心烦意乱之时，金国内部发生了政变，贵族完颜雍在后方称帝。消息传来，海陵王思来想去，只有一举灭了宋朝，才能保住皇位。于是第二天又重新进攻采石。虞允文早已做好了准备。海陵王刚到杨林口，宋军就放射带有硫磺的箭支，纵火烧船。老天爷也来助威，刮起了大风。金军的300多艘战船全部

被烧毁,军士鬼哭狼嚎,纷纷跳到水中逃命,又被宋兵杀死了许多。采石大战便以宋军的全面胜利而告终。

不甘失败的海陵王又领军转而进攻京口。可是虞允文在京口也做了严密防范。接连受挫的海陵王恼羞成怒,命令诸将必须在三天之内渡过长江,否则格杀勿论。前有阻拦,后有严令,走投无路的金国将士便密谋杀死了海陵王,与宋军议和。

采石矶一仗,宋军大捷,但也靠三分侥幸。文弱的南宋政权稍稍松了一口气。

亘古男儿一放翁

"诗界千年靡靡风,兵魂销尽国魂空;集中十九从军乐,亘古男儿一放翁。"这首清末人写的诗,道出了南宋大诗人陆游一生诗文的特色。

陆游诗文都写得好,名气很大,可他的仕途生活却一直不得意。快50岁的时候,负责川陕一带军事的将领王炎听到陆游的名声,才把他请到汉中去做幕僚。汉中接近抗金的前线,陆游认为到那里去,也许有机会参加抗金战斗,为收复失地出一份力量,很高兴地接受了这个任命。虽然军旅生涯艰苦,但陆游心中充满了投笔从戎的自信和乐趣。

陆游为了早日收复中原,对敌我态势作了详细的调查,逐渐形成了把关中作为收复根据地的具体想法,很快拟好了驱逐金兵的进攻方案。王炎十分欣赏,上报朝廷,等皇上下命令。但是,当时临安的南宋朝廷并没有北伐的打算,陆游的作战方案呈送朝廷后,如石沉大海,没有半点消息。

不久,王炎被调走,陆游也被调到成都,在安抚使范成大部下当参议官。他们是老朋友,虽说是上下级关系,却并不讲究的官场礼节。陆游的抗金志愿得不到实现,心里气闷,就常常喝酒写诗,来抒发自己的爱国感情。但是,一般官场上的人看不惯他,说他不讲礼法,思想颓放。陆游听了,索性给自己起了个别号,叫"放翁"。后来人们就称他陆放翁。

这样一过又是二三十年,南宋王朝始终没有决心收复失地。陆游长期在老家过着闲居的生活,把满腔爱国热情寄托在他的诗歌创作上。

到了1210年,陆游积愤成疾,病倒了。这时,诗人已经85岁了。弥留之际,他用微微颤抖的手握笔写下了一首《示儿》诗:"死去元知万事空,但悲不见九州同。王师北定中原日,家祭无忘告乃翁。"

一代才华超群的诗人陆游怀着念念不忘收复中原的悲愤与世长辞了。他一生辛勤创作,一共留下了9000多首诗,是我国最多产的诗人。这些充满血泪的诗作,集中地表现了陆游伟大的爱国主义精神,千百年来,震撼着人们的心灵,激励和培育着人们的爱国情操。

金戈铁马辛弃疾

陆游出生后15年,在中原地区,又诞生了一位伟大的爱国词人。他一生爱国爱民,主张抗金,还创作了大量慷慨激昂的爱国词篇,他便是南宋的辛弃疾。

绍兴三十一年（1161年），金军大举南下入侵宋朝，生活在沦陷区的汉族人纷纷起义。济州有个叫耿京的农民发动起义，旗下聚集了几十万人，年轻的辛弃疾也率领两千多人参加了他的队伍。耿京让他担任了"掌书记"，辛弃疾成为义军的重要人物。

采石矶大战后，辛弃疾认为这是南北抗金力量联合收复失地的好时机，他劝说耿京接受南宋的领导。耿京便派他到南方见宋高宗，汇报北方的抗金活动。宋高宗十分高兴，就任命耿京为天平军节度使，同时给辛弃疾等二百多人封了官，让辛弃疾回北方宣布他的任命。

不料这时，叛徒张安国为了升官发财，谋杀了耿京，向金国投降了。辛弃疾走到海州听说了这一消息后，悲痛万分。张安国叛变后，当上了济州的知州。辛弃疾率领五十名精锐的骑兵，长途奔驰了五百多里，以迅雷不及掩耳之势冲进了驻扎着5万金兵的济州，生擒活捉了张安国。

辛弃疾到了建康后，把叛徒张安国交给了朝廷，宋高宗命令将张安国斩首示众。对辛弃疾的英勇事迹赞叹不已。

但辛弃疾回到南宋之后并没有得到重用。朝廷对辛弃疾始终不信任，只给了他很低的官职。辛弃疾非常苦闷，辛弃疾的抱负无法施展，便写了许多词作来抒发自己壮志难酬的悲愤之情，表达他矢志不渝的雄心壮志。

在他42岁那年，他竟受到朝中官僚的打击，被迫退休，过了长达二十年的隐居生活。其间虽然两度被起用，但都为时不久就被罢免。

开禧二年（1206年），辛弃疾怀着深深的遗憾和满腔的忧愤，与世长辞了。他给后人留下了丰富的词作。他的词慷慨悲壮，可以与北宋的苏轼相媲美。历史上把他们合称为"苏辛"，他的爱国精神也一直激励着后人。

朱熹传授理学

朱熹是南宋时期著名的大思想家、大教育家。他继承前人学说，建立了一个庞大细密的"理学"体系。这一理论成为中国专制社会后期的统治思想，产生过巨大而深远的影响。

一天傍晚，朱熹和他的一个学生在山间的小路上，一边散步，一边谈话。学生问他："先生，您传授理学，为的是什么呢？"

"为了存天理，灭人欲！"朱熹说。

"那么，什么是天理呢？什么是人欲呢？"

"天地万物、人、朝廷、道德，都包含着天理。而人欲，简单地说，就是耳、目、鼻、口、四肢的欲望。比如，嘴巴想吃美味的佳肴，身体想躺舒服的床铺。"

学生问："这些难道不合理吗？"

朱熹笑了笑，道："这些欲望是不是合理，有一个界限。比如，夏天穿得薄一点，冬天穿得厚一点，渴了喝水，饿了吃饭，这都是合理的要求，也就是天理。但是，你如果想穿得精美一点，吃得好一点，这就超过了界限，变成不合理了。人的一言、一语、一动、一坐、一立，都有是非之分。符合礼的，就是天理;不符合礼的,就是人欲。"

学生说:"请先生说个具体的例子吧。"

"比如,古代举行祭祀祖先的典礼用八个行列的舞蹈队,对于天子来说,就是'天理';可如果一般的官员也要这么做,这就是'人欲'了。"

学生恍然大悟说:

"社会上各等级的人有不同的天理和人欲。国君和官吏享受荣华富贵,是'天理';穷百姓如果也想享受荣华富贵,就变成了'人欲'。每个人都安于他自己的地位,富贵的安于富贵,贫贱的安于贫贱,大家都不违反'天理',天下不也就太平无事了吗?"

"对!"朱熹满面笑容地说。

现在看来,朱熹关于天理人欲的这一套克制压抑的思想有不少荒谬可笑之处,不过,他要人们安于现状、不要起来为改善自己的生活而斗争思想,最适合中国传统农业社会的统治。从元朝开始,道学成为官方钦定的统治思想,对人们的日常生活、一言一行都有极大的约束作用。后来人看到道学发挥了跟宗教相近的作用,所以就把道学称为"儒教"。

成吉思汗统一蒙古

铁木真的父亲也速该是孛儿只斤氏族的首领。铁木真九岁那年,父亲被世仇塔塔尔人毒死。原来依附他们家的族人纷纷离去,连铁木真家的牲畜也被一起赶走了。家里只剩下母亲、铁木真和他的两个弟弟。母亲只好带着孩子摘野梨、捕河鱼,吃这些东西来填饱肚子。

在艰难中成长的铁木真,越长越有出息。他身体很健壮,箭法非常好。他的仇人很担心,有一天,他们就纠集了一些人马来袭击铁木真的家,这时候,铁木真正在附近的山坡上遛马,听说仇人要抓他,赶紧飞身上马,逃向山上的密林深处。仇人跟在后面穷追不舍。他们在林外设下埋伏,等铁木真出来。

铁木真在密林中熬了十几天,饿得实在受不了啦。他就牵着马下山了。他刚刚从树林中走出,就被巡逻的仇人抓住了。铁木真被戴上木枷,拉到各处示众。他装出一副惊慌害怕的样子,心里却时刻寻找时机,终于逃脱了。

经过这次危难,铁木真开始通过两种手段来加快扩展实力,一是寻找和吸

蒙古射猎图

引渴望冒险、成功的年轻战士，与他们建立伙伴关系，逐渐形成属于他个人支配的中坚力量。二是依凭父亲也跟克烈部的首领王汗互为结义兄弟的关系，依附王汗，发展自己的实力。

他的策略很快发生了作用。不久，铁木真遭到篾儿乞部的突然袭击，被迫仓皇撤退，王汗赶紧派自己的部队来帮他。他们联军攻击篾儿乞部，将其打得溃不成军；铁木真抢到了大批的牲畜、财物和奴婢。

通过这场战役，铁木真既显露了他卓越的军事才能，也建立了自己的第一批军事力量。此后，铁木真以强大的克烈部为后盾，积极发展自己的势力，经过近20年的南征北战，终于成了一个强大蒙古部落的首领。他又通过四次大的战争，收服了其他各部落。

1206年，铁木真在蒙古部原来居住的斡难河畔举行了具有历史意义的大会，全体与会者共同推举铁木真为全蒙古大汗，汗号为"成吉思"，以蒙古为国号。至此，一个统一的蒙古民族的国家政权出现在世界历史舞台上，成吉思汗也被后人称为"一代天骄"。

韩侂胄草率北伐

南宋小朝廷到了后期，内部渐渐腐败起来。宋孝宗死后，身为皇帝的光宗却只是躲在内宫。对光宗失去了信心的大臣赵汝愚和韩侂胄的大臣商量，要让太后出面废掉光宗，立太子赵扩为皇帝。韩侂胄是太后的外甥，他的侄女又是赵扩的妃子，事情很顺利，赵扩成了宋宁宗。

韩侂胄的侄女当了皇后，认为自己功劳最大，渐渐不把赵汝愚放在眼里。他向宁宗诬告赵汝愚，把他贬为宁远军节度副使，又派人百般侮辱赵汝愚，赵汝愚气得生了病，不久就死了。

韩侂胄并不满足于已经得到的权势，他千方百计煽动宋宁宗组织北伐，想给自己在历史上留下一个美名。

韩侂胄不顾一切地吹吹打打，搞起北伐的舆论宣传。为了提高自己的影响力，他特意把辛弃疾和陆游召进临安，让他们当自己北伐的招牌。但是，他把辛弃疾安排在镇江做总兵，辛弃疾既不能参与决策，又上不了第一线。看到韩侂胄没有做好准备就想冒进，辛弃疾便辞去了军职。

韩侂胄把军权交给自己的亲信，匆匆忙忙发动了对金国的全面进攻。

公元1206年，皇甫斌和郭倪向金兵发起进攻，取得了一些小胜利。韩侂胄喜出望外，公然向金国宣战，各路宋军一齐发动了北伐。金国的统帅仆散揆早有准备，派兵牢牢守住了战略要地，各路宋军均被打退，战场上的形势发生了有利于金国的变化。

金国统帅仆散揆提出了议和。韩侂胄答应跟金国和谈。和谈之中金国提出要南宋割地称臣，惩办祸首。金国人直接点了韩侂胄的名，说他才是罪魁祸首。

韩侂胄当然不会向金国缴上自己的脑袋。他又在暗中指使宋将向金兵发起进攻，想打个胜仗增加谈判的筹码。但是，这时候南宋内部反对北伐的势力强大起

来，于是，在礼部侍郎史弥远组织下，处死了韩侂胄，带着他的脑袋去跟金国和谈。这次议和，签订了"嘉定和议"。

一场闹剧结束，南宋的地位更加屈辱，而且开始了由权臣把持南京朝政，韩侂胄之后有史弥远，更有彻底葬送了南宋的贾似道。南宋灭亡的日子不远了。

耶律楚材"以儒治国"

1190年，耶律楚材诞生于燕京。他自幼勤奋好学，文章也写得棒。成吉思汗在攻打金国时，听说了耶律楚材的名声，便在汉北召见了他。成吉思汗非常赏识他，让他留在身边，以便随时向他请教咨询。

耶律楚材强调"以儒治国"，他的主张遭到善于造弓的西夏人常八斤的嘲讽。但成吉思汗十分赞同。

窝阔台继承汗位后，重用耶律楚材。在严酷的战争中，耶律楚材还特别注意保护人口，帮助百姓避免不必要的伤害。耶律楚材在帮助窝阔台治理国家的过程中，一步一步实施自己"以儒治国"的方略，在政治、经济、文化各方面都做了许多事情。他还帮助窝阔台制定了针对中原地区赋税制度，这些赋税都很轻，有利于中原地区的休养生息。窝阔台觉得耶律楚材是一个难得的人才，都同意了他的建议，耶律楚材还告诉窝阔台，"马上得天下"却不能"马上治天下"，在他的大力倡导下，蒙古王朝开始大量任用文臣，设立国子学编集经史，招考儒生。耶律楚材为保存中原文化做出了巨大贡献。

耶律楚材的治国方针不可避免地触犯了蒙古守旧贵族和西域商人的权益。因此，他遭到守旧势力的不断攻击，而耶律楚材也不屈不挠同这些攻击进行了斗争。耿直的他有时连窝阔台都敢于顶撞。有一次，他秉公审理案件，抓了一名窝阔台宠信的通事。窝阔台非常恼火，命人把耶律楚材绑了起来。窝阔台到底是一个明智的君主，过了一会儿，怒火平息，便命令侍卫把他释放了。可是倔强的耶律楚材不肯让别人解开他身上的绳子。窝阔台满面通红，竟当场向耶律楚材承认了自己的不是。自此，窝阔台更加敬重自己的这位贤臣了。

1241年，窝阔台由于饮酒无度而死去，皇后乃马真氏控制了朝政。她对公正无私的耶律楚材怀恨在心，不断地排斥打击耶律楚材，不让他参预朝政。三年之后，忧愤成疾的耶律楚材与世长辞。

贾似道粉饰太平

贾似道年轻的时候游手好闲，不务正业，后来他姐姐做了宋理宗的贵妃，他才官运亨通，他仗着自己国舅的身份，又会花言巧语，很快得到了宋理宗的宠幸。

宋度宗赵禥当了皇帝之后，因为贾似道帮助过他争得皇位，更加尊宠他。狡猾奸诈的贾似道看准了软弱无能的宋度宗离不开自己，便时常以辞职为手段，谋取更高的官位和大权。最后，贾似道得到的恩宠和实权超过了宋朝历史上任何一位权相。

尽管大权在握，贾似道却不愿意处理军国大事。他一心只想着玩乐，把公事都交给门客胡乱处理。

就在贾似道醉生梦死之际，蒙古的大军已经南下，包围了南宋的战略要地襄阳、樊城。敌众我寡，力量悬殊，形势非常危急。襄阳主帅吕文焕请求贾似道增派援兵，可贾似道置之不理，依然每天花天酒地。他还欺骗宋度宗说："陛下请安心享乐，我朝兵力强大，蒙古贼子不敢来犯，天下一片升平气象。"后来度宗从一名宫女那里得知襄樊已经被蒙古大军包围了三年，成为一座孤城，非常着急。贾似道却安慰他说："蒙古军队惧怕我朝，早已退走。不知陛下从哪里听到这个谣言。"宋度宗便说："是一个宫女告诉我的。"贾似道立即查明这个宫女的姓名，派人将她活活勒死，从此以后再没有人把前线的消息告诉宋度宗了。

襄樊失守以后，南宋的江山已摇摇欲坠。贾似道仍然不为国家着想。爱国志士提出的抗战主张，他要么根本不理睬，要么打击报复。

贾似道依仗权势，一味粉饰太平、寻欢作乐，终于将国事弄得不可收拾。蒙古军队攻下襄阳以后，势如破竹，沿着长江东进。宋度宗在惊恐和忧郁中死去，他的儿子赵显继承了皇位。在军民的一再呼吁声中，贾似道被贬往循州，途经木锦庵时，被押送他的郑虎臣刺死，这个奸贼得到了应有的下场。可是南宋灭亡的局面已经无法挽回了。

震动世界的钓鱼山之战

成吉思汗统一蒙古族后，开始了大规模的对外扩张战争。他和他的子孙们，向西攻占了中亚细亚和俄罗斯平原的广阔地区，一直打到多瑙河流域，逼近非洲。当时，他们想要占领欧亚非，征服全世界，但最终没有实现，南宋在四川省合川县钓鱼山的顽强抗击及其大汗蒙哥被打死，是他们计划失败的重要原因。

钓鱼山，位于四川省合川县境内，南距重庆70公里，是一座悬崖突兀、山势险峻的高山。1243年，南宋为抵御蒙古军进攻在这里筑城设防。

1253年，蒙古军大肆进犯合川，围攻钓鱼山。结果，被南宋守将王坚击退。事后，王坚调集合川周围五县17万军民进一步加固钓鱼山城。1258年，蒙古大汗蒙哥亲率大军进攻钓鱼山城，但久攻不下。1259年7月，蒙古军主帅王德臣在进攻钓鱼山城时被城中发出的飞石击中，重伤而死。蒙哥得知，大为震怒，亲自督战，再攻山城，结果，他也在城下被飞石击中，死于军中。

蒙哥1251年即大汗位。他的死引起蒙古统治集团的混乱。当时，他的几个弟弟都带重兵在外作战，为争夺汗位，蒙哥一死他们都停止了进攻，已经占领了大马士革正准备进攻埃及的弟弟旭烈兀和正在湖北鄂州、湖南潭州进攻南宋的弟弟忽必烈及塔察尔都急急忙忙收兵回师。正在攻打莫斯科的蒙古军队也停止了前进。一时间，欧亚非的局势发生了急剧变化。如果不是南宋合川钓鱼山军民英勇抗击并打死蒙哥大汗，蒙古军完全有可能一鼓作气打下莫斯科，攻克埃及，占领欧亚非。那样，蒙古军的战史就要重写，世界历史也要重写。

所以，人们在评论南宋合川钓鱼山城守卫战时，称它是"一场影响整个世界局势的战役"。

忽必烈与阿里不哥争位

忽必烈是成吉思汗的孙子，蒙哥汗的弟弟。蒙哥即位后，忽必烈掌管中原汉地的军事和行政事务，并主持攻打南宋。

公元1258年，大蒙古国兵分三路攻打南宋。正当忽必烈攻打鄂州的紧要关头，忽然传来蒙哥去世的消息。忽必烈匆匆跟南宋签订了和议，马上率军北返。

他的小弟弟阿里不哥也想当大汗，他知道忽必烈素来有当大汗的野心，实力也能跟自己抗衡，所以加意防范忽必烈。蒙哥一死，阿里不哥马上任命支持他的人担任各级官员，并派人阻止忽必烈北上。

忽必烈的妻子得到了消息，马上报告了忽必烈。正在北返途中的忽必烈立刻召集跟随他的诸王、大将和谋士们，商量该怎么办。1260年3月，忽必烈到达自己的根据地开平，这时，阿里不哥派人通知忽必烈去和林参加会葬蒙哥的仪式，忽必烈没有理睬，抢先在开平召开了选举大汗的忽里台大会，登上了大汗的宝座。

消息传到和林，阿里不哥大吃一惊，没想到忽必烈竟不守蒙古国只能在和林召开忽里勒台的制度，先登了汗位。无奈之下，他也召开忽里台大会，宣布自己为大汗。

两人只好决一死战，当时，忽必烈实力强大，阿里不哥使了一个缓兵计，派人向忽必烈认罪，说他愿意投降，等他把马儿养肥了，再同其他王一起拜见。

公元1261年秋天，阿里不哥又纠集了一批部队，发兵南下。忽必烈知道后，马上又带兵北上，结果阿里不哥又被打败，逃回和林。后来，阿里不哥又打了多次败仗，加上蒙古高原发生了饥荒，原先支持阿里不哥的各王，纷纷跑到忽必烈那儿去了。公元1264年，走投无路的阿里不哥不得不向忽必烈投降。至此，忽必烈巩固了他的汗位。

从历史长远来看，忽必烈和阿里不哥的争位战争对蒙元历史的意义，远远超出了由谁来继承大汗宝座这个问题本身。忽必烈依靠汉地资源战胜阿里不哥，为蒙古把统治重心南移，加快采纳汉法，建立对中原的秩序化统治，提供了一次恰逢其时的契机。

惨烈的襄樊之战

忽必烈巩固了自己的汗位，便开始灭亡南宋、统一全中国的计划。

南宋在泸州的守将刘整投降了元朝。刘整对南宋战略部署十分熟悉。他向忽必烈献出了一条灭亡南宋的妙计：襄阳是南宋江汉流域的门户，先攻下襄阳，然后顺着汉水进入长江，往下直捣南宋京城临安。

1268年秋，元军开始实施战略包围襄樊的军事行动，宋军守将是吕文焕；

樊城在汉水北边，由宋将范天顺把守。襄樊城里粮食充足，兵多将广，城墙也十分坚固，易守难攻，而且两城之间有浮桥连着。

忽必烈派阿术为主帅，刘整为副帅，进攻襄樊，没有打下来。第二年，忽必然又派史天泽和驸马忽剌也来攻打襄樊。但还是没有打下来。一到雨季，汉水涨水，襄樊周围到处都是水，蒙古军不得不停止进攻，这样打打停停，一直打了5年。

这时，有一个名叫阿里海牙的将领建议先攻北面的樊城，打下来之后再进攻襄阳。阿术集中大军猛攻樊城。这时，元军又运来了威力很大的大炮，他们用大炮轰塌了城墙，然后争先恐后地往前冲，可是宋军的箭和飞石，像雨点一般地飞了下来，元军被压得抬不起头，根本就冲不进去。

原来襄阳的守军通过浮桥，不断地过来支援。虽然元军只是攻打樊城，可还是跟同攻两个城一样。阿术看出来，要想打胜仗，就得截断浮桥，隔断两城之间的联系。于是，阿术命令士兵向浮桥进攻，烧断了浮桥。元军又在樊城四周发动猛攻，终于攻破内城。樊城宋军巷战失败。城南还没有战死的军民，被元军全部屠戮。

元军攻克樊城后，立刻调移大炮到襄阳城下。襄阳守将吕文焕急忙向朝廷告急，可是朝廷没派部队增援。这时，城内的粮食还可以支持，而衣服、柴火都已经断绝了。军民被迫拆毁房屋作柴烧。公元1273年2月，无奈的吕文焕打开城门，投降了元军。

襄阳、樊城被元军夺取以后，南宋的大门被打开了。公元1274年，忽必烈命令左丞相伯颜为统帅，率领大军，水陆并进，一直扑向南宋京城临安。

文天祥一身正气

宋理宗宝祐六年，蒙古军队分三路大举进攻南宋。宋度宗咸淳九年，蒙古攻陷了襄阳、樊城。第二年9月，忽必烈派出大军，兵分两路，一路上势如破竹，战无不胜，攻无不克。宋度宗一命呜呼，他4岁的儿子赵显即位，这就是宋恭帝。皇帝太小，便由太皇太后摄政。朝廷向全国发出诏书，要求各地起兵勤王。在这万分危急的时候，第一个起来响应勤王、保卫国家的便是文天祥。他接到诏书后，立即招兵买马。文天祥率领召集的3万多爱国军队风雨兼程地赶到了临安。

不久，元军攻打常州和平江。元军统帅伯颜派来了使臣，要求宋朝丞相两天之内到他的军营中去，当面谈判，否则就打进临安。丞相陈宜中听到这个消息，连夜逃跑了。

陈宜中逃走后，没有人主持朝政，情况更加危急了。文天祥又挺身而出，表示愿意出使元营。于是朝廷便任命他为右丞相，去和伯颜谈判。

伯颜本以为宋朝使者一定会乖乖地向他哀求，没想到文天祥竟然不卑不亢、义正严辞地和他展开了论战。伯颜不由也佩服文天祥是一个顶天立地的好汉。但他还是扣留了文天祥，并把他押送回大都，交给忽必烈处置。

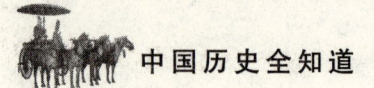

文天祥在被押送北上的途中，寻找机会逃了出来。回到南方的文天祥又一次举起了抗元大旗。他率领义军辗转东西，保护着南宋小朝廷的安危，尽管也取得了一些胜利，却终因敌众我寡而失败了。在一次激烈的战斗中，文天祥不幸被俘，元将多次派人来劝降，文天祥理也不理。

文天祥被押解到大都后，忽必烈派了许多人来劝降，文天祥都不为所动。忽必烈见软的不行，就来硬的，对他百般折磨。文天祥还是不肯屈服。劝降失败后，忽必烈下令杀害文天样。

至元十九年十二月十九日，英勇不屈的文天祥被杀害在柴市口刑场。临刑前，他神色自若，并向南方拜别。死时年仅47岁。

张世杰死守厓山

公元1276年，元军攻破南宋都城临安，俘虏了谢太后、恭帝和百官，押送到北方。南宋王朝名存实亡了。

临安破城之前，恭帝的两个哥哥九岁的赵昰和六岁的赵昺，由人护送逃出临安,。又由大臣陆秀夫、张世杰等人，护送到了福州，他们拥立赵昰做了皇帝，即端宗，建立起流亡小朝廷。赵昰即位做了皇帝之后，任命陆秀夫为左丞相，张世杰为枢密副使。不久，元军从江西南下到了广东。张世杰和陆秀夫认为冈洲是个小岛，不可久住，就护卫着小皇帝到了新会的厓山。陆秀夫负责派人到海南岛征集粮草，组织民工修筑防御工事，还利用闲暇时间教小皇帝读书，张世杰负责招兵买马，训练军队。他们准备在那里建立根据地，以便等待时机，恢复宋朝。

可是天下大局已定，南宋王朝已经无法恢复了。因为厓山是一个小岛，海中的一切供应都得依靠大陆或者依靠海南岛，选择此地做根据地并不理想。所以，陆秀夫、张世杰叫人准备了许多船只，以便最后撤退的时候使用。

元将张弘范率领军队到达厓山附近，派兵封锁海口，切断了宋军砍柴、汲水的道路。宋军士兵吃水发生了困难，每天吃干粮，口渴难忍，实在没别的办法，只好舀些海水解渴。海水又咸又苦，喝了之后上吐下泻，许多人病倒了。张世杰串领部分士兵去攻打新会等地，想要夺回海口，但是跟元军大战几天都没能取胜。

公元1279年2月，张弘范趁宋军疲惫不堪的时机，猛攻厓山。张世杰战败以后，便和陆秀夫等赶快保护着幼帝和宋端宗的母亲杨太妃等，乘船撤退。陆秀夫和赵昺乘坐一条船，张世杰和杨太妃坐另一条船。当元军派船来追赶的时候，宋军的船队被冲散了。陆秀夫不愿意被元军活捉，含着眼泪，背起皇帝，跳进了茫茫的大海。

张世杰远远望见这种情景，不禁嚎啕大哭，他们的船也在海上突然遇上了飓风，被打沉了，他和杨太妃全都淹死在汹涌澎湃的大海之中。南宋王朝最后灭亡了。

元——大漠风云
（1271 年—1368 年）

正当中原地区出现宋金对峙，纷争不已的时候，我国北方的蒙古族开始崛起于漠北高原。1206 年，成吉思汗统一了蒙古各部，建立了蒙古帝国。

成吉思汗建立蒙古政权后，开始了西征和统一全国的活动，成吉思汗和他的继承者，先后攻灭了西辽、高昌、西夏、金、大理、吐蕃等少数民族的政权。随后，忽必烈挥戈南下，灭南宋，进而统一全国。

忽必烈是采用"汉法"坚定的蒙古统治者。1271 年，他按照汉族的传统封建制度和措施，建立了元朝。

元朝是继秦汉、隋唐之后，中国历史上又一次大统一的时代。这种大统一有利于社会经济的恢复和发展、文化科学技术的提高，各民族之间的互相融合和联系，中外交通和中外关系也更加密切。

蒙古贵族在用武力征服全国过程中，社会经济一度遭到了严重的破坏。但是元朝建立后，社会逐渐安定下来。元代的农业，手工业逐渐发展起来。在农业方面，生产工具有很大的改进，还创造了不少新农具，全国各地还兴修了不少水利工程。这样，北方的农业生产比金朝时期有所提高，南方则在原有基础上有更大发展，南粮大量北运。新的经济作物棉花在全国普遍种植。少数民族地区的屯田很普遍，农牧业都有不同程度的发展。元代的手工业具有自己的特点，官营手工业规模很庞大，特别是丝织业、棉织业、陶瓷业、军用工业，比前代有所进步。棉织业是一门新兴的手工业，黄道婆从海南黎族那里学来了先进技术并加以改进后，我国古代的棉织业进入了一个新的发展阶段。

然而，元朝的阶级压迫和民族压迫是十分严重的。同历代封建王朝一样，皇室、贵族、官僚、地主占有大量土地和财富，过着奢侈腐化的生活；广大劳动人民则无地或少地，生活极其贫困。蒙古统治者为了维护他们的特权，推行民族分化和民族歧视政策，对劳动人民进一步限制和压迫。

在元朝不到一个世纪的时间里，农民起义此起彼伏，一直没有间断过。1351年，终于汇成了规模巨大的元末农民大起义的狂潮。杰出的农民领袖刘福通、彭莹玉领导南北红巾军，以"杀尽不平"的英雄气概，给元朝封建统治者以沉重的打击。最后，农民军中的朱元璋逐渐由弱而强，并消灭各支反元势力，于 1368 年定国号为明，成为取代蒙元统治中国的新王朝。

蒙古铁骑闯欧亚

成吉思汗死后，窝阔台即位。1235 年，窝阔台决定派自己四兄弟的长子长孙率领军队进行"长子西征",术赤的长子拔都是这次西征的统帅。

拔都率领强悍的蒙古军队直扫整个东欧。1239年冬天,拔都发动了对斡罗思国都乞瓦城(今乌克兰共和国首都基辅)的进攻,洗劫和屠杀了乞瓦城。接着拔都又率军队攻入了马札儿国(今匈牙利),最后被拔都攻占了首都佩斯城(今匈牙利布达佩斯)。

蒙古大军如同洪水猛兽一般向西方推进,势不可挡,西欧各国对此十分震惊。但由于人民的顽强抵抗,战线拉得太长的蒙古军队已经无力西进了。1242年4月,蒙古大汗窝阔台去世,消息传来,拔都率军东撤。他无意争夺汗位,只想重建属于自己一方的国土。1243年,拔都把营帐设到了亦的勒河(今伏尔加河)下游,不久便在那里修筑了萨莱城,并以此为中心来统治他所占领的地域。拔都统治的地区叫做钦察汗国,也称为金帐汗国。

蒙古人攻城图　伊朗

1252年,夺取了汗位的蒙哥派弟弟旭烈兀率兵西征。这次西征的首要目标是地处里海之南的木剌夷国。强大的蒙古军队很快就攻陷了木剌夷,并残酷地屠杀当地民众。

接着,好战的蒙古军队又进攻黑衣大食的首都报达(今伊拉克巴格达)。旭烈兀很快用火炮攻陷了报达。蒙古军队进城后烧杀抢夺,彻底破坏了报达这座历史名城。之后,他又率领军队又入侵了美索不达米亚、叙利亚、阿勒颇和大马士革。最后由于埃及军民的奋力抵抗,蒙古军队才停止了向埃及和非洲的扩张。

正当旭烈兀进兵西亚的时候,传来了蒙哥死去的消息。紧接着忽必烈与阿里不哥争夺汗位。后来,忽必烈夺取了汗位,将波斯封给旭烈兀。旭烈兀便在自己的领土上建立了伊利汗国。伊利汗国的领域非常广阔。

除了钦察汗国、伊利汗国以外,窝阔台的后裔建立窝阔台汗国,察合台的后裔建立了察合台汗国。这就是元朝历史上著名的四大汗国。四大汗国的建立扩展了元的疆域,使元代成为当时世界上也是我国历史上国土面积最为广阔的国家和朝代。

大元帝师八思巴

八思巴出身于一个显贵的宗教世家,这一家族世代承袭萨斯迦派的教主职位。公元 1251 年,蒙哥正式即位为大汗。他将中原汉地以及西藏地区的一切军政财赋大权,都交给二弟忽必烈经营。就在这一年,年仅 16 岁的八思巴继位成了萨斯迦教主。

公元 1252 年秋,忽必烈奉皇兄蒙哥之命率兵南下,进征大理,不久来到六盘山驻扎。在这里,八思巴第一次见到了忽必烈。

八思巴受到了极其隆重的接待,但同时,忽必烈也召来了藏传佛教的另一支——噶玛噶举派的领袖噶玛拔希。忽必烈对噶玛拔希的迎接和对待,也是一样的尊崇、隆重。当时噶玛噶举派和萨斯迦派各有自己的影响和势力。忽必烈便让他们斗法,分个高下。那一年八思巴才 18 岁,由于经验不足,一开始八思巴处于不利地位。

但有一次,忽必烈召集群臣开会。八思巴抓住这个万人瞩目的机会,用利剑砍下自己的头、手、足,使肢体分离,然后他默念咒语,使分离的肢体化为五方五佛。这一神变,大家有目共睹,显然比噶玛拔希的法力更高、神通更广大。这样,年轻的八思巴赢得了斗法的胜利。

八思巴从一开始就表现得谦虚、谨慎、忠诚、老实,深得忽必烈的喜爱。公元 1260 年,八思巴被新即位的忽必烈封为国师。这一任命,意义深远,一方面正式确立了八思巴宗教领袖的地位,另一方面说明西藏已经完全被元朝所统治,成为了中央王朝的一部分。

后来,八思巴按照忽必烈的要求,根据藏文字母创制了一种方形直书的字母体系。用这套字母,既可拼写蒙语、藏语,也可以拼写汉语。为了表彰八思巴创造新字,忽必烈将整个藏族地区赐给八思巴,还把他的身份从国师升号为"帝师",至此,八思巴达到了他一生中权力的顶峰。

公元 1280 年,八思巴突然去世,时年 46 岁。葬仪上,元世祖分外悲痛,将他的骨灰盒高举过头,并下令全国为八思巴建帝师殿,设帝师像,充分显示了元朝对这位在政治、宗教、文化等方面做出不朽贡献的藏族杰出领袖人物的高度尊崇。

马可·波罗与忽必烈

马可·波罗出生在意大利威尼斯的一个商人家庭里。公元 1260 年,他的父亲尼古拉·波罗和叔父到金帐汗国做生意,路上遇到了伊利汗国派往元朝的使臣。使臣邀请他们到中国去。尼古拉兄弟就跟着使者一起到了上都。那时候忽必烈即大汗位不久,热情地接见了他们。后来两人告别忽必烈,离开中国。

他们在路上走了三年多,才回到威尼斯。尼古拉兄弟决定再到中国去。这次他们把年轻的马可·波罗一起带走了。三人经过了三年半的时间,终于在至元十二年（公元1275年）到达元朝的上都。元世祖高兴极了，封他们三人为荣誉侍从。

聪明的马可·波罗很快就学会了蒙古语和其他东方语言，他办事能干、细心、认真，忽必烈对他非常信任。他常常被忽必烈召进皇宫，讲述欧洲各国的历史和风俗、现状，忽必烈总是听得津津有味。

马可·波罗除了在大都担任职务以外，还经常奉忽必烈的命令去巡视各省或出使外国。他曾经去过今天的山西、陕西、四川等省，深入四川、西藏少数民族地区，到过云南和缅甸北部。后来奉命出使南洋，到过安南、爪哇、苏门答腊等地，还到过印度各地和僧伽剌。

马可·波罗和他的父亲、叔父在中国整整生活了17年。公元1295年年底，他们三人回到了家乡威尼斯。

当时威尼斯和热那亚发生战争，马可·波罗参加了威尼斯舰队，同热那亚作战，兵败被俘，他被关押了一年，同狱中有一位作家叫鲁思蒂谦，马可·波罗把自己在亚洲的丰富见闻讲给鲁思蒂谦听，鲁思蒂谦把它记录了下来，这就是闻名世界的《马可·波罗游记》。

《马可·波罗游记》被称为"世界一大奇书"。马可·波罗把中国的著名城市，像大都、扬州、苏州、杭州等，都作详细的介绍，称颂中国的富庶和文明。这本书一出版，激起了欧洲人对中国文明的向往。热那亚人因为马可·波罗出了名，把他释放回国了。

书画双绝赵孟頫

赵孟頫是宋太祖第八个儿子秦王赵德芳的后代，生活十分优裕，在父亲的宠爱和艺术熏陶中度过了自己的童年。五岁时，赵孟頫开始练习书法。他十分勤奋，天天以极大的热情临摹"兰亭序"，书法艺术越来越好。

在赵孟頫11岁的时候，父亲去世了。他是庶出，失去了父亲的庇护，从此在家中的地位一落千丈。但他从未间断对艺术、文学的探索和追求。

赵孟頫不仅书法独到，他的绘画更是一绝。他是画马的绝顶高手，不仅把马的外形画得逼真，而且把马的神态也表现得活灵活现。赵孟頫为什么把马画得这么好呢？这里有一个真实有趣的故事。

赵孟頫画马也是从临摹古人画的马开始的。像唐代的韩幹、韦偃，宋代的李公麟画的马，赵孟頫都临摹过。对于马的结构，赵孟頫很熟悉，可画出来的马很傻，没有半点神采。一天，赵孟頫决定亲自去马棚看看活马，可是，马棚里的马都被拴着，只能绕着拴绳子的木桩活动。赵孟頫很失望，他要画的不是这种丧失自由、在马棚中休息的马，而是那种奔跑跳跃在旷野中神气活现的马。

在一个秋高气爽的日子，赵孟頫瞒着马倌，把马棚里的马都牵了出来，一直赶到郊外的湖边。马儿得了自由，都非常兴奋，有的在一起戏耍，有的撒开四蹄奔跑，有的蹚进湖水畅饮，更有一匹枣红马一边嘶叫一边在岸边打着滚，油光闪亮的马背粘着草籽树叶，长长的马鬃随风飘摆，威风凛凛。原来马打滚的时候竟然这么奇妙。他决定要把这精彩的一瞬间画出来。

第二天一早，赵孟頫紧闭书斋，铺上绢纸，开始画他昨天观察到的马的形态了。正是这样的痴迷和投入，加上仔细的观察，他终于画出了著名的《秋郊饮马图》。

赵孟頫的艺术造诣使他成为元代画坛上的中心人物，他的绘画实践对当时和后世的绘画都有巨大的影响。

关汉卿与《窦娥冤》

元代的大都，到处一派繁华的景象。这一天，街口处，显得格外热闹。有的人伸颈踮脚地朝前望着，这时，大剧作家关汉卿路过此地，正狐疑不知要发生什么事。忽然，前方传来了呜呜的长号筒声，紧接着，仪仗队簇拥着骑马的蒙古监斩官快速地从人们面前驰过。差役们过去后，手拿法刀、凶神恶煞般的刽子手和骡车上垂头散发、背插斩标的女犯，从关汉卿和众人面前走过。

关汉卿打量着女犯，只见她虽然仪容不整，但看上去美丽坚毅。经过一番询问，关汉卿才知道了整个事情的来龙去脉。原来，女犯名叫朱小兰，原是襄阳的农户。后来，家中的几亩地被官府圈走后，父亲逃走了。小兰母女便来大都投奔舅舅。不巧，舅舅不在，母女俩只好寄住在同乡陈二奶奶家里。小兰妈妈染了重病，临死前，将小兰许配给了陈二奶奶的儿子文秀。小兰和文秀结婚后，感情很好，可是陈二奶奶有一位亲戚叫李驴儿，他是个无赖，看上了小兰，狠心害死了文秀。李驴儿又起意要毒死陈二奶奶，占有小兰。他往小兰给婆婆做的汤里下了砒霜。谁知李驴儿他爹馋嘴，把汤给偷喝了。李驴儿见毒死了自己的老子，就反咬小兰投毒杀人，并威胁她说，只要她肯嫁给自己，这件事就一字不提，否则就抓她见官。小兰问心无愧，就和李驴儿一起见了官。那官老爷收了李驴儿的贿赂，便严刑拷打小兰，逼她招认。后又诬称是陈二奶奶投的毒。为了使年迈的婆婆免遭毒打，小兰只好含冤将这件事揽到了自己的头上。于是，她被判处死刑。

听了这事的前前后后，关汉卿破口大骂那些赃官。他有心去救助小兰，可又势单力薄。这时，观看行刑的人已经渐渐散去，关汉卿知道，小兰是救不成了。可是他决定把朱小兰这件案子写成一个杂剧，把这些贪官污吏的嘴脸摆在光天化日下示众，替那些负屈含冤的好心女子鸣鸣冤，吐吐气。关汉卿一连数日不停笔，终于创作完成了这部惊天地、泣鬼神，名为《窦娥冤》的杂剧剧本。

石人一出天下反

公元1351年春，元朝政府召集十五万民工修治黄河，而且限定民工们4月动工，7月就要完工。限期紧迫，工作繁重，但民工们连饭也吃不饱，干得稍慢一点，还要遭到毒打，一时间群情激愤，怨声载道。

当时，深得民众信仰的白莲教首领韩山童、刘福通看到这种情况，决定发动群众造反。

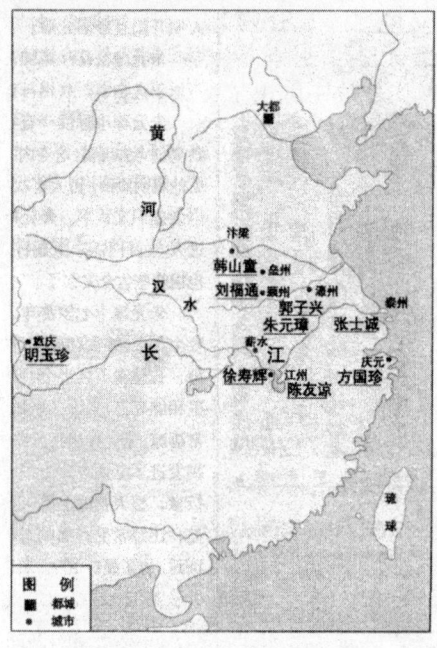

元末农民起义示意图

他们偷偷地凿了一个一只眼的石头人，在石头人的背上刻了"莫道石人一只眼，此物一出天下反"这十四个字，然后把它预先埋在黄陵岗的地下；一面又派几百个白莲教的会徒去做挑河民工，在工地上传播这首歌谣。开河开到了黄陵冈，有几个民工忽然挖出一座石人来。大家好奇地聚拢来一瞧，只见石人脸上正是一只眼，不禁呆住了。大家心里都想，民谣说的真的应验了，既然石人出来，天下造反的日子自然来到了。

韩山童、刘福通又借机煽动，百姓纷纷被鼓动起来，他们约定日子，在颍州颍上起义，用红巾裹头作为起义军的标记。

刘福通辗转回到家乡颍州，把约定起义的农民召集起来，攻占了颍州等一些据点。开河的民工纷纷投奔刘福通的队伍。因为起义兵士头上裹着红巾，当时的百姓把他们称做红军，历史上把它称做红巾军。不到10天，红巾军已经发展到十多万人。各地纷纷响应，像蕲水的徐寿辉，濠州的郭子兴，都打起红巾军的旗号起义。也有不打红巾军旗号的，像江苏北部的张士诚。

元军溃散以后，刘福通的北方起义军趁机出击，大破元军。第二年二月，刘福通把韩山童的儿子韩林儿接到亳州正式称帝，国号叫宋。韩林儿被称为小明王。

韩林儿、刘福通在亳州建立政权以后，分兵三路，出师北伐，一口气打到元大都城下。元王朝大为恐慌，纠集力量加紧镇压，红巾军失利。

后来元王朝用高官厚禄招降了张士诚。刘福通保护小明王逃到安丰后，受到张士诚的袭击，公元1363年，刘福通在战斗中牺牲。北方起义军经过12年的战斗，终于失败。

明——历史变局
（1368年—1644年）

1368年，明太祖朱元璋建立明朝，开始采取一系列措施，以巩固它的统治。在政治上进一步加强中央集权的专制主义，所有军政大权统归皇帝掌握，使秦汉以来的中央集权制度有了进一步的发展。

朱元璋死后，他的孙子朱允炆即位。燕王朱棣发动了"靖难之变"，夺取了政权。朱棣与蒙古和西域诸部多次作战，继续巩固了北部和西北部的边防。他又派遣太监郑和七下西洋，和亚、非30多个国家建立了友好往来的关系，在早期世界航运史上写下了光辉的一页。

明朝中叶以后，皇帝昏庸，吏治腐败，朝臣朋党倾轧，宦官乘机揽权，他们作恶多端，任意逮捕臣民，滥杀无辜，搜刮大量的金银珍宝。一些官员也奔走在宦官门下，卑躬屈膝，仰承鼻息，造成了明朝吏治的极端腐败。在经济上，由于地主阶级的不断集中土地，封建剥削日益加重，贵族、勋戚、官僚和太监掠夺了大量的土地，皇室也占有"皇庄"。他们肆意搜刮，甚至任意生杀佃户。农民无法生活，大量离开土地。这时，农民起义相继爆发。

面临着吏治腐败，经济萎缩，阶级矛盾日益尖锐的情况，大学士张居正进行改革。他在澄清吏治，增辟财源，整顿军事，提倡务实精神等方面，都做出了一定的贡献。

隆庆、万历年间，商品经济发展，资本主义生产关系的萌芽在江南地区的若干手工业部门中已在酝酿。江苏、浙江、安徽和江西的一部分地区，农产品丰富，手工业发达，苏、杭和江宁的丝绸，景德镇的瓷器，松江的棉布，驰名中外。

1582年张居正去世后，神宗朱翊钧怠于政事，使得晚明的官僚机构近于瘫痪。与此同时，神宗贪财好货，派出大量矿监、税使，到处横行，敲诈勒索，残杀人命，引起了许多城市居民的反抗。

当时一些比较正直的官员，对吏治腐败和宦官专权深感忧虑，他们反对横征暴敛，反对宦官任意残害人民，反对贪官污吏，主张改革弊政，减轻人民负担，缓和阶级矛盾，这就引起了皇室宦官集团的仇恨，将他们诬为"东林党"，残酷镇压。

在明朝内部各种斗争错综交叉地进行的时候，东北地区的满族发展到奴隶社会，开始了对外的掳掠，对明王朝构成严重威胁。

在封建剥削日益加重，农民无法继续生活下去的时候，西北农民起义在连年灾荒的情况下爆发了。李自成领导的起义军经过长期艰苦的斗争，终于打下了北京，崇祯帝朱由检自缢身亡，明王朝灭亡。

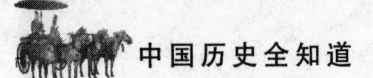

就在明朝灭亡前后,明宁远总兵吴三桂投靠清朝,引导清兵入关。李自成迎战失利,撤出北京,转战西北。清朝为夺取全国统治政权,先后对农民起义军、南明小朝廷和台湾郑氏势力进行军事镇压,最终统一了中国,完成了明清鼎革的过程。

乞丐皇帝朱元璋

公元1328年10月21日,朱元璋出生在濠州钟离一座破旧的二郎庙里,那时候,正是元朝末年,天灾人祸,使得朱元璋成了孤儿,走投无路的他出家做了和尚。

从此,每天从早到晚,他就忙个不停,什么重活、脏活都干,可还是经常遭到寺里长老和师父们的打骂。过了不久,寺庙的租子收不上来,没有吃的了,朱元璋只好云游四方要饭。

三年后,朱元璋又回到了濠州。这时候,反抗元朝的农民大起义爆发了。为了求一条活路,朱元璋只好参加了红巾军。

参加红巾军后,朱元璋表现得非常勇敢,还出了不少好主意,显示了卓越的军事才能。红巾军的首领郭子兴看他那么有出息,就把一个姓马的干女儿嫁给他,还让他去当和州总管。

后来,郭子兴病死,大家就推举朱元璋成了这支起义军的元帅。

朱元璋当上军事统帅后,深深意识到自己的实力要发展,就需要各地的人才加盟自己的队伍。所以,他行军作战,每到一处,就派人四处打听当地有没有能人。如果有,就邀请他参加红巾军。时间一长,在他周围就聚集了好些有本事的人,其中最有名的有李善长、刘伯温、宋濂、朱升、冯国用等几十个。这些智囊们给朱元璋出了不少好主意。

有一次,朱元璋问冯国用:"你看究竟怎样才能打败元军呢?"冯国用想了想,回答说:"我们虽说打了不少胜仗,可老是今天攻占这里,明天攻占那里,没个固定的地盘,没个明确的目标。这是不行的。""依你看……""依我看,金陵这个地方形势险要,城池坚固,古代好多帝王都在这里建都。如果我们先把它占了,当作立足点,然后再派兵四处征战,那局面就大不一样了。"

朱元璋听完,心里痛快极了,开始有了更大的志愿:先占南京,再统一天下……

朱元璋打仗越来越讲究策略和方法,势力越来越大。公元1368年,朱元璋终于在南京当上了皇帝,建立了明朝。

明太祖严惩贪吏

从建国之时开始,明太祖朱元璋就颁布森严的吏法,毫不手软地惩治贪官污吏,所采用的手段几乎达到残酷的程度。

中国的封建社会,朝廷的赋税历来都是由衙门里的"钱粮师爷"负责征收的。朱元璋夺了这批人的权,另外委派人征收赋税。他叫户部查勘百姓的土地,每一万亩田为一个单位,选出其中土地最多的一户人家当粮长,负责把赋税送交国库。没过多久,朱元璋发现那些粮长和贪官污吏并没有多大区别。他立即把那些不规矩的粮长抓来杀了,最多的一次,一口气就杀了一百六十多个人。

从此以后,朱元璋对任何人都不相信了。他开始设立锦衣卫,替他打探官员的一切行为。为了使臣下们对朝廷产生畏惧,朱元璋常常利用锦衣卫探得的情况,当面盘问有关的大臣,让他们明白,自己日夜在皇上的监视之下。有一次,大臣宋濂在家设宴待客,第二天上朝时,朱元璋便问他请了哪些人,饮了哪种酒。幸亏宋濂老老实实一一回禀了,跟朱元璋知道的一样,才引得皇上一脸笑容,夸奖他一向老实,从不讲假话。

洪武十八年(公元1385年),发生了一桩震惊全国的"郭桓案"。

郭桓是刚被提拔的户部尚书。可是,在不到一年的时间里,他利用职权,他贪污了和全国一年能征收的赋税总数相等的钱财和粮食。朱元璋大为震惊,他杀念大开,接连下令诛杀郭桓案的有关人员,总共杀了几万人。

经过这么多次对贪官污吏的惩处,朱元璋确实整顿了一下朝政,官场的风气确实比以前好转了一点。这以后,朱元璋亲自主持修订了明朝的法律,把自己惩办贪官污吏的办法写进了法律条文。法律条文再多,到执行的时候总会遇到困难。朱元璋之后,那些条文很快便形同虚设,社会风气也再度沉沦。

朱元璋惩处贪官污吏的手段十分严酷,这也产生了副作用。他造就了一批专门用特务手段维持统治的特殊官僚阶层,这些人以后用更加残酷的手段对付自己的政敌,使得整个明朝充满着尖锐的内部斗争。

明太祖大兴冤狱

明太祖总是不放心那些开国的功臣。他设立特务机构"锦衣卫",监视、侦察大臣的活动。

明太祖还制造了两起特大冤狱,一是丞相胡惟庸案,一是大将军永昌侯蓝玉案。

第一个案子发生在洪武十三年(公元1380年)正月,丞相胡惟庸被告发谋反,明太祖立刻把胡惟庸满门抄斩,还追究他的同党。这一追究,竟株连文武官员一万五千多人。明太祖一发狠心,把那些有胡党嫌疑的人全杀了。太师韩国公李善长,从明太祖起事就跟着他,数十年患难与共。明太祖也把他杀了。这时候李善长已77岁,和全家大小70余口同做了刀头之鬼!

洪武二十六年(公元1393年)二月,锦衣卫报告:蓝玉将要叛乱。明太祖下令把这位国公逮捕起来。锦衣卫对蓝玉施以惨毒的严刑审讯,并且逼他供出同伙。这一来,就牵连了景川侯曹震、鹤庆侯张翼以及吏部尚书詹徽、户部侍郎傅友文等,说是他们商量要在皇帝举行"藉田"的仪式上发动政变。于是蓝玉被磔死,夷灭了三族。凡和案件有牵连的人以及和蓝玉有来往的人,都被抄家问斩。这次又杀了一公二伯一十三侯,还有数十名能征惯战的将领和很多高级文官。被

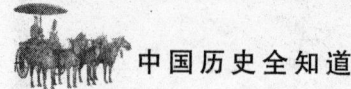

杀的据说有一万五千多人。

胡、蓝两次大狱，把跟随明太祖出生入死、为他争夺江山的元功宿将和文武大臣都杀得差不多了。那么，明太祖为什么要大加杀戮呢？当时太子已死，皇太孙是皇位的继承人，年幼文弱，明太祖怕自己死后幼帝制服不了权高望重的功臣，因此，就需要寻找口实，杀戮功臣，以消除隐患。

在两案之外，还剩下没有牵连进去的几个功臣，最后也没能幸免。为了实现专制独裁，确保子孙万代的家天下，朱元璋六亲不认，打死了亲侄儿，毒死了亲外甥，理由是他们"亲近儒生"、"礼贤下士"，而他们俩都曾经出生入死，立过汗马功劳。

朱棣装疯夺皇位

公元1398年5月，朱元璋病逝，皇太孙朱允炆继承了皇位，他就是建文帝。朱允炆虽然当上了皇帝，但他总是提心吊胆，因为叔叔们分守各地，根本不把他放在眼里，尤其是镇守北平的四叔叔朱棣，在各亲王中，拥兵最多，势力最大。

建文帝和他的老师黄子澄、兵部尚书齐泰商议，决定先除掉那些和朱棣关系密切的亲王，再一步步除掉朱棣。周王是朱棣的亲弟弟，应该首先把他的藩号削掉。

恰巧，这时有人控告周王谋反，建文帝就派大将李景隆带兵进军开封，擒了周王，建文帝把他贬为庶人，发配到云南。在审理周王谋反案的时候，另外一些亲王如湘王、代王等也都被牵扯进来，建文帝对他们或废或关，不到一年的时间，就先后削除了五个藩王的爵位。

朱棣看到这种情况，心里也害怕了。为了能够躲过这场灾祸，他决定实行装疯卖傻的计策。不久整个北平城里没有人不知道朱棣疯了。

但朱棣并没有因此而幸免。过了不久，建文帝下了一道圣旨，剥夺了朱棣的爵位，朱棣也急忙召集自己手下的将官，对他们说："朝廷上出现了黄子澄、齐泰两个小人，他们挑动皇帝杀戮亲王，真是罪该万死！今天我朱棣被迫起兵，希望各位将军随我前去除掉这两个奸贼！"众将齐声应是。朱棣久经沙场，智勇双全，他率领的军队势如破竹，很快就控制了北平一带的广大地区。

起初，建文帝派耿炳文讨伐朱棣，但耿炳文被朱棣打得几乎全军覆没。不久，建文帝召回了耿炳文，让李景隆来指挥三军，也被朱棣的军队打得大败。

公元1402年5月，朱棣出动奇兵迅速攻进了南京。南京城里一片混乱，宫内发生大火，建文帝从此失踪。

朱棣在群臣的拥戴下登上了皇帝宝座，就是历史上的明成祖永乐皇帝，后来他迁都北京，大刀阔斧地改革，是一个很有作为的君主。

郑和七下西洋

公元1405年6月的一天，苏州府刘家港人山人海，鞭炮齐鸣。原来，郑和奉明成祖之命，要出访西洋。

郑和船队的主要任务是联络亚非各国和发展海外贸易，那么，带那么多军队干什么呢？郑和船队在七次出使中确实曾经三次用兵，下面我们就讲讲这三次用兵的故事。

郑和船队从刘家港起航，路经福建、占城、爪哇，到旧港的时候，突然遭到海盗陈祖义等人的拦截袭击。陈祖义见郑和船多兵众，假意投降。郑和发觉了陈祖义的阴谋，等陈祖义率众来抢劫时，指挥将士把他打败，活捉了海盗头目陈祖义等三人，押解回京处死。郑和歼灭海盗陈祖义，为各国商人除了大害，受到各国的欢迎。

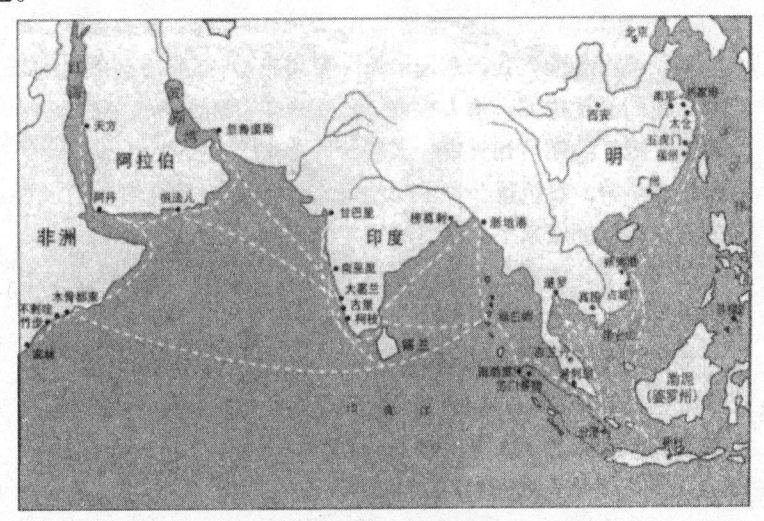

郑和下西洋路线图

在印度半岛东南，有个大岛叫锡兰山。郑和等二次出使西洋，归国途中路过这里时，代表明朝政府向锡兰的一座寺庙赠送很多礼物。就在同一年，当郑和第三次出使西洋路过这里时，国王见郑和船队财物很多，起了贪心劫掠船队。郑和赶忙率领船队离开了。当郑和回航又经过锡兰时，国王把郑和骗进城中，向郑和勒索财宝，同时派五万人劫掠郑和船队。郑和发觉之后，立即赶回船队，可道路已被截断。在这万分紧急的情况下，郑和不得已率两千人出其不意攻占王宫，活捉了锡兰国王，并把他带回南京。明成祖后来把他放了回去。

永乐十三年，郑和第四次出使西洋，回航时路过苏门答剌国。他送给国王大量礼物，可是就在当天夜晚，发生了有人抢劫船队的事儿。郑和指挥将士英勇奋战，保卫了船队。

郑和三次用兵，都是为了自卫，不得已而为之。带兵是为了保卫船队，消灭海盗，保障各国通商和友好往来，因此深受各国欢迎。

郑和船队七下"西洋"，先后访问了亚洲和非洲的三十多个国家，这是世界航海史上的伟大壮举。它加强了中国同这些国家的友好关系，促进了各国的经济文化交流。郑和是打开从中国到东非航道的第一人，他在世界航海史上立下了一座丰碑，是世界航海事业的伟大先导者。

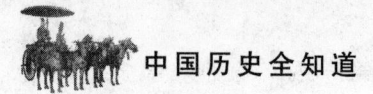

土木堡的惨败

明朝英宗年间,明朝北方的边界上崛起了一支强大的蒙古部族——瓦剌。

公元1449年,瓦剌的首领也先发兵攻打山西的大同,紧急军情很快传到了北京。受宠幸的宦官王振竭力劝明英宗御驾亲征。

七月十七日,明英宗和王振带着五十万临时拼凑起来的队伍出发了。大军从怀来往宣化进发。几天来,风雨不断,人马困乏,军粮不足。疲惫不堪的明军好不容易捱到了大同,这时候,前方却传来不幸的消息:也先采取诱敌深入的战略,两支明军全军覆没,大同城已经暴露在瓦剌军的攻击矛头之下。

听到这消息,明英宗惊恐万分,王振也变得六神无主,立刻下令迅速撤退。这次撤退,跟出兵一样,根本没有什么准备,一开始就变成了无秩序的溃败。

明军的大同总兵郭登建议改道从紫荆关回军,这本来是最安全的路线,可是王振偏不听,逼着大军从原路撤回,还想顺道回到自己家乡去夸耀一番。谁知刚撤到狼山附近,也先的骑兵就尾随着追上前来了。

王振和皇帝仓皇南逃。明英宗的銮驾跑得神速,傍晚时候就到了离怀来县二十里的土木堡。大臣们看到土木堡无险可守,劝明英宗进怀来县城,以便防守。可是,这时候王振还没有赶到。明英宗偏要等到王振来了,才肯动身。王振到了土木堡,却不想连夜赶路,居然决定在土木堡扎营过夜。

也先懂得兵贵神速的道理,他带兵连夜奔袭,迅速到来,把明军团团围困在土木堡。

内无粮草,外无救兵,明军被也先的部队围了三天,只得拼命往南突围。死伤无数,乱军中王振被痛恨他的明军将领杀死了。也先大获全胜,还俘虏了明英宗。也先以为,有了英宗在手,就可以大大地敲明王朝一记竹杠了。于是他带着英宗这个人质,带兵南下,包围了北京城。土木堡一战之后,明朝的势力便逐渐削弱,原来由明太祖、明成祖建立起来的边界上安定的局面迅速瓦解。

忠臣于谦的悲剧

英宗被俘的消息传到北京,宫廷里一片慌乱。皇太后命英宗的弟弟郕王监国。这年九月,郕王登上大位,做了皇帝,历史上叫景泰皇帝。

于谦这时为兵部尚书,受命保卫京师,景泰皇帝也给了于谦最大的信任,明令各营将士一律听从于谦的指挥。于谦重新调配了兵力,自己亲率石亨等人扎营在德胜门外,面对着敌人来的方向。同时,下令封闭了北京的所有城门,堵塞了退路,使将士增加了死战的决心。

这年十月上旬,也先带领大兵挟持英宗皇帝南下,一路势不可挡,进抵北京城下,并将他的重兵摆在西直门外。

也先的大本营设在北郊土城。为了迷惑敌人,于谦即令部队利用迁空的民舍设下埋伏,同时也派出少量游骑诱敌来攻。也先以为明军驻防城外的兵力有限,命令一万多人马发起进攻。当进入伏击圈后,明军一跃而起,杀得敌兵溃不成阵。

也先环攻北京屡战失利,知道明朝已有准备,料难实现自己的野心。他想不出好办法,只得挟持着英宗,从原路退了回去。

于谦探知也先十五日拔营撤退,连夜命令石亨率领各营用大炮袭击敌人营垒,杀死杀伤数万敌人。敌人经良乡仓皇西去,明军尾随追击,在清风店、固安等地又多次击败了敌兵。也先裹胁着明英宗匆匆地出了紫荆关。瓦剌军队对北京的威胁也就解除了。

也先见明朝又立了新皇帝,知道再留着英宗也没有用了。为了与明朝和好,景泰元年8月,也先派人把英宗送回了北京。英宗回到北京之后,名誉上是个太上皇,但他总想有朝一日再复辟自己的帝位。

景泰八年(公元1457年)正月,景帝得了一场大病,卧床不起。大臣徐有贞、石亨趁机发动了政变,又把英宗扶上了皇帝的宝座,没过多久,景帝就去世了。于谦虽然当年保卫北京有功,但英宗却因他帮助景帝继位而对他怀恨在心,再加上徐有贞、石亨忌恨于谦,在皇帝面前进谗言,英宗于是以"谋反"的罪名,将于谦处死。可叹于谦,成了宫廷斗争的牺牲品。

离经叛道的正德皇帝

有明以来,最任性,最喜欢表现自己,也最不顾皇帝尊严的"搞笑皇帝"恐怕要数正德。

正德登基时只有14岁,紫禁城的清规戒律显然是难以约束这位少年天子的,正德在皇城一处园林中自建的一幢别宫,在他的别宫中喇嘛、倡优、江湖术士、民间武林高手和宦官都可以与他平起平坐,嬉戏作乐乃至通宵达旦地开情畅饮而毫无拘束。

公元1517年,鞑靼小王子统领五万骑兵入境。正德终于等来了一个御驾亲征的好机会!但是,朝臣们坚决反对皇帝御驾亲征,正德就封自己为"威武大将军"率军出征。到了第二年秋,正德皇帝又命内阁大学士起草诏书,再次命令"威武大将军朱寿""出师西北巡视边靖"。还没到目的地,正德就忙着下旨封自己做"镇国公","岁克俸米五千石"。到了西北,正德再一次下旨封自己为太师,位居内阁大学士之首。消息传到京城,朝臣们哭笑不得。任朝臣们涕泗满面,满地打滚,正德权当在观赏娱乐节目。

明武宗朱厚照

1519年夏季将临的时候,正德皇帝又准备命令自己以"威武大将军"之名巡幸南方各省。江南的美景和气候给喜欢纵情游乐的正德添加了兴奋剂,要命的是在一叶扁舟去撒网捕鱼节目中,正德的小船翻了。落入水中的正德虽然很快被救了上来,但从此龙体染恙,他1520年底回到北京后,1521年初就殡天了。享年不满30岁。

用"好人""坏人","好皇帝""坏皇帝"这种极端绝对的划分来给正德定位显然是令人尴尬的事。年轻的正德皇帝不愿意被内阁大学士们用礼法的绳子牵着他走,而且更无心使自己的天子之尊神秘化,他平素很喜欢跟手下人甚至身份十分卑下的人搅和在一块儿,根本不讲尊卑。然而,在要求泯灭个性、天性、人性的封建专制帝国,正德这一现象的出现,纯属偶然,封建礼法制度绝不会让正德式的君主"长命不衰",即使他没英年早逝,维持帝国运行的礼法制度也绝不允许他在张扬个性的路上走得更远。

杨继盛冒死劾严嵩

明世宗嘉靖皇帝到了晚年,不问朝政,笃信道教。严嵩就是因为他善于起草祭神的文书,逐步取得了内阁首辅的地位的,他当上首辅后,和他儿子严世蕃一起,干尽坏事。

严嵩掌权的时候,北面鞑靼部强大起来,成为明朝很大的威胁。公元1550年,俺答带兵长驱直入,一直打到北京城郊。明世宗派严嵩的同党仇鸾为大将军,统率各路援军保卫京城。严嵩怕仇鸾打败仗,指使仇鸾不要抵抗。过了一年,仇鸾又勾结俺答,准备和鞑靼讲和。这件事引起了一些正直大臣的愤慨,特别是兵部员外郎杨继盛。

杨继盛向明世宗上奏章,反对议和,希望朝廷发奋图强,抵抗鞑靼。明世宗也有点心动,但是禁不起仇鸾一撺掇,反把杨继盛降职。

杨继盛被贬谪后,明朝和鞑靼讲和,互相通商。但是不久俺答就破坏和议,多次进攻边境。仇鸾的密谋暴露,吓得发病死了。这时候,明世宗才想到杨继盛的意见是对的,把他调回京城。杨继盛对严嵩深恶痛绝。他回到京城刚一个月,就上奏章给明世宗弹劾严嵩,大胆揭发严嵩十大罪状。严嵩气急败坏,在明世宗面前诬陷杨继盛。明世宗把杨继盛关进大牢。杨继盛在监狱里被关了三年,实在审不出什么罪状,严嵩下个狠心,撺掇明世宗把杨继盛杀害了。

严嵩掌权21年,权力越来越大。明世宗也渐渐讨厌他。有一次,明世宗请道士蓝道行扶乩,蓝道行借乩仙的意旨,劝世宗除掉严嵩。御史邹应龙觉得这是打击严嵩的好时机。经过周密考虑,决定先从弹劾严世蕃下手。邹应龙弹劾严世蕃的奏章一上去,明世宗果然下令把严世蕃办罪,充军到雷州,并且勒令严嵩退休。

严世蕃和他的同党偷偷溜回老家,收容了一批江洋大盗,还勾结汉奸汪直和倭寇,准备逃亡到日本去。这一件事又被另一个御史林润揭发。明世宗大为震惊,立刻下令把严世蕃和他的同党斩首示众,把严嵩革职为民。

海瑞备棺上书

海瑞是明嘉靖年间出名的清官。

嘉靖二十八年,海瑞中了举人,被派到南平当教谕。他执教严格,把学校办得井井有条。四年以后,海瑞被擢升为淳安知县。他一面千方百计减轻百姓负担,一面又设法督促老百姓发展生产,得到了人民的信赖和爱戴。

后来,海瑞被调到北京,担任户部主事。他看到皇帝整天求神斋醮,不上朝理政,又难过又气愤,决定给皇帝上奏折,希望世宗改过自新,好好治理国家。

海瑞以忧国忧民的激情把奏折写好,许多朋友都劝他不要呈递,免得招惹杀身之祸。海瑞却说:"有志之士,应该以身许国,大家因怕得罪都不规劝皇上,天下何日能治理好呢?"

海瑞又把多年跟随他的家人叫来,告诉他:"你去买口棺材替我准备停当,然后你就回老家去吧,见了我的老母,请你多多安慰她老人家。"说完就递交了疏稿,便到朝房等待治罪去了。

明世宗接到海瑞的疏奏,一看内容,竟是激烈指责自己的话,说:"如今的朝廷是'君道不正,臣职不明'。皇上二十多年不理朝政,弄得国贫民穷。所以人都说,嘉靖,就是家家都净,穷到啥也没有的地步了!皇上不关心太子成长,缺少父子之情,长住西苑敬神吃药,不回宫室,是无夫妻之情,这都是信道斋醮的错误。……皇上的错误实在太多了,请陛下翻然悔悟……"

明世宗越看越生气!他狠狠地把海瑞的奏折摔在地上,大喊:"快去把海瑞给我抓起来,别让这家伙跑掉!"

宦官黄锦在一旁说:"海瑞根本不想跑掉。听说他上疏前就买好了棺材,现在正在朝房待罪呢!"明世宗听了一愣,顿时无话可说了,半响,又把奏折捡起来,接着往下看,边看边叹气,好像触动了什么心事似的,随手把它压在了桌案上,自言自语地说:"这家伙想当比干,我可不是纣王!"

由于数十年没人敢对皇帝如此直言疏谏,因此海瑞备棺上疏的事儿,很快就传遍了朝廷内外,天下都知道有个不怕死的"海主事"。百姓称他为"海青天"。

不尊孔子的李贽

李贽是明代著名的思想家。

封建社会的统治思想始终是传统的孔孟儒学,宋代以后演化了程朱理学,又称为道学。然而随着道学思想的逐渐发展,人们已经意识到这种反动学说的危害。江苏泰州盐丁出身的王艮创立了一个新的学派,即"泰州学派",来反对道学家所称颂的道,揭露道学家的假面具和他们言行不一的丑行,因而遭受到当时统治者们的极力迫害,诬蔑他是"左道""妖人"。李贽在75岁的时候也被统治阶级以"妖人"的罪名逮捕。

明万历十八年(1590年),李贽写了《焚书》这本名著,很快便流行于世。

这本书讽刺、挖苦、揭露了一批像耿定向一样的封建道家的丑恶嘴脸。一批道学门徒向李贽发起攻击,说他是"妖人"、"妖言惑众"、"蓄意谋反",然而李贽并不害怕,随后又写了《藏书》,书中提出了自己反道学的独到见解,把孔子说成是满口仁义道德,满腹压迫人民的经纶,认为宋朝的程颐、朱熹等人只是些靠说假话骗人的人。这些人都是应该被从历史上除掉的人。他是历史上第一个大胆向孔子挑战的思想家。

与此同时,封建统治者对李贽的迫害更厉害了,他们对已经74岁高龄的李贽加上"有伤风化"的罪名,扬言要把他居住的芝佛院削为平地。李贽听到这个消息便在朋友的保护下逃到通州(今北京通县)。但是陷害也跟踪而来,说他攻击朝中大臣,谋图造反,皇帝便下令逮捕他。李贽来到通州时已经病了,入狱后病情更为严重,他决心以死与封建统治斗争,万历三十年(1602年)三月十五日,李贽喊人给他剃头,剃完头便趁别人不注意,拿起剃刀自刎而死,终年75岁。

权威只能代表一种力量,却并不一定就是正确的。孔子的学说是儒家的经典,但是经过几千年的封建统治者的层层包装与异化,它已经失去了本来面目,孔子本人也成了封建统治者所拥立的一个偶像。李贽这种不畏权威,不迷信偶像的行为,即使在今天,也需要极大的毅力和勇气。敢于挑战权威,相信自己,这样才能有所超越,取得成就。

务实的改革家张居正

张居正是明朝中后期一位杰出的政治家,他一心革除弊政,振兴经济,加强武备,使衰朽的明王朝又显出一点起色。

张居正小时候就很聪明,又刻苦努力。二十三岁那年,他中了进士,踏入了仕途。

二十年后,张居正当上了内阁首辅。当时,朝政十分混乱,他决心实行一番改革。明神宗也很支持。张居正决定逐步进行,他先提出三条办法,一是命令各衙门建立收发文件的簿子。凡需要本衙门经办的,办理一件,注销一件,做到件件有着落。不及时办理的,要严加惩办。二是确定各个衙门的职责,尽责的升迁,不尽责的降罚。三是对府以上的官员要考察,重新任命,不合格的要撤职。

办法实施以后,效率提高了,凡事有人管,整个国家一片新气象。

有一次,张居正和大臣们谈起国家大事,说:"现在全国各地的徭役太重了,我听说有些地方开始实行一条鞭的办法,我看这个办法好,应该在全国推广。"

什么是一条鞭法呢?原来,明朝时候,

张居正著《帝鉴图说》,教导幼帝作一位明君。

老百姓要替国家尽各种义务。有的时候是出去办事,像看管银库、看管粮仓,等等。还有的时候,上边需要钱了,老百姓就要一次次地掏腰包。轮到谁家,谁家就得又出人又出钱,弄得百姓们生活十分痛苦,都非常不满。

后来,好些地方官提出了一个新办法。他们主张按各家土地、人口的实际情况,分为几等。然后,把各家应缴的粮物折成钱,按等次有多有少,再计算出一个县应该上缴的银子总数,一次交收。这就叫一条鞭法。这个办法简便易行,也减轻了老百姓的负担,很快就传到了不少地方。

张居正决定在全国推广一条鞭法。推行的一条鞭法,是我国封建社会后期一件大事,对社会经济的发展起到了一定的作用。

张居正还对军事、经济和文化进行一系列的改革。结果使国家比以前富裕了,国力也加强了,外部的敌人也不敢随便侵犯了。

可是,张居正在57岁的时候,积劳成疾,出人意外的过早去世了。很快,反对派发起了攻击,张居正的改革成果被破坏。明朝从此一蹶不振,陷入了衰败没落、无可救药的深渊。

戚继光驱逐倭寇

戚继光出生于一个武将世家。二十五岁的时候,就当上了一方驻军统帅,后被调到浙江去平定日益猖獗的倭寇。戚继光来到浙江,竖起招兵大旗,马上组织了一批英勇的新军。

戚继光精通兵法,他根据南方沼泽地区的特点,创造了阵法"鸳鸯阵",亲自教兵士使用各种长短武器。经过他严格训练,这支新军的战斗力特别强,接连打了许多胜仗。倭寇的气焰被打消了许多,"戚家军"的名气从此在远近传开了。

倭寇知道浙江有戚继光不好对付,他们转而侵扰福建,朝廷赶紧把戚继光从浙江调到福建。

戚继光觉得这样不是办法,消灭倭寇也要消灭他们的巢穴。他向各方面打听,终于知道了倭寇的巢穴是在宁德城外数十里的横屿岛。这是一个孤岛,地势险要,易守难攻。

戚继光精密策划,他将戚家军分为两路进攻横屿岛,一路由侧面进攻,争取在岛中放火扰乱敌人,另一路由他亲自带领从正面进攻。岛上的倭寇发现了戚家军攻上岛,立刻和冲上来的戚家军顽固拼杀,战斗十分激烈。这时,另一路戚家军却已悄悄地上了横屿岛,从后面杀了上来,倭寇们傻了眼,再也无心抵抗。这一仗戚家军大获全胜,完全捣毁了倭寇的巢穴。

在戚继光和另一个将领俞大猷的围追堵截下,沿海的"倭患"逐渐平息下来。同时,在一些明智官员的倡议下,明朝官府不得不放开海禁,重开市舶司,允许人民经商,东南的局面才稳定下来。

但是,中国的专制统治者习惯认为中国是天朝上国,不需要发展对外贸易。长此以往,这种妄自尊大的思想一方面导致对世界局势的毫无所知,另一方面将中国隔绝于世界市场之外,从而丧失了种种发展机遇。直到携带洋枪洋炮的西方近代殖民者毫不客气地砸开中国的大门,衰弱落伍的"老大帝国"只好接受任人宰割的命运。中国近代史的惨痛与屈辱,虽然远不是明代的"倭患"所能比拟,但两者之间的联系却是无法忽视的。

离奇的明宫三大案

明宫三案指的是发生在明朝万历末年的、彼此相关的三个宫廷案件,即"梃击"、"红丸"、"移宫"三案。

万历四十三年(1615)五月初四晚间,有个手持枣木棍棒的汉子,悄悄闯进了皇太子居住的慈庆宫,并用木棍将守卫宫门的人打伤,又闯入前殿的屋檐下,在那里被太子的侍卫抓获。这就是所谓"梃击案"。谋杀者据说是名疯子,受人指使,欲加害皇太子。在审理过程中,案情几起反复。实际情形是,谋杀者张差不疯不傻,是受宫内太监的引诱,并被接应到宫内行凶。由于皇家内部的矛盾和朝官的派系之争,受牵连的人很多。

1620年八、九月之交,刚当皇帝不过30天的朱常洛一命呜呼了。据说他的死,与他病中所服的红色药丸有关。红色药丸究竟是寿药、道家丹丸还是别的什么毒药?一时间闹得朝野纷沸。连宰相、皇后、贵妃都被牵连到此案中。这就是"红丸"案。

移宫案,说的是,一些不应占居乾清宫(皇帝所居之宫)的妃嫔占居了那里,朝宫中有人为了体制,要求他们(她们)迁出,因此而生出许多事来。先是万历帝的妃子郑贵妃以照料疾病中的万历帝为名,住进了乾清宫,万历帝死后,她还赖着不搬出来,弄得新皇帝不能搬进乾清宫,大臣们觉得太失体统,用尽心机才迫使她搬出。朱常洛进乾清宫时,他的妃子李选侍跟随入居乾清宫。红丸案发,朱常洛死去,这位曾想捞取皇后而不成的李选侍也效郑贵妃的榜样,不仅赖在乾清宫不出来,还把即将登基的皇长孙扣在身边,不许人见。经群臣设法,新皇帝才逃脱李选侍,得以被立为皇太子。李选侍既非皇太子的生母,又非什么皇后、贵妃,竟占据乾清宫,还要控制皇太子。一些朝臣便站出来,与之斗争。李选侍才不得不搬出乾清宫,搬时仓促,宫内珍宝丢失不少。

后来,恶宦官大奸臣魏忠贤上台,三案又被抖落出来,不少人遭受无辜之难。待明朝末代皇帝崇祯登位后,重惩魏党,又把三案翻回去,将魏党整死的人平反昭雪。就这样,满朝文武为宫中事务争吵不休,而内忧外患却无人过问,明王朝这棵大树,真的已从树心里面开始腐烂了。

九千岁魏忠贤

在明王朝面临衰亡的时候,宦官专权达到了登峰造极的地步,出现了一位号称九千岁的太监魏忠贤。

魏忠贤从小就是个吃喝嫖赌的无赖,实在没法混了,进宫当了名小宦官。他善于拍马逢迎，得到了小皇帝朱由校的宠爱，逐渐成为宫中最有权的太监。他攫取要职之后，一方面尽量讨取小皇帝的欢心，另一方面，在宫廷安插亲信，在外迫害异己。

左副都御史杨涟看在眼里十分气愤。于是疏弹劾魏阉二十四大罪状。魏忠贤到小皇帝面前哭诉冤枉，其他太监随声附和，一起陷害杨涟。糊涂的小皇帝便下圣旨对杨涟严加斥责。

这件事激起了大臣们的公愤，于是有七十多个朝臣纷纷上书弹劾魏忠贤的不法行为。魏忠贤气急败坏，以结党营私等罪名，把反对魏忠贤的官员，统统叫做"东林党人"。进行了一次大清洗运动，许多官员遭到迫害，轻则丢官，重则丧命，然后他任用自己的亲信以及趋炎附势的小人，占据政府的各个重要部门。

魏忠贤用暴虐的高压手段建立起他的独裁统治，使天下官民敢怒而不敢言。一时坏人当道，阿谀谄媚之风越刮越大，魏忠贤被称做九千岁。明熹宗还封魏忠贤和他的侄男子弟为公爵、侯爵和伯爵。

魏忠贤一手遮天，就给一些投机分子提供了机会。有一大帮太学生纷纷上书称颂魏忠贤的"功德"，说他辅佐皇上使得天下"大治"，要求给他塑像建祠，让全国臣民对他的偶像顶礼膜拜。于是天下仿效，当官的为了升官发财，争先恐后地给魏忠贤建立生祠，光北京一地就建立了好多处，以至和祭祀孔子的文庙并立；南京还把他的生祠建立在朱元璋皇陵的旁边。

正当这种偶像崇拜搞得狂热的时候，魏忠贤的靠山忽然坍塌了，明熹宗死了。他的弟弟信王朱由检即位，就是崇祯皇帝。崇祯皇帝早就痛恨魏忠贤一伙，即位不久就下令逮捕并处死了魏忠贤的大批同伙，又把他本人发配出京。魏忠贤知道自己后果不妙，在半道上自杀了。

利玛窦来华传教

明神宗万历十年，有个叫利玛窦的意大利传教士，远渡重洋，来到中国的澳门，他一心想把西方的基督教传播到中国这片神奇的土地上。

利玛窦为了能够被中国人接受，潜心学习汉语，并在传道士罗明坚的指导下，了解中国的风土人情、国家制度。

公元1583年，利玛窦和罗明坚获得了两广总督的批准，可以到广东肇庆居住。于是两人剃光了头，穿着和尚的衣服，自称是"西僧"，前去拜见肇庆知府。两人到了府衙的大堂，按照中国的礼节向肇庆知府行磕头礼，知府听他中国话说得很流利，用词雅训，是知书守礼之人，十分满意，欣然表示愿意做他们的保护人。在知府的帮助下，几天后，总督批准他们建立自己的教堂，并且亲笔题写了两块匾额。可是，肇庆官府的热情应酬并没有影响当地居民。相反，他们对这些"番鬼"十分反感。当教会的房子正在兴建时，当地的居民经常向房子扔石头。

在这种激烈的敌对情绪中，利玛窦向人们展示带来的天球仪、自鸣钟、日时

利玛窦像

计,努力博取人们的好感。

公元1600年,利玛窦来到了北京。他给皇帝上了一封十分谦卑的表文,并献给皇帝一些礼物。明神宗见到西洋贡物,十分高兴,最满意的是两架自鸣钟。他命令利玛窦留在北京,以备差遣。这正中利玛窦的心意,从此他就可以接近皇帝了。

神宗皇帝又批准他在北京建筑自己的教堂。于是他就有了公开传教的机会。利玛窦传教的手法十分高明,他使人相信自己所讲的多与孔孟相合。这样,他通过影响士大夫,使天主教开始真正在中国传播。

利玛窦来华的目的虽然在于传教,但是他一方面把西方先进的数学、天文学、地理学知识传入中国,一方面根据自己在中国传教期间的经历和见闻,开始用书信的形式向欧洲介绍中国的国情,为中西文化交流特别是西学东渐作出了重大贡献。可以说,利玛窦是天主教传入中国历史上的、中西文化交流史上的最伟大的先行者。

通俗文学家冯梦龙

冯梦龙是我国古代最著名的通俗文学家,他把一生的精力都花在整理、编辑民间通俗文学上。

晚明时代,社会商品经济发达,民间十分盛行演唱当时流行的歌曲。尤其是青楼(妓院)女子,更是能弹能唱。冯梦龙喜欢这些流行的音乐,经常去听她们演唱。这些歌曲大多唱的是男女之间的感情。听歌女们把这种感情唱得真切、优美,他往往感动得热泪盈眶。

日积月累,冯梦龙记录下了许多流行歌曲。那些街头巷尾和歌场酒楼中会唱流行歌曲的人听说了,都纷纷来找冯梦龙,把自己会唱的歌曲唱给他听,好让他记下来。

在大家的帮助下,冯梦龙总共收集到了415首流行的歌曲,编集成了一本书,书名叫《挂枝儿》(又名《广挂枝》)。这部通俗歌曲集一问世,立刻轰动了全国。看到市民们争相传唱《挂枝儿》里的通俗歌曲,一些正统的文人们不满意了,就连冯梦龙的父亲和兄弟们也开始指责他,说他做了一件"败坏民心"的事。面对父兄们的责难,冯梦龙心平气和地说:"通俗歌曲都是老百姓们爱听爱唱的,反映的是人们最真挚的感情。这才是真正的诗歌呀。"

冯梦龙也十分留心收集说唱故事、剧本。他决心大力提倡通俗文学,让世间多数不识字、没有文化的人都能听懂、受益。他从自己家收藏的大量古今作品中挑选出一些优秀的作品,加以修饰,改写成普通人都能读懂、听懂的故事,编成了三部短篇白话小说集，很受一般老百姓的欢迎。

冯梦龙把这三部小说集分别称为《喻世明言》、《警世通言》、《醒世恒言》，被称为"三言"，共收集了一百二十篇白话短篇小说。书中对市民们所知道、议论、喜爱和熟悉的事，做了热情的描写，反映了明代社会各阶层的生活。"三言"一编成，当地书商立刻争相刻印，成为经久不衰的畅销书。

现在看来，冯梦龙编辑的"三言"与另外两部小说"二拍"，是中国古代白话短篇小说的丰富宝库；他本人也是值得我们钦佩的通俗文学家。

努尔哈赤与萨尔浒之战

明朝的时候，在我国东北，有一个少数民族，叫女真族，就是后来的满族。努尔哈赤就是满族的英雄。

努尔哈赤的祖父和父亲都是武将，后来让明朝的军队给冤杀了。他发誓一定要为祖父和父亲报仇，决定先强大自己。当时女真人分成许多大大小小的部落，相互之间经常不和。努尔哈赤就召集了一批人马，经过几十年的征战，终于征服了各个部落，统一了女真。

随着努尔哈赤统一女真，女真人的实力越来越强，开始经常跟明朝发生冲突。1616年，他正式称汗，国号叫"大金"。努尔哈赤建立金后，就开始准备向明朝发动进攻了。过了两年，他率领两万人马出发攻打明朝。出师非常顺利，一连占领了好几座城池。

消息传到北京，明朝的神宗皇帝急忙派出杨镐率四路大军出征，打算一下子把后金给灭了。努尔哈赤决定："凭你几路来，我只一路去！"他要集中兵力先攻一路。

正在这时候，探子来报，说明军的先头部队，由将军杜松率领，在萨尔浒山扎营。杜松在萨尔浒扎营后，留下两万人守营，自己带着一万精锐部队进攻后金。努尔哈赤趁此机会，集中了四万多人的兵力，前来攻打杜松的大本营。

明军听说敌人来了，连忙列好阵势，准备迎战。突然，狂风四起，尘土飞扬，天昏地暗，明军赶紧点起火把。谁知道，这又让金部队抓住了机会。明军看不见金军，金军却借着火把的光芒把明军看得清清楚楚。努尔哈赤一声令下，将士们乱箭齐发，射死了好多明军士兵。明军大败，大营也丢了。杜松急忙回师救援，却被努尔哈赤的大军团团包围起来。几次突围不成，结果，这一支明军全军覆没，杜松自己也死在乱军之中。努尔哈赤乘胜追击，又分别打败了另外两支明军。明军四路兵马，三路主将死的死，逃的逃；剩下一路人马，不敢再战，只好退走了。

萨尔浒一战，充分显示了努尔哈赤的杰出军事指挥才能。此后，足智多谋的努尔哈赤率领后金化被动为主动，军事、经济实力迅速扩张，不久迁都沈阳，为后来清军入关，统一全国打下了坚实的基础。

袁崇焕横戈戍边

1616年，努尔哈赤登可汗位，建国号金。第三年，便开始了对明朝的军事

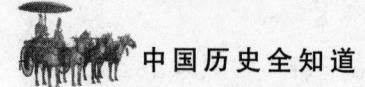

进扰。

消息传到北京后,朝中上下震动。一位刚从福建调入京师兵部任职的小官,名叫袁崇焕,自告奋勇地出边关戍守。崇祯皇帝正束手无策,就怕天坍下来没个长子顶住,忽见有人挺身而出,顿时喜出望外。于是,提升他为佥事,到山海关外监督军事。经过他的部署和防守,努尔哈赤无机可乘,退了兵。

1629年10月,皇太极又率领几十万大军,绕过袁崇焕的防区,进攻到北京城下。袁崇焕得到警报,立即挥师入关,在北京城下和清兵展开了激战。皇太极不能取胜,就利用崇祯皇帝的多疑,施了一个反间计。结果崇祯就把袁崇焕给逮捕入狱了。

袁崇焕一被捕,部下将领深恐牵连,武将祖大寿等带着军队逃出了山海关。袁崇焕指挥的军队,只听他的。身陷囹圄的袁崇焕以大局为重,亲笔写信要祖大寿听从朝廷命令,不要轻举妄动。祖大寿接信后向将士们一读,全军都痛哭了起来。将士们当天就回师入关,奋勇作战,收复了关内数城。

这时,皇太极因估量一时攻不下北京,已引军向东北撤离。关内局势有了好转,魏忠贤的余党又连上奏章,请杀袁崇焕。

崇祯于1630年八月十六日,以"谋叛欺君"的罪名,残酷地用磔刑将袁崇焕杀害了。

金庸在他的《袁崇焕评传》里这样写道:"我在阅读袁崇焕所写的奏章、所作的诗句、以及与他有关的史料之时,时时觉得似乎是在读古希腊剧作家攸里比第斯、沙福克里斯等人的悲剧。袁崇焕真像是一个古希腊的悲剧英雄,他有巨大的勇气,和敌人作战的勇气,道德上的勇气。他冲天的干劲,执拗的蛮劲,刚烈的狠劲,在当时猥琐萎靡的明末朝廷中,加倍的显得突出。"

一个热血沸腾的将士,最无奈的莫过于不能驰骋疆场,奋勇杀敌,最悲哀的莫过于死在自己人手里,令亲者痛,仇者快。然而,这样的事在中国的历史上却是屡屡出现。

李自成陕北起事

李自成出生在一个农民家庭,少年练得一身好武艺。被逼投奔了王左挂领导的农民军,王左挂后来动摇投降了。李自成又投奔自称"闯王"的高迎祥。

高迎祥和别的起义军联合起来,转战山西、河北等五个省,声势越来越大。最后,崇祯帝调动了各省官军,想把各路起义军全部包围,一口吃掉。

为了对付官军围剿,高迎祥约了十三家起义军的大小头领在荥阳开会,商量对策。李自成提出自己的主张。他认为起义军应该分成几路,分头出击,打破敌人的围剿。大家听了,都觉得李自成说得有理。

这样,高迎祥、张献忠领导的起义军一路进军凤阳,把明朝皇帝的祖坟和朱元璋做过和尚的皇觉寺一把火烧了。崇祯帝恼怒万分,把高迎祥的队伍看成眼中钉,千方百计要消灭他们。有一次,高迎祥带兵进攻西安。陕西巡抚孙传庭埋下伏兵拦击。高迎祥没有防备,经过一场激战,被捕牺牲。将士们拥戴李自成接替高迎祥，做了闯王。打那以后，李闯王的名声就在远近传开了。

李闯王的威名越高，越引起明王朝的害怕和仇恨。崇祯帝命令总督洪承畴、巡抚孙传庭专门围剿李自成。李自成的处境越来越困难。另两支起义军的首领张献忠、罗汝才都接受明朝招降，李自成手下的将领也有人叛变。这使李自成的处境增添了困难。

公元1638年，李自成从甘肃转移到陕西，准备打出潼关去。洪承畴、孙传庭事先在潼关附近的崇山峻岭中，布置了三道埋伏线，故意让开通向潼关的大路，引诱李自成进入他们的包围圈。李自成中了敌人的计。起义军经过几天几夜的搏斗，几万名战士在战斗中牺牲，队伍被打散了。

李自成和他的部将刘宗敏等十七个人打退了大批敌人才冲出重重包围。他们翻山越岭，克服了重重困难，到了陕西东南的商洛山区，隐蔽起来。

明军派出大批侦骑，搜捕李自成。后来听有人传说，李自成在战斗中受了重伤，已经死去，明军才放松了搜捕。

张献忠奇袭襄阳

在明末的农民起义中，最出名的起义军首领有两位，一位是李自成，一位是张献忠。

1638年，起义军将领高迎祥被害，李自成中了埋伏，起义陷入低潮。张献忠出于无奈，有条件地接受了明将熊文灿的招安。条件是义军不接受改编，他并不是真心投降。

次年，张献忠在湖北谷城再一次起义。不久，罗汝才也起兵响应。

明朝总兵左良玉派兵进攻，被张献忠打得一败涂地，崇祯帝另派兵部尚书杨嗣昌到湖广围攻张献忠。

杨嗣昌率领了十万人马，耀武扬威到了襄阳。他派左良玉等将领把起义军四面包围起来。张献忠转移到玛瑙山的时候，被左良玉军打败。张献忠带了一千名骑兵，从湖北转移到四川。杨嗣昌跟踪追击，准备在四川消灭起义军。

杨嗣昌派出大批官军到处追剿起义军，张献忠起义军却是忽东忽西，叫官军捉摸不定。

公元1641年，张献忠发现杨嗣昌把重兵都放到四川，襄阳兵力空虚，就摆脱明军，突然带兵离开四川，亲自率领精锐部队直奔襄阳。

杨嗣昌连忙派使者赶到襄阳，哪里知道使者走在半路上，被起义军发现抓了起来。张献忠将他的义子李定国打扮为杨嗣昌使者，带着令牌、文书，混进襄阳城去。

当天晚上，混进襄阳的起义军兵士在城里好几处放火，全城的百姓从睡梦里惊醒，发现到处火光冲天，全城大乱。在混乱中，起义军打开城门，大队人马赶到，活捉了襄王朱翊铭。

张献忠占了襄阳，缴获了杨嗣昌储存在那里的大批粮饷、兵器，又把襄王府金库里的十几万两银子分发给当地的饥民。

张献忠攻破襄阳的消息传到了四川,把杨嗣昌惊呆了。杨嗣昌丧魂落魄地从四川窜到湖北,刚到沙市,又听到一个消息,李自成率领的起义军离开商洛山区,重振旗鼓,趁河南兵力空虚的时候,攻破洛阳,杀死了福王朱常洵。这一来,杨嗣昌更是又惊又害怕,他想来想去,没有出路,只好自杀。

吴三桂借清兵

公元1644年,李自成攻破北京,崇祯帝上吊自杀。明王朝宣告灭亡。

大顺王李自成一面出榜安民;一面严惩明王朝的皇亲国戚、贪官污吏。

有个大官僚吴襄,被抄了家产,并且逮捕起来追赃。有人告诉李自成说,吴襄的儿子吴三桂是明朝的山海关总兵,手下还有几十万大军。李自成叫吴襄给他儿子写信,劝说他向起义军投降。

吴三桂收到吴襄的劝降信,犹豫起来。决定先到北京去看看情况。到了北京附近,他听说父亲被抓,家产被抄,又听说他最宠爱的歌姬陈圆圆也被起义军抓走,怒气冲天,立刻下令退回山海关,并且要将士们一律换上白盔白甲,说是要给死去的崇祯帝报仇。

李自成得知吴三桂拒绝投降,决定亲自带二十多万大军,进攻山海关。吴三桂写了一封信,派人飞马出关,请求清朝帮助他镇压起义军。清朝辅政的亲王多尔衮接到吴三桂的求救信,觉得机会来到,立刻带着十几万清兵,来到山海关。

李自成大军从南面开到山海关边。多尔衮从城头望见起义军阵容坚强,料想不容易对付,就让吴三桂打先锋,叫清军埋伏起来。然后双方激战时,令埋伏在阵后的几万清兵一起出动,向起义军突然袭击。起义军毫无防备,也弄不清是哪儿来的敌人,心里一慌张,阵势也就乱了。多尔衮和吴三桂的队伍里外夹击,起义军遭到惨重失败。退回到北京,兵力已经大大削弱。

李自成回北京后,在皇宫大殿里举行即位典礼,接受官员的朝见。第二天一清早就率领起义军,离开北京,向西安撤退。

李自成离开北京的第三天,多尔衮带领清兵,开进北京城。公元1644年十月,多尔衮把顺治帝从沈阳接到北京,把北京作为清朝国都。打那时候起,清王朝就开始在中国建立了它的统治。

第二年,清朝分兵两路攻打西安。李自成被迫放弃西安,向襄阳转移。过了几个月,农民军在湖北通山县九宫山,遭到当地地主武装袭击,李自成战败牺牲。

清——天朝日暮
（1644年—1911年）

　　从公元1644年，7岁小儿福临（顺治皇帝）在吉特太后的怀抱中入关登基，到1912年又一个7岁小儿溥仪（宣统皇帝）在隆裕太后的携提下被迫退位，清王朝统治中国共268个年头。对清朝这268年的统治，目前一般从社会史区分着眼，即以1840年的鸦片战争为界，区分两种不同的社会形态：前196年，中国仍然是一个封建社会；后72年，中国开始丧失独立，渐渐地沦为半殖民地半封建社会。

　　清朝前期的统治者总结前代的统治经验，采取了有利于社会安定和经济发展的积极措施，从而在康熙、雍正、乾隆三朝逐步达到鼎盛，由此出现了一个国家统一、政权巩固、社会安定、经济富庶、文化繁荣的时期，这就是历史上的"康乾盛世"。到乾隆中期，全国的耕地面积超过了明代最高数字，达到735万余顷；人口空前增长，达到3亿以上；商品经济也有长足的发展，国内城市随之发展起来。由于经济的繁荣和文化自身的发展，清朝前期在思想学术和文学艺术方面也取得了巨大的成就。

　　然而当中国还在封建社会中蹒跚前进时，外面的世界却发生了极大的变化。从15世纪后期至16世纪前期，在南欧地中海沿岸的国家首先出现了资本主义浪潮，然后又迅速席卷整个欧洲大陆。伴随着资本原始积累的进行，东西方直通航道的开辟，葡萄牙、西班牙、荷兰等一些老牌殖民者纷纷向东方挺进，来到中国进行殖民、贸易、传教活动。明清之际，以利玛窦为代表的耶稣会传教士，在中国逐渐打开了局面，取得了合法的传教地位。然而到了康熙时期，发生了所谓的"礼仪之争"，最终导致了清朝的全面禁教政策。到雍正时期，又开始了清朝历史上的"闭关锁国"政策。这一政策的执行，对中国社会的发展起了严重地阻碍作用，它不仅严重地阻碍了中国人学习当时世界先进的思想文化和科学技术，也严重地阻碍了中国资本主义萌芽的生长。西方世界的工业革命正如火如荼，而中国却仍在"闭关"政策的种种限制下原地踏步。中国真的落后了，落后的中国要挨打也就为时不远了。

　　1840年，中国社会发生急剧转变。6月，英国悍然挑起鸦片战争，武力强行打开关闭已久的中国大门。不堪一击的清政府被迫于1842年与英国侵略者签订了丧权辱国的《南京条约》。紧接着1856年的第二次鸦片战争，1884年的中法战争，1894年的中日甲午战争和1900年的八国联军侵华战争，彼此间隔的时间越来越短，通过不平等条约强加给中国的战败条件也越来越苛刻，短短半个世纪，使中国渐渐沦为一个半殖民地半封建社会。

　　随着民族危机的日益加剧，统治阶级内部先后出现了多次自救运动。先是

19世纪60年代的洋务运动,继而是康有为、梁启超为代表的维新派领导的维新运动,最终都以失败而告终。1901年至1905年,清政府提出"新政",非但未能挽救清王朝,反而加速了其崩溃过程。

戊戌变法维新运动,虽然可以说只是一场肤浅的、短命的政治变革活动。但作为一次传播新思想、新文化的启蒙运动,却具有非常深刻和深远的意义。这一启蒙时代所播下的思想种子,在20世纪的风雨滋润下,发展成了以推翻满清王朝为目标的革命运动。最后,经过以孙中山先生为代表的资产阶级革命派坚苦卓绝的斗争,终于在1911年推翻了清王朝,从而结束了在中国持续两千多年的封建君主专制制度,建立了资产阶级共和国。

史可法死守扬州

崇祯帝死了以后,明神宗万历皇帝的孙子福王朱由崧在南方即位做了皇帝。大敌当前,这个南明小朝廷却在争权夺利,闹得乌烟瘴气。大学士马士英把持朝政。他重用臭名远扬的阉党恶棍阮大铖。

镇守武昌的总兵官左良玉痛恨马士英贪赃枉法,就率兵沿长江东下讨伐马士英。这时候,清朝大将多铎已经率兵逼近扬州了,马士英却让镇守扬州的大学士史可法前线调兵抵挡左良玉。

顺治二年四月,清军攻到了扬州附近。正在抵挡左良玉进攻的史可法得到消息,心急如焚,连夜赶回了扬州。他马上派人四处调兵。可是各镇将领都拥兵观望,拒不听命。史可法见兵力太弱,无法迎击清军,就命令紧闭城门,准备守城。扬州城的军民决心与敌人血战一场。

清军统帅多铎很敬重史可法的为人,几次写信劝他投降。史可法连信封也不打开,就扔到了一边。多铎见劝降无效,就下令用大炮猛轰扬州城,城内军民伤亡很大。

清军加紧了攻势。城中军民尽管顽强抵抗,无奈力量悬殊,又孤立无援,史可法知道事情不会有转机了,就下决心与扬州城共存亡。到了第七天,清军破城,史可法被清军俘获。

多铎一见是史可法,就快步上前行礼,很客气地说:"我再三拜请,都被先生斥回。今天先生对旧朝忠义已尽,就请替我大清收拾江南,不愁没有厚报。"史可法声色俱厉地说:"我是大明朝的重臣,岂能苟且偷生,作万世罪人!头可断,身不可屈!"多铎把脸一沉,说:"既是忠臣,本帅就满足你的心愿吧!"史可法微微一笑,说:"即使碎尸万段,我也甘心情愿。只有一件事相求,扬州城的百姓,请千万不要杀害。"说罢,他昂首下城,从容就义了。

多铎没有听史可法的话,对城中百姓进行了疯狂的报复,十天之内,就杀死了几十万人。城内尸积如山,血流成河,昔日繁华的扬州城几乎变成一座死城。这就是历史上有名的"扬州十日"。

史可法死后,福王政权失去了唯一一个有能力、有威望的大臣,很快就灭亡了。

夏完淳怒斥洪承畴

为了对付江南的抗清力量,清朝廷派了在松山战役中投降清朝的洪承畴总督军事,招抚江南。

这时候,在松江有一批读书人也在酝酿抗清,领头的是夏允彝和陈子龙。夏允彝有个才十五岁的儿子叫夏完淳,也参加了抗清斗争。

不久,清军围攻起义军,夏允彝和陈子龙先后牺牲。夏完淳也因为叛徒告密而被捕了。清军派重兵把他押到南京。

对夏完淳的审讯开始了,主持审讯的正是招抚江南的洪承畴。他知道夏完淳是一个博学多才、声震江南的"神童",就要亲自劝诱他降清。

在堂上,夏完淳昂首挺立,坚决不肯跪下。他明明知道座上审问他的正是洪承畴,却故意说:"我听说有个亨九(洪承畴字亨九)先生是本朝的大忠臣。松山杏山一役,他身先士卒,壮烈殉国。我如今要像他那样杀身报国,决不投降。"

洪承畴身边的卫兵告诉他,现在端坐在堂上的就是那个亨九先生。

夏完淳听了,冷笑一声说:"亨九先生早已殉国,天下人哪个不知道?你们这些小人竟敢假冒忠臣的大名,污辱忠魂,实在可恨可恶!"

洪承畴又羞又恼,无言可对。

夏完淳知道洪承畴绝对不会放过自己,根本不把生死放在心上。在狱中,他坦然自若,谈笑自如,终日吟咏不绝,写下了有名的《狱中上母书》《遗夫人书》和诗集《南冠草》。当年秋天,夏完淳与其他抗清志士共三十多人,在南京西市刑场同时被害。临刑前,夏完淳神色不变,昂首挺立。刽子手却战战兢兢,不敢正视这位年仅十七岁的少年英雄。

夏完淳死后,有人把他的尸骨运回松江,埋葬在小昆山下荡湾村夏允彝墓侧。夏氏父子之墓,受到后世人的瞻仰凭吊,成为当地的胜迹。夏完淳那喷薄着爱国豪情的诗文,也成为我国文学宝库的千古绝唱,受到人们的珍视。

郑成功收复台湾

郑成功出身武将家庭,后来清军攻入了福建。他的父亲郑芝龙投降了清朝。郑成功苦劝无效,只好带着少数将士出走厦门,在水上组织起一支抗清义军。在战争中,郑成功深深感到自己的地盘太小,要长期抗清,非要找个大一点的地方作根据地不可,于是决定渡海去台湾发展。

台湾自古以来就是我国的领土。明朝末年,荷兰人霸占了台湾的海岸,郑成功少年时期就跟随他父亲到过台湾,亲眼看到台湾人民遭受的苦难。这一回,他下决心要赶走侵略军。恰好在这时候,有一个在荷兰军队里当过翻译的人,赶到厦门来见郑成功。向他详细说明了台湾的水路变化和荷兰人的设防情况。

经过周密准备,公元 1661 年,郑成功率领大军,分乘几百艘战舰出发了。船队冒着惊涛骇浪。在一日凌晨抵达鹿耳门。郑成功让熟识地形的人带路,神不知鬼不觉地通过了鹿耳门,驰向木寮港。

台湾百姓听说郑成功大军来了,纷纷赶着牛车接引郑军登陆。不到两个小时,郑军几千名登陆大军都安全地上了岸。

天亮之后,荷兰人才知道郑军登陆的消息。荷兰总督揆一急忙命令开炮,派兵从海上和陆上分头迎战,郑成功的陆军分两路,一路正面迎战,一路从侧面包抄,荷兰士兵很快溃败。在海上,郑军也取得了胜利。台湾的高山族人民听说中国自己的军队来收复台湾,纷纷过来协助,在背后袭击荷兰殖民军。

揆一看到武力不行,就要花招,派人去见郑成功。表示愿意出十万两白银给郑军充饷,请求郑成功退兵。郑成功拒绝了揆一的要求,被围困的荷兰殖民者只好宣布投降,请求允许分期撤兵。第二年,最后一批荷兰殖民者撤走,台湾完全被郑成功收复。

后来,康熙帝统治期间,台湾接受了清政府的统治,这样台湾与大陆重新归于统一。

收复台湾是中国人民抗击殖民强盗的第一次重大胜利。它向世界表明了中国人民反抗外来侵略、捍卫祖国神圣领土的坚强意志。郑成功这位收复台湾的民族英雄,历来受到人们的颂扬。

少年康熙除鳌拜

公元1662年,八岁的玄烨正式登上皇位,宣布建元康熙。小皇帝每天不是读书就是游玩,朝廷大权都掌握在辅政大臣手里。

在四个辅政大臣中,鳌拜政治野心极大,十分跋扈。一转眼,康熙帝14岁了。按照规定,他可以亲自管理国家大事了。这时候,辅政大臣索尼已经死去了,苏克萨哈被鳌拜置于死地。遏必隆则处处附和鳌拜。现在,康熙皇帝开始亲政了,鳌拜本来应该把权力交回,可是反而比以前更专横了。

康熙皇帝想制伏鳌拜,好好干一番大事业,但他知道鳌拜树大根深,稍有不慎,就会打草惊蛇。想来想去,他想出了这样一个办法。

康熙帝挑选了上百名十几岁的皇族少年,在宫中练习摔跤。与此同时,还不断地派出探子,探听鳌拜的动静,准备采取对策。他命令他的年轻侍卫加紧练习摔跤,并和可靠的大臣们商议,让他们去搜集鳌拜所干坏事的证据。

几天之后,康熙皇帝得知鳌拜要进宫奏事,就把这些每天跟他摔跤的少年侍卫叫到身边,如此这般密议了一番。

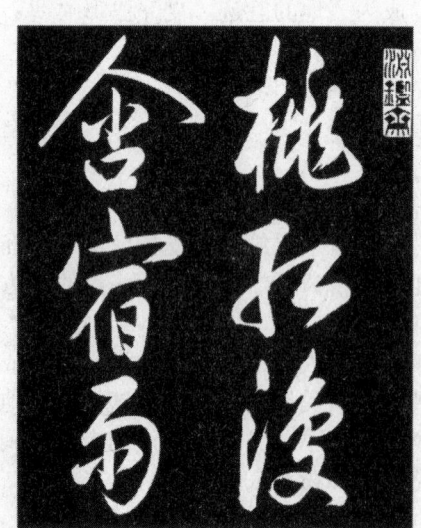

康熙皇帝书法

过了一会儿,鳌拜进宫了。他仍和往常一样,大摇大摆地走进皇宫。

康熙皇帝见了鳌拜那种骄横的态度,不禁十分愤恨,历数了他的数十条罪状,接着便大喝一声:"来人哪!快把这奸贼给我拿下了!"

话音刚落,立即从四面八方冲出百来名年轻小将。鳌拜是满洲第一猛士,见冲上来的都是赤手空拳的小孩子,并没有把他们放在心上,还挥舞拳脚抗拒起来,但不一会儿便被捆得结结实实,动弹不了。

大臣们听说鳌拜被抓来了,都齐声叫好,众大臣要求把他处死。康熙想了想,说:"鳌拜虽然有罪,但他也有战功,还是应免他一死。"就下令把鳌拜关起来,给被他打击和害死的大臣平了反,鳌拜后来死在狱中。

康熙帝智除鳌拜,既充分显示了他的聪明才智,又初露了他柔中有刚的治国魅力,更为日后施展自己的雄才大略,实现多民族国家的统一,建立"康乾盛世"创造了条件。

康熙平定三藩之乱

"三藩",指的是当时驻守在云南、贵州的平西王吴三桂、驻守在福建的靖南王耿精忠和驻守在广东的平南王尚可喜这三个藩王。渐渐的三藩拥兵自重,已成为朝廷的威胁了。

康熙皇帝除掉鳌拜以后,开始考虑的一件大事,就是要削平"三藩"。"三藩"当中数吴三桂的地位最高。康熙帝反复权衡,最后打定主意,先从吴三桂下手。吴三桂感觉形势不对,便做了有朝一日反叛朝廷的准备,他假意请求撤藩,试探康熙帝,没想到康熙也不客气,果真下令撤藩。

吴三桂没想到皇帝会来真的,又恨又气,决定起兵对抗。他打出"复明讨清"的旗号,统率人马向北进军了。耿精忠、尚可喜的儿子尚之信也起兵响应。吴三桂一路顺风,轻而易举地占据了南方六省。

年轻的康熙皇帝毫不慌乱,做出决断:派八旗军全力讨伐吴三桂,坚决镇压!

对耿精忠、尚之信,康熙皇帝则软硬兼施。他一方面派他们住在北京的兄弟前往福建和广东进行劝说,一再保证既往不咎;另一方面,又派八旗军去攻打他们,把他们逼得走投无路。这种各个击破的办法果然奏效,不久,这两路叛军都投降了。

吴三桂在康熙十七年三月,撕掉了"复明"的假面具,自称皇帝,国号叫"大周"。他以衡阳为首都,匆匆忙忙地举行了登基典礼。可是,众叛亲离,大势已去,他怎么也高兴不起来。当了不到五个月的"皇帝",吴三桂就连愁带气,得病死了。

吴三桂一死,局势完全被清军掌握。吴三桂的孙子、十三岁的吴世璠继承"皇位"以后,放弃衡阳,逃回了云南。清军势如破竹,紧紧追赶,相继收复了湖南、广西、四川,又在康熙二十年,把昆明团团包围起来。吴世璠困在城内,走投无路,服毒自杀。各地吴军全部投降,长达八年之久的"三藩"叛乱,就这样被平息了。

由于康熙皇帝维护国家统一的决心大，又处事果断，因此避免了全国的再度混乱和分裂。"三藩"叛乱平定以后，清朝才在全国大部分地区建立了稳固的统治。

雅克萨之战

就在清军挺进中原的时候，沙皇俄国趁机向我国黑龙江地区进犯。清朝初年，他们已先后在黑龙江流域建立了雅克萨和尼布楚两个据点。

康熙帝平定了三藩之乱以后，决定好好解决一下东北边境的问题。公元1685年，康熙帝派彭春为都统，率领陆军水军一万五千人，围攻雅克萨。俄军投降。彭春把投降的俄军全部释放，勒令他们撤回本土。俄军撤走后，彭春命令兵士把雅克萨城堡全部拆毁，让百姓耕种；接着，带着军队回到瑷珲城。

但是，遭到惨败的俄军头目并没有死心，过了不久，又带兵溜回雅克萨，把城堡修筑得更加坚固。

边境的警报传到了北京，康熙帝决定把侵略军彻底消灭。第二年夏天，黑龙江将军萨布素再一次进军雅克萨。侵略军几乎全军覆没。沙俄政府慌忙派使者赶到北京，要求谈判。康熙帝才下令停止攻城。

公元1689年，中国政府派出代表索额图，沙俄政府也派出戈洛文做代表，在尼布楚举行边界谈判。

最终，在多次协商之后，双方确定了一个彼此都能接受的边界：以额尔古纳河和格尔必齐河为界，再沿外兴安岭向东直到海边。河东岭南属中国，河西岭北属俄国。俄方还保证拆毁雅克萨城堡，把军队撤离中国领土。这样，雅克萨回到了祖国的怀抱。

九月七日晚上，双方举行了隆重的签字仪式。索额图和戈洛文身穿礼服，同时到达会场。他们先在条约上签字、盖章，然后宣读誓词，相互交换条约。这个条约，就是著名的《尼布楚议界条约》。签字以后，他们互相拥抱，表示祝贺。这时候乐声大作，喇叭、铜鼓、风笛、双簧管齐鸣，帐篷里顿时充满了轻松的气氛。双方官员也改变了过去的敌对态度，亲切交谈，互相赠送礼品，还举行了盛大的宴会。

清朝政府出于战略上的考虑，在《尼布楚条约》中向俄方做出了一些让步，但这毕竟是一个经过双方协商的平等条约。

康熙帝三征噶尔丹

康熙时期，居住在阿尔泰山以西的的准噶尔部的头目噶尔丹，自认为兵力强盛，率领十万大兵深入漠南蒙古乌珠穆沁草原，想和康熙皇帝较量一下。

康熙皇帝见噶尔丹这样猖狂，就下令征讨。他亲自率兵驻扎在长城口外，任命他的哥哥裕亲王为大将军，在离北京只有七百里地的乌兰布通和准噶尔兵决战。

噶尔丹没和清军正式交过锋,还不知深浅。清军隔河列阵,大败准噶尔军。噶尔丹知道打不过清军,当晚就把军队撤到高处,第二天一大早,派人到清营求和。清将就放他回去了。康熙知道他并没有彻底顺服。

为了彻底孤立噶尔丹,第二年五月,康熙皇帝亲自到了多伦,召集蒙古各部王公开会,会前举行了盛大的阅兵仪式。

噶尔丹果然仍不死心。五年以后,他又率领三万骑兵侵入巴颜乌兰,大肆掠夺,还扬言要兴兵深入内地。康熙皇帝决定进行第二次亲征。清军在昭莫多山下和噶尔丹进行决战。杀死敌兵一千多人,俘虏了三千多人,缴获了大批马、牛、羊、骆驼以及幕帐器械等。噶尔丹只带着几十个亲信逃走了。

这时候,噶尔丹的侄子策旺阿拉布坦得到康熙皇帝的支持,占领了准噶尔故地阿尔泰山以西的地方,同噶尔丹作对。噶尔丹只好收集残兵败将,在阿尔泰山以东地方游荡,靠打猎捕鱼过日子。康熙皇帝得知这个情况,就派人去招降,但是,噶尔丹不肯认输,拒绝了劝降。

为了免除后患,康熙皇帝又在康熙三十六年第三次亲征。噶尔丹听说了,派他的儿子到哈密借兵。没想到哈密王把他的儿子捆起来献给了清朝。他左右的亲信不

尚武、睿智的康熙皇帝

是远逃就是投奔清营。过了些日子,他见自己众叛亲离,就吃毒药自杀了。

康熙皇帝下令赦免准噶尔各部侵扰内地的罪过,封噶尔丹的儿子为一等侍卫,编入张家口外察哈尔旗。又把喀尔喀蒙古各部增编为五十五旗,命令他们回阿尔泰山以东故地驻牧。他还下令在狼居胥山建立一块石碑,记述了平定噶尔丹这件事,这次叛乱平定以后,蒙古族地区才安定下来。

历算大师梅文鼎

梅文鼎是我国清代初年著名的数学家和天文学家。他很长寿,活了88岁。在漫长的一生中,他致力于研究刚从西方传进来的数学、天文学知识,并把这些知识同中国传统的科学知识相结合,写出了86部有关数学、天文学和历法等方面的专著,为中西文化的沟通做出了杰出的贡献。

梅文鼎小时候就懂得很深奥的天文知识,被人们认为是"神童"。后来他无

意中发现了一部残缺不全的《崇祯历书》。梅文鼎是第一次看到这样详细介绍西方天文历算的书,喜出望外,马上把这本书买了下来。像着了魔似的钻研起来。还找到比利时传教士南怀仁的一些介绍西方数学、天文历法的书,读后受到很大启发。他听人说,南怀仁正在北京给康熙皇帝讲解天文学和数学,就想去跟他结交。

等梅文鼎上北京拜访南怀仁的时候,真不巧,南怀仁去世了。梅文鼎失望地来找好朋友李光地。李光地就向朝廷推荐他审定《明史》的历法部分。梅文鼎工作非常认真,为了审阅校正稿子,他常常读书看稿到深夜。后来《明史》的历法部分,就是采用梅文鼎审定的稿子。他回到家乡后,他把许多西方的数学、天文学知识,用通俗易懂的语言介绍过来,极大地方便了中国学者的学习和借鉴。

当时的康熙皇帝在天文、数学方面也很有研究。有一次,康熙帝到南方视察,有人把一部数学书献上来给他看,他看完之后,打听到这书的作者就是梅文鼎。后来,康熙帝有一次南巡路过德州,听人说梅文鼎也在这里,就连忙叫人把梅文鼎请来,当时他已经七十多岁了。两人从数学谈到天文,又从天文谈起了中西历法之争。越谈越起劲,一连谈了三天三夜。当梅文鼎要告辞回去的时候,康熙帝恋恋不舍,提起笔,写下"积学参微"四个大字来称赞他学问高深。

后来,梅文鼎的儿子、孙子也都成了数学家、天文学家,梅家成了中国古代的历算世家。

雍正是如何登位的

康熙晚年,各个皇子争做太子,对当时的政局产生了很大的影响。本来,当康熙帝还是一个青年时,就册立了一个不满两周岁的儿子允礽为皇子。但是允礽许多行为让康熙十分不满。康熙最后下令废掉了他。

皇太子一被废,也就意味着剩下的皇子们就都有机会成为太子以继承皇位了,因而各皇子就展开了激烈的争夺战。与其他几个皇子跃跃欲试,积极在皇帝面前表现自己的做法不同,胤禛相对老练得多,表现得十分谦让而低调,多能从大局出发,因而渐渐赢得了皇帝的赏识。

诸皇子为争夺太子位而使出各种手段,弄得政治混乱。康熙皇帝又急又气,终于得了重病。朝中大臣、皇子对此表现得漠不关心。他们更关心的是皇帝万一死了由谁来继承皇位。对这些事,康熙是凉透了心。而胤禛则十分关心父亲的病,还积极替父亲找医生,康熙很感动。结果,用了胤禛找的医生和药,康熙的身体逐渐恢复了健康,而胤禛在康熙心中的地位就更重了。

后来康熙看到局面太混乱,不得已又重新将允礽立为太子以安定局面。无奈的是,允礽恶习依旧,因而康熙不得不再次将他废掉,从而使得诸皇子的争夺达到了白热化。

此时的胤禛,通过几年不动声色的准备,力量不可忽视。而在这个时候,出生于1711年的胤禛第五个儿子弘历——也就是后来的乾隆皇帝,起到了巧妙的推动作用。

康熙晚年心中十分孤独寂寞。1722年春天，康熙在圆明园赏花，见到这个孙子，弘历聪明活泼，康熙见了很是高兴，经常将他带在身边，陪他一起玩耍学习。康熙死于1722年冬，在生命最后时刻出现的这个孩子对他来说无疑有重要意义，也是促成胤禛继承皇位的重要原因。

康熙死后留下密诏，正式宣布胤禛为皇帝，也就是雍正皇帝。民间有许多关于雍正非法夺皇位的传说，这只是他的竞争对手不甘失败，故意制造的流言，不足为信。

雍正大兴文字狱

雍正皇帝在位的时候，经常抓住汉族知识分子文章中的个别字句，发动"文字狱"，对他们进行严厉的镇压。其中，以吕留良一案最大，处理得也最离奇。

吕留良是明末清初的一个著名学者。明朝灭亡后，他参加反清斗争没有成功，就在家里开设私塾招收学生教书。后来当上了和尚，躲在寺庙里著书立说，他写的书里面有许多反对清朝满族统治的内容。不过，他的书写好之后，并没有流传出去。吕留良病死后，他的后人把他写的书结集刊刻，但并没有多大的影响。

几十年后，正是雍正皇帝统治的初年，有个失意文人曾静，偶然读到吕留良的几篇文章，很佩服，从此反清思想更浓厚了。他和学生张熙找到了吕留良的两个学生，密谋反清。曾静打听到担任川陕总督的汉族大臣岳钟琪是岳飞的后代，现在手中握有很大的兵权，就派张熙劝说岳钟琪起来反清。可是岳钟琪却骗取了张熙的信任，获取了他们全部的秘密。之后，岳钟琪一面派人到湖南捉拿曾静，一面立刻写了一份奏章，把曾静、张熙怎样谋反的情节，全报告了雍正皇帝。

雍正帝又气又急，立刻下命令把曾静、张熙押送到北京，自己亲自审问。雍正帝一查，明白了曾静等人的反清行动源于吕留良的思想和著作，也认识到思想犯比现行犯危险得多。经过四年的审查，才宣告结案。不过，最后的处置，却一反历代皇帝处置钦犯的常例。首犯曾静、张熙被下令免罪释放，让他们戴罪立功，到各地去现身说法，作反面教材；而受牵连的从犯吕留良被从坟里刨出来，锉尸扬灰，他的后代和两个

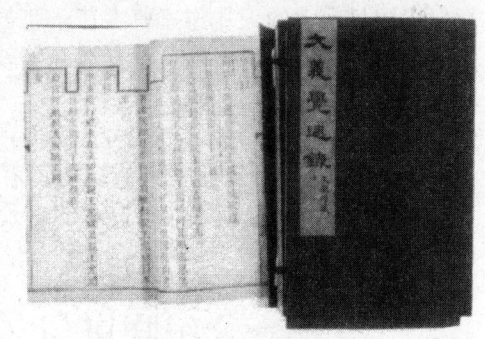

雍正撰《大义觉迷录》，劝导汉族文人与满清合作。

学生满门抄斩，不少钦佩吕留良为人的读书人也一并受到株连，被罚到边远地区充军去了。

同时，雍正帝编纂刊刻了这桩最大文字狱案的全部谕旨、审讯、口供的秘密记录，后面附上曾静的认罪书，书名为《大义觉迷录》，作为学习的文件公开发行全国各地。直到雍正去世后，这本泄漏了大清帝国各种宫廷内幕、隐秘的御制

国书才被雍正的儿子乾隆皇帝查禁销毁。

曹雪芹写《红楼梦》

《红楼梦》的作者是满族作家曹雪芹。他的家庭从曾祖父到他的父亲,都担任江宁织造的高官,与皇室关系亲密。

曹雪芹的少年时代经历过一段富贵豪华的生活,但时间不长,他的父亲因事受到削职抄家的处分,曹家便急遽走向衰落,曹雪芹也被命运的漩涡卷进了社会的底层。

与此同时,他产生了要把自己的经历、见闻、欢乐、痛苦以及对人生之谜的探索,统统诉诸笔墨的冲动。这种冲动经过几年的蓄积,在他二十多岁的时候,终于化为了行动,他开始创作在脑海中酝酿已久的长篇白话小说。

为了生计,曹雪芹不得不在右翼宗学里当听差。在这里,他结识了满族宗室敦敏和敦诚兄弟。他的博学多才,使得敦敏和敦诚佩服之至,引为知己。曹雪芹性格狂放,过不惯宗学里那种拘谨刻板的生活,不久就丢了差事。随着家境一天不如一天,曹雪芹穷得在城里住不起了,只好搬到北京西郊的一处草屋里过活。敦敏兄弟经常去看望他,帮助接济他。

1763年,北京地区发生了百年不遇的流行性天花。曹雪芹惟一的儿子也染上瘟疫死去了,爱子病死的打击,加上《红楼梦》修改工作的繁重,使他的身体越来越瘦,终于病倒了。敦敏兄弟也在瘟疫中连遭不幸,家中死了五位亲人,忙着处理丧事,还不知道曹雪芹的情况。

除夕到了,家家户户欢声笑语。有钱人家还在门口高挂灯笼,点燃鞭炮,为新的一年祈求祝福。这时候,在北京的西山脚下,屋外朔风呼号,屋内一灯如豆,中国最伟大的天才作家曹雪芹,悲苦冷落地走完了他生命的最后旅程。两三个朋友凑了一点钱,将他草草安葬。等敦诚、敦敏兄弟闻讯赶来,已经无法再一睹故友的音容了。

曹雪芹遗下的书稿《红楼梦》,以手抄本的形式开始流传,人们争相阅读谈论。但是,《红楼梦》也受到传统卫道者的猛烈攻击,被列为禁书。可是无论怎么禁止,《红楼梦》仍然受到群众的喜爱。到了现代,研究《红楼梦》还成了一门专门的学问,叫做"红学"。

纪晓岚与《四库全书》

乾隆帝是个好大喜功的人,总想干出几件超过前人的大事情。于是,组织起一帮文人,编出了中国封建时代空前绝后的一部大书,这就是《四库全书》。而被乾隆皇帝任命为修纂《四库全书》总负责人的便是纪晓岚。

《四库全书》的编纂参考了明朝的《永乐大典》,但后者不论在内容上还是体例上都超出前者许多。这部丛书,把中国的学术文化典籍,几乎包揽殆尽,完全可以说是汗牛充栋,洋洋大观。

编纂《四库全书》是件非常苦的差事,整天在昏暗的屋子里看书、抄写、编辑,时间一长是十分难受的。传说纪晓岚为此还差点得罪了皇帝。

事情是这样的,一年夏天北京特别热,纪晓岚又有点胖,怕热,索性将身上的官服给脱了,打着赤膊干活,可就在这个时候,乾隆皇帝忽然来看他们。光着上身见皇帝又是大不敬,情急之下纪晓岚干脆躲到自己的书桌下,用帘子一遮,倒也看不见。

乾隆进屋后跟大伙聊了一会,自己则随便找来几本书翻阅,屋内很快恢复了平静。闷在书桌下的纪晓岚实在受不了了,可又不知道皇帝走没走,就悄悄地伸出半个脑袋问道:"各位,老头子还在吗?"乾隆吓了他一跳,再一看纪晓岚那样,又不觉好笑,问:"纪晓岚,你为什么叫我老头子,不尊重皇上可是要杀头的。"

纪晓岚知道闯祸了,但他脑子一转便有了对付的方法,说:"皇上,这'老头子'是对您尊敬的称呼呀!'老'是年纪大、威望高,这'头'就是首,也就是第一。这'子'更是尊称了。中国古代把有学问有德行的人都叫做子,像孔子、孟子什么的,我这是说皇上学问好德行高。这样一来,您不就是'老头子'了吗?"乾隆一听不由开怀大笑。

1782年,历时10年,在众多人的共同努力下,《四库全书》终于修纂完毕。它对于保存古代典籍,传播历史文化,推动学术研究起了积极作用。而纪晓岚的名字也与《四库全书》联系在一起并永存于史册中。

暮年乾隆接见英使

乾隆在位年间,国力强盛,四海升平。但是,在这盛世的背后,也孕育着清朝的衰亡,在决定关系未来中国命运的战略决策上,暮年的乾隆越来越趋向僵化和保守了。

公元1792年的一个夏日,一个由政治、军事官员以及医生、技师、测绘员、艺术家组成的英国使团,来到中国。使团打着为乾隆皇帝祝八旬万寿的旗号,他们肩负的实际使命是希望能扩大对中国的贸易。

乾隆决定让马戛尔尼一行参加在承德避暑山庄举行的八十三岁万寿庆典。

马戛尔尼在天津的大沽口登陆后,受到钦差大臣征瑞的隆重欢迎。然而,英使马戛尔尼还没到北京就在进觐皇帝的礼仪上发生了争执。乾隆让征瑞培训马戛尔尼行三跪九叩的大礼。马戛尔尼没有同意。

最后,马戛尔尼按照英国礼节觐见了乾隆。乾隆本想借英吉利使臣的觐见这一不可多得的机会来向臣民和藩属各国显示天朝上国的威严,现在希望全部落空,十分扫兴。

万寿节庆祝活动刚刚结束,英国使团就被打发回了北京。马戛尔尼回到北京,对当时的第一大臣和珅提出通商要求说:"我国国王热切希望在贵国设立使馆,请贵国增加通商口岸。让我们在北京建立银行,还要请你们在广州划出一块土地,让我们的商人居住。"

和珅把英国特使的所有要求报告给了乾隆皇帝。乾隆断然拒绝。

这样,马戛尔尼一行一无所获,非常失望地离开了中国。

四十八年以后,当乾隆皇帝的爱孙道光皇帝在位时,英国的军舰又驶向了广州,但这次他们不是朝拜中华帝国君主的和平使者,而是要用大炮轰开紧紧关闭的中国大门。

乾隆皇帝接见英使马戛尔尼

如果在英国把中国当成一个强大的、独立的主权国家给以足够的尊重,期望通过和平的外交途径打开中国大门的时候,乾隆皇帝能够开明一点;如果乾隆皇帝不是那样地在乎觐见的礼仪,而是对英国平等相待……那以后的中国历史又当如何书写呢?

白莲教大起义

白莲教兴起于元朝末年,在乾隆年间,又迅速地蔓延开来。

朝廷得到白莲教遍地蜂起的报告,十分恐惧,马上命令各地的总督巡抚,捉拿白莲教徒。湖北的地方官抓人最多,那里的白莲教也最活跃。首先发动起义的,是襄阳县城白莲教的首领齐林。可惜,事情被察觉。官府捉住了齐林,砍了他的头,还将头悬在襄阳县城示众。

暗中积极准备起义的白莲教徒,激起了更大的怒火。齐林的妻子王聪儿被推举为起义首领。嘉庆元年的三月,王聪儿召集襄阳白莲教徒,在城郊的黄龙垱集会,表示了誓死与朝廷斗争到底的决心。她把白莲教徒编为五个营,指派她的得力助手姚之富等人当各营首领。这样,白莲教的第一支起义大军——襄阳义师诞生了。

后来,襄阳义军攻河南,入陕西,进四川,南征北讨,声势越来越大。各地的白莲教徒纷纷起兵响应,组成了太平义军、达州义军、东乡义军等,和襄阳义

军往来策应。白莲教的声威震动了全国,川、楚、陕、甘、豫等数省几乎成了白莲教的天下。清朝政府恐慌极了,又调兵遣将,首先对达州义军围追堵截,想各个击破。嘉庆二年五月,达州义军围困在四川白秀山,处境十分危险。王聪儿得知这一消息,立即率领襄阳义军援救白秀山的义军。大败清军。

嘉庆三年,王聪儿率军进攻西安,结果,实力悬殊,战斗失利了。他们只得改变计划,向湖北撤退。清军在后面尾随紧迫不舍。这一天,王聪儿和姚之富等人率军退到了陕西三岔河一处叫阎王扁的悬崖上,准备越过崖上的羊肠小道,进入深山老林。可是,清军和乡勇们已经包围过来,双方展开了大厮杀。最后,被逼无路,王聪儿、姚之富和许多起义将士跳崖牺牲。

王聪儿等人牺牲以后,起义军并未停止反抗斗争,他们招兵买马,不久之后,又发展到二十多万人。清朝政府费尽九牛二虎之力,用了十年的工夫,直到嘉庆十年才把白莲教起义镇压了下去。然而,清朝政府也因此伤了元气,清朝全盛时期从此一去不复返了。

贪官和珅的倒台

和珅是满洲正红旗人。最初,他只不过是皇帝出行时的一个护轿的校尉,他读书不多,却很机灵,逐渐取得皇帝的喜欢。后来,和珅担任了要职,掌握了朝中大权,就贪赃枉法,横行霸道。

和珅掌管着国家财政收入,又负责皇帝宗室的财产。国家和皇室的财物,他都随便往家里拿。各地向皇帝进贡的珍宝细玩,须先经和珅检查,好的归他自己,挑剩下的才送进皇宫。和珅这样专权和贪财,当然会有看不惯的人。有一个御使大着胆子上奏,说和珅的一个家奴刘全盖的房子太大,不合清朝制度。和珅先得到了这个消息,即刻派人令刘全连夜把大房子拆掉。第二天,乾隆皇帝派人去查,并未见不合制度的建筑。结果,那个御使反而因为诬陷朝廷大臣,被革了职。

和珅见大臣们都怕他,胆子更大了。他不但从皇宫偷运出大批珍贵楠木,为自己大兴土木,还常常在夜深人静的时候,穿上皇帝的衣服,戴上皇帝才能佩带的朝珠,对着镜子一边照一边得意地发笑。

乾隆皇帝老了,把什么事都交给和珅处理。和珅是第一个从他那里知道要传位给嘉亲王的人。他从来都善于投机,当然也不肯放过这个讨好新皇帝的机会。他连忙拿着一柄玉如意去见嘉亲王,暗示自己有拥戴的功劳。可暗地里,他又处处监视新皇帝,有什么动静就报告给太上皇。

其实,和珅并没有猜透新皇帝的心思。他满以为这样两边讨好,就可以使自己一直受到重用。嘉庆皇帝虽然不露声色,实际上是在忍耐着,专等自己真正掌权那一天的到来。

嘉庆四年正月,八十九岁的乾隆皇帝死了。太上皇一死,和珅的靠山也就没了。嘉庆皇帝立即下令削了和珅的官,抄了和珅的家,还派人把和珅抓起来关进了监狱。和珅被抄出的家产折合成银钱,总计约有白银八亿到十亿两,抵上朝廷十年的收入。嘉庆皇帝下了一道命令,让和珅上吊自杀了。

和珅的万贯家财,自然都流到嘉庆皇帝那里去了。所以民间流传一句话:"和珅跌倒,嘉庆吃饱!"

林则徐虎门销烟

道光皇帝在位时,英国人在与中国的贸易中,运来了鸦片。不但每年赚走不计其数的银子,还给中国人带来了极为严重的危害。经过林则徐等人的苦苦劝说,道光下定决心,派林则徐来禁烟。

林则徐来到广州后,并没有马上公开自己的身份。除了两广总督邓廷桢和水师提督关天培外,谁也不知道这件事。林则徐在关天培等人的帮助下,一连查明了二十几个贩大烟的贪官。林则徐毫不客气,严惩了这些贪官污吏,然后开始拿英国人开刀。他命人前往英国商人住的商馆,要求他们将鸦片全部交出来。

虎门销烟纪念碑

这伙英国商人的头目叫义律。义律是个非常狡猾的家伙。他耍出了各种花招,就是不肯把鸦片交出来。林则徐见义律迟迟不交出鸦片,非常气愤,于是就派关天培带兵将商馆死死围住。

到了这种地步,义律还想顽抗。他的蓝眼珠转了转,又想出一个坏点子来,他找人去贿赂林则徐,但根本没有用。义律只好让英国商人们乖乖地交出全部鸦片。林则徐清点了一下,一共有22万多箱,他立即宣布,将鸦片全部销毁。

1839年6月3日,林则徐率领广州的文武大臣们来到了虎门海滩。当众销烟。就在中国人民激动地欢庆这一胜利时,义律和那帮英国商人只能在远处眼巴巴地看着,虽然他们恨透了林则徐,但现在也无可奈何了。

虎门上空的黑烟一直冒了二十几天,这些鸦片终于全部被销毁了,就连池子里剩下的黑渣,也都被冲进了大海。

林则徐的销烟运动取得了胜利,可是义律那些英国人是不会吃这个亏的。不久,他们便把禁烟当成借口,发动了侵略中国的鸦片战争。中国在鸦片战争失败后,逐渐进入半殖民地半封建社会。

陈化成血战吴淞

1840年6月,乔治·懿律率领英国远征军到达澳门海面,封锁珠江口,鸦片战争正式爆发了。

林则徐和关天培早已有所准备，在珠江口附近增添大炮，设立防线，英军连攻几次，无机可乘，只得放弃广州，转而向北，浙江定海和镇海相继失陷。如果说，定海和镇海的失陷，是江浙军民抗击侵略的序幕的话，那么，这场反侵略斗争最壮烈的一幕，发生在长江口的吴淞炮台。吴淞的守将，是年已六十六岁的老将军陈化成。

英军统帅朴鼎查虽然接连攻下厦门、定海、镇海和宁波，总没有击中清廷的要害。他的下一个目标是南京，要攻下南京，必须攻下吴淞。

1842年6月16日，朴鼎查发动了对吴淞口的进攻。看到大队英军来犯，陈化成早就布置就绪的东西两炮台立即开炮猛轰英舰，一阵火炮击沉了两艘英舰，英军的进攻被阻挡在炮台的火力圈外。

形势本对陈化成的守军十分有利。不料这时，在东炮台一侧的道路上，却出现了一支奇怪的队伍。新任两江总督牛鉴听说吴淞口初战告捷，参战来了。他居然带着全班仪仗队，英军一阵火炮轰来，牛鉴的队伍顿时人仰马翻。牛鉴这一败，立即连累到东炮台的守军，他们不得不分兵前去救援。英军见状立刻对东炮台发动猛攻。没过多久，东炮台失守，吴淞口一线只剩下陈化成坚守的西炮台了。

英军集中了兵力，向西炮台发起猛攻，离西炮台越来越近。陈化成身上7处负伤，还是不停地指挥着士兵开炮轰击敌人。终于，登陆的英军呐喊着朝炮台拥来，火炮已经失去了作用。陈化成挣扎着与英军展开肉搏，最后倒在了血泊中，西炮台终于失守，吴淞口落入了英军手中。

长江的入海口落入英军手中之后，英军不久逼近南京。1842年8月，道光皇帝派投降派耆英为首席代表，与英方签订了中国第一个不平等条约《中英南京条约》。一向闭关自守的老大帝国，从此一步步沦为半封建半殖民地社会的国家。中国历史进入了另一个阶段。

洪秀全金田起义

洪秀全本是个读书人，1836年，洪秀全到广州参加考试，偶然得到了一本叫基督徒《劝世良言》的书。当时并没有在意。但他多次科举未中，十分激愤。想起了《劝世良言》，便拿来细细阅读，发现其中一些基督教义十分符合农民的想法，于是便以此为基础创立了"拜上帝会"。宣传宗教思想，随着会员越来越多，萌发了起义的思想。

道光三十年，洪秀全号召各地会员到金田村集中，会员们知道起义反清的日子快到了，个个心情振奋。有的扔下活计，有的变卖了家产，扶老携幼地奔向金田村。会员们把变卖田产家业所得的现金和其他财物全部交入"圣库"，吃饭穿衣和杂用都由"圣库"按规定发给。当官的也和普通会员同甘共苦，有饭同吃，有衣同穿，有钱同使，大家都非常高兴。同时，他们也加紧整编队伍，进行严格的军事训练，赶造武器，准备正式宣布起义。

这年十二月初十是洪秀全三十七岁生日。冯云山、杨秀清、萧朝贵、韦昌

辉、石达开等人，率领着全体将士来给洪秀全祝寿。洪秀全接受祝贺后，就按预定的计划，让全体将领和战士到金田村前韦氏宗祠门前的广场集合。在欢呼声中，洪秀全登上韦氏宗祠门前的高台，昂然站立在黄绸大旗下。冯云山、杨秀清、萧朝贵、韦昌辉、石达开等人站在他的两边。洪秀全把手举在面前，庄严地宣布说："今天'拜上帝会'正式起义了！我们要推翻腐败的朝廷，让天下太平。我们的国号就叫太平天国，为的是让穷人过上太平的日子。"

蓄起头发、头包红巾的太平军战士，从金田村出发，转战附近州县，连连告捷，并且一举攻占了永安州城。已经自称天王的洪秀全下令在这里整顿队伍，封杨秀清为东王、萧朝贵为西王、冯云山为南王、韦昌辉为北王、石达开为翼王。其中，以东王的权力最大，仅次于天王。

清政府派兵围剿永安州，太平军从永安突围，挥师北上，势力不断壮大。

石达开兵败大渡河

1856年8月，洪秀全密令北王韦昌辉诛杀东王杨秀清，韦昌辉大开杀戒，杀死杨秀清及其家小和部下数万人，这就是历史上有名的"天京事变"。而后洪秀全又杀死韦昌辉，请石达开回到天京主持大局。但洪秀全对石达开疑心重重，不予重用。

石达开在天京小心翼翼地呆了半年后，于1857年五月正式带部队离开天京。出走时，石达开命人在沿途张贴布告，表明由于自己的一片忠心不为天王所容，天王疑心太重难免加害自己，不得不离开天京远征他乡。

石达开一走，天京的10多万太平军精锐之师跟随而去，天王洪秀全几乎成了孤家寡人。这一年八月，石达开率军在浙江、福建一带流动，这期间数次与清军交锋，但都失败了。部下纷纷脱离石达开，回到江西与由李秀成领导的太平军汇合。

此后，石达开部开始进入四川。石达开希望占领成都，建立国家，便要渡过大渡河到达成都，便决定强渡大渡河。而受条件所限，想要渡河是相当困难的。

这时的石达开变得很固执，一定要从大渡河渡过去。但不幸的是当石达开部准备尝试渡河时大渡河又突然涨水，水位一下暴涨数丈。石达开便决定等河水下降了再进行渡河，可就在这个时候，清军联合当地的武装部队赶到了，石达开陷入了重重包围。

石达开知道已经是身陷绝境，决定拼死一战。最后弹尽粮绝，石达开本想跳河自杀。可在他站在河边准备跳河时忍不住回头看了看剩下的七八千残兵，心中不由牵挂不已。他想，如果向清军投降，以我一死换来这七八千兄弟的活路不是死得更有价值吗？

于是，他向四川军政长官骆秉章写了封求降信，用箭射入清军营。信中表示：他石达开可以投降并自杀，但只求骆秉章能放他手下人一条生路。骆秉章假意答应。结果石达开被俘，最后被杀死了，而他手下七八千士兵几乎全部被杀。

就这样，大渡河一役，石达开战败而亡，年仅33岁。

英法火烧圆明园

　　1860年，英、法等西方列强蓄意挑起了第二次鸦片战争。

　　战争中，英法勾结起来，很快攻占了广州。为了彻底地征服清廷，英、法联军攻破了北京城，咸丰皇帝带上后妃、皇子和一批王公大臣仓皇逃到承德避暑山庄。

　　攻下北京的英法联军开始了他们惨无人道的大劫掠行动，1860年十月初六，法国步兵和英国骑兵进犯圆明园，守卫虽然进行了抵抗但很快被打退，圆明园陷落，于是，一场对圆明园的惊天大洗劫开始了。

　　率先进入园内抢掠的是法军，第一天他们进行这种最无耻的野蛮勾当时，多多少少还有点偷偷摸摸、遮遮掩掩的。但是到了第二天，所谓"严禁掠夺"的遮羞布被彻底撕去，遮遮掩掩的劫掠变为肆无忌惮的大规模抢劫。由于英国人的加入，很快把这种劫掠推向了高潮。所有的军人都离开军营涌向圆明园。他们常蜂拥着扑向一堆无价之宝，用各种语言呼喊着，争先恐后，互相扭打，各自带走自己的战利品。而遇到实在拿不走的东西他们则将其砸碎打烂，真是丑态毕现，野蛮之极。

　　但是圆明园的厄运并没有就此结束。劫掠完毕后为了遮盖罪行，联军竟决定将圆明园给烧毁！十月十八日晨，在一位将军带领下，联军在圆明园内布置了多个焚毁工作点。一声令下，一缕一缕的烟开始升起；这一缕缕的烟很快聚成一团团，又集合成弥天乌黑的一大团。千千万万的火焰，往外爆发出来，烟青云黑，遮天蔽日。所有的庙宇、宫殿、古老建筑以及举国仰为庄严之物和其中历代收藏都付之一炬、化为飞灰。由于圆明园很大，一次焚毁难免有遗漏的地方，因此联军又组织专人到处巡搜，将遗漏之处一一焚毁。大火一共烧了两天两夜。劫后的圆明园，成了一片废墟，到处是断壁残垣。凝聚无数人智慧与血汗的圆明园就这样在火光中化为了灰烬。火烧圆明园是英法列强对中国人民犯下的不可饶恕的罪恶，也是腐朽的清政府无能可耻的表现，更是烙在我们亿万中国同胞心中永久的痛。

西太后垂帘听政

　　1860年英法联军攻破北京，火烧了圆明园。躲藏在承德的咸丰又急又气，不久便病死了。

　　皇上死了，太子载淳为皇帝，尊皇后为慈安太后，尊皇帝的生母懿贵妃为慈禧太后，然而，慈禧对这些一点儿也不感到满足。她真正的目的是要掌握国家的一切大权，所以拥有大权的肃顺等八位顾命大臣就被她看成了眼中钉。而八大臣也对她怀有戒心，慈禧便暗中与在北京的恭亲王奕䜣取得了联系。

　　奕䜣是咸丰的弟弟，当时正在北京跟英法联军议和。当他看到咸丰死时没有任命自己辅政，心中十分恼火。便同意与慈禧合谋夺权。

　　不久，八大臣接到了御史董元淳的一个奏折。奏折上说，皇帝还小，应该让皇太后暂时负责国事。肃顺等人马上以皇帝的名义,要对董元淳治罪。第二天,慈禧便把肃顺等人找来,吵了一架。

慈禧在承德与八大臣闹翻,恭亲王奕䜣在北京也没闲着,他把掌握兵权的胜保拉拢过来,完全控制了北京的军队。等奕䜣把北京的一切安排好以后,慈禧便催促八大臣早点动身,把咸丰皇帝的遗体送回北京。她对肃顺说:"我和慈安太后、皇上由载垣、端华他们七个人陪着,从小路先走。你带领军队护送皇上遗体,从大路走。我们先到北京,好率领文武官员迎接你们。"

慈禧他们走小路,先到了北京,在当天晚上,胜保等一大批官员就纷纷要求由太后料理国家大事。

第二天一大早,文武大臣们都到皇宫去给小皇上请安。奕䜣突然命人把端华、载垣等七个人抓起来。然后,奕䜣又命令醇亲王奕譞领人去逮捕肃顺。

慈禧把八大臣全部抓获后,下令将肃顺杀头,命令载垣和端华自杀,其余五人全部被撤职。除掉了八大臣,慈禧一步登天,掌握了国家大权。她宣布,由她自己和慈安太后垂帘听政。慈禧给小皇帝起了个年号,叫"同治"。而实际上,国家一切权力都掌握在她一个人的手中。

晚清重臣曾国藩

太平天国运动爆发后,曾国藩组成一支湘军,经过大小几十次恶战终于消灭了太平天国。曾国藩也因此一下功名显赫,被吹捧为"中兴重臣"。

曾国藩消灭了太平天国以后,感觉到要振兴清王朝,强军富国是当务之急。他认为要尽快向先进的西方国家学习以求出路,开始全力推动向西方学习的热潮。

向西方学技术的过程中,曾国藩最先提出的是学造西式轮船以加强清朝海军。在科技人员徐寿、徐建寅父子的努力下,终于造出中国第一艘轮船,曾国藩给他取名叫"黄鹄"号。

1868年五月,曾国藩专程去上海查看由李鸿章主办的江南制造局造船的情况。到了江南制造局后,曾国藩在中国第一位留学生容闳陪同下,观看他从美国购回的机器。接着还参观了正在建造中的轮船。曾国藩决定多多关注江南制造局,让它更快地发展。

1868年八月下旬,江南制造局建造的第一艘轮船完工,曾国藩为之命名"恬吉",这是中国自造的可敷实用的第一艘轮船,其主机仍购自外国。由于第一艘轮船的完工,曾国藩专门向朝廷递了一个报告,其中除了报告新造轮船的情况及江南制造局筹办经过外,还提出了添建翻译馆的问题,曾国藩知道:在当

曾国藩像

时上海，外国书不难购买，但难在翻译，必须要熟悉洋文而又懂机器的人才能很好地翻译所需书籍，因而必需这样一些聪明的孩子学习外文，从而能以后脱离外国专家独立工作。正是在曾国藩的提倡和赞助下，在江南制造局里设立了翻译馆，西方的科技被比较系统地介绍到了中国。

到了1871年，曾国藩还与李鸿章等人联名要求国家派学生出国留学，他认为只有这样才能真正学到西方知识和技术的根本，从而发展自己真正的国防工业。一年后，朝廷正式派遣三十名幼童从上海前往美国留学，从此揭开了中国近代史上的出国留学序幕。

可惜的是曾国藩未能看到这一幕，因为在此前5个月，他便去世了，但他为洋务运动做出的贡献却为人牢记，他确实是洋务运动的先驱。

左宗棠收复新疆

在新疆西边有个名叫浩罕的小国，是中国的藩属。后来，俄国侵占了浩罕国的大部分领土，引起了浩罕国部落首领阿古柏的不满，俄国唆使阿古柏侵占我国新疆，作为它侵占浩罕国的补偿。阿古柏在同治四年率兵占领了新疆，自称国王，要把新疆从中国领土上分裂出去。

应当如何对待新疆问题呢？清朝官员意见不大一致。陕甘总督左宗棠主动请求带兵出征，收复伊犁和整个新疆。

光绪二年（公元1876年）春，左宗棠率领军队向新疆进发，乌鲁木齐的守将是投顺阿古柏的中国人白彦虎，他得知清军要来攻打，便命令守军主力死守乌鲁木齐外围的古牧地。清将刘锦棠乘机发起猛攻，很快占领古牧地。白彦虎见势不妙，首先逃跑了。清军顺利地占领了乌鲁木齐，很快就收复了除伊犁以外的北疆地区。左宗棠的第一步计划实现了，接着就准备向南疆进军。

驻在南疆的阿古柏听说乌鲁木齐和北疆已经让清军收复了，十分惊慌，急忙命令他的儿子海克拉守托克逊，大总管爱伊德尔呼里达守住达坂城，白彦虎守住吐鲁番，企图再做拚死顽抗。左宗棠果断地下达了进军南疆的命令。在当地人民的支持下，阿古柏所设下的各个据点一个个被拔除，清军在不到二年的时间里就收复了除伊犁以外的整个新疆。阿古柏失败以后。俄国军队仍然赖在伊犁不走。左宗棠决定亲自到新疆部署兵力，收复伊犁。他在从肃州去前线的时候，带着一口棺材，随军运行，表示自己把生死荣辱置之度外，不收回伊犁，就不活着回来。在他的豪迈气概的影响下，全军将士精神振奋，决心为收复祖国的神圣领土流血牺牲。

但是，腐败的朝廷害怕左宗棠与俄国打仗，会把事情闹大不好收拾，便下令把左宗棠召回去了。光绪七年（公元1881年），中俄两国签订了《伊犁条约》。

清朝外交家曾纪泽

伊犁交涉是一件让清朝统治者十分头痛的事情。早在同治年间，沙俄乘机进犯伊犁，并假意宣称替中国"代收代守"。清政府多次派使臣索要无果。光绪五年八月，清政府派出的头等全权大臣崇厚因"畏洋人如畏虎"，一心只想着收回伊犁城的空名，对方要什么，就答应什么，匆忙签订了《里瓦几亚条约》。按这个条约收回的伊犁，实际上是一个空城，因为伊犁以西的领土全部割让给了俄国。这引起了举国上下的公愤。许多人强烈要求严惩崇厚，废弃条约。也就是在这个时候，远在巴黎使馆的曾纪泽奉命赴俄重新与俄国定约。这个曾纪泽，是晚清重臣曾国藩的长子。

光绪六年六月十九日（1880年7月25日），四十出头的曾纪泽肩负重任踏上了去圣彼得堡的途径。彼得堡的谈判是十分艰难的。曾纪泽的对手，主要是布策、热梅尼。他们的策略，始终不愿接触实质性的问题。曾纪泽态度也十分坚决，如果俄方过于苛刻，他便用废约缓索伊犁相对抗。你软硬兼施，我刚柔并济。改约谈判，历时两年，曾纪泽与俄方代表反复辩争"凡数十万言"，"口敝唇焦"，终于废弃崇约。

《中俄伊犁条约》——这是一个让外国人对中国人的外交才能刮目相看的条约。英国资深外交家、驻俄公使德费楞赞道："中国逼使俄国做了她从来没有做过的事，那就是吐出了她已经吞进的土地。"而曾纪泽的谈判对手俄国人格尔斯则称赞说，此次商改约章，"实系最难之事"，而曾使竟办得如此成功，足见"才智兼优，能办大事，曷胜钦佩！"

"凡事预则立，不预则废"，做任何事情，要想取得成功，就必须做好精心的准备工作。同样的谈判，崇厚失败而曾纪泽成功的根本原因便在于崇厚谈判前根本没有精心的准备，而曾纪泽则恰恰相反，不仅事先对自身的情况详细加以分析，还根据可能出现的各种情况预先拟好了对策，如此精心准备，再加之其高超的外交才能，这才让伊犁谈判成为中国近代外交史上为数不多的亮点之一。

镇南关大捷

法军在光绪十一年一月（公元1885年2月）占领了广西通往越南的重要门户镇南关。他们决心要以此为突破口，长驱直入，占领中国南部。

清军将领冯子材决心跟侵略者决一死战。尼格里知道了这个消息，十分忌惮，下令放火烧毁镇南关，退守到关外三十里的文渊城，准备寻找机会向冯子材率领的清军发动进攻。

冯子材当时已经是六十七岁的老将了。法军烧毁镇南关以后，冯子材马上领导军民在关内十里的关前隘修筑防御工事。同时，冯子材还设法团结其他边境部队，进行了周密的军事部署。

法军探听到冯子材有了充分准备，想绕过关前隘，偷袭镇南关以西一百三十里的艽封，然后攻占龙州，从背后包围冯子材的部队。冯子材早已料到敌人的这一招，派出一支队伍前往阻击。法军的阴谋没有得逞，只好退回文渊城。

过了些日子，法军统帅尼格里在文渊城调集了分散在各地的士兵，乘天降大雾向关前隘扑来。但最后被打得大败，尼格里也身受重伤，逃离了镇南关。

冯子材决定不给敌人喘息的机会，率军冲出镇南关，人不解甲，马不下鞍，接连攻克文渊、谅山、谷松、屯梅，直指北宁。驻守在北宁的越南伪军见法军大败，不愿再为侵略者卖命，自行瓦解了。北宁越南人民组成两万多人的"忠义"团，打起"冯"字旗号，抗击法军。在中越军民的沉重打击下，法军残余部队急忙把大炮等重武器和抢来的金银财物扔到河水里，向船头、郎甲一带跑去。

镇南关大捷使中越军民扬眉吐气，法军从此节节败退。然而，就在这胜利声中，奇怪的事情发生了。这年四月（公历6月），中法两国政府签订了《中法天津条约》。主要内容有清政府承认越南是法国的"保护国"；允许法国货物进出云南、广西，税收减轻等，连中国要在这里修铁路，也必须同法国人商办。中国军民用鲜血和生命换来的胜利，就这样被腐败的清政府葬送了。

中日甲午海战

1894年发生的中日甲午战争，是一场最具关键性的海上战役。北洋舰队的全军覆没，大清帝国敌不过小日本，从此改写了中国的近代历史。

由于日本极力争夺朝鲜，公元1894年9月17日的下午，我国第一支现代海军——北洋舰队，在黄海洋面，与日本第一支现代化海军——联合舰队，发生了遭遇战……

在海军提督丁汝昌的带领下，北洋海军护送完运兵船到朝鲜后正返回中国。遭遇到了日本军舰。丁汝昌立即下命令向日本军舰开火。日本军舰看"定远"号挂着帅旗，便将密集的炮弹对准它。丁汝昌受伤，总兵刘步蟾立即爬上摇摇晃晃的舰桥，代替丁汝昌指挥。

与此同时，在邓世昌的率领下，"致远"、"经远"两舰向"吉野"号猛攻。这时候，日舰"西京"号突然闯过来阻拦。邓世昌命令"致远"号连发几炮，打折了"西京"号的舵机，六七艘日本军舰纷纷向"致远"号包围过来。邓世昌指挥"致远"号死死咬住"吉野"号不放。"吉野"号终于被"致远"号打得起了火。在炮弹用尽的情况下，"致远"号选择了撞沉"吉野"号，与它同归于尽。邓世昌与全船战士都牺牲了。

在"致远"号英雄壮举的鼓舞下，各军舰与敌人展开了激战。刘步蟾指挥主力舰"镇远"号击中了"松岛"号。林永升指挥负重伤的"经远"号，打中了"赤城"号后，全船战士壮烈牺牲……天色渐渐暗下来，日军不敢再打了，于是收队撤退。悲壮的黄海海战结束了。

甲午海战爆发后不出数周，大清帝国的陆海军一败涂地，北洋舰队在自己的家门口全军覆没。后来，李鸿章出面跟日本签订了《马关条约》，赔款二亿两白银，割让台湾才平息了这场战争。

自此，有识之士认识到单纯的进行洋务运动、学习西方的科技，还不能挽救中国亡国灭种的命运，政治现代化的任务迫在眉睫了。海军教官出身的严复开始翻译介绍西方优秀的政治学说，试图为中国的发展寻找一条新的出路。

李鸿章赴日谈判

甲午战争中,随着北洋舰队的全军覆没,陆军的全面溃败,清政府向日本求和。日本摆出胜利者的架势,提出两个谈判的先决条件:一个是必须派李鸿章为头等全权大臣;一个是要让李鸿章有割让土地的大权。

1895年3月19日,李鸿章带着他的儿子李经方等人到达日本马关,同日本内阁总理大臣伊藤博文和外务大臣陆奥宗光进行谈判。

原计划谈判分为两步,先谈停战条件,后谈议和条件。谈判一开始,伊藤博文就提出"应让日军进占大沽、天津和山海关",这样一来,北京就直接置于日本的炮口下了。

因此,李鸿章坚决表示不能答应。这时,日本国内的一部分战争狂热分子按捺不住,认为李鸿章妨碍了日本在华的战略意图,决定行刺他。幸好只是受了伤。

李鸿章与伊藤博文人等人会面图 清

李鸿章遇刺的消息一经传出,各国舆论立即大哗,纷纷对日本进行谴责,大都对中国表示同情。李鸿章决定抓住这个机会,尽量减轻中国战败的损失。

4月17日上午10点,《马关条约》正式签订,除辽南割地的范围有所缩小和赔款的数额从三亿缩减到二亿外,其余的均照日本提出的条文拟定,中国的主权和领土完整受到空前的支解。马关议和的近三十天,令李鸿章心力交瘁,虽然他是奉命而行,但仍然觉得愧对国人,回到天津后就告病居家不出。但《马关条约》的内容传到国内后,人们异常激愤,他成了千夫所指的"罪人"。李鸿章痛心疾首:中日交涉的经历最不堪回首,使他一生的事业,扫地无余。他表示自己有生之年再不愿踏上日本的国土。1896年李鸿章出访欧美回国途中,曾路过日本横滨,随行人员都劝他上岸休息,被他一口回绝,可见马关条约在他心中留下的创痛。

更不幸的是,五年后,李鸿章还要临危受命,跟八国联军签订《辛丑条约》,又一次遭受奇耻大辱。而俄国又不断逼迫他签订割让整个东北的协议,李鸿章坚决不答应,最后被逼得吐血而亡,结束了命运多舛的一生。

台湾的抗日风潮

根据中日《马关条约》,台湾全岛及所属岛屿和澎湖列岛都要割让给日本。

日本终于得到了垂涎已久的台湾。

《马关条约》签订的消息传到台湾，台湾人民愤怒极了。他们拥进了巡抚衙门，向清政府示威抗议。但是，清朝政府置之不理，迅速办理了出卖台湾的移交手续。

日本侵略者得到"让渡证书"以后，派兵猛攻基隆，基隆守军英勇抵抗。日军付出了死伤一千多人的代价，才占领了基隆。台湾各族人民纷纷组织起了抗日队伍，各路义军推举刘永福为统帅。在这些义军中，规模最大的是徐骧、吴汤兴和姜绍祖率领的民团，他们沉重地打击了日军。

但不久，日军得到增援，开始反攻，起义军遭到了重创，而且粮食、弹药也已经快消耗光了。这时候，大陆上的人民掀起了支援台湾同胞抗日的高潮。他们筹集了经费、粮食和武器弹药。有不少爱国志士请求赴台，参加反割让的爱国斗争。但是清朝政府害怕台湾人民反割让斗争会得罪日本侵略者，打破可耻的"和局"，竟一再下令封锁海口，切断了大陆与台湾的联系。

台湾抗日军民得不到援助，日军却得到源源不断的增援，双方力量的差距越来越大。这年秋天，日本侵略军集中了四万多新式武装的兵力从陆、海两路围攻台南。在离台南城四十里的曾文溪，双方展开了大决战。日军把全部陆军都用上了，疯狂地炮击义军阵地。而各族义军始终浴血奋战，战斗到最后。义军弹尽粮绝的时候，徐骧悲愤地说："假如再有一千发子弹，我们就可以支持一段时间，可惜现在一粒子弹也得不到了！"他就手握短刀，率众冲入敌阵，在和敌人的肉搏中英勇牺牲。

刘永福见日军势力强大，难以抵挡，渡海退回了厦门。日本侵略者攻陷台南，又分路占领了其他各地。在中外反动势力的围攻和破坏下，台湾人民坚持了四个多月的反割让斗争，最后失败了。

中国的富强之梦——洋务运动

19世纪中叶，英法联军发动了侵略中国的第二次鸦片战争。1860年侵略军打进北京、火烧圆明园，强迫清政府签订了丧权辱国的《北京条约》。面对内忧外患，清朝统治阶级内部意见分歧，出现了洋务派和顽固派。洋务派主张利用西方先进生产技术，维护清朝统治。顽固派因循守旧，盲目排外，仇视一切洋事物。

慈禧暂采取了支持洋务派的策略。从19世纪60年代到90年代，掀起一场"师夷长技以自强"的洋务运动。确立了从制器练兵入手的洋务方略。接着，在京设立了负责经办洋务外交的中央机构——总理各国事务衙门，曾国藩提出"师夷智以造炮制船"，1861年设立了安庆内军械所，开始用机器制造枪炮和轮船，成为最早发动洋务运动的地方官员。继曾国藩之后，李鸿章成为洋务运动的最重要首领。综观30多年洋务运动的主要内容，可以归纳为四个方面。一是制器练兵，二是振兴商务，三是造就人才，四是创设近代海军。

洋务运动增强了清政府镇压太平天国运动的实力，也有抵制外国侵略的一面,但最终目的是维护清王朝的封建专制统治。从倾向性看,洋务派要求改变祖宗之法,反对顽固派盲目排外,主张学习西方先进科学技术,既顺应发展了"新思想",又对后来的资产阶级维新思想产生了重要影响。从客观效果看,洋务运动虽然没有使中国走上富强道路,但对外国资本主义的经济侵略起了一定的抵制作用,对中国民族资本主义的产生起了诱导作用,建起中国第一批近代工业,是中国从传统手工生产发展到大机器生产的转折点,发展了中国近代的军事和教育,造就了一批具有资产阶级思想的知识分子,在整体上促进了中国民主革命和近代化的进程。但由于阶级和时代的局限,洋务派一些决策人物思想上崇洋媚外和外交上的妥协求和也是导致洋务运动失败的原因之一。洋务运动的实践表明,在半殖民地的旧中国,依靠封建官僚士大夫实行的枝节改革,是不可能把中国引向资本主义近代化的。

亦官亦商的盛宣怀

晚清继胡雪岩之后另一个富可敌国的富商巨贾就是盛宣怀了。他几乎总揽了关系中国经济命脉的多家洋务企业。

李鸿章曾说盛宣怀的野心是"办大事"、"作高官"。除了做官,盛宣怀更大的贡献在于其首创精神。有学者统计,盛宣怀是当之无愧的近代"第一人",他创办的"第一"包括:第一家民用航运企业——轮船招商局;第一家电讯企业——中国天津电报总局;第一家内河小火轮航运公司——山东内河小火轮航运公司等。观其一生,可以说:无盛宣怀,就无洋务运动后期的成就。

令国家致富而不是个人致富,是盛宣怀的终极目的。他能够利用国家资源为国谋利。为国谋利之事就是洋务运动"富国"之事,致富是洋务运动后期阶段的主要目标。而坚持商办或者至少官督商办,才能真正实现利益的最大化。用当代的语汇,那就是要"按经济规律办事"。

在洋商的渗透和垄断下,中国民族经济面临着极大的危机。极力推动中国民用工业企业的发展,夺回民族经济发展的主导权,是盛宣怀和当时洋务活动家的共识。其宗旨是"致富"和"分洋商之利"。盛宣怀深感自身的责任重大,他以极大的勇气承担这份责任:"今人于古人尚不甘相让,何夷狄之智足多哉。"从筹办中国第一家现代银行(通商银行)到维护中国电线铺设的权利,无不反映了盛宣怀匹夫有责的理念。

盛宣怀积极关注国家利益,考虑如何运用手中的财富为国家富强做出贡献。只有将自己命运与国家联系在一起的人,才会有不懈的动力而永远前进。

由状元到实业家的张謇

1894年的春天,为了庆祝慈禧太后六十大寿,清政府破例多开一次科举考试,中国知识分子获得了一次新的机遇。在这次"恩科"取士中,一位年已不惑的考生拔了头筹,成为状元,他就是来自江苏南通的张謇。

1894年的夏天，日本对中国发动"甲午战争"。最终以中国战败而告终，签订了丧权辱国的《马关条约》。甲午战败，张謇痛定思痛，深感中国当务之急，就是要大力发展实业，以求民富国强，从而发出了近代中国最响亮的"实业救国"的呼吁，并义无反顾地身体力行！

一个饱读诗书、满口仁义道德的状元郎，要蜕变成满脑子成本与利润的资本家，张謇精神世界的紧张是不言而喻的。他为纱厂取名"大生"也出自《易经》之"天地之大德曰生"，"富民""强国"成为他克服内心世界矛盾的根据，使之获得了道德和理性的力量。

1899年4月14日，大生纱厂在一片嘲笑声中开工生产，纺出了第一缕棉纱。此后，大生一路高歌猛进，不断进行资本扩张。成为中国东南沿海实力最雄厚的民族资本集团。

1920年前后，张謇个人职业生涯进入鼎盛期，他被公认为"东南实业领袖"！在张謇的苦心经营下，南通这个默默无闻的城市，脱颖而出，凌驾于苏州、无锡、常州之上，号称"中国近代第一城"。

1905年，"清末新政"废除了自隋朝以来延续千年的科举制度，张謇在10年前就以实际行动成为科举制的终结者。一个终结者往往也是开拓者，张謇之后，大批官僚士绅纷纷弃官经商，有内阁中书、翰林苑庶吉士、刑部郎中、吏户工等六部主事，也有直隶知府、邮传部侍郎，他们抛弃二品、三品顶戴，纷纷下海创办实业。百年前的中国政局，弃官经商居然形成了一股不大不小的潮流，冲击着官本位的腐朽体制。百年前的中国知识界，传统文人的精神家园正在经历一场悄无声息的革命！

袁世凯在朝鲜

1859年9月16日，袁世凯出生于豫中地区一个不出名的小县城里——项城。

袁世凯由于从小受父母溺爱，养成了顽皮捣蛋的脾性，喜欢舞枪弄棍，放荡不羁。在北京做大官的堂叔袁保恒怕他越学越坏，就派人把他接到北京。

1881年，二十二岁的袁世凯开始了他的军旅生涯。袁世凯投军的第二年，中国的属国朝鲜在日本的暗中煽动下，发生了兵变，史称"壬午兵变"。吴长庆的部队接到命令去朝鲜平息叛乱，袁世凯得到了展现自己才能的机会。

北洋水师提督丁汝昌派舰队负责运送，五天后的晚上抵达朝鲜南阳港，按预定计划从马山浦登陆。这时准备在仁川登陆的日军和清军帆樯相望，彼此各自戒严，形势十分紧张。营务处帮办袁世凯主动请缨为大部队登陆开道。

第二天黎明，吴长庆率领大部队离舰登陆，见袁世凯指挥若定，有条有理，大军的住宿一切也已安排就绪，不禁赞赏他的治军才能。不久，在袁世凯的主持下，摆下一场精彩的"鸿门宴"，将发动叛乱的首要分子大院君捉拿到中国，一手平定了叛乱。朝鲜的局势也暂时平定下来。

袁世凯开始崭露头角。1884年，朝鲜又发生叛乱，袁世凯出兵朝鲜王宫，加以镇压，将日本的势力第二次逐出朝鲜。袁世凯后来虽背上了破坏维新变法、

复辟帝制的恶名，但我们不能否定他青年时期在朝鲜为维护国家主权所做的贡献。

1895年正月，清政府正式决定开始编练一支新式陆军——定武军。1898年底，清政府改任袁世凯为定武军统帅，继续在小站驻扎，从而开始了袁世凯小站练兵的生涯。他将部队正式更名为：新建陆军。经过几年的努力，袁世凯练出了一支颇有战斗力的新式陆军，推动了清朝末年的军事改革。同时，小站新军也成了袁世凯手中的一张王牌，成为他日后纵横中国政坛的最大资本。

康有为变法改制

康有为从小读书就很用功。他还留心当时的天下大事。后来，他到了香港、上海，在那里，他长了见识，也看到了许多外国书，有了很多想法。

康有为来到北京，连续给年轻的光绪皇帝上书，请求变法维新。到第五次的时候，光绪皇帝终于知道了。他就派五个大臣，在总理各国事务衙门找康有为谈话。

康有为侃侃而谈，说了许多自己的看法。在五个大臣里，有光绪皇帝的老师翁同和。他听了康有为的主张，很赞成。第二天，他就把这次谈话的经过报告给了光绪皇帝。光绪皇帝听了，热血沸腾。

公元1898年6月11日，光绪帝发布《定国是诏》，公开宣布他决心变法改制。这就是"百日维新"的开始。紧接着，光绪皇帝在颐和园召见了康有为。很快，光绪帝根据康有为的主张，向全国发布了许多法令。其中有学习西方的科学技术，发展我国的工商业；改革大清法律中陈旧腐败的条款，允许官民上书、提建议；废除八股考试制度，在北京设立京师大学堂，在全国普遍设立小学堂等。

在光绪帝和康有为等变法维新派大干特干的时候，掌握实权、以慈禧太后为首的旧派却不动声色。他们认为光绪帝的"变法改制"只是"幼稚胡闹"。事态发展到9月中旬，当光绪帝还忙着要开懋勤殿，以鼓励臣民向朝廷直接荐贤进言时，慈禧太后脸色突变，软禁了光绪帝。为了保位保命，光绪帝下密诏请谭嗣同、刘光第、杨锐、林旭等人设法营救，一面又让康有为以办官报的名义火速出京。

康慈禧太后发动了政变，宣布自己临朝"训政"。很快，就逮捕新党，并尽废新法，恢复旧法。随后，"戊戌六君子"未经审讯被杀，推行了百天的变法宣告失败。

在消息灵通的英国大使馆的帮助下，康有为逃出了西太后的追捕。从此，他辗转国外，过起了流亡生涯。而他的思想并没有随着时代的发展而进步，后来成了保皇会的首领。他一直活到1927年，年近七十死在了山东青岛。

严复翻译《天演论》

严复自幼受到良好的传统教育，在他14岁那年，他投考了马江学堂。

在船政学堂里，严复主修的课程有英文、代数、几何、电磁学、地质学等学科，这些都是从西方传入的新学。在船政学堂以优异的成绩毕业后，严复进入海军成了一名军官。

1877年，严复被派往英国著名的格林尼治皇家海军学院学习。他在留学期间，不仅刻苦学习有关海军技术的学业，同时也十分注意了解西方资本主义社会的思想文化，而正是在这个时候，严复第一次接触了达尔文的进化论思想。继达尔文之后，英国的博物学家赫胥黎又发展了进化论，他认为一切生物都是通过各种竞争向前进化的，只有能经得起考验赢得竞争的生物才会向前进化并生存下来，否则就会被淘汰，永远地消失；这也就是严复后来概括的："物竞天择，适者生存。"赫胥黎将他的观点写在一本名为《进化论与伦理学》的书里，严复在英国期间便仔细阅读过这本书，对书中思想深表认同，对赫胥黎更是十分敬仰。

在英国学习了两年以后，严复回到福州母校，开始为培养海军人才做贡献。1894年，中日甲午战争北洋海军全军覆灭，严复十分沉痛。这个时候，维新党人宣传西方先进的国家理念与思想，严复决定投身到变法运动中去。他想到了赫胥黎的《进化论与伦理学》一书，虽然它主要讲的是自然界适者生存的法则，可是，这一样可以扩展到人类社会；人类社会也充满竞争，只有不断赢得竞争才能不断前进，否则就会被淘汰。于是他立即决定将这本书翻译成中文，以推广这种思想。就这样，到1896年，严复便将这本书翻译成中文，并加入了许多自己的想法，定名为《天演论》。

《天演论》一出版，立刻引起了中国人思想上的大震动，掀起了进化论热潮，推动了中国人思想、认识上的提高，更激励了一代又一代的有志青年，成为中国历史上最重要的译著之一。

八国联军进北京

清末中国人民不堪帝国主义的欺凌，掀起了轰轰烈烈的义和团运动，列强决定出兵干涉。1900年，由德国将军西摩尔率领的的八国联军企图入侵北京。

慈禧太后向八国联军宣战，企图让他们和义和团战斗起来，自己坐受渔翁之利。

各路义和团对侵略者愤恨不已，他们浩浩荡荡地开进了天津，决心血战到底。侵略军先派重兵占据了老龙头车站，它是通往北京的必经之路，又是租界里的侵略者同外界联系的枢纽。义和团和侵略军在这里展开了激战，最后胜利收复了老龙头车站以北的沿线据点。

在保卫天津的战斗中，一部分清军也积极参加了战斗。

八国联军侵占廊坊后的纪念照

但是帮办北洋军务大臣宋庆到了天津后,却指挥清军专门围剿义和团。义和团抵挡不住清军和八国联军的两面攻击,经过浴血奋战,天津终于在六月十七日被八国联军占领了。

八国联军对天津人民进行了惨无人道的烧杀抢掠,然后又向北京进犯。慈禧太后吓得狼狈逃往西安。义和团积极抗击侵略者,但八国联军还是在七月二十日攻进了北京。义和团战士和敌人展开了搏斗,经过三天三夜的肉搏,八国联军才攻进皇宫,并且分区划段地占领了北京。

八国联军在北京大烧、大杀、大抢了多天。整个北京鲜血满街,尸骸遍地。至于被抢劫的损失,根本无法估计。皇宫和颐和园的奇珍异宝、贵重文物,都被抢劫一空。我国古代最大的类书《永乐大典》,也被焚烧抢劫,有的至今还摆在纽约、伦敦和巴黎的博物馆里,成了侵略者的罪证。

到了这个时候,清朝政府又一次派李鸿章向侵略者求和,接受了他们提出的《议和大纲》。1901年9月7日,近代史上又一个屈辱卖国条约签字了。这一年是旧历辛丑年,所以叫《辛丑条约》。这个条约允许帝国主义各国在北京到山海关铁路沿线和驻京使馆驻兵,拆毁大沽炮台和京津之间的炮台,赔款四亿五千万两。这就使帝国主义进一步加强了对中国的控制,而清朝政府已经完全成了帝国主义侵略中国的工具。

清政府推行"新政"

《辛丑条约》签订后,帝国主义采取以华治华的策略,全面控制清政府,加紧和扩大侵略。为了维护清王朝的统治,慈禧太后不得不从1901年起宣布实行"新政"。

从此开始至光绪三十一年五大臣出洋考察宪政止,清政府依据内外臣僚特别是袁世凯提出的新政10条和刘坤一、张之洞会奏的"变法三折",陆续颁布一系列上谕,推行"新政"。其主要内容有:第一,筹饷练兵,编练"新军"。第二,振兴商务,奖励实业。第三,废科举,育才兴学。第四,改革官制,整顿吏治。

清政府推行"新政",原想缓和国内矛盾,维持和巩固其封建统治,但实行的结果却适得其反。首先,由于举办"新政",每年要向各省摊派白银2300万两,人民不胜负担,自发斗争更为广泛。其次,"新政"虽然裁汰了一些冗吏,但又出现了新旧机构重叠。再次,由于"新政"的目的与施行后出现的新生力量的发展要求背道而驰,引起了新旧势力之间以及旧势力内部对待新势力不同态度的派系之间的种种纷争。

但清末"新政"在政治上增设了一些适应近代化的机构,修改了《大清刑律》,废除酷刑峻法,注入了一些资产阶级人道主义的原则;在经济上,允许和奖励私人资本主义的自由发展,承担保护资本主义工商业的责任,提高民族资产阶级的政治和社会地位;在文化教育上,给西学以合法地位,允许学习和传播资本主义的自然科学和资产阶级的社会政治学说;在军事上,采用西方资本主义建军理论和原则,使古老的封建专制制度发生了一些变革,促进了中国社会近代化的进程。

总的来看，清末"新政"属于半殖民地半封建性质，当时民主革命的高潮已经到来，而清末"新政"的某些措施客观上具有积极的意义，比如"新政"奖励实业，客观上有利于民族资本主义发展，军事改革客观上有利于中国军队建设，派遣留学生客观上有利于民主革命思想和文化的传播，因而也有利于辛亥革命的到来，加速了清王朝的最终覆灭。

孙中山伦敦历险

孙中山因为进行革命活动，被清政府追捕，他不得不逃亡，最后到了英国的伦敦。孙中山就去拜访他以前留学时的老师康德黎博士。康德黎十分高兴，为孙中山租了一间公寓。孙中山每天看书、访问、考察、写文章，生活安定下来。

这一天，孙中山到伦敦附近的一座工厂考察回来，沿着一条僻静的小巷走着。忽然被两个彪形大汉架住，把他塞进了一辆马车。

原来清政府把孙中山看作是叛逆要犯，他们一面派出大批暗探跟踪逮捕孙中山，一面要求清政府驻亚、美、欧洲各国的使馆，设法抓住孙中山。这几个人就是清政府驻英国使馆派出来的。

孙中山被抓后关在使馆三楼的一间小屋里。为了防止孙中山逃跑，他们还给小屋的窗户装上了铁栅栏，门口有两个大汉轮流看守。孙中山利用送饭的老人把自己被捕的消息通知给了康德黎夫妇。

他们得知消息后可急坏了，四处奔走，设法营救。他们到了清政府的公使馆，要求大使龚照瑗放人。可这个狡猾的家伙竟然抵赖说他们根本没见过孙中山。这下可把康德黎气急了，他跑到伦敦的一家叫《地球报》的报社，刊登了一条"清政府无耻绑架革命领袖"的消息。这一下全伦敦城都炸了锅，许多同情中国革命的市民聚集在清使馆门前，要求释放孙中山，甚至有人喊出"捣毁使馆"的口号，而且英国政府也向清使馆施加了压力。

在群众的怒潮中，龚照瑗一伙无计可施，只好乖乖地把孙中山放了出来。

孙中山被释放后，继续从事他的革命活动，清使馆对他的囚禁，不但没能伤害他，反而使他在英国名声大振，清政府再也不敢在英国逮捕孙中山了。

此后，孙中山又在伦敦住了两年多，学到了许多革命知识。后来他又去了日本，在那里与其他一些革命领袖们一起在1905年组织了"同盟会"，在中国大地上掀起了轰轰烈烈的革命运动。

鉴湖女侠秋瑾

秋瑾从小就喜欢读书，能言善辩，性格热情倔强，可惜这样一个多才多艺的女子，却在父母的包办下，嫁给了一个浪荡公子。

为了寻找革命的真理，秋瑾离开了儿女和丈夫，只身远走日本。在日本，她一面学习，一面积极参加反清的革命活动。秋瑾特别重视发动妇女来参加革命。

1906年，秋瑾回国后，就在上海创办了中国女学，主编《中国女报》，结交了很多革命志士。

1906年冬天，同盟会发动了萍浏醴起义，威震长江流域。全国的革命潮流一下子高涨起来。这时秋瑾激动不已，她自告奋勇，担负起浙江起义的领导工作，回到家乡绍兴主持大通学堂，准备起兵支援萍浏醴起义。大通学堂实际上是光复会培训干部，组织群众的据点。秋瑾接手这所学校后，为便于活动，她组织一个公开"体育会"，亲自担任教员，每天清晨带着几百名学生做操练习骑马、射击等。此外她还亲自到金华、兰溪等地联络会党，秘密组成"光复军"，并于1907年5月，和徐锡麟议定7月间在浙江、安徽同时发动起义。

但在6月间，由于绍兴的会党过早地暴露了目标，清政府到处查处革命党人。徐锡麟刺杀安徽巡抚恩铭，被捕牺牲。

当秋瑾从报纸上看到徐锡麟遇害的消息时，悲愤欲绝。大通学堂很快也被暗探监视住了。一大群清兵逮捕了秋瑾。在绍兴知府衙门公堂上，秋瑾一言不发，以超人的毅力忍受了各种酷刑的折磨，没有吐露半点革命机密。

7月15日凌晨四点，当人们正在睡梦中的时候，这个坚强的民主革命战士，旧时代先觉的前驱者，被杀害于绍兴城内古轩亭口。这一年她才三十一岁。

秋瑾牺牲后，其好友徐寄尘不忘烈士生前"愿骨埋西泠"的遗愿，亲自把秋瑾葬在西泠桥畔。如今杭州西子湖畔，每年清明时节，青少年、妇女、各界人士、海外侨胞都前来悼念秋瑾。秋瑾的名字与日月同辉，她的业绩与山河共存。

汪精卫刺杀载沣

1904年9月，汪精卫与朱执信、胡展堂等在日本求学，接受革命思想的熏陶，成为孙中山领导的同盟会中的一员。1907年至1909年，孙中山领导的各次起义先后失败了，一部分革命党人也因此意志消沉，清廷和改良派对此欣喜若狂，更加大肆鼓动吹吁和玩弄"立宪"的骗局。

面对这种形势，汪精卫决定赴北京进行暗杀活动。1909年12月，汪精卫携同陈璧君、喻培伦等人赶赴北京伺机进行暗杀活动。他们密议，决定刺杀清摄政王载沣。

当时载沣居住在后海北岸醇王府。他每天上下朝都要经过银锭桥。汪精卫等人决定将炸弹埋于桥下。

但是不巧，银锭桥下的炸弹被人发现，并报了警。第二天，北京各报纷纷刊载这一消息。民政部尚书善耆、步军统领正党毓朗及警察厅厅丞章宗祥等即亲往银锭桥勘查。发现盛药的铁罐为中国货，旋即查问城内各铁铺，很快得知是鸿太永铁铺为守真照相馆特地制造的。经铁铺掌柜确认，汪精卫、黄复生等很快被捕。

汪精卫被捕后，他索来纸和笔墨，奋笔疾书、痛斥了清廷假"立宪"之骗局。

汪精卫暗杀载沣，载沣对此极为震怒，欲杀汪而后快。但肃亲王认为，当此立宪时期，杀死革命党人，只能激起其他革命党人更加激烈的反抗，不如从轻判处，以收缓和民心和拉拢革命党人之效。清廷遂判汪、黄无期徒刑。与此同时，孙中山、胡汉民、陈璧君等人也展开行动，设法营救。

1911年10月10日辛亥革命爆发，全国各省纷纷响应，宣布独立自治。摇摇欲坠的清政府一方面调兵遣将，起用袁世凯加紧对武汉地区革命党人进攻，企图将革命镇压下去。另一方面在政治上推行安抚政策，以此来缓和反清情绪。于10月30日宣布"开放党禁，以示宽大，而固人心。"由此，汪精卫等人获释。

汪精卫也因1901年谋刺摄政王而声名显赫，世人皆知。

黄花岗七十二烈士

孙中山领导成立了同盟会之后，组织了多次武装起义，而其中最重要、影响最大的当属1911年4月27日的广州起义，也就是通常所说的"黄花岗起义"。

孙中山等人正在积极准备的时候，起义之事逐渐被察觉。不得已，黄兴只好下令起义取消，已经集结在广州附近的革命党武装也撤了回去。但黄兴同时又考虑如果一枪不放就此解散，不仅前期的努力付之东流，而且也会使革命党人无颜面对那些倾囊赞助革命的海外华侨，因此他决心拼死一搏。于是，当天晚上黄兴决心率领留剩在广州的一部分先锋孤注一掷，仍按原计划发动起义，准备攻占清朝广东、广西两省长官的官府，一部分兵力准备攻占广州城的北门。

下午5点30分，黄兴率队从指挥部出发，直攻广东、广西两省长官官府。螺角号一时"呜呜"声不断，一场碧血四溅荡气回肠的战斗打响了。

这几乎是一场处于绝望下的战斗，而遭遇的却比想像中最坏的情况还要坏。黄兴率一百多人猛攻官府，死伤众多好不容易攻进去，却发现是一座空屋，清政府官员早有准备，已经提前撤出了。而本来报纸上说今天广东地方的各级官员都要在这里开会的，黄兴等人这才知道上了当。

敢死队撤出官府的时候，碰上了开来的广州巡防军队。接着又有一支巡防部队开来，他们并没发出事先商定好的接头信号，而是拿枪指着同盟会会员；一个会员急忙开枪，结果打死的却是据说事前有联系的军官温带雄。整个局面变得混乱不堪。这一百多人在城里左冲右突，孤军奋斗；许多人临事表现得十分勇敢。黄兴冲出官府时右手两个手指已被敌人打断，但他仍带着队伍奋勇杀敌，且战且走。后来在激战中与大队伍走失，幸遇一个好心的小店店主帮他换了衣服，躲了起来才逃过此劫。其他同志三分五离，彻夜巷战，或饮弹或被擒，幸存者寥寥无几。

这次起义中，先后牺牲的共八十多人，其中有七十二人被收葬于广州黄花岗，这便是著名的"黄花岗七十二烈士"。

武昌起义

1911年1月，湖北革命党人组织的文学社宣告成立，他们以"推翻清朝专制,反对康、梁的保皇政策,拥护孙文的革命主张"为活动的宗旨。很多新军也加入了。这时候,湖北还有另一个革命组织共进会。两个组织决定联合起来成立起义总指挥部,准备在中秋节(10月6日)举行武装起义。

就在起义准备工作紧锣密鼓地进行时,发生了一个意外事件。革命党人不得不推迟起义,将时间改在10月11日。可是到了10月9日,又发生了一件意外。孙武等人在赶制炸弹时,不慎爆炸。起义暴露,清军下令全城戒严,搜捕革命党人。

10月10日,新军中几个革命士兵首先行动起来,揭开了武昌起义的序幕。起义的士兵们打死了反动军官,其他军官见势不妙,有的翻墙逃跑,有的躲进了厕所。各队士兵见官长死的死,逃的逃,胆子就更大了。队官(相当于连长)吴兆麟进过参谋学堂,军事知识和作战经验都比较丰富,被推举为临时总指挥。吴兆麟要求士兵们绝对服从命令,并对起义部队作了部署。

这时候,别营的起义士兵和学生来到楚望台。南湖炮队也把火炮拉了出来,架设在中和门城楼、楚望台和蛇山等制高点。约有二千人的革命军开始了围攻总督衙门的战斗。

总督瑞澂吓得魂不附体,急忙叫人在衙门后墙挖了个洞,爬出去逃到事先停在长江的楚豫号兵舰上去了。第八镇统制张彪凭借有利地形和先进武器,带领清兵在望山门拼死顽抗。但革命军十分英勇,经过整整一夜的激战,终于占领了总督衙门和武昌全城。数百名革命士兵在战斗中献出了年轻的生命,用鲜血换来了胜利。10月11日上午,武昌城头飘起了革命军的大旗,革命党人胜利了。

武昌起义的胜利,就像一个惊雷,掀起了全国革命风暴,劈碎了封建王朝的统治枷锁,腐朽的清王朝很快土崩瓦解。由于这一年是旧历辛亥年,所以这场伟大的革命又叫辛亥革命。

民国——复兴之路
（1912年—1949年）

1911年10月10日，武昌起义爆发，全国各地竞相响应，使清王朝处于顷刻瓦解的境地。1912年1月1日，中华民国临时政府成立，标志着中国历史上第一个资产阶级共和国的建立，宣千了延续2000多年的中国封建君主专制制度的结束。但随后不久，在国内外反动势力的支持下，1912年3月，袁世凯窃取了中华民国的政权。

辛亥革命失败后，袁世凯极力打击革命力量，用阴谋手段控制了内阁，建立起专制独裁的统治。他对外出卖国家利益，对内镇压革命党人，并企图恢复帝制。袁世凯的倒行逆施，遭到了全国人民的强烈反抗。1916年6月6日，袁世凯在举国唾骂声中，忧惧病死。袁世凯死后，从北洋军阀集团中分化出来的皖系、直系和奉系军阀相继控制北洋政府，中国从此开始了军阀混战时代。

五四运动和在其先后兴起的新文化运动，促成了马克思主义在中国的传播，为中国共产党的成立作了准备。1921年7月中国共产党成立后，积极联合孙中山领导的国民党，为实现国共合作而努力。1924年1月，中国国民党第一次全国代表大会在广州召开，国共合作正式形成，成为中国革命高涨的起点。在国共两党的共同推动下，轰轰烈烈的国民大革命开始了。1926年6月开始的北代战争，使国民革命达到了最高潮。但是，因为蒋介石集团和汪精卫集团先后叛变革命，国共合作破裂，国民革命失败。

1927年4月18日，蒋介石成立南京国民政府。而中国共产党团结人民，坚持战斗，逐步开辟出一条农村包围城市武装夺取政权的革命道路，掀起一场土地革命的风暴。从1930年底开始，国共两党开展了"围剿"和反"围剿"的长期军事斗争。但在第五次反"围剿"中红军由于"左"的错误而遭到失败，被迫进行了二万五千里长征，并胜利地转移到了陕北。

面对日益严重的日本侵略威胁，国共两党逐渐相互靠拢，并实现了两党的二次合作。1937年7月至1945年8月，在抗日民族统一战线的旗帜下，在世界进步力量的支持下，中国人民经过艰苦卓绝的八年浴血奋战，付出了巨大的民族牺牲，终于打败了凶残的日本侵略者，取得了抗日战争的最后胜利。

抗日战争胜利后，中国共产党力图避免内战，争取经过和平的道路建设一个新的中国。国民党集团则坚持独裁、内战的方针，玩弄和平阴谋，并于1946年6月发动了对解放区的全面进攻。解放区武装被迫自卫，全面内战再次爆发。中国共产党放手发动群众，在解放区普遍实行土地改革，并运用正确的战略战术，在不到三年的时间内，打败了国民党军队。1949年4月24日，人民解放军占领南京，蒋家王朝覆灭，结束了国民党在中国大陆的统治。1949年10月1日，中华人民共和国建立。中国进入一个全新时代。

袁世凯称帝

武昌起义爆发以后，清政府无力应付，摄政王载沣只好派人去请被革职的袁世凯。任命他为钦差大臣，让他掌握全国的兵权；不久，又让袁世凯当内阁总理，重新组阁

孙中山此时已从海外归来，革命党人在南京举行17省会议，选举孙中山为临时大总统。1912年元旦，孙中山到南京就职，成立了中华民国临时政府，并定这一年为民国元年。

袁世凯这时并不想全力镇压革命，而想和临时政府中的反对派联合起来，进行和谈，然后逼孙中山辞职，由自己就任民国大总统。孙中山同意辞去临时大总统职务，但前提必须是清朝宣统皇帝退位。

于是，袁世凯加紧了逼清帝退位的活动。公元1912年2月12日，隆裕太后宣布宣统皇帝退位。统治中国二百六十多年的清王朝到此结束，两千多年的君主专制制度也完结了。

1915年12月12日，袁世凯宣布承受帝位，改国号为"中华帝国"。

孙中山于是辞职把临时大总统的职位让给袁世凯。但是他为了防止袁世凯破坏《临时约法》，他在提出辞职时附加了三个条件：第一，临时政府设在南京，好削弱袁世凯和北方封建势力的联系；第二，新大总统在南京就任的时候，大总统才辞去职务；第三，新大总统必须遵守《临时约法》。接着，孙中山派蔡元培等人为专使，到北京迎接袁世凯南下。

北京是袁世凯的势力中心，他不愿意离开。暗地里指使他的爪牙制造"兵变"和混乱。拥护袁世凯的人借机大作文章，说："袁世凯不能离开北京，离开了就会发生变乱。临时政府必须设在北京。"蔡元培等人被蒙蔽住了，孙中山看到反对也没有用，就再次让步，同意了袁世凯在北京上任，把临时政府迁到北京。

民国元年（公元1912年）3月10日，袁世凯在北京就任临时大总统。孙中山领导的资产阶级共和国，就这样在半路上夭折了。帝国主义和封建主义的忠实代表袁世凯窃取了辛亥革命的成果，开始了北洋军阀的反动统治。资产阶级民主革命的任务并没有完成。

宋教仁遇刺

袁世凯就任临时大总统以后，大权独揽，一心恢复帝制。在孙中山等人的提

议下，中华民国临时参议院公布《临时约法》，主张实行责任内阁制，意在扩大总理的权力，限制总统的权力。

当时，同盟会已经联合一些党派，组成了国民党，推孙中山为理事长。孙中山随即委任宋教仁为代理事长。在1913年的国会选举中，国民党取得了压倒多数票的优势，如果依法办事，宋教仁势必出任总理、袁世凯派人刺杀了他。

上海方面对捉拿刺杀宋教仁的凶手非常积极。报纸上登出消息和宋教仁的照片，号召大家检举揭发。不久就察明持枪行刺宋教仁的直接凶手是流氓兵痞武士英，具体收买布置行凶的是应桂馨和洪述祖，谋杀的主使人是赵秉钧。而赵秉钧的后台，不是别人，原来就是袁世凯！

黄兴等人向北京政府建议，组织处理宋教仁案件的特别法庭，由国民党人黄郛等主持。特别法庭将要审判的时候，袁世凯指使爪牙把武士英弄死了，使法庭死无对证。这时候，袁世凯已经做好了准备，在帝国主义的支持下，向南方的国民党人发动进攻了。他撤了国民党员担任的三个省的都督，又出兵南下。

宋教仁案件不了了之。这样，国民党才起来应战。在孙中山的领导下，各地的国民党人相继宣布独立，声讨袁世凯。黄兴到南京担任讨袁军总司令。这就是近代史上所说的"二次革命"。但是这次革命由于国民党内部涣散，步调不一致，在袁世凯的军事打击和分化收买下，很快就失败了。

1915年12月12日，袁世凯假装接受民意，宣布改国号为"中华帝国"，改元"洪宪"，以第二年即1916年为洪宪元年。但由于全国人民的反对，袁世凯众叛亲离，成了孤家寡人，只好于取消帝制。两个多月后，袁世凯在气恨交加中病死。

张勋复辟的丑剧

袁世凯死后，黎元洪继任大总统，段祺瑞为国务总理，共同执掌北京政府。黎元洪投靠了英美，段祺瑞投靠了日本。各自争权，这样就形成了所谓的"府院之争"。后来"府院之争"愈演愈烈，为了能消灭对方，府院双方都极力拉拢各军阀势力，张勋则是被他们拉拢的主要对象。张勋的靠山是德国人，而且赞成帝制反对共和。

张勋接到两人的邀请电后，大为欢喜，认为恢复大清帝国的机会到了。他带领五千名"辫子军"从徐州出发，第二天就到了天津。

听说张勋要进京，那些清朝的遗老遗少和复辟分子们乐坏了，他们做梦都盼着"复国"呢。末代皇帝溥仪还派人跑到天津，催促张勋赶快动身进京。

1917年6月30日晚上，张勋带领辫子军进了北京城，立刻占领了要害地点，实行全城戒严。他又派人去找黎元洪，要他把大权交给清廷。黎元洪跑到日本公使馆去避难。7月1日清晨，张勋穿着蓝纱袍、黄马褂，戴着红顶花翎和朝珠，率领康有为、王士珍等五十多人来到故宫。朝拜穿戴齐整的溥仪。

接着，复辟小朝廷连续颁发康有为写好的一道道"谕旨"，宣布改中华民国为"大清帝国"，当年为宣统九年，清朝的遗老遗少一听说已经复辟，弹冠相庆，纷纷穿上清朝时候的服装，拖着长辫子，丑态百出。

但是，复辟帝制毕竟不得人心，社会各界纷纷声讨。孙中山在上海召集革命党人开会，宣布和复辟势力不共戴天。

段祺瑞看到通过张勋解散国会、驱逐黎元洪的目的已经达到，也翻过脸来变成了反复辟的"先锋"。他打出"再造共和"的旗号，在天津组织了自任总司令的"讨逆军"。段祺瑞的讨逆军分别从天津和保定出发进攻北京，张勋的辫子军节节败退溃散。段祺瑞打进北京，复辟狂们又脱下袍褂翎顶，把辫子盘在头上，纷纷逃散。

张勋见大势已去，只好逃到荷兰公使馆躲藏起来。溥仪再次宣布退位。喧嚣了十二天的张勋复辟丑剧，以彻底失败而告终。

五四爱国运动

1919年5月4日，在北京爆发了轰轰烈烈的反帝爱国运动，并很快波及全国，史称五四运动。五四运动的直接导火索是中国在巴黎和会上的外交失败。

5月4日下午，北大、高师等十多所学校学生三千多人到天安门前汇齐了。学生们高举着"誓死争回青岛"、"还我山东"、"惩办卖国贼曹章陆"等标语，有的演说，有的呼口号，有的散发传单。学生们的行动，惊动了京师朝野各界。

2点45分，游行队伍向南进入东交民巷，期望西方国家"主持正义"，不想遭到外国巡捕的拦阻。群情更加激愤，决定去找卖国贼问罪。游行队伍，直向曹汝霖住家的东城赵家楼进发，放火烧了赵家楼。

北京学生的爱国运动迅速波及全国，各地陆续响应。6月上旬，各省学生代表和北京学生代表在北京大学红楼开会，决定到总统府请愿，要求当时的总统徐世昌接见。

徐世昌迫不得已，让进去十名代表。北大代表首先讲话，要求拒绝在巴黎和会上签字，要求惩办卖国贼，要求释放被捕学生。徐世昌摆出大人物的架式，训斥他们。徐世昌的话引起代表们的不满，他们反驳辩论，徐世昌却无动于衷。代表屈武激动地上前一步，眼含热泪，快步走到墙边，用头碰撞墙壁，顿时血流满面。代表们忙扶住了他，在场的官员可吓得目瞪口呆。徐世昌连忙起身走了进去。

屈武以死抗争、血溅总统府的消息传到新华门外，学生们群情激昂，非要涌进去和徐世昌辩理。军警们急忙出面阻止，双方就争执起来。

到了深夜一点多，徐世昌终于派内务总长出来对学生们说："刚才，内阁开了紧急会议，决定接受大家的要求，电令出席巴黎会议代表拒绝签字，释放学生，批准曹章陆三人'辞职'。"

在全国人民的支援下，学生们取得了这场斗争的胜利，五四运动也以最后的胜利告一段落。这是中国人民在反帝斗争中第一次取得胜利。从此，中国革命进入了一个新的历史时期。

中国共产党的诞生

1917年俄国十月革命胜利，共产主义运动震动了世界，中国也受到强烈冲击。特别是在五四运动后，马克思主义得到更加广泛的传播，研究和传播马克思主义和俄国十月社会主义革命的经验成为潮流，许多革命社团和进步刊物如雨后春笋般地涌现出来，一批具有初步共产主义思想的先进知识分子应运而生，当时最负盛名的是"南陈北李"，指的是陈独秀和李大钊。

1920年3月，共产国际派魏金斯基来中国，认识了李大钊和陈独秀，在共产国际的帮助下，各地纷纷建立了共产主义小组，中国革命的曙光就要出现了。

1921年7月23日，中国共产党第一次全国代表大会在上海法租界贝勒路树德里三号，开幕，出席大会的代表共十三人，23日到30日，前后八天时间，会议进行得较顺利，然而，7月30日晚八点多钟，会议开始不久，一名男子，突然闯入会场，又急忙退了出去。这引起了大家的怀疑，在场的人先后离去，只剩陈公博、李汉俊两人。

果然，十余分钟后，法租界巡捕便包围了会场，闯进室内，但他们找不到证据，只好离去。为了使代表大会继续开下去，代表们分两批离开上海去嘉兴。

7月31日上午，代表们到达嘉兴，便租了一条游船，为了会议的安全，代表们带着乐器、麻将牌，船的中舱桌上还摆着酒菜，以游客身份作掩护。这天，小雨连绵不断，湖上游人稀少，四周一片寂静，清风徐来，水波荡漾。大会讨论通过了中共的纲领等决议，选举了党的中央机构，下午六时左右，大会胜利闭幕。

中共的成立，是中国历史上一件开天辟地的大事，从此，在中国出现了一个完全新式的，以共产主义为奋斗目标，以马克思列宁主义为行动指南的统一的工人阶级政党，它改变了中国革命方向，加速了革命胜利进程，毛泽东说："自从有了中国共产党，中国革命的面貌焕然一新。"

冯玉祥"逼宫"

辛亥革命以后，清帝退位，但仍保留皇帝尊号，仍居故宫，禁卫军原封不动。于是，溥仪关起宫门，继续当他的皇帝，紫禁城俨然成了"国中之国"。1924年冯玉祥发动"北京政变"，掌握了北京政权后，他决心乘势除去满清王朝留下的这个"小朝廷"。

1924年11月5日上午，冯玉祥派得力部下鹿钟麟等率二十名军警，直趋故宫，驱逐溥仪。他们呈上冯玉祥的信函，里面写着：

一、大清皇帝即日起，永远废除皇帝尊号，与中华民国国民在法律上享有同等权利；

二、自本条件修改后，民国政府每年补助清王室家用十万元，另拨二百万元设立北京贫民工厂，尽先收旗籍贫民；

三、清室即日移出故宫，以后得自由选择住居；

四、清室私产归清室享有，但一切公产应归民国政府所有。

溥仪溥仪无奈，只好同意离开。

当天上午，溥仪召集王公大臣们开了最后一次御前会议，决定接受冯玉祥所重订的优待条件，即刻离宫，溥仪及清室成员乘坐冯玉祥派来的汽车移住什刹海醇王府，即北府，被冯玉祥软禁起来，故宫由善后委员会负责接收。

冯玉祥驱逐溥仪这一行动立即引起一场轩然大波，北洋军阀、官僚政客、前清余孽对此大加非议，段祺瑞指责冯玉祥"不近人情"，张作霖主张溥仪再请回来当"皇帝"，但是，国内各进步力量无不击掌相庆，支持冯玉祥，称赞他完成了一件辛亥革命没有完成的大事，剪掉了清王朝留下的一条尾巴。溥仪离宫的第二天，北京市民张灯结彩，悬挂国旗，表示庆贺。

冯玉祥发动北京政变，把溥仪驱逐出宫，完成了辛亥革命未完成的任务，推动了历史发展的进程。

国共合作北伐

1925年在北京，国父孙中山与世长辞。这时，广州的国民党内部出现了权力真空。蒋介石于是粉墨登场了。

1925年8月20日，革命派领袖廖仲恺突然遇刺身亡。蒋介石乘机把刺廖的罪名推到许崇智和胡汉民身上，压迫胡汉民出国，许崇智逃亡上海。国民党最有影响的三个主要人物死的死，走的走，而蒋介石当上了广州卫戍区司令。紧接着，他又把黄埔军校的两团学生军组成国民革命军第一军，自任军长，俨然成为广东的实力派。

此时蒋介石羽翼未丰，他故意以左派面目出现。他每次讲话，必不离"总理三大政策"。蒋介石的这些表现使很多人相信他是孙中山政策的忠实执行者。1926年1月，国民党第二次全国代表大会上，蒋介石被选为中央执行委员会常委和国民革命军总监。

与此同时，北洋军阀则陷于分裂，一片混乱。1926年6月，国民政府任命蒋介石为国民革命军总司令。7月，十万北伐军分三路从广州誓师出发。

北伐军打垮了吴佩孚的主力，攻下了武昌，歼灭了孙传芳的主力，于12月攻占福建、浙江两省。至此，长江以南半个中国归入了国民革命军的手中。这个胜利是北伐军将士用鲜血和生命换来的，中国共产党员尤其起到了关键性的作用。

北伐军的节节胜利，引起了帝国主义列强的惊慌；他们感觉到北洋军阀已经靠不住了，而对国民党的底细又摸不清楚。他们对蒋介石采取又打又拉的办法，为的是在北洋军阀支持不住的时候，在中国另找合适的代理人。1927年3月24日，美英军舰向南京城内轰击，实际上是对蒋介石提出警告；同时，英美支持的江浙财团又以提供巨额资金为诱饵，换取蒋介石投靠英美帝国主义。果然，蒋介石此后就表示："我对英美两国并无敌意，愿意恳切地和他共同联合起来一致努力。"

帝国主义要寻找新代理人,蒋介石要寻找靠山,双方一拍即合。从此,蒋介石"向右转",中国革命的局势就再次急转直下了。

八一南昌起义

1927年蒋介石占领上海后,凶相毕露,发动了"四一二"反革命政变(,开始在上海大肆屠杀共产党员和工人武装。

在大革命失败的白色恐怖中,广大的革命者毫不畏惧,他们坚决要求清算党内的右倾错误,拿起武器来跟反动派作斗争。

1927年7月上旬,根据共产国际的指示,以张国焘、张太雷、李维汉、李立三、周恩来五人组成临时中央政治局常委会,临时中央决定发动秋收起义和南昌起义,确定召开中央紧急会议。

再现南昌起义场景的油画

周恩来于7月27日到了南昌,依照中央命令,成立前敌委员会,准备发动南昌起义。起义时间原定为8月1日4时,因有人叛变泄密,提前两个小时,于凌晨2时开始行动。

参加起义的部队有朱德领导的军官教育团、警察和消防队,贺龙的第二十军,叶挺的第十一军第二十四师,全军共约两万人。

起义进行得很顺利,8月1日凌晨,南昌城内准时响起起义的枪声,经过几个小时的激战,南昌全城被起义军攻占。

起义成功后,前敌委员会任命贺龙为全军总指挥,刘伯承为参谋长。依照原定计划,从8月3日起撤离南昌,打算先占据广东东江地区为根据地,然后进取广州,准备重新北伐。

起义军在江西会昌击败堵截的敌军后,东入福建,占领长汀,稍得休整。然后南下广东,到大埔县后,留朱德分兵扼守三河坝,监视梅县方面之敌,主力进占潮州、汕头。起义军伤亡很多,部队都被打散。以后,朱德、陈毅率余部辗转江西、湖南的南部,最后到井冈山与毛泽东会师。

南昌起义虽然失败了,但是起义打响了武装反对国民党反动派的第一枪,为中国共产党摸索和开创农村包围城市的革命道路,作出了重要的历史性的贡献。1933年,中华苏维埃共和国临时中央政府作出决定,规定8月1日为人民军队的建军节。

朱毛井冈山会师

1928年4月28日,南昌起义保存下来的部队和湖南南部的农民军在朱德同志和陈毅同志带领下,来到了宁冈砻市,四月底,毛主席率领工农革命军主力,从湖南江西边境回到砻市,两支革命武装在井冈山胜利会师。

两支革命武装会合在一起了,虽然战士们来自不同的省份,但都有一个共同的心愿,跟随毛泽东,建设和发展井冈山革命根据地,使星星之火得以成燎原之势。

5月4日,两万军民在大草坪上举行庆祝会,主席台被无数云霞似的红旗簇拥着,上面挂着一条横幅写着:"庆祝两军胜利会师暨红四军成立大会。"

大会执行主席陈毅首先发言,他讲了两支革命武装胜利会师的重要意义,朱德接着讲话,他还勉励大家加强团结,巩固根据地,发展革命力量。接着陈毅请毛泽东向大家讲话,毛泽东指出这次会师的伟大意义,同时分析了根据地和红军的光明前途。他风趣地说:"现在我们在数量上、装备上虽然比不上敌人,但是,我们有马列主义,有群众的支持,敌人并没有孙悟空的本事,而我们有如来佛的本事,他们总逃不出如来佛的手掌!"

毛泽东用生动的比喻,说出了无产阶级藐视敌人的革命气概,把大家说得信心倍增,全场响起了暴风雨般的掌声和热烈的欢呼声。

大会宣布成立中国工农红军第四军,毛泽东同志任党代表,朱德任军长,陈毅任政治部主任,毛泽东成功地把革命的退却和革命的进攻结合起来,使星星之火,终成燎原之势。大会还向全体指战员重申了红军的"三大任务"和"三大纪律,六项注意"。

红四军的成立,使井冈山革命根据地出现了蓬勃发展的新局面,工农红军在毛泽东的带领下,走上了"工农武装割据"的正确道路,根据地展开了轰轰烈烈的"打土豪,分田地"活动,井冈山地区的红军力量更加浩大,井冈山革命根据地更加发展,在毛泽东的亲自培育和指挥下,红四军由小到大,由弱到强,为中国革命事业立下了赫赫的战功!

张学良东北易帜

1927年,随着北伐战争的胜利进军,北洋军阀的统治岌岌可危。英美帝国主义转而扶持蒋介石,这使得日本深感不安。此时,总揽北京政权的张作霖,向英美频递秋波,并且不接受日本人所要索取的更多在华权益,这让曾经大力扶植张作霖的日本人大为恼火。

1925年5月末、6月初，日本紧逼张作霖在"日张条约"上签字；一方面逼张作霖回东北，因为在东北，日本人的势力强，可以迫张作霖就范。但张作霖又留恋于北京的大权，不肯回东北。随着北伐军的进逼，张作霖不得不准备回东北。他决定1928年6月3日下午7时离京返奉。

而此时，日本人也正积极着手进行除掉张作霖的准备。1928年6月3日傍晚，张作霖登上他的专列。6月4日凌晨，列车刚到达日军布下的死亡之阵，执行任务的东宫大尉一按电钮，只见烟尘滚滚，沙石横飞，专列上所挂的3辆贵宾车全部被炸翻。张作霖所乘的包车只剩下车轮和钢梁底盘，其他如车顶棚和车窗全部被炸飞了。几小时后，不可一世的"东北王"张作霖因伤重死去。为了掩盖事实真相，事件发生后，日本关东军说这次事件是南方便衣队员干的，并举行大规模军事演习，炫耀武力。

张作霖命归西天后，张学良远在北平。主持军政的张作相密不发丧，并通告张学良急速返回奉天。

张学良接到父亲的噩音时，心里很悲痛，为了防日本人在路上杀他，他剃了光头，混杂在伤员中坐闷罐车回奉天。之后，张作霖身亡的消息才公布出来。7月4日，张学良子继父业，出任东三省保安司令，成为东北最高军政长官。

12月19日，激于民族大义和杀父家仇，张学良通电与南京政府合作，东三省挂起了青天白日旗。

皇姑屯事件，炸死了一个张作霖，却促成了东北易帜，这是日本帝国主义者所始料不及的，田中内阁也因此而垮台。

"九一八"事变

张学良"改旗易帜"，使日本恼羞成怒。他们不断制造事端，寻找借口。在这种情况下，蒋介石却奉行了"攘外必先安内"的政策，要先消灭共产党。蒋介石的荒谬主张，为日本帝国主义吞并东北提供了条件。

1931年9月18日晚10时20分，日本关东军中尉河北末守在沈阳北郊的柳条沟炸毁了南满铁路，又反诬是中国军队炸毁了铁路，随即攻击驻守在北大营的中国军队，同时进攻沈阳城。震惊中外的"九一八事变"爆发了。

情况万分紧急，沈阳守将急电南京请示对策，南京回电说："为免事态扩大，绝对不抵抗。""绝对不抵抗"，使沈阳城在一夜间成了日本人的天下。进而，东北全部沦陷，3000万东北人民变成了日本帝国主义的奴隶。

日军侵占中国东北三省，是一声号炮，实际上宣告了新的世界战争的开始。然而，南京政府却错误地寄希望于当时的"国际联盟"出来干涉。禁止抗日运动，镇压抗日运动。蒋介石的种种倒行逆施，激怒了全国人民，也激怒了南京政府中的抗战势力。蒋介石见势不妙，不得不于12月15日宣布下野，暂避风头。

1932年3月9日，日本帝国主义在东北建立了傀儡政权——满洲国，日本制控东北的企图终于得逞了。

3月13日，重新上台的蒋介石对路透社记者说："东北成立伪国，完全为日方一手包办。政府虽痛恨溥仪甘为傀儡,但要讨伐,则难免扩大战争。考虑结果,暂不颁讨伐令。"

14日,"国际联盟"派出一个由英国李顿爵士率领的调查团,到日本和中国各主要城市转了一圈,5月初才到达东北,走马观花地看了一遍,在10月2日发表了《国联调查团报告书》,算是"国联"对南京政府的控诉作了交代。这份报告书根据英美帝国主义的利益,提出了国际共管东三省的方案。日本帝国主义当然不答应,立即开始批驳这个报告书;蒋介石反而坦然接受报告书,这不等于公开承认东北和全中国分离了吗?

四渡赤水出奇兵

蒋介石看到革命根据地在不断发展壮大,疯狂地进行"围剿",由于博古等人的"左"倾冒险主义错误,红军在第五次反"围剿"中损失严重,不得不离开根据地,举行震惊中外的"两万五千里长征"。

1935年1月,中共召开"遵义会议",清除了党内的"左"倾冒险主义错误,恢复了毛泽东的军事领导地位,使全军精神焕发,气象一新。四渡赤水的战役就发生在这时。

1月下旬,一方面军进抵赤水河畔的土城,击溃了守敌,于29日第一次胜利地渡过了赤水河,进入四川南部。四川军阀急忙纠合兵力到川贵边境设防,并封锁长江。蒋介石的周浑元、吴奇伟纵队也从湖南赶来。

地形对我们非常不利,敌人不断增援,我军不得不退出土城。毛主席果断地决定放弃原定的渡江计划,命令部队西进至云南扎西地区,把敌人远远甩在后面。

蒋介石忙调各路部队妄图在扎西"聚歼"红军。但红军运用机动灵活的战略战术,完全出乎敌人意料之外,突然重返四川南部,于2月18日至19日在太平渡与二郎滩二渡赤水,重入贵州。红军乘胜进军,直取娄山关,向遵义城进攻。

遵义大捷后,蒋介石急忙飞到重庆"督剿"。我军忽然于3月16日至17日在茅台三渡赤水河,重进川南的古蔺地区。蒋介石以为我军又要北渡长江,急忙重新部署兵力,进行围追堵截。但待把敌人的兵力吸引到四川南部、贵州北部一带后,毛泽东指挥红军又忽然掉头东进,从四川南部重返贵州,于3月22日第四次渡过赤水河。把敌人的主力全部抛在后面。

于是毛主席指挥红军主力,乘虚从贵阳、龙里之间,迅速穿过湘黔公路,甩开敌人,大踏步向云南前进;由于无敌人阻拦,红军就像插了翅膀一般,一天行走一百多里,跳出了敌人的包围圈。

整个四渡赤水河的战役是一场非常巧妙的运动战,使红军争取到了主动,摆脱了国民党的围追堵截,为长征的胜利打下良好的基础。

张、杨西安"兵谏"

"九一八"事变的得逞,促使日本侵略者进一步加强了侵华活动。而蒋介石却无视全国抗日救亡运动的兴起，不顾东北军、西北军广大官兵日益高涨的抗日情绪，顽固坚持"攘外必先安内"的反动政策。逼迫东北军首领张学良将军，西北军首领杨虎城将军参加"围剿"红军，并于1936年10月，蒋介石亲自飞抵西安督战。

张学良、杨虎城一再向蒋介石进谏，劝其放弃"剿共"计划，停止内战，一致抗日，但均被申斥、拒绝。

这样。张学良、杨虎城决定实行兵谏，用武力逼蒋抗日。

12月12日凌晨五点钟，捉蒋队伍同蒋介石的卫队在临潼展开了激战。当他们进入蒋介石的卧室时，却发现蒋介石不在了。但他的衣物还在，队伍搜捕，最后在华清池后山捉到了蒋介石。

蒋介石被抓住以后，东北军、西北军的许多将领都主张严厉处置蒋介石，张学良等就此事同中共中央商量。

此时，南京的国民政府得到张、杨的通电，震动很大。宋美龄等竭力主张设法救蒋，而亲日派何应钦内心是不希望蒋介石生还的，主张大军讨伐，用以激怒西安军界，置蒋介石于死地，这样，他就可以取而代之。宋美龄与何应钦最后吵了起来。

西安事变前夕的张学良和杨虎城

12月17日，中国共产党派出了以周恩来为首的代表来到了西安。他们向张学良、杨虎城分析了当时的形势，提出和平谈判解决西安事变的主张。最后，蒋介石被迫放弃"剿共"而一致抗日。西安事变得到和平解决。

西安事变和平解决后，张学良亲送蒋介石回南京。但蒋介石背信弃义，将张学良软禁起来。后来国民党败逃，张学良也被挟持到台湾，到晚年才稍获自由。而杨虎城后来则被迫离开西北军，到欧洲辗转了一圈后回国，却又和他的儿子惨遭国民党特务的暗杀。

西安事变成为了中国抗日斗争的转折点，从此，国共逐步走向联合，抗日民族统一战线逐步建立起来。

卢沟桥事变

九一八事变后，日寇步步为营，六年中已经蚕食了华北北部广大地区，北平、天津也完全处于日寇包围之中。

卢沟桥位于北平西南十五公里、平汉线上的卢沟桥地区，已成为北平联系内地的唯一门户。1937年7月7日深夜，日军借口"一名日兵失踪"，要求进宛平城搜查，遭到拒绝，就开枪开炮，攻打卢沟桥。守军吉星文部当即还击。这就是七七卢沟桥事变。

8日凌晨,日军包围并进攻宛平县城。由于众寡不敌,永定河东岸中国军队的阵地很快失守,日军开始猛攻铁路大桥和卢沟桥。双方在卢沟桥头展开了激烈的争夺战。

中国军队顽强的抵抗,挫败了日军迅速占领宛平城的企图。战斗时断时续,一直延续到8日傍晚,日军始终未能攻占宛平城。

残酷的战斗时断时续,一直进行到7月20日。日军屡战屡败,向国民党华北当局施加压力,强要中方立即撤兵。21日清晨,二十九军军部再次向卢沟桥守军下达"立即撤兵"严令。守桥士兵含泪撤出固守了十三天的阵地,把防守卢沟桥的重担交给了地方保安队。

夺取卢沟桥,切断北平与内地联系只是日本侵略者攻占平津、鲸吞华北的第一步。25日开始进攻平津,26日强占了廊坊。28日早晨,日寇向北平发起总攻,北平陷落。北平失守后,固守卢沟桥已没有战略意义。7月30日夜间,二十九军残部忍着悲愤撤出卢沟桥,整个平津地区遂告沦陷。

"七·七"卢沟桥畔的激战,是中国人民反抗日本帝国主义全面侵华战争的第一仗。7月8日,中共中央向全国发布通电,揭露日本侵略者妄图用武力侵占平津和华北的阴谋,指出中华民族已到危急关头,只有实行全面抗战,中国才有出路。

与此同时,蒋介石,也在7月17日发表了著名的《庐山讲话》,表示"地无分南北,人无分老幼,无论何人,皆有守土抗战之责任。"表明南京政府不再让步,要实行抗战。至此,中日全面大战遂成定局。

八百壮士守四行

中日战争全面爆发后,日军先攻占了北平、天津,下一步就把矛头对准了上海。1932年8月13日上午9点,日军突然进攻上海闸北,"八·一三"淞沪抗战爆发了。

淞沪抗战中,中国人民、中国军队的英勇精神是可歌可泣的。其中,第八十八师二六二旅五二四团团副谢晋元中校所领导的"八百壮士"在闸北"四行"仓库血战,最集中表现了中国军队的英勇精神。

10月26日,日军突破上海防线,闸北发生大火,谢晋元率该部第一营四百一十一名官兵掩护大部队撤退。27日晨2时,谢晋元部穿过猛烈的炮火,全部转入苏州河北的七层大楼"四行"储蓄会仓库,迅速布防,构筑工事,准备孤军坚守阵地。晨7时,日寇炮轰"四行"仓库,进行火力搜索,谢晋元沉着应战,不露声色。午后,日寇大举进攻,激战三个小时,伤亡六十余人,只好退回。28日日军出动飞机、汽艇配合陆军四次进攻,也被击退。29、30两日,日寇又多次出动飞机、坦克进攻,也被谢晋元部挫败。

四天四夜的激战,谢晋元率领的四百名中国军人——当时报纸上称他们是"八百壮士",以弹丸之地,孤军击退敌军数十次进攻,毙敌二百余人,自己只阵亡九人,伤二十余人。

"八百壮士"的英雄事迹迅速传遍国内外，全国人民为之振奋、鼓舞，国际舆论也广泛同情、赞扬。前线将士虽抱必死的决心，然而，血肉之躯终究敌不过敌军海陆空强大的火力。11月11日，上海沦陷。历时三个月的淞沪抗战结束了。蒋介石作为中国最高军事统帅，选择淞沪地区决战是战略上的错误。上海地势平坦，凭江靠海，日军装甲兵、海军、空军优势得到了尽量发挥；中国的海军空军受到重创，一蹶不振，海空大门从此洞开，中国的陆军精锐部队也受到日本海空力量的沉重打击。经过淞沪抗战，中国军队丧失了与日决战的能力。此后，中国军队正面战场就始终处于防御挨打的地位了。

平型关战役

1937年9月，进犯山西的日军华北方面军第五师团向平型关推进，然后与大同南下的日军会合，进攻太原。林彪率领的八路军一一五师利用平型关的险要地形，出敌不意，打了一场漂亮的伏击围歼战。

9月24日夜，天下着大雨。为了不让敌人发觉，一一五师指战员在午夜冒着大雨进到设伏区。第二天拂晓，天气转晴。

天刚蒙蒙亮，日军第五师团第二十一旅团的后卫部队沿灵丘至平型关公路一字前行。7时许，敌人全部进入115师的伏击地域。他们抓住有利战机，全线突然开火，给敌以大量杀伤。

最激烈的白刃战斗在685团二营和三营的阵地上展开。二营五连连长曾贤生在发起冲锋后，率先向敌人突击。在20分钟内，全连用手榴弹炸毁了20多辆汽车。686团的团长是李天佑，副团长是杨勇。他们也几乎与685团同时展开了攻击。他们就把拥塞在公路上的敌人打得人仰马翻。随后，李天佑又命令右侧山上的三营向老爷庙冲击。

三营的指战员们冲上公路，同敌人展开白刃格斗。终于占领了老爷庙这个制高点。

占领了老爷庙后，686团从公路两侧居高临下对敌人进行打击，打得敌人无处躲藏。战斗进行到下午1时，第687团歼灭了蔡家峪之敌后，前来增援，在敌人的背后插上一刀。敌人腹背受敌，处境更加困难。

林彪意识到进行全面攻击的时机到了，于是命令各部队立即发起攻击。占据公路两侧的部队迅速发起了冲击，很快就把老爷庙与兴庄之间的敌人消灭在山沟里。

在这次作战中，八路军歼灭了日军精锐第五师团第二十一旅团，缴获多挺步枪、机枪，取得了抗战以来第一个大胜仗。打破了"大日本皇军不可战胜"的神话，给企图在几个月内灭亡中国的日军一个迎头痛击。它极大地鼓舞了中国军民的抗日斗志，激发了中国人民的抗日热情，也增强了八路军战胜日本侵略者的信心。

日军南京大屠杀

1937年12月9日，日寇开始大举进攻南京城。此时，十五万南京守城部队激战三四天便全军溃退,将领唐生智仓皇乘车北逃徐州。南京军中无主,一时大乱。

12月13日,南京沦陷,日军在华中派遣军司令松井石根和第六师团长谷寿夫指挥下,进入南京城,开始了长达六周的血腥大屠杀。日寇冲入市民房舍大肆烧杀抢掠,见到青壮年男子当场就开枪射杀,对于战场上俘虏的中国官兵,或者集体枪杀,或者挖坑集体活埋。18日夜间,在谷寿夫的指挥下,日寇将被囚禁在幕府山的军民五万七千四百一十八人,以铅丝扎捆,驱集下关草鞋峡,用机枪射杀,一些倒卧血泊中尚能挣扎的中国军民,都被乱刀戳死,全部尸骨被浇上煤油焚化。还有无数尸体被抛进长江……

日寇对南京军民的屠杀是灭绝人性的。他们或者随意从商店拉出一青年,脱光衣服,用硝镪水浇下,使浑身焦烂,再逼令行走,直到倒毙,以此取乐;或者剥去被俘士兵的衣服,捆在柱手上、门上,用锥子把他们刺成血人,对叫骂怒视者,再猛锥眼睛,随后用刺刀把喉咙穿破;或者把成百士兵绑起,挖出眼睛,割去耳朵,放火烧死;至于把人捆在电线杆上或树杈上作为枪击和刀刺的靶子,更是常有的事。甚至搞杀人竞赛,杀人最多的一个日兵,竟一连杀了一百零六个中国人。

据统计,南京大屠杀中,被集体枪杀和活埋的中国军民达十九万多人,零散被杀居民仅收埋的尸体就有十五万多具,中国军民遇害人数近四十万人。南京大屠杀的惨烈和死亡人数巨大,为现代战争中所仅见,充分暴露了日本法西斯的残暴本质。就连一个德国人在给法西斯德国政府的报告中,也说日军简直是"兽类的集团"。这个骇人听闻的滔天罪行永远保留在历史上,不是日本少数人可以抹杀掉的。

抗战胜利以后,松井石根被远东国际军事法庭处以绞刑,谷寿夫被引渡给中国政府处死。南京大屠杀的罪魁祸首受到了应有的惩处。

张自忠以身殉国

1937年"七七"事变爆发后,日本发动了全面侵华战争。宋哲元希冀通过谈判来维持平津局面。日军假意接受和谈。作为宋哲元的主要将领和左右手的张自忠,成了宋哲元的代表,与日军进行谈判。

7月21日,日军撕毁和平协议,炮击宛平城及长辛店一带的中国驻军。1937年11月,张自忠回到了由他的三十八师扩编而成的五十九军任军长。后升任第三十三集团军总司令兼五战区右翼兵团总司令。

1940年4—5月间,侵华日军为确保武汉,集中了七个师团十余万人的兵力,挟轻重大炮二百余门,气势汹汹向第五战区的阵地扑来。同日日军第十三军团也在飞机、大炮掩护下,向襄东第三十三集团军阵地猛扑。双方激战多日,中国军队伤亡惨重。张自忠为了尽快扭转不利局面,亲自过河指挥。10日,日军调转兵力,分三路向张自忠部反扑过来。张自忠部凭借血肉之躯,血战了数日,歼灭了数千日军。

16日晨,日军从截获情报中得知,与之交战是第三十三集团军总部,就调集飞机三十余架，炮20余门向我阵地轮番轰击，并兵分三路从西、南、北三面包围过来。眼见阵地已成为一片火海，随行的参谋人员及俄顾问都劝张自忠脱离战场。但张自忠没有理会。

伤亡越来越大，张自忠左肩、头部受了伤，血流了出来，流在脸上，副官请求给他包扎一下，他摇了摇头，继续指挥战斗。最后壮烈牺牲。

英雄已逝，浩气长存，人们通过举办追悼会和公祭等形式表达对他的敬意。至今，北京、天津、武汉等大城市还有以将军名字命名的街道。

张国焘叛党投敌

张国焘在1921年参加中国共产党第一次全国代表大会，后来在中国共产党中曾任中央委员、中央政治局委员等职。1938年4月4日是清明节，张国焘主动要求参加轩辕黄帝陵祭陵的活动。祭陵一完，张国焘却不回延安，而是到了西安，住进了国民党的高级招待所。

两天后，张国焘擅自去了武汉，林伯渠回到八路军驻西安办事处，立即给延安党中央发去电报，把这件事情汇报了，中央立即回电，指示他打电报给在武汉的周恩来副主席，说明张国焘去武汉的时间及车次，派人截住他。

周副主席叫李克农、童小鹏、邱南章、吴志坚乘两辆小汽车到武汉的大智火车站去拦截张国焘，在车厢里找到了他，但张国焘又不肯去办事处住，只好让他在太平洋饭店住下，并由吴志坚和邱南章负责照料他。

晚上，周恩来、秦邦宪、叶剑英等来到太平洋饭店整整和张国焘谈了一个通宵。张国焘有时不多说话，有时大发牢骚，张国焘顺水推舟提出了条件：一是到上海治病；二是回江西老家；三是在长江局工作，周恩来拒绝了他的要求，并把三条件改成：一是回延安工作；二是到苏联去学习；三是可以回到延安或去苏联看病休息。张国焘连说"不行"，周恩来见张国焘如此顽固，便交代邱南章和吴志坚好好保护张国焘。

几天后，张国焘提出要见蒋介石，汇报陕甘宁边区政府工作的一些情况，4月17日下午，周恩来和张国焘去武昌蒋介石的官邸。张国焘一见蒋介石便表现出一副"认罪"姿态。

4月17日晚11点，胡宗南第八战区司令的一伙特务到张国焘住的太平洋饭店，抢走了张国焘，张国焘在房间里留着一张给周恩来的纸条，上面写着"我已移寓别处，请不必派人去找，至要。"这样，死心塌地与人民为敌的张国焘就这样投靠了国民党反动派。

张国焘投靠国民党后，当上特务训练班的政治教官，解放战争中，当人民军队胜利进军时，他逃出中国大陆，后流亡国外，1979年去世。

黄埔之英戴安澜

戴安澜少年时就胸怀壮志，1924年4月，他投笔从戎。1933年3月10日，日军第八师第十六旅团发起了对古北口的进攻,戴安澜急率一四五团赶往支援,使进犯的日军遭受到重大伤亡。

1941年秋,日本军国主义者紧张地策划和酝酿着太平洋战争,对缅甸虎视眈眈,戴安澜奉命率领第200师入缅抗战。

1942年3月22日,当戴安澜率领的第200师到达东瓜后,日军两个联队,向第200前沿警戒阵地猛扑过来。誓抱必死决心的第200师官兵在师长戴安澜的指挥下,以步兵和骑兵互相配合,给敌人以重创。后因援军不到,补给中断,第200师不得不撤出东瓜。

5月18日夜间,第200师在郎科地区与敌人第五十六师团两个大队遭遇。在林密夜深的情况下,双方发生混战,200师全体官兵经过一夜的激战,摆脱了埋伏敌人的袭击。但第200师伤亡惨重,戴安澜也受了重伤

戴安澜负伤以后,惊闻我国云南龙陵被敌人占领,保山受到威胁。他命令部队日夜兼程,火速赶回祖国打击敌人,不要因考虑他伤情而迟缓行动。但由于军中缺少药物,他的伤口开始溃烂,无法治疗。5月26日,当第200师行至缅甸北部茅邦村,离国门不过三五日的行程时,戴安澜命部下从担架上扶起他。他深情地向北了望凝视,嘴里喃喃地说:"反攻!反攻!祖国万岁!……"下午五时,他的心脏停止了跳动,壮烈以身殉国,时年仅三十八岁。

戴安澜将军壮烈牺牲,全师官兵万分悲恸,失声痛哭,其灵柩回到祖国后,全国各地纷纷举行追悼大会。许多中共领导人亲自撰写挽诗挽词,哀挽戴师长以身殉国。周恩来同志的挽词为:黄埔之英,民族之魂。

"名将之花"命丧太行

阿部规秀中将是日军独立混成第二旅团的旅团长,他擅长山地战,在日本军界被誉为"名将之花"。

1939年11月,阿部规秀东出涞源城,进犯杨成武所在的雁宿崖。11月6日,阿部规秀进入黄土岭。在阿部的指挥下,前队冲进了教场村里,中队则在岭顶平台上展开,似乎是一种疏散进攻的架式。

眼看敌人要在我军伏击圈的旁边宿营,这大出杨成武所料。此时我军的五个团,数千人此时正在伏击阵上等待,并且已等了一整夜。杨成武决定伏击的计划不变,命各团不要惊动敌人。这一夜就这样过去了。

其实,阿部规秀一夜未眠,他预感到杨成武和他的部队就在附近,以为八路军要打夜战。阿部用心观察了黄土岭周围的地形,为可能夜袭的八路军做了一个陷阱。可是八路军没有上钩,让他白白地等了一夜。

11月7日,太阳已高高升起来,阿部规秀命令部队收起行装,开始东行。苦费心机却没有等到杨成武,他心中十分懊恼。

杨成武见日军东行,命令各团做战斗准备。中午十二时,当日军过了黄土岭,转过上庄子,全部进入了伏击圈时,杨成武下达了攻击的命令。刹那间,黄土岭东面的山沟里枪声大作,硝烟滚滚,敌人被突然的攻击打懵了,前后队毫无

屏障，一交火就被杀伤大半，我军如秋风扫落叶，杀得鬼子惊慌失措。最后，阿部规秀中将只率领一百余人，撤到教场村村头的一座孤院里，以做顽强抵抗。此时阿部规秀在院子里转来转去，这情景，恰被一团团长陈正湘用望远镜发现了。他令一团炮兵连连长杨九秤炮击。杨九秤指挥迫击炮连发数弹，正打在敌指挥官人群中。阿部规秀中将也在这群炮弹中毙命了。而有趣的是，被关押在院子里的十几名当地老百姓无一负伤。

党中央主动撤离延安

抗战胜利后不久，蒋介石就挑起了内战。1947年3月11日，胡宗南，秉承蒋介石的旨意，亲率15万的兵力，悍然进攻延安。

此时，敌我总兵力之比为10∶1，敌强我弱。13日，胡宗南空陆并进直扑延安，遭到了西北野战军的有力抗击。18日，毛泽东率党中央主动撤出延安。19日，天刚蒙蒙亮，胡部号称"天下第一旅"的第1师第1旅在飞机掩护下，提心吊胆地占领了延安———一座空城。

西北野战军掩护党中央主动撤离延安后，依照彭德怀司令员的事先布置，在延安东北50里远的青化砭布下了一个口袋，准备对胡宗南来个当头棒喝。果然敌整编31旅在24日上午9点钟"如约"而来，丝毫没有戒备，被我军歼灭。胡宗南为避免分散孤立而被歼，并积极搜寻我军主力决战。

由于党中央领导陕北军民实行"坚壁清野"，国民党军队得不到及时的补给，被彭德怀制定的"蘑菇战术"拖得东奔西颠，疲于奔命，肥的被拖瘦，瘦的被拖垮，逃兵不断，士气不振。

彭德怀以小部队向东北疾进，使用大部队的番号，而后在黄河各渡口集中了大量船只，摆出一副东渡黄河的态势。南京国防部和胡宗南都上了当，立即兵分两路，向西北的绥德扑去。而此时，彭德怀亲率西北野战军主力，悄然包围了胡宗南的后勤补给基地——蟠龙。蟠龙被围，胡宗南急电命北进的九个旅全速南返增援。

5月2日23时，西北野战军发起攻击，由于我军没有攻坚的经验，又缺乏重武器，因而伤亡很大。彭德怀下令全军召开军事民主会，集思广益，最终确定用"对壕作业"来突破敌人阵地。4月12时，对壕作业完成，部队重新发起冲击，三军用命，仅用12个小时就攻下蟠龙，全歼守敌。

在各路解放军的策应下，西北野战军逐渐掌握了主动权，歼灭了大量的胡宗南军，在1948年4月21日乘胜收复了延安。

刘邓挺进大别山

1947年3月，蒋介石在全面进攻我解放区失败后，改变了战略，以重兵进攻陕北、山东两解放区。毛泽东急电刘伯承、邓小平，要求他们尽快结束豫北反攻，争取在六月份跨过黄河，转入外线作战，以吸引蒋介石在陕北及山东的兵力回撤。

6月30日，刘邓大军乘夜色强渡黄河，蒋介石恼羞成怒，于是调了豫北的三个师由王敬文率领拦截刘邓。蒋介石并未抽调陕北和山东的兵力回援。

渡河后，虎将杨勇一夜攻下了郓城，与此同时，杜义德率六纵攻克了定陶。

蒋介石又打起了黄河的主意。他的第一步计划是先派飞机炸毁黄河大堤，吓唬刘邓大军撤往黄河以北，若不成功，再采取第二步行动，引黄河水进入废黄河，将刘邓大军困死在鲁西南地区。8月7日夜，刘邓兵分三路向大别山疾进。蒋介石上了刘邓北渡假象的当，抽调从山东战场调来的八个整编师企图合围北渡的刘邓大军。而刘邓大军早已越过了陇海路，蒋介石大呼上当，叫嚣"一定要把刘伯承匪部围歼于黄泛区内。"

刘邓大军以惊人的毅力，战胜重重困难胜利通过了黄泛区。敌军拼命堵截；后面由八个整编师组成的追击大军，从各个方向向刘邓大军紧紧逼来。前有强敌，后有追兵，情况万分危急。

"狭路相逢勇者胜！"刘邓大军全体将士高喊着口号，冒着敌人的炮火，奋勇前进，陆续到达了大别山区，突出了蒋介石的合围圈。

刘邓大军到达大别山的消息传到陕北，忧心若焚的毛泽东展开了紧锁的双眉，大手一挥，对周恩来说："我们终于熬出头了！"

刘邓大军千里跃进大别山，如一把钢刀直插蒋介石"国统区"的心脏，直逼武汉和南京，吸引了陕北、山东的蒋军回援，为粉碎蒋介石的重点进攻做出了重大贡献，揭开了人民解放军战略反攻的序幕。

百万雄师过大江

人民解放军的反攻势如破竹，蒋介石于1949年元旦发表求和文告，声称愿与中国共产党讲和。

求和是假的，蒋介石的真实用意是想借和谈争取时间，在江南编练新军，以谋卷土重来。中共中央和毛泽东主席对此洞若观火，

蒋介石见骗局已被揭穿，与1949年1月21日，宣布"引退"，由李宗仁代行职权。李宗仁表示愿意以中共所提的八项条件为谈判基础，进行和谈。在4月15日，中共代表提出《国内和平协定》最后修正案，蒋介石拒绝签字，和谈宣告破裂。

4月21日，毛泽东和朱德发出《向全国进军的命令》。

在此之前，人民解放军早已在长江南北两岸人民的支持下，在北岸做好了充分的准备工作。从20日晚起，第二、第三野战军强渡长江。反动派原来以为江面广阔，在海陆空三军的防御下，决不会轻易被突破。他们没想到对岸万舟齐发，声势浩大，船工和战士一样，舍生忘死，冒着炮火突进；而且，北岸解放军炮火强大，压得他们抬不起头来。正在这节骨眼上，江阴要塞守备部队又突然起义倒戈，向国民党军的阵地开火；真是兵败如山倒！

4月20日、21日，当人民解放军渡江作战的时候，四艘英国军舰先后驶向

人民解放军防区,妨碍渡江;中英双方发生武装冲突。人民解放军奋起还击,"紫石英"号被击伤,停搁在镇江江面。人民解放军发表声明,严正指出:"中国的领土主权,中国人民必须保卫,绝对不允许外国政府来侵犯。"这个声明表明,外国侵略者依仗船坚炮利在中国领土上横行不法的时代已一去不复返了!

解放军先头部队踏上了南岸,守军狼狈逃窜。4月23日,人民解放军解放南京,把红旗插上了总统府,宣告延续22年的国民党反动统治的覆灭。

"中国人民站起来了!"

"中国人民站起来了!"这是毛泽东同志在天安门城楼上的庄严宣告。这句话具有划时代的意义。它标志着中国人民从此结束了被压迫被侵略的历史,实现了民族独立,开始了新的历史纪元。

1949年,随着人民解放军势如破竹,蒋家王朝土崩瓦解。1949年的10月1日,这个划时代的辉煌日子就要到来了。10月1日下午2时中南海内开始举行中央人民政府委员会第一次会议,正、副主席宣布就职。30万军民聚集在天安门广场。人群和旗帜彩绸、鲜花、灯饰,将广场装扮成喜庆的锦绣的海洋。下午3时,广场上欢声雷动。毛泽东和中央主要领导同志沿着城西侧的古砖梯道,最先登上了天安门城楼。

开国大典 油画 董希文

在国歌《义勇军进行曲》的乐曲声中,毛泽东亲自按下了有电线通往天安门广场中央国旗杆的电钮,五星红旗迎风冉冉升起,54门礼炮齐放28响,如报春惊雷回荡在天地间。

升旗之后,毛泽东主席宣读了中华人民共和国中央人民政府公告,公告宣读完毕,林伯渠秘书长宣布阅兵开始。阅兵司令员朱德由聂荣臻总指挥同车陪同,检阅了肃立受阅的三军部队。

阅兵式后，欢腾的群众游行队伍通过天安门前，向新的中央人民政府领导人致意，向高高的五星红旗致意。"毛主席万岁"的口号声响彻云霄，主席台上精神抖擞的毛泽东也频频向群众挥手致意，回答道："人民万岁"！广场顿时成了沸腾的海洋。入夜。北京市又组织了万人提灯游行，火树银花，人民群众载歌载舞，军民共同尽情欢度中华人民共和国成立的第一个夜晚。

中华人民共和国的成立，标志着中国历史开始了新的篇章。近代以来中国人受侵略、受欺侮的时代一去不复返了！中国人民争取到了民族的独立，国家的尊严，也为中国的现代化争取到了起步条件。中国人民、新中国政府把国家民族的繁荣富强放在首要地位来考虑的时机到来了！

中国历史全知道

第二编
文史知识全知道

王朝皇族

我国历史朝代名称的由来

夏：禹治水有功，舜让位给禹。因禹原为夏氏部落首领，故国名为"夏"。

商：汤灭夏后，因为他们的始祖曾居住在商地（今河南商丘），故以"商"为国名。

周：周武王灭商后因其父周文王曾居于岐山下的周原，故以"周"为国名。

秦：秦始皇的祖先曾是周孝王的马夫，因喂养御马有功，被赐"嬴"姓，封地在今甘肃天水，后扩大到秦（今陕西），立国号为"秦"。

汉：垓下之战，项羽兵败自刎，刘邦统一中原后，因自己曾被封汉王，立国号为"汉"。

庄严的故宫太和殿

魏：曹操在汉献帝时受封为魏王，其长子曹丕代汉自立，国号叫"魏"。

蜀：刘备占据成都后，自称是汉中山靖王后代，因四川简称蜀，故国号为"蜀"。

吴：孙权建都南京，南京曾是古代吴地（战国时期的吴国），因此立国号为"吴"。

晋：三国统一于魏，魏将司马炎逼魏帝让位，因魏帝曾封其父司马昭为晋公，故国号为"晋"。

隋：开国皇帝杨坚曾被封为隋王，因而国号叫"隋"。

唐：唐太宗祖辈李虎曾被封为唐国公，李渊灭群雄后立国，故以"唐"为国号。

宋：宋太祖赵匡胤，曾为宋州节度使，故国号为"宋"。

元：元世祖忽必烈取《易经》中"大哉乾元"四字之意，以"元"为国号。

明：朱元璋原是农民起义军小明王部将，后害死小明王，承"明"为国号。

清：清在关外曾建国号大金，1636年改为"清"，清是金的谐音。

中国古代帝王的称谓

帝王，是封建社会的最高统治者，帝王的称号有天子、皇帝、君王之别。由于帝王乃"至尊之称"，因此古代对其称谓，也就特别慎重、讲究，并出现了许多代称。这些代称，大体上可归纳为两类：一类是谦称，也就是帝王的自称；一类是尊称，即臣民百姓对帝王的称谓。

一、谦称

予一人。《礼记·玉藻》曰："凡自称，天子曰予一人。""予一人"，即天子的谦称，意思是说我在天下也只是一个人而已，与众人没什么甚异。表示一种谦词。

予小子。《礼记·曲礼下》曰："天子未除丧，曰予小子。"这就是说，"予小子"是指天子在父丧期的自称。意即在丧期不敢与"先王"同称，故谦称"予小子"。若已除丧，则称"予一人"。

朕。《尔雅·释诂》曰："朕，身也。"即言我也。郭璞注曰："上古贵贱者皆自称朕。"意即在上古无论贵贱，人人都可以自称朕。作为帝王的自称，始于秦始皇。《史记·始皇本纪》："天子自称曰朕。"秦始皇二十六年，曾把"朕"定为至尊之号，用以自称。此后，"朕"就被皇帝一人独霸，作为一种谦称了。

孤。原是诸侯与小国之君的自称。如《礼记·玉藻》："凡自称……小国之君曰孤，摈者亦曰孤。"又《礼记·曲礼下》："庶方小侯，人天子之国，曰某人；于外，曰子。自称曰孤。"后来，称孤道寡便转变成君主立位时的自称。如丘迟《与陈伯之书》："立功展事，开国称孤。"唐宋以来，父丧称孤子，母丧称哀子。君王自称孤，即指先王已丧，方能继承王位。继位称孤，表示自谦。另一层意思是做君王的都是孤身一人，与众不同，显然有孤单、孤独的意思。因此"孤"就成了一种带有悲悯色彩的帝王谦称。在古代戏曲、小说里，君王常自称"孤家"。

寡人。原指诸侯国君的自称。《礼记·曲礼下》："诸侯见天子，曰臣某、侯某。其与民言，自称曰寡人。"《孟子·梁惠王》有"寡人之民不加多"。朱熹注曰："寡人，诸侯自称，言寡德之人也。"可见，寡人是国君表示自己美德鲜寡的谦词。有时，出使别国的使臣也常称本国国君为"寡君"，这是代表本国国君的身份而表示的一种谦词。自秦朝之后，"寡人"成了皇帝的谦称。

不穀。最早是天子自谦之称，后来诸侯王也用以自称。《礼记·曲礼下》："盖不穀，为天子自贬之称。""穀"是良好、美善的意思，不穀，就是不善，是君主认为自己不好的谦词。

二、尊称

陛下。"陛"的本义是台阶，后专指帝王宫殿的台阶而言。再后来，就成了对帝王的专称。"陛下"是做臣民的对帝王表示敬畏的一种尊称。这里的"陛下"指的就是秦始皇，秦以后，"陛下"一词，就广泛用以尊称帝王了。

九五。臣下称帝王，较多的场合用"陛下"，但有时也偶用"九五"。如李峤《上雍州高长史书》云："利见九五，差踪二八。""九五"指皇帝，"二八"指八元、八恺,即朝臣。在许多历史典籍中,就称皇帝为"九五"或"九五之尊"。

南面。古代"堂"上最尊贵的座位是坐北面南。帝王召见群臣议事时,照例是坐在面朝南的尊位上,故称帝位曰"南面"。后来又有"南面称王"、"南面称孤"的说法。

北宸。原指北极星。古代以坐北面南为尊,皇帝坐北,犹如北极星照耀,故以北宸代指帝王,表示一种祝颂。

龙颜。中国古代常用"龙"来象征帝王。龙颜,本指帝王的容颜,后来变为指代皇帝本人的尊称。也有称"天颜"的。

圣上。古代称道德智能极高的人谓圣人。后来,用以尊称帝王谓"圣上",并有圣旨、圣驾等祝颂之辞。

万岁。原是封建时代臣下对皇帝的颂祝之辞,表示"永存"之意。后来引申为对皇帝的专称。

古代皇族简释

皇帝。在公元前221年,秦王嬴政统一六国后,自以为"德兼功高五帝",称"始皇帝"。从此历代封建君主都称皇帝。

皇后。皇帝的正妻称皇后。秦、汉以后历代沿称。

太上皇。秦始皇追尊其父庄襄王为太上皇;汉高祖尊其父太公为太上皇;历代皇帝传位于太子,亦自称太上皇。清高宗传位于其子仁宗,自称太上皇,仍有主持要政之权;此种传位之举,在当时称为"内禅"。

皇太后。皇帝的母亲称皇太后。秦汉以后历代沿称。

昭仪。妃嫔的称号。汉元帝时始置,原为妃嫔中之第一级。自魏晋至明均设置,但地位已经下降。

贵嫔。妃嫔的称号。三国魏文帝时始置,仅次于皇后。晋及南北朝多沿置。

才人。妃嫔的称号。始设于晋武帝,自南北朝至明多曾沿置。唐制,才人初为宫官之正五品,后升正四品。

贵妃。妃嫔的称号。南朝宋武帝时始置,位次于皇后,自隋至清多沿置。

皇太子。皇帝所指定的继承人。一般为皇帝的嫡长子,但亦常有例外,由皇帝选定册立。清代自雍正帝起,以后不立皇太子。一般称预定继承君位的长子为"太子"。

良娣。古代太子妃妾的称号。始于西汉,魏、晋至唐多曾沿称。

太孙。皇帝的长孙称太孙。历代王朝往往于太子殁后册立太孙为预定之皇位继承人。

公主。帝王之女的称号。始于战国。《史记·孙子吴起列传》:"公叔为相,尚魏公主。"又《李斯列传》:"诸男皆尚秦公主,女悉嫁秦诸公子。"汉制:皇帝之女称公主,帝之姊妹称长公主,帝姑称大长公主。历代因之。

驸马。汉武帝时置驸(副)马都尉,谓掌副车之马。原为近侍官之一种。魏晋以后,皇帝的女婿照例加此称号,简称驸马,非实官。清代称"额驸"。

皇帝的朝会

我国古代皇帝有两种朝会,一种是大会文武百官、王国诸侯和外国使臣的朝会,称为大朝,大朝是一种隆重的典礼,往往在特定的节日举行,如元旦、冬至、皇帝生日。"大朝"仅仅是一种仪式,一般不在这种场合处理和商定国政。另一种常朝,即皇帝每天或间隔数天,于早晨会见主要文武官员,处理一些日常政务,如宣布政令、决定重大军政行动等。这种朝会,并不是皇帝进行日常统治活动的全部,因为并非所有国家政务都是在"常朝"上决定的。所以,有些倦政的皇帝常常不上早朝,如唐玄宗天宝年间以后贪于酒色,怠于朝政,白居易《长恨歌》诗中有句云:"从此君王不早朝。"

古代皇帝所处理的政务,大致有两类,一类是日常政务,不一定均须在朝会中处理。我国古代的政治体制是专制主义的中央集权统治,皇帝是最高的决策者与行政首脑,其下分文武百官,分工管理各方面的政务。皇帝只须定期进行检查就可以了。一类是非常性的政务。如外族入侵、内部叛乱和大的天灾,或出现有关官员依据定制无法解决的问题,需要皇帝拿出处理办法来或对制度进行某些更改。在这种情况下,皇帝往往要和主要官员商议决策,通过朝会处理,但也有不上朝会处理的。所以说古代皇帝的朝会只是他进行封建统治活动的一种形式,而绝不是全部。

古代皇位的继承

皇位的继承和替代,是皇帝制度一个极为重大的问题。从我国古代皇位的传承情况看,大致可分为同姓相继,异姓相代两种。

所谓同姓相继,是指皇位的继承,世世代代只限于同一始祖的父系后代中进行,这是皇位继承的世袭制。而历代皇位的世袭,又有以下几种情况:

一、预立太子。历代皇帝后妃众多,子孙满堂,为避免皇子之间因争夺皇位而祸起萧墙,预立太子则成了皇位世袭的核心。从汉到明,各封建王朝无一不将册立太子看作一件国家大事,常举行十分隆重的典礼。立太子的法则,基本上有两条:"立嫡不立庶","立长不立贤"。

二、密定皇储。由于公开预立太子,往往容易引起其他皇子以及与之相关的利益集团的不满,常酿成宫廷

故宫乾清宫,清代立储的秘旨藏于"正大光明"匾后。

之争。清圣祖康熙，下诏废预立太子之制，改由皇帝生前秘密确定皇储，写下遗诏，秘而不宣，待驾崩后由大臣当众宣诏，被立为皇储者即刻登基。

三、内禅于子。这是指皇帝未曾驾崩，而主动让位于子而自成太上皇。如唐玄宗李隆基于安史之乱后逃到四川成都，太子李亨未得玄宗允诺，即在宁夏灵武即位，史称唐肃宗，遥尊还在成都的其父李隆基为太上皇。后安史之乱平，玄宗自四川返回长安，只得默认事实，被迫做起了太上皇。

四、逼宫夺位。封建社会皇位至尊，故觊觎者众。父子兄弟之间为争夺皇位而自相杀戮者不绝于史。著名如唐初的玄武门之变，李世民除了杀害亲兄弟李建成、李元吉外，还势逼唐高祖李渊让出皇位。

五、异姓相代。这是指皇位的更替，是以外戚、权臣、后宫的身份达到的。如西汉末年的王莽、东汉末年的曹丕、南朝的刘裕、北周的杨坚，他们分别以"禅让"的形式建立了"新"、"魏"、"宋"、"隋"朝代。而武则天则以皇太后身份，废黜了李唐皇室，自立为帝，改国号曰"周"，成为历史上唯一的女皇帝。这种以戚属身份夺得皇位，则是皇位继承的又一种形式。

谥号、庙号与尊号

谥号：古代在人死后按其生平事迹评定褒贬给予的称号。帝王之谥，由礼官议上；诸侯卿大夫、高官显宦之谥，由朝廷赐予。谥号是一些固定的含有特定含义的字，用以指死者的美德、恶德等，大致分为三类：表扬的，如"经天纬地曰文"，"威强睿德曰武"；批评的，如"乱而不损曰灵"，"好内远礼曰炀"；同情的，如"恭仁短折曰哀"，"在国遭忧曰愍"。上古谥号多用一个字，也有用两三个字的，如周平王、赵孝成王、贞德文王。后世谥号除皇帝外，大多用两个字，如忠武侯（诸葛亮）、武穆王（岳飞）。从东汉开始，还有私谥，是有名望的学者死后其亲友门人所加的谥号。宋代私谥尤盛。

庙号：封建皇帝死后，在太庙立室奉祀，特立名号，称庙号。从汉朝开始，每个朝代的第一个皇帝一般称为太祖、高祖或世祖，以后的嗣君则称为太宗、世宗等等。因此，在谥号前面还有庙号，汉武帝的全号是世宗孝武皇帝。（汉朝从惠帝起谥号一律加一个"孝"字）。汉朝要有功有德的皇帝才有庙号，才被称为"祖"、"宗"。南北朝称"宗"已滥，至唐朝除亡国者外，则无帝不称"宗"。

尊号：也称徽号。始于唐朝武后中宗之世，是颂扬帝王和皇后的称号。尊号是生前奉上的，也有死后奉上的。唐玄宗于开元二十七年（739年）受尊号为开元圣文神武皇帝。清朝同治帝尊那拉氏为圣母皇太后，上徽号曰慈禧。尊号可以每逢庆典累加。唐朝以前对殁世的皇帝简称谥号，如汉武帝、隋炀帝，不称庙号；自唐朝始由于谥号加长，称呼不便，因而改称庙号，如唐太宗、宋太祖。

为什么中国历代都有"文帝"、"武帝"

周朝有文王、武王，汉朝有文帝、武帝，三国时有魏武帝、魏文帝。历代为

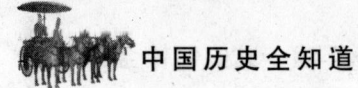

什么都有"文帝"、"武帝"呢？

这"文"和"武"都是帝王的谥号。谥号是皇帝死后，新继位的皇帝请大臣们根据死者生前的品德和行为，按照谥法规定给予的一种称号。谥号本来是有褒善贬恶的意思，按照谥法规定，谥号可分为表扬、批评和同情三大类。属于表扬的如："经纬天地曰文。"意思是，善于治理天下的可谥为"文"。像汉文帝刘恒、隋文帝杨坚、唐太宗李世民，都是以善于治理天下著称的，所以都被谥为"文"，称"文帝"。再如，"威强睿德曰武。"意思是说，声威强盛而又明智的可谥为"武"，像周武王姬发、汉武帝刘彻、魏武帝曹操、晋武帝司马炎，都是以声威强盛著称的，所以他们的谥号都是"武"，称"武帝"。谥号并不能真正说明人的才德，它有很大的虚伪性。到了宋代以后，每个君主的谥号就只有褒扬而无贬恶。

古籍中的避讳

在阅读古籍时，会常遇到些缺笔划的字，或者本来应该是某个字，却被另外一个字所代替。这种现象就是"避讳"所造成的。

君主专制时代，君父观念神圣不可侵犯。为人臣子者在言及或书写君父姓名时，必须避忌，以示尊重。皇帝和孔子之名全国共避之，谓之国讳；长上之名全家共避之，谓之家讳。这种风气始于周朝，行于秦汉，滥于魏晋，盛于隋唐，严于赵宋。明朝前期，不甚严苛，然而到了天启、崇祯以后，也逐渐严了起来。清朝避讳更厉害。直到民国改元，才废此恶例。

避讳的方法，各朝不同，常用之法有改字、空字、缺笔和改音等。例如秦始皇名嬴政，讳"正"字，遇"正"字改用"端"。汉明帝名刘庄，讳"庄"字，东汉人凡遇到"庄"字都改写"严"。隋文帝名杨坚，讳"坚"字，遇"坚"字作"牢"、"固"、"至"、"刚"等字。唐太宗讳世民，若单写"民"时缺斜钩。

宋代第一个皇帝是赵匡胤，"匡胤"二字当然严避。另外，凡是同音的字，如"眶"、"筐"、"蚓"、"引"等字，全不准用。这些字叫做"兼讳"。不但他自己的名字，就连他祖宗的名字也得避讳。如他的始祖名叫"玄朗"，"玄朗"二字不准用，还兼讳到"眩"、"县"、"浪"、"狼"等字。

明朝最初几代皇帝的名字，避讳的较少，临近末叶，才突然强调起来。崇祯三年，礼部奉旨颁行天下，避太祖（朱元璋）、成祖（朱棣）庙讳，及孝、武、世、穆、神、光、熹七宗庙讳。

清朝自入关以后，皇帝的名字才使用汉字。顺治帝名福临，这两个字不避。康熙帝名玄烨，"玄"字用"元"字代替，或缺末笔；兼讳"炫"、"弦"、"眩"等字。"烨"字亦须缺末笔。雍正帝名胤禛，遇到"胤"字用"允"字代替，或以"嗣"、"裔"等字代替，或缺末笔；"禛"字用"正"字代替，"真"、"贞"等字，皆须缺末笔。

以上所举，全是君主专制的产物，本无叙述价值。但了解了它，对鉴定古籍版本，推测成书年代，还是有帮助的。当然，利用讳字来判断版刻时，尚须结合其他因素，决不可随意孤立为之，否则也会闹出笑话。

中国历史上的年号

"年号"是中国历史上记述年代的一种特有标识,它经常随着新的元年而变换,所以也称"元号"。建"元(年)号"最早始于汉武帝。据《史记·封禅书》等记载,创制年号始于元鼎四年(公元前113年)。汉武帝时之所以要建年号,是由于当时的官吏企图把此作为歌功颂德的一种措施。在以后两千多年的封建社会里,年号一直被用作"章述德美,昭著祥异"。但是,客观上年号的使用在数字前加了一个具有一定含义的特殊标志,也使我国的纪年摆脱了呆板枯燥的数字顺序。如两字年号有建元、永乐、宣统等,三字年号有王莽的"始建国",梁武帝的"中大通"等。四字年号有唐武则天的"天册万岁"、宋太宗的"太平兴国"等,甚至还有西夏李元昊的六字年号"天授礼法延祚"。这些年号对于后人研究历史人物和事件能起到一定的作用。

中国历代皇帝有多少

在我国,自公元前221年秦王嬴政称"皇帝"始,到1912年最后一个封建皇帝溥仪在辛亥革命的枪声中宣布退位止,经历了2132年。在这期间,到底有过多少个皇帝?

封建王朝皇帝总数为494人。其中未在位、死后被追尊帝者73人。

边疆少数民族政权君主(单于、可汗、赞普)总数为251人。

历代农民起义建元、立国、称帝(王)者,约100人。

封建割据称帝者(如安禄山)。约有60人,还有一个"中华帝国皇帝"袁世凯。

在位时间最长的皇帝,是清代康熙帝玄烨和乾隆帝弘历,各为61年;在位时间最短的是金代末帝完颜承麟,从即位到被杀,不足半日。

年龄最大的皇帝是清代弘历(89岁),其次是武则天(82岁)。年龄最小的皇帝,以东汉殇帝刘隆为最,他不足1岁即位,在位仅8个月即夭折;其次是东汉冲帝刘炳、清代宣统帝溥仪,都是两三岁即位。

中国历史上的小皇帝

在中国2000多年的封建王朝里,10岁以下的孩子当了皇帝的有29个。最早的是西汉的昭帝,最后一个是中国末代皇帝宣统。

最小的是东汉的殇帝,生下来100多天就当皇帝了;两岁当皇帝的有东汉的冲帝和东晋的穆帝;3岁的有北魏的文帝和清朝的宣统;4岁的有清朝的光绪;5岁的有东晋的成帝、北魏的孝明帝、南宋的恭宗;6岁的有清朝的顺治和同治;7岁的有后周的恭帝和元朝的宁宗;8岁的有西汉的昭帝、东汉的质帝、三国时的吴废帝、北齐的幼主、北周的静帝、南宋的帝昺、清朝的康熙;9岁的有西汉的平帝、东魏的孝静帝、南宋的端宗、明代的英宗;10岁的有东汉的和帝、三

国时的魏废帝、南朝的宋后废帝和宋顺帝、北宋的哲宗。

满族大臣不向皇帝称臣

有的戏剧中出现了满族大臣与康熙皇帝对话场面，大臣自称为臣。这是错误的。他们应自称奴才而不称臣。

中国古代大臣对于皇帝，没有自称奴才的，只有清朝例外。清代自开国以后，就有一个不成文的习惯法：满大臣，包括王公贵族等，对皇帝自称奴才而不称臣。汉大臣则不论官秩怎样高，对于皇帝只称臣而不许自称奴才。这虽没有写入《大清律》，事实上是与《大清律》的条文具有同样约束力的。自清代开国直至灭亡，是任何满、汉大臣不许违犯的。

也有君主怕实录

实录，旧称"信史"，原则上要求"其文直，其事核，不虚美，不隐恶"（《汉书·司马迁传赞》）。实录一般是指中国历代所修每个君主统治时期的编年大事记。由于实录要求要"实"，这便使得那些作恶多端的君主非常害怕，他们本想留下芳名于世，结果却反而更加遗臭于后，此类事情，在史书中不乏记载。

例如，《春秋》载，襄公二十五年，齐国崔杼杀死国君光，当时负责实录的太史记载："崔杼弑其君。"崔杼看后，便杀太史，太史的弟弟又写上原话，又被杀；太史的二弟又写上，崔杼知道不能更改，才赦免了他。如果不能赦免而遭死刑，就会再写上"崔杼弑其君"的原话。

又如，我国北朝北魏时太武帝的大臣、政治家崔浩，对鲜卑贵族立国有元勋之功，但由于在公元450年修国史时暴露了"国恶"，结果被杀，株连崔族灭门。

再如，清朝雍正皇帝胤禛，是康熙帝的第四子，他"少年无赖，好饮酒击剑"，加上性格喜怒无常，因此康熙帝不大喜欢他。康熙帝曾说过："四子性格喜怒不定。"这句话在康熙四十九年的《实录》中也载了上去，这对胤禛是很大贬责，关系到他今后的政治命运，他感到很是不安。

后来胤禛取得帝位后，仍对这句话耿耿于怀。有一次他对实录馆总裁张廷玉说：我少年时性格不大好，皇父曾责我"喜怒不定"，但我后来改正了。况且现在我登大位，这"喜怒不定"四字，关系到我一生大事，你可在今后实录中再写上去，说我现在言行非常小心，一喜一怒是慎之又慎。雍正帝此言是想在自己一朝的《实录》中美化自己。

毫无疑问，虽有耿介之士按实录原则记载君主言行而暴露君主"恶行"以戒后人，但也有不少实录是为君主歌功颂德的。

清代皇室的试婚格格

在长期封建礼教的束缚下，旧时中国人对于性知识讳莫如深，所谓"闺房之乐"概不言传。不过，有些地方在姑娘出嫁之前，要由本家姑姑或嫂嫂之类陪睡一宵，在枕头边窃窃私语，传授男女之间诸般事宜。还有些地方姑娘新婚前几日，由家中亲人偷偷将"春宫图"数帧放入新娘首饰匣中，为的是让新娘观看一下男女云雨之事。这都是一些古时简单的性教育。然而在清朝的皇室，却为其行将出阁的公主制订出一套试婚制度。

公主下嫁，一般都是由皇太后、皇帝或皇后为其在满族大臣和子弟之中，选择驸马。

被选的男子，要求相貌英俊，身体魁梧，能文能武，而且要年龄相当，可谓条件苛刻。有幸被皇上指婚的男方，接到旨意后，要立即入宫谢恩。还能得到皇上给的一笔修建府第的款项。择黄道吉日送上嫁妆，就算定婚了。

然而在格格出嫁皇宫之前，皇太后或皇后要挑选一名精明的宫女，作为"试婚格格"随同嫁妆一并到额驸（驸马）家，并于当晚进行试婚。是日夜晚，试婚格格即与额驸同床试婚。翌日，这位试婚格格立即遣人将额驸有无生理缺陷、有无阳痿等隐疾，床上性格是否温存等等一切详细情况回报宫中。

其实，这位试婚格格也可能是破题儿头一遭，并无经验，况且仅仅是同床一宵，草草感受，哪能注意方方面面，第二天也只能是按项稀里糊涂汇报罢了。第二天，公主下嫁，迎娶进府，这位试婚格格便顺理成章成为驸马爷的侧室，或继续留在公主身边当佣人。

清朝的试婚之仪，只限于皇室公主，一般王府贵族不能有试婚之举的。

光绪为何称慈禧为"亲爸爸"

光绪称慈禧太后为"亲爸爸"是事实。这种称呼既不是艺术虚构，也不是满族的风俗习惯。那拉氏于1861年通过"辛酉政变"，在清末的同治、光绪年间，其尊一直在皇帝之上，实际上居于太上皇的地位。在中国封建历史上，太上皇的高位，只有皇帝的父亲才能享有。慈禧既然自居太上皇的尊位，便喜欢以男子的称呼来叫她，以显示她的高贵尊威，这当然没有比皇帝叫她"爸爸"更合适了。

另外，光绪的母亲是慈禧的亲妹妹。慈禧说过："光绪皇帝的父亲就是醇王。他的母亲，是我的妹妹。我妹妹的儿子，就跟我亲生的一样。"因此，继承皇位后的载湉，对处于太上皇高位的那

慈禧太后垂帘听政处

拉氏,还要在"爸爸"之称前面加上"亲"字以掩非亲之嫌也。在宫廷里居住过二年的德龄公主在《清宫二年记》中写道:"皇帝及余等皆呼太后以男称……光绪皇帝每次向太后请安时都要说:'亲爸爸吉祥!'"

清帝退位诏书的主笔是谁

清帝辞位诏书,顾名思义当出自皇帝亲拟,但谁都知道,溥仪当时为五岁小儿,隆裕太后亦是不懂世事的妇人,当然不可能胜任。但这一重要文件的捉刀人为谁,长期以来一直是个秘密,即使见多识广如番禺叶恭绰者,亦只知"出自江苏某太史尹",而不知为苏州杨廷栋所作。

杨廷栋,字翼之,苏州人,中举后赴日入经济特科,为早期留日学生,主张效法明治维新,在中国实行君主立宪。宣统元年冬,江苏省设咨议局,廷栋被苏州公众选为议员,遂与担任主席的南通张謇相识,两人主张相同,一拍即合。杨与松江雷震字季馨者,不但演说时口若悬河,且才思敏捷,每有文稿书函,均一挥而就。张謇依杨、雷为左右手,每有重大决策,必召两人参与。

辛亥年冬民军占武汉、南京、上海后,南北双方在上海谈判,张謇为双方搭桥人物之一,遂被推为诏书拟稿人。其时杨在苏州家中,张遂与雷震潜赴苏州就教,杨因其家目标亦大,三人遂去火车站附近的维瀛旅社闭门构思,以杨廷栋为主笔。文成,由雷送京直交袁世凯,再由袁入内廷与隆裕太后面商。

清帝辞位诏书于民国元年二月十二日颁布。

事后,苏州书画家杨倩、吴湖帆绘《秋夜草疏图》和书疏稿,以纪其事,张謇作序,杨自撰跋,并遍征海内名人题咏。

制度法律

无形的长城：郡县制

秦始皇统一六国，自称始皇帝，他所创立的各项政策制度中，影响最大的有两项，其一为在北方修建长城，其二为废除封建制、实行郡县制。由此便实现了封建国家权力的集中。犹如在一道无形的长城，终于形成现在统一的多民族国家。

早在春秋初期，秦、晋、楚等国往往把兼并得来的土地和灭亡的小国改设为县。县和卿大夫的封邑不同，是国君直属的地方行政区域，有利于国君的直接统治。到春秋后期，晋国把县制推行到内地，一些新兴地主阶级的卿大夫在封邑内也设县管理，县开始成为地主政权的地方行政组织。春秋末期又在新得到的边地设置郡，当时郡的面积要比县大，但地位比县低。后来又在郡下划分县，产生了郡县两级的地方组织。但到秦始皇统一天下之前，郡县的设置并没有得到全面的推广。

秦始皇统一天下之后，立刻就面临着一个两难的选择：封建诸侯还是全面推广郡县制。有些人认为秦朝如要长治久安，就应该和周代一样推行分封制。而廷尉李斯反对。他认为末年的诸侯互相侵扰，战争连绵不断，完全是分封制造成的恶果。秦始皇最后采纳李斯的意见，在全国推行郡县制。郡县制的推行总结了前代的教训，顺应了时代的要求，使整个东亚大陆联为一体，不可分割，影响深远。

秦统一之初，全国设三十六郡，后随着疆域的不断扩大，增至四十六郡。郡的行政长官称为郡守，由中央任命，掌管一郡政治、经济、军事与司法等事务。其下属有郡丞、郡尉、监御史。郡下设县，万户以上县长官称县令，不满万户则称县长。县令（长）主管县内政务，同样由中央任命。其下属县丞、县尉分别协助县令（长）政务、司法和军事。县下设乡，乡下设亭，亭下设里。乡设三老，分别为有秩、啬夫、游徼，分掌地方教化、民政、诉讼、治安。这一套制度，后世虽屡加变革，但基本精神却相沿两千余年。

秦始皇的功绩，只此一事就足以确立；秦始皇的伟大，如没有这一事，却根本就无从谈起了。

两汉的察举和征辟

察举又叫作荐举，高级官员根据考察，把所谓品德高尚、才干出众的平民或下级官吏推荐给朝廷，授予他们官职或提高其官位。

西汉初年，汉高祖刘邦就曾令人察访民间德高望重的人，把他们推荐给朝

廷。汉文帝以后,这种察举的办法逐渐形成制度。察举的范围和名目都由皇帝决定。例如有时只规定在某些郡国或部分官员向朝廷推荐人才,还有的时候是由朝廷派人到地方去进行察举。察举的名目有很多,如贤良方正、贤良文学、孝悌力田、孝廉、直言极谏等。被荐举的人,须先试任一年。如果能够胜任职守,则可转为正式官职。若不胜任,就要被撤换,而且推举他的人也要受到处罚。

汉武帝时,策问考试普遍地实行起来。具体做法是:首先由皇帝提出一些关于如何治理国家的重大问题,称为策问;然后把这些问题依照难易程度分为甲、乙等科,密封起来;最后让被荐举的人任意抽取问题回答,叫作射策。朝廷根据他们回答的成绩分派官职。

东汉初年,光武帝曾下诏强调要以"四科"辟士,这是指选拔人才应该掌握的四方面标准。第一是"德行高妙、志节清白";第二是文化水平高,即"学通行修,经中博士";第三是"明达法令,足以决疑",也就是要熟悉法令,并以之判断是非;第四是"刚毅多略,遭事不惑",这是要求办事果敢和善于处理各种难题。

在汉代,由皇帝直接聘请人来做官称为"征",由官府聘请人来任职叫"辟"。

被皇帝征召到朝廷来任官的,多是一些德高望重、学识渊博的人。被征召的人,有时可授予很高的官职。杰出的科学家张衡,由于他精通天文、历算,善为机械巧作,东汉安帝先征召他任郎中,以后又升迁为太史令。

中央或地方官府的长官自己请人到官署内做僚属、任职办事的做法叫辟或辟除。

东汉时期,朝廷显贵争相以能够辟除所谓贤才名士相标榜,一些著名的俊雅之士也以能被辟举公府为荣。一般地说,东汉时期把辟除郡县吏作为仕进之路的风气要盛过西汉。

绝无仅有的两京制度

万历三十九年考核京官,京师由东林党人主持,浙、齐、楚等首领多被罢黜;南京由浙党等主持,东林党人尽遭排斥。一个朝廷怎么会同时在两个地方考察官员呢?原来,这是由于明朝有一项独一无二的两京制度。两京分别为南京和京师即北京,两个都城各设一套中央机构,彼此独立,各不统署。两京制度的建立有着深刻的历史原因。

明朝立国之初,朱元璋的势力范围主要在南方。1368 年,朱元璋在应天府称帝,并建都于此,改名为南京。此时朱元璋还有向北迁都的打算,不过他理想中的京师是开封,所以暂且将开封府称北京。但后来,朱元璋乐不思蜀,渐渐淡去了迁都开封的念头,遂去掉开封的"北京"称号,改"南京"为"京师"。燕王朱棣夺取帝位后,初时也定都南京。此时蒙古族的残余势力还在北方威胁着大明王朝的社稷安危,而北平"地势雄伟,山川巩固,四方万国,道里适均",若迁都于此,既可以抵御蒙古贵族的威胁,又可以占据有利地形,控制南方各地。朱棣继位后于永乐元年改北平为北京,并大规模修筑北京城,做迁都的准备。

1421 年明朝迁都北京,并改北京为京师,同时复原南京的名号。明成祖迁都北京后,出于种种原因,仍然保留了南京的都城地位,并保留了一套中央机构。南京和京师一样,设六部、都察院、通政司、五军都督府、翰林院、国子监等机构,官员的级别也和京师相同。北京所在府为顺天府,南京所在府为应天府,合称二京府。

不过,南京各机构设员较少,管辖范围也仅限于南京。虽品级与北京各官相同,权力却大大不如。时人均把南京官视为闲职,官员由北京调往南京,也往往是一种贬斥。明中期以后,党争激化,在北京失意的官员多集中在南京。一时之间,南京顿时成为反对派的大本营。于是便出现了对立的两党各据一京,互相贬斥,针锋相对的情况。

古代的监察制度

我国君主专制时代的政治制度内部,有一个很重要的制约系统,即对官僚机构和官吏的监察。公元前221年秦灭六国后,在皇帝之下设置三个最重要官职:丞相、太尉、御史大夫,并称三公。丞相掌政务,太尉掌军务,御史大夫掌监察。这种体制奠定了中国两千余年官僚政治的基本格局。所以明太祖朱元璋说:"国家立三大府,中书总政事,都督掌军旅,御史掌纠察。朝廷纲纪尽系于此,而台察之任尤清要。"

汉承秦制,监察机构称御史台,长官为御史大夫,一面参预朝政,一面有"制监百司,纠绳不法"的监察权。唐代监察机构内部形成更严密的三院制:台院掌纠举百僚,推鞫狱讼;殿院掌殿延供奉之仪式;察院掌巡按郡县和对部的稽查监察以及监军等。唐代监察制还有一个特点是御史参预司法审判,重大案件"则诏下刑部、御史台、大理寺同案之"。这延续到明、清,人称"三堂会审"。

对地方的监察制度,秦时也已确立,郡一级派有常驻的监察御史。汉武帝将全国划分为13个大监察区,设刺史负监察之任。刺史秉皇命监察,可以直奏皇帝,所以能起到澄清地方吏治的作用。唐代对地方监察由察院负责。明清时期,御史台改为都察院,派出巡按地方的称巡按御史,系"代天子巡狩",权力很大。

对政府部门公务进行经常性的稽查和监察,开始于唐,完备于明清,设六科给事中,其主要职责为对六部公务的稽查、监察。

君主专制统治下的监察制度,当然有很大局限性。例如,监察的最后结果要取决于皇帝的个人意志,弹劾也常常成为皇帝控制官吏、官吏互相攻讦的工具,监察官员本人也会发生贪赃枉法的腐败问题等。但从总体上看,它对调节统治者的内部关系,保障统治机器的正常运转,澄清吏治,还是起过积极作用的。

文官俑 隋

我国古代的招聘制度

在我国古代,封建王朝不仅通过科举选拔官吏,也常通过招聘的方式向社会广招贤才。

招聘人才,在我国由来已久。《孟子》中写商汤派人五次往返,"以币聘"伊尹。明代朱健《古今治平略》上讲,汤聘伊尹,商高宗武丁招聘傅说,任以国政。"此征聘之始也"。

在我国人才招聘的黄金时代是两汉。汉高祖曾下诏招聘人才。汉代招聘制度有几个特点:一是按州县定名额,与地方官的举荐连在一起,成为一项较为经常性的制度;二是专门招聘精通某科学问、技艺的;三是特为办一件事情而招聘,事毕而罢。

汉代以后,三国曹操、唐朝李渊、李世民,利用招聘办法选拔了不少人才。特别是明朝朱元璋,早在金陵时就录用过夏煜、孙炎、杨宪等十几个儒士。后来曾分派学士詹同等分行天下招聘人才。明初,招聘成为官吏的重要来源,有一次招聘一千九百多人,最多一次招聘到三千七百多人。直到成化以前,招聘一直作为重要的选拔人才的途径。

在我国历史上,有些朝代通过招聘办法发现和选拔了大批人才,有些朝代还是由于招聘到大批人才而兴盛起来的。事实证明实行招聘有利于及时发现和合理使用人才,有利于人才畅流,才尽其用。

考勤起源于何时

我国的考勤制度起源很早,但当时的考勤,主要是对国家官吏而言。至于考勤表的使用,根据文献记载,当不晚于清代。清初,国家官吏实行坐班制,每日办公皆在衙署。至乾隆中,此制渐弛。清人昭梿《啸亭杂录》卷十记载,军机大臣和珅擅权时,曾经自立私寓,"不与诸大臣同堂办事,而命诸司员传语其间"。后来,有许多官员也呆在家中办公,不坐班。清人震钧在《天咫偶闻》卷七中写道:"自乾隆以后,重臣兼职者多,遂不恒入署。而阅折判牍,移于私宅。"为此,清政府在国家机构中设置"画到簿"专司考勤。画到簿为官吏考勤的重要凭据之一,与红本一起存入内阁大库,以备查验。但由于它反映不出迟到、早退等情况,所以没有多大的约束力。

咸丰年间,成立总理衙门,为了防止画到溜号的弊端,提高办事效率,就规定对其官吏"核其勤惰",分别予以"请奖"或者"参劾",这便是历史上考勤与奖惩相结合的开始。

古代的休假制度

我国的休假制度由来已久,从汉代起,政府机关便规定每五天休息一日,称

"五日休"。唐代改为"旬休",每十天休息一日。在休假日里,政府机关的办公活动还是照样进行的。譬如汉代的霍光在休假时,就往往由上官桀去代他办公,这大概是采取轮休的办法。

除定期的休假日外,还有节假日。唐代中秋节给假三日,寒食清明四日;明代冬至给假三日,元宵十日。此外还定有"急假",官吏用以处置紧急家事,一年以六十日为限。

对官吏的假日,历代均有严格的规定。唐代规定三品以上假满之日,须到衙门报到,否则罚俸禄一月。有的还因此被罢免官职。

轮到休假的人,在休假日当然可以自由活动。不过,通常还是利用休假日洗头、洗澡。所以古代的休假日又称"休沐"(洗头)或"休浴"(洗澡),似乎休息就是为了洗浴。这也难怪,因为古代男子蓄发梳髻,头发长,洗一次很费力,所以《楚辞》中还有洗了头在太阳底下"晞(晒)发"的描写。

清朝初年,随着西方的传教士进入我国,"礼拜天"这一宗教用语开始在我国出现。辛亥革命后,开始实行星期日休息制。

我国古代官吏退休制度

我国古代官吏年老退休称为"致仕",即退官职之意。早在春秋战国时期,统治阶级就废除了旧的世卿世禄制度,代之以新的流官致仕制度。到了汉朝,致仕逐渐形成一套人事行政制度,据东汉班固等编撰的《白虎通义》记载:(一)官吏年七十,耳目不聪,腿脚不便,就得致仕;(二)官吏年老退休后,朝廷给其原官职奉禄的三分之一,以示尊贤。

唐宋时期,退休官吏的经济待遇有很大提高。唐制规定,凡职事官年七十以上均应退休,或者"年虽少,形容衰老者,亦听致仕"。退休以后,五品以上官吏可得半禄。有功之臣,蒙天子恩典,亦可得全禄。京官六品以下,外官五品以下致仕退休后,各有永业田可以养老。

宋代官僚机构日益庞大,官员不断增加,致仕虽着为令,但官吏贪利者多,知退者少。大批年迈官员不愿自动退闲。为此,朝廷作出限制:对年过七十的现任官不再进行磨勘,即不再按照常规每满三年考察一次功过,也即不予以升官。南宋时,经常让御史检查和弹劾年过七十并且精力衰退者,由皇帝出面下令休致或派其亲属前去规劝。

至元二十八年,元政府决定:"诸职官年及七十,精力衰耗,例应致仕。"大德七年,政府又进一步规定,内外三品以下官员年至七十岁的要退休。因为朝廷有这样的规定,上下有这样的舆论,许多官员刚满七十,甚至不到七十,或因病,"累乞致仕","累上书","愿乞骸骨",就连官至右丞相的史天泽刚七十岁,便提出"臣可退休矣。"

到了明清两代,封建社会进入末期,致仕制度亦有新的变化:(一)退休年龄由七十提前到六十,明孝宗弘治四年,进一步规定:自愿告退者,不分年岁,现令致仕;(二)致仕官吏奉给,明初规定凡内外文武官致仕者,照品给奉;无

世职者,年龄六十致仕,仍给半奉;未至六十因病辞仕者,不给。(三)特殊优礼,明初官员凡以礼致仕者,与现职同。

古代对已退休的官吏,很重视并发挥其顾问作用:如元朝担任过翰林侍讲学士的窦默,因年老多病退休回原籍,后来元世祖忽必烈遣使将窦默召还回京,赠给他一套住宅,每月照发奉禄,十余年间,"数承顾问"。窦默一直活到八十五岁。像窦默这样退休后充当顾问的,还能举出若干。

我国古代的特殊备忘簿——笏

笏即朝笏,别称埏玉、手板,是古时大臣朝见皇帝时所执的狭长板子,用玉、象牙或竹片制成,以为指画和记事之用。

《史记·夏本纪》记载,夏朝的时候,人们已用笏记事。那时,用笏并无定制,"有事则摺之于腰带",记上要点,以备遗忘。及至周朝,始成定制,规定除天子、诸侯、大夫和士外,其他人概不准持笏。天子的笏是玉制的,诸侯的是象牙,大夫的是鱼须文竹,士的笏是竹制,其形状如象牙。"凡有指画于君前"陈奏国事或"造受命于君前"接受诏训时,才能用笏书记要点,其他场合不能随意使用。这样笏又演变成区分等级、表示身份地位的重要标志。但其主要功能仍是"备忽忘也",防止大臣陈奏国事或接受诏训时由于紧张遗忘。此后历代沿袭,秦汉时仍是"臣见君所秉书思对命"时使用的特殊备忘簿。及至隋唐,持笏按品官划分,五品以上要员持象笏,六品以下官员持竹木笏,用于摘录奏章或记载皇帝的诏训。"五代以来,惟八座尚书执笏,以笔缀手版头,紫囊裹之。其余王公卿士,但执手板,主于敬,不执笔示,非记事官也。"其持笏又分两种情况,六品以上持象笏,七品以下持竹笏。到了明朝,又规定四品以上持象笏,五品以下用槐木笏,"以粉饰之",使之光彩耀目。

"九卿"的演变

"卿"为官名,始于周,列国仿置,是中央政务大臣。因其贵重,秦以后历代封建王朝都习惯以"九"为常数,选择中央重要行政机关首长尊称为"九卿",突出他们的地位。

周曾以少师、少傅、少保、冢宰、司徒、宗伯、司马、司寇、司空为九卿。前三卿专辅天子;后六卿分管政务,按其次序,相当于后来的吏、户、礼、兵、刑、工六部尚书。

秦以奉常(掌礼仪祭祀)、郎中令(掌宫外警卫)、卫尉(掌宫内警卫)、太仆(掌车马)、廷尉(掌刑狱)、典客(掌内外客使)、宗正(掌皇族谱籍)、治粟内史(掌盐铁钱谷)、少府(掌皇帝财产),这些机关首长为九卿。

西汉九卿大体沿秦旧制,名称有所改动。其制又多为后来王朝所承袭。

南北朝时,梁增设机关,曾置十二卿,虽然增太府、太匠、太舟三卿,但仍以旧九卿为骨干。

明清有大、小九卿，但说法不一。明一般以六部尚书和都察院都御史（掌监察）、通政司使（掌奏章）、大理寺卿为大九卿；以太常、光禄、太仆、鸿胪、苑马（掌御马）、尚宝（掌印玺）六机关首长和詹事府詹事（职辅太子）、翰林院学士（皇帝秘书）、国子监祭酒（最高学校校长）为小九卿。清大九卿不详所指，小九卿一般为宗人（原宗正）、太常、太仆、光禄、鸿胪五机关首长、詹事府詹事、国子监祭酒、左右春坊庶子（太子宫属）、顺天府尹（京师行政首长）。

"司马"的演变

司马是古代官员名。西周开始设置，春秋、战国时沿用，掌管军政和军赋。汉武帝时废除太尉设置大司马，后世用作兵部尚书的别称，侍郎则称少司马。汉代大将军营五部，部各设置军司马一人。魏晋至宋代，司马均为军府之官，在将军之下，综理一府事务，参与军事计划。隋、唐两代州、郡、府佐吏有司马一人，位在别驾、长史之下。明、清两代称府同知为司马。《琵琶行（并序）》："元和十年，予左迁九江郡司马。"九江郡，隋代设置，唐代叫江州或浔阳郡，治所在今江西省九江市。"司马"是州刺史的别称，当时实际上是闲职。

"翰林"的演变

翰林最早见于唐代，唐玄宗置翰林院，内设有翰林待诏、翰林供奉，后来又称翰林学士，为文学侍从之官，到唐德宗以后，职掌机要文书，管理书写皇帝的命令，但他们不是通过考试取得的，也不是正规的朝官。宋代进一步抬高了翰林学士的地位，设立翰林学士院，与实际掌政事堂（中书门下）枢密院居平等地位。翰林学士知制诰即以代皇帝撰文告为专职，有的称"承旨"。冠翰林之名而不属学士院的，有翰林侍读学士、侍讲学士。这些所谓经筵官，以在皇帝左右进讲书史为职。皇帝很需要收罗这批饱学之士作为"智囊"，故备加恩宠。此后，凡执政大臣，多授予某某殿大学士的荣誉衔，以表示尊崇。明代的翰林是从进士中选拔的，他们协助皇帝处理政务，成了正规的朝官。清代翰林院以大学士为掌院学士，其下设侍读学士、侍讲学士、侍读、侍讲、修撰、编修、检讨等官。

中国历朝宰相知多少

"宰"与"相"，古时本为二职。"宰"原为主膳馐之官，史称殷商始置"太宰"。虽然主职为酒食，但因古时特别重视宗教仪式，祭祀典礼是国家大事，故"宰"作为主持祭祀享之官很受尊崇，于是进而得赞国政。一般认为，这种以掌理国政为职的"相"的正式出现，是在春秋时代。

中国宰相制度的建立，严格地说，缘于战国时秦统一六国，中央集权君主专制建立之后。但嗣后历代的宰相制度并不完全相同，甚至宰相的名称、权限、员额等，每个朝代，甚或某皇帝任内，都有所变更，绝非前后一律。如秦汉时，丞相、

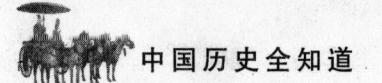

相国、三公,都是宰相之职;隋之内史、纳言,唐、宋之中书、门下、尚书三省长官及平章事,均负宰相之责;明清的内阁大学士,也可以说是宰相"集团"。

从秦统一六国至清代,逾两千年来,中国历朝的宰相共一千五百五十一人。

秦代,五人,其中李斯、赵高较为著名。西汉(附王莽新朝),由萧何开始,共六十五人;东汉,一百五十三人。三国,四十三人。其中司马懿、司马师、司马昭三父子,均先后任曹魏的宰相;诸葛亮,曾任蜀汉宰相。东西晋,四十人。南北朝,一百三十八人。隋,十八人。唐,共三百三十七人,宰相人数之多,为历朝之冠。五代,五十人。其中冯道先后为后唐、后晋、后汉、后周四朝的宰相。辽,八十三人。北宋、南宋,共一百三十三人,奸者如秦桧,忠者如文天祥、陆秀夫。金,四十二人。元代,五十人。明,一百一十七人。清代,二百二十一人,徐世昌、袁世凯等,均在清末担任过宰相职务。

古代的言官

古代帝王为了听取建议和批评意见,专门设立了言官。言官在各朝的称谓,不尽相同,秦朝设谏大夫,属郎中令;两汉时改称谏议大夫,属光禄勋;隋朝时仍称谏议大夫,属门下省;唐沿隋制,又增设左、右拾遗;宋朝时专门设立谏院,首长称左、右谏议大夫,言官可以参议军国大事,拾遗补阙,实际是皇帝的高级谋士。

巡抚、总督、都督与提督

巡抚:始于明太祖令太子朱标"巡抚"陕西。后来每年都派中央官员巡抚地方。这一时期,巡抚性质同于"钦差",本身不是官号,没有品级,例兼中央监察、组织部门的都御史和吏部尚书、侍郎等官衔,以便主掌地方官吏考察和军民安抚。因为属中央官,所以有事派出,事毕返京。宣宗宣德二年(1427)以后,由于地方动乱,开始常设巡抚,并开始了以省为管辖单位的巡抚制。巡抚职权不断扩大,不仅掌政,而且掌军,实际上已成为地方军政首长;但其中央官性质未变,还必须经常上京汇报地方军政事务。清代康熙(1662—1709)以后,全国除直隶、四川外,每省都设一员巡抚,规定了巡抚品级。至此,巡抚才正式成为地方官。但仍遵行旧的兼衔制。战乱时期,各地巡抚互不统属,往往贻误军机。为统一调度,就设置了专管军事的总督。

总督:管辖一省或数省军政的地方最高长官,这个职称起于明朝。宪宗成化五年(1469)常设两广总督以后,才开始了正规的跨省总督制。但明代的总督,主要负责军务和粮饷,还不是固定的职务。但从此总督职权日益扩大,兼掌民政,实际上逐渐成为地方军政首长。清康熙以后,总督成了正式的封疆大臣,品级为一品,军政民刑都管。其时全国共设直隶、四川、两江、湖广、闽浙、两广、云贵、陕甘八员总督。

都督:汉末就设置都督,三国时有"都督诸州军事",周瑜,就是吴国的都督。都督一职，在汉末设置时，主要指领兵打仗的将帅，一般不理民事。魏晋以后，有些都督往往兼任驻地的刺史，这样就总揽了军政大权，形成了"军管"。唐代各州都设都督，大都成为当辖区的军政总首长，往往会形成"割据"的独立王国。

提督：这个官职主要是在清朝成为要职。有两种提督，一种是提督学政，各省一人，掌学校政令，负责岁、科考试，考察师生的优劣，又称为学政、学台。凡全省大事，他有权和督、抚一起参加讨论。另一种提督，即提督军务总兵官，负责一个省的军务。他是从一品，和总督同，比巡抚、藩台、臬台三大宪的品级还高。

我国早期的成文法典

法律，作为阶级统治的工具，是随着阶级和国家的产生而出现的。据说夏代制定了"禹刑"，商代制定了"汤刑"，周代制定了"九刑"。从甲骨文中可以看出，商代已有了成文法典。

春秋时期，随着社会的发展，几个主要诸侯国相继公布了成文法。如：公元前536年，郑国子产"铸刑书"，后来邓析又用竹简造刑法书，称为"竹刑"；公元前514年，晋国把范宣子所作的刑书铸于鼎上。这都是最早公布的刑法，可惜均已失传。

战国时期，成文法典进一步增多。公元前5世纪末至公元前4世纪初，魏相李悝集各国法典之大成，制定了《法经》，共有六篇：一、盗法；二、贼法；三、囚法；四、捕法；五、杂法；六、具法。公元前4世纪中期，商鞅在秦国变法，在《法经》的基础上，制定了《秦律》。公元前221年，秦始皇统一中国以后，又把原来的《秦律》重新补充和修订，颁行全国。

汉初，丞相萧何曾参照《秦律》，制定法律九篇，称《九章律》。以后，每个朝代都参照过去的法典，制定本朝法典，使法律日趋完善。

刑法的由来

刑法的"刑"字，在古代写作"荆"，即井旁加一立刀。其含义是，在奴隶社会里实行井田制，井田中间有口井，奴隶主为了防止奴隶来舀水，便派人拿着刀去守卫，谁抢水吃就把谁的头砍掉，这就叫用"刑"。而"法"字，原写作"灋"，左边三点水，右边是一个"廌"字，下加"去"字。据说古代有一种称为"廌"的异兽神羊，头上只长一只角能辨曲直，遇有不正直的人，便以角抵；"去"是去曲的意思；而用三点水作偏旁，则引喻为执法要公正，像水一样不偏不倚。

中国的法自古以来是指刑律即刑法。从《尚书·吕刑》、晋国"铸刑鼎"到《大清律例》都是一样。刘邦的约法三章是"杀人者死，伤人及盗抵罪"，也是刑律。

我国刑法源于夏朝，以后各代均有刑律。其中《唐律》是封建社会一部较为完备的封建法典。国民党的《六法全书》中也有刑律。但这些刑法，都是剥削阶级维护其统治，用来镇压人民的工具。全国人民代表大会所通过的刑法，才是人民意志的体现，是打击敌人、惩罚罪犯、保护人民的有力工具。

古代的五刑

古代隋以前以墨、劓、刖、宫、大辟为五刑，隋以后以笞、杖、徒、流、死为五刑。其中，墨刑又叫黥刑、刺字，即在犯人的额上刺字，并涂以墨作为标志。劓，割掉犯人的鼻子。刖刑，即砍掉犯人的脚。宫刑，割去男子的睾丸，破坏女子的生殖机能。笞，用荆棍或竹板子打人。杖，用棍子打。大辟，即死刑。

"枷"的演变

在我国古装戏曲、电影中，经常看到一种刑具，称之为枷。枷在封建时代最有代表性，作为一种刑械具使用，已有三千多年历史。在殷墟出土的甲骨文中，就有了枷的记载。枷"以干木为之"两半合起，中有孔洞，用以严重限制被捕人犯的身体活动。

由于枷是朝廷的"王法"，因而必有定制。唐朝规定："枷长五尺以上，六尺以下；颊长二尺五寸以上，六寸以下；共阔一尺四寸以上，六寸以下；径头三寸以上，四寸以下。"宋朝从法律上规定了枷的重量。宋枷开始分二十五斤和二十斤两种，同时将其大小轻重刻在枷上，以便监督。

明代的枷也分三等，"死罪重三十五斤，徒流重二十斤，杖罪重十五斤"。明代的枷不但是狱具和讯具，还成了行刑的刑具。枷成为法定刑"五刑"（笞、杖、徒、流、死）之外的必要补充。清朝的枷分两级，重者七十斤，轻者六十斤。康熙八年刑部规定：囚禁的人犯，不戴木枷，只用细链，使枷只作刑罚而用。

光绪二十九年，经刑部奏准："除留竹片以供刑讯之用，此外各种刑具，尽行废除，枷号一概芟削。"从此，枷不论是作为狱具讯具，还是作为刑具，都从中国历史上消失了。

"十恶不赦"的由来

"十恶不赦"，现在用来比喻罪大恶极、不可宽恕的人。"十恶"，原指十条大罪，始见于1300年前的北齐法律。隋、唐把这十条大罪的内容略事增删，正式定名"十恶"，写在法典的最前面，以示严重。以后经历宋、元、明、清各代，都规定犯了"十恶"罪不能赦免。

古代"十恶"罪的内容是：1. 谋反，指企图推翻当时的王朝。2. 谋大逆，指毁坏皇室的宗庙、陵墓和宫殿。3. 谋叛，指背叛朝廷。4. 恶逆，指殴打和谋杀祖父母、父母、伯叔等尊长。5. 不道，指杀戮无辜。6. 大不敬，指冒犯帝室

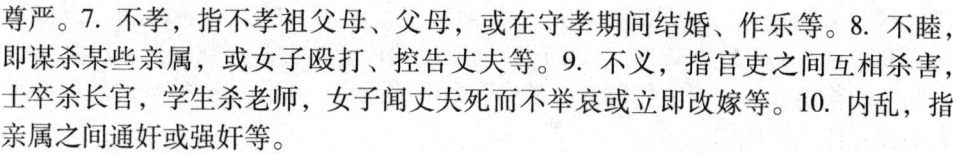

尊严。7. 不孝，指不孝祖父母、父母，或在守孝期间结婚、作乐等。8. 不睦，即谋杀某些亲属，或女子殴打、控告丈夫等。9. 不义，指官吏之间互相杀害，士卒杀长官，学生杀老师，女子闻丈夫死而不举哀或立即改嫁等。10. 内乱，指亲属之间通奸或强奸等。

这是封建时代的产物，其内容有一部分在今天是不能接受的。但由于"十恶"成为"不赦"之罪，影响深广，人们一接触到罪恶大、不可宽恕的事情，很自然地就称为"十恶不赦。"

何谓十族株连

在我国君主专制社会里，是很讲究宗族关系的。一人升官，九族皆荣；一人犯罪，九族株连的历史事件，比比皆是。

明朝的第三代皇帝朱棣，还搞了一个"十族皆除"的特例。原来燕王朱棣打进南京赶走侄儿明惠帝允炆以后，打算向全国发布一个"即位诏"。他想借重被囚禁的太学博士方孝孺写个冠冕堂皇的诏令。朱棣多次派人说合，都遭拒绝。最后他亲自开口道："先生一代儒宗，幸勿再辞。"他一边说，一边命左右把纸笔送了上去。方孝孺一见，又哭又骂道："要杀便杀，诏不可草！"燕王见方孝孺如此强硬，禁不住抽了一口冷气道："你何能遽死？就是你不怕死，难道就不顾及九族吗？"方孝孺抗声道："灭我十族，我也不怕。"还从地上抓起笔，大书"燕贼篡位"。燕王受此侮辱，大发雷霆，命左右把方孝孺的嘴撕开，直拉到耳边，方孝孺直痛得晕倒过去。接着就收拿他的九族坐罪。还因为方孝孺说了句"灭我十族也不怕"的话，便把他的朋友和学生也抓来拼成"十族株连"。在这一冤案中丧生的竟达870多人，真可谓骇人听闻了。

何谓"铁券"

铁券是皇帝分封功臣作诸侯王时所颁发的凭据。起于汉代，《汉书·高帝纪》载："（刘邦）又与功臣剖符作誓，丹书铁契，金匮石室，藏之宗庙。"由于分封功臣的誓词是用丹砂写在铁制契券上，所以称为"丹书铁券"，或"誓书铁券"。为了取信和防止假冒，将铁券从中剖开，朝廷和诸侯王各保存一半。唐以后铁券不是"丹书"而是嵌金，《南村辍耕录》载南唐赐吴越王钱镠的铁券，形宛如瓦，高尺余，阔三尺许，券词黄金镶嵌。誓词有所封的爵衔、官职、邑地及据以受封的功绩，另刻有"卿恕九死，子孙三死，或犯常刑，有司不得加责"。明代铁券依唐制，不过"所谓免死"，除谋反大逆，一切死刑皆免。然免后革爵革禄，不许仍故封，但贷其命耳（明沈德符《野获编》）。

监狱的由来

中国的监狱产生于何时？是谁发明的？唐朝解释法律的重要著作《唐律疏

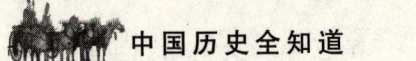

议》载"皋陶造狱"。皋陶是4000多年前的传说中的人物,舜帝时期,曾被任命为刑法官。关于他掌管刑法,发明建造监狱的传说,古籍记载很多,历来视他为监狱的首创者。我国古代监狱中都挂有皋陶的画像,不仅狱吏狱卒,甚至连犯人也像拜神一样拜他。

"监狱"一开始并不叫监狱。夏朝时叫"宫"。商朝叫"圉",周朝叫"圜土",秦朝叫"囹圄",直到汉朝才开始叫"狱"。秦时,不仅京城有狱,地方也开始设狱。汉时,监狱更是名目繁多。南北朝时期的北朝,又开始掘地为狱,发明了"地牢"。唐朝时,州县都有了监狱。宋朝各州都设置了类似周朝的圜土的狱,犯人白天劳役,晚上监禁。明朝京、州、府、县都有监狱,称狱为监也自明律始。《明律·捕亡门》:"狱囚脱监及反狱在逃。"笺释:"从门出者谓之脱监,逾垣出者谓之越狱。"清朝沿袭下来。监狱的职能,据《唐律疏议》记载,"狱声确也,以实囚情","以圜土聚教罢民","任之以事,而改教之"。即对犯罪的事实要进行核实,对犯人要教与改。

古代的喊冤方式

我国专制统治者为了巩固其统治秩序,表示听取吏民谏议和冤抑之情在传统的法制上也允许喊冤制度的存在。纵观历史,中国传统法制所许可的喊冤方式有三种。

一、"登闻鼓"制度。这是吏民击鼓喊冤的一种方式。在皇宫的左侧置一大鼓,有冤者(往往是蒙冤被押犯的家属)可击鼓喊冤,由官员加以记录上奏。这种制度起于汉朝,而且为以后历代所效法,并不断完善。如唐朝法律规定,"有人邀车架及挝登闻鼓,若上表申诉者,主司即须为受,不即受者,加罪一等"。宋代设登闻鼓院,专门受理吏民申告冤枉。明、清都设有登闻鼓院,并且规定,如果吏民击鼓申冤被认为确系冤抑,则由通政司奏请昭雪。否则,就认为越级上诉,由通政司送刑部加一等治罪。

二、拦驾(轿)喊冤。一般是喊冤者手举状纸,跪在皇帝、大臣或官员车驾、轿子所经过的路上,拦驾诉冤,希望能够除恶扶善,平反昭雪。但是,由于官吏贪赃枉法者居多,因此,多数官吏不问冤情虚实,一律先按"冲突仪仗罪"责打数十大板,对于不实者更是加重处罚。

三、临刑喊冤。一般是被执行死刑的人在临刑时喊冤,以求监斩官明查申冤。这种喊冤,在君主专制社会大多不:被监斩官所理会。

君主专制社会喊冤制度的实质是为巩固统治阶级的统治。当然,若遇开明帝王或像包拯那样的清官,确实也能平反一些冤案。

故宫午门与午门斩首

北京故宫午门是紫禁城的正门,中间有三个门洞,前面方形,后面券洞形,两边为矩形掖门,各门出入有严格规定,按清朝制度:

中间的正门——除皇帝出入外，皇后成婚日由此门进宫，一生唯此一次，以示"正宫娘娘"之地位，殿试进士及第的三名：状元、榜眼、探花，由此门出宫，亦一生唯此一次，以示"天子门生大"之恩宠。

东偏门为文武官员出入。

西偏门为宗室王公出入：左右掖门为矩形门洞，平时不开，大朝时百官出入，文走左掖门，殿试时贡士出入，按会试时的名次，单数走左掖门，双数走右掖门。

旧小说戏文常常有"推出午门斩首"之说，其实，午门乃大吉大利之处，绝非斩首行刑之地。据史实，明代行斩刑于西市，清代则在菜市口；且以常理议论之，岂有在自己家门口杀人的道理？

但在午门廷杖是有的，龙颜大怒，将大臣推出午门打棍子或板子。先打三下，接着便喝令"着实打"；看看皇帝有没有开恩宽宥意思，再喝令"用心打"。这一打，可厉害了，打的人手疼要每"五十杖易一人"；打时用布兜起来，打过后往上举起再摔到地上，"几绝（死命）者十恒（常）八九"。

惨无人道的人殉制何时废止

春秋时期，奴隶制走向崩溃，人殉的做法越来越受到抨击，人殉现象逐渐减少，代之以泥木人形的制品殉葬。秦始皇死后，秦二世逼迫没有生子的妃嫔全部殉葬，而且将建造陵墓的工匠也封闭在墓内，被害者"计以万数"。秦的一系列暴政导致了秦王朝的覆灭，使得后来的统治者接受了一些教训。从汉朝到元朝，人殉制度基本上被废止了。

然而，明朝建立后，太祖朱元璋又恢复了人殉制。他的被封为秦王的次子死时，由他降旨准以两名王妃殉葬。朱元璋本人死时，更以四十六名妃嫔、宫女殉葬。成祖朱棣死时，以十六名妃嫔、宫女殉葬。以后的仁宗朱高炽、宣宗朱瞻基都用人殉葬。当时，新皇帝一上台，便为死去的老皇帝圈定殉葬的妃嫔、宫女。名单一经宣布，宫内的人首先要向殉葬者"道贺"。殉葬者含悲忍痛地梳妆打扮一番，接着在指定的殿阁中参加一次宴席，随后即被逼集体自缢。宣宗有个叫郭爱的妃子，很有文才，入宫不到一个月就被指定殉葬。死前，她万般愤懑地写下一首绝命词："修短有数兮，不足较也。生而如梦兮，死则觉也。先吾亲而归兮惭予之失孝也。心凄凄而不能已兮，是则可悼也！"这是对残酷的人殉制度的血泪控诉。

明天顺八年（1464），英宗朱祁镇临终前特召皇太子至榻前，下遗诏说："用人殉葬，吾不忍也，此事宜自我止，后世勿复为。"这样，最终废止了惨无人道的人殉制度。所以，严格地说，明朝是中国历史上最后实行人殉制度的朝代。

明清时期的内阁与军机处

历朝统治者以史为鉴，整顿朝政，防范地方割据，力图将政权牢牢地把握在自己手中。武将掌握兵权,就会有覆国之危;文官掌握军政大权,也会有夺国之祸。如何将军政大权牢牢掌握在皇帝手中,就成为一个令历代皇帝头痛的问题。到了明清,皇帝吸取数朝兴亡的教训,先后设内阁和军机处,其中军机处发展为皇帝专制的极端产物。

明初设有丞相,自从胡惟庸涉嫌谋反被处死之后,朱元璋便不再设丞相之位,惟恐大臣专权。但以一人之力,日理万机,也实在不堪其苦。无奈,朱元璋置华盖殿、谨身殿、武英殿、文华殿、文渊殿、东阁等大学士,作为顾问,帮助处理政事。

朱棣即位后在明太祖的基础上专设内阁,备有大学士数个,任用亲信佐理政务,与外朝的六部相抗衡。内阁大学士核签奏章,草拟敕旨,辅佐皇帝处理政务,但其本身官阶不过五品,资望亦甚浅薄。

明朝中期以后,内阁大学士地位日益尊崇,入阁学士均出身翰林,且兼任各部尚书或侍郎,加官至一品,事实与宰相无异,六部尚书也得俯首听命。因此,才有内阁大学士张居正以大学身份主理朝政十年,又有奸相严嵩飞扬跋扈,荣极一时,不可一世。

明内阁此后权力愈大、地位渐高,与前朝丞相无异,在一定程度上也威胁到皇权。因此,清朝初期虽沿用内阁制,勋高位极,但几乎名同虚设,以至官拜大学士成了明升暗降或赐恩养老的方法。到雍正时便又出现了军机处。

军机处由三四品以上大臣充任军机大臣,随侍皇帝左右,直接听命于皇帝。但是军机处没有独立性,既无官署,亦无专官,更无属吏,不是一个独立正式的衙门。军机大臣绝对听命于皇帝,没有丝毫独立行动和决策的权力。因此,军机处不会脱离皇帝的控制,便于皇帝掌握实权。这种制度一直为此后历代皇帝所沿用。

何为补服,何为顶戴

吴三桂着官服像

补服,又叫补子和背胸,是古代官服上的一种徽饰,用金线和彩丝绣成鸟兽形象,补缀在官服的前胸和后背,标识官的不同等级。清代,文官绣鸟,武官绣兽。文官:一品鹤,二品锦鸡,三品孔雀,四品雁,五品白鹇,六品鹭鸶,七品紫鸳鸯,八品鹌鹑,九品练雀。武官:一品麒麟,二品狮子,三品豹,四品虎,五品熊,六品彪,七品犀牛,八品犀牛,九品海马,另外,御史、按察使、提法使这类执法者,均绣獬豸。

红顶子,又称顶戴。清代冠服制,帽顶上有珠饰,一品红宝石,二品花珊瑚,三品蓝宝石,四品青金石,五品水晶石,六品砗磲,七品素金,八品花金,九品花银。

"中堂"是什么官

在反映清代宫廷官场的影片、电视片中,经常可以看到被称为"中堂"的大官。那么,"中堂"是什么官呢?

清初,朝廷的"大学士"是个空名,没有实权,后来,清朝政府为了满足这些大学士对权力的要求,往往让他们管一个部。而那时的京官,一般是一满一汉;就座时,分东西坐,当中是空的。这时,管这个部的大学士,就坐在中间,所以,人们对管部的大学士称"中堂"。时间一久,人们对管部和不管部的"大学士"都称"中堂"。

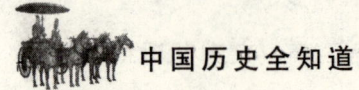

军事兵器

历代兵役制度简介

兵役制度是国家的重要军事制度之一,它随着国家的出现而产生,又随着国家的经济情况、政治制度和军事需要而变化。我国从古到今,曾有过多种不同的兵役制度。

民军制

夏、商、周时代,兵役寓于田制之中,有受田权利的成年男子,都有服兵役的义务,平时耕牧为民,战时出征为兵。西周时规定每家出一人为"正卒",随时准备出征;其余为"羡卒",服后备兵役。军队的核心由王家和贵族子弟组成。

征兵制

秦始皇统一中国后,规定17岁至60岁的男子无论贵贱都必须服兵役两年。守卫京师一年称"正卒",守卫边防一年称"戍卒"。西汉初年,规定年满20岁的男子都要向官府登记,从23岁起服兵役两年。一年在本郡服役,学习骑射,称"正卒",一年守卫京师或屯田戍边,称"卫士"或"戍卒"。

府兵制

这一制度始于西魏,隋唐逐渐完善。唐代的府兵建立在均田制基础上,男子20岁至60岁受田,都有服兵役的义务。府兵由设置在各地的军府管理,平时散居务农,农隙进行教练,还要轮番宿卫京师或戍守边防,战时奉命出征。战争结束后,"兵散于府,将归于朝"。府兵的社会地位较高,可免除赋役,征战有功者可得勋级,死亡者家属可受抚恤。

募兵制

北宋时,朝廷直接管辖的禁军,从全国各地招募;守卫各州的厢兵,在本州岛范围内招募;守卫边境地区的蕃兵,从当地少数民族中招募;保卫乡土的乡兵,由各地按户籍抽调的壮丁组成。此外,还强迫罪徒当兵。士兵的社会地位降低。

世袭兵役制

早在三国、两晋时就实行过这种制度,把士兵之家列为军户,父死子继,兄终弟及,世代服兵役。元代初期,规定15岁以上、70岁以下的蒙古族男子"尽签为兵",后因兵源不足,又规定汉人20户出1兵,凡当过兵的"壮士及有力之家"都列为军户,世代为兵。明代,各卫所的军士,少数驻防,多数屯田,农时耕种,农隙训练,战时出征。军士之家列为军户,世代服兵役。清代的八旗兵,也采用世袭兵役制。凡16岁以上的八旗子弟,"人尽为兵",世代相袭。后又招募汉人当兵,称"绿营兵"。

民国初期,军阀割据,各自为政,一般都实行募兵制。1933年6月,国民党政府曾颁布过一个兵役法,规定实行征兵制,但由于政治腐败,征兵制有名无实,大部分地区盛行"抓壮丁"。

古代的海军

我国是世界上最早建立海军的国家之一。大约在3700多年前,夏朝出兵攻打山东半岛上一个叫斟寻的小国时,双方都有武士持戈驾舟迎战。公元前6世纪,我国便有了比较完善的海军组织。伍子胥在太湖里帮吴国训练海军,他把战舰划分为"大翼"、"小翼"、"突冒"、"桥舡"、"楼舡"等许多种类,分担攻坚、驱逐、冲锋等任务。而西方最早出现海军的国家是雅典,在公元前483年才刚刚建造舰队。

我国记载最早的海战发生于公元前485年,当时吴国军舰从海路进攻山东半岛的齐国,双方的舰队在黄海相遇,展开激战,结果吴军被齐军打败。

我国历史上第一个建立雄厚海军力量的是三国时的孙吴。东吴的水军主力在长江,共有500艘战舰。它活动范围曾北到朝鲜,东至台湾,南抵越南。

隋朝制造了一种叫做"五牙"的大战舰,战舰上安装了6根木桅,每根木桅顶系巨石,下设辘轳,战斗中和敌舰迫近时,可以迅速用辘轳把巨石放下,打坏敌船。若一击不中,可迅速收起再放。若敌舰四面包围,还可四面同时迫打。

我国又是第一个在战舰上安装火炮的国家。11世纪初,我国战船上开始采用火球、火箭。到12世纪初,南宋的战船上,大部分都安装有火枪、火炮等武器,比欧洲早两个世纪。

历史上最早的骑兵

春秋时期秦穆公的"畴骑",是我国历史上最早的骑兵。"畴骑",见之于《韩非子·十过》。以往旧注大多为"畴,筹也。言马齐等皆精妙也"。或干脆注为:"畴骑,同一规格的马。"这种解释是不妥当的。《史记·历书》裴骃集解引如淳曰:"家业世相传为畴。"清人钱大昕说:"如氏家业世世相传之解,最为精当……而凡世相传之业,皆可当畴人之目也。"因此,"畴骑"应释为"世世传习骑术者"。古多世业,父子相传,兄弟相及,在骑兵刚刚出现的时候,骑术是一种比较特殊的军事技术,因而成为"世世相传之业"是很自然的。从秦穆公以武力助重耳入晋,一次派"畴骑"两千来看,

东汉骑兵像

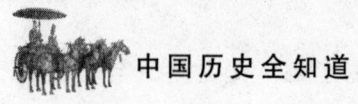

"畴骑"所指不是单个的骑马者,而是具有军事意义的中国历史上最早的骑兵。

何谓"武经七书"

我国历史上,由于战争的频繁,给我们遗留下了许多珍贵的军事著作,古代称为"兵法"。

相传我国很古时就出现了一些有名的兵法家及军事著作。到了战国时代,由于战争规模的扩大和战争方式的改变,产生了专门指挥作战的将帅和军事家,军事著作也随之大量出现。最著名的有吴孙子(孙子的兵法)、齐孙子(孙膑的兵法)、公孙鞅(卫鞅的兵法)、吴起(吴起的兵法)、庞涓(庞涓的兵法)、儿良(儿良的兵法)、魏公子(信陵君集宾客所著的兵法)及司马穰苴等家的兵法等。到西汉初年,张良、韩信整理兵法书时,共得182家,经过删取选定35家。东汉班固撰《汉书·艺文志》曾收集兵书53家,790篇,图43卷,编成书目。班固把这些军事家及其著作分成四类:兵权谋家(即讲究计谋综合研究战略战术而能兼采各兵家长处的)、兵形势家(即战略家)、兵阴阳家(即在战争中讲究天候、地理、医药、卜筮的)、兵技巧家(设计制造攻守器械和使用器械的战术战法的)。唐时,有兵书23家(佚名14家、未著录者25家)、60部、369卷(新唐书卷五十九)。宋时,有兵书92家、107部、1074卷(文献通考卷二百二十一,宋中兴志)。

但是,在我国丰富的古代军事著作中,有的因年代久远而亡佚,有的经后人增修或篡改,有的是后人所伪托。因而流传至今的有价值的著作并不是太多。

自汉以来,我国各个朝代都非常重视兵书,把兵书当作军事人员学习的"教科书"。到北宋神宗时(熙宁五年)建立有较大规模的"武学",以培养统治者需要的军事将领,它类似于近代的军官学校。据宋晁公武的《郡斋读书志》记载,宋神宗元丰年间(1078—1085)正式颁布《孙子》、《吴子》、《六韬》、《司马法》、《黄太公三略》、《尉缭子》、《李卫公问对》为武学必读之书,号称"武经七书"。这就是武经七书的起源。南宋初年(宋高宗时),政府曾指定"七书"为选拔将领的考试内容之一。此后虽有人对这七部书在编排的先后秩序上略作了一些变动,但一直沿袭下来,仍称为"武经七书",又称"武学七书",简称"七书"。这些军事著作是我国古代兵法的代表作,在世界上享有声誉。

击鼓与鸣金

远在2500年前,已有与行军关联的"金"和"鼓"。在《诗经·小雅·采芑》第三章有"钲人伐鼓"一句,古人行军时有"钲"(音征)和"鼓"。这句的意思就是:"掌管鸣钲和击鼓的官员(钲人),这时在击鼓。"击鼓和鸣金是古代军事指挥的号令之一。《荀子·议兵》:"闻鼓声而进,闻金声而退。"《曹刿论战》载长勺之战中,齐国、鲁国都是击鼓进攻。击鼓除用以鼓舞士兵进攻外,部队驻扎和行军时也通过鼓声发布号令。《文献通考·乐考十一》载:"军城及野营行军在外，日出没时挝鼓千槌，三百三十槌为一通；鼓音止，角音动，吹十二首为一叠；三角三鼓而昏明毕。"这里击鼓是报时和警众。

"鸣金"就是"鸣钲"，并不是"鸣锣"。在《说文解字》上没有"锣"字。"锣"字出现很晚，是乐器。后世的"鸣锣开道"是指官府仪仗行进时，在前面敲锣使民众回避、让路，与军事无关。《说文解字》上说："钲，似铃，柄中上下通。"段玉裁的注解中说它像铃，但没有舌，靠柄上下活动，撞击钲中心壳体，发出响声。也就是一种铙铃，或单个的串铃。在《诗》毛传中说："钲以静之，鼓以动之。"现在用"鼓动"这个成语，也是从这里来的。击鼓前进，鸣钲止步。后来陈奂在《诗》毛传疏文上说，这"钲、鼓"章要用在演习作战上。真正在战场上厮杀，用号角、口令，当然比"钲、鼓"更有效了。

古代的号角

古代军旅中使用的号角是用兽角做成的，故亦称"角"，它是东汉时由边地少数民族传入中原的。由于它发声高亢凌厉，在战阵上用于发号施令或振气壮威，如"鸣角收兵"之例。后来，角也用于帝王大臣出行时的仪仗。随着角被广泛使用，制角的材料也就改用了较易获得的竹木、皮革，还有铜角、螺角。角的型号也长短大小有别，以适应不同的需要。元明以后，竹木、皮革制作的角渐消失，铜角使用最为广泛。到清末，新军创建，"洋式"军号盛行，角就退出历史舞台了。

古代的符与节

"符"是古代朝廷传达命令或征调兵将用的凭证，用金、玉、铜、竹、木制成，双方各执一半，合之以验真假。《韩非子·孤愤》里提到："相室剖符，此人臣之所以谲主便私也。"这里所说的剖符，就是将符剖开，人主与人臣各拿一半，以后政令的行使，以合符为验。如信陵君窃符救赵，即偷符而发晋鄙之军去救援赵国，就是明显的例子。

"节"是臣下受君主的委托或特殊的任命，居官守职的一种凭证和象征。故有"握节以死"之事。"节"最初是竹制成，后来到了汉武帝时期，节加黄旄。

"节以毛为之，上下相重，取象竹节，将令者持之以为信"。

"节"最早见于史书，《左传》有"司马握节以死"的记载。《西汉会要》里记载有："武帝建元三年，东瓯告急，上曰：'吾新即位，不欲出虎符召兵郡国。'乃遗严助以节反兵会稽。"在《后汉书·李恂传》中记载有"持节使幽州，宣布恩泽，慰抚北狄"之事。可见"节"是臣下受君主特殊委托的一种凭证。因此，在历史上也曾经有矫节之事的发生。《西汉会要》中，有"少帝令谒者持节劳刘章，章欲夺节，谒者不肯"的事发生。

正因如此，苏武出使匈奴19年，"杖汉节牧草，卧起操持，节旄尽落'，而独持之，故称为守节。后来封建道德观念用语于妇女"守节"，也是此义的引申。

烽火台小史

"骊山烽火戏诸侯"是我国民间流行的一段故事。烽火是我国古代打仗时报警的通讯工具,在2700多年以前就开始利用了。

燃烧烽火的地点叫"烽火台",汉代则称"烽燧"或"烟墩"。当一方遭到另一方进攻时,守方如在白天燃烟,这是"燧";在夜间点火,这是"烽"。据说用狼粪烧成的烟又旺又直,可使远处容易发现,所以烽火台也叫狼烟台。我国山东烟台地区,就是因当时东起牟平,西至蓬莱,沿途一带设有许多狼烟台而得名的。"烽火连天"、"狼烟遍地"这类形容战争的成语,也是由烽火台、狼烟台生发出来的。

古时,汉人与匈奴打仗,在西北一带曾修筑了许多烽火台,从现在甘肃的武威、张掖、敦煌一直到新疆的罗布泊一带,号称"烽燧万里相望",现今仍有遗迹可寻。明代打仗,制定了举放烽火同时鸣炮的制度:举1烟鸣1炮,表示来敌人100人左右;举2烟鸣2炮,来敌人500人左右。来敌在1000人以上举3烟鸣3炮;5000人以上举4烟鸣4炮;10000人以上则举5烟鸣5炮。台台如此传递军情。利用烽火台进行联络,不能不说是我国军事通讯上的重大发明。

弓箭的历史

弓箭,它的历史已经很长,既是盛极一时的新武器,也曾是具有划时代意义的生产工具。弓箭的作用在于远距离射杀猎物,如飞鸟、走兽等。

弓箭的发明者是谁,是在什么时间;古书上说法很多:有的说"伏羲作弓

乾隆皇帝射鹿图

矢"，也有的说"黄帝作弓矢"或"羿作弓"等等。其实，这些说法都不对，弓箭出世的时间，比这些传说人物要早得多。据学者们研究和大量的石镞出土证实，弓箭的出现，可上溯到30000年以前，按考古学分期，它属于"旧石器时期"。

最早的弓箭很简陋，一根树枝或一根竹子一弯就是弓体，用藤或兽筋作弦。这种半月形的弓，由于弓体已经弯曲到很大程度，发射的力量也就小了。后来人们改为"弓"形，使弓体中央部分凹进去，不上弦时弓形没有多大变化，这就可能储备更多的力量，增大发射威力。这种弓发明时代也很早，从金文、甲骨文的"弓"字来源于返曲弓的形状来说，可见它比文字要古老。从安阳殷墟出土的玉弓珥（装饰于弓体两端）和铜䩞（弓体中央的把手）等物来看，也可以肯定返曲弓是3000年以前之物了。

特别值得一提的是在我国山西省朔县峙峪村旧石器时代后期遗址里发现了打制的石箭头（石镞），可以想见弓箭的使用时间是多么久远！到了东周时期，弓箭的制造有了更大的提高。很长时间内，弓箭都是兵家、猎户手中的相当重要的武器。

何谓十八般兵器

"十八般兵器"之称是从"十八般武艺"一词演化而来。"十八般武艺"始见于南宋华岳编的兵书《翠微北征录》，华岳曾中过武状元。此书编成于南宋嘉定元年（1208年），他在书中自称"臣闻"，可见"十八般武艺"的说法实际上还要早。可惜宋代的兵书多毁于兵燹，今传者寥寥无几，"十八般武艺"的原始出处和内涵今天已无从查考。明人笔记《五杂俎》中对"十八般武艺"的具体内容作了记述："一弓、二弩、三枪、四刀、五剑、六矛、七盾、八斧、九钺、十戟、十一鞭、十二简、十三挝、十四殳、十五叉、十六把、十七绵绳套索、十八白打。"前十七种都是兵器的名称，第十八般名目"白打"，就是"徒手拳术"。

《水浒传》写到的十八样是：矛、锤、弓、弩、铳、鞭、锏、剑、链、挝、斧、钺、戈、戟、牌、棒、枪、扒。还有谓十八般武艺是指九长九短：九长是枪、戟、棍、钺、叉、镋、钩、槊、环；九短是刀、剑、拐、斧、鞭、锏、锤、棒、杵。

古人佩剑之风

剑不仅用于沙场，也是我国古代人雅爱的佩饰武器。在周秦汉唐两千多年间，一直盛行佩剑之风。

西周到春秋，剑主要用于佩带防身。另外，腰间悬剑也是一种身份地位的标志，剑只有贵族才能佩带，其他人是不许带剑的。秦国在公元前409年允许吏带剑，第二年又放宽禁令，允许老百姓带剑。战国时佩剑之风就更加盛行，像魏国由于国王及丞相好武，所以不论武将文吏入朝奏事都要佩剑，甚至有些文官需要奏事，没有剑必须借一把挂在身上。因此，屈原贬官后流浪中赋《涉江》还歌

"带长铗（剑）之陆离兮，冠切云之崔嵬"。冯谖寄食孟尝君门下，有弹铗之歌。这就不难理解了。

战国以后，剑发展变长，秦国剑就更长，秦始皇曾命采北山之铜，铸两柄长三尺六寸剑，李斯篆铭名"定秦剑"。长了有利于实战，但从剑鞘拔出却不方便，荆轲刺秦王时，秦始皇就因剑长拔不出来几乎丧命。

鸿门宴上，项庄舞剑，项伯舞剑，樊哙持剑闯入……使刘邦转危为安。而韩信又佩剑出人胯下，说明无论是实战防身，还是作为佩饰，剑都是当时人们不可离身的必备之物。

《晋书》记载："汉制，天子至于百官无不佩剑。"东汉以后，在疆场征战中，用刀已代替了用剑，但是作为佩饰剑仍是必不可少的。晋时达官贵人甚至用木剑、玉剑作佩饰。隋唐之时佩剑有金装剑、苍玉剑，只佩、双佩等等级别规定，朝廷上百官走动，剑佩铿锵，"花迎剑佩星初落，柳拂旌旗露未干"。"佩剑声随玉墀步，衣冠身惹御炉香"。正因佩剑之风盛行，"书剑"成了文人墨客诗赋中不可少的点缀，直到近代诗文中仍不乏咏剑佳句。

匕首的历史

匕首，剑属，其头类匕（古指饭勺），故曰匕首。匕首长七寸至一尺许，两面利刃，锋端尖锐，也名短剑。匕首虽不入十八般武艺之列，但以它便用、易藏的特点，历来为人们所器重，是最轻短兵器之一。

"图穷匕首见"、"专诸刺王僚"即是关于匕首的令人心怵的历史故事。在古今中外，不乏这种以匕首展开"外交"而演出的许多震惊朝野的事件。譬如昔鄢陵君遣使唐雎朝见秦王，辞谢鄢陵封地。秦王听后怒曰："尔尝闻天子怒乎？一怒而伏尸百万，喋血千里！"唐雎蔑笑对曰："大王尝闻布衣韦士怒乎？一怒则伏尸二人，流血五步！"说毕他怒按匕首而起。秦王变色起曰："先生请坐，寡人明理矣。"后来秦破韩灭魏。鄢陵独以五十里地安然无恙。难怪大诗人李白也以匕首为题作诗："少年学剑术，匕首插吴鸿；由来万夫勇，挟此生雄风。"

匕首术泼辣凶悍，招式诡谲；它巧妙地将剑术与拳法糅合一体，时而短兵长进，时而拳匕交袭，有神出鬼没之能，使敌防不胜防。技击上匕首运用刺、撩、削、划、捋、切、推、掷等，既迅猛快捷又轻灵巧快，是防身御敌，抵挡强梁恶兽的理想技法，或者是对敌作战的辅助手段（当主兵器失去或短兵相接时）。至今，它在公安、保卫、边防中还有一定的实用价值。

火器的历史

我国于唐末宋初，人们在石炮的基础上，用火药代替石块发射出去，成了原始的火炮。公元 1044 年，北宋曾公亮等编写的军事著作《武经总要》中就记载了火炮火药复杂的配制方法。宋金战争中火炮在军事上得到广泛地应用。

大约在 13 世纪时，我国就制造了金属身管的火铳。这是古代用火药发射铁弹丸的管形火器。一开始，它是"以巨竹为筒，内装火药弹丸"，到元代，就出现了金属铸造的火铳。

我国是世界上铸造火铳最早的国家。现在还保存有几尊世界上最早的铜火铳。有一尊元代至顺三年（公元1332年）铸造的，长35.5厘米，口径10.5厘米，铳身刻有"至顺三年二月吉日"，"绥边讨寇军"、"第叁百号"、"马山"，三行铭文。这种体大的火铳，只能通过固定木座和垫木楔，火铳才有可能在较大范围内命中目标。

古代的火箭

在我国，火箭的历史渊源悠久。早在东汉末年所发生的魏、蜀、吴战争中，就有过使用火箭的记载。诸葛亮（蜀）进攻郝昭（魏），就曾遭到郝昭部队的火箭反击。这种火箭，结构简单，是在普通箭上缚上草艾、麻布加灌油脂之类，点火后用弓发射出去。简言之，火箭就是带火的箭。

火药发明之后，火箭的引燃物改为火药了，但它仍然得靠弓的机械作用力才能发射出去。随着实践的发展，火药燃烧向后喷射能产生很大反作用力的事实，很快就引起了人们的注意。大约在北宋初年（公元10世纪），把火药装在圆筒内缚于箭杆上引火后依靠火药燃烧向后喷射的作用而向前推进的火箭，终于出现在战争之中。

到了明代，火箭的制造技术已达到相当高的水平了。为增大火箭的发射密度，当时出现了把许多支火箭装在一个筒里，能一齐发射的兵器。例如一次能发射10支的"火弩流星箭"，一次发射20支的"火笼箭"，一次发射32支的"一窝蜂"，以至能一次发射100支的"百虎齐奔箭"等，都具有较大的杀伤作用。戚继光在他所著的《练兵实纪》里说过，在一种大型火箭的头上，装上刀、枪、剑的，即成为飞刀、飞枪、飞剑；凡是带枝丫的东西，都可以作为放火箭的发射架，能使火箭飞300步远。可见当时的火箭，其技术原理与现代化火箭雷同。

明代天启元年（1621年）出版的《武备志》里，曾记载一种叫做"飞空击贼震天雷炮"的火器，点火后能直飞入城；此外还有像"火龙出水"的水陆两用锥形多级火箭，在进行水战时，离水三四尺点火，它即能在水面上飞行二三里之遥，待到第一级载运前进的火箭燃烧完毕，龙腹内的第二级火箭即飞将出来，焚烧敌人的船只。它与现代的火箭武器，更加相似了。

火箭模型

古代的响箭

我国古代有一种专门用于指挥战争的特殊武器，叫"鸣镝"。鸣为响声，镝为箭头，鸣镝就是响箭。它射出箭头时，同时发出响声。秦末汉初，匈奴族的著名首领冒顿单于发明了响箭。冒顿本是头曼单于的太子，后来头曼的爱妾生下一子，很受宠爱，头曼想废长立少，乃将冒顿送到大月氏做人质，并发兵急攻月氏，欲借他手杀太子。不料冒顿盗得骏马逃回，头曼见他机警过人，就命他率万骑征战月氏。冒顿为了掠压战争财富和取得王位，急需训练绝对服从命令的军队，于是，经多次试验，研究出鸣镝。后来，他率部出猎，用鸣镝射其父头曼，部下见鸣镝指向，一齐放箭射死头曼，冒顿取得了王位。

清代的兵与勇

在阅读有关清代的文章、小说中，我们常看到"兵""勇"二字，有人误以为是一回事，其实是两码事。

兵，是清代国家的常备武装力量，包括八旗和绿营。清朝在入关以前，主要依靠由旗人编组的八旗兵的力量。1644 年入关"定鼎中原"后，为了弥补八旗兵员之不足，又建立了由汉族人组成的汉兵。这种军队以绿旗为标志，故称绿营，也称绿旗营，简称营兵。八旗兵大部分用来卫戍北京，小部分驻防全国某些要地；绿营兵则遍布全国各地。八旗兵入关后，由于养尊处优，迅速腐化，到康熙初年三藩起事时，八旗已无力镇压，只有依靠绿营了，乾隆末年，绿营也逐渐腐朽，这两种军队虽然有区别，但都是清朝的正规军，其驻防地、兵额、饷银等都有规定，不经过朝廷是不能随便更易的，也就是所谓"经制兵"。

"勇"则不同。勇又叫"乡勇"，是由于军事的需要而临时召募的军队，以补八旗、绿营之不足。战事完了即解散，不是国家正式的军队。乡勇始建于 1787 年，清将福康安去台湾镇压林爽文起义，他的"官兵"屡遭失败，遂采取"以土著破土著"的方法，广募"乡勇以厚兵威"，终于镇压了林爽文起义。嘉庆初年时，川、楚白莲教起义，绿营已无力镇压，清廷就广事召募川、陕、楚三省"乡勇"帮助绿营作战，才将白莲起义扑灭。但这"乡勇"仍不是清朝的正规军队，一俟起义被镇压下去，就纷纷解散了。到太平天国革命时，曾国藩以团练起家，改非正式的乡勇为练勇（即湘军），定营哨之制，优给饷银，称为勇营。这时，清廷因八旗、绿营腐败，不得不依靠曾国藩的湘军、李鸿章的淮军（也是召募的）镇压太平天国革命和后来的捻军，从此，"勇"代替了"兵"（绿营仍存，但已无多大作用），成为国家的正规军，即"经制兵"。

教育科举

古代教育简史

我国的教育有着悠久的历史。《汉书·儒林传》记述："闻三代之道，乡里有教，夏曰校，殷曰庠，周曰序。"可见远在上古时期的夏、商代，我国就有了学校教育。

西周的学校教育分国学和乡学两种。设在王都的诸侯国都城的学校叫国学，大贵族子弟才能入读；各地方还设有乡学，是一般贵族子弟上学的地方。学校的教学内容主要是传授宗教祭祀知识和作战的技能经验。

从秦统一全国后，主要有中央官学和地方官学两种。这种官学制在西汉逐渐完善。汉武帝"罢黜百家，独尊儒术"后，孔子学说、儒家经典遂成为学校教育的主要内容，汉武帝还在中央设立最高学府——太学，"学而优则仕"。

隋唐时期，统治者为了加强对文人的控制，设立了专门管理官学的机构"国子监"。还设立了各种专业学校，如：书学、算学、律学、医学等。但随着"开科取士"的科举制度的兴起，学校就逐渐成为科举的培训基地。

明代的教育更加完备。中央学校分为国子监和宗学（皇家学校）两种。各级地方都办有普通学校和专科学校；教学的内容除"四书""五经"外，还有当朝的法律、法令。

古代除政府办的官学外，还有民间私人办的私学。私学兴起于春秋，孔子曾亲自办私学。它打破了学在官府的局面，但私学教育多呆板，死背教条，常施体罚。学生读书目的是为了应科举，求功名。

九儒十丐的来历

九儒十丐之说起自何时？来源出处何在？九儒十丐前面的八等人又是一些什么人呢？据曾经身受元人不平等对待的两个最有名的宋末遗老谢枋得、郑所南的文集中记载的九儒十丐之说大概始自元朝。谢枋得在其所著《叠山集》卷六《送方伯载归三山序》一文中说："滑稽之雄，以儒为戏者曰：我大元制典，人有十等：一官二吏，先之者，贵之也。贵之者，谓其有益于国也。七匠八娼，九儒十丐，贱之也。贱之者，谓无益于国也。嗟乎卑哉！介乎娼之下、丐之上者，今之儒也。"

谢叠山只告诉我们元代分人为十等，一官二吏，七匠八娼，九儒十丐，却没有告诉我们三、四、五、六等人是哪一类人。

郑所南在他所《铁函心史》卷下《鞑法》的记载中，就弥补了这个缺陷。

鞑法是：一官二吏，三僧四道，五医六工，七猎八民，九儒十丐。

这里的三僧四道，五医六工，是无疑的，七猎八民则似乎有些问题，不如《叠山集》所记七匠八娼说得明确，因为民的含义范围广，很难以此定等第的。

我们一向只从戏曲小说中知道元代有蒙古、色目、汉人、南人的划分，却很少有人知道元朝统治者还曾把人分为十等。

我国历代的学位

我国汉代实行察举、征辟的选士制，根据人才的优长而授予秀才、贤良方正、文学、孝廉、明经、明法、博士弟子，这是我国学位制度的开始。

隋唐实行科举制度，分科考试，按知识特长取士，如进士，重诗赋辞章；明经，通五经及诸家经传；道举，通《老子》；明法，通律令；明算，通算经；明学，通字学；开元礼，通开元时期礼制；三史，通《史记》、《汉书》、《后汉书》；一史，通《史记》等。

宋形成州试、会试、殿试三级考试。州试合格者称"举人"，殿试合格者称"进士"，这实际上是实行举人、进士两级学位制。

明、清实行院试、乡试、会试三级考试，各级合格者称秀才、举人、进士，这是三级学位制。清末又规定："小学卒业，奖给附生；中学卒业，奖给贡生；高等学校卒业，奖给举人；大学分科卒业，奖给进士。"又形成了"附生、贡生、举人、进士"的四级学位制。

1935年，国民政府颁布《学位授予法》，按世界上通行的"学士、硕士、博士"三级制授予学位，新中国建立后一度废除，1981年，我国又重新恢复了这三级学位制。

古之博士、硕士、学士非学位

博士在我国古代是个官名，最早出现在战国时代。秦始皇时，博士只作政府顾问。汉代以后，博士开始任学官，担任教学工作。博士除授予学官，还授予一些有专门技艺、专门学问的职官。如魏晋以后的太医博士、天文博士、历博士、卜博士等。唐宋以后，社会上对从事某种职业的人也俗称博士，如"茶博士"、"牺博士"等。

硕士在我国古代通常指那些德高望重、博学多识之人，但在古代史籍中不多见，大概不是正式的官名或职称。古代常用与硕士含义相似的"硕老"、"硕儒"称呼那些博学之士。

学士最早出现在周代，是指那些在学读书的贵族子弟，后来逐渐变成官名和有学问的人以及文人学者的泛称。魏晋以后，学士才正式成了以文学技艺供奉朝廷的官吏。到了唐朝，学士地位有了很大的提高，甚至可以参预朝政。其中的翰林学士为众学士之首，是皇帝亲信的顾问和秘书官，因而常被称作"内相"。到了宋朝，一经授翰林学士，即有当宰相之望。清朝的大学士地位显赫，官阶为正一品，为文职官吏之首。

我国古代的科举制度

科举制度始自隋文帝开皇七年（公元587年），终于清光绪三十一年（公元1905年），是封建统治者选拔官吏的制度。

明清时代，凡入学者必经童试，录取者为童生。再经"岁考"，录取者称"生员"，俗称"秀才"。

明清的科举主要分三级，即乡试、会试和殿试。

乡试（秋闱），三年一次（常在八月），在省城举行，应试者为秀才，录取者称"举人"，也叫"考廉"，第一名称"解元"。

会试（春闱），乡试后次年春天（三月）在礼部举行，应试者为举人，录取者称"贡士"，第一名称"会元"。

科举考试图

殿试又叫"廷试"。由在会试后取得贡士资格的参加，在京都保和殿由皇帝亲自主持考试，录取的称"进士"，第一名称"状元"，第二名称"榜眼"，第三名称"探花"。

漫话考卷弥封

为了防止考试阅卷录取中的弊端，多采用弥封考卷的办法。这种方法古已有之。

我国唐代开科取士，最初试卷上有举人的姓名、籍贯，能靠特权录取。武则天曾下令用纸糊上举人姓名，但没有形成制度。

考卷弥封制度始于宋。根据《宋史》卷155《选举》谈到，宋太宗淳化年间采用监丞陈靖的建议，推行"糊名考校"法。糊住姓名、乡贯，决定录取卷后，才拆弥封。以"革考官窝私之弊"。从公元999年到1033年礼部和乡试都采用弥封，在交卷后弥封卷首。不过从字体上，或许还能辨认。

因此宋真宗大中祥符八年（1015年）设誊录院，由书吏抄试卷副本，评阅副本。根据《宋会要》记载，当时为防止亲戚关系舞弊，宋真宗曾下诏"别头试"。就是让与考试官有亲戚关系的考生"移试别头"，换一个考区避嫌疑。当时还有让负责的考官暂不回家，用"锁宿贡院"等措施"杜绝请托"。

独占鳌头与魁首

唐宋时期，皇帝大殿前有一块雕刻着龙和大龟（鳌）的大石板，新考中的状元在行礼时单独站在这块石板上，故此后称获得第一名者为"独占鳌头"。明代科举制度，以《诗经》、《书经》、《礼记》、《易经》和《春秋》五经录取考生，每经之首称为魁，魁首即为第一，获得第一名者称为"夺魁"，这也是民间酒席中划拳时"五魁首"一词的来历。

科举中的连中三元

我国科举制度始于隋朝，历经唐、宋、元、明、清各代。科举制度在不同时期规定不尽相同。举明、清两代为例：读书人先须参加"童试"，参加者无论年龄大小皆称"儒童"或"童生"，录取"入学"后称为"生员"，又名"庠生"，俗称"秀才"。秀才分三等，成绩最好的称"廪生"，由公家按月发给粮食；其次称"增生"，不供给粮食，"廪生"和"增生"是有一定名额的；三是"附生"，即才入学的附学生员。取得秀才资格的人，才可参加正式科举。

正式科举分"乡试"、"会试"、"殿试"三级。

乡试每三年在省城举行一次，称"大比"。取中者称"举人"，其第一名称为"解元"，第二名至第十名称为"亚元"。会试则在乡试后的第二年春天于京城礼部举行，取中者称"贡士"，第一名称"会元"。

殿试则由皇帝亲自主持或皇帝钦定的代理人主持，只有贡士才有资格参加，分"三甲"录取，一甲三名赐进士及第，第一名称"状元"，第二名称"榜眼"，第三名称"探花"，合称"三鼎甲"。二甲赐进士出身，第一名称"传胪"。三甲赐同进士出身。

以上所提到的"解元""会元""状元"，即所谓"三元"。

人们看小说或看戏时，常会看到某个落魄士子，一朝得志，"连中三元"，从而飞黄腾达、平步青云。其实，据有史可查的资料，自有科举制度至其消亡，连中三元的仅有13人。他们是：唐朝的张又新、崔元翰；宋朝的孙何、王曾、宋庠、杨寘、王若叟、冯京；金朝的孟宗献；元朝的王崇哲；明朝的商辂；清朝的钱棨和陈继昌。

我国状元有多少

我国科举考试历时一千多年，究竟产生了多少状元（不含武状元和女状元）？据史籍记载，就唐一代，共有状元139人。五代十国的后梁、后唐、后晋、后汉、后周沿袭唐制，有状元11人。宋代有状元118人。元代的蒙、汉状元32人。明朝有状元89人，清代有状元114人。总计由唐初到清末，共有状元503人。

另外，辽金两代，实以列名榜首的进士为状元。以此，则辽代有状元18人，金代有状元 15 人。张献忠的大顺政权有状元 1 人，太平天国有状元 14 人，与上述状元 503 人相加，则中国实有状元 551 人。

中国历史上的第一位状元为唐武德五年（622 年）壬午科状元孙伏伽，最后一位状元为清光绪三十年（1904）甲辰科状元刘春霖。

状元中，在政治上影响最大的是宋朝的文天祥和清朝的翁同龢。

举人与秀才

举人原指被推举之人，为历代对各地乡贡入京应试者的通称。明、清两代，为乡试考中者的专称，作为一种出身资格。中了举人叫"发解"、"发达"，简称"发"。习惯上俗称为"老爷"。

秀才别称"茂才"。本系优秀人才的通称，始见于《管子·小匡篇》。汉代以后，成为荐举人才的科目之一。南北朝时，最重此科。唐代初期，设秀才科，后来渐渐废去，仅作为对一般儒生的泛称。明太祖曾采取荐举的方法，举秀才数十人，任以知府等官。明、清两代，专门用来称府、州、县学的生员，习惯上也称为"相公"。

何谓科举四宴

鹿鸣宴、琼林宴、会武宴、鹰扬宴是科举制度形成后渐成成规的四宴。鹿鸣宴是为新科举子而设的宴会，起于唐代。因为宴会上要唱《诗经·小雅》中的"鹿鸣"之诗，所以取名鹿鸣宴。从唐至明、清一直相沿。

琼林宴是为新科进士举行的宴会，起于宋代。"琼林"原为宋代名苑，在汴京（今开封）城西，宋徽宗政和二年（1112）以前，在琼林苑宴新及第的进士，因此，相沿通称为"琼林宴"，后一度改为闻喜宴，元、明、清称恩荣宴。

鹰扬宴是武科乡试发榜后考官及考中武举者共同参加的宴会。所谓"鹰扬"，是取威武如鹰之飞扬的意思。

会武宴是武科殿试发榜后，在兵部举行的宴会，规模比鹰扬宴更大。

钦点状元趣事

清代科举，在举人会试得中后，须参加最高一级的考试——殿试，皇帝亲自主持。试题有"对策"一道，对策卷特重书法。字不好即不能入翰林（即二甲进士），一甲一名论魁当然无望。但是也有不少例外。江南长州（今苏州市）彭定求，康熙十五年会试第一，即所谓会元。殿试本取在一甲三名（探花），皇帝有意取为魁首，就问阅卷大臣："彭定求为文如何？"答："为文尚好，但字不及另外两人。"皇帝说："朕看文重于字，仍以策论为主。"遂拔置第一。

康熙三十年辛未科殿试，阅卷官进呈的前三本卷子，吴昺第一，戴有祺第二，黄叔琳第三，吴昺文字书法俱佳。皇帝嫌状元之名音同"无柄"，而戴有祺之名甚佳，吉祥有福，于是说："戴有祺的字比吴呙好。"改为第一。

戊戌变法后，慈禧老太婆亲抓殿试卷的决定权。光绪二十九年的癸卯开科，殿试录取卷前十名照例呈慈禧阅定，她把名次在三鼎甲后的山东潍县王寿彭提为头名，原来慈禧这年正值69岁大寿，见寿彭之佳名而心喜。次年甲辰，开万寿恩科，进呈卷中，状元为广东朱汝珍，她深恨粤人，立即摒卷于一旁。翻到后面的刘春霖卷，籍贯为直隶肃宁，春霖下降，世道肃宁，此为吉兆，乃点他头名；朱汝珍验读卷大臣力陈其文佳书美，取为榜眼。以后科举废，刘春霖遂为清代末科状元。

帝、后点元常随心所欲，哪有准谱？无怪俗谚有云："文章自古无凭据，惟愿朱衣暗点头。"

白发考生知多少

从隋朝开始科举考试以后，1300多年来，不知有多少知识分子像《儒林外史》中的范进一样，终身陷入科举场中。当唐太宗李世民见新科进士一个个列队而出时，乐不可支地说，天下英雄皆入我的掌握之中哪！赵嘏赋道："太宗皇帝真长策，赚得英雄尽白头。"

历代白头考生多矣，下列这些例子可见一斑：

宋朝梁颢82岁才考中进士，他咏道："也知年少登科好，争奈龙头属老成。"

1699年，100岁的广东黄章，积极参加在京的考试。凌晨进场时，他叫曾孙提着灯在前开路，灯上写着"百岁观场"四个大字。

1736年，在参加考试的人中，80岁以上者3人，70岁以上者40人。1761年应试者，80岁以上的7人，70岁以上的19人。

1770年，广东张次叔94岁，江西李炜99岁，均往应试。第二年李炜满100岁，又投入了会试。

1789年乡试，80岁以上者94人。在第二年的会试中，90岁以上的4人，80多岁者73人。1801年，80岁上的考生251人。次年会试，70岁到90岁的举人达180人，95岁以上的还有6人。

1826年，广东举人陆云从已104岁，会试没考上，道光皇帝钦赐他为国子监司业。

在鸦片战争爆发的那一年，104岁的长沙监生余会来未考中，皇帝赐其举人。

所以人们认为，科举考试既是封建统治者选拔、培养、任用各级官吏的主要途径，又是引诱、控制知识分子的牢笼。

应试举人为何称公车

1895年5月2日，康有为在各省进京会试举人的赞同下向都察院呈递上皇帝书，要求拒绝和日本签订《马关条约》，这就是历史上有名的"公车上书"。为什么到了清朝称进京应试举人为"公车"呢？

原来，早在汉代便以公家车马接送被征应试之人赴京。满洲贵族入主中原不久，为了笼络知识分子，在顺治八年作出规定："举人公车，由布政使给与盘费。"即应试举人的路费由政府的布政使供给，路费的多少，因路程的远近而不同。广东琼州府最多，每名三十两，山东最少，每名只有一两。其余地区，由三两至二十两不等。另外还规定，云南、贵州和新疆的应试举人除每人发给白银三两，还发给火牌，凭牌供给驿马一匹，车上插一面"礼部会试"黄布旗，这样，"公车"就成了应试举人的代称。

何谓八股文

八股文是明清科举考试时所采用的专门文体，也叫制义、制艺、时艺、时文、八比文等。因为它要求文章中应有四段对偶排比的文字，一共八部分，所以叫八股文。"股"是对偶的意思。

八股文的特点是：题目采自《四书》、《五经》，论述内容以程朱学派的注解为准，结构体裁有一套硬性的规格。全文由破题、承题、起讲、入题、起股、中股、后股、束股、大结等各部分组成，作用互不相同。

八股文对字数也有一定的限制，文中要求点句、勾股（标明段落）、涂改的字于文末以大字注明、试题低两格、试文顶格，不符合规定的试卷取消资格。

中国古代的书院

中国自唐代开始有书院。唐玄宗时，设置了丽正书院，集中了当时全国著名的学者进行写书、讲书活动。同时，书院中设有侍讲，专门为皇帝讲解经史。

宋代，程朱理学崛起后，讲学之风日盛，书院的创办更加广泛，如当时庐山的白鹿洞书院、衡阳的石鼓书院、应天的应天府书院和长沙的岳麓书院是最有名的四大书院。这些书院已经不限于讲解和校正典籍，而主要是进行专门的学术讲座和学术辩论，为封建社会培养士子。

到了元代，各路、州、府都置有书院，逐渐发展为一种类似学校的体制。

明清两代，除官办的书院外，私人出资办的书院也很发达，有的是为了宣扬某种政治思想和学术思想，有的则是为了笼络一部分知识分子，达到某种政治目的。清代末叶，湖南、湖北两省的书院最为著名，如江汉书院、经心书院、江夏书院、晴川书院等。1890年，湖广总督张之洞创办了两湖书院，是一所具有新式学校规模的书院，书院课程也增添了自然科学科目。1900年，两湖书院改办为两湖师范学校，从此结束了书院的形式。

书院的讲会制度

书院是我国君主专制社会特有的一种教育机构，其突出特点是：教育教学与学术研究紧密结合，重视读书自学，强调论辩问难。书院教学的重要组织形式就是"讲会"制度。

书院的"讲会"制度产生于南宋，大盛于明中叶，一直延续到清初。南宋淳熙二年（1175年）吕祖谦在江西信州主持"鹅湖之会"，朱熹和陆九渊等讲论为学之道，争辩甚烈，首开"讲会"之先河。朱熹兴复白鹿洞书院之后，遂将不同学派的论争方式运用于书院的教学之中，于淳熙八年特邀陆九渊至白鹿洞书院讲学。不久，又有吕祖谦参加杨简等人的讲会，黄震参加杜洲的讲会，书院的"讲会"制度初步形成。

明朝中叶，由于王守仁、湛若水等人及其门人的倡导，书院"讲会"大盛，成为书院教学的主要组织形式。不同学派各标其宗旨，各讲其主张，书院林立，"讲会"并兴。这时的"讲会"逐渐把书院的讲学扩展成地区性的学术活动。

清初不少书院仍保存了明代书院"讲会"，制度的遗风，并且又有进一步的发展，"讲会"有明确的宗旨、严密的组织、详缜的规约、固定的会期和隆重的仪式。如著名的紫阳书院的"讲会"就履行四种规约，每次讲会都严格按照这些规约进行。书院的"讲会"进一步发展成有固定组织的学术团体，相当于今天的各种学会或研究会。

书院"讲会"的突出特点是提倡不同学派的争鸣，促进学术交流。许多著名学者热心于"讲会"，常不远千里，按期赴会，目的在于相互探讨争辩，或发挥本学派的精义以扩大影响，或辨析不同学派主张的异同以取长补短。

"讲会"特别强调对学术争辩应端正态度，讲究虚心向学，反对矫揉造作、盛气凌人，既不可互相吹捧，窃取荣名，也不应专事谩骂，相互攻讦。如东林会约规定："有问则问，有商量则商量，各虚怀以听，即有所见，须俟两下讲论已毕，更端呈请，不必掺乱。"紫阳讲堂会约规定："欲登讲尚为名高，挟浮说而取胜者，勿令入会。"已入者"在会不遵仪注，矛盾讪侮，散会后夸诞不经，欺诳流俗者，众议不许复入"。这种提倡虚心探讨学问，不徒务虚名的学风，是许多书院"讲会"的好传统，对今人也颇有启发，令人深思。

历史上的四大书院

白鹿洞书院：在江西省庐山五老峰下的山谷中。唐朝时，喜养白鹿自娱的李渤任江州刺史期间，在其隐居旧址建台，称白鹿洞。宋初扩建为书院。以后屡经兴废，朱熹、陆象山、王阳明等都曾在此建院或讲学。现存建筑为清道光年间所修，其中碑廊有碑百余块，刻有朱熹手制书院学规，历次修建文记及名人书法。

岳麓书院：在湖南省岳麓山东面山下。北宋开宝九年潭州太守朱洞创建，天禧二年真宗赐以"岳麓书院"门额。南宋理学家张栻、朱熹曾在此讲学，从学者千余人。现存建筑为清代所建，存有朱熹"忠孝廉节"四字石刻。

石鼓书院：在湖南省衡阳市北面的石鼓山。唐时李宽筑庐读书于此，宋至道三年建立书院，景祐二年赐"石鼓书院"匾额，柳宗元、韩愈、范成大、朱熹、张载、文天祥、徐霞客、王夫之等都曾到此游览或讲学。今存明、清碑刻等文物，已辟为公园。

应天府书院：原址在今河南省商丘县城。院址属应天府管辖，因以为名。亦称睢阳书院。最初为戚同文讲学之地。宋真宗大中祥符二年，曹诚就其地筑学舍150间，聚书1500余卷，广招学生，范仲淹曾来此任教。自元代以后，院址荒废。

太学与国子学

早在西周时期，教育的层次就已有区分，据说是八岁入"小学"，毕业后才进入太学。当时诸侯国的太学叫"泮宫"；周王室的太学以南北东西中为序，分别叫"成钧"、"上庠"、"东序"、"瞽宗"和"辟雍"。"辟雍"则为其总代称。太学里的主要教学内容是"六艺"——礼、乐、射、御、书、数。当时"学在官府"，只有贵族子弟才能入学。随着周王室势力的衰落，"天子失官"，"学在四夷"，在民间开始出现私人讲学授徒的新气象。春秋后期，孔子进一步打破"学在官府"的格局，主张"有教无类"、因材施教。

汉武帝以后，"国立"太学又迅速发展起来。汉武帝尊孔崇儒，兴办太学，设置博士弟子员（太学生）50人，专门学习和研究儒家经书。西汉后期，太学生多达万人，到东汉中期扩大到3万人，洛阳城内"书声琅琅"。汉灵帝还让大书法家蔡邕等人把儒家经典刻在46块碑上（即著名的《熹平石经》）。来抄写经文的太学生车水马龙，盛况空前。

西晋时，士族地主为维护其特权，在太学

雍正帝讲学图

之外又设立国子学，规定只有"国子"——公卿士大夫子弟才能进国子学就读。此后，太学和国子学并存，成为中央办学的两种形式，其等级十分森严。如唐代国子学只收三品以上官员的子弟入学。唐贞观五年（631年），唐太宗在长安设国子监，作为国家管理教育的最高机关。国子监设"国子祭酒"一人（相当于校长），祭酒以下设司业（副校长）、监丞（训导长）、主簿（教务长）、教授和直讲等教职人员。例如，唐代的韩愈就曾任过国子祭酒，他的著名散文《进学

解》则是担任国子博士时所写。

我国很早就接受外国留学生，唐朝时为日本、高丽培养了许多知名学者。清代在国子监读书的就有俄罗斯、日本、暹罗（泰国）、缅甸、越南等国的留学生。这些留学生精通中国文化，为中外友谊作出了一定贡献。

何谓"门生"

春秋时，就有"门人"的称呼。孔子聚徒讲学，对亲授业者或转相传授者都称"门人"，战国时，"门人"除了指受业弟子外，还指寄食于贵族门下的食客，这些食客都有一定的才能，属于"士"阶层。东汉"门生"是指弟子的弟子，即转相传授者，但一些不是以学问相师承的钻营投机者，也攀附权贵为"门生"，以作升官的阶梯。魏晋南北朝时此风愈炽，门生实际已变成豪族的扈从了。隋唐以后实行科举制，科举的主考官称"座主"，及第者，就称为"座主"的"门生"。同时，在学问的师承关系上仍然沿用"门生"的称呼，直到近代"门生"的称呼才渐渐消失。

学生为何称桃李

人们历来喜欢把老师培养出来的学生称为"桃李"。如果老师教育、培养出来的学生很多，则被称为"桃李满天下"。为什么要把学生称为"桃李"呢？春秋时，魏国大臣子贡得势时，曾培养和保举过不少人，后来因他得罪了魏文侯，便独自跑到北方去。在北方，子贡遇见一个叫子简的人，就向他发牢骚，埋怨自己培养的人不肯为他出力，以至于流落北方。子简笑着说："春天种下桃树和李树，夏天可以在树下休息乘荫，秋天还可以吃到果子；可是你春天种下的是蒺藜（一种带刺的植物），不仅不能利用它的种子，秋天长出的刺还会锥人。所以君子培养人才，要像种树一样，应该先选准对象，然后加以培养。"尔后，人们就把培养人才称做"树人"，如"十年树木，百年树人"；把提拔起来的优秀人才称为"桃李"。"桃李满天下"即由此而来。

科学技术

古代科技史上的巨星——墨子

墨子在科技方面有很多惊人的成就，但是却一直为后人所忽视，这不能不说是一件憾事。墨子制造的舟、车、飞鸢，以及他根据力学原理为古代车子所创造的"车辖"（即今之车闸）和为"备城门"所研制的"堑悬梁"，根据声学原理创造的"罂听"（即最早的"监听器"）等，都是当时世界上最高的科技成就。特别令人感到惊讶的是，他在自然观、力学、数学、光学等方面的某些创见，与近代的科学原理相比，几乎完全相同。

墨子对"力"的定义，也与近代物理学上的"力"的概念完全相同。墨子说："力，刑之所以奋也。"意思是说：力是物体发生运动的原因。有些科学家认为，墨子给"力"的定义是牛顿第二定律的雏形。

墨子对杠杆原理是用"秤"为例来说明的。他把"秤"的提系处作为"支点"，秤锤作为"力点"，秤钩（或秤盘）作为"重点"。秤头之物有所增减，秤尾之锤就应左右移动，才能获得新的平衡。由此可见，墨子已经懂得"重"（力）、"秤头"（重臂）、"秤尾"（力臂）之间存在的相互依存又相互制约的关系。应该说，杠杆原理的原始形式已经具备，这比公元前3世纪古希腊阿基米德的杠杆研究要先进得多。

墨子对几何学既有概念的描述，又有定理的表达，均遥遥领先于古代世界各国。墨子说，端（点），没有体积，不占空间，是最原始的几何原素；圜（圆）是由同一个圆心到圆周上任何一点的距离都相等的几何图形；方，是长方形的四边和角都是直而正的。应该指出的是，墨子对"方"的定义与欧几里得关于几何"四角都是直角的四边形是长方形"的定义，是可以媲美的。《墨经》里对几何学研究的对象已完全具备了。

墨子对几何光学的贡献更为突出。墨子通过观察实践发现，物影之所以倒立，在于发光体发出的光线有交点，恰好就是隔屏上的小孔。光体和照壁距离交点的长短，关系到倒影的大小。成倒影的关键是隔屏上的孔极小。这已说明小孔成像原理。墨子用物影生成、小孔成像和瞬间鸟影不动三个例子来说明光的直线定律——光线（在同一种均匀媒质中）是直线传播的。

墨子在科学技术方面的光辉成就，应视为我们中华民族历史上的光荣和骄傲！

蔡伦改进造纸术

蔡伦出身卑微，不知因何种原因，在公元75年左右进皇宫做了一名太监。

他从一个地位最低微的宦官,最后当上了声威显赫的尚书令,负责管理皇宫内的手工作坊。

蔡伦很有才学,善于诗、书。在学习、写作过程中,他深深感到无纸的不方便。能不能发明一种便宜、实用、好用的书写材料呢?凡事爱动脑筋的蔡伦开始日夜思考这个问题。

蔡伦组织手下的能工巧匠,按照他的设想开始了纤维纸的研制。他们把破布、树皮、麻头等东西收集起来,先泡在水里,洗去污垢,再放在石臼里捣烂成浆,然后压成片,这样就做成了纸。但是,有一些捣不烂的纤维混在里面,做成的纸不够光洁,还不太适宜写字。

汉代造纸工艺流程图

为了把纤维捣得更烂,使造出来的纸更加细腻光洁,蔡伦又在原料中掺进了带腐蚀性的石灰等东西,一起放在石臼中捣。结果,不但原料捣得更烂了,而且还意外地出现了漂白的作用。捣成的纸浆变成了白色。可是用这样的纸浆直接压制的纸,仍然不能除掉那些粗纤维,并且由于放了石灰等东西,做成的纸又出现了许多细小的颗粒。

接下来继续做试验。他们把捣烂了的纸浆兑上水调稀,放在一个大木槽里,然后用细帘子去捞那浮在上面的较细的纸浆。等细帘子结了一层薄薄而又均匀的纸浆后,把它晾干,揭下来就成了一张洁白细腻的纸。

试验终于成功了!这种纸体轻质薄,价廉耐用,很快受到天下人的喜爱。

蔡伦的发明,不但使造纸的原料多样化,而且降低了纸的成本。利用树皮作原料,更是一个新的发现,它是近代木浆纸的先声,为造纸业的发展开辟了广阔的途径,使人类历史、文化和思想有了便利的记载方式,堪称人类文明史上划时代的一大步。

绝妙的浑天仪

在洛阳城东今偃师县岗上村与大郊砦之间,有一座巨大的夯土台,这就是闻名中外的东汉灵台遗址。灵台是东汉最大的国家天文台,建于光武帝时期,距今已有一千九百多年的历史了,东汉科学家曾长期在这里进行天象观测和天文研究。

1974年考古工作者开始对灵台遗址进行考古发掘,灵台遗址整个范围达44000平方米,东西有夯筑的墙垣,墙垣内有一座方形高台,古书记载这高台高

6丈、方20丈,现残存的台基约五十米见方,高约8米。高台四周各有上下两层平台,两层平台上都有建筑遗址。发掘时发现,第二层平台西面和其余三面不同,在西面五间建筑的后面,还有一间深两米的"密室"。专家们分析,这就是当年张衡放置浑天仪的地方。

浑天仪是张衡发明的用来演示天空星体运行情况的天文仪器,制作非常精巧,外观像一个大球,由几层铜制圆圈组成,圆圈上方分别刻有赤道、黄道、南北极、日月星辰以及28宿和24节气。用漏壶滴水做动力启动齿轮,按一定的时间慢慢转动。更有趣的是,张衡还利用连杆原理,安装了一个附属仪器,这个仪器从每月初一起,一天转出一片木叶,到十五月圆时,共转现出15片木叶;从十六日开始,每天转入一片木叶,到月底又全部转入仪器之中,这样既可知道日期,又可知道月亮的圆缺。

浑天仪制成之后,人们希望张衡公开演示一下。一天晚上,张衡把来观看的人分成两部分,一部分登上灵台顶观看天空,一部分人留在"密室"观看浑天仪演示。演示开始后,张衡让"密室"的人报告从浑天仪上看到的星星出没的情况,让灵台上的人根据报告的情况寻找天空中相应星星的位置。结果,人们惊奇地发现,天体星空中的位置与浑天仪演示的情况完全一致,人们无不赞叹浑天仪的精巧和张衡的才智。

张衡是我国古代伟大的科学家,也是被世界所公认的著名古代科学家之一。1967年,国际天文学联合会为纪念对世界科技做出重大贡献的已故科学家,决定用他们的名字命名月球上的环形山,张衡就是其中之一。

张衡不仅在天文学方面成绩卓著,在文学和绘画方面也才华横溢,是当时著名的文学家和画家。

比"五禽戏"还早的健身图

东汉名医华佗曾发明一种用来健身强体的"五禽戏"操,历来被认为是最早的健身操。1971年,长沙马王堆西汉墓的发掘,打破了这一观点。在这座保存完好的西汉古墓中,不仅发现了一具令世界震惊的两千一百多年不腐的女尸,还出土了大批的文物珍品,其中就有一幅图文并茂的健身体操图。这幅健身图要比华佗的"五禽戏"操早三百多年,应是我国迄今所知最早的健身图。有人分析华佗的"五禽戏"操很可能是在这套健身操基础上发展完善而成的。

这份图文并茂的健身体操图,长1米,宽0.5米,上面分4排绘有44个人,男女老少都有,穿戴各不相同,有的穿短衣短裤,有的穿长袍,有的光背,少数人手中还持有器械,运动姿态各异,都是用工笔彩绘在绢帛之上的。图中有31处文字,分别介绍了运动姿态、摹仿的动物及医疗作用等。专家认为,这是古代将呼吸运动和躯体运动相结合的一种医疗健身体操方法,被称为"导引"疗法,所以专家称这幅图为"导引图"。远在两千多年前就发明了如此先进的健身强体的医疗体操,充分体现了我国古代人民的聪明才智和高超的医疗水平。

这幅图与周恩来总理还有一段情缘,这幅图出土整理过程中,正是周总理病

情发展的时候,苦于无良方治疗,邓颖超寝食不安,十分着急,当得知这幅健身图后,曾对来医院探望总理病情的国家文物局局长王冶秋说:"听说你们在马王堆挖出一张古代健身治病的气功图,对癌症治疗很有效,你们能不能复制一份,让恩来也照着那张图练一练。"王冶秋表示,待整理好之后,一定复制一张拿来。当王冶秋让人把用彩色临摹的这幅"导引图"送来时,周总理在病床上看着图上一个个伸腰弯背、神态怡然自得的人物图像,很高兴地说:"这确实是一幅能使人强身健体的绝妙奇图,我只能看一看,练是练不了了,等研究出成果之后,公布于众,如果有条件,在机关、团体特别是广大农村推广一下,让我们的人民都有机会亲自尝一尝祖国医学施给的恩泽吧。"后来,每当周总理身体和精神状态稍有好转时,邓颖超总要把这幅图挂起来,希望他能照图活动活动。这幅"导引图"虽没有治好周总理的病,却给总理带来不少的精神慰藉。

祖冲之推算的圆周率

我国古代数学家对圆周率方面的研究工作,成绩是突出的。早在三国时期,著名数学家刘徽就用割圆术将圆周率精确到小数点后3位,南北朝时期的祖冲之在刘徽研究的基础上,将圆周率精确到了小数点后7位,这一成就比欧洲人要早一千多年。

祖冲之是和他儿子一起从事这项研究工作的,当时条件很差。他们在一间大屋的地上画了一个直径1丈的大圆。从内接正6边形开始计算,12边形,24边形,48边形的翻翻,一直算到96边形,计算的结果和刘徽的一样。接着,内接边数再逐次翻翻,边数每翻一次,要进行7次加减运算,2次乘方,2次开方,运算的数字都很大,很复杂,在当时的条件下,是十分困难的。祖冲之父子一直把边形算到24576边,得出了圆周率在3.1415926和3.1415927之间,精确到了小数点后7位。其近似分数是355/113,被称为"密率"。德国数学家奥托在1573年重新得出这个近似分数。当时,欧洲人还不知道在一千多年之前祖冲之就已经算出来了。后来荷兰人安托尼兹也算出这个近似分数,于是欧洲人就把这个称为"密率"的近似分数叫着"安托尼兹率"。日本数学家认为应该恢复其本来面目,肯定祖冲之在圆周率方面研究的贡献,改称"祖率"才对。

孙思邈的神奇医术

孙思邈生于隋,逝于唐,活了102岁,是中国医学史上光耀千古的名医。他医术高明,医德高尚,曾救治过无数的病人。

有一次,孙思邈在路上看到四个人抬着的一口棺材中往下滴鲜血,他仔细看了看滴在路上的血,便赶上去追问跟随着的一位老婆婆。老婆婆告诉他,棺中是她的女儿,因难产而死,孩子也没生下来,已死几个时辰了。孙思邈提出,打开棺盖让他看看,老婆婆问:"你还能救活她吗?"孙思邈说:"可以试一试,看她流的血,可能还有希望。"

棺盖打开后，产妇脸上没有一点血色，孙思邈摸了她的脉搏，发现还有极其微弱的跳动，遂立即拿出银针，选定穴位，给产妇扎了下去，轻轻捻动，不一会儿，孩子就哇哇地生出来了，孙思邈接着又给产妇灌了些药，产妇竟然也慢慢苏醒过来。看到的人，无不称奇。

还有一次，孙思邈碰到一个患尿潴留的病人，小肚子鼓得像个皮球，痛得直喊叫。孙思邈看后，感到吃药已是来不及了，必须立即将尿导出来才有救。可如何导呢？前人没有做过。孙思邈灵机一动，找来个葱叶，切去叶尖，然后，小心翼翼地插入了病人的尿道，再用力一吹，尿道口被鼓开了，尿顺着葱叶管慢慢流了出来，病人小肚子瘪下去了，痛也止住了。

孙思邈还曾用水田里吸血的蚂蟥为人治过病。一次，两个大汉斗殴，其中一人眼被打肿了，肿得像个鸡蛋，来找孙思邈。孙思邈见患处青肿、充血，决心先排除瘀血再用药，他既不挤压也不开刀，而是抓来两只蚂蟥放到患处，只见两只蚂蟥叮在瘀血的地方不停地吸吮，不一会儿，瘀血就被吸出来了。孙思邈拿掉蚂蟥，洗净患处，又给他敷上一些药，伤处很快就治好了。

《千金方》和"药学碑林"

孙思邈70岁时，将其医术整理成书，名《千金要方》。100岁时，又写成另一部《千金翼方》。"翼方"是对"要方"的补充和发挥，取比翼双飞之意。这两部书共记药方六千五百多个，集隋唐医学之大成。孙思邈认为"人命至重，有贵于金，一方济之，德逾于此"，所以取书名为《千金方》。《千金方》一书的手抄本在唐代就传到了朝鲜和日本，被视为汉医的必备医药典籍。朝鲜的《医方类聚》，日本的《医心方》，都是参考《千金方》编写的。

孙思邈家乡的人民为了纪念这位伟大的医学家，在家乡陕西耀县城东的一座小山下建立了"药王庙"。将山名由盘玉山改为"药王山"。到了明隆庆六年（1572），人们又将孙思邈的《千金方》等医书刻在五座碑上，立在药王庙前，是研究中国医药学的宝贵资料。这五座《千金方》碑，高大雄伟，各自成体，共刻字万余。以后的各个朝代，也陆续在药王山树立纪念碑，使这里形成了一处别具一格的、颇具规模的"药学碑林"。

毕昇发明活字印刷术

毕昇是北宋时期的一位普普通通的知识分子，他对于雕版印刷的优缺点十分了解，决心用一种新的印刷方法来代替它。他觉得以前印刷术的弊端都是因为印版是"死"的，不能灵活地修改和重复利用。经过刻苦钻研和反复实践，他终于发明了活字印刷术，从而使印刷事业得到了飞跃性的进步。

毕昇不再像雕版印刷那样去雕刻印版，而是用胶泥刻字。先把胶泥制成规格一致的毛坯，在毛坯的一面刻上单个反字，刻好后，再用火烧硬。这样就做成了胶泥活字。为了排版的方便，常用的字制成几个到几十个活字，以备在一个版内有重复时用。把制成的字按韵目进行分类，贴上标签，以方便查找。

印刷的时候，先预备好一块铁板，铁板上铺一层药剂，然后根据文稿在铁框内密密麻麻地摆满活字，把一个铁板摆满就是一版。

泥活字版模型

然后，把摆满活字的铁板放在火上加热，使药剂渐渐熔化，接着用一个平板把字面压平。然后把铁板从火上移下来，让它慢慢冷却凝固，这就形成了版型。之后，在制好的版型上均匀地涂上墨，把纸平匀地覆在版上，再轻微地平压一下，就印好了一张。反复印刷，需要多少就能印多少。

根据毕昇的试验，假如只印两三本，看不出活字印刷比雕版印刷简便多少，但如果印成百本、数千本，就可以明显比较出来，活字印刷比雕版印刷要快速多了，既能节省大量的人力物力，又能提高质量。并且印完不用的版还可以再放到火上加热，使药剂熔化，然后用手轻轻地把活字从铁板上拿下来，再按韵放回原来的木格里，以便下一次印刷时接着再用。

现代的印刷设备、技术、质量自然比毕昇的印刷方法进步了许多，但基本的原理却是一样的。

毕昇发明活字印刷术以后，后人们在他开创的道路上继续前进，使活字印刷术不断得到改进。我国的印刷业突飞猛进地发展，在相当长的时间里都居于世界的领先地位，毕昇的首创之功是不可埋没的。

法医学家宋慈与他的《洗冤集录》

宋慈（1186—1249），字惠父，南宋建阳（今属福建）人。宋宁宗嘉定十年（1217）进士。历任主簿、县令、通判兼摄郡事等职。嘉熙六年（1239）升任提点广东刑狱，以后移任江西提点刑狱兼知赣州。淳佑年间，提点湖南刑狱并兼大使行府参议官。这一期间，宋慈在处理狱讼中，特别重视现场勘验。他对当时传世的尸伤检验著作加以综合、核定和提炼，并结合自己丰富的实践经验，完成了《洗冤集录》，这是世界上最早的一部较完整的法医学专著。

《洗冤集录》的宋刊本迄今尚未发现，现存最早的版本为元刻本《宋提刑洗冤集录》。内容自"条令"起，至"验状说"终，共5卷，53条。从目录来看，本书的主要内容包括：宋代关于检验尸伤的法令；验尸的方法和注意事项；尸体现象；各种机械性窒息死；各种钝器损伤；锐器损伤；交通事故损伤；高温致死；中毒；病死和急死；尸体发掘等等。

《洗冤集录》虽成书早在1247年，但其中所取得的科学成就是很多的。举其要者，有如下几个方面：

一是对一些主要的尸体现象，已经有了较为明确的认识。《洗冤集录》中称："凡死人，项后、背上、两肋后、腰腿内、两臂上、两腿后、两腿肚子上下有微赤色。验是本人身死后，一向仰卧停泊，血脉坠下致有此微赤色，即不是别致他故身死。"这里所称"血坠"，即是现代法医学中的"尸斑"。

二是提出了自缢、勒死、溺死、外物压塞口鼻死四种机械性窒息。如关于勒死，书中指出它与缢死不同之处在于项下绳索交过，绳索多缠绕数周，并多在项后当正或偏左右系定，且有系不尽垂头处。对于溺死的征象，书中强调为："腹肚胀，拍着响"，"手脚爪缝有沙泥"，"口鼻内有水沫"等。

三是对机械性损伤的论述。本书依照唐宋法典的规定，将机械性操作明确区分为"手足他物伤"与"刃伤"两大类。他物就是今天所说的钝器。书中所述的他物手足伤多指皮下出血而言。书中详细论述了皮下出血的形状、大小与凶器性状的关系以及根据损伤位置判断凶手与被害者的位置关系等。

此外，本书还对中暑死、冻死、汤泼死与烧死等高低温所致的死亡征象作了描述，对现场尸体检查的注意事项作了系统的归纳。

《洗冤集录》是中国古代一部比较系统地总结尸体检查经验的法医学名著。它自南宋以来，成为历代官府尸伤检验的蓝本，曾定为宋、元、明、清各代刑事检验的准则。在中国古代司法实践中，起过重大作用。本书曾被译成多种外国文字，深受世界各国重视，在世界法医学史上占有十分重要的地位。

中医药名著《本草纲目》

李时珍是明代著名的医药学家。他所编著的《本草纲目》，是我国药物学的空前巨著，其中纠正前人错误甚多，在动植物分类学等许多方面有突出成就，并对其他有关的学科（生物学、化学、矿物学，地质学，天文学等等）也做出贡献。达尔文称赞它是"中国古代的百科全书"。

我国古代很早就有了医书，比如汉朝时就有人写过《神农本草经》。李时珍在行医的过程中，发现古代医书中记载的药方常有错误，与实际诊病的情况不符。他逐渐有了重新编著一部医书的想法。

李时珍每天起早贪黑，足迹踏遍大江南北，开始了辛勤的搜集考察工作。经过认真的钻研，又经过医疗实践的验证，李时珍把一种种新药写进"本草"，又把老"本草"中的差错一个个修正过来。

日复一日，年复一年，27年过去了，李时珍由一个中年人变成了一个白发苍苍的老人，一部举世闻名的《本草纲目》终于问世了。这部专著共有190多万字，分52卷，记载了1800多种药物，绘图1100多幅，并附有药方11000多个，是几千年来中国药物学的巨大总结。

《本草纲目》写成后，李时珍的最大心愿就是将它早日刻印出版。可是这部巨著一时却找不到愿意出钱印行的主人。

1590年，《本草纲目》终于得到一个南京藏书家的支持，开始出资刻印。可惜书还没印出，李时珍就与世长辞了。

《本草纲目》后来被翻译成拉丁、英、法、德、俄、日、韩等多种文字，受到世界生物学和药物学者的重视。

《天工开物》的遭遇

《天工开物》是明末清初科学家宋应星写的一部科技著作，被誉为"中国17世纪的工艺百科全书"。他于明崇祯十年（1637年）出版，故其初版叫崇祯版。

《天工开物》共18卷，详细介绍了当时的工农业生产技术，书中不仅重视总结传统的科学技术，对当时最新的技术也注意研究，记述了当时世界上最先进的炼锌技术。后来，欧美化学家凡论述到锌的最初冶炼都要提及《天工开物》。

这本科技巨著，乾隆之后在中国国内很少有人问津，在国外却受到极大重视。《天工开物》传入日本之后，马上被翻译过去，后又从日本传入欧洲，被译成多种文字，出版了一次又一次，广泛流传开来。法文译本将其译为《中华帝国古今工业》。当代英国科学博士李约瑟称宋应星为"中国的狄德罗"——狄德罗是法国著名的《百科全书》的主编。法国伟大作家巴尔扎克在他的小说《幻灭》中，就曾引用过《天工开物》中的内容。

1914年，北京大学地质研究所的创办人丁文江到云南进行地质考察，在查阅有关资料时，偶尔看到一篇引自《天工开物》的冶铜法文章，丁文江认为这篇文章写得很有水平，可为何这样一部有价值的著作没有受到重视呢？于是，他下决心找到这本书，经过六七年的努力，它终于在罗家伦那里找到了。罗家伦是在一位日本古钱肆老板那里发现的，当时，他是用许多珍贵的古币与这位日本老板对换的，这本《天工开物》是日本管生堂版本。丁文江如获至宝，借来之后，另抄副本，加上标点，并将附图摄影制版，准备付印，但没有实现。到了1927年，江苏常州著名藏书家陶湘，经各方努力，根据《天工开物》尊经阁刻本，并参校《古今图书集成》的有关部分，终于将其付印出版。这距原著出版已经290年了。但其原版崇祯版一直没有被发现。

新中国成立之后，中国北京图书馆从原浙江宁波李氏墨海楼捐赠的一批古籍善本中发现了《天工开物》的崇祯版原刻。这部巨著的原始风貌从此又得以为人们所见，引起学术界极大重视。近年来又出版了不少它的研究著作和新注释本。

林则徐如何销烟

销烟本来不过是一烧了事，但林则徐经过研究发现，凡是烧过烟的土地，渗入土中的余沥，仍可回收二三成，这是他不愿意看到的。

林则徐又了解到，鸦片如和盐卤、石灰拌和，立即发生变化，成为毫无用处的渣沫。有了这些科学依据，林则徐设计出了海边挖池、引海水入池，再拌以石灰的销烟妙法。

他在奏明他的设计中说："兹再四酌商，莫若于海滩高处，挑挖两池，轮流

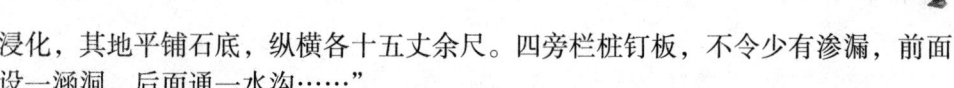

浸化,其地平铺石底,纵横各十五丈余尺。四旁栏桩钉板,不令少有渗漏,前面设一涵洞,后面通一水沟……"

具体步骤是先将水车入池中,撒大量的盐,便成了灌盐卤。然后,将一个个的鸦片(形状似球形)切成四瓣,投入盐卤中浸它半天后,再将整块烧透了的石灰抛入池中,立刻池中像烧开了的水那样,沸腾不已。

为了销得彻底,林则徐又雇来大批民工用铁锄、木耙,着力搅拌,务必使它全部融化,不留半点颗粒,等到落潮时,打开涵洞的闸门,被融化了的鸦片随着海水完全流入汪洋大海。这还不算,鸦片溶解液流尽之后,又立即派人下到池底用清水将池底洗刷干净,真的做到了涓点无存。

由于要经过这么长的程序,每天只能销毁千把箱,林则徐所缴获的烟土一直花了二十多天才销毁完毕。

每次销烟,林则徐还率领文武官员到现场视察、监督。

这事实证明了林钦差的禁烟是彻底的,以致第一个来华传教的美国人裨治文,在目睹这一切后也不得不承认:"我不能想象再有任何事情会比执行这一工作更忠实的了。"所以将"虎门销烟"镌刻在天安门广场的人民英雄纪念碑上,不仅应该,而且必要。

考古发掘

新石器时代考古文化的分布和类型

经过考古工作者近几十年来的艰苦努力，中国新石器时代考古文化的时空框架已经渐趋明朗。

中国新石器时代的考古文化在空间上可以分为六大文化区：中原文化区处在中间的位置上，在其周围像五片花瓣似的分别环绕着燕辽文化区、海岱文化区、江浙文化区、江汉文化区和甘青文化区，在它们的外围，闽台、粤桂、云贵、青藏、蒙新、东北等地区的考古文化就像是第二重花瓣，构成了一种"重瓣花朵式的向心结构"。在时间上可以分为三大段：距今7000年以前为早期；距今7000—5000年是繁荣时期，这一时期以中原地区的仰韶文化为代表，可称之为仰韶时代；距今5000—4000年达到顶峰，这一时期以山东龙山文化为代表，可称之为龙山时代。

在新石器时代早期，各地的新石器文化刚刚萌芽，所发现的遗址不多，可知那时的人口还很少；出土的石器很粗糙、陶器很简陋，说明生产技术水平也很低下。但是到了新石器时代中期的仰韶时代，新石器文化就大大繁荣起来了，各地发现的遗址数以百计，遗址密度增大，说明生活过的人口也增多了，而从出土的器物看，当时制造石器和陶器的技术也有了很大的提高。但由于这一时期还没有发明打井技术，因此仰韶时代的先民还不能远离河流居住，生存空间有所限制。龙山时代，人们发明了打井，生存空间扩大了。这一时期先民的足迹已经遍及各个宜耕地区，遗址的数量更多了，技术水平进一步提高，无论是磨石、琢玉、制陶、纺织、建房、筑城都达到了很高的水平，还出现了冶铸青铜的萌芽。

在各个地区，一般来说这三个时期的考古文化是一脉相承地发展演进的，但是由于人口的迁徙流动和社会共同体的分化组合，考古文化之间也会出现交流、融合、或者断层。研究这些现象，分析其中原因，可以大大丰富我们对这一段没有文字记载的历史的认识。

仰韶时代及其成就

距今7000—5000年的新石器时代中期，是我国新石器文化大繁荣的时期，仰韶文化是这个时代的代表，所以可以称之为仰韶时代。这一时期，也就是习惯上所谓的母系氏族社会。这一时期分布在中原文化区的是仰韶文化，在燕辽文化区的是红山文化，在海岱文化区的是大汶口文化，在江浙文化区的是马家浜文化和崧泽文化，在江汉文化区的是大溪文化和屈家岭文化，在甘青文化区的是马家窑文化。

仰韶时代，黄河流域气候宜人，温湿度和现代的江南差不多，中原地区的仰韶文化在这一时期得到迅猛发展，在各个文化区中最为兴旺发达，现已发现的遗址就有1000处以上。由于当时人们还不会打井，因此都居住在河边的台地上，许多河流沿岸发现的仰韶文化遗址密度竟与现代村庄的密度相仿。仰韶文化遗址的文化层往往有几米厚，说明当时的先民过着长期的定居生活。由于人口大量增加，众多的仰韶文化先民向四处扩散，在冀北、河套、甘青、鄂北，都能找到他们留下的足迹。

仰韶文化以彩陶闻名于世。当时的先民已经发明了小型的窑炉，用这种窑炉可以烧制出红陶，彩陶就是在红陶上彩绘而成的。仰韶时代的农业还处在刀耕火种的水平，使用的工具仍然是石器。当时的人们已经饲养家畜、纺纱织布了。当时的先民已经会盖房子，并以村落的形式定居。

在仰韶时代，手工业是否已经分化出来成为一个独立的部门？现在还很难说。不过，大汶口文化的骨牙雕刻已经显示出极高的工艺水平，其精湛的技术远远走在同时代其他地区先民的前头。北方的红山文化和南方崧泽文化、北阴阳营文化在磨制玉器方面遥遥领先于其他地区。红山玉器多数是龙、鸟、龟、鸮等

彩陶人首瓶　仰韶文化

动物造型和复杂的勾云形玉佩，而南方的玉器主要是璜、管、珠、坠之类装饰品。相比之下，仰韶文化在琢玉技术方面要逊色得多，也几乎不用玉器。

仰韶时代的人口增长和技术进步，为龙山时代新石器文化的大发展奠定了基础。

龙山时代及其成就

1928年，考古学家在山东章丘县龙山镇首次发现了以黑陶为特征的新石器时代晚期的遗址，便命名其为龙山文化。以后，考古学家们又陆续在各地发现了数以千计同时代的遗址，如中原龙山文化（至少可以分为5个不同的类型），晋南的陶寺文化，陕西的客省庄二期文化，湖北的石家河文化和江浙的良渚文化。距今5000—4000年，这一以龙山文化为代表的时代，被称为龙山时代。这一时期，也就是习惯上所谓的父系氏族社会。

龙山时代的村落更加密集，说明龙山时代的人口比仰韶时代增加了。龙山时代的先民发明了打井，制作的石器也更加精良，良渚文化遗址中还出土了数量很多的石犁。这一切，都说明龙山时代的生产力水平比仰韶时代有了很大的提高。

农业的发展首先表现在粮食产量的增加，遗址里贮藏粮食用的窖穴更多、容

积更大,还出现了许多储存粮食用的大陶瓮。粮食的充裕促进了家畜饲养业的发展,各地遗址中出土的家畜骨骼数量明显地增多,用猪头骨或猪下颚骨陪葬的习俗也很普遍。粮食有余以后才可能酿酒,在龙山文化遗址中出土的大量精美的陶制酒器充分证明了这一点。

农业的繁荣也为手工业的发展提供了坚实的基础和足够的劳动力,龙山时代的手工业在各个方面都取得了前所未有的成就。

使用快轮制作陶器,是龙山时代制陶技术的一大进步。快轮是用人力带动的快速旋转的圆盘,既能提高产量,又能把陶器做得规整匀称。陶器多呈灰色与黑色,所以龙山文化刚刚被发现时曾被称为黑陶文化。

当时,冶金术已经发明,先民们已经会制作青铜器。建筑技术也大大提高了,虽然人们还是居住在半地穴式的房屋里,地面建筑还不多,但是用料礓烧制石灰涂抹在室内地面和墙面上的做法已经十分普遍,个别房屋还在地上铺有木板。

黑陶壶 龙山文化

总之,由于人口的增长、技术的进步和对自然资源的进一步开发利用,龙山时代的社会生产力大大提高了,我国的新石器文化在龙山时代达到了它发展的顶峰。

炎黄子孙的生理印记

考古学家和人类学家研究发现,在炎黄子孙身上有三项区别于世界其他民族的特有的生理印记。

一是铲形门齿。上颌两颗中门齿的两边缘翻卷成棱,中间低凹,像一把铲子。我国绝大多数人是这种门齿,而白种人有这种门齿的只占8.4%,黑人只占11.6%。

二是青斑。新生婴儿屁股的骶部或其他部位常有淡灰色或青灰色的斑块。我国新生婴儿尤其是东北部的新生婴儿,几乎都有这种特征,一般一二岁时退去。而白种人和黑种人的新生婴儿都没有这一特征。

三是内眦褶。在眼的内角处,由上眼睑微微下伸,遮掩泪阜而呈一小小皮褶,旧名"蒙古褶"。我国大部分人有这种褶,而外国人却无此褶。

人类学家判断,这三项印记,是由炎黄祖先遗传而来的,其中铲形门齿可追踪到旧石器时代的远祖。

炎黄子孙属黄种人,身材中等,肤色淡黄至棕黄,头发黑而直,眼睛深褐色,鼻子宽高中等,面部扁平,嘴唇不厚不薄,身上体毛稀少,这些特点构成了中国人的容貌特征。但中国南北两地的人们,容貌特征还是有区别的,一般以长江为界。长江以北的北方人，一般眼裂开度较窄，位置呈上斜型的较多，即通常说的"丹凤眼"。蒙古褶发育显著，鼻型高而窄，嘴唇较薄，面形高而宽，头形短而宽，身材较高。而长江以南的南方人，一般眼裂开度较大，外形显得圆而大。蒙古褶不明显，鼻型低而宽，嘴唇较厚，面形低而稍窄，头形略长而不宽，身材较矮。

怎样为石器、陶器、铜器断定年代

考古发掘出文物后，有一项很重要的工作，那就是要确定它们的年代。那些石器、陶器、铜器的年代是怎样断定的呢？

文物的年代有相对年代和绝对年代之分，相对年代是指可以推定的先后次序，绝对年代是指可以确定的具体年份。用地层学和类型学的方法只能断定文物的相对年代，而用现代技术手段可以确定文物的绝对年代。

地层学。人类建造房屋、挖掘地窖、堆积垃圾、烧陶冶炼、埋葬死者等等活动都会形成一些颜色、质地都不同的土层，这种含有古代遗迹和遗物的堆积层叫做文化层。在正常的情况下，早期的文化层总是被压在下面，晚期的文化层总是堆积在上面。晚期的活动会破坏早期的堆积，而早期的堆积不会扰乱晚期的地层。在进行考古发掘的过程中，只要从上到下分清各种不同土色和土质的地层，认清各个地层中所含的出土物，就可以判断出出土文物的相对年代了。

类型学。古代遗存下来的各种器物，都是历史上的人们按照自己的意愿制造的。它们千变万化，似乎没有规律可寻，然而实际上各个时期的人们使用什么式样和质地的器物，都受到当时当地生产技术与水平、社会传统与制度、人们习俗与爱好的制约，器物的演变有渐变也有突变，其中是有一定的规律可寻的。根据遗存类型演变的排比，也可以断定文物的相对年代。

判断绝对年代常用的方法有C_{14}法、树木年轮法和热释光法。

C_{14}法是最成熟、最可靠、用得最多的断代方法，用C_{14}法可以测定5万年以内的含碳物的年代，不仅在考古学，而且在古人类学和地质学方面都有广泛的应用。C_{14}是碳元素的一种放射性同位素，半衰期约为5730年，也就是说每过5730年就会减少一半。自然界中的C_{14}含量是稳定的。当生物死亡以后，它们就停止了与大气进行的C_{20}交换，它们的遗骸中所含的C_{14}就会不断地减少，所以只要测出古代遗留下来的含碳物中残存的C_{14}含量，就可以计算出它们的年代。

树木年轮法。用树木年轮法断代的精度可以高到只有1—2年误差，但是只能测几千年内的树木，而且一定要有大尺寸的标本才行。

C_{14}法和树木年轮法都只能测量含碳物的年代，而热释光法可以测量陶器的年代。热释光现象发生在不导电的固体物质中，这些物质在受到核辐射的时候，能够把一部分核辐射能储存起来，在加热时会把这种能量以极其微弱的可见光的形式释放出来，这种光就叫做热释光。陶器在烧制的过程中经过近千度高温的焙烧，原来储存在陶土中的能量全部释放殆尽，所以，刚刚烧成的陶器热释光等于零。但是陶土中所含的铀、钍、钾等长寿命放射性元素是烧不掉的，于是陶器在内外辐射的作用下又重新积累起热释光，年代越久远，受放射性辐射的剂量就越强，储存的能量越多，热释光量也越强。利用热释光与其烧制后的年代成正比这一原理，就可以测出陶器和瓷器的年代。由于陶片是考古发掘中最常见的遗物，因此热释光法具有极大的实用价值。

除了上述三种方法外，还有古地磁法、裂变径迹法、钾—氩法、黑曜岩水合法、氨基酸外消旋法等方法，都可以用来测定出土遗物的年代。

司母戊鼎的制作和考证

世界上最大的青铜器司母戊鼎是1939年3月在河南安阳武官村北的农田中，被当地农民吴希增探寻到的。

司母戊鼎重875公斤、通高133厘米、长110厘米、宽78厘米，这么巨大的方鼎是怎样制作出来的？过去，专家们认为，这么巨大的青铜器，只能是先分别铸制鼎身、鼎足、鼎耳各部分，然后再合铸为整体。但最近经有关专家分析研究，认为司母戊鼎仍然是用传统的浑铸法整体铸造出来的。铸造前，先用陶土塑模，然后翻范，范分腹范、顶范、底范和洗口范。范制好后，组合成铸型。司母戊鼎的鼎足是与整个铸型连为一体的。其中三个鼎足作为浇铸时的浇铸口，一个鼎足作为排气口。铸造时，将大型熔炉置于铸型鼎足的外侧，当熔炉中的青铜熔化之后，将铜汁从三个鼎足口的洗口范上慢慢往铸型里灌注，待鼎身铸好后，再在上面安模、翻范，浇注鼎耳。这样，巨大的司母戊鼎便铸造出来了。

司母戊鼎是祭祀的器物，专家们已对"司母戊"三字做出了解释，即"祭祀母亲戊"。那么，戊是谁，又是谁的母亲？

1976年，考古工作者又在河南安阳小屯村殷墟遗址中发现了一对大方鼎，这是在商王武丁的配偶妇好墓中发现的。这对方鼎称司母辛方鼎，通高80厘米，其形状与司母戊鼎十分相似，只是小了一点，鼎内所铭刻的文字的字体也与司母戊鼎的很接近，这说明司母戊鼎的年代应和妇好墓相距不远。据考证，武丁另一配偶恰是妣戊。专家们以此推论，司母戊鼎所指的母，就是武丁之子商王祖庚之母——妣戊，司母戊鼎就是祖庚用来祭祀母亲妣戊的祭器。

甲骨文是怎样被发现的

甲骨文是商朝的文化产物，因为文字刻于龟甲和兽骨之上，所以称为甲骨文。自清末在河南安阳殷墟发现有文字之甲骨，已过去100多年，出土数量在15万片以上，大多为盘庚迁殷至武王灭封之间商代王室遗物。甲骨文目前出土的单字共有4500个，已识出2000余字。它记载了三千多年前中国社会政治、经济、文化等各方面的资料。

首先发现甲骨文的是王懿荣，他是一位古文字学家，他酷爱收藏历代古董，对金石学很有研究。清光绪二十五年（1899年）秋，王懿荣身患疟疾，各处求医治疗，后来一位医生开的处方，其中有一味"龙骨"，一般药铺没有，只有宣武门外菜市口的鹤年堂药铺才有。买来此药后，他无意中发现"龙骨"上的道道划划很有规律，像是刻上去的。经过比较、研究，他认为，"龙骨"上的道道划划，是比古篆文还早的文字。

这引起了王懿荣的极大兴趣，他专门派人将"龙骨"全买了回来。经过察看、辨识，最后，他断定，这是古人在龟甲和兽骨上用火灼刻的古老的文字，举世闻名的甲骨文就这样让王懿荣发现了。

而这种甲骨是从哪里来的呢？它是河南安阳县北小屯村的农民在耕地时从地里翻出来的，农民把它当作"龙骨"卖给药材收购商。

自王懿荣证实"龙骨"上有甲骨文后，古董商人蜂拥而至河南安阳小屯收购甲骨。至光绪二十六年（1900年），不到一年的时间，王懿荣先后以重金购到1500多片甲骨。八国联军攻入北京后，王懿荣不甘受辱，携家人投井殉国。他遗留下的一千多片甲骨都转到写《老残游记》的刘鹗手中，他据此编成《铁云藏龟》。

新中国成立前出土的大量甲骨档案，有不少被官僚、学者占为己有，据不完全统计，流失到日本、加拿大、英国、美国、前联邦德国等十个国家的就有22600多片，使我国珍贵的历史文化遗产遭到了重大的损失。

夏商周断代工程破解历史陈案

随着"夏商周断代工程"的研究发现，一批我国历史纪年中长期悬而未决的疑案今天终于迎刃而解。

1. 武王克商年之争

武王伐纣的故事早已家喻户晓，然而，关于武王克商年，历史上却有各种各样的说法，考古学家们在陕西西安的丰镐遗址中发掘出一批先周最晚期遗存，将武王克商年的范围大致锁定在公元前1050年至公元前1020年之间；最后，再经过天文学家和测年技术专家的共同努力，得出武王克商的"首选"时间为公元前1046年1月20日。

2. 琉璃河遗址与北京城之缘起

武王灭商之后，周朝实行的分封制。《史记》中有"封召公于燕"的记载，燕成为周朝初年北方最重要的诸侯国。但对于燕国都城位于何地，学术界历来就有分歧，直到后来发现了北京房山琉璃河商周文化遗址。"夏商周断代工程"特设了"琉璃河西周燕都遗址分期与年代测定"的专题。伴随更多西周早、中期文物的出土以及《史记·周本记》、《史记·燕世家》和《集解》等古籍的记载，琉璃河燕都遗址建成的历史，最终被追溯到西周成王元年——公元前1042年。

3. 天再旦与周懿王元年

周懿王是周朝第七位帝王，我国古代文献中有"懿王元年，天再旦于郑"的记载，有学者提出"天再旦"意思是天亮了两次，即我们今天所说的日全食。天文学家张培瑜测算出，"懿王元年"为公元前926年或公元前899年，美国加州理工学院的科学家提出"懿王元年"应是公元前899年4月21日，但是，都缺乏实际的验证。1997年3月9日，我国境内发生了本世纪最后一次日全食，日全食发生时，新疆北部正好是天亮之际。"夏商周断代工程"中承担此课题的天文学家刘次源，从多种角度对此次日全食进行了实地观测，最终证实"天再旦"是一次发生于早晨的日全食，并经过计算再次得出"懿王元年"就是公元前899年，这一成果的直接意义即把我国有确切纪年的历史年代由西周共和元年前提了50多年。

秦兵马俑是怎样被发现的

秦兵马俑成为世界第八大奇迹，是中国的国宝，但当人们未认识它时，却把它视为不祥之物。20世纪六七十年代，秦始皇陵东面宴寨公社的西杨村有一位农民打井，挖了好几天挖不出水，却挖出一个瓦人，像真人一样大小，他憎恨这怪物作弄他，就将这瓦人吊在一棵柳树上砸得粉碎。五十多年前，在秦始皇陵西面，一位农民在一米多深的地下发现了一个瓦人头和三个跪首瓦人，也没当回事，把它丢掉了。解放前夕，焦家村农民挖土时，又挖出了两个跪首瓦人，一个高0.72米，一个高0.78米，像泥塑的菩萨，农民们就盖了一个土地庙将其供奉起来了。

彩绘铜车　秦

1974年，宴寨公社西杨村农民在村西南柿子园荒地上打井，当挖到3米深时，发现了红土层，大家认为是挖到了老砖窑，到了第五天，即1974年3月29日，在井筒西壁脚下，挖出一个"瓦盆爷"和大量陶片，围观的人们又要将其作为不祥之物处理掉，正在此时，文保员房树民赶到了，他看了看陶片，立即意识到这是一个重要发现，他下到井里去察看，发现井下铺的是秦砖，而且这砖和5里外的秦始皇陵出土的秦砖一模一样。他上来之后，将这情况告诉大家，并对大家说："这个井暂时不能打了。"房树民随即和县文化馆联系，请来了专管文物的赵康民等人。赵康民看后，激动地说："什么瓦盆爷？可能是国宝。"并说："如果是秦代的话，那就是千金难买了。"第二天，他们将陶俑碎片装满6辆架子车运到县文化馆。后来，不知什么原因，这情况没有向上汇报。有一次，新华社记者蔺安稳去西安，发现了这件事，写了一篇《秦始皇陵出土了一批秦代武士俑》的专文登在《内参》上，建议国家文物局和陕西省文物局注意这一情况。这事得到党和国家领导人的重视。文章刊登后的第三天，李先念就做了"建议文物局和陕西省委协商，迅速采取措施，妥善保护好这一重点文物"的批示。国家文物局立即组织力量进行勘察。就这样，震惊世界的奇迹出现了，秦兵马俑出土了。

秦始皇陵为何暂不发掘

陕西考古工作者经过近三年的勘察研究，得出了秦始皇陵墓保存基本完好、未遭严重破坏和盗掘的结论。

那么，这座充满神秘色彩的陵墓何时才能掘开呢？专家们认为，根据目前的条件，许多技术问题还没有解决，开掘秦始皇陵的时机还不成熟。主要困难有如下几点：

秦始皇陵规模宏大，陵墓约 500 米 × 500 米的正方形。按通常的考古程序，必须大揭顶，将封土一层层取掉，再一层层挖向地宫。移土工程的巨大且不说，要保护好地宫必须要建一跨度 500 米的永久性保护大厅。建这样大跨度的大厅，不要说在国内，就是在国际上也没有先例，而且费用极为浩大。

另外，秦陵地区地下水位相当高，距地 16 米就见水了，而地宫是 26 米以下，开掘时，如没有特大型排水设备，整个地宫必定会被大水淹没。

陵墓内有大量水银，这些水银形成了浓密的水银密封层，如何通过这密封层也是一个难题。

如何解决出土文物保鲜也是一大难题。考古工作者在发掘秦兵马俑时，就遇到这一问题。当时，土层被打开，兵马俑是色彩鲜艳的彩陶，可出土不久，颜色全部褪尽了，变成了清一色的灰褐色。

目前这些技术问题都还没有解决，所以秦始皇陵暂不能发掘。

我国的三大兵马俑遗址

1974 年，秦兵马俑被发现。1978 年 5 月，一号兵马俑坑的发掘工作正式开始。经过八年间的二次发掘，发掘了大批秦代的遗迹、遗物，解决了一系列悬而未决的历史之谜。1988 年 12 月 17 日，秦始皇兵马俑三号坑考古发掘揭开帷幕。考古队员们在五米多深的坑下，艰苦探索，经过九个多月的发掘工作，终于使三号俑坑的全貌展现到了世人的面前。1994 年 3 月 1 日，二号俑坑的发掘工作正式开始。考古工作者采取了由晚至早、逐层揭露的工作原则，由上而下开始了艰苦而又细致的发掘工作。经过三年多紧张有序的发掘，二号坑第一阶段的发掘工作已圆满完成，取得了丰硕的成果。规模宏大的 8000 件兵马俑雕塑群，俨然是一座辉煌的艺术宝库，其在雕塑艺术表现上呈现多方面的成就。秦俑艺术最感人之处在于所塑造的每一件作品几乎都达到形神毕肖，栩栩如生的艺术境界。

早在 1965 年 8 月，在咸阳杨家湾汉长陵陪葬墓从葬坑，考古工作者就发掘出西汉三千彩绘兵马俑。这是我国发现最早的大规模兵马俑群。

2002 年 11 月，又一处汉代兵马俑展现在世人的面前。这就是山东章丘危山兵马俑。章丘危山兵马俑阵容奢华令人叹为观止,这是我国继秦始皇兵马俑、陕西咸阳杨家湾兵马俑之后,发现的第三大兵马俑坑。从现场可以看到,这次出土的陪葬品破损严重,绝大多数的陶俑已经残缺不全,同时由于早期破碎挤压和地表水侵蚀,许多彩绘已脱落或失去原色,墓顶坍塌应是造成破坏的主要原因。如此规模的陪葬,在国内已有的考古挖掘中并不多见,从陪葬品的规格和数量看,墓主绝对不是一般官吏,应是王侯将相之类的古代贵族,但墓主的具体身份,现在尚难下定论。危山兵马俑的发掘工作尚有待继续进行。

秦汉青铜器不逊于先秦

1932年郭沫若先生在《彝器形象学试探》一文中首次对青铜器的发展进行了分期,他在文中把青铜器分为五个时期:滥觞期:商前期及其之前;鼎盛期:商后期到周前期;颓败期:周后期到春秋中期;中兴期:春秋中期到战国末叶;衰落期:战国末叶以后。

铜奔马　东汉

这一分期法基本上反映了青铜器发展的脉络,但是经过几十年考古工作者的辛勤发掘和努力研究,我们现在对青铜器发展的认识已经大大前进了。

秦汉以后,由于钢铁在武器和生产工具的领域里取代了青铜器,漆器和陶瓷器在生活的领域里取代了青铜器,于是大量的铜被用来铸造货币,此外主要用来制造镜、洗、灯、带钩、熨斗等不起眼的生活用品,青铜器的作用和地位明显地下降了。其实铜的开采与冶铸并没有衰落,制作铜器的技术水平也没有降低,只不过不再表现在礼乐彝器方面,我们从秦始皇陵出土的铜马车、西汉刘胜墓出土的长信宫灯、汉代的透光镜、武威雷台东汉墓出土的马踏飞燕等青铜器上,可以看到秦汉时代卓越的青铜工艺水平一点也不逊色于先秦。这是一种与时俱进的新发展,而不是衰落。

汉代墓葬玉衣的发现

1968年,中国人民解放军一支施工部队在今河北省满城西南一座叫陵山的石灰岩小山上,发现了一座巨大的洞穴式崖墓。崖墓容积约三千立方米。这一发现引起人们的极大重视,周恩来总理批示迅速进行发掘清理,考古专家郭沫若亲临现场。经过发掘鉴定,确认这是西汉中山靖王刘胜之墓。刘胜是汉景帝刘启的庶子，公元前154年被封为中山靖王，在位42年，公元前113年2月死去。这墓是效法汉文帝刘恒采用以山为陵的方法营造的。汉代盛行夫妻合葬，所以专家推测在刘胜墓附近，应有其妻子的墓。后来，果然在刘胜墓地北面一百多米处，找到了第二座墓，墓中有一颗双面刻字的铜印，一面刻"窦绾"二字，另一面刻"窦君须"三字。据此，专家们判定这就是刘胜妻子窦绾的墓。

在这两座墓中，各出土了一套金缕玉衣，其结构除上衣的前片和后片略有不同外，其他部分基本相同。刘胜的玉衣形体肥大，全长1.88米，由2498片玉片和1100克金丝连成。窦绾的玉衣稍小，全长1.72米，由2160片玉片和700克金丝连成。两件玉衣的头部，都有用玉制成的眼盖、耳填、鼻塞和口冶。下腹部还有生殖器罩和肛门塞。

玉衣最早称"鳞施"，是施玉于死者之体如鱼鳞的意思；后又称"玉匣"，是汉代皇帝和贵族的葬服。编制时，按等级分别使用金丝、银丝和铜丝，故又有金缕玉衣、银缕玉衣和铜缕玉衣之称。玉衣的使用级别，西汉时不甚严格，到东汉时严格起来，只有皇帝死后才能用金缕玉衣，诸侯王用银缕玉衣，大贵人用铜缕玉衣。古时候，人们认为玉为大地之英、人间之精，入地与人相伴，能保人肤色不变，躯体不腐。事实证明，玉衣没有这种作用。刘胜夫妇出土时，玉衣内的尸体早已腐烂，窦绾只剩下8颗牙齿和一点骨渣，刘胜只留有一点骨渣。

玉衣的制作十分复杂，需要较高的工艺水平。它要经过造型设计、玉石加工、金丝、银丝、铜丝编结等手续。据现代经验丰富的玉石工匠说，要生产一套像刘胜、窦绾这样的金缕玉衣，一个熟练的玉石工匠也要用10年之久。

此后，在江苏徐州的几座汉墓中也发现了金缕玉衣。

长沙马王堆一号汉墓发掘趣闻

长沙马王堆汉墓是1971年湖南军区一个医院挖掘地下病房时偶然发现的。

当挖掘进行到地下十几米时，施工者发现了又细又软状如面团的白膏泥，遂停止挖掘，改用钢钎向下打眼钻探。当一个战士将钢钎从白膏泥中抽出时，钻孔中冒出一股呛人的气体，此时，正在洞内的一位干部划火柴点烟，引燃了这股气体，大家急忙跑出洞外，但这位干部还是被烧伤了。眉毛被烧焦，脸上也烧起了小泡，被点燃的气体发着蓝里带红的火苗，像一条扭动的蛇一样燃烧着。当时正处于备战时期，医院领导怀疑发现了敌情，部队马上派出一个排的工兵携带排雷仪器前来勘探，结果没有发现炸弹之类的危险物，，行人想用水浇灭火焰，但水泼上去却被强大的气体压力反喷出来。最后，用泥袋堵住钻孔，才将火焰熄灭。

经专家实地探察，初步确定被挖的地下是一座古墓。挖掘过程中，曾发现3个盗洞，其中2个呈方形，1个呈圆形。一位参加这次发掘、过去曾从事过盗墓而且经验丰富的师傅说，盗洞足占圆近方。那个圆形盗洞是古代盗墓者留下的，时间在元朝以前。那两个方形盗洞是近代盗墓者留下的、这位师傅后来说，其中，的一个方洞就是他盗挖的，因墓太深，当时挖了很久没有结果，认为是一个疑冢，便放弃了。后来看到出土了那么多珍宝，他还有点后悔呢。

古墓发掘过程中曾发生过二次险情,一次是战士挖洞时,出现了塌方,几名战士被埋到洞内,多亏医院抢救及时,才都得以脱险。另一次险情是在下挖十几米后,墓穴即将显露,指挥发掘的博物馆馆长急于求成地要打开墓穴,没有考虑雨后土层松动的危险,结果被一块突然塌下的土层埋了起来,当被抢救出来时,已是口鼻流血,不省人事了,后经抢救方才脱险,墓穴被打开后,人们发现,周围包有1.3米厚的白膏泥,白膏泥下面是厚厚的木炭,约有一万多斤,装了整整4卡车。挖出的木炭和现在的木炭一样能够燃烧得很旺,因此被当地的老百姓拿去了不少。木炭取完之后露出了棺椁,棺椁上铺着26张竹席。刚出土时,竹席颜色嫩黄,光亮如新,但露出之后仅仅几分钟便神奇般地变成黑色的朽物了。墓中有四层套棺,外面的大椁长6.7米、宽5米、高2.8米,这个大椁是用52立方米的木材做成的。

开棺是在湖南省博物馆进行的。当时挤着看开棺的人很多,当棺盖打开之后,里面冒出一种非常强烈的酸臭气体,观看的人都用手帕捂着鼻子,而手帕三天以后还有味。

后来,围观的人越来越多,每天高达6万人,一些外国专家和旅游者也赶来看二千多年前的"贵妇人"。拍电影、搞科研做切片的也来了。当时,单是维持秩序的就有二百多人。博物馆周围的铁丝网都被人踏平了,门窗玻璃也被挤碎了。一位老太太被碎玻璃划破了胫间血管,险些送了命。最后,尸体被转移到湖南医学院一处秘密的地方,白天上锁,连研究人员也要晚上12点以后才能进去。

罗布泊中的楼兰古国

辽阔的罗布荒原,漫漫黄沙之下,埋藏着历史上曾经显赫一时的楼兰。公元73年,东汉使者班超到达鄯善,说服鄯善王归附东汉,重新开通了丝绸之路,楼兰就是鄯善的前身。4世纪以后,由于种种原因,曾经的丝绸之路断绝了人烟和来往的商旅,渐渐归于寂静,乃至湮没于黄沙之中,为世人淡忘。

现藏故宫档案馆的地图,标明了自玉门关通往罗布泊的路线,而且在罗布泊西岸标示了一座古城址,这应当就是后来再次闻名于世的楼兰古城了。数十年后,瑞典人斯文·赫定幸运地戴上了发现楼兰古城的金色桂冠。揭开楼兰王国的神秘面纱。

十九世纪世界上掀起了考古的热潮,具有数千年悠久历史和灿烂文化的中华古国吸引了冒险家们的注意力。斯文·赫定是其中的一个幸运儿。1901年,斯文·赫定按图索骥,发现了曾经被黄沙掩盖了两千年之久足以与特洛伊古城相媲美的楼兰古城。

斯文·赫定雇佣中国农民在楼兰城中13处遗址内随意发掘,取得了大量汉五铢钱、精美的汉晋时期丝织物、玻璃器、兵器、铜铁工具、铜镜、装饰品、珍珠、木雕艺术品。仅具有极高史料价值的汉晋木简、纸质文书即达270多件。随斯文·赫定而至的斯坦因在楼兰古城又发掘了大量文物。这一连串的发现使尘封已久的楼兰古国渐渐重新出现在世人的面前,从而掀起了西域考古的热潮。当年主要的帝国主义国家几乎都有人来到罗布淖尔，或进入楼兰古城，发掘古城附近的古墓。楼兰一次又一次被发掘、搜掠，大量文物被携往西方各国。

中国学者有幸进入这片地区考察的只有黄文弼、陈宗器两人。当年，中国学术界坚决抗争终于迫使当局组成"中瑞西北科学考察团"，黄、陈两人作为中方团员，取得了这一机遇。黄文弼在楼兰城东北发现的遗址中所获有西汉纪年的木简，至今仍是楼兰研究中的珍品。陈宗器考察的自敦煌到罗布泊的路线，罗布淖尔湖的水文状况，在罗布淖尔地理研究中也都具有重要科学价值。

楼兰消失之谜

这里曾经是交通要冲，绿洲上田野、阡陌、渠道纵横，人烟袅袅，来往商旅络绎不绝。不过数千年的光阴，却变成了一片没有生命没有绿色的荒漠。其过程和原因，成为人们密切关注和研究的课题。

20世纪80年代以来，不仅考古、历史、地理，而且沙漠、生物气候、地质等等许多学科的研究者们，不惧危险，不虑艰难，不考虑工作条件的简陋，一批又一批地奔赴这片不见人烟的荒原，风餐露宿于荒山野地之中。优秀科学家彭加木，就是在这一探察热潮中，奉献了自己宝贵的生命。

这一探索、考察，已经有了初步的结论：这片地区曾有的繁荣，它的变迁和最后的毁灭，最基本的决定性因素在于人。

从距今4000年以来，居住在楼兰一带的人们砍林伐木，破坏环境，到距今2000年前的楼兰、鄯善王国时期，情况已经非常的严峻，并逐渐引起人们的注意。出自楼兰荒原的一件木简，规定"绝不能砍伐小树"，"严禁砍伐活树，砍伐者罚马一匹"。但为时已晚。公元4世纪后，自敦煌进入西域的古道有了很大的发展，在高昌一线又开辟了新的更为方便的路线，楼兰渐渐失去在丝路上的地位和有组织地维持灌溉农业的力量。至此，人工绿洲的消亡也就是迟早的事情了。

仿佛已经有了合理的解释，但是楼兰的消失仍然是一个未解之谜。楼兰考古，有待展开的问题还有很多。罗布荒原上发现的古代遗址有数十处，由于自然条件的恶劣，进入罗布荒原考察是一件耗费大量人力物力的工程，考察者们的生命时常受到漫天黄沙和狂风的威胁。时至今日，人们考察过的遗址不过几处，还有更多的谜等待着人们去揭开。

说说汉代的厕所

厕所是人类文明进步的产物。

在新石器时代的遗址中，我们只发现过房屋、地窖、水井、畜栏的遗迹，而未发现可以证明是厕所的设施。

商代，人们已经懂得用人的粪尿肥田了。甲骨文中有"尿"字和"屎"字，是小便和大便的象形字。甲骨文中，"屎"字常常与"田"字连用，"屎田"的

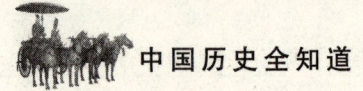

意思是用人粪肥田。不过，商代是否有厕所，还难以确定。

据文献记载，春秋时代已经有厕所了。《左传·成公十年》说，晋侯上厕所时不慎跌入粪坑而死。可见当时的厕所是架空构筑的，而且粪池也较深，以至于会失足坠陷、一命呜呼。难怪墨子在《守城篇》中要特意告诫道：城墙上"五十步一厕，与下同溷，入厕者不得操"，以防意外。

汉代，流行用陶冥器随葬的葬俗。陶冥器是人们地上生活的再现和地下生活的象征。其中，以仓、灶井、房屋、田地、牲畜等模型最为多见，而陶厕所模型也常常和房屋模型一起出土。各地出土的陶厕所形式各异，有方形的、有圆形的，有的简陋，有的讲究，有的独立成院，有的附于屋后；还有两厕并立，当有男女之别。总的来说，汉代的厕所有两个特点：第一，厕位都是蹲式而无坐式，最讲究的也不过是在便槽前设一"门"形扶手而已。第二，厕所都是架空的，粪坑常常与猪圈相连，这样人畜粪集中在一起，便于清理。

汉代把猪圈叫做"溷"，厕溷合一是汉代厕所的特点。了解了这一点，就容易理解《汉书·燕刺王刘旦传》中"厕中豕群出"这句话，也可以理解吕后迫害戚夫人"使居厕中"为什么要"命曰人彘"了。

有意思的是，在一些贵族的大墓中，还在墓室的一隅特意修筑了厕所。如山东沂南画像石墓，就在侧室里端的隔墙后面修了一个厕所，便槽的两边有踏脚，前面有尿槽和两根扶手的栏杆。徐州北洞山的楚王墓中，竟然有两个厕所共三个便槽呢。

唐三彩是随葬品

在西安和洛阳的唐代大墓中常常出土一种有绿、蓝、黄、白、赭、褐等色彩斑驳鲜艳的陶器，其中黄、绿、褐是主要的色调，所以称其为"唐三彩"。

唐三彩是盛行于唐代的一种彩釉陶器。据有纪年的唐墓考察，早于唐高宗时期的唐墓中还没有出土过三彩陶，而开元时期是它的极盛时期。唐三彩的用途主要是作为随葬的明器。唐代盛行厚葬，朝廷多次颁发过不同等级官员死后允许随葬明器数量的规定，有明文见于唐代的典章制度。三彩陶器的兴起正是这种厚葬风气的反映，但是三彩陶在唐代流行的时间并不长，到天宝以后数量就逐渐减少了。

由于唐三彩主要是达官贵人用于陪葬的明器，所以主要出在西安和洛阳两地，此外在扬州也有出土，而其他地方就很少见到了。

唐三彩是一种低温铅釉陶器，用白色粘土作胎，用含铜、铁、钴、锰等元素的矿物作釉料的着色剂。唐三彩是在汉代铅釉绿陶的基础上发展而来的，由于釉料中含有大量铅的氧化物作为助熔剂，釉料在烧制过程中容易扩散流动，所以烧成的釉色互相浸润，色彩斑驳亮丽。

作为明器的唐三彩可以分为器皿、人物和动物三大类。器皿类的三彩陶有生活中常见的瓶、壶、罐、钵、杯、盘、盂、盒、烛台、枕等十多种，每一种又有许多不同的式样。人物雕塑有文官、武士、贵妇、侍女、马夫、胡人、天王、乐师等等，形象刻划细致入微，造型和神态都极其生动，继承和发展了秦汉以来我国雕塑的写实传统。动物雕塑在唐三彩中最为多见，有镇墓兽、马、骆驼、驴、牛、狮、虎、羊、狗、兔、鸡、鸭等等，其中尤以三彩马和骆驼形神俱佳，最为出名。

唐三彩中出现了大量的骆驼俑，骆驼是丝绸之路上主要的交通工具，各种各样高鼻、深目、多须的胡人俑表现出当时常见的胡商形象，各种仿金银器的器皿造型更具有波斯的风格，而三彩中的蓝彩还是从波斯进口的，所以唐三彩不仅展现出雍容华贵的盛唐气派，而且闪露出绚丽多彩的异国情调，其本身就是中外文化交流的产物。

唐三彩的制造工艺不仅开创了后来"宋三彩"和"辽三彩"之先河，以铜、铁、钴、锰四种元素为着色剂的工艺也为后世低温色釉陶器和釉上彩瓷器奠定了基础。

宋代的瓷器与五大名窑

瓷器是中国人的一大发明，最早始于商周时代。大约在东汉末期，浙江一带的窑场首先烧出了真正的青瓷。六朝时期越窑青瓷名满天下。

公元6世纪末，白瓷开始出现。河南安阳北齐武平六年（575）的范粹墓中出土的白瓷器是迄今所知年代最早的白瓷。至唐代就形成了"南青北白"的局面。河北内丘邢窑的白瓷和浙江越窑的青瓷分别代表了南北瓷业的最高水平。

宋代瓷业十分发达，一些技术精湛的窑场生产的瓷器质量极佳，不但为时人所喜爱，而且宋瓷也被后人所珍藏。明朝《宣德鼎彝谱》记载："内库所藏：柴、汝、官、哥、钧、定。"其中的"汝、官、哥、钧、定"就是宋代的五大名窑。

汝窑窑址在河南宝丰县。汝窑专为宫廷烧制瓷器，胎色为香灰色，釉色为淡淡的天青色。汝窑烧造时间不长就因金兵南下而停烧，所以汝瓷传世数量极少，流传至今的公私藏品总共不足百件。

官窑是指专为官府烧瓷的窑场。北宋有开封官窑和余姚官窑，南宋有杭州官窑。余姚官窑继承了五代越窑的技术，专烧用于进贡的青瓷。这种青瓷质地特别细腻，色泽特别柔和，一般官僚和臣民都不许使用，所以

汝窑青瓷莲花碗　北宋

显得十分神秘，被叫做秘色瓷。杭州官窑在杭州南郊，产品多为紫口铁足、青釉开片，和哥窑的产品相近。

哥窑属于龙泉窑系统。传说南宋时龙泉有章生一、章生二兄弟二人，两人各主一窑，哥哥烧的窑叫哥窑，弟弟烧的窑就是龙泉窑。龙泉青瓷白胎、青釉，表面没有裂纹。哥窑青瓷的胎是紫黑色的，俗称铁骨。在器口和器底无釉处露出紫

黑色的瓷胎叫做紫口铁足。青灰色的釉面上布满了如同薄冰开裂似的纹理,俗称开片。这些都是哥窑瓷器与众不同的特色。

钧窑在河南禹县,属于北方青瓷系统,但钧瓷的釉色接近于蓝色,而且带有一种莹莹的光泽,有的蓝色中还带有缕缕红色,犹如蓝天中的一抹晚霞。红色是釉料中含铜元素的缘故,铜红釉是钧窑的一大发明,钧窑还能烧制全红的瓷器,称为钧红。

定窑系的窑场分布在漳河和汾河流域,以河北曲阳涧滋村的定窑为代表,产品主要是白瓷。

排名在五大名窑之上的柴窑是五代周世宗柴荣的御窑,柴窑瓷器被形容为"青如天、明如镜、薄如纸、声如磬"。虽然柴瓷有如此盛名,但是迄今为止谁也没有见过一件真正的柴窑瓷器,所以明代就有"片柴值千金"的说法。柴窑虽然名噪一时,但还是一个谜。

世界文化遗产——敦煌莫高窟

敦煌地处西北的大漠戈壁,由于宋代以后海运开通,古丝绸之路渐趋冷落,莫高窟默默无闻地沉睡在三危山麓。清光绪二十六年(1900年)莫高窟的道士王圆鉴清理洞窟流沙时偶然发现了一个秘密——16窟雨道的北壁,有一个不知何时封闭的小石室,里面珍藏着数以万计的经卷、手稿、文书、织绣。因沙漠干燥,保存得非常完整。这是神话中的聚宝洞!从此,敦煌引起世界的关注。

藏经洞是怎么来的呢?原来自从西汉丝绸之路开通以来,敦煌就成为丝绸之路上的重镇之一,往来客商和政府驻军使敦煌辉煌了一千余年之久。到赵匡胤建立宋朝的时候,由于宋朝软弱无能,没有能够收复河西走廊。此时敦煌由唐末以来的地方割据政权归义军所控制,面临着回鹘和西域的伊斯兰教势力的威胁。此时敦煌称沙州。

宋咸平五年(1002)归义军内部发生兵变,归义军领袖曹延禄与其弟曹延瑞被迫自杀。延禄的族子曹宗寿在众人推举下掌握了归义军政权,宋朝政府遂任命曹宗寿为归义军节度使。战争和内乱使曹氏归义军政权迅速衰落,而沙州地区的回鹘势力在这一时期却得到了迅速发展,成为与归义军政权抗衡的重要力量。此时,归义军政权已不堪一击,任何外来的攻击和内部的骚乱都足以使其倾覆。这使得在归义军政权庇护下的沙州佛教势力感到极度恐慌。

景德三年(1006),信奉伊斯兰教的黑韩王朝灭掉于阗佛教王国,这个消息很可能被从沙州寺院东逃的于阗人那里得知,在佛教像法灭尽思想的影响和穆斯林东进的威胁下,莫高窟的一些寺院将一些重要的经卷和佛像、蟠画等集中起来,收藏在原来存放各寺剔除的经卷、外典、过时文书、旧蟠画、佛像的洞窟中(今编号为第17窟),并将该窟洞口封闭起来,做了必要的掩饰。以后,由于当事人和知情者逐渐离开人世,藏经洞的情况也就不再为世人所知。

十九世纪末,道士王圆鉴到莫高窟。此时莫高窟十分荒凉,他在莫高窟定居后,香火渐盛,他把信徒们施舍的钱财节省下来,开始按照自己对道教的理解来重修和改造莫高窟。

光绪二十六年（1900）五月二十六日，王道士所雇的人在清除第16窟甬道的积沙时，偶然发现了藏经洞。但敦煌当地的富绅无人认识洞内这批古物的价值，腐败的清政府也未能对其进行应有的保护，致使藏经洞中的大批敦煌遗书和文物先后被外国"探险队"捆载而去，分散于世界各地，劫余部分被清政府运至北京入藏京师图书馆。莫高窟的壁画和塑像也遭到劫夺与破坏。1914年至1915年，俄国奥登堡率考察队到敦煌和莫高窟，不仅收集到大批敦煌写本，还掠走了第263窟的多块壁画。1921年，在苏俄国内战争中失败的数百名白匪军逃窜到莫高窟，他们在壁画上任意涂抹、刻画，并在洞窟内烧炕做饭，致使大批壁画被火燎烟熏。1924年，美国华尔纳曾到莫高窟盗剥了大面积的壁画，并掠走彩塑。

敦煌遗书和文物的散失对中国文化造成了难以估量的损失，但客观上却推动了东西方学者从不同角度对它们进行整理和研究，并在二十世纪三十年代形成了一门新的学科——敦煌学，敦煌学的兴起引起了学术界对敦煌莫高窟的重视。自20世纪三四十年代起，中国的历史学、考古学和美术工作者到敦煌进行考察的人逐渐增多。经过他们的研究和宣传，敦煌莫高窟在文化界的知名度逐渐提高。1944年，敦煌艺术研究所成立，担负起了保护洞窟临摹、研究敦煌壁画的职责；1951年，敦煌艺术研究所更名为敦煌文物研究所；1984年8月，在敦煌文物研究所的基础上，扩大规模建立了敦煌研究院；1986年12月，敦煌被国家列为历史文化名城；1987年8月，敦煌县改为县级市，同年12月，敦煌莫高窟被联合国教科文组织列入"世界文化遗产名录"。

西夏王陵是怎样找到的

西夏是我国历史上的一个少数民族政权。它的历史如果从党项族领袖拓跋思恭于公元881年建夏州政权算起，到1227年灭亡，它历时347年。比北宋和南宋合起来还要多27年。但是，由于遭受了蒙古族毁灭性的打击，亡国之后，很快在历史上销声匿迹了。到明清两代时，人们对西夏的历史已十分陌生，西夏文字也无人能识了。元朝人托克托主修了《宋史》、《辽史》、《金史》，惟独不修夏史。加之原有的史料、文物在战争中破坏丢失殆尽，所以西夏成了一个"谜一样的王朝"。至于西夏王陵的下落更是无人知晓。

1972年，解放军一支部队在贺兰山泉齐沟一带施工，有人偶然发现一些西夏时的文物，引起文物部门的重视，待专家赶到现场，经过勘察发掘，结果使他们大为吃惊：原来这里竟是消失了几百年的西夏王陵所在地。这里矗立着一座座用黄土堆成的、巨大的圆锥形陵墓，高十余米，其形状很像埃及的金字塔。专家发现这里共有西夏帝王陵9座，西夏王公贵戚墓207座。陵区东西宽4.5公里、南北长10公里。其规模与河南巩县宋陵、北京明十三陵相当。这些西夏王陵的建造，不仅受到唐宋文化的影响，同时还保留了党项族的传统习俗，形成了一种独特的丧葬制度。根据现存遗迹分析，当时每座王陵都有完整的地上建筑，规模宏大，气势壮观。但奇怪的是，墓室并不在陵台正下方，而是在偏西北方向25

米的地下,每座陵墓都是这样,有人猜测这是为了将陵台正下方的中心让给神灵。

西夏王陵的发现,对研究西夏历史、文化、风俗都有重大意义,国外将西夏王陵誉称为"神秘的奇迹"、"东方金字塔"。但是,由于史料的缺乏,人们尚无法判断这9座王陵究竟分属于谁。据专家推测,目前的3号陵最有可能是西夏开国皇帝李元昊之墓。最近,国家决定拨款1000万元对整个陵园进行发掘整理,重点是对3号陵进行发掘和保护。计划3号陵发掘结束之后,将对外开放。到那时,人们将有机会一睹西夏王陵的秘密。

洪泽湖下的泗州城与明祖陵

朱元璋称帝之后,为他的祖父朱初一、曾祖朱四九和高祖朱百六修造的衣冠陵墓,也是朱元璋祖父的实际埋葬地,位于江苏省盱眙县境内古泗州城。

1680年的一场特大洪水,使泗州沦为泽国,从此成为洪泽湖的一部分。明祖陵也从此成了"水下皇陵"。沉入水中三百多年来,有不少人探找过它,都无结果。

1966年,洪泽湖遇到特大干旱,明祖陵得以重见天日,一批大型石刻露出水面(共有21对),其中有麒麟、雄狮、华表、马官、带鞍的马、近侍和牵马侍,还有文臣和武将。高度都在3米以上,重10吨左右,其中华表高6.08米,雄狮重21.25吨,非常雄伟。原属地上的殿堂等都已倒塌,但地下部分,经专家考证保存完好,没有受到任何破坏,而且随葬文物非常丰富。陵墓目前仍在水中,但不是在湖水之中,而是在一个面积不大的水塘中。人们从水面往下看,可以看到砖砌的门券和石门,但令人奇怪的是,这个面积不大的水塘中的水抽不完,抽多少涌多少。在水下沉没三百多年的明祖陵重新浮现而且保存完好,引起各方高度重视,1996年11月,明祖陵被国务院列为"全国重点文物保护单位"。国家计委及联合国计划开发署经过考察论证,已经把它列为开发项目。专家们指出,明祖陵地下玄宫长期沉淹水中,与空气隔绝,得到了很好的保护,开发出来将有极高的参观价值和研究价值。

古泗州城始建于北周,到了宋明时期,已是一座繁荣的大城市了,尤其是朱元璋在这里营造明祖陵之后,更是繁华空前。当时的泗州城,船舶如流,店铺林立,商贾聚集。1963年,大旱时,古泗州城的古城墙、华表、牌坊及部分建筑物的墙基裸露出来,虽地上建筑已经毁坏,但其规模和繁荣仍能看得出来。

古泗州城当年没有受到洪水毁灭性的破坏,而是随后逐年为泥沙淤积掩埋的,因此专家认为,一旦出水,它们很容易恢复原貌。意大利有一座庞贝城是因火山爆发埋入地下的,发掘之后引起世界轰动,现已成为世界著名的旅游胜地,我国古泗州城是因洪水浸溢埋入地下的,两者之间有异曲同工之妙。待古泗州城发掘出来,肯定也会引起世界轰动,那时一个中国的庞贝城将展现在世人面前。

朱元璋明孝陵的奇特布局

朱元璋是明朝的开国皇帝,是明朝16个皇帝中惟一葬在南京的皇帝。朱元璋生前对他陵址的选择十分重视,在陵墓的设计上也很用心,处处体现了他至高无上的身份。

南京明孝陵的布局与历代帝陵的布局都不一样,其神道不是笔直的,而是曲折的。考古界对此一直解释不清,一说是朱元璋别出心裁,以显示自己不按常规办事的特殊气概,一说是为了让神道加深延长,还有一说是为了给三国的孙权墓让道。

近来,专家们在对明孝陵进行全面的探查研究后发现,这种特殊的设计原来是采用了"北斗七星"的布局。七星的"勺柄"为玄宫之上的宝城、享殿,"勺身"为五龙桥、棂星门、望柱,"勺头"是大金门、下马坊。历代帝陵神道的望柱都是立在神道的最前面,而明孝陵却将其改在神道中间,这正是为了满足北斗七星格局的需要。

朱元璋为何选用这种有别于历代帝陵的设计呢?专家认为,"北斗七星"一向被认为是天帝所在的地方,又传说是天帝之车,朱元璋采用这种布局来设计自己的陵寝,正是为了体现他那种魂归北斗、天人合一、融天地为一体的思想和死后还要驾驭"天帝之车"来保护大明江山的幻想。

神秘的明定陵

定陵是明十三陵中规模最大的皇陵,埋葬的是朱元璋的第十世孙、明朝的第13个皇帝朱翊钧即万历皇帝和他的两个皇后。

万历皇帝10岁即位,21岁时便亲自选定了这块"吉地"开始建造他的"百年寿宫"。定陵营建历时六年,耗银800万两。它的地宫由五座殿堂组成,总面积达1195平方米。定陵的发掘工作是从1956年开始的,挖掘前并没找到什么标记,人们只在坟茔东南角发现有几层塌陷的砌砖。大家抱着试试看的心理,从这里往下挖,谁知,往下一挖,便发现了券门,继续往下挖,发现这里竟是一条通向墓室的甬道,再顺着甬道往前挖,又意外地发现了一块小石碑,碑上写道"此石至金刚墙前皮十六丈深三丈五尺"。这令参加发掘的人非常兴奋,石碑显然是块指路碑,参加发掘的人们当时激动得扔掉了手中的工具。第二天,他们就做了一个木套将小石碑保护起来。现在这块小石碑还珍藏在定陵博物馆内。但皇帝陵墓历来十分秘密,岂有将秘密公开的道理?于是人们又疑心它是块迷路碑。后经专家研究,这小石碑确实是块指路碑,只不过不是为盗墓人准备的。明朝丧葬习惯是帝后同葬一墓,先死先葬,后死后葬,先葬者与后葬者有时相隔时间很长,或陵墓建成之后人还没死,墓室墓道不能裸露着,必须用土封埋,使用时重新掘开。工匠为重新掘开时能迅速找到目标,不致延长日期,故不得不留下标记。但定陵中的帝后是一同葬入的,没有再需后葬的,为何还留下这标记?这是因工匠

不知底细所致。

有了这块指路碑,发掘工作便心中有底了。不久,又发现一新的墓道,这一墓道越挖越深,挖到底,一面顶端铺着黄色琉璃瓦的高墙出现了,这里正好是小石碑所指的终点,这堵墙就应是金刚墙了,取名金刚象征它的威严、结实。其实,这并非是墙,而是一种假象,墙上有一部分是没有灰泥起砌的砖,搬开这些砖,发现里面还有一道墙,墙上有一券门,券门也填满了没有合浆的砖。待人们将这些砖搬出后,墓室神密的大门终于显露出来。

从1956年5月19日定陵发掘挖下第一铲,到1957年5月19日金刚墙找到,整整一年,一天也不多,一天也不少,令人惊奇。但这时,人们没有急于打开大门。传说,皇帝陵墓,布满暗箭,箭头是用毒汁浸泡过的,碰着就要丧命,还说墓门之后,上有千斤石,下有滑动踏板,稍有不慎,或被千斤石砸得粉身碎骨,或失足落入深渊。后经专家分析,"机关"之说不足信,也不可怕,毒气倒是要注意预防的。当时准备了防毒面具和消毒药品,还准备了一只鸡,想在打开大门时,先将鸡放入,以测墓内有无毒气。关于如何开门,人们从地宫石门缝隙往里观察,没有发现挡门巨石,只发现一根顶门石条,最后,人们用一根粗钢条,弯成了一定的形状便轻而易举地将石条撑起来了。

石门是用两块汉白玉制成,重四吨,原来估计,要推开这两扇几百年来没开启过的重四吨的大门不是容易的,谁知,当人们用手轻轻一推,它便徐徐打开了。室内既没机关,也没毒气,只是有一股浓浓的潮气迎面扑来。地宫内部很杂乱,当年运棺椁的木板还在地上,皇帝、皇后则只剩一堆白骨了,但墓内丰富的殉葬品却成了无价的珍宝。

打捞中山舰的经过

中山舰作为一件极为珍贵的历史文物,不仅记载了孙中山先生的丰功伟绩、国共两党的合作与斗争,同时也展示了中华民族抵御外侮、顽强奋斗、英勇献身的爱国精神,在中国近代史上有着十分重要的地位和影响。人们一直期盼着早日将中山舰打捞出来。

早在建国之初,江苏省政协和人大代表就提出了寻觅、打捞中山舰的议案。1966年江苏省靖江打捞队的潜水员就在金口水域探测到一艘沉船,根据船形大小及沉船地点,估计就是中山舰,但正当准备进一步探测时,"文化大革命"开始,工作因此而中断。22年后的1988年,这项工作又得以继续进行,直到1994年,探摸到了"中山"舰名铜牌,才最终确定沉没在武汉市江夏区金口镇长江流域的这艘船就是中山舰。

中山舰找到了,江苏、广东、湖北都争打捞权。他们都提出各自的理由。江苏认为,他们最早提出寻觅打捞建议,最早找到沉船的确切位置;中山舰打捞上来之后,运到南京,在中山陵附近建一座特别陈列馆,意义重大。广东则认为,孙中山是广东人,历史上围绕着中山舰的许多重大事件都发生在广东,中山舰也是在广州命名的,应该由他们打捞。湖北则说,武汉是孙中山领导辛亥革命之地，中山舰是为保护武汉被炸沉的，同时国家文物法规定"重大文物就地发掘，不得出境"，因此中山舰理应由湖北打捞。这一争论，直到1995年11月国家文物局批复由湖北省承担中山舰打捞保护工作才算告终。

湖北省为了做好这项工作，成立了由党政主要负责人兼任组长的"湖北省中山舰打捞、修缮、陈列工作领导小组"。承担打捞任务的是重庆长江救助打捞公司。经过反复论证，他们决定采用从舰下铺设15到20根钢缆，像网兜一样将舰网起来，然后整体打捞上来的办法。

经过充分的准备之后，1996年11月12日下午3时30分，中山舰打捞开工仪式在金口长江岸边举行，这一天正是孙中山诞辰130周年纪念日。开工仪式的剪彩时间安排在下午4时，这也正是58年前中山舰沉没的时间。

经过两个多月的努力，1997年1月28日上午10时20分，中山舰开始出水，11时50分中山舰整体出水圆满成功。中山舰出水的时候，天气意外晴朗，人们高兴地说："有天有日，才叫重见天日嘛。"

塔在中国的演变

塔，梵文称作Stupa，在古印度是坟冢的意思，译成中文有萃堵波、佛图、浮屠等不同的音译名称，和方坟、圆冢等意译名称。相传佛祖释迦牟尼涅槃以后，他的弟子把他的遗体火化了，遗骨经火烧后凝结成五彩斑斓、击之不碎的结晶物，称作舍利子。传说释迦牟尼还留下了部分身骨、头顶骨、指骨、牙齿、毛发等，这些也是佛的舍利。当时印度有八个国家的国王带兵前来争夺佛舍利，结果他们一人得到了一份，回到本国就建造了萃堵波把佛舍利供奉起来，于是萃堵波就成了释迦牟尼的象征，成为佛教徒顶礼膜拜的对象。

中国第一座佛寺，是河南洛阳建于东汉的白马寺。据记载，当年的白马寺以一座九层的楼阁式佛塔为中心，塔的周围有周阁百间，信徒们可以绕着佛塔作礼拜。这种塔就是寺、寺就是塔，以塔为中心的寺院布局，与绕塔礼拜的做法，显然受到了古印度的影响。在同时代建造的中心塔柱式石窟中都有一座中心塔，形成了一个绕塔礼拜的空间。北魏晚期在洛阳兴建了永宁寺，寺中心还是一座九层高的木塔，但塔的北面出现了一座佛殿，形成了前塔后殿的新格局。隋唐以后，佛教徒修行的重点从注重身体力行的坐禅，转向了注重讲经说法的修养。于是，佛殿的地位越来越突出，并逐渐取代了塔的地位。原来雄踞寺院中心的佛塔被移到一侧，或者被置于大殿旁边的别院，还有很多寺院干脆就不再建造佛塔了。

塔本来是埋葬释迦牟尼骨灰的坟墓。中国的历代高僧死后他们的骨灰也被葬在塔里。这种小型的供奉高僧骨灰的塔叫做墓塔。现存的墓塔已逾万数。有的寺院墓塔聚集成林，形成了塔林。河南登封少林寺有历代高僧墓塔250多座，是中国最大的一处塔林。

塔本来是一种外来事物，后来其意义逐渐发生了改变，被改造成为中国文化的一个组成部分，用来表达中国人自己的思想了。比如用来瞻望敌情的塔，改造风水的塔，美化环境的塔，纪念历史事件的塔，这些塔和佛教就没有任何关系了。

"碑"原先是做什么用的

《开心辞典》节目中出了一道题："'碑'原先是做什么用的？"参赛者答："用来测太阳的影子。"主持人说："祝贺你，说对了。"其实这答案是错的。

说"碑"原先用来测太阳的影子，是把碑误解为日晷的指针了。用日晷测日影，只需要一根棒状的指针就可以了，并不需要"碑"。

"碑"原先是立在墓口上面的一个木桩或石桩，用来安置绞车、垂放棺木的。等到落葬完毕，碑没有用了，就被埋在坟堆里。木质的碑都腐烂了，所以一直没被发现。20世纪80年代发掘陕西雍县的秦公1号墓，在墓口发现了石碑，从而证实了，碑，原先确实是用来垂放棺木的。大概到了汉代，人们在安放好棺木以后，不再把碑埋到坟堆里，而是让它仍然竖立在坟墓前，并在上面镌刻了死者的名讳，于是就成了墓碑。由于墓碑是从安放绞车的石碑演变而来的，所以，汉代的墓碑都是上尖下方、中间有孔，仍然保持着原来安放绞车用的石碑的形状。汉代以前尚无墓碑，西汉的墓碑是最早的，所以保存至今的数量极少，仅在西安碑林能见到几块。唐代墓碑上部的碑首一般刻成盘龙纹，碑首中央有一小块平面用小篆镌刻着死者的名讳，其形状仍然是上尖下方的，这其实是一块缩小了的石碑。后来墓碑的形状渐渐变成上圆下方的了，篆额的形状也不再是上尖下方的了，说明这时人们已经完全忘记"碑"原先究竟是做什么用的了。

"始作"之"俑"及其变化

孔子是个很讲仁义的人，他曾经说过"仁者，爱人"这样的话。他不仅对用人殉葬这样的事情极力反对，甚至连用人形的陶偶、木偶代替真人去殉葬都大为恼火，他恶狠狠地说："始作俑者，其无后也！"意思是"第一个发明制造出俑来的人真该断子绝孙！"俑就是专门用于陪葬的人形陶偶或木偶。

早在原始社会，人们在埋葬死者的时候，就把一些其生前使用过的东西放在墓里。这样做，一方面寄托了生者对死者的思念，另一方面也反映了人们的一种观念，即认为人死后就到了另一个世界，在那里他们和活着的时候一样，也要使用这些东西的。

一直到商代，人们都用实用器来陪葬，甚至用真人、真车、真马来陪葬。这在现代人看来既奢侈、又野蛮，但在当时，却是人们意识形态的真实反映。在商代的一些小墓里，我们发现了用陶做的小器皿，小到了无法使用的地步，显然这是一些模型，只是用来蒙骗死者的。这种专门用来陪葬的器物叫做明器或冥器。

春秋时代一定已经有俑了，否则孔夫子不会如此发怒。不过，我们见到较多的还是战国时代的，尤其是楚墓，如果保存得好，有时能看到出土的木俑。

秦始皇陵出土的兵马俑，是一群与真人大小相若的陶俑，其气势之宏大，实在是空前绝后。

汉代讲究厚葬，人们不仅陪葬许多实用器，而且还陪葬大量的明器。器类几乎包含生活与生产的各个方面，如灶、仓、井、磨、楼阁、碓房、猪圈、车船、农田、家畜、钱币等等，几乎无所不包。东汉时这种风气愈盛，汉代是明器盛行的时代。

汉代的明器大多数是陶的，或者用上了一层釉的釉陶。到六朝时，烧制青瓷的技术成熟了，陪葬的实用器多为青瓷，明器也大多改用青瓷了。

唐代的瓷器更加成熟，但是明器又以陶器为主了。长安和洛阳一带达官贵人的墓里经常出土一种色彩绚丽的明器，俗称唐三彩。唐三彩是一种釉陶，颜色很好看，但质地远不如青瓷。看来，唐代人们的丧葬观变得更加现实了。

唐宋时期，随着佛教的普遍推广，火葬被越来越多的中国人所接受。实行火葬以后，连尸骨都成了灰烬，明器还有何用？所以，陪葬品无论是实用器还是明器都衰落了，用得既少，种类也简单。不过，人们"事死如事生"的观念一时还很难改过来，于是就出现了用纸扎的明器，形成了烧纸人纸马和纸钱冥币的习俗，这种习俗一直沿传至今。

西周时期的火锅

鼎是商周时代使用的一种主要的炊器。圆鼎三足，方鼎四足，足间的空档是填柴烧火的地方。但是在已发现的西周铜鼎中却有一种与众不同的鼎，这种鼎的鼎足中部多了一个托盘，或者在鼎腹下有一个围起来的炉膛。这种鼎至少已经发现16件之多。它的特殊结构显然不适宜烧柴，却适宜在托盘或炉膛里放置炭火温热食物，所以被叫做温器。

战国初期的湖北随县擂鼓墩一号墓中出土了一件被叫做煎盘的特殊铜器，它由四根立柱连接上下两个圆盘组成，上盘深，盘边有铜环提链；下盘浅，盘底有长方形镂孔。出土时上盘里残存有鱼骨和梅核，下盘内放着木炭。这一发现为我们提供了温器用法的实例。

战国以前还没有发明带烟囱的封闭式炉灶，鼎是直接放在火塘上烧的，食物煮熟后就连鼎一起端上席，所以，鼎既是炊器又是盛器。用鼎盛食物在冬天很容易冷凉，而温器的下部可置炭火加热保温，构思十分巧妙。这种特殊的炊器马上使人联想到：它会不会是用来涮肉的火锅？

火锅的起源曾引起过许多学者的兴趣。有人说汉代文物中常见的谯斗是火锅；又有人说白居易《问刘十九》诗中所说的"红泥小火炉"是火锅。唐代火锅传入日本，于是涮肉食俗又风靡了东瀛。不过现在能看到的用火锅涮肉的记载最早见于南宋泉州名士林洪著的《山家清供》一书，此书中记叙了涮兔肉的吃法，并特地注明："羊肉亦可。"他还为之起了一个雅名曰："拨霞供。"

到了清代，吃火锅已经十分普遍，无论宫廷还是民间都盛行吃火锅。乾隆皇帝尤其喜欢吃火锅，所以他六次南巡时，所到之处都为他准备了火锅。嘉庆元年宫内举行千叟宴，据说总共用了1500多个火锅。慈禧太后最喜爱吃的是菊花火锅，它的做法和吃法在德龄所著的《御香缥缈录》中有详细的记载。

爵是古代的酒杯吗

在一些古装电视剧中，剧中人物常拿爵来喝酒。其实这是错误的。爵这种器皿，既不是斟酒器，也不是饮酒器，而是一种祭祀时用来注酒的礼器。

商周时代有一种祭礼叫做酋礼，祭法是用一束茅草竖立在裸圭（玉器）上，把香酒顺着茅草束慢慢灌入，以象征神灵喝酒。春秋初管仲伐楚，指责楚国"尔贡包茅不入，王祭不供，无以酋酒。"这酋礼所用的茅草即楚国进贡之物，而行酋酒之礼所用的注酒器就是爵。

商人好酒，而酒的度数又低，所用的饮酒器如觚、觯等容量都很大。周人禁酒，饮酒器大大减少。但从夏代到西周，一直有爵。爵的形制虽有变化，但其容量一直不大。因为爵并非实用的饮酒器，而是如《说文解字》所言是一种礼器，只是用于象征性地向茅草束注酒而已。

清代制作的犀角兽面纹爵

爵始见于夏代，盛行于商周，春秋以后渐渐不见了。究其原因，应是春秋后礼崩乐坏，商周旧礼遭到破坏所致。以爵注酒于茅草束的酋礼渐废，爵的用途也渐渐不为后人所知。不过祭祀时以酒歆神的做法还是保留了下来，只是变为直接把酒洒在地上，没有酋礼那么繁琐复杂了。

顺便说一句，有些电视剧让汉代以后的人物还拿爵来喝酒，那就是错上加错了。

中国古代的坐具

我们的古人，虽然没有如今这般时新的椅、凳、沙发之类，但总不至于全坐在泥土地上，是有供坐的坐具的。那就是"筵"、"席"、"榻"、"床"。"筵"和"席"是直接铺陈在地上的坐具。"筵"，是竹或草编制的坐垫。"席"，是芦苇竹篾等编成的铺垫坐具。"筵"和"席"有相同的一面，为坐垫，也有不同的一面，其区别在于二者同设时，铺陈顺序或上下次第有所不同。席是铺在筵上的坐垫，即使高型坐具被广泛使用之后，供睡卧用的，也只称席而不称筵。

上古时期，既然没有椅桌之类，宴饮自然便直接在筵上席间进行，于是在语言里，筵席便衍生了酒宴的意义。后来称招待人饮食为设筵，称酒席为筵席。

"床"和"榻"，是高出地面的坐具。

"床"这种家具由来已久。"床"原作"牀"。这种器具，可供坐卧。

"榻"，也是一种坐卧用具。"榻"与"床"不同的一点就是榻形较床低矮。大榻，可坐数人，称连榻。小榻，仅坐一人，叫独榻。坐连榻者位卑，处独榻者位尊。后称礼遇宾客为"下榻"。

古代的计时工具

土圭。这是一种最简单的"时钟"。古人用一根杆子直立在地上，通过观察日影来估计时间。清晨和傍晚影子最长，正午影子最短；上午，杆的日影偏向西；下午，杆的日影偏向东。根据影子的长短和方向，可知大概的时间。

圭表。它由两部分组成：直立的铜柱叫"表"，平卧的铜尺叫"圭"。把表放在南、北端，并同圭相垂直，测量日影长度。这样，不但可以测出时间，还可以根据每天上午日影的长短，定出四季的节气。

日晷。也叫"日规"，由晷针和晷盘组成，晷盘上刻有二十四个等分的刻度，晷针垂直装在晷盘中央。太阳照着晷针，针影随太阳的运转而移动，刻度盘上指示出刻度来，便知时间。

以日影测时的工具都是古人的"影钟"，统称为日晷。但都只能在晴朗的白天应用，阴雨天和夜间就不行了。

火钟。就是古人用燃香来计算时间。如读书读了一支香，做工做了两支香。或是点燃一盘香（形如现时的蚊香），看烧了多少，便知过了多少时间。有时，在香中间缚一根纱线，线的一端系一个铜球，球下面放一个铜盘，当香火烧断纱线，铜球便落入盘中，叮当作响。这是古人用的"闹钟"。

水钟。就是铜壶滴漏，也叫"刻漏"、"漏刻"、"漏壶"。有单壶和复壶。初壶用上、中、下三个壶相互迭置，壶底都有小孔，三个壶下面再放一个受水壶。最上一只壶内装满水后，水即逐渐从小孔流入以下各壶。受水壶内装一个直立浮标，上刻时辰，水逐步升高，浮标随之上升，这样就可知道时辰。

中国人的主食有些什么变化

中国人的主食即所谓的五谷。五谷是指稷、黍、稻、麦、菽。

稷，似粟。色泽金黄，质地优良，惟不如粟带粘性。稷与粟是我国北方人民最早培育成功的粮食作物，也是我国北方人民的主粮，所以被称为"五谷之长"。

黍，比粟长得高大。黍子脱粒后也是黄色的圆形颗粒，俗称黄米。质量优良的叫做粱，在古代是仅次于稷的主粮。

稻，是我国南方人民首先栽培成功的粮食作物，以后传入日本和东南亚。稻是南方居民的主粮。

麦起源于西亚，甲骨文中就有"麦"字，说明至少在商代的时候小麦已经传入我国，但在那时种得并不多，要到春秋战国以后才在北方普遍种植和食用。

菽是豆类总称，含有丰富的蛋白质，它为摄食动物蛋白较少的中国人提供了人体必需的蛋白质，在古代也被当作粮食看待。

五谷再加上麻，就成为六谷。麻的纤维是古代主要的纺织原料，但是麻的种子也可以食用，所以也被列为六谷之一。

稷、黍、稻、麦、菽、麻是古代的六谷,而现代中国人的主粮则是稻、麦、粟、高粱、玉米和甘薯6种,其中高粱、玉米和甘薯都是从国外引进的粮食作物。

高粱原产于非洲的苏丹、埃塞俄比亚一带,后经中亚、印度传入我国。以前认为高粱要晚到南北朝时才传入我国,现在在考古发掘中已经发现了西汉甚至西周的高粱的实物,这就把高粱传入的时间大大推前了。由于高粱首先传入我国的西南地区,因此西晋张华的《博物志》最早称其为蜀黍。明清以后才在全国普遍种植。

玉米原产于美洲,大约明朝的时候通过朝圣的伊斯兰教徒把玉米从麦加带到新疆,再逐步传到华北。玉米刚刚传入时被视为属于高粱一类的,故被叫作玉蜀黍。玉米并被作为贡品敬献于御前,所以也叫做御麦。明朝田艺蘅的《留青日札》说:"御麦出西番,旧名番麦。"也道出了玉米传入的途径。

甘薯又名白薯、红薯、番薯、红苕、地瓜、山芋等等,原产于中美洲。明万历年间首先由闽人从吕宋传到福建,19世纪末才推广到黄河流域,但现在我国已成为世界上产红薯最多的国家了。明朝以前的古籍中也有称甘薯的,这是指中国土产的薯蓣,也就是山药。山药原产于华南地区,至少在商周时代就开始种植。因为也能充饥,所以也被视为粮食作物之一。但当高产的红薯推广后,山药就被淘汰了。

明朝时我国人口达到了1亿,清朝前期猛增至3亿,这几种新引进的高产作物,对于养活如此众多的人口起了至关重要的作用。

馒头和饺子的由来

传说诸葛亮征伐南中七擒孟获,得胜班师行至泸水,只见浪涛汹涌,水流湍急,不能渡江。诸葛亮十分焦急,这时孟获说,泸水中有一猖神兴风作浪,残害生灵。往来之人如想渡水,必须用49颗人头和黑牛白羊来祭祀,才能风平浪静。但是诸葛亮说:"现在蜀国四方安定,怎么可以无故杀人祭神?"于是他想了一个办法,让厨师用白面掺水塑成人头的模样,里边包上牛羊肉,用以替代真人头,起名叫"馒头"。当天夜里,孔明披上八卦袍,在泸水岸边点燃明灯数盏,把黑牛白羊及49个馒头供在备案上。午夜三更,命人把祭物扔入江中。次日天明,只见云开雾散,江水平和,蜀军平安渡过泸水。从此,馒头被人传为美谈,并被人们视为高贵的食品,一般在宴会上都要上馒头。以后由于语音的变化,北方人把有馅的馒头叫做包子,但是南方人仍然把有馅的叫做"馒头",而把无馅的叫做"白馒头"。

古时的水饺叫馄饨,但它与现在的馄饨又不同。早在三国时期,魏人张揖所著的《广雅》一书中就提到馄饨这种食物。北齐时的颜之推讲得更为具体:"今之馄饨,形如偃月,天下之通食也。"偃月就是半月形,这正是饺子的形状。到了唐代,饺子称为"牢丸"。唐人段成式的《酉阳杂俎》中就有"汤中牢丸"的记载。明朝末年的张自烈考证了饺子名称的来源,他说:"水饺饵,即段成式食品汤中丸，或谓粉角，北人读角为矫，因呼饺饵，伪为饺儿。"从这些记载来看，饺子至少已有1000多年的历史了。1968年在新吐鲁番的塔那北区，考古工作者发掘了一座唐代墓葬，出土了一个木碗，碗里盛的饺子虽然已经干了，但是仍很完好，其形状与今天的饺子完全相同。这说明早在唐代，饺子就已经传到我国西域的少数民族地区了。

蹴鞠——中国古代的足球运动

中国古代把足球运动称为"蹴鞠"，又名"踢鞠"、"蹙鞠"。"蹴"是脚踢，"鞠"是皮球。蹴鞠，是我国古代非常流行的一项体育活动。民间传说把蹴鞠的发明归功于黄帝，说是黄帝"作蹴鞠之戏"，"以练武士"。战国时，这种早期的足球运动已在一些地区展开。司马迁《史记》中就记载过齐国临淄的"踢鞠"。当时，蹴鞠已由民间向军队中发展，并演变为分成两个队、以一定队列进行踢球游戏的形式。东汉时，李尤撰写了《鞠城铭》，是一篇专谈裁判的文章。三国时，蹴鞠也颇盛行。据记载，曹操对蹴鞠就非常感兴趣。他的手下有一位名叫孔桂的，因擅长此道而备受器重。

唐代，足球又有了新的突破和发展。本来，蹴鞠所用的球是用皮革缝就、内充毛发制成的，唐代改为用动物的尿脬充气做成内胆，外面用皮制成外壳，成了充气足球，这是一个重要的改进。球门也进行了改进，把原来的"鞠城"、"鞠室"，改为挂网的球门。不过，和现代球门的不同之处在于，现代是在球门上挂网、往网里踢球，而唐代是在球门柱的上方挂网、往网下的空门里踢球。比赛时每队6人，设1人把门，与现代足球颇为接近。

到了宋代，蹴鞠备受人们欢迎。电视剧《一脚定江山》就反映了当时蹴鞠的盛况：高俅因为善于蹴鞠而得宠于宋徽宗，官至太尉。不过宋代盛行的蹴鞠比赛只有一个球门，球门也不是坐落在地上，而是在球场中央竖两根3丈多高的木柱，两柱之间拉一张大网，网中间有一个直径3尺左右的圆洞。双方在球网的两侧轮番进攻，把球踢过圆洞者得分。宋朝宫廷里还设有专业球队，专门在朝廷举办的各种盛会上表演蹴鞠。清代，还把蹴鞠与溜冰结合起来，创造出难度极高的冰上蹴鞠。清廷把冰上蹴鞠与射箭等活动，一并作为京城守卫部队必备的军训项目。

古代的夜壶为什么叫"虎子"

作为文物的夜壶叫做虎子。南方的东汉两晋墓葬中，常常出土一种有提梁的长圆形瓷器，器口开在一端的斜上方，因为它往往做成蹲踞的虎形，所以被叫做虎子。

六朝的虎子都是青瓷的。汉代还有铜虎子、陶虎子和木雕彩绘的漆虎子。1980年，长沙新火车站附近的一座战国墓中，出土了一件漆虎子。全器用两块木料拼合而成，镂空雕刻出口、腹、眼、耳、四肢，尾巴卷到脑后成为把手，器内外涂有黑漆,用黄褐色绘成云凤纹。美国华盛顿福雷艺术馆也藏有一件类似的漆虎子。1985 年,镇江谏壁王家山一座春秋晚期墓中出土了一件铜虎子,椭圆形的器身两侧,分别铸有两只蜷曲的兽足。这是现在见到的年代最早的虎子。

那么古人为什么要把夜壶做成虎形呢?据《西京杂记》记载,汉人名将李广和他弟弟一起打猎,射死一只卧虎,便"铸铜象其形为溲器,示厌辱也"。虽然是个传说,但它说明,把夜壶制成虎形,反映了古人对老虎既畏惧又厌恶,并希望制服它的心情。

有人认为虎子是酒器或水器,不是亵器。可是从出土的情况看,虎子都出于男性墓或夫妻合葬墓的男性一边,而且都放在死者脚边或单置一处。山东沂南汉代画像石中有一幅涤器图,图上有一仆人在庭院里手持笤帚扫地,身后有一口大水缸,地上放着一只虎子。这种随便放在地上的涤器虎子,决不会是酒器;而虎子的造型与结构,也不适宜用来作取水工具。

现代人对古人用虎子随葬可能感到纳闷,但在当时应是一种流行的习俗。东晋以后,虎子的使用已十分普遍。它的造型也日趋简朴实用,老虎的口、眼、四肢都已不见,只剩下茧形或圆形的身体。由于风俗的转变,人们也不再用它来陪葬,所以后来的墓葬中也就很少见到虎子了。不过直到今天,民间仍然在使用它,医院和农村里男性使用的便器还保持着虎子的基本特征。

文物珍宝

"文物"与"古董"的区别

"古董",一是指可供鉴赏、研究的古代器物;二是指过时的东西或对因循守旧者一句略带嘲笑口吻的称呼。"古玩",就是古时候玩赏的东西。所以,"古董"、"古玩"并不一定都是"文物"。

"文物"原是古代礼乐、典章制度的统称。今指遗存在社会上或埋藏在地下的历史文化遗物。"文物"一般包括以下一些东西:

一、与重大历史事件、革命运动和重要人物有关的,具有纪念意义和历史价值的建筑物、遗址、纪念物;

二、具有历史、艺术、科学价值的古文化遗址、古墓葬、古建筑以及石窟、石刻等;

三、各时代有价值的艺术品、工艺美术品;

四、革命文献资料以及具有历史、艺术和科学价值的古旧图书资料;

五、能反映各时代的社会制度、社会生产和社会生活的具有代表性的实物。

千年不锈的越王勾践剑

越王勾践剑是国家一级文物,于1965年在湖北江陵县出土。这是一把制作工艺十分高超的青铜剑。出土时,剑放在棺材内尸体的左侧,已在地下埋藏了二千三百多年,但出土时仍完好如新。剑装在一个黑色漆木剑鞘里,拔剑出鞘,寒光闪闪,毫无锈蚀。刃薄锋利,试之以纸,二十余层一划而破。全剑长55.6厘米,剑格宽5厘米,剑身满饰黑色菱形几何暗花纹。剑身一面近格处,有"越王勾践自作用剑"八个字。

此剑制作工艺十分考究,同一剑上,各个部位的合金成分各不相同,这是根据需要配制的。剑脊需韧性好,含铜较多,故不易折断;剑刃需要硬度大,故含锡多,可使剑锋利;剑的花纹处含硫高,硫化铜可防锈蚀并保持花纹艳丽。据专家考证,这种复杂的复合金属工艺,是分两次浇铸后又复合成一体制作成功的。这种工艺外国人近代才开始使用。

1973年6月,我国在日本举行了一次出土文物展览,其中就有这把越王勾践剑,它引起日本人的极大兴趣。当时,日本首相田中角荣特别高兴,因为他访问北京时,毛泽东主席曾

吴王夫差矛

赠给他一本《楚辞集注》，他认为，这次展览特意展出了与楚辞有关的楚国奇剑，是对他的格外关照，他对此表示"衷心的敬意"。

令人惊喜的是，1983年，考古工作者在离发现越王勾践剑仅一公里处的另一座春秋时期的古墓中又发现了吴王夫差矛。该矛长29.5厘米，最宽处5.5厘米，尾部有銎、中空，器身满饰菱形几何暗花纹。一面有8个错金铭文，专家考证为"吴王夫差自作用矛"。这件矛制作工艺高超，脊部有血槽，便于提高杀伤能力；全器中空，壁薄而又两刃锋利，制作难度很大。用以装柄的銎部两面都有兽首形穿纽，刻纹十分精美。

先进的战国兵器双孔弩

在春秋战国时期，长期激烈的争霸战争促进了兵器的发展，许多设计精巧、使用方便、杀伤力强的武器应运产生。

1986年7月，荆沙铁路考古队在江陵县庙湖渔场秦家嘴古墓中发掘出一支"形如盒子炮，功似半自动"的双孔弩和13支铜头铁尾箭镞，这是"战国七雄"之一楚国的兵器，距今约有二千三百多年。

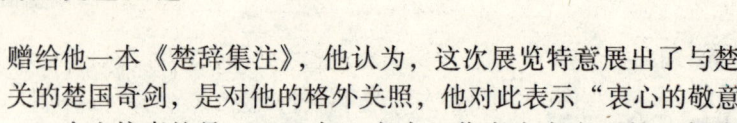

越王勾践剑

这件双孔弩长27.8厘米，宽17.2厘米，厚5.4厘米，由上下两部分组成。上半部一端雕成虎头形，设一进矢孔，虎体内有两条深槽，为矢腔，可装20只箭簇，簇头三棱形，长2厘米，尾长12.3厘米，直径0.5厘米；下半部为机体，由外部木廊和内部木臂组成，前端两个发射机关槽，相当于枪口、枪管，两管之间安有"铜望山、牛、铜栓、木弓"，组成半自动发射机关。机件前部下端安有一虎尾形手柄，发射时，左手握柄，右手拉动活动木臂，箭簇从发射孔双双射出，平均每秒钟可连发两次，射出4支箭。

双孔弩机体与矢腔、木廊、木臂有机构成一体，铜制构件少。双孔弩具有易于瞄准、装箭较多、箭镞自动挂弦、快速连射等功能。专家认为这是我国战国时期水平较高的作战兵器，其设计工艺、制作水平和功能效益都是我国迄今出土的所有弩机无法相比的。

考古工作者和有关专家经过一年多时间的研究，已在弄清其原理和功能的基础上将其仿制成功。中央电视台为此做了专题报道，并做了演示。

战国虎符趣闻

"符"是一种古代信物，传说是周朝军事家姜子牙发明的，是我国古代君主或皇帝授予臣属兵权后调动军队的凭信物，以青铜铸造，因其状呈虎形，故称"虎符"，也称"兵符"。

据专家考证，虎符均由左右两半组成，各自的铭文完全相同，其右半由中央保存，左半则发给统领军队的将领。调动军队时，由君主或皇帝派出的使臣将符相合，方能调兵。战国时，信陵君"窃符救赵"的故事，充分说明了虎符的作用。目前发现的虎符都是秦国的，共三件：秦新郪虎符、秦杜虎符、秦阳陵虎符。

秦杜虎符是1973年在西安郊区山门口发现的，现藏陕西历史博物馆，高4.4厘米，长9.5厘米，厚0.7厘米，背面有槽，颈有一小孔，虎作走动形，尾端卷曲。错金铭文九行、四十字："兵甲之符，右在君，左在杜，凡兴士披甲，用兵五十人以上，必会君符，乃敢行之，燔燧之事，虽毋会符，行也。"铭文最后一句，其意思是：如果军情紧急，不必等会符，可以举烽火报讯，立即行动。新郪虎符，现为法国巴黎陈氏所收藏。阳陵虎符，现藏中国历史博物馆。

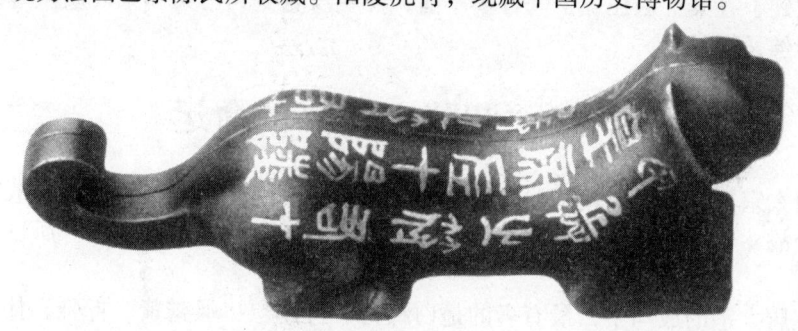

阳陵铜虎符　秦

三个虎符的铭文大致相同，有一点不同令人注意。新郪虎符，铭文称"右在王"，秦杜虎符称"右在君"，而秦阳陵虎符则称"右在皇帝"，这说明这三个虎符出于秦的三个不同年代。秦国的国君先是称王，这说明新郪虎符是在秦初制作；秦国只有惠文君一人称君，所以，杜虎符是在惠文君在位时制作的；秦始皇开始称皇帝，故阳陵虎符是秦始皇以后制作的。

有一件虎符的发现还很有趣。它是原科学院院长郭沫若在重庆偶然发现的。抗战期间，郭沫若在重庆，空闲之时，他喜欢逛逛地摊。有一天，他在地摊上发现了一件造型古朴的铜老虎，认为它可能是件文物，便随手拿起来观看，不想这铜老虎突然分成两半，对文物素有研究的郭老马上意识到这可能是兵符，随即买了下来。拿回去之后仔细考证，果然是一件古代虎符。谁也没有想到，一件极其罕见、极其珍贵的文物，就这样戏剧性地被发现了。

重不到一两的素纱禅衣

我国西汉时期，手工业有了很大的发展，纺织技术已达到相当高的水平。当时已有了提花机，能织出非常精致的丝织品。

长沙马王堆汉墓出土了一千四百多件西汉时期的纺织品，其中有150件比较完好的丝织品和服饰，这些丝织品编造精良，花样纹饰新颖，其水平之高令人惊叹，充分显示了我国汉代纺织业的水平。

在这些丝织品中，有两件素纱禅衣特别珍贵。禅衣是指没有衬里的单衣，质料是纱，因无颜色，故称"素纱禅衣"。衣长128厘米，两袖伸直共长190厘米，而重量仅 28 克（另一件 49 克），还不足一两。如果把衣领和袖口上镶的锦边去掉，则只有半两重，折叠起来可以握在手中，确实像古书中说的"薄如蝉衣，轻若烟雾"。妇女们将这薄薄的禅衣罩在彩色花衣服上面，看上去有一种立体感，更显得美艳动人。

在研究这件禅衣时，科学家惊奇地发现，编织这件禅衣的丝质比现在桑蚕吐出的丝要细一半。在分析这一现象时，有专家认为，这是古人掌握了一种高超的分离法，能把纤细的蚕丝分成两根；有专家认为，这是古人掌握了一种优化蚕种的办法，培育出了一种能吐特别细的丝的新蚕种。后经专家二十多年潜心研究，终于找到了答案：远在二千一百多年前，环境没有受到污染，桑叶质量好，所以蚕吐的丝又细又好。

石雕"昭陵六骏"的命运

唐太宗在开创唐王朝基业的过程中，率领大军南征北战，立下赫赫战功，在他整个战斗生涯中，他的坐骑和他一起出生入死，发挥了重要作用。所以他酷爱良马。

在唐太宗的战马中，最有名的是白蹄乌、特勒骠、飒露紫、青骓、什伐赤和拳毛䯄。因此，他做了皇帝之后，总不忘这六匹名马的贡献。所以，当文德皇后病故埋葬昭陵时，唐太宗下令大画家阎立本将这六匹名马画出来，由雕刻名家镌刻于巨石之上，放入昭陵祭坛之上，名"昭陵六骏"。石料高 1.71 米，宽 2.05 米，厚 0.3 米，六匹骏马是用浮雕形式刻上去的，手法简洁而浑厚，形象栩栩如生，是我国古代雕塑的典范作品，其艺术水平不在希腊、罗马雕塑之下，被誉为"世界古代艺术雕刻创造中的精品"。

清末民初，一位英国公使将"昭陵六骏"的缩小拓片带回英国，在西方引起很大震动。1914 年，美国人毕士博来中国，将六骏中最精美、最有艺术价值的"飒露紫"和"拳毛䯄"偷运到美国，现藏于美国费城大学博物馆，其余四匹在盗运途中被群众追回，但被打成碎块，经粘修拼合，仍残损不全，现藏陕西省博物馆。1972 年，基辛格访华时，曾向美国一些名流征求送什么礼品给中国，杨振宁博士建议送回"两骏"使"昭陵六骏"团聚，但未被采纳。1960 年，陕西省博物馆的石刻工艺大师谢大德按照照片复刻了"飒露紫"和"拳毛䯄"，虽然刻工精美，但毕竟不是真品。

我们现在还能看到一幅《六骏图》的绘画。这是金代著名画家赵霖根据六骏石刻绘制的。该画卷为绢本着色，高 27.4 厘米，长 444.2 厘米。画卷忠于石刻六骏的形象，同时发挥了绘画表现手法的特长，其六骏形象比原作更传神，是我们了解昭陵六骏石雕原貌惟一可靠的资料。此画卷现藏于故宫博物院。

《韩熙载夜宴图》背后的故事

《韩熙载夜宴图》是南唐著名画家顾闳中的传世杰作。在今天，它的知名度非常高,它已成为反映古代贵族士人生活的经典作品。

画中的韩熙载是山东青州北海人,父亲原是军中统帅,被北方外族统治者——后唐明宗杀害,韩熙载化装逃往江南,投奔了南唐,他本想在南唐施展抱负,赶走外族为父报仇。在投奔南唐前他曾对好友说:"如果江南能用我为相,我一定长驱直入平定中原。"但南唐后主李煜没有重用他,韩熙载在南唐无法施展抱负,而再回北方又不可能。在这样的政治背景下,韩熙载为逃避矛盾,保护自己,变得"多好声妓,专为夜宴"。南唐后主李煜对韩熙载总放心不下,时时提防,很想知道其夜宴的真实情况,于是派著名宫廷画家顾闳中前去窥视。顾闳中默记了韩熙载家夜宴情景,回来之后,凭借高超的画技和惊人的记忆画就了这幅作品,完成了后主李煜交代的任务。因此,《夜宴图》实际是一幅情报图。

韩熙载夜宴图(局部)　　五代

《韩熙载夜宴图》全长332.5厘米,高28.8厘米,全画共分五段:第一段,听乐,描绘韩熙载和宾客宴饮时静听坊主李嘉明妹妹演奏琵琶时的情景;第二段,观舞,描绘韩熙载观看著名歌伎王屋山表演六幺舞,并亲自为其击鼓伴奏;第三段,歇息,描绘宴会暂停时,韩熙载一面净手一面与歌伎谈话的情景;第四段,清吹,描绘韩熙载盘腿坐在椅子上一边和歌伎交谈、一边漫不经心地听众乐伎吹奏;第五段,散宴,描绘夜宴结束,韩熙载手里仍拿着一对鼓槌与离席的歌女宾客道别,表现出一种曲终人散后的落寞心情。

五段之中,有的自成段落,有的以一屏风隔开,但没有丝毫分割与不协调的痕迹。该画将韩熙载夜宴中精神抑郁、心情复杂的内心世界刻画得入木三分。

永乐大钟何以声传九十里

永乐大钟距今已有五百多年历史,它是采用地坑造型、表面陶范的泥型法铸造的。铸造时,几十座熔炉同时开炉,熔化的铜汁沿着泥做的槽道注入陶范,一次成形,工艺高超。大钟重46.5吨,通高6.75米,最大外径3.3米。一位外国铸造专家说:"永乐大钟的铸造成功,是世界铸造史上的奇迹,就是科学发达的今天也难以实现。"

永乐大钟铸成后,先是挂在汉经厂,后搬入万寿寺。到了清朝乾隆年间,有一位风水先生说,北京西北方向的觉生寺是风水宝地和吉祥之处,奏请皇上将永乐大钟迁入觉生寺。觉生寺随后也因有了永乐大钟便改名为大钟寺了。大钟自1751年被置放妥当后，一直没再搬动过，1976年唐山大地震时，发生了一件奇事，大钟横梁支撑处原来留有一寸左右的缝隙，大地震时，大钟曾有大幅度摆动，摆动时，突然"啪"地一声响，缝隙竟然合口，大钟却安然无恙。

永乐大钟钟声悠扬悦耳，经专家测试，其声音振动频率与音乐上的标准频率相同或相似，轻击时，圆润深沉；重击时，浑厚洪亮，音波起伏，节奏明快优雅。其振动频率最低为双赫，最高在860赫以上，声音最远可传90里，尾音长达2分钟以上，令人称奇叫绝。每年春节联欢晚会上给人带来美好祝愿的新年钟声，就是永乐大钟的钟声。这口大钟已敲击了五百多年，至今仍完好无损，这不能不说是一个奇迹。最近，北京大钟寺古钟博物馆工作人员与国家航天部621所合作，对大钟的合金成分进行了测试，结果发现，永乐大钟除含有铜、锡、铅、铁、镁外，还含有金和银，而且含量很高，其中含金18.6公斤、含银38公斤。专家分析，金铸在铜器中，可防止锈蚀，银则可提高浇铸液的流动性，这正是永乐大钟五百多年保持完好、钟声依然洪亮悠扬动听的原因。

中国瓷器的艺术价值

明朝时期，我国的瓷器就已作为艺术珍品由葡萄牙人经广州运往欧洲。当时景德镇的青花瓷被欧洲的王公贵族视为奇珍异宝，其价格比美玉、黄金还要贵。有一年，普鲁士皇帝选皇后，为了炫耀自己的富有和讨皇后的欢心，竟不惜用600名骑兵与邻邦君主换取一批中国瓷器。其中18只大型花瓶，世称"近卫花瓶"，至今仍被陈列在德累斯顿博物馆中。一位德国公爵卡泽尼博1435年得到一只素身瓷碗，他把这个瓷碗用银镶起来，并一直作为其家族的世袭宝物珍藏。1506年，奥地利的腓力王曾送给英国约翰·特伦查爵士一对宣城瓷碗，特伦查爵士将它视为价值连城的珍宝向人们炫耀。

现今，世人仍把中国元、明时期的瓷器视为艺术珍品。不仅原件受人推崇，连"碎瓷"粘接复原的瓷器也被视为无价之宝。1989年曾在香港展出98件这种"碎瓷"复原品。一位英国考古学家看后说，这是个不可多得的珍品展。

说起这些"碎瓷"还有很多趣事。元、明时期，官窑烧制出来的瓷器，要经过精选之后才能送入宫中，被选中的"合格品"只有1/10。选剩的不能在民间流通，必须全部毁掉。毁掉时，先用锐利铁器打碎，再用重器砸一次，防止有人复原。这无疑是对艺术珍品的破坏，但也给人们留下了这些艺术珍品的碎片。

青花瓷池水禽图壶　元

这些艺术珍品的复原工作是由考古工作者运用考古复原办法进行的，十分复杂、困难。由于砸得很碎,有的一个瓷器就有二百多块碎片。所以,目前完全复原的还很少。世界著名收藏家和博物馆都想得到这种"残破瓷器",可他们还得不到。中国历史博物馆得到的几件珍品,还是国务院特批调给的。

精美绝伦的清朝金编钟

战国曾侯乙编钟是用青铜制作的,敲击时,根据钟的大小不同发出高低不同的音调,小的音高,大的音低,钟声宏亮,音色完美,堪称一绝。

清朝乾隆皇帝于1790年也制作了一套编钟,共16件,是用黄金制作的,共用黄金1.1439万两;16个金编钟大小一样,厚薄不一样,敲击时,因厚薄不同发出不同音响,厚的音高,薄的音低,能准确地发出现在国际通用的12个半音调,造型极为精致。

这套金编钟原一直珍藏在紫禁城内,辛亥革命以后,被赶下帝位的溥仪,为维持其奢靡的生活,将编钟以40万两白银的低价抵押给北京盐业银行,期限一年。清室本估计一年内能复辟,没想到,当年就被冯玉祥赶出皇宫。合同到期,清室无力赎回,此珍宝便归盐业银行所有。开始存于设在东郊民巷的外库,后转到天津,由天津盐业银行经理陈亦侯将其藏于一库房砌好的夹层内。七七事变后,日本特务机关探到金编钟的下落,威逼陈亦侯交出。陈向盐业银行总经理、时任贵州省主席的吴鼎昌请示处理方法,得到的回电只有一个字"毁"。陈认为这样做,对不起祖宗和国人,便设法将其转移到本市英租界四行储蓄会大楼地下室的一个小库内。就在金编钟被转移后的第三天,日本人冲进盐业银行搜查。

1949年天津解放后,陈亦侯等有关人员将金编钟完好地献给国家。现这一国宝珍藏在北京故宫博物院。

天王洪秀全金印的下落

太平天国定都天京之后,洪秀全曾刻了三枚印玺,分别用金、玉、木刻制,作为最高权力的象征。其中金玺、玉玺用于加盖重要诏旨,不轻易使用。

1864年,天京陷落,这几枚象征太平天国最高权力的印玺被清军获得,曾国藩得到后,立即派专人携金玺送往北京,清廷大喜,随即将其收藏到最机密的权力中枢军机处。然而,一年之后,这枚非同寻常的金印却突然失踪了,这令清廷大为震惊。恭亲王奕䜣亲自过问此案。在内部,连日拷问军机处人员,两个多月没有结果。奕䜣又派出大批人员到北京的首饰店、古玩店等明察暗访,终于在东四牌楼的一家首饰店找到了线索。这家首饰店曾熔化过一方金印,原来,盗窃这枚金印的是军机处章京——满族人萨隆阿。他是从军机处值房的柜子中将它偷出来的,偷窃出来不久,他就将这枚金印送到东四牌楼万盛长首饰店,说是他叔叔在外省做道员时得到带回来的,要求将它熔成金条保存。首饰店便将这枚重一百多两的金印熔成十根金条,每根十一两。太平天国天王的金玺、一件重要的历史文物就这样永远消失了。案破之后,萨隆阿被判处死刑。

这枚金玺是何样,人们已无法得知。金玺的印义是何样,也因太平天国大量的文书被销毁,一直没见到过。后经专家多年努力,终于在故宫博物院的档案中发现了这枚金印的印鉴。印鉴系方形,其右方为"奉天诛妖"四字,左方为"斩邪留正"四字,中间是"太平天王大道君王全"九个大字。

天王的玉玺被完好地保存下来了,如今我们还能看到它那精美的造型和清晰的印鉴。

忠王李秀成的佩剑是怎样回到中国的

1864年,天京吃紧的时候,忠王李秀成将天王洪秀全赐他的一把佩剑交给族弟侍王李世贤,令他以此剑作为统辖苏南浙江等地各路太平军的权力标志,凡不服调遣者,可用此剑斩杀。后李世贤一部将叛变,投降了清军刘铭传部,并将夺得的李秀成佩剑献给了刘铭传。洋枪队队长戈登得知这消息后,前来索要。刘铭传无奈,只好送给他。戈登回到英国之后,将此剑赠给了维多利亚女王的堂兄弟、当时的英国陆军总司令剑桥公爵。

1961年,英国太平天国史专家、伦敦大学东方学院历史系教授柯文南在英国图书馆发现了戈登的备忘录,随后,又设法找到了剑桥公爵儿子的遗嘱,得知这位前陆军总司令确实接受过"赴华远征军"所赠之剑,而公爵儿子死后,财产已转给了他的侄女。最后柯文在这位女人的儿子处见到这把宝剑,并用重金将宝剑买了下来。

1981年,柯文南应邀来我国访问,并参加纪念太平天国金田起义130周年学术交流活动。来时,他将这把宝剑带了来,并郑重地赠还了我国。这把宝剑连鞘长84厘米,剑身长62厘米,包镀金银箍,剑柄和剑鞘上精工雕刻着"二龙戏珠"、"双凤朝阳",还配有"万字回纹"、"鹤鹿同春"等吉祥图案。护手剑肩边刻有"忠王千岁用剑"等一行小字。经专家、学者考证,这把宝剑确系忠王李秀成的佩剑。此剑现收藏于中国历史博物馆。

圆明园文物今何在

英法联军到底从圆明园抢走了多少宝物,至今无法计算,仅法国侵略军回国后奉送给法国皇帝的部分礼物,就有两端镶有大块玉石的金杖两根、重约四百公斤的鎏金怪物像两尊、皇帝穿的新龙袍一件、珍奇古玩近万件。如今要想观看圆明园的珍贵文物,只有到英国和法国去看了。

英国伦敦大英博物馆,陈列着数万件从圆明园抢来的珍宝,秦汉文物、隋唐书画、明清金玉,应有尽有。我国东晋著名画家顾恺之的《女史箴图卷》就藏在这里。这是一幅最早的"以形写神"的绘画艺术的杰作。

在法国,当时拿破仑三世,专门在枫丹白露古堡修建了"中国馆",用以展出侵略军送给他个人的来自圆明园的上千件文物珍品。其中有商周青铜器、明清官窑瓷器、各种玉雕、大象牙雕、乾隆的玉玺,以及刻写着乾隆66岁大寿举行百叟盛事文章的碧玉插屏。在法国巴黎国家图书馆内,有从圆明园抢来的绢本彩色圆明园四十景图、乾隆皇帝题诗的圆明园景致图等80幅珍贵文物。

至于流落到境外私人手中的圆明园珍宝,更是无法统计。2000年五一节前后,香港文物拍卖会上公开拍卖几件圆明园文物,其中三件是西洋楼海晏堂十二生肖喷泉上的牛、猴、虎生肖铜头像。海晏堂十二生肖喷泉是按照我国十二生肖设计的喷泉时钟,每到一个时辰,属

圆明园九州清晏图 清

于该时辰的生肖钟就会自动喷水,正午十二点时,十二生肖则同时喷水。设计极为精巧。当年侵略军抢劫时,也是将其作为最珍贵的宝物对待的。得到它的,也是有特殊身份的人。在拍卖会上,最终铜虎首以1400万、铜牛首以2700万、铜猴首以2740万成交。令人稍感欣慰的是,这三件圆明园珍宝均被我国两家公司买下,又重新回到祖国手中。

慈禧墓中珍宝知多少

清末《爱月轩笔记》的作者曾参加过慈禧葬礼和入殓活动,此书记录了慈禧极其奢侈豪华的随葬品。

慈禧入殓前,先在棺底铺一层金丝织镶宝珠锦褥,厚七寸,下面镶着大小珍珠一万二千六百零四粒,红光宝石八十五块、白玉二百零三块。锦褥之上再铺一层绣满荷花的丝褥,上面铺五分重的珍珠二千四百粒。慈禧身穿金丝礼服,外罩绣花串珠褂,头戴珠冠,冠上镶嵌重四两(老秤,一市斤为十六两)、大如鸡卵、价值白银二千万两的宝珠一粒;头边置金、翠玉佛一百零八尊;口含百步之外可见寒光的夜明珠一粒;手执玉莲花一枝;手边再各置玉雕马八匹,玉罗汉十八尊。棺内最珍贵的要算那翠花纹、烟云流动、用白玉雕琢而成的九玲珑宝塔一座,为了填补棺内空隙,又倒进大珍珠五百粒、中珍珠二千二百粒、小珍珠一千粒,祖母绿及蓝宝石百块,最后再盖上一层网珠被,上缀珍珠六千粒……以上仅是入棺葬品的一部分。

从1879年慈禧墓完工到地宫最后封闭,其间三十余年中,还陆续向地宫内放置了各种珍奇瑰宝,金玉祭品一千余件。据估计,慈禧的随葬品约值白银亿两。

1928年,军阀孙殿英以军事演习为掩护,盗掘了慈禧墓,使慈禧墓中珍宝

曝光于天下。孙殿英盗掘慈禧墓，震惊中外，人称孙殿英为"东陵大盗"，纷纷指责讨伐，连蒋介石也表示要治罪于他。孙殿英为平息舆论，逃避惩罚，将盗来珍宝拿去行贿，他将那颗最珍贵的夜明珠送给了宋美龄，将那神奇的翡翠西瓜送给了孔祥熙，许多国府要员都收到了他的珍宝，他还专门给特务头子戴笠送去了一份。就这样孙殿英盗掘东陵慈禧、乾隆之墓，窃取宝物一事便被搁置下来，最后不了了之。

太和殿皇帝宝座的下落

在北京紫禁城的太和殿，有一把宽大的椅子，这是一把制作极为考究的椅子，采用雕龙金漆，镶嵌大量宝石，有"圈椅"式的椅背，椅背两侧的四根圆柱上雕有四条长龙，正面两根主柱上各盘绕一龙，形成游龙升腾之势。宝座从底部到顶部高1.3米，安放在高大的楠木平台上，显得非常威严崇高。这就是明清两朝皇帝的龙椅，通称"金銮宝座"。这把椅子除皇帝之外，其他任何人不能坐。它是皇位和权力的象征。即使是实际统治中国48年的慈禧也没坐过它。

先后在这把龙椅上坐过的，是明清两朝的24位皇帝，最后坐上这把龙椅的是清朝末代皇帝溥仪，当时他四岁，不敢坐这把椅子，吓得大哭，他的父亲载沣对他说："别哭，别哭，快完了，快完了。"溥仪倒是不哭了，但清王朝却真的很快完了。

1911年辛亥革命推翻了统治中国两千多年的封建帝制，中国历史上的最后一个皇帝溥仪被赶出了皇宫，这把龙椅的使命从此便告终了。

1915年，袁世凯又冒天下之大不韪，复辟帝制，做了83天的洪宪皇帝。这把龙椅似乎又要显示地位了，但遗憾的是，袁世凯个子矮，腿短，坐上去两腿悬空，很不得体，一怒之下，他让人将它搬了出去，代之以他自己重新设计的一把"龙椅"。这是一把中西结合的沙发座大靠椅，靠背很高，座位很低，在高高的靠背的靠垫上，袁世凯让人绣上了他设计的皇帝的徽号。袁世凯被赶下台后，这把椅子一直摆放在太和殿没人过问，直到1947年才被搬走。

解放后，文物工作者想找回原来的那把龙椅，但却不知它的下落，也不知它是什么样子，找了很久也没有找到。到了1959年，人们意外地发现了一张太和殿的照片，照片上有这把龙椅。于是专家们根据照片上龙椅的式样去寻找，终于又在一个存放破旧家具的仓库中找到了它，但它已经损坏严重。后经专家和巧匠精心修复，它终于又恢复了本来面貌。现在它又被放回到了太和殿，供人们参观。

这把椅子，经专家考证，确系明朝制作，是明清两代皇帝的坐椅。这也是自秦始皇开始，中国几百个皇帝、历经二千多年，惟一保留下来的皇帝宝座。北京一家首饰厂，曾仿照这把龙椅，选用高级木料，用了5000克黄金和四千多颗宝石，仿制了一把金銮宝座，它出售的标价是500万美元。

同盟会的盟书是什么样子

同盟会是中国近代史上第一个资产阶级革命政党的名称。当初，为何选定这个名称？据专家考证，这是受到菲律宾、日本革命团体名称的影响。菲律宾有个叫"卡的普南"的组织，它是亚洲最早的资产阶级革命团体。"卡的普南"译成汉语，意思是"人民子弟的最高虔敬协会"，有时也译为"同盟会"。这个组织1896年起义时，孙中山曾支持过它。

日本有一个叫"反对增租同盟会"的革命团体，它的领导人平冈浩太郎和孙中山的关系很密切。日本还有一个"国民同盟会"。这些团体的同盟会名称对孙中山和中国其他资产阶级革命分子影响很大。1903年，邹容等爱国青年就在上海成立了中华同盟会。1905年，孙中山联合国内各资产阶级革命团体建立政党时，提议以"同盟会"为名，得到一致赞同。于是，同盟会便产生了。

参加同盟会要履行一定的手续。首先要填写同盟会盟书。同盟会盟书是什么样子，长期不为人知。1991年，辛亥革命史专家在上海复旦大学历史系资料室积存的文献中发现了四份同盟会盟书。这四份盟书是华侨冯登余、张永干、李福林、朱衍熙于1909年11月在缅甸仰光加盟时填写的。盟书是用红色洋纸石印的。盟书与存根相联，骑缝处写有编号。盟书部分载有誓词、会员姓名、籍贯、年龄、主盟人、介绍人、加盟时间。存根部分载有姓名、年龄、职业、籍贯、住址和加盟时间。盟书上的誓词是："联盟人当天发誓，同心协力，驱除鞑虏，恢复中华、创立民国、平均地权、矢忠矢信，有始有卒，如或渝此，任众处罚。"

这四份盟书的发现，对研究中国同盟会的革命活动、华侨和辛亥革命的关系，提供了珍贵的史料。

杀害107名中国人的日本军刀

1937年12月13日，日本东京《朝日新闻》刊登了一条《百人斩大接战》的新闻。报道日本炮兵小队长向井少尉、第16师团富山大队副官野田进行杀人比赛，至12月10日进入南京之前，向井已杀106名中国人，野田已杀105人，他们还要达到杀150人的目标。报纸还刊登了两人手持屠刀、杀气腾腾的照片。1945年，日本投降时，这两个杀人魔王，同另一个在南京大屠杀中杀死我居民三百多人的谷寿夫部队的中队长田中一起被抓捕。1948年1月28日，这三名杀人魔王被南京战犯法庭判处死刑，其中向井还要求剪一束头发与指甲放在遗书中要中方代他寄回家。法庭下达行刑命令后，三人由武装宪兵押往雨花台刑场执行枪决。

现在在台北军史文物馆里有一把刀柄上刻有"南京之役杀107人"日文的日本军刀。这把军刀是1945年在河北定县收缴日军武器时发现的。后被当时任国民党十六军中将副军长的魏炳文收藏。魏后来去了台湾。他去世后，这把军刀由他小儿子魏亮收藏。魏亮曾让台北一家拍卖公司估价，拍卖师告诉他该刀至少值

100万美元,1987年抗战40周年的时候,魏亮将这把军刀献给了军史文物馆。史学专家说,这是很难见到的重要的实物罪证。史学专家分析,这把杀了107名中国人的军刀,不是前面提到的三个杀人魔王使用过的军刀,因为它与他们杀人的地点、数量及杀人军刀的类型都不符。这说明当年日军杀人成性,杀人狂很多。

1997年12月13日,中央电视台《东方时空》栏目就侵华日军南京大屠杀中砍杀我同胞107人的这把军刀进行了报道,引起了观众的极大反响。

文史掌故

"炎黄子孙"称谓的由来

"炎黄"是传说中的我国古代两位部落首领炎帝和黄帝的简称。炎帝,姓姜,号烈山氏,神话里说他牛头人身,其部落把牛作为神物崇拜。黄帝,姓姬,号轩辕,又号有熊氏,这个部落把熊作为神物崇拜。相传,这两个部落曾联合击败了蚩尤部落,杀死了部落首领蚩尤。此后,黄帝部落和炎帝部落又在今北京延庆县境内的板泉村一带进行过多次战斗,史称"炎黄板泉之战"。专家经过考证,已确定了这处古遗址。最后,黄帝战胜了炎帝,两个部落开始在黄河流域共同繁衍下来,他们相互融合,彼此取长补短,共同创造了我国古代的灿烂文化。在这个过程中,黄帝成了这个联盟的首领,势力扩大到整个中原。并与夷族、黎族等其他部族逐渐融合,形成华夏族的主干,即汉族的前身。黄帝被称为始祖。我们都是炎黄的后代,所以称"炎黄子孙"。

齐桓公与"座右铭"的由来

很少有人知道,座右铭最初并非是置于座右的铭文,而是一种称为欹器的酒具,并且和春秋五霸之一的齐桓公有关。

欹器是一种奇特的盛酒器,空着的时候往一边斜,装了大半罐则稳稳当当地直立起来,装满了则一个跟头翻过去。这种欹器给人以不能自满,自满就要翻跟头的启迪。

春秋五霸之一的齐桓公生前非常喜欢这种欹器,座位右边总是放着一个欹器,用以警戒自己,不要骄傲自满。齐桓公死后,国人为他建造庙堂时也没忘记将此器皿放入庙堂之中供人祭祀。

有一次,孔子率弟子朝拜齐桓公庙堂,见到这种器皿,不知是何物,便问庙中看管香火的人,方知是欹器。孔子知道欹器的来历,便给弟子讲述当年齐桓公置欹器于座右警戒自己的故事,并教育弟子,读书学习也是这样,骄傲自满必然会招来损失。孔子回去之后,也请人做了一个,放在座右警戒自己。南北朝时,著名科学家祖冲之也曾为齐武帝的儿子萧子良做过一个欹器,非常成功。

可能是后来这种欹器失传了,也可能是后人感到用文字更能准确表达自己的思想,于是,改用铭文代替欹器放在座右了。这便成了名副其实的警戒鞭策自己的座右铭了。

晋文公与清明节的由来

据传,清明节的来历与春秋五霸之一的晋文公有关。

晋文公重耳掌握政权之前,曾有过19年的流亡生活。在那段艰辛岁月里,重耳的大臣介子推忠心辅佐他,给了他极大的帮助。有一次,重耳想吃肉而不得,介子推就偷偷地将自己腿上的肉割下来煮给重耳吃,重耳得知后十分感动。

后来,重耳归国做了国君,奖赏跟随他流亡的人,大封群臣,惟独把介子推忘了。有人不满于重耳的忘恩负义,写道:"龙饥无食,一蛇割股。龙返其渊,安其壤土。四蛇入穴,皆有处所。一蛇无穴,号于中野。"重耳看罢恍然大悟,亲自去请介子推出来享受荣华富贵。可介子推却带着母亲躲进绵山避而不见。晋文公重耳派人搜山,呼他出来,也没找到。于是,晋文公下令烧山,想用这种办法逼介子推出山,没想到介子推宁死不出,最后与母亲紧抱着被烧死在一棵柳树下。事后,晋文公既难过又后悔,命人将那棵柳树砍下做成木屐穿在脚上,每日望着木屐叹息:"悲呼足下。"并将绵山改为"介山",将介子推的故乡定阳县改称"介休"。晋文公还下令,每到介子推被烧死的这天,全国不得用火,只吃冷食。所以,清明节又叫寒食节。寒食之俗在东汉特别盛行,太原、上党一带竟寒食整月,后并州刺史认为"春中寒食一月,老少不堪",下令改为三日。曹操占领并州后,力禁"寒食陋俗"。此后,人们在清明节时不再吃冷食,但这一节令却被保留了下来。

秦始皇为何穿黑衣

中国古时候的帝王都是黄袍加身,加黄色为尊,但是在西安影城秦皇宫殿的秦始皇蜡像上,穿的却是黑色皇袍。为什么秦始皇穿黑衣呢?

原来,战国秦汉之际盛行五德终始说,这个学说认为人类社会历史是按照五行(金木水火土)相胜的规律发展的。五行又称五德。五德分配到历史上各个朝代,就是黄帝土德,夏朝木德,商朝金德,周朝火德,秦朝水德。实行某一德制度,历法、官名、服色、度量衡都要相应改变,具体到衣服颜色,是按照"五行"与"五色"相配的规律而穿不同颜色衣服。木、火、土、金、水五行与青、赤、黄、白、黑相配。秦王朝实行水德制度,所以衣服旌旗都是以黑色为贵,秦始皇也要穿黑色皇袍了。

魏晋以后,虽然帝王仍以五德终始作为改朝换代的理论根据,但他们在历法、服色与度量衡上都不再恪守旧规,而是以黄色为尊,所以帝王都一律黄袍加身了。

秦始皇陵为何要坐西朝东

我国历代帝王之陵绝大部分是坐北朝南的,显赫一时的秦始皇之陵墓为何要坐西朝东？秦始皇陵东向的原因除了显示雄踞天下之威风外，还有一个更重要的原因，这就是生前无法觅到不死之方，死后也要闭着双目瞻瞩东溟，以求神仙引渡天国。纵观秦始皇一生，他遣徐福东渡黄海，寻觅蓬莱、瀛洲诸仙境；并多次亲自出巡，东临碣石，南达会稽，在琅琊、芝罘一带留恋忘归，对东海仙境是何等向往。身边方士如侯生、卢生对他讲的上古神仙传说，更促使他为寻不死之方而作了种种努力。这位不可一世的皇帝唯一感到遗憾的是，既找不到长生之方，却又五十岁而亡，只能在地宫中面对东方，期待有朝一天灵魂升仙呢。

我国历史上的"十圣"

酒圣——杜康，夏朝一个帝王，传说为酒的发明者。
文圣——孔丘，春秋末期著名的思想家教育家，儒家学说的创始人。
史圣——司马迁，西汉著名的史学家和文学家，我国第一部纪传体通史《史记》一书的作者。
草圣——张旭，唐朝书法家，擅长草书，对旧隶的草体造诣更深。
医圣——张仲景，东汉著名的医学家，著有《伤寒杂病论》等书。
武圣——关羽，三国时期蜀国大将，精武艺，后人尊其为"关帝"。
书圣——王羲之，东晋时期著名的书法家，主要作品有《兰亭序》等。
画圣——吴道子，唐朝著名画家，擅长人物画，有"吴带当风"之美誉。
茶圣——陆羽，唐朝文人，以嗜茶著名，著有《茶经》三卷。
诗圣——杜甫，唐朝伟大的现实主义诗人，著有《杜工部集》。

关羽为何称帝

提起关羽，妇孺皆知。他一生以忠义和勇猛著称。曾过五关，斩六将，为帮助结义兄长刘备建立蜀汉王朝，多次立下赫赫战功。但他毕竟只是一员勇将，后来为何建有"关帝庙"，称他为"帝"呢？

原来关羽生前曾被曹操封为"汉寿亭侯"，死后也曾被谥为"壮缪侯"。后人对关公推崇备至，视之为"忠""义"的化身，敬之为神，立庙供奉。而各个朝代的皇帝出于维护自己统治的政治需要，也就顺应民心不断给关羽加封谥号。宋代时，关羽被追封为"武安王"，明代时，他又被加封为"协天大帝"，到了清代，他再受封为"关圣大帝"。于此之后，关公的声誉大大超过刘备，各地也随之建起了"关帝庙"、"关武庙"，香火鼎盛。因为关羽是武将，所以"关帝庙"一般被视为"武庙"，像孔夫子的"孔庙"曾被称为"文庙"一样，备受人们推崇。

"破天荒"的来历

唐代的科举制度规定，凡是考进士的人，都由地方解送入京城。每当京城

会试（中央一级的科举考试），地方上总要解送一批考生赴京应试，当时荆州南部地区四五十年竟没有一个考中。于是，人们称荆南地区为"天荒"，把那里解送的考生称为"天荒解"。天荒，本指混沌未开的原始状态，或指荒远落后的地区。把荆南地区称作"天荒"，是讥笑那里几十年没能考上一个进士。唐宣宗大中四年（850年），荆南应试的考生中有个叫刘蜕的考中了，总算破了"天荒"。

旧时常用"破天荒"来表示突然得志扬名，现在用来指从未有过或第一次出现的新鲜事。

欧阳修的"三上"文章

欧阳修是我国文坛上的一颗巨星，名列"唐宋八大家"之首。他的散文、诗词都有很高的成就，特别是散文，具有平易流畅、委曲婉转的独特风格，极受赞誉和推崇。欧阳修一生刻苦好学。他曾对人说："我平生只好读书，坐则读经史，卧则读小说，上厕所则读小辞，没有片刻时间离开书籍。"他还说："我平生所作的文章大多在'三上'完成，即在马上、枕上、厕上，大概只有这'三上'可以更好地运思属辞。"

欧阳修治学极为严谨，有一次，欧阳修的老朋友韩琦，在相州建造了一座住宅，取名"画锦堂"，快竣工时，派人给欧阳修送来一封信，信中介绍了"画锦堂"建造经过及用意，并附图一份，请欧阳修写篇纪念文章。并希望文章写成后，立即交来人带回，以便竣工时使用。欧阳修答应了他的要求，经过认真思索之后，挥笔写就了《画锦堂记》。写完即交来人带回相州。

欧阳修有一个习惯，每晚临睡前都要把白天所写的文章再诵读品味，反复推敲，遇有不足之处，立即纠正。送走《画锦堂记》这篇文章的当晚，他在重读时突然发现文中的"仕宦至将相，锦衣归故乡"不妥，再三斟酌，认为应在二句中各加一个"而"字，改成"仕宦而至将相，锦衣而归故乡"，这样不仅上下连贯顺畅，意思也较原来深邃。可此时，文章已被来人带走，怎么办呢？欧阳修决心派人将文章追回，于是，他连夜将家人唤醒，牵来快马，令去追赶，家人马不停蹄地直追到第二天日落，才将那人追上。欧阳修取回文章，加上"而"字，重新交给来人带回，心里才感到踏实。

欧阳修快马追字，很快被作为文坛佳话传开了，人们越发钦佩这位文坛领袖的才学和精神。

欧阳修与"出人头地"

苏轼字子瞻，号东坡居士，今四川眉山人。苏轼自幼与胞弟苏辙受教于其父苏洵，苏洵是当时著名文学家，以文章雄辩闻名于世，被人誉为"当代荀卿"。荀卿即荀子，战国著名的思想家。在其教导下，苏轼、苏辙打下了坚实的文学基础，很小便出了名。1057年，苏轼二兄弟同时赴京参考，结果双双金榜题名，轰动一时。从此，苏氏父子名闻天下，世称"三苏"。

说起苏轼考中进士，还有一段佳话。那一年，主考官是著名的文坛领袖欧阳修。

欧阳修当时正在倡导诗文革新运动，主张文章应明道和致用，反对华而无实的浮夸文风。他想借科举考试之机，选拔一批人才，以振文风。苏轼的文章写得洒脱豪放，风格浑厚，充满才气，欧阳修见了大为惊喜，准备点其为状元。那时考卷也是密封的，欧阳修反复推敲之后，觉得试卷的文风与他的得意门生曾巩相似，怕点了自己的门生为状元，受人议论，于是点了个第二。后来知道是苏轼的卷子，很是后悔。

欧阳修对苏轼的才华很赏识，他曾对老友梅尧臣说："读苏轼书，不觉汗出，快哉！老夫当避路，放他出一头地也。"这就是"出人头地"成语的来源。意思是说，自己应给这位有才华的青年让路，让他有出人头地的机会。

仁宗皇帝读了苏轼兄弟的文章也非常高兴，对大臣们说："朕今日为子孙们得了两位太平宰相。"

"脚踏实地"成语的由来

北宋史学家司马光，字君实，他主编的《资治通鉴》同西汉司马迁的《史记》是史学史上的两颗明珠，至今仍为世人所推崇。

《资治通鉴》记载了上起战国周烈王、下至五代周世宗的1362年的历史，全书294卷，还有考异、目录各30卷。其规模之大，令人叹服。

司马光为编定《资治通鉴》，翻阅了大量的书籍资料。宋神宗允许他借阅"集贤"、"昭文"、"史馆"三大书库的所有书籍，并特许可借阅"龙图阁、天章阁及秘阁"的藏书。宋神宗还将自己私藏的二千四百余卷书献出来，供司马光参考。除此之外，司马光还参阅了大量的野史、谱录、正集、别集、墓志等资料，共222种，计三千多万字。

司马光曾问他的好友邵雍："你看我是怎样一个人？"邵回答说："君实，脚踏实地人也。"意思是说司马光研究学问，勤奋刻苦，踏实认真。这就是"脚踏实地"成语的来源。

司马光为编写《资治通鉴》，用了19年时间，开始编写时，司马光48岁，编完时，已是66岁的老人了。这19年，司马光"秉烛至深夜，警枕破黎明"，长期的伏案工作，耗尽了他的心血，刚过60岁，他便视力衰退，牙齿脱落，面容憔悴。《资治通鉴》写成后，还没等出版，司马光便与世长辞了。为了悼念这位伟大的史学家，皇帝宋哲宗亲自临丧，并下旨为他举行隆重的官葬。他家乡山西夏县的人们为纪念他，特为他建了墓碑亭，树起一块巨碑，这块巨碑连同底座高达九米，比帝王神道碑和墓碑还要高大。碑额刻有宋哲宗的御篆"忠清粹德之碑"字样，大文学家苏轼为其撰写了碑文。

"圈阅"的来历

北宋政治家王安石

传说,圈阅文件的方法是北宋改革家王安石发明的。王安石1067年被宋神宗起用后,官至参知政事和副宰相,负责变法工作。开始,他对阅过的文件,写上一个"石"字作表示。由于公务繁忙,文件很多,他性子又急,"石"字写得很不规范,下面的口字写得像个圆圈,但圆圈又画得不圆,不是窝扁,就是画出头,颇受议论。王安石知道后,干脆将"石"字的一横一撇都去掉,只保留一个圆圈,并注意将圆圈画圆。这一方法简洁方便,其同僚也纷纷仿效,久而久之,便成了批阅文件的习惯做法了。

"敲竹杠"一词的由来

清朝末年,鸦片走私十分严重,走私贩子为躲避关卡检查,挖空心思藏匿鸦片。水上走私的贩子常把毒品密藏在竹制的船篙里,随船从水路运往各地。一天,一艘商船驶至浙江绍兴码头,缉私官带人上船检查,查遍了船舱的每个角落也没发现鸦片。这时,一个老师爷吸着长烟筒,漫不经心地走到船艄,信手在撑船的竹篙上敲烟灰,敲得竹篙"嘟嘟"直响,别人没有反应,船主却吓得面色大变,知道师爷已看透了秘密,慌忙把这位师爷请到后舱,掏出大把银子悄悄塞给他,请他关照,不要再敲竹篙了。师爷得到银子便没说什么,随缉私人员下船去了。此后,"敲竹杠"便成了讹诈财物的代名词,并一直沿用下来。

郭沫若一言定"国"

20世纪50年代初,中国文字改革研究委员会汉字整理组广泛收集异体字的资料时,发现"国"字竟有四十多种不同写法。选哪一种写法做规范字呢?当时的正体写法是"口"中加"或",但这种写法笔划太多,写起来不方便。当时流行的写法是口中加"王",这种写法是太平天国时确定的,笔划虽少,但具有封建帝王色彩,不宜使用。有人提议,干脆用口,中间不再加写什么,这本是一个古字,解放初期还很流行,但很多人认为口与口很容易混淆,也不行。到底如何改,一时不能确定。

意见反映到时任汉字简化方案审定委员会副主任的郭沫若那里,郭沫若认真思索之后,提议在"王"字上加一点,改为"玉",口内加"玉",笔划不多,含义美好,大家都认为这个改法好。于是,"国"字的写法被确定了。后来有人戏言"郭沫若一言定'国'"。

中外交往

走向世界的《道德经》

老子学说在世界影响很大，他的著作《道德经》备受世人推崇，被认为是最能代表人类思想发展阶段的著作之一。早在唐朝，玄奘就将《道德经》译成梵文，传到印度等国。一代文豪托尔斯泰对老子也十分推崇，有人问他，世界哪些作家和思想家对他影响最深，他回答说，孔子、孟子对他影响很大，而老子对他影响巨大，他对老子的《道德经》很有研究，曾帮助日本著名神学家小西增太郎翻译出版《道德经》，还亲自编选出版了《中国贤人老子语录》，并在书中发表了他的《论老子学说的真髓》一文。书的封面选用了他最欣赏的、具有东方情调的老子骑牛图。

最近几年，世人对《道德经》的研究更加广泛。在美国就有8家出版公司激烈竞争出版《道德经》，后被哈发公司以13万美元买下了英译本出版权。

最近，日本白领阶层开始争相阅读《道德经》。他们认为老子推崇像水一般的弹性而不赞成岩石般的坚硬，在当前时代，人们更应具备适应变化的能力，老子的哲学思想正符合这种需要。

所以，美国麦克劳一希尔公司出版的《世界伟大文献汇集》收集了全世界30本具有代表性的历史文献，其中就有老子的《道德经》。

西方人心目中的孔圣人

最早把儒学介绍给西方人的是明清时期来华的耶稣会传教士。这些传教士把"孔夫子"译成拉丁文"Confucius"。这个词在西方一直沿用至今。一位名叫利玛窦的传教士在中国生活了27年，是他将《论语》翻译成了拉丁文，并于1687年在法国巴黎出版，以后才转译成其他文字在西方流传。由此可见，孔子思想在西方流传至少已有300年的历史。

孔子的学说被介绍到西方后，孔子就与希腊古代哲人苏格拉底、柏拉图一样享有盛名。莫格称孔子是"伟大文明奠基者"，他为此写了《他说的仍在实行》一文，文中感叹道："孔子的教诲属于全人类。他和莎士比亚一样，都有着实用主义哲学："相信和谐、等级、社会秩序和奉行爱国主义。"

18世纪时，孔子的学说是否为"纯世俗性"的问题在欧洲学术界激起了广泛讨论。这一讨论持续了一个多世纪。通过讨论，孔子思想基本上为欧洲学界所了解。到20世纪，西方出现了钦佩孔子的高潮。20世纪60年代，孔子学说走出学术圈走向大众。一时在大众文化中形成了"东方文化热"，"Confucius says"（"子曰"）这个词语也半认真半开玩笑地不时出自西方百姓之口。

今天，绝大部分西方人对孔子尊敬有加。在西方人看来，孔子是人类历史上没有留下自己"亲笔"作品，但都对人类文明产生了重大影响的三个伟人之一。流传下来的《论语》是由孔子的学生在他去世后撰写的；记录古希腊苏格拉底思想的《辩白》，是由他的学生柏拉图在他被处死以后撰写的；描述耶稣言行的《福音书》也是由他的门徒在他被钉上十字架后几十年里完成的。

西方文明发展至今，其原动力几乎近于枯竭。西方一些饱学之士，转而在东方哲学中寻求新的泉源。1995年11月19日，《华盛顿邮报》载文说：许多亚洲的政治家、学者和商界领导人自豪地宣称，横跨太平洋有一个基本社会价值观的巨大差别。他们有孔子文化模式，也就是他们引以为荣的"亚洲价值观"。这些新儒家们坚持认为，他们的文化价值比我们的好。"一个增长着财富和自信的东亚正在向我们可敬的西方价值理念提出挑战。"

不少东方和西方的学者都在探讨儒家文化和现代化的关系。孔子的"中庸之道"如何应用到现代管理中就是一例。

有人认为，从复杂变化的情势中寻求合理的解决办法，就是"中庸"。日本人竹添光鸿把中庸解释为"合情、合理、合法"，即"中道管理"，也就是"合理化管理"。有人用M理论来代表中国人的管理之道。M是"人"（man）"中庸"（medium）与"管理"（management）的字首。从字形看来，它左右均衡，切合"中"的特性。英文26个字母中，M也正好居中，也正合"中庸之道"。

当然在西方也有不少学者对儒学持批评态度。杨振宁就认为，儒家"长幼有序""谦虚是美德"等思想，妨碍了培养年轻人进取向上的精神，也就影响了亚洲社会发展的速度。

享誉世界的《孙子兵法》

《孙子兵法》在世界上的影响极其深远。远在一千二百多年前的唐玄宗时，日本就通过留唐学者将此书带回日本，接着，法、英、德、美、俄、捷等国也翻译了《孙子兵法》，他们对孙武的军事思想佩服之至，称《孙子兵法》为"东方兵学鼻祖"。英国名将蒙哥马利元帅主张全世界的军事学院都应将《孙子兵法》作为必修课目。现在美国的最高陆军研究机构"美国陆军作战学院"，就将《孙子兵法》作为必读课本。

被日本人誉为"军神"的乃木希典，曾自费出版《孙子兵法》分赠友人。日俄战争中，日军海军司令东乡元帅出航时携带的惟一兵书就是《孙子兵法》。他在取得对马海峡全歼俄国波罗的海舰队胜利之后总结说，他是运用孙武的"以逸待劳"理论取得这次胜利的。

法国的拿破仑、德国的威廉二世在失败之后，都感叹事前没读过《孙子兵法》。拿破仑在滑铁卢失败之后才见到此书，悔未早读。第一次世界大战战败失国之后，威廉二世读了《孙子兵法》，感叹地说："早二十年读《孙子兵法》，就绝不会遭亡国之痛了。"

在现代战争中，军事家们仍然广泛地使用着孙武的战略战术。原美国驻越南美军司令威斯特摩在他所著《军人的报告》一书中谈道，他主张从越南撤军就是根据《孙子兵法》中的"夫兵久而国利者未之有也"的理论原则为依据的。

1989年，美国总统尼克松撰写的《1999年——不战而胜》一书，更是直接地运用了孙武的"不战而屈人之兵"的战略思想。

《孙子兵法》的战略思想，不仅适应于军事，也适用于政治、外交、经济等各方面。最近，西方的一些企业家、经济学家已把《孙子兵法》运用到现代经济和企业的战略决策中。著名日本企业家、东洋精密工业股份公司经理大桥武夫就曾多次坦言，他就是靠《孙子兵法》发的财。美国著名管理家乔治在《管理思想史》中写道："你想成为管理人才吗？那你必须去读《孙子兵法》。"

近年来，人们对《孙子兵法》的研究更加广泛。《孙子兵法与人际关系》、《活学活用孙子兵法》等普及读物层出不穷。

《史记》在日本

在国外对《史记》研究中，以日本对《史记》的研究时间最长，研究学者最多，成果也最大。日本研究《史记》已有一千多年的历史。据不完全统计，《史记》的全译本和选译本在日本有上百种之多，1945年至1987年间，出版了《史记》研究专著60部，论文153篇，而这只是战后四十多年《史记》研究成果的一部分，实际数量比这更多。日本学者在《史记》研究方面范围广，有深度，有新意。

有一位日本学者原名福田定一，因崇拜司马迁，迷爱《史记》，将自己的名字改为司马辽太郎，并在《史记》影响下，于1980年出版了内容丰富、人物众多、场面壮阔的历史长篇小说《项羽与刘邦》。但司马辽太郎说，无论自己的创作有多好，都很难跟"恩师"司马迁相比。司马辽太郎还曾担任过日中文化交流协会的常任理事，多次来过中国。

罗马军团到过西域吗

公元前36年，西汉西域都护甘延寿、副校尉陈汤率4万大军与北匈奴郅支单于在郅支城展开了一场激战，获大胜，俘虏了一千多匈奴兵。被俘的匈奴兵中有一支会摆"鱼鳞阵"的外来军队。"鱼鳞阵"是一种用圆形盾牌连成鱼鳞形状的防御阵式。这种阵式只有古罗马军队采用。显然，这支外来军队是罗马兵。为什么匈奴部队中会有罗马士兵呢？原来，公元前54年，罗马军事首领克拉苏率大军进攻安息、卡莱等国，后来，在与波斯人的一次大战中遭到惨败，除其长子率部分残部突围逃脱外，其余全被歼灭。这支突围逃脱的罗马军几经辗转，最后逃到了北匈奴占领的地方，归顺了北匈奴的郅支单于，成了北匈奴的附庸。公元前36年西汉同北匈奴作战时，他们也参加了战斗，结果和北匈奴兵一起成了西汉的战俘。

西汉政府战后收编了这支罗马军队，并在甘肃永昌境内建了一座城，供他们生活和驻防。这座城当时称为"骊靬（左革右干）"城，"骊靬"是我国古代对罗马的又一称呼。此后，这支罗马军队就在这一带生活下来，直到清朝还有关于

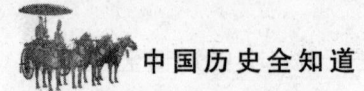

"骊靬"城的记载。1989年,中国、澳大利亚和原苏联的一些史学家参考一张公元前9年绘制的西汉地图,找到了这座古城。它的具体位置在今甘肃省永昌县西南约十公里的者寨子。这里至今仍有数处古城堡遗址。在离古城不远的杏树庄和河滩村,人们发现了一些具有典型"外国人"特征的居民,他们高鼻梁,深眼窝,头发卷曲、金黄,身材魁梧。有关专家认为,这些居民可能就是当年被收编的罗马士兵与当地民族通婚后的后裔。

丝绸之路知多少

丝绸之路是我国古代文明向西方传播的重要渠道,是沟通中西方经济文化交流的桥梁。

人们通常所说的丝绸之路是指西汉由张骞开辟的东起长安、西到罗马的大陆通道,这条大陆通道有南北两条支线,南道由敦煌出阳关西行,沿昆仑山麓过葱岭,西达大月氏(今新疆和阿富汗东北一带)、安息(今伊朗)、条氏(今阿拉伯半岛),最后到达罗马帝国。北路由敦煌出玉门关西行,沿天山南麓过葱岭,经大宛、康居(均在今中亚地区),再向西南行与南道汇合。这两条线路通称"陆上丝绸之路"。

另外,还有两条丝绸之路却是鲜为人知的。一条是"西南丝绸之路"。它由四川经云南过伊洛瓦底江,至缅甸北部的孟拱,再渡亲敦江到达印度东北的莫帕尔,然后,沿恒河流域转入印度西北,至伊朗高原。这条丝绸之路比陆上丝绸之路还要早得多。1986年,考古工作者在四川广汉市发现了神秘的三星堆遗址,距今约三千多年,遗址出土了一批与西亚和希腊文化相联系的文物。其中,有长142厘米的金杖,高约4米的"神树"和大小不等的铜人、铜头、铜面具等,专家们认为这些文物很可能是东西方文化交流时传入的。如果这一观点能够成立,则这条丝绸之路早在三千多年前就形成了。

还有一条丝绸之路,是从广州乘船经满刺加(今马六甲)海峡,到锡兰(今斯里兰卡)、印度、东非。这条通道人称"海上丝绸之路"。据东非索马里等地出土文物证实,这条"海上丝绸之路"大约形成于我国宋朝。

"海上丝绸之路"将中国同世界主要文明古国和文化发源地连接起来,推动了这些地区的经济文化交流,被称为"东西方对话之路"。据史料记载,当年马可·波罗就是经"海上丝绸之路"来中国的。回国时,也是经此路由福建泉州上船回到家乡威尼斯的。

近年来,对"丝绸之路"的综合考察是联合国教科文组织的一个重要项目。

"汉委奴国王"金印逸闻

1784年,在日本九州岛博德湾口的志贺岛上,发现了一枚赤金方印。金印2.8厘米见方,0.8厘米厚,上刻"汉委奴国王"五字。"委"即"倭"。起初,无人知晓这枚金印的来历,后经专家考证,才知是一枚很有历史价值的中国汉印。据《后汉书》记载,东汉光武帝建武中元二年,即公元57年,倭奴国使者来东汉朝贺，光武帝刘秀赐使者金印紫授。倭奴国王视这枚金印为权力的象征，十分珍重。后来，日本列岛发生内乱，倭奴国王害怕金印丢失，便将它埋入地下，准备战争结束后再取回使用。后来，这位国王死了，倭奴国也不存在了，这枚金印便一直埋在地下一千七百多年。

1784年，金印重新面世，纯属偶然，也很有趣。那年春天，志贺岛上的一位名叫甚兵卫的农民在田里挖水渠，碰到一块巨大的石头，当他搬开这块巨石后，发现下面有一堆卵石，他在清理卵石时发现了这枚金印。当时，他不知道这方印是何物，更不知道它的价值。后来被藩主黑田齐隆得知，用50两白银买了去。黑田齐隆也不知这枚印章的来历，后经专家考证才知道它的显赫身世。

这枚金印制作非常精美，蛇形纽，鳞状鱼子纹，阴文篆书，笔划饱满，方中有圆，章法平而不板，虚实相间，印面古朴、浑厚，为汉印之上品。最近，经日本专家用X线分析鉴定，这枚金印的含金量高达95.1%，说明当时中国的冶金技术已达到相当高的水平。

日本人民十分珍惜这枚金印，这是中日自古以来友好往来的有力证据，被日本人民视为国宝，现陈列在福冈市美术馆一个特制的玻璃柜中。日本政府还将金印发现地辟为公园，称"金印公园"。公园入口处立有一碑，碑上刻"汉委奴国王金印发现之处"十一个隶字。公园内还竖有一个巨大的金印印文模型，并立有1995年郭沫若访问福冈时题诗的诗碑。这里已成为日本重要的旅游景点。

国外对诸葛亮的崇拜

诸葛亮是中国家喻户晓、人人皆知的历史名人，是中国人心目中才智和德行完美结合的形象。一千多年来，一直受到人们的爱戴与尊崇。

诸葛亮不仅受到中国人的尊崇，在国外也极受推崇。早在清康熙年间，日本就将《三国演义》译成日文。诸葛亮也就成了日本家喻户晓的人物。他所著的《隆中对》和前后《出师表》曾被选做中学的汉文教材。在民间，有不少"诸葛亮研究学会"之类的社团，形成了"三国探纵"和"诸葛亮研究热"。

在缅甸，缅甸人尊孟获为自己的祖先。对诸葛亮"七擒孟获"不仅不以为忤，反而更加尊崇，认为诸葛亮用"攻心术"开化了他们的先人，加速了他们的文明进程。

在泰国，有大批泰籍刘姓华人，认为自己是刘备的后人，自发组织"刘备同乡会"。

诸葛亮已成为中国古代智慧的化身

因诸葛亮是刘备的肱股之臣，他们对诸葛亮也甚为崇敬。社团除供奉"刘关张"三尊雕像外，诸葛亮的神像也常被置于显著的位置。

在朝鲜，有关诸葛亮的故事不但广为流传，有些故事还经过加工，赋予新意。例如"诸葛亮择妻"的故事，朝鲜是这样说的：诸葛亮年轻时，其邻近的村庄里有一位才华出众的女子，不少青年人慕其才名，登门求婚，但一见面后，男青年们又都悄然离去，不复再来。诸葛亮为好奇心所使，也去见那女子一面。一见之后，始知此女奇丑，诸葛亮并没有马上离去，而是向她提了一连串问题，内容包罗万象，那丑女从容应对。诸葛亮十分佩服，即席向丑女求婚，她应允了。洞房之夜，新娘却如花似玉，并非那个丑女。原来，这女子专门做了一副假面具，故意扮丑，试试那些求婚者是否以貌取人。朝鲜人认为像诸葛亮这样的伟人，应该有一个才貌双全的妻子才"合理"，此故事表现了他们对诸葛亮理想化的崇敬之情。

《大唐西域记》对世界考古的贡献

1819年，几名英国士兵在印度的一个山林里追逐猎物时，闯入一个寂静的山谷，山谷风景优美，谷底溪流潺潺，山坡草木葱葱，谷中有一深洞，这几名英国士兵打着火把进入洞中。洞中的情况使他们大为惊骇——幽深的洞窟中有巨大的人形石雕和精美的壁画。这显然是一座古老的佛教艺术石窟。这一发现引起轰动。

但是，这座艺术石窟来历如何，却使历史学家颇费周折，他们查遍了印度的有关资料，也搞不清楚。

原来，从8世纪中期以后，印度的佛教衰落了，许多重要的佛教著作散失了，庙宇毁坏了，石窟埋没了，随着时间的流逝，人们对印度古代佛教艺术也就渐渐遗忘了。后来，人们想到玄奘的著作保存完好，便来中国查找。果然在玄奘的《大唐西域记》一书中找到了这一石窟的来历。原来，这是印度一处古代著名佛教艺术石窟，人称阿旃陀石窟。这石窟始凿于公元前2世纪左右，当时，终年云游的佛教徒，为在雨季能有一处静修坐禅、念经礼佛的地方，便在这幽静的山谷里凿洞而居。他们世世代代开凿不止，绵延近千年，共凿有29个洞，雕塑了大量的佛像，绘制了大量的壁画，建成了佛殿、经堂和僧舍。

当年，玄奘西去印度取经时，曾参观过这个艺术石窟，并在这里讲过经。回国之后，将其记入《大唐西域记》一书。玄奘在书中写道："国东境有大山，叠岭连嶂，重峦绝巘。爰有伽蓝，基于幽谷，高堂邃宇，疏崖枕峰，重阁层台，背岩画壑……伽蓝大精舍高百余尺，中有石佛像，高七十余尺……精舍四周雕有镂石壁……伽蓝门外，南、北、左、右各一石像。"

历史学家借助这一记载考证了这一古迹，现在印度在这里修造宏伟的庙宇和征会堂。为了纪念玄奘的贡献，特存放玄奘的一部分顶骨供人瞻仰朝拜。

唐诗与外国歌曲

我国历代诗人的诗篇流传到国外，成为世界文学宝库里珍贵的遗产。本世纪以来，欧洲各国翻译中国古典诗歌蔚然成风，其中许多唐诗被谱成歌曲和交响音乐。

在1983年的《莫斯科之秋》音乐会上，尼古拉·西杰利尼科夫根据杜甫的《茅屋为秋风所破歌》、《无家别》、《梦李白》等26首诗配曲而成的《四川悲歌》颇受欢迎。作曲家说："杜甫的诗反映了最深刻的人类共同的思想，它和米开朗琪罗或莎士比亚的诗一样，是属于人民的。"

"谁家玉笛暗飞声，散入春风满洛城。此夜曲中闻《折柳》，何人不起故园情。"这首李白的名诗被德国作家贝特该收在名为《中国之笛》的中国古诗集中。1950年这本诗集一出，马上受到了许多作曲家的注意。先后由瑞典作曲家斯约格伦和奥地利作曲家威柏恩谱成了歌曲。李白的《春日醉起言志》和《静夜思》，也被许多欧洲作曲家谱成歌曲。外国作曲家采用李白诗谱成的歌曲和声乐套曲的作品，多至不可胜数。德国指挥家和作家冯·弗兰肯施泰因甚至把李白的故事写成了歌剧《皇帝的诗人》。

奥地利作曲家马勒，根据唐诗创作了一部交响声乐套曲，名为《大地之歌》。第一乐章《悲伤的尘世饮酒歌》系据李白的《悲歌行》写成，第二乐章《秋天的寂寞》，系据唐诗人钱起《效古秋夜长》而作，第三乐章《少年》，系据李白诗而作，第四乐章《美女》据唐李白的《采莲曲》写成，第五乐章《春日的醉汉》是据李白《春日醉起言志》而作，最后一章《送别》是根据诗人王维和孟浩然的两首《送别》诗写成的。马勒的这部《大地之歌》交响乐套曲，1911年在慕尼黑首演成功，震动了整个欧洲乐坛。80多年来，这套交响乐一直深受人们喜爱，世界各地的著名乐团都专场演出过，共演奏过几万场次，观众在十亿人以上。捷克作曲家科豪特将王维的《杂诗》、白居易的《问刘十九》编入了他的一部声乐曲中。法国作曲家对张籍《节妇吟》中的"还君明珠双泪垂，何不相逢未嫁时"的诗句特别喜爱，将其谱成了一首出色的歌曲。

《马可·波罗游记》与哥伦布探险

马可·波罗21岁时，随父亲从意大利的威尼斯来到中国，受到忽必烈的欢迎和信任，尊称他"马可·波罗阁下"。他在元朝供职17年，足迹踏遍全中国。回国后不久，他在威尼斯和热那亚的战争中被俘。在狱中他向同狱的鲁思梯谦详细介绍了自己在东方的见闻，并由他记录整理为《马可·波罗游记》。

游记一问世，立即轰动了欧洲，各国竞相翻译出版，广为流传。人们都说这是一本"世界奇书"，但是大多数人都不相信这部书的内容是真实的。有人甚至送给马可·波罗一个绰号叫"百万马可"（"牛皮大王"的意思）。在马可·波罗临终前，他的亲友们为了"解救他的灵魂"，请求他否认这本书，或者声明这本

书是纯属杜撰的无稽之谈,但是马可·波罗却坚决拒绝了,他郑重地说:"我书中的叙述,不仅都是真实的,而且我所见到的还没写上一半呢!"

《游记》谈大都繁荣景况,说:"百物输入之众,有如川流之不息,仅丝一项,每日入城者计有千车","外国巨价异物及百物输入此城者,世界诸城无能与比"。

《游记》使欧洲人了解到东方的富庶,为他们打开了认识东方世界的大门。航海家哥伦布就是读了《马可·波罗游记》后才产生了寻找东方的兴趣和决心,出航时还带着西班牙君主写给中国皇帝的信。结果,他没有找到东方的中国,却意外地发现了新大陆。至今,哥伦布读过的拉丁文《马可·波罗游记》一书,仍保存在西班牙塞维利亚帝国图书馆里。

太平军中的外国人

太平天国运动爆发之后,许多有正义感的外国人,对太平天国反封建、反殖民统治的正义斗争给予同情和支持,不少人参加到太平天国斗争的行列里来,当了太平军的外籍战士。据记载,先后有二百多名外国人参加了太平军,其中来自非洲的有五六十人,来自欧美的有名有姓、有事迹可考的13人,其余的没留下姓名。来自欧美留下姓名的13人中,英国5人,法国2人,美国4人,意大利1人,希腊1人。

外籍战士中,影响最大的是伶俐。伶俐原是英国海军的下级军官,有感于太平天国的义举,对太平军深感敬佩,于是,放弃了英国的军职,投身太平军,在忠王李秀成部下供职。他的未婚妻玛丽和他的几个朋友也随他一起参加了太平军。伶俐英勇善战,足智多谋,指挥太平军炮队,屡建奇功。在为天国采办军火、供应粮食、进行宣传的多项活动中,立下了不朽的功勋,深得忠王信任。忠王李秀成特发给他"凭照"一份,"凭照"中称他为"洋兄弟"。伶俐的未婚妻玛丽和他的几个朋友,都在战斗中英勇牺牲。伶俐于太平天国运动失败后回到英国。回国之后,怀着对太平天国的深厚感情,写下了《太平天国真相》和《太平天国亲历记》两本记述太平天国运动史实的书,为我们留下了一份极有价值的太平天国运动史料。

另外,很有意思的是,太平军外籍战士中有许多是未婚青年,他们在参加太平天国斗争中与太平军中的女战士产生了感情,并结为夫妻,成为当时颇具特色的"涉外婚姻"。据伶俐书中记载,仅在忠王李秀成部下,就有四位外籍战士同中国女子结为夫妻。其中还有一位是李秀成的女儿。李秀成的女儿叫金好,她爱上了一位英国籍青年军官埃尔。金好的母亲不同意这门婚姻,金好和埃尔向忠王请求,忠正见他们真心相爱,便同意了,还为他们举行了隆重的婚礼。

李鸿章出访轶事

李鸿章在几十年的外交活动中,曾出访过俄国、法国、德国、美国等国家。

在出访过程中,留下了许多轶闻趣事,有反映他迂腐无知的笑话,也有体现他坚持大国风范、严肃外交的轶事。

李鸿章在出访美国时,受到美国政府和人民隆重欢迎。当时的美国总统富兰克林专门在国宾行宫为他举行盛大国宴,宴席非常丰盛,这是美国方面事先特别拟定的豪华菜单。事后,李鸿章举办了答谢宴会,菜单完全按照中国皇宫举办国宴的标准安排,并且按照中国传统"天干地支"的排列顺序上菜。每道菜都有专名,如"福如东海鱼"、"寿比南山掌"、"貂蝉如意汤"、"贵妃鸡"、"嫦娥饼"等。这些菜谱都由秘方配料,用近百种名贵中药调制而成,但却吃不出一点药味,这使参加宴会的美国人大为倾倒,自叹不如。

李鸿章在法国访问时,一位法国官员敬他一支雪茄,但没告诉他怎样吸,李鸿章看外国人放在嘴上一点就着,他也照着做,就是点不着。原来吸雪茄前,必须将烟头切去才能点着。李鸿章认为对方是故意使他难堪和损伤大清国威。后来,那位法国官员到李鸿章住处回访,李鸿章令手下敬烟,李鸿章接过水烟袋便咕噜咕噜吸起来,那位法国官员也学着用嘴去吸,不想用力过大,吸进一口烟水,苦辣难忍,但拘于礼节,又不好往外吐,只好咽下。李鸿章看了非常得意。

在俄国访问时,李鸿章曾闹了一个笑话。当时,李鸿章参加了俄国皇帝的加冕典礼,礼仪结束之后,俄国女皇出于礼貌,向他伸出手来,李鸿章

李鸿章像

不知这是女皇要他吻她的手,认为是女皇向他索要礼品,便急忙将慈禧送给他的一只钻石戒指脱下来,放在女皇手里,女皇将戒指戴上之后,再次将手伸出来,因为吻手礼还没进行。李鸿章则认为女皇太贪心,给了一次还要,而此时,他已无礼物可送,情景十分尴尬。

京剧是怎样走向世界的

京剧是中国的国粹,也称"国剧",是中国人民引以为自豪的艺术剧种。

起初外国人对中国京剧的艺术魅力没有感受,但当他们到中国看过之后,立即对它高超的表演形式和艺术内涵佩服得五体投地,争相邀请到他们国家去演出。中国京剧从此开始走向世界。

外国人最初认识京剧是在1915年。那年秋天,美国人在华北创办的几所学校的俱乐部召开会议,讨论联欢会的议程。有人提议改变一下传统形式,换点新的内容。时任民国交通部路政司司长的刘君极力推荐京剧,被采纳。不久,梅兰芳被邀请到外交部大楼宴会厅,演出了新戏《嫦娥奔月》。观看这次演出的有美

国驻华大使芮恩斯及教职员工约三百人。他们都被梅兰芳的精彩表演所倾倒，认为中国的京剧太迷人了。几天后，美国大使专门拜访了梅兰芳。美国驻菲律宾总督得知后，立即打电报给美国大使馆，说他到北京一定要看梅兰芳演的京剧。他来北京后，民国外交部宴请他，并和英国安南总督一起被邀请观看了梅剧。看后，两位总督赞不绝口，后来，印度大诗人泰戈尔来京也专门观看了京剧。

1925年，美国一个旅行团来中国，其中有一项重要活动就是观看中国的京剧。回国之后，他们积极宣传中国京剧，引起欧美人民对中国京剧的极大兴趣。1926年，意大利大使的夫人，偕同美国、西班牙、瑞典三国大使及夫人、子女等18人，专门到梅兰芳家中拜访，畅谈戏剧艺术。此次拜访中，美国大使向梅发出了到美国演出的邀请。

1930年，梅兰芳到美国演出，引起轰动。当时正值美国经济危机，市场不景气，但梅兰芳在纽约百老汇49街剧院的演出却受到热烈欢迎，最高票价6美元，黑市价则达16美元。美国南加利福尼亚大学和波摩拿学院分别授予梅兰芳文学博士学位。美国纽约一位著名富翁奥弗兰为了纪念梅兰芳莅美演出，特意将他的花园命名为"梅兰芳花园"，并在花园里种下了36棵梅树以纪念梅兰芳36岁。

此后梅兰芳还被邀请到日本、法国、德国、英国、意大利、苏联等国演出。

1935年，梅兰芳在苏联的演出更是轰动一时。梅兰芳在莫斯科演出时，帷幕拉开，舞台上展现一幅黄缎幕，上面绣有一株硕大的梅花和几枝兰花，并绣有"梅兰芳"三个大黑绒字。演出结束，观众如醉如痴，掌声经久不息，梅兰芳谢幕达10次之多。一向深居简出的斯大林以及苏联的党政要员都观看了梅兰芳的表演。大文学家高尔基、阿·托尔斯泰也前往观看。有许多戏迷买不到票，便聚在剧院门口，想一睹梅兰芳的风采，苏联警察为维持秩序，不得不骑着马驱赶。有许多女子大声高喊"梅兰芳，我爱你"。整个苏联都轰动了。

外国人心目中的长征精神

长征是中国共产党领导下的工农红军以前所未有的牺牲精神，压倒一切敌人、战胜一切困难的英雄气概和艰苦卓绝的斗争精神创造的人类历史上的伟大奇迹。它靠的是伟大的理想和崇高的信念。

长征精神是一种不朽的、巨大的精神力量，它不仅深深地教育、鼓舞、激励着一代代中华儿女，也在世界上产生了巨大的影响。

美国记者哈里森·索尔兹伯里对长征做了这样的评价："人类曾经有四大史诗，以色列从埃及出走，汉尼拔翻越阿尔卑斯山，拿破仑进军莫斯科，美国人拓荒西部。但是，它们与长征相比都黯然失色。长征是独一无二的，长征是无与伦比的。'长征'是考验中国红军男女战士的意志、勇气和力量的人类伟大史诗。"

英国著名将军蒙哥马利元帅评价长征是"一次体现出坚韧不拔精神的惊人业绩"。美国中国问题专家迪克·威尔逊讲："长征已经在各大洲成为一种象征，人

类只要有决心和毅力就能达到自己的目的。"在反法西斯战争的艰苦岁月里,铁托领导的南斯拉夫游击队,在深山密林的艰苦条件下,曾两次印刷关于中国工农红军长征的书,用来鼓舞游击队员的斗志。人们熟知的美国拳王泰森也受过长征精神的鼓舞。泰森崇拜毛泽东,他曾说:"我读完了中国革命史《二万五千里长征》,书中那些钢铁般的英雄故事启发了我,我从此不再自暴自弃,我从书中找到了人生的真谛。"

名人逸事

孔子的姓名、相貌和诞辰

孔子本不姓孔,他是宋国公孙嘉的后代。公孙嘉字孔文,古代有以祖先的字为姓的习惯,孔子按这种方式为姓,故姓孔。

孔子的父亲叔梁纥原有9个女儿、1个儿子,而这惟一的儿子还是瘸子。叔梁纥希望再生一个儿子,于是,他和妻子一起到曲阜东南的尼丘山求神,希望神灵再赐给他一个儿子。后来,果然又生了个儿子。叔梁纥认为这是在尼丘山求来的,于是给儿子取名孔丘。也有记载说,孔子生下来时,头顶与众不同,四面高中间低,所以叫孔丘。孔子字仲尼,仲是第二的意思,因为他是叔梁纥的第二个儿子,所以,人们又称他为"孔老二"。

关于孔子的相貌,历代统治者都将他描绘成五观端详、银须飘然、身材匀称、神态安祥的圣人形象。历代画家也根据这种描绘为孔子作像,其中以唐代吴道子画的孔子像最为典型。

孔子像

其实,孔子的相貌并非如此。据学者考证,孔子身材高大,上身长,下身短,驼背,头顶局部凹陷,天庭饱满,七窍豁露,没有胡须,面目丑陋,可谓其貌不扬。

孔子诞生于公元前551年的农历八月二十七日,过去人们一直按此日期纪念这位伟大的思想家和教育家。1989年,山东省曲阜市政府和南京紫金山天文台共同推算出孔子诞辰精确的公历时间是9月28日。从此之后,人们纪念孔子诞辰就按公历计算了。

诸葛亮为何被人们誉称为"龙"

诸葛亮与他的长兄诸葛瑾、堂弟诸葛诞都是三国时期博学多才、足智多谋、德行高尚的名士奇才。兄弟三人分别效忠于相互争斗的蜀、吴、魏三国,并都因功绩突出获得了高位。诸葛亮位居蜀汉丞相,被封为武乡侯;诸葛瑾官至吴国大将军,被封为宛陵侯;诸葛诞官任魏国镇东大将军,被封为高平侯。

后人对诸葛氏三兄弟的德才特别推崇,誉称诸葛亮为"龙",诸葛瑾为"虎",诸葛诞为"狗"。称诸葛诞为狗并非贬意,而是喻其忠烈和机敏。诸葛诞的才智虽逊于诸葛亮和诸葛瑾一筹,但他效忠魏国也表现出非凡的才干,屡建奇功。诸葛诞善用人,深得部下爱戴,他最后为保卫魏政权反对司马昭篡权兵败被杀。诸葛诞被杀后,其部卒数百人拱手为列,任敌人逐一杀害,无一人投降,死前说:"为诸葛公死,不恨。"

诸葛瑾忠于孙权,才略虽不及诸葛亮,但其弘雅大度,才智过人,孙权视其为"神交",军政大事都要同他商量,作用举足轻重。所以,人评之为"虎"是很有道理的。

称诸葛亮为"龙",当然是因其德才居三兄弟之首。诸葛亮的隆中对策,辅佐刘备的传奇色彩,他的鞠躬尽瘁、死而后已的品格为人们所敬慕,史书评说他"名垂宇宙",所以称其为"龙"可谓适当。

曹丕在王粲墓前学驴叫

建安时期是我国文学艺术发展史上的一个重要时期,涌现了像曹操父子和建安七子为代表的一批文学才子,这一现象的出现与曹氏父子的关心和支持分不开。当时,曹操在邺城专门建造了一个铜雀台,台高十丈,上面建有房屋百余间,专供建安七子等文人名士活动之用。曹丕当时是文坛领袖,与建安七子的关系十分密切,他们经常在一起饮酒作诗,虽然曹丕官位显赫,但他与建安七子在一起仍以文人的身份出现。"行则连兴,止则接席。"建安七子中的王粲最富才华,也很诙谐幽默。他高兴的时候,喜欢学驴叫,常引得大家捧腹不已。建安22年,王粲突然死于瘟疫,消息传来,整个建安文坛被震动了,曹丕更是不胜伤感。为他举行了隆重的安葬仪式后,在王粲墓前,曹丕说道:"仲宣(王粲的字)平日爱听驴叫,让我们学一次驴叫,送他入土为安吧!"随即学起驴叫来,连同曹丕前来吊唁的才子们也一起学起了驴叫。于是,王粲墓前响起了一片驴叫声。这种颇带滑稽色彩的送葬行为,说明曹丕与建安七子的特别感情,也表现了曹丕随和、幽默的一面。这在封建社会里,确是难能可贵的。

陶渊明的儿子为何都智力低下

陶渊明是我国历史上著名的田园诗人,是一位既有才气又有性格的文人。可是,他的5个儿子都是平庸之辈,且智力低下。这是什么原因呢?原来,陶渊明平生淡泊名利,因耻于为五斗米折腰,辞官归隐。他不满现实,又无可奈何,便常借酒浇愁,以至嗜酒成癖。有人说:"渊明之诗,篇篇有酒。"正是他大量酗酒而影响了后代的智力。这是为现代遗传说所证实了的。专家研究表明,酒精的慢性综合中毒会破坏人的遗传密码,给后代留下创伤。在嗜酒成癖者家中,其婴儿出现各种心理或生理失常症状的比例会高达83%。可陶渊明不懂遗传学,还认为是孩子不努力,非常生气。为此,他还专门写了一首《责子》诗:"白发被两鬓,肌肤不复实。虽有五男儿,总不好纸笔。阿舒已二八,懒惰故无匹。阿宣行志学,而不爱文术;;雍端年十三、不识六与七。天运苟为此,且进怀中物。"其实,历代嗜酒的文豪,他们的子女大都智力平庸低下。被誉为"诗仙"的李白有四个儿子,也是因为他"斗酒诗百篇"而使得长子呆、次子傻、三子痴、四子愚。陶渊明当然也不例外了。

唐太宗智取《兰亭集序》

东晋书法家王羲之最受人推崇的帖子是《兰亭集序》,被誉为"天下第一行书"。

该序共28行,324字。本是王羲之与友人在会稽山的兰亭咏诗饮酒后信手写来,然而字体潇洒流畅,气象万千,其中二十多个"之"字,千变万化,无一雷同,成为中国行书的绝代佳作。相传他后来又写了几遍,但都不及这一遍好。他曾感叹说:"此神助耳,何吾能力致。"因此,他自己也十分珍惜,把它作为传家之宝,一直传到他的第7代孙智永。智永少年出家,酷爱书法,死前他将《兰亭集序》传给弟子辨才和尚。辨才和尚对书法也很有研究,他知道《兰亭集序》的价值,将它视为珍宝,藏在他卧室梁上特意凿好的一个洞内。

唐太宗李世民喜爱书法,尤爱王羲之的字。他听说王羲之的书法珍品《兰亭集序》在辨才和尚那里,便多次派人去索取,可辨才和尚始终推说不知真迹下落。李世民看硬要不成,便改为智取。他派监察御史萧翼装扮成书生模样,去与辨才接近,寻机取得《兰亭集序》。萧翼对书法也很有研究,和辨才和尚谈得很投机。待两人关系密切之后,萧翼故意拿出几件王羲之的书法作品给辨才和尚欣赏。辨才看后,不以为然地说:"真倒是真的,但不是好的,我有一本真迹倒不差。"萧翼追问是什么帖子,辨才神秘地告诉他是《兰亭集序》真迹。萧翼故作不信,说此帖已失踪。辨才从屋梁上取下真迹给萧翼观看,萧翼一看,果真是《兰亭集序》真迹,随即将其纳入袖中,同时向辨才出示了唐太宗的有关"诏书"。辨才此时方知上当。

辨才失去真迹,非常难过,不久便积郁成疾,不到一年就去世了。

唐代著名画家阎立本根据这一故事创作了一幅《萧翼赚兰亭图》。阎立本在画中将萧翼的机智、狡猾和辨才和尚的谨慎、疑虑刻画得非常传神,入木三分。

唐太宗从辨才和尚那里得到《兰亭集序》真迹之后十分高兴,将其视为神品,令当时的书法名家赵模、冯承素等人临摹数本,分赐给他的亲贵近臣。唐太宗生前对《兰亭集序》爱不释手,曾多次题跋,死后又将其随葬。后来,他的陵墓在五代时被一个叫温韬的军阀盗掘了,《兰亭集序》从此失传。我们现在所见到的,都是摹本和临本,尽管如此,人们还是能从中看到它的风姿和神采。

唐太宗教子无方

唐太宗李世民是我国封建社会一位很有作为的皇帝。在战场上,他叱咤风云,能指挥千军万马;在政治上,他治国有方,卓有建树,出现了国泰民安、经济发展的贞观之治。但是，就是这位名声显赫的皇帝，在治家和管教子女方面却是位失败者。

李世民共有 14 个儿子。虽然李世民对他们苦心栽培，希望他们成才并在将来管好大唐王朝的基业，但他们却大都不成器，或争权夺利，相互残杀；或放荡不羁，为所欲为。他们中的下场多很可悲，其中，3 人被杀；3 人自杀；1 人被幽闭；2 人被废为庶人，后又被流放；另有 3 个早夭；只有第 13 个儿子李福和第 9 个儿子李治得以善终。但李福平庸无能，糊里糊涂地过了一生。李治虽然做了皇帝，但后来却把大权交给了皇后武则天，当起了空名皇帝，待其驾崩，皇帝的宝座落入武则天手中，连国名也被更改了。14 个儿子没有一个成器的，这只能说李世民"治家无道，教子无方"。

"画圣"吴道子趣闻

吴道子是唐朝一位富有传奇色彩的画家。他的画，画得奇、画得快、画得多。

现在洛阳等地的寺庙里，就有他画的 300 多壁面的壁画，都是精妙无比的作品。

他运用水墨晕染法画龙，每当阴雨天，整个画面就变得烟雾缭绕，画面上的龙也张牙舞爪、鳞甲闪动，像要飞起来似的。

他独创二种线条画法，一是"兰叶描"即线条像兰花叶状；一是"莼菜条"，即线条两端轻细，中间精重，浑圆劲挺，就像杭州西湖中的莼菜茎。用这两种线条画法画人物，立体感特别强，形象逼真；画运动着的人物，看上去就像真在活动一样；画人物衣带，流畅自然，像在风中飘动，人们称赞他画的衣带为"吴带当风"。

吴道子作画速度快，经常不画草稿，到时不加思索，一挥而就。

有一年，唐玄宗想看四川嘉陵江山水的美景，就命吴道子去那里写生。吴道子到四川游遍了名山大川，饱览了壮丽的山河景色，但回来时，却没带一张画稿。唐玄宗召见他，要看他的画稿，他却说："我只有腹稿，没有画稿。"唐玄宗让他在大同殿墙壁上作画，他只用了一天时间就画完了满墙壁的嘉陵山水。唐玄宗看后，赞不绝口。

还传说，有一年吴道子和书法家张旭、舞剑名手裴旻相聚在洛阳天宫寺。裴旻请吴道子为其已故父母作画祈求冥福，吴道子请裴旻舞剑开眼界，张旭乘兴挥笔作书。只见裴旻舞剑，银光闪闪，有如银蛇飞舞，忽地裴旻将剑抛入高空，瞬间落下，犹如一道电光，裴旻不慌不忙举起剑鞘，飞剑恰好落入鞘中。裴旻舞剑结束，吴道子即刻走到粉壁前，只见他不加思索，笔走龙蛇，一挥而成。当最后画佛像光圈时，"立笔挥扫，势若风旋"，不用任何规矩，画得丝毫不差，观看的人惊叹叫绝。张旭看完两人表演，乘兴挥笔，只见他疾若流星，轻若烟云，一挥而就，一幅书法绝品也展现在人们眼前。

吴道子在绘画艺术方面的杰出成就，一千多年来，一直受到人们的推崇。民

间画工称他为祖师爷,一般人尊称他为"画圣"。传说有一年,**吴道子穿着破旧**衣服路过一座寺庙,庙里和尚见他穿得破旧,怠慢了他。吴道子提笔在墙上画了条驴就走了。到了晚上,驴叫个不停,还把庙里的家具等东西给踩坏了。天亮了,和尚起来到处找驴找不着,只看见墙上画有一头驴,下面题有吴道子的名字。和尚这才知道他怠慢的是著名画家吴道子,十分后悔。还传说,有次唐玄宗做了一个梦,梦见一个巨人捉鬼,他把这个梦说给吴道子听,要他画出来。吴道子提笔画出巨人捉鬼,竟和唐玄宗梦见的一丝不差。这就是后来民间流传的钟馗捉鬼图。这些传说,表现了人民对他的崇拜。

王安石的邋遢及溺爱家教

王安石是我国北宋杰出的政治家和文学家。在文学上,他才华横溢,著作丰富,是"唐宋八大家"之一;在政治上,他锐意改革,雷厉风行,成绩卓著。

但很少有人知道,王安石是一个生活极为随便,家教无方的人。王安石不修边幅,也不讲究卫生,经常长期不换衣服不洗澡,肮脏得身上都有一股难闻的气味。大文学家苏洵曾这样评论他:"衣臣房之衣,食犬彘之食,囚首垢面,而谈诗书。"后来,他这坏习惯被他的两位朋友给纠正了,这两位朋友是吴冲卿和韩持国。他俩邀请王安石每月到寺院相聚一次。相聚时,他们下棋吟诗,谈论国事,十分投机。完事之后,便一起入池洗澡。寺院僧人对他们格外殷勤,每次洗完澡后,都要给他们换上新衣,王安石也不问新衣何来,送来就穿。几次下来,王安石尝到洗澡更衣的甜头了,感到洗澡更衣后确实轻松爽快,慢慢地就养成了洗澡更衣讲卫生的习惯。

在家教方面,王安石更是差劲。他有个儿子王雱,骄横狂妄,世人多有指责,而王安石却万般袒护,并千方百计为其谋私。有一次,王安石正和当时名儒程灏商讨如何解决新法推行受阻的问题,忽然,王雱赤脚袒胸、披头散发地撞进来,旁若无人地大声吼叫:"将韩琦、富弼的首级砍下来,悬在闹市,新法即可施行。"韩、富二人当时权势显赫,要杀这二人根本是不可能的。程灏对王雱如此放肆无礼十分反感,而王安石却只淡淡讲了一句就算了。对这样一个狂妄骄纵的儿子,王安石不是严加管束教育,而是竭力替他吹嘘,并指使亲信到皇帝面前保荐,为他谋取了"太子中允"的官衔。王雱病死后,王安石又是为他建祠堂,又是为他写颂诗,引起人们反感。这也可以说是这位杰出政治家的一个弱点吧。

沈括的不幸婚姻

沈括是人们熟知的我国北宋杰出的科学家。他的成就举世瞩目,他的《梦溪笔谈》更是闻名遐迩。

但很少有人知道,这位杰出的科学家在婚姻上是不幸的。沈括原配夫人贤慧温顺,对沈括非常体贴,夫妻十分恩爱,但却在沈括不到40岁时病故了,留下

了一个儿子。后沈括续娶转运使张刍的女儿为妻。沈括的这位续妻是一位封建社会少见的泼辣女人 她对沈括全无做妻子的温柔体贴,而是蛮横不讲道理,经常寻衅吵闹、辱骂甚至殴打沈括,厉害时抓住沈括的胡须拼命拽,弄得沈括终日不得安宁。沈括前妻的儿子也受她的虐待,经常被指桑骂槐地骂个不停,最后竟被她赶出了家门。

沈括为什么能容忍这个女人如此泼蛮而不将她休掉呢?原因是多方面的。其一,沈括的岳父曾是他在扬州的上司,对他十分赏识和器重,曾极力向朝廷推荐,使他得以升迁。沈括很敬重他的这位岳父。碍于这层关系,沈括不便休掉她。其二,沈括深怕家丑外扬有损他的体面和身份。所以,他总是一忍再忍,一直维持着这段不幸的婚姻。这使他付出了极大的代价,忍受了二十多年的痛苦折磨,身心受到极大的摧残。在沈括62岁时,他的这位凶悍泼辣的妻子死了,但此时沈括也疾病缠身,三年后也去世了。

司马光巧拒"走后门"

司马光是我国北宋著名政治家和史学家。由他主编的《资治通鉴》是一部传世之作。

司马光在政治上强调民心,崇尚务实,反对虚夸;在治学上,态度严谨,勤奋认真,一丝不苟;在品格上,洁身自好,光明磊落。

司马光十分憎恶当时社会上阿谀奉承、请客送礼、拉关系走后门的庸俗风气。他在做宰相执掌大权时,为了抵制这种歪风,杜绝门生故吏及亲朋好友的馈赠请托,想了一个妙法,写了一篇榜文悬挂在客厅里。榜文言简意赅,全文如下:"访及诸君,若睹朝政阙遗,庶民疾苦,欲进忠言者,请以奏牍闻于朝廷,光得与同僚商议,奏行者进呈取旨行之。若但以私书宠谕,终无所益。若光身有过失,欲赐规正,即以通封号简吩咐吏人,令传入,光得内身省讼,佩服改行。至于整会官职差遣,理雪罪名,凡干身计,并请一面进状,光得与朝省众官公议施行,若在私第垂访,不请语及,某再拜咨白。"因此榜文悬挂在客厅中客座的上方,故名"客位榜"。客人来访,见到这篇"客位榜"自知走后门无望,也就没人提了。司马光"客位榜"巧拒"走后门"着实有效。

司马光作为一位封建社会的士大夫尚能如此严以律己、公私分明,确实难能可贵。这对今天的反腐倡廉也是很有意义的。

宋徽宗的命题作画

宋徽宗在政治上昏庸腐败,但在艺术上却颇有成就。他的书画很出色,是位著名的书画家。他在位时,曾扩充画院,网罗画家。画家要进宋徽宗主持的画院,得经过考试,考试的办法还很有趣味。有一次,考试出的题目是"野水无人渡,孤舟尽日横"两句诗。应考者一般都画岸旁有一只船,船舷间站着一只鹭鸶或船篷上栖着一只乌鸦,目的是想画出船上无人,以表现"孤舟尽日横"的意

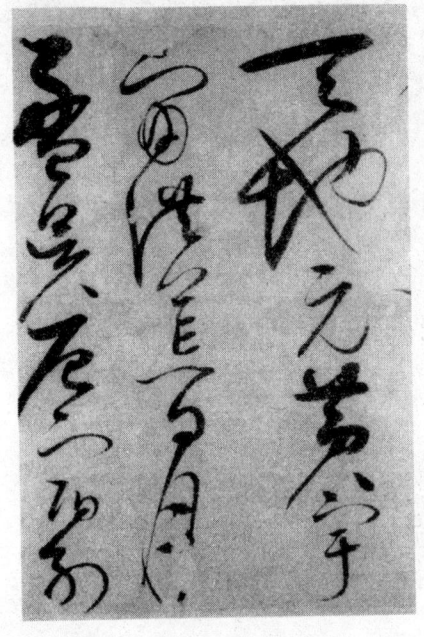

宋徽宗书千字文

境。但是,被认为画得最好的,却反而画了一个船夫倦睡在船尾上,身旁还有一根笛子。因为原诗所说的"孤舟",并非船上无人,而是说没有过路的行人,显得环境非常荒僻安静。画面上的情景正好表明终日没有过路的"渡人",船夫等待得疲倦不堪,以至丢下吹弄的笛子睡着了。这一构思更突出了这孤舟的寂寞和环境的荒僻!

又有一次,题目是"乱山藏古寺"。很多人为了表现出古寺是"藏"在乱山中的,故意把古寺画得只露出一个角落。被认为画得最好的,是在满幅荒山之中,只画了一根作佛寺标志的幡竿。这样,"藏"的境界就得到了更巧妙的表现。

还有一次,题目是"踏花归去马蹄香"。应试者大都画马、画花。惟有一位考生画了几只蝴蝶飞逐马后,宋徽宗非常满意,认为此画最能反映诗意。

宋徽宗不仅画画得好,书法造诣也很深。他创造了一种独具风格的"瘦金书"体,一直为书法界所推崇。

李清照的坎坷人生

李清照是宋朝一位才华横溢的女词人,不仅在中国享有盛誉,在世界文坛上也被认为是最有影响的女文学家之一。1967年,为纪念李清照对世界文化的贡献,国际天文学联合会用她的名字命名了水星上一座新发现的环形山,成为我国惟一享有这一殊荣的女文人。

李清照生活在一个学术气氛浓厚的家庭里,父亲是当时文坛名士,母亲是一位状元的孙女,丈夫赵明诚是太学士。这一对夫妻情投意合,感情甚深,留下不少佳话。

李清照夫妻二人常在一起切磋学问,切磋时,以点燃一支蜡烛为准,烛不尽,不结束。有时二人以猜某事写在何书、几卷、几页、几行为乐,猜中者先饮茶。李清照记性好,往往多猜中,猜中后,不好意思先饮,便将茶水泼在衣服上。

李清照的词清新婉约。有一年,李清照写了一首《醉花阴》给丈夫。丈夫为胜过她,竟闭门三日,写了50首词,将李清照的一首也抄在里面,交给一个朋友去看。那朋友反复诵读以后说,其中有三句绝佳,而这三句恰恰是李清照词中的。

李清照和她丈夫都酷爱文物。有一次,她在集市上看中了一件文物,可钱不

宋代妇女生活图景

足,她怕失去这件文物,竟在集市上当众将外衣脱掉作抵押买下这件文物。

北宋灭亡之后,她南迁江南。此时,丈夫病死,一生中珍藏的金石、字画、古玩丧失殆尽。国破、家亡、夫死,使李清照变得凄苦低沉,诗词格调亦随之忧郁低沉,但也写出不少格调豪放和有气势的诗词。《夏日绝句》"生当做人杰,死亦为鬼雄;至今思项羽,不肯过江东",就是这一时期写出的名句。

关于米芾的趣闻

米芾,字符章,我国北宋著名书法家、画家。他与当时著名书法家苏轼、黄庭坚、蔡襄一起被称为"宋四家"。

米芾有许多怪癖,行为常逸出世俗礼法,人称之为"米癫"。

传说,米芾喜欢石头,每遇到奇形怪状的石头,他总要穿戴整齐,对石头行三跪九叩之礼,还称石头为兄。

米芾酷爱好砚。有一次,宋徽宗和蔡京讨论书法时,召米芾前来写字,徽宗指着桌上的纸张笔砚,命他当场写一幅大条幅。米芾看着桌上的端砚,马上来了情绪,一口气写完了条幅,字确实写得好,宋徽宗一边欣赏,一边赞叹。此时,米芾突然双手捧起端砚跪在地上向徽宗请求道:"此砚已赐给我米芾使用过,不好再给皇上使用,是去是留,请定酌。"徽宗见状,大笑不止,便答应将此砚赐给他,米芾高兴得手舞足蹈,抱起端砚就往怀里塞,砚中的剩墨淋了他一身,他全然不顾。宋徽宗望着米芾的憨态对蔡京说:"癫名不虚得啊!"蔡京说:"米芾人品实在高尚,正如人们所说的,不能没有一个米芾,也不可能有两个米芾。"

还有一次,米芾在真州江边的一条船上,拜见当时的权臣蔡攸。蔡攸取出新得到的王羲之的字帖给他观赏。米芾看得爱不释手,紧紧抱住字帖,跪倒在地,要求用自己珍藏的名画换这本字帖。蔡攸不肯,米芾再三恳求,蔡攸还是不允。米芾急了,突然跨过船舷,空悬江上,一手握字帖,一手攀船舷,大声呼喊:"如再不允,我立即蹈江而死。"蔡攸发慌了,只得答应。

朱元璋本名朱重八

用数字取作人名,是一种比较特殊的取名方式。相传,最早用数字取名的是春秋时期的吴王,他给他的女儿取了个数字名为"二十"。当时的吴国人为了避讳这个名字,就把二十改读为"念"。直到今天,人们仍把表示数目的"廿"读作"念"。后来,这种取名方法也在民间慢慢流传开了。

到了明清时期,用数字做名字的时有所见,但作为一个家族,都用数字做名字的却只有明朝开国皇帝朱元璋的家族。

朱元璋五世祖的名字叫朱仲八,所生三子,长子叫六二,次子叫十二,三子叫百六。百六是朱元璋的高祖,朱百六有二个儿子,长子名四五,次子名四九。朱四九是朱元璋的曾祖,有四个儿子,长子叫初一,次子叫初二,三子叫初五、四子叫初十。朱初一是朱元璋的祖父,有二个儿子,长子叫五一,次子叫五四,朱五四即朱元璋的父亲。朱元璋的伯父朱五一有四个儿子,名字依次叫重一、重二、重三、重五。朱元璋兄弟也是四人,分别叫重四、重六、重七、重八,朱元璋叫朱重八。这些数字名字在《明太祖循制朱民世德碑记》中有记载,但朱元璋家族为何都以数字为名,目前尚未见到资料记载。

朱元璋的相貌

目前反映朱元璋相貌的画像有五六幅,但这些画像上朱元璋的相貌却不尽相同。

南京明孝陵的一幅,朱元璋坐在便椅上,头戴软方巾,脸特别长,额骨隆起,脸上布满大大小小的土斑,留有稀疏的胡须,两眼炯炯发光,眉毛又浓又粗,眉眼都向上吊竖着,鼻子很大,鼻孔向上翘起,耳朵很长,几乎垂到肩膀上,嘴又大又宽,下巴比上颚突出许多。其相貌,使人感到威严、凶狠。这画像的顶端写有"太祖遗像"四个篆体字。一般认为这就是朱元璋真相。

在北京故宫博物院里也有一幅朱元璋像,这幅朱元璋的画像轮廓与明孝陵那幅遗像相似,但显然进行了艺术加工,其相貌显得和善多了,而且给人以雍容华贵的感觉。

另外还有朱元璋的帝王画像。这都是根据帝王的要求画的。画中朱元璋正襟危坐,龙袍玉带,脸庞丰满,神态慈祥,一派帝王形象,与其本人相貌差距更远了。

这些不同画像都有不同的来历。开始,朱元璋下旨征召当时有名的肖像画家孙文宗进京为他画像。孙文宗一丝不苟地画,画像画得惟妙惟肖,孙文宗心想皇帝看了准会很高兴,谁知朱元璋看了却并不满意。过了一段时间,朱元璋又召另外一个肖像画家沈希远为他画像,沈希远比孙文宗画得还传神,但朱元璋看后仍不满意。后来,一个叫陈远的肖像画家悟出了其中的奥妙,他在给朱元璋画像时,只是把面貌轮廓画得相像,其余尽按帝王模式画,因而看起来仁慈和善、雍容华贵。朱元璋看到这幅肖像后十分满意,并让陈远另画多幅分赐给诸王。陈远为此也得到文渊阁侍诏的官位。

朱元璋的忌讳

朱元璋出身贫寒,早年做过和尚,参加过被元朝统治者称为贼寇的起义军,后来才夺取了政权,做了皇帝。

做了皇帝的朱元璋,最怕别人提他做过和尚、当过贼寇这段历史。于是"和尚"、"贼寇"成了他最忌讳的字句,甚至与和尚有关的光、秃、僧及其同音字,与贼寇有关的字和同音字也成了禁忌,谁要是触犯了这些忌讳,就要遭到杀身之祸。

有一年,浙江府的林元亮作《谢僧俸表》,本是歌颂皇恩浩荡,不想表中有句"作则垂宪"被朱元璋视为"做贼垂宪",因而引来了杀身之祸。因这种写法遭殃的不止林元亮一人。北平府赵伯宁作《贺万寿表》中有"垂子孙而作则",桂林府蒋质作《正旦贺表》中有"建中作则",本都是为皇上歌功颂德的,但却都因触犯禁忌而遭杀害。

常州府有个叫蒋镇的,在其《正旦贺表》中用了句"睿性生知",结果,"生"字被读作"僧",被视为对皇上大不敬而获罪。祥符县贾翥作《正巳贺表》中有句"取法象魏","取法"被读作"去发",去发便是和尚,结果得到和蒋镇一样的下场。德安府吴宪作《贺立太子表》中有句"天下有道,望拜青门",这本是奉承话,没想朱元璋却将"有道"看成"有盗","青门"比作"和尚庙",大为恼怒,治了他的罪。

这样一来,众大臣尤其是一些文臣士大夫因害怕疏忽招来横祸,终日惶惶不安。后来有人提出,最好能制定一种格式,统一文字,到写这类庆贺谢恩的奏表时,只要对照格式抄录上去,填上一个官衔姓名就行了。朱元璋还真的让人这样做了。

据说,有一位姓张的翰林院编修在其《庆贺表》中用了"天下有道"、"万寿无疆"等语,又触犯了朱元璋的禁忌,但却没有被治罪。这位编修胆大善辩,他深知朱元璋喜读圣贤经典,当朱元璋问罪他时,他从容地说:"陛下要求大家写文章要出自经典,有根有据,不能随意杜撰,臣所用'天下有道'是孔子所说,'万寿无疆'出自《诗经》,说臣诽谤,实是冤枉。"朱元璋听了,觉得有理,就赦免了他的罪。

郑成功的家世

郑成功祖籍河南,先世几经移居,最后定居福建泉州。郑成功的父亲名郑芝龙,自幼喜爱拳棒,富有胆略,但好惹事生非,后被其父逐出家门,随其舅父去日本经商,成为巨富,并受到日本幕府将军德川家康的接见,成为显赫一时的名流。

郑芝龙在日本与田川翁子结婚。田川翁子的母亲是日本人,父亲名翁翌皇,祖籍福建泉州，与郑芝龙的父亲是好朋友。

1624年7月14日，田川翁子在日本海滨拾贝壳时，突然发生产前阵痛，来不及回家，便在海滨一块岩石上生下了郑成功。现在那里还立有一块刻着"郑成功儿诞石"的石碑，地点在今日本长崎县平户市川内浦一片叫"千里滨"的沙滩上。离石碑不远有一座小庙，是专为纪念郑成功而修的。川内浦尚有郑成功故居及相传郑成功7岁离日回国时手栽的一棵参天大树。郑成功原名郑森，7岁回国。其叔父鸿逵见他才思敏捷，十分喜爱，称他是郑家的千里驹。郑成功回国后跟从大诗人钱谦益学习，钱问他什么叫"洒扫应对"，他回答说："汤武革命，就是洒扫；尧舜禅让，就是应对。"钱氏认为他的比喻高深，将来必是国家栋梁之材，很器重他。

南京被清军占领时，南明弘光帝被俘，郑芝龙就在福建拥立唐王朱聿键为隆武皇帝。隆武帝见郑森聪明非凡，且忠诚英勇，事多创见，就为郑森改名成功，字明俨，并赐姓朱，仪同驸马都尉。这就是后世民间及日本称他为"国姓爷"的由来。

后来，郑芝龙降清求荣，郑成功的母亲上吊自杀。时年45岁的郑成功对他父亲的叛国行为非常愤慨，从此，父子分道扬镳。郑成功同他的知己友人陈辉、洪旭、张进等90人，到广东南澳岛组织起义军，树起了"杀父报国"的大旗，坚持抗清。为了取得抗清根据地，郑成功在1661年3月间自金门率大军渡海，驱逐盘踞台湾多年的荷兰人，收复了台湾。

林则徐拒贿戏义律

1837年，林则徐赴广州查禁鸦片。英国商务代办义律，认为清政府官风腐败，官员受贿成风，林则徐也不会例外，便想通过贿赂林则徐求得蒙混过关。

义律请林则徐到他私邸赴宴，宴席间，义律将一只精美的方盒递给林则徐，林则徐接过方盒打开一看，盒内大红软缎衬垫上放着的竟是一套豪华的鸦片烟具，白金烟管，秋鱼骨烟嘴，钻石烟斗，旁边是一盏小巧雅致的孔明灯和一只光彩夺目的金簪，这些东西价值当在10万英镑。林则徐看后自知义律的恶毒用意，但却不动声色地说道："义律先生，本部堂奉皇上旨意到广州肃清烟毒，这套烟具属于违禁品，本当……"还没待林则徐讲完，义律便抢着问道："本当怎样？"林则徐说："本当没收。"义律听后大喜，认为林则徐是借故收礼了，马上回答："好吧，林大人只管没收。"没想到林则徐话锋一转说道："这件禁品本当没收，但两国交往，友谊为重。请阁下将这珍贵的烟具带回贵国，存入皇家博物馆当展览品吧。"义律万万没有想到林则徐如此厉害，自己精心设计的阴谋不仅没有实现，反倒受到林则徐一场奚落。

"六不"将军叶名琛

在第二次鸦片战争中，兵败被俘的两广总督叶名琛是个很特殊的人物。

在英法联军兵临广州城时，身为两广总督的叶名琛既不备战，也不允许人民抗击，而是求神占卜以求神灵保佑。他在广州城建有一座十分考究的长春仙馆，供奉着吕纯阳、李太白两位大仙。当时求得的卜辞是："静静，自然定。"于是，叶名琛坚信，敌军会自己退去。没想到，敌军攻城猛烈，叶名琛兵败被俘。

说起叶名琛，确实很特殊。当敌军进攻之时，他说这是敌人虚张声势，不予抵抗；当敌军进攻激烈时，他也并不惧怕，还坚持整理重要文件，"坚不肯避"。当他被俘上船时，随从人员曾示意他投水自尽，以全名节。他却没做，他还要活着去见英王理论他们为何不守信用，无端挑衅。被押到印度之后，也尚能保持民族气节，还惦记着国内战事。在自带食物吃完之后，他坚决不食外国食物，最后绝食而死。

我国史学界对叶名琛多持否定态度，认为他在大敌当前之际处理防务，虚骄自大，昏愦糊涂。有人讥讽他是"不战、不和、不守、不死、不降、不走，相臣度量，疆臣抱负，古之所无，今亦罕有"的"六不"将军。但马克思在他的《英人在华的残暴行动》一文中，却称赞他在极端专横的侵略面前，表现出"心平气和、冷静沉着"的总督风度。马克思是站在被侵略的中国人民的立场上这样评论的。其实，叶名琛既有迂腐、虚骄、固执的一面，也有忠贞、不屈、反侵略的一面。他的悲剧是由清政府的腐败政策造成的。

张之洞清高失礼轶事

张之洞（1837—1909）是清末洋务运动的重要人物，他在兴办民用工业方面颇多建树。他先后创办了湖北织造局、汉阳铁厂，汉阳铁厂是当时中国规模最大的钢铁厂。他还创办了教授近代科学文化的两广书院。

张之洞生于官宦世家，从小饱读诗书，颇有学识。据传，同治二年（1863年），他参加殿试对策。当时，他摒弃一切格式和忌讳畅论时事，很得阅卷官赏识，欲点他为状元，后因慈禧干预，得了个第三名。

张之洞常年官居高位，又满腹经纶，故自命清高。他喜欢与文人名士交往，对僚属多不放在眼里，属下多有不满，但又都无可奈何。有一位布政使颇有点名气，但也是张之洞的下级，也不为张之洞尊重，张多次对他失礼。这位布政使对张十分不满。有一次，他又去总督府拜见张之洞，谈完公事之后，向张之洞告辞。按清朝官场礼仪，张之洞应将布政使送至仪门，但张之洞送到门厅就止步停下了。这时布政使回过头来，故作神秘地对张之洞说："请大人多走几步，下官还有几句话要告诉你。"张之洞认为布政使另有重要内容要说，就又陪着他走了一段路，还不见布政使开口，这时两人已走到仪门，张之洞不耐烦地问道："你不是有话对我说吗？"布政使有点得意地说："其实我只想告诉大人，按照礼仪制度，总督应该将布政使送到仪门，现在大人既已按规定把我送到仪门，就请你留步吧。"说完长揖施礼而去，张之洞听罢，气得说不出话来，但又不好发作，因为这位布政使所为是符合清代官场礼仪的。

慈禧油画肖像趣闻

慈禧在世时，曾请过两位外国画家为她画肖像，一位是美国女肖像画家卡尔，一位是荷兰著名画家弗斯。

卡尔是第一位为慈禧画肖像的人。当时慈禧感到很新奇，也很高兴，她专门选了一个黄道吉日做开绘日子。作画之前，她作了精心打扮，换上一件周身绣有紫色牡丹的朝服，披一块寿字嵌珠的花巾，头上一边戴着玉蝴蝶，一边插上鲜花，手上戴着玉钏及玉制护指套。画像时，她坐了不久就不耐烦了，后来，只是在画面容时，她来坐着，画衣服首饰时都由别人替坐。慈禧非常关心她这幅肖像画，在画完成前的几天，她经常到卡尔的画室来看卡尔作画。画完之后，她特地邀请在北京的外国使节的夫人来参观。卡尔小姐也为此受到重赏。这幅慈禧肖像画后来被赠送给了美国政府，当时的美国总统曾亲自在白宫接受了此画。现在，这幅画像仍藏在华盛顿美国国家博物馆内。在卡尔为慈禧画的第二幅画像上，慈禧穿的是绣花蓝色常服，身边还有慈禧的两只爱犬。但这幅画像后来下落不明。卡尔为慈禧画的第三幅画像，慈禧穿的

慈禧太后及其印玺

是冬季朝服。为了便于观赏，她特意要求画面要大。这幅画像宽6英尺，长10英尺，现收藏在故宫博物院，画的右下方还有卡尔的亲笔签名。

荷兰画家弗斯给慈禧画像时，就不那么容易了。当时慈禧已71岁。她要求给她画像时，画家只能穿上朝服混在朝觐的群臣中观看她的容貌，而且只能来五次，并且不能按照她71岁的面容来画，而要画成40岁时的面容。弗斯不愧为一名著名画家，他表示完全可以按要求完成。他禁止任何人进入他的画室。他在画室先画了一幅慈禧71岁的真容肖像，然后照着它想象慈禧40岁时的模样。经过精心的绘制，一幅慈禧40岁模样的肖像画成了。慈禧看着她那娉婷的、饶有风韵的画像，高兴不已，重重地赏赐了弗斯。现在，慈禧这幅40岁的画像收藏在故宫博物院，而那幅71岁的真容画像却被弗斯带回了荷兰。人们比较这两幅画像，发现71岁这幅画像上慈禧的面形是歪曲的。据说慈禧晚年得了颜面抽搐病，画面上的面形歪曲很可能是病症的反映。

黎元洪保印的闹剧

辛亥革命胜利之后，黎元洪（1864—1928）被推上了都督的位子，后曾二度出任总统之职，但又都是短暂的，很快又被赶下台来。

黎元洪没有实力，也没有能耐，他的地位一直是在军阀的争斗之中上下升降。黎元洪虽治国无术，但对总统印信却看得很重，他认为这是权力象征，保住了它，就保住了权力。所以，两次从总统位上被赶下来的时候，他都处心积虑地藏匿转移总统印信，但结果都失败了，还给后人留下了两段笑话。

一次是1917年张勋复辟时，黎元洪刚从死去的袁世凯手中继承总统位子才一年，就被段祺瑞利用张勋赶下了台，被迫逃到外国使馆去。但他出逃时，没有忘记保护他的大印。他将中华民国之玺、荣典之玺、册封之玺、大总统印和陆海军大元帅印五颗象征权力的大印交给他的军事顾问丁槐带到上海保存。

张勋复辟失败后，冯国璋出任代理总统，冯国璋向黎元洪索要总统印信，黎不但不给并且密电上海的丁槐妥为保存，不要回京。冯国璋从黎手中没要回总统印信，便派副官去上海找丁槐索要，丁拒绝交出。冯看文要不行，便用武夺。一天夜里，丁槐所住的泰安客栈突然被包围，一批英国公差闯了进来，将丁槐拘捕，并搜走了那五颗印信。第二天，丁槐被引渡给上海地方当局，并以"盗印"罪名押回北京。那五颗总统印信终于落入冯国璋手中。

另一次发生在1923年。当时，黎元洪被直系军阀扶上台不到一年，又被直系军阀逼下台。黎元洪下台之后，乘火车去天津躲避。他离京时，直系军阀控制的国务院秘书长发现总统印信不在总统府，估计是被黎元洪转移藏匿起来了，于是立即打电报给天津的直隶省省长王承斌，要他在天津截黎索印。黎的专车刚到，就被大批军警包围起来。王承斌上车向黎索印，黎说不知此事。王遂严厉逼问。黎见车外布满武装军警，想到自己曾贵为总统，今日却形同囚犯，一时气愤不过，便拔枪自杀，被随行的美国顾问拦阻，只受了点轻伤。入夜后，王承斌再次登车威逼索要，黎元洪才说他离京前，将这些印信交给了姨太太黎本危，让她携带着躲进东郊民巷法国医院。王承斌将情况告知北京方面，总统印信很快便被索要回来。黎元洪两次下台，两次保印，就这样戏剧性地了结了。

"辫帅"剪辫轶闻

张勋（1854—1923）出生在一个小商贩家庭，从军之后，他从一名厨子逐渐爬到提督高位，因而对清王朝的皇恩念念不忘，发誓以保留辫子来表示他对清王朝的忠心。辛亥革命胜利后，他依附了民国，但提出的一个条件是不剪辫子，不仅他不剪，他手下的几万官兵也不准剪。他的军队因此成了辛亥革命后惟一的辫子军，他也成了有名的辫帅。

据说，段祺瑞曾专门派员劝告他，要他带领官兵一起剪去辫子，张勋听后，

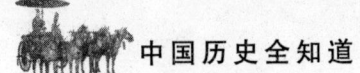

大发雷霆,怒吼:"头可断,发辫绝不可剪。"段祺瑞拿他也没有办法。据说,张勋曾看中一位评剧女主角刘喜奎,想娶她为妾。刘喜奎不愿意,但又不敢拒绝他,灵机一动想出一个办法,对来说合的张勋幕僚说:"王爷要娶我,就请王爷把辫子剪掉。"幕僚说:"这恐怕办不到,你知道,大帅可是视发辫如生命啊。"刘喜奎说:"如果王爷不剪辫子,我誓死不从。"幕僚将刘喜奎的要求告诉张勋,张勋为难地说:"这岂不是要难为老夫吗?"

张勋复辟失败之后,坐汽车逃入荷兰大使馆。此时,全国上下对他一片讨伐之声,要求将他悬首国门,吓得他坐卧不安,忙请荷兰公使帮忙。公使说:"阁下现在最好也是惟一的办法,就是出国,但要剪掉辫子穿上我们的衣服。"此时,视辫如命的辫帅,也顾不了他"头可断,而发辫绝不可剪"的誓言了,顺从地让外国人给他剪去辫子。剪时还说:"我过去不剪,是不忘故主、不降民国的表示;今天要剪,是要去入外国籍了。"

末代皇帝剪辫子

清军入关之后,顺治皇帝于1645年下令,汉族男子必须剃发梳辫,"遵依者为我朝之民,迟疑者同逆民之寇"。凡不按要求剃发留辫的,格杀勿论。从此,中国男人头上拖起了一条辫子,而且一直拖了二百多年。

辛亥革命之后,国民政府下令剪去辫子。命令一下,全国立即掀起一股剪辫热潮,但也有一些守旧分子不愿剪辫,革命党人在街上看到之后,便上前拦住,强行施剪,剪完之后,方许离去。后来改强行剪辫为劝说剪辫。革命党人纷纷上街宣传,教育人民自觉剪辫。上海曾在大东门火神庙举行一次剪辫大会,聚集了一千多人,通过演讲宣传和引导,其中大部分人当场剪辫。上海小南门内的群学会还发起了义务剪辫活动,由受剪者自选发型,剪平头的一律免费;留分头的,请专业理发师来理,仅收费一角。前来剪辫的络绎不绝。有一个叫徐志棠的采用奖励办法剪辫,他宣布三天之内来他这里剪辫的,不仅不收费,还奉送大肉面一碗,结果吸引了三百多人前来剪辫。此后,自觉剪辫逐渐形成风气。

许多革命党人和留学生为表示反清之决心,在辛亥革命之前就将辫子剪去了。两江总督瑞方有个在英国留学的儿子,打来电报说也要剪辫,瑞方回电不允;儿子又打电报请求,瑞方再回电制止;儿子再打电报,电报往复频繁,后来瑞方在朋友的劝说下勉强同意了。为此事,往复电报费用花去8000元,后来有人戏说瑞方儿子的头真珍贵,剪个辫子要花8000元。

末代皇帝溥仪,见人们大都剪了辫子,也动了剪辫之意。但他这个想法遭到太妃和他的师傅们强烈反对,认为他作为皇帝必须遵守祖先留辫子的传统。后来,溥仪请了一位英国教师庄士敦教他英文,庄士敦也厌恶中国人脑后的辫子,讥笑它像条猪尾巴,这对溥仪影响很大。

一天,溥仪命剃头太监将他的辫子剪去,吓得剃头太监面无血色,跪在地上哀求"皇上"另请别人。溥仪见他吓得那个样子,拿起剪刀,亲手把辫子剪了下来。现在故宫博物院还珍藏着一条黑色长辫，据说那就是溥仪剪下来的辫子。

胡适面见溥仪轶事

1922年5月17日，胡适突然接到末代皇帝溥仪的电话，邀他第二天到皇宫来谈谈。当时胡适在北大任教授，是新文化运动的著名人物，在学术界已颇有影响。

一个封建帝王约见一位新文化运动的代表人物，这在当时是件新鲜事儿。胡适接电话后，没有答应马上去，而是借口有事改了日期。去之前，胡适拜访了溥仪的英籍教师庄士敦。从他那里得知，溥仪颇愿意接受新事物，有新思想，而且得知见面时，溥仪并不要求他行磕头礼，胡适这才放心了。胡适也希望通过会见能促使溥仪发生更大变化。

5月30日上午，溥仪派太监用车将胡适接进宫来。胡适在太监引导下进入养心殿。胡适跨入门内，向已经起立的溥仪行了鞠躬礼，溥仪也很客气地道了一声"请坐"。旁边已经放好一张方凳，上放蓝缎垫子。胡适坐下后，溥仪便和他交谈起来。他们谈到新诗和青年诗人及一些文学问题。溥仪说，他很赞成白话诗，他作过旧体诗，近来也试作新诗。还说，他也赞成白话。交谈时，溥仪称胡适"先生"，胡适称溥仪"皇上"。交谈进行了约二十分钟。临别时，溥仪对胡适说，有许多新书想看找不到，胡适说："以后如有找不到的书，可以告诉我。"会见时，溥仪17岁，胡适32岁。

胡适面见溥仪本来是保密的。后不知怎么搞的，报纸还是报道了，而且对此大加渲染，指责胡适背叛了共和的原则。胡适不得不一再分辩，庄士敦也不断撰文替他解释。

章太炎大骂袁世凯

章太炎（1869—1936）对袁世凯实行独裁统治、镇压革命党人非常不满，二次革命时，他连续发表讨袁文章，支持孙中山的革命活动。袁世凯对他恨之入骨，但慑于他的名声不敢轻举妄动。二次革命失败后，共和党本部在北京推举章太炎为副理事长。袁世凯借此机会，用计将章太炎从上海骗至北京。章太炎一到北京，就被袁世凯软禁起来。章太炎十分气愤，终日大骂袁世凯。喝酒时，就着花生米，一边剥去花生蒂，一边自言自语"杀了袁世凯的头"。他在墙上、纸上大书"袁贼"，然后把写着"袁贼"的纸堆起来烧掉，大呼"袁贼烧杀矣！"袁世凯派他的儿子送去一床锦缎被褥，章太炎点起香烟，将被褥烧出一个个窟窿，然后扔出窗外。章太炎决计到总统府找袁世凯当面辩理。去时，他蓬头垢面，身穿蓝布衣衫，足蹬破靴，手执团扇，扇柄上挂着袁世凯授予他的二级大勋章。来到总统府招待所，他指名道姓要见袁世凯，袁世凯自然不敢见他，便派财政总长梁士诒出面。章太炎大怒，大骂："你是何物？乃鸡鸣狗盗之辈，敢在'老爷'

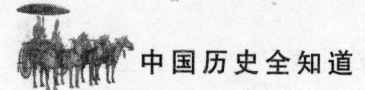

面前逞威!"梁被骂得灰溜溜退去。袁手下一班人,都互相推诿,谁也不肯再来找骂。天色已晚,袁世凯还不出来见面,章太炎气得一面嚷着要把铺盖搬来,夜宿于此,一面大骂"袁贼",摔碎茶碗。最后袁派人将章送至龙泉寺软禁起来。章在龙泉寺决定以绝食来斗争。袁世凯怕这位名士死在他手里,于他不利,便又无可奈何地将章太炎迁到钱粮胡同,并自我解嘲地说:"他是一个疯子,我何必与之认真。"实际是袁世凯惧怕章太炎揭露他。袁曾说过,他一生最怕两支笔,一支是梁启超,一支是章太炎。章太炎文笔可扫千军,是最可怕的东西。这是袁世凯软禁章太炎的根本原因。章太炎被袁世凯软禁了三年,直到袁世凯死去,才得以解脱,重新回到上海。

鲁迅先生评价章太炎说:"考其生平,以大勋章作坠扇,临总统府之门,大诟袁世凯包藏祸心者,并世无第二人。"称赞他"这才是先哲的精神,后生的楷模"。

章太炎不修边幅

章太炎是我国近代著名的民主主义革命家和名扬中外的国学大师。

章太炎原名章炳麟,浙江余杭人。因仰慕明末爱国主义思想家顾炎武(原名绛)、黄宗羲(字太仲)的学识和为人,故起名绛,别号太炎。

章太炎博学多识,才华出众。早年他在台湾当记者时,曾和同事李书谈起读书之事,说他所读之书,百分之九十五至今仍能背诵。李书不信,搬出自己读过的经书来考章太炎,谁知章不仅能背诵,甚至哪一句在哪一部书、第几页都说得一点不差,将李书惊得目瞪口呆,由此对章太炎的才学敬佩得五体投地。

章太炎满腹经纶,才识过人,但在生活上却不修边幅,颇为怪异,有北宋王安石之遗风。他留着一种两边分梳的头发。春天,常穿长袍外套一件式样特殊的坎肩;夏天,则穿半截长衫,袒胸赤臂。一年三季,不管寒暖,手里总握一把团扇。长年不更洗衣服,两袖积满污垢,油光发亮,讲课或演讲时,鼻涕流下来,就用袖角抹擦。章太炎烟瘾特大,即便正在讲学之时,也烟不离口,一手拿粉笔,一手拿香烟。有时,写黑板,竟将香烟当作粉笔;吸烟时,又将粉笔当作香烟。引得大家哄堂大笑。

在生活上,章太炎更是不能自理,有时外出,回家却找不到住处,闹出许多笑话。有一次,他去孙中山处,回来时,坐上一辆人力车,车夫问他到哪里,他只说"家里";车夫又问他家在哪里,他说"在马路弄堂里";再问,又说"弄堂口有一家纸烟店"。车夫只好拉着他到处找。后来家里和孙中山那里都知道了,两边都派人去找,发现他时,他正在车上左顾右盼呢。孙中山、廖仲凯等人也常常作为笑话谈起此事,有人还提出要以他迷不迷路打赌。

提起他的婚姻,也有不少趣闻。他在妻子去世之后一直没有再娶,后来,在朋友的劝说下,才决定寻找一位理想的妻子。为此,他亲自拟了一则征婚启示,提出三条征婚条件登在报上,这在当时就已够轰动的了。更有趣的是在婚礼上。

婚礼是在哈同花园举行的,到会的有二千多人,蔡元培为证婚人,婚词是章太炎自己写的,其词句华丽而深奥,讲对偶,多掌故,充分显示了章太炎的学识和文风。但在穿戴上,他又笑话百出了。一双皮鞋,竟被他穿错了,左鞋穿到右脚上,右鞋穿到左脚上,走进礼堂时,一拐一拐的;那件黑礼服也不合体,显得很肥大,再加上他走路时怪异的样子,引得满座宾客大笑不止。

名人之死

死后被割去舌头的皇帝

王莽称帝之前,很注意笼络人心,表现得礼贤下士,谦恭大度,也做过几件顺乎民心的事。

平帝继位之后,太皇太后认为王莽拥立有功,要加封他2.8万民户、256万亩田地,王莽坚辞不受。

有一年遇天灾,王莽主动捐钱百万,献地3000亩,带动了一批官员献地献宅,使一批灾民得救。

托古改制失败的王莽

王莽有个儿子杀死了一个奴婢,王莽痛骂儿子,迫令儿子自杀偿命。这一事件连处处贬斥王莽的《汉书》作者也将其写进《王莽传》中。王莽的这些做法产生了很大的影响,受到很多人的拥护,成了稳定汉王朝众望所归的人物。

王莽窃取权力做了皇帝之后,为了巩固取得的权力,他进行了改制。他改制的原则是根据古代经典制定的,史称"托古改制"。由于改制不从实际出发,结果给人民带来了灾难。像币制改革,15年间改了5次,铜钱越铸越小,面值却越来越大,造成了经济混乱,受害最深的还是人民。同时,王莽还不断对外征战,加上连年灾荒,人民冻饿而死的不计其数。王莽改制前10年西汉有人口近六千万,改制的后期已不足三千万。人民再也无法生活下去,终于爆发了起义。

王莽在政权垂危之际,曾发动官吏和百姓大声悲哭,以哀求上苍保佑。老百姓来哭,供给饭食,哭得悲恸者,还任命为郎,为此被任命为郎的竟有5000人。但这也没能挽救他灭亡的命运。最终,政权被推翻,王莽被杀死。王莽被杀后,头被送到宛城,悬挂于街市。人们恨他称帝前将好话说尽、称帝后又不顾人民死活,所以,把他的舌头割下来切碎分食了。王莽的头骨被处理之后涂上油漆收藏到皇宫武库之中,并一直收藏了二百七十多年,直到晋朝惠帝元康五年,宫中失火才被烧毁。

王莽成了死后惟一被割下舌头的皇帝。

名医华佗之死

曹操患有眩晕症，请华佗为他医治，华佗为他扎上几针，曹操的眩晕便立即止住了，但此法不能根除病根。曹操向华佗寻求根治办法，华佗建议他动手术，打开脑颅除掉病根，说这是根除此病的惟一办法。曹操生性多疑，怕遭人暗害，不敢动这个手术，便留华佗做侍医，以便犯病时，随时治疗。华佗不愿将自己的医术为曹操一人所用，便托辞老母有病，告假回乡去了。

曹操得知华佗不愿做他的侍医，假借母亲有病离开他，大为恼怒，便将华佗抓回来杀害了。

华佗临死前，把他整理的几部医书拿出来，交给看守他的狱卒，说这些都是救人性命的宝贵药方和经验，要他设法传出去。但这个狱卒胆小怕事，不敢接受，华佗只好含泪将医书烧了。华佗被杀害之后，他的一个徐州籍徒弟樊阿将他的头颅偷偷运回徐州安葬。相传，华佗墓在今徐州师范学校和云龙区妇幼保健院相邻的院内。墓前原有石香炉、石童子像等，现均被毁坏。现存残碑一块嵌于墙上，上书"后汉神医华佗之墓"，年代为雍正三年（1725年）。但华佗墓并非清代建筑。据《徐州府志》记载，明代徐州知州杨节仲修山川坛时，掘地得一首骨，疑是华佗之首，于是筑墓葬之。后人为纪念华佗，在其墓旁建华祖庙，庙内建大殿三间，坐西朝东，系青砖合瓦的明清建筑，并建有专存医典的青囊楼，墙上嵌有三块古碑。旧址在今徐州云龙区妇幼保健院内。"文革"之前，徐州每年还举行一次华佗庙会，也是对华佗的记念。

隋炀帝之死

隋王朝同秦王朝一样，是一个短命的王朝。由于施行暴政，隋炀帝即位没几年，社会矛盾激化，政治危机四伏。此时的隋炀帝，虽然仍过着荒淫腐朽的生活，还在寻欢作乐，但心中却充满恐惧。一次，大业殿起火，这本是一场平常的火灾，隋炀帝却以为有人造反，急忙逃往西苑，藏到草丛之中，直到大火熄灭才回来。他夜里睡觉也常常惊醒，到了睡觉时要有几个妇人摇抚才能入睡。

到618年，隋王朝的势力已土崩瓦解，只剩下洛阳和江都两地，隋炀帝在江都极度恐惧，天天打卦问卜，以酒浇愁。有一天，他竟对着镜子哀伤地说："好头颅，谁当砍之？"他备下了一缸毒酒，对他的宠妃们说："贼兵若来了，你等先饮，然后朕也饮之。"其实，隋炀帝很怕死，还幻想能得到宽恕，他对肖后说："痛痛快快地喝酒吧，不管怎样，朕不失为长城公，卿亦不失为沈后。"长城公，是南朝亡国之君陈后主降隋以后隋给他的封号，沈后即陈后主的皇后。

说来也巧，陈后主是在炀帝即位那年即604年死去的，当时，这位雄心勃勃的新皇帝赐给死去的陈后主一个贬称"炀"，意思是说他一生贪图花天酒地而荒疏了政务。显然，他是在嘲弄这个亡国之君。历史无情，他万万未曾料到，14年之后，他自己竟连当长城公的待遇也求而不得，并落得他自己制定的"炀帝"的

丑名!

最后,炀帝落入了哗变的禁卫军手中,宠妃们早已逃散,毒酒也找不到了。他怕被杀头,便从身上解下一条绢带,递给禁卫军头领,让他把自己活活勒死了,死时年仅50岁。同时被处死的还有他的两个儿子和一个孙子。隋炀帝死后,肖皇后和宫人用床板做了三口小棺材,将其装殓,草草埋葬了。后来,江都太守陈棱又把他改葬在江都城西的吴公台下,以后又移葬雷塘。民间传说,因隋炀帝作恶多端,他葬在哪里,雷就轰到哪里。隋炀帝墓后来渐渐荒芜。直到清朝嘉庆年间,才被住在雷塘附近的扬州学者阮元发现,现陵前有阮元重修时所立的碑,碑上刻有当时的书法家、扬州知府伊秉授所书"隋炀帝陵"四个大字。

李煜的死地

赵匡胤"陈桥兵变"做了皇帝之后,又用了10年的时间,陆续消灭了割据政权,结束了五代十国的分裂局面。

在消灭割据政权南唐时,赵匡胤曾使用了浮桥。南唐是江南的一个大国。当时的皇帝李煜(937—978),是我国历史上有名的昏庸君王。他面对宋的包围之势,不是积极备战抵御,而是主动削去唐号,改称江南王。

他接见宋来使,不敢穿龙袍、拿鸱吻,只好穿紫袍。当宋发动进攻时,他急忙派使者去向赵匡胤哀求,说他以小事大、如子事父,未有过失,乞求缓师。赵匡胤回答得很干脆:"卧榻之侧,岂容他人鼾睡?"但攻打南唐也并非容易,南唐凭借长江天堑,宋军几次进攻,均告失利,赵匡胤很着急。正在此时,有一个叫樊若水的落魄秀才从江南赶到开封求见赵匡胤,建议制造浮桥渡江灭南唐。赵匡胤采纳了他的建议,并命他主持造桥。浮桥很快造好了。浮桥是在两岸石柱上固定牵缆,在牵缆上缚上近千艘舰船,各船都下石锚于江底,然后再在船上铺木板,连接成桥。浮桥非常稳固,战士走在上面如履平地。据推测,这座浮桥长度约在六千米以上,长度与现今的南京长江大桥大致相当。浮桥造成后,赵匡胤命曹彬、潘美率大军过桥渡汀作战。南唐李煜得知宋军在造浮桥,还认为他们是在闹儿戏,根本不可能成功,直到宋军兵临城下,才知道浮桥真的发挥了作用。

城破之时,李煜肉袒出城投降。李煜被带到东京,赵匡胤因他屡招不降,又起兵抗拒,封他为"违命侯"。后宋太宗赵光义改封他为"陇西公"。

李煜虽是一位昏庸的君主,但却是一位出色的词人、书法家。他被俘之后,人格和尊严受到极大侮辱。此时,只能借词消愁,长歌当哭。宋太宗太平三年(978年),除夕之夜,李煜更感悲凉,遂命歌伎在小楼作乐,他含泪放声歌唱了他的《虞美人》一词,词中"问君能有几多愁,恰似一江春水向东流"正是他可怜一生的写照。宋太宗得知后大怒,立即派人送药将他毒死了。最近有人指出,李煜死的地方就在今河南开封西北约10里的孙李唐庄。说这里的孙就是"逊","逊"指退位。因这位被俘的君主就住在和死在这里,这庄就叫"孙李唐庄"了。

赵匡胤之死与"烛影斧声"之谜

关于赵匡胤之死,至今还是一个谜,一说是病死,一说是被其弟赵光义杀死的。

持病死说的认为赵匡胤死因与其家族遗传病有关。有人统计,赵匡胤一代兄弟5人,只有赵光义一个人善终,其余不是早亡就是暴卒。第二代中,赵光义9子,得尽天年的只有1人;赵匡胤4子,忧死和早亡各一半,两代合计28人,其平均年龄仅41岁。赵匡胤本人酗酒成性,大大损害了他的健康。有人分析,赵匡胤很可能是得高血压、脑溢血之类的急病而死的。

被害说有两种情况。有人认为,赵匡胤被其弟赵光义所杀,是因为赵光义扩张势力与赵匡胤发生矛盾,光义遂起杀兄夺位之念。也有人认为,赵光义调戏太祖的宠妃被发现,赵匡胤大怒,赵光义预感危险,遂杀其兄。具体情节是,赵匡胤病重卧榻,其弟赵光义前去探望,内侍都退出,外面的人先听赵匡胤断断续续地讲话,后又见烛影摇曳,人影晃动,接着听到赵匡胤惨叫:"好好,好做。"随后,赵光义派内侍请皇后和皇子前来,当皇后、皇子赶来时,赵匡胤已死。皇后即对赵光义说:"官家,我们娘儿几个的性命都交给你了。"光义则说:"让我们共保富贵吧!"天亮赵光义即登位称帝。这就是历史上所说的"烛影斧声"。对于"烛影斧声"之说,后又有人解释说,当时赵匡胤之病是背上长一毒疮,赵光义去探望时,见有一女鬼正在为赵匡胤揉背,赵光义挥起斧子向女鬼砍去,女鬼一闪身,斧子砍在赵匡胤身上,赵匡胤惨叫而死。这显然是为赵光义解脱的无稽之谈。在赵光义即位五年后,又传出"金匮之盟"说,说光义继位是太后在世时就定下来的,并由宰相赵普写成誓书藏于金匮,命一宫女收藏,这为赵光义即位制造了合法根据。不久,赵匡胤的两个儿子又相继死去。从有关史料分析,赵光义杀兄夺位的可能性是很大的。

朱高煦的悲惨下场

明朝仁宗皇帝刚刚继位不久就病死了,就由他的儿子朱瞻基继位,这就是宣宗。汉王朱高煦趁着仁宗新亡,宣宗刚刚即位的时机,就在宣宗即位那年的八月发动了叛乱。

朱高煦是仁宗的同母弟弟,在朱棣攻打建文帝的时候,他也跟随着征战,他原以为自己功高劳苦,会被确定为皇位的继承人。但是没有想到朱棣却立朱高炽为太子,朱高煦因此心中非常不满。

这样,宣宗继承了皇位,朱高煦还是想发动叛乱,夺取皇位,终于在宣宗继位那年的八月起事了。

起事的时候,朱高煦为了找到个借口,指责朝廷中夏原吉等一帮官员是奸臣,而自己这样举动是替皇上清除这些乱政的奸臣。同时,他又偷偷派人到京城里去联络英国公张辅做内应。可是张辅逮捕了他派来的人,告发了他这种叛乱的阴谋。朝廷中得到这个消息后，一时也不知该派谁去平定这场叛乱。最后，宣宗下定决心，亲自率领了大营中的禁军将士前去征讨朱高煦的叛军。朱高煦一听说皇帝亲征，气就泄了一半，束手无策，不敢出战。这样，宣宗一面派人到乐安城中传诏，晓以利害，让他们及早献城投降，一方面又指挥大军直赴乐安城下，四面围住城门。城中的人心开始瓦解。朱高煦走投无路，被迫出城向宣宗请罪。宣宗拘捕朱高煦父子，班师回朝，平定了叛乱。

朱高煦被抓到北京后，被废为庶人，囚禁在西安门内的逍遥城中。一天，宣宗到囚室看他，他趁宣宗不注意，伸出一只脚把宣宗勾倒在地上。宣宗大怒，命令卫士用一个300斤重的大铜缸把他盖住。但是，朱高煦力大，顶缸而起。宣宗命人在缸上堆起许多木炭，点火燃烧。就这样，朱高煦被活活烧死在缸中。

明朝的皇室，似乎有着残忍阴鸷的基因，所以，使本来就无情的权力斗争更加血腥。相比之下，宋朝的皇帝就要仁厚得多，宋太祖杯酒释兵权就比较有人情味，后面的皇帝对知识分子也很宽厚，欧阳修、王安石、苏东坡、司马光这些人屡次遭贬，几起几落，但基本不用担心掉脑袋，这样的情况，在封建王朝就算相当开明了。

崇祯皇帝安葬思陵始末

李自成攻打北京城时，崇祯皇帝急得面对大臣哭泣。但此时无力回天，他只好安排后事。他派人将三个儿子分别送到外戚周家和田家，然后示意周皇后自尽，随后剑砍长公主，但因心软手颤而未砍死，事后被人背出宫去。

最后，完全绝望的崇祯在万寿山寿皇亭下自缢而死。太监王承恩也陪主子一同吊死。

李自成进入皇宫之后，尚不知崇祯皇帝已死，在宫中搜查，也没有找到，很着急。其部下讲，崇祯皇帝一定藏匿民间，不出重赏和重罚不可能找到。于是下令，交出崇祯皇帝者赏万两黄金，封为伯爵；有胆敢藏匿不报者祸灭其族。后来，才发现崇祯已吊死在万寿山。

李自成下令将崇祯的尸体连同自缢在宫中的周皇后的尸体一起送往昌平，葬到田贵妃的墓中。田贵妃是崇祯皇帝最宠爱的妃子，死于1642年7月，其墓是崇祯皇帝专门为她建造的，规模很大，颇为讲究。崇祯皇帝万万没想到，他死后竟也葬在这里。

主持崇祯尸体下葬的是昌平州吏赵一桂。据他记载，田贵妃墓的地宫隧道长十三丈五尺，宽一丈，深三丈五尺。地宫分为前后两层，各有考究的石门。第一层是享殿，共三间。殿内陈设各种祭器，正中是石香案，两旁排列着用五色绸缎制作的侍从宫人。殿内还有几个大红箱，箱内存放着田贵妃生前使用的器物衣服等。中间悬挂二盏"万年灯"。东间有石寝床一座，铺有栽绒毡，上面叠放着被、褥、龙枕等。第二层石门内是安放棺椁的大殿，共九间。内有石床，高一尺五寸，阔一丈，上面安放着贵妃的棺椁。

崇祯皇帝和周皇后的棺材运到昌平之后，先停放在祭棚之内，棚内陈设了猪、羊、金银纸扎等祭品。赵一桂和大家一起举哀祭奠，然后，由赵一桂领着夫役进入地宫，将田贵妃的棺椁从石床正中移放到右边，再将周皇后的棺材放到石床左边。最后把崇祯皇帝的棺材安放到石床正中。赵一桂又让人将田贵妃的椁取下，放到崇祯皇帝的棺上，然后点起"万年灯"，关闭石门，结束了安葬活动。

崇祯皇帝生前尚没建造陵墓，这是因为，他认为天寿山陵区已无理想的吉地，他想建陵于马兰峪，就是后来成为清东陵的地方，但即位后，国事繁乱，尚未付诸实施。所以，死后只好葬入田妃墓。田妃墓当时尚未建地上享殿，清军入关之后，为笼络人心，下令以帝后礼重新为崇祯帝后安葬，并改田妃墓为思陵，还营造了园寝建筑。于是，田妃墓升格为帝陵，成为明十三陵的最后一陵。

吴三桂之死

吴三桂得知康熙皇帝要撤销三藩，气得暴跳如雷，他原以为他将明朝的江山献给了清廷，清朝总应恩待于他，没想到竟要削去他的藩王。于是，他脱去清朝的官服，又穿上了明朝的将军服，并跑到昆明郊区，在被他绞杀的南明永历帝的坟前表示他要忠于大明故国，从此反清复明。其实，哪里是什么忠于大明故国，叛乱不久，他便在湖南常德称帝了。此时的吴三桂，联络了一批反叛将领与清军对抗，开始攻势凌厉，占领了不少地方。后来，清军调集主力讨伐吴三桂，而以剿抚兼施的办法分化其他叛军。许多反叛将领归顺了朝廷，吴三桂逐渐孤立。到后来，吴三桂的女婿、握有重兵的胡国柱也决定投降朝廷。有人将这一消息报给吴三桂，当时正是中秋佳节，吴三桂和他的爱妾歌姬正在歌舞赏月，忽听女婿胡国柱也投降了，顿时大叫一声："我的大势去了！"背过气去，倒在地下。身边的姬妾侍从惊慌失措，急忙抢救，但用尽办法，也没有抢救过来，吴三桂就这样死去了。

吴三桂死后，夏国相等人在吴三桂灵柩前扶其孙子吴世璠即帝位，在成都为吴三桂建筑陵园，一切丧事都按皇帝礼仪办理。后来，清军攻破成都，掘了吴三桂的坟墓，把他的尸体辗成粉末扬弃了。

洪秀全遗体的下落

1864年，洪秀全在天京被围时死去。对洪秀全之死有二种说法，一说服毒自杀，一说病死。持自杀说的根据，主要是曾国藩给清王朝的上奏和被删改过的《李秀成自述》。曾国藩在上奏中说："官军猛攻时、服毒而死。"删改过的《李秀成自述》也采用此说。持病死说的根据是洪秀全的儿子及干王洪仁玕的陈述及近年曾国藩的后人出版的《李秀成自述》的原本影印。《李秀成自述》原本中写道："天王已病甚重……此人之病，不食药方，任病任好，不好亦不服药。是以四月二十一日而亡。"洪秀全的儿子和洪仁玕也都说洪秀全是"病死"，"卧病升天"。由此可见，洪秀全应是病死的，死时51岁。

洪秀全病死之后，太平军将他秘密埋葬在天王府后花园。1864年7月19日，天京被清军攻破。城陷之后，清军到处抢劫财物。先是清军头目肖孚泗带一支清军进入天王府，他们在对天王府进行洗劫之后，放火焚烧了天王府。而后，清军另一个头目李臣典又率一支清军来到天王府。此时天王府已被焚，地上已无财物可抢，他们便开始挖地寻找窖藏金银。在挖掘中，发现了洪秀全的尸体。李臣典得知后，下令将洪秀全尸体焚毁，再将尸骨碾碎，然后将骨灰和火药搅在一起，放入大炮中开炮轰散，洪秀全的尸骨就这样散落在天京大地上。

太平天国天王府石舫

李鸿章之死

李鸿章在腐败的清朝廷中，掌管国家外交、军事、经贸大权达40年之久，有不少丧权辱国的条约是他签定的，像同英国签定的《烟台条约》、同法国签定的《中法会订越南条约》，同俄国签定的《中俄密约》、《旅大租地条约》、以及同日本签定的《马关条约》和同八国政府签定的《辛丑条约》等。

《辛丑条约》是李鸿章签定的最后一个卖国条约，这个条约签定之后，李鸿章遭到全国人民的唾骂，痛骂他是出卖国家权益的大卖国贼。光绪皇帝的老师翁同龢就曾当面斥责李鸿章是"中国头号卖国贼"，连张之洞、刘坤一这样的朝中大臣也对他厉声抨击。张之洞揭露他逼令杨儒签字出卖东三省，请求西太后将他"明正典刑"。一时间，李鸿章成了过街老鼠、丧家之犬，连负责保卫他住处的德国士兵也拿他开玩笑，半夜放炸药，故意惊吓他。李鸿章非常恼怒，常常吐血。

当时，李鸿章住在北京贤良寺，一直守在他身旁的是他的二儿子李经述。李经述服侍李鸿章非常尽心，每天都烧香祈祷，愿自己代替父亲去死。李鸿章死后，李经述认为自己服侍不周，想要自杀，被家人劝阻，但终日哭泣，最后吐血而死，死时39岁。

陈天华的葬礼

陈天华是中国近代史上卓越的资产阶级宣传家。他写的《猛回头》、《警世钟》曾产生过重大影响，流传极广，成为当时宣传资产阶级革命思想的锐利武器。

陈天华在日本留学时，得知沙俄侵占我国东三省，愤慨至极，咬破手指写下多份血书，寄回国内各学校，借以激励国人的爱国之情。

为了唤起国人的觉醒，陈天华于1905年12月8日在日本东京郊外的大森海湾公开蹈海殉国。

陈天华在日本蹈海壮烈殉国的消息传到国内后，引起巨大震动。人们纷纷自发组织悼念陈天华，反对侵略、反对腐败的清王朝的斗争迅速高涨起来。湖南人民决心迎回陈天华的遗骸，安葬到长沙岳麓山上。首先提出这一主张的是湖南教育会、学生自治会会长、同盟会湖南省负责人之一的禹之谟。这一主张得到各界人士的拥护和支持，他们纷纷募捐款银，支持学生代表苏凤礼去日本迎回烈士灵柩。

湖南巡抚得知这一行动后，妄图以高压手段阻止。他们传讯了禹之谟，要他停止这一活动。禹之谟愤慨地说："今台湾、胶州、广州（湾）、大连等地皆为外人所占领而不惜，独以中国人葬中国一杯土反不能容乎？"清吏无以对答。

苏凤礼到日本后，在留学生和爱国志士的协助下，终于将陈天华的灵柩运回祖国。1906年5月23日，陈天华的灵柩运抵长沙，长沙数万人参加了迎灵公葬仪式。长沙全城各校学生那一天都穿着白色制服，手里拿着小白旗在江边恭迎。灵柩上岸之后，顺着沿江大街绕行一周。人们高唱哀歌，挥动白旗，情绪激愤，路旁军警呆立观望，不敢干涉。送葬的队伍前后有十里之长。送葬结束之后，烈士灵柩被护送上岳麓山，安葬于爱晚亭西北侧。葬礼庄严肃穆，感人至深。许多热血青年，就是在陈天华这种为国捐躯的爱国精神的感召下走上革命道路的。

"五省联帅"孙传芳之死

直系军阀孙传芳，是20年代炙手可热的人物，他掌管闽、浙、赣、苏、皖五省，自命五省联军总司令。北伐战争中，他的几十万大军灰飞烟灭，于是隐居天津，皈依佛门。

没想到，佛门也不是他终老天年之所。1935年他50岁时，被为父报仇的女子施剑翘枪击身亡。

施剑翘，又名谷兰，安徽桐城人，是原山东军务帮办兼第二军军长施从滨的女儿。1925年，孙传芳为了扩大地盘，引兵北犯，直指山东。山东都办张宗昌派施从滨率部迎战。因孤军深入，施从滨在皖北固镇兵败被俘。孙传芳下令将其杀害于蚌埠火车站。施从滨家人获知噩耗后，悲痛欲绝。那年施剑翘20岁。她是施从滨的长女，下有三个弟弟，四个妹妹。施剑翘奉行"父仇不共戴天"的古训，立志为父报仇。

施剑翘有一堂叔叫施靖公，当时在山西教练队任团副，在施剑翘脱下孝服以后，便向她求婚。因血缘太近，年龄又相差悬殊，施家本不愿答应此婚事，但为了实现报仇计划，施剑翘提出，如能帮助刺杀孙传芳，她愿意以身相许。堂叔答应了她的条件，于是他们结婚了。婚后过了多年，施靖公并没有帮助刺杀孙传芳，甚至把自己的承诺置诸脑后。施剑翘深感求人不如求己，她不再指望堂叔的帮助，决定自己刺杀孙传芳。

一次，孙传芳正在阅兵，施剑翘投炸弹欲炸死孙传芳，可惜未能成功。

1935年，施剑翘探知孙传芳已经失势解甲，蛰居在天津，便赶往天津寻找孙传芳，侦知孙传芳皈依佛门，常在居士林活动，便往居士林寻找刺杀孙传芳的机会。当年农历11月13日，孙传芳前往居士林参加道会，施剑翘跟踪而至。诵经时，孙传芳坐佛堂第一排，施剑翘在第二排找了个位置坐下。下午5点15分，施剑翘掏出勃朗宁手枪，向孙传芳身后连发三枪，孙传芳立即倒地死亡。

事后，施剑翘散发传单，说明她杀孙传芳的原因，并向佛堂及信众道歉。随后到天津警察局自首。

孙传芳曾是大军阀，双手沾满了许多人的鲜血，被杀之后，多数人叫好，说是"恶有恶报"，"罪有应得"。但是，私自处死孙传芳，毕竟是有违民国法律。经法院审理，判处施剑翘有期徒刑7年。后经冯玉祥、李烈钧等将军斡旋，国民政府考虑到孙传芳是大军阀，有民愤，于是特赦了施剑翘。

韩复榘被杀始末

韩复榘原为西北军冯玉祥的部下，是冯玉祥一手提拔的心腹将领。1929年蒋桂战争爆发后，冯玉祥急电促韩部向武汉推进。而蒋介石却立即电令韩停止进兵，并派人携带巨款，借劳军之名，对韩进行收买。此后韩成为蒋介石集团的一员。但他在蒋介石集团中备受排挤，为了自己的生存发展，一直同蒋介石明争暗斗，矛盾渐渐激化。

七·七事变爆发后。韩复榘被任命为第五战区副司令长官兼第三集团军总司令。1937年12月23日，日军偷渡门台儿黄河渡口，韩复榘为了保存自己的实力，下令守军后撤。12月22日，蒋介石得知韩复榘准备撤出济南时，立即急电韩让他死守黄河。韩复榘不加理睬，率部离开济南。随又率部退到鲁西单县，成武、曹县一带。这致使津浦线正面大门洞开，日军长驱直入，使中国方面在南京失守后制定的新的战略方针难以实施。蒋介石气急败坏，对韩复榘恨之入骨，设计逮捕了韩复榘。

韩复榘被秘密押解到武昌后，软禁在"军法执行总监部"。1月21日，国民政府组织高等军事法庭对韩复榘进行审讯。审判长何应钦说："你不遵守命令，擅自撤退……这些罪行已经查实，你有何话可以申辩？"韩复榘听后，只是昂首微笑，一句话也不答复。

1月24日晚上7时左右，一个特务对韩复榘说："何审判长请你谈话。"韩复榘信以为真，就随那个特务下楼去。当他下楼到一半时，看见院子里布满了持枪待放的哨兵，他知道自己死将临头。韩说："我脚上的鞋小，有些挤脚，我去换双鞋再去。"边说边回头上楼。他刚迈出一步，枪声即响，韩回头说："你们打我……"这句话还没说完，就气绝身亡了。

韩复榘死后，《中央日报》向全国发布消息，宣传他违抗军令，擅离职守等十大罪状。韩复榘被处决当然是罪有应得。但是，蒋介石设计捕杀韩复榘也并非完全出于公心,而是带有私人之间的矛盾冲突。

"秀才军阀"吴佩孚之死

吴佩孚是直系骁将,早年曾中过秀才,人称"秀才军阀"。吴佩孚在20年代曾坐镇洛阳,控制京汉铁路,盛极一时。可革命军北伐的兵锋锐不可挡,吴最终一败涂地,流落四川,从此退出政治舞台。

吴佩孚是旧军阀,残酷镇压过革命党人,但他同时是一个有民族气节的人。1932年1月,吴佩孚抵达北平,国民党华北军政长官张学良前往迎接。一见面,吴佩孚就严厉斥责张学良不抵抗之罪,丢掉了东北三省。1931年3月1日,伪"满洲国"成立,吴佩孚特请国学大师章太炎起草了通电,进行严厉谴责,称"方今四海横流,国亡无日,佩孚以退处之身,不能默尔。"

1935年,日本侵略华北,策动成立"冀东自治政府",为使傀儡政权更有号召力和影响力,日本特务头目土肥原亲自登门拜见吴佩孚,请其出山。吴佩孚虽然官场失意,却也是铁血男儿,岂肯沦作汉奸,留下千古骂名。他以喝杯清茶、观赏鸟姿、听其鸣叫、远离喧闹岂不乐哉为词加以推脱。土肥原碰了个软钉子,仍不死心,一语双关地说道:"笼中之鸟,困于斗室,若不投林,终此一生,岂不悔恨。"吴佩孚顺手抓起一只画眉,置于掌上,只见鸟儿呼唤跳跃,终不愿飞开。土肥原见状,深知吴决意不肯出山,只得怏怏离去。

由于吴佩孚不肯与日本侵略者合作,使日寇极为恼火,视其为眼中钉。于是,日特机关使出卑鄙手段,决定除掉一再刁难且始终不与其配合的吴佩孚。1939年11月24日,吴佩孚因晚饭时嚼一大米石子引发牙疼旧病,误中日本医生毒招,高烧昏迷,后又被日本医生强行手术,于1939年12月4日,喷血而亡,享年66岁。

吴佩孚突然病逝,举世震惊,一时其死因成为街谈巷议之"谜"。日寇则利用操纵控制北平媒体的条件,多方散布谣言,企图掩盖事实。但时隔不久,合众社、路透社、中央社等就做出了相关报道,使真相大白于天下。如中央社香港12月17日电指出:"吴佩孚将军之死,经各方面调查,得悉吴非因病致死,确系经威胁利诱,迫其发表新政权宣言,经吴拒绝,乘吴牙疾就医致死。"

吴佩孚死后,蒋介石摒弃历史恩怨成见,亲自发来唁电。国民党政府追赠他为一级上将。

军统头子戴笠之死

戴笠出生于一个破落的地主家庭,后来到了上海,和杜月笙、黄金荣等流氓头子搅在一起。这时,恰逢蒋介石被迫下台,来到上海,戴笠每天到蒋介石的住所,主动替蒋担任警卫。

1928年蒋介石恢复总司令职务,掌握党政军大权以后,戴笠自动搞些情报,蒋后来亲自召见表示嘉勉,并按月发给较大数量的活动费。戴笠便进一步组织起秘密机构，大肆活动起来。到1932年春天复兴社组织成立时，戴便当然成为特务处处长。

戴笠可以说是一个不学无术的人，但他有一套特殊的"术"。他的"术"就是经常窥探蒋介石的意图。

戴笠深知蒋介石铲除异己，嗜杀成性，戴笠投其所好，成为穷凶极恶的刽子手。先后暗杀了中国共产党党员吉鸿昌，进步人士杨铨，异己分子张敬光、刘湘，还有北洋军阀时代总理唐绍仪和不满蒋介石的史量才等。戴笠派一组黄埔毕业生，警卫蒋介石的安全，这些人跟随摸清蒋的生活，喜欢和一些什么人来往，逢年过节，戴笠向蒋家所有的仆人送礼。对蒋介石身边的元老权贵，竭力讨好。对蒋介石看不顺眼的人，则给予打击诬害，以博取蒋介石的欢心，所以戴笠职位权力是蒸蒸日上。

戴笠的飞黄腾达，是在西安事变之后，当时何应钦力主讨伐，欲置蒋介石于死地。戴笠为了表示"效忠"于蒋。就同宋子文、宋美龄等到西安去见蒋介石。一见到蒋，就跪在蒋的面前，痛哭失声，臭骂自己失职。西安事变和平解决后，蒋介石认为戴笠确是一条忠实的走狗，对他另眼相看。

1938年，戴笠升为军事委员会调查统计局局长，兼财政部缉私处处长，和财政部战时货物运输管理局长，于是特务处由十个特务逐步发展到十万个。

1946年3月17日，戴笠乘航委会专用飞机由青岛飞往上海，因为气候恶劣，不能降落，准备直飞重庆，经过南京时由于云层低，又遇雷雨，与导航机失去联络，被迫要在南京降落，就在板桥镇，飞机在岱山撞落坠毁，戴笠等人全部毙命。

女谍川岛芳子的末日

满清王朝覆灭后，皇室余孽图谋借助日本复辟，为了在与日本政府谈判中提高地位，肃亲王狠心将自己天资聪颖的女儿送给日本人川岛浪速作养女，改名川岛芳子。

后来，川岛芳子在上海结识了日本驻上海公使馆武官辅佐官田中隆吉陆军少佐，田中的真实身份是日本驻上海特务机关长。田中隆吉正想物色一名女谍报人员，他选中了芳子。而川岛芳子，一心一意要实现父亲复辟清朝的愿望，于是心甘情愿地作日本间谍。

1931年，"九一八事件"爆发后，奉天特务机关长土肥原贤二，命她返回上海，同田中隆吉在上海挑起事端，制造侵华借口。她还通过各种渠道收集了中方大量情报。日本政府根据这些情报，悍然决定出兵上海，就这样，以日本军方策划，以川岛芳子挑起的"和尚事件"为导火索的"一二八"事变爆发了。

川岛芳子于1932年4月返回大连，投靠了伪满军政部最高顾问多田骏大佐的麾下。成立了由川岛芳子为司令的"安国军"，川岛芳子也改名为金璧辉，成为日本侵华的急先锋。

1935年8月，多田骏调任天津中国驻屯军司令官，金璧辉失去了靠山，在满洲日子愈加不好过，不久即因热门作战失利被解除了安国军司令的职务。金璧辉到天津投奔多田骏。在不多的几个月中，金璧辉策划了暗杀马占山（未遂）、丰台暴乱，策动石友三投靠日本人，秘密组织"华北自治委员会"等。1935年年底，失去了利用价值的金璧辉被军方打发回了日本。

1937年"七七事变"后，金璧辉乘机返回天津，大作黑市买卖，成为一个中国饭庄的女老板。日本无条件投降后，国民党宪兵逮捕了她。

1947年10月22日，河北省高等法院经过多次审讯后以汉奸兼间谍罪判处金璧辉死刑。1948年3月25日，金璧辉在北平第一监狱被处决。

内幕细节

李隆基是怎样当上皇帝的

　　唐玄宗李隆基本是睿宗李旦的三儿子，按封建宗法制度，皇位应传给长子，而不应该传给他。睿宗的长子李成器，博学多识，为人谦和，而且对音乐很有研究，曾做过杨贵妃的音乐教师。既然长子有才，为何还要传位给三儿子呢？说起来，这中间还有一段很感人的故事。

唐玄宗李隆基像

　　唐睿宗在历史上曾二次即位，第一次是在公元684年，即位不久，就立6岁的长子李成器为太子。后武则天废唐建周，睿宗被降为皇嗣，李成器也失去太子身份。武则天退位后，中宗李显继位，但韦皇后企图仿效武则天临朝移制，便与安乐公主一起毒杀了中宗。这时，李隆基率军攻入宫中，杀死韦皇后及安乐公主等人，睿宗因此又重新登上皇位。睿宗这次登基之后，在立太子问题上犹豫起来。按宗法制度应该立长子李成器，况且他第一次继位时已经确定过李成器的太子身份。但这次登基全靠三子李隆基，到底立谁，他一时也拿不定主意。李成器看出父亲的心思后，主动向父亲提出让位于李隆基，说李隆基于国有功，应立为太子。看到睿宗仍举棋不定，李成器又多次恳求，甚至泪流满面地恳请父亲答应他的请求。睿宗终于被李成器的真诚所感动，同意了他的请求。李隆基得知此事后则表示，位传长子是制度，他不能接受，并多次上表推辞。由于李成器决心辞让，李隆基最后被立为太子。

　　李隆基为其兄的真情所感动，兄弟之间感情日深。他曾让人制作了一床大被和一个长枕，与李成器等兄弟同枕共眠。睿宗得知后非常高兴。登基之后，唐玄宗在他办公的兴庆宫旁盖了一座楼房，取名"花萼相辉之楼"，意思是说，兄弟之间和睦友好就像花和萼那样相依而生，不能分离。唐玄宗和他这位长兄的感情一直很好。公元741年，李成器病逝，玄宗得知后失声大哭。第二天，他便下诏追谥李成器为"让皇帝"，并下令以皇帝之礼安葬，其墓地也以皇帝的规格称"惠陵"。

　　历史上多见兄弟之间为争皇位相互残杀，像李成器与李隆基这样手足情深、互让皇位的实属罕见，这也是历史上的一段佳话。

北宋二帝被俘后的遭遇

　　宋徽宗赵佶是位昏庸的皇帝，据说金兵直逼东京时，他又气又急，拉住一位大臣的手说："没想到金人会这样对待我。"话还没说完，便气塞喉咙，昏厥过去。大臣们急忙请来太医，好不容易才把他救醒。醒来之后，他便要来纸笔写下"传位东宫"的诏书，把皇位传给太子，继位的太子就是宋钦宗。宋钦宗和宋徽宗一样，也是苟且偷安、不思自强之辈，结果断送了大宋江山，自己也做了俘虏。被俘的还有徽宗和他的哥哥、弟弟及他的32个儿子、22个女儿，除九子赵构在外勤王、幼女仅一岁外，都做了俘虏，连同宫廷后妃、宗室贵戚、大臣约三千人被金掳到北方。钦宗临行时，金兵令他换上青衣，头戴毡笠，乘坐黑马，并派士兵监押。

　　当时正是四月天气，北方还很寒冷，徽宗、钦宗二帝和郑氏、朱氏二皇后衣服都很单薄，晚上经常冻得睡不着觉，只得找些柴禾、茅草燃烧取暖，夜里睡在地上，又湿又潮，破屋四面透风，活像囚徒一样。金兵每天只供给他们一次饭水，饭是发了霉的干饼和豆饼，朱皇后由于吃了变质的食物病了，宋钦宗低声下气地求金兵给她水喝，竟无一人理会。钦宗的朱皇后当时26岁，艳丽多姿，经常受到金军官兵的调戏。一次，一个叫骨碌都的金兵调戏她，吓得她心腹疼痛，这个骨碌都竟上去用手摸她的肚子说："病好了，病好了。"金军官兵饮酒作乐时，还常常强迫两位皇帝像侍从一样侍立一旁，让两位皇后一旁陪饮或唱歌助兴，被掳人员到达金朝京师会宁府时，金人举行了献俘仪式，命令二帝及其后妃、宗室、诸王、驸马、公主都穿上金人百姓穿的服装，头缠帕头，身披羊裘，袒露上体，到金朝阿骨打庙去行"牵羊礼"。朱皇后忍受不了如此奇耻大辱，当夜自尽了。金人还为两位皇帝起了侮辱性封号，称宋徽宗为"昏德公"，称宋钦宗为"重昏侯"。

　　二帝被劫持到北方后，先被关押在五国城。一天，二帝遇到一位来自宋朝京师的老者，同忆往事，放声大哭，恰被路过的五国城统领遇到，二帝遂被打了十几鞭子。二帝在五国城受尽折磨，一日徽宗将衣服剪成条，结成绳准备悬梁自尽，被钦宗抱下来，父子俩抱头痛哭。后金人又将二帝移往均州，此时徽宗已病得很厉害，不久就死在土炕上了，钦宗发现时，尸体都僵硬了，徽宗的尸体被架到一个石坑上焚烧，烧到半焦烂时，用水浇灭火，将尸体扔到坑中。据说，这样做可以使坑里的水做灯油。钦宗悲伤至极，也要跳入坑中，但被人拉住，说活人跳入坑中后坑中的水就不能做灯油用了。所以，不准钦宗跳入坑中。徽宗死时54岁。徽宗死后，钦宗继续遭受折磨，最后也惨死在北国。

朱棣为何铸造永乐大钟

　　永乐大钟是明朝永乐年间明成祖朱棣下令铸造的。朱棣为何要铸造这样一口大钟，这还要从朱棣夺取其侄儿皇位说起。建文帝朱允炆即位之后，采取"削

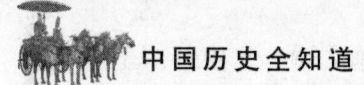

藩"的办法,收回各藩王的权力。当削到燕王朱棣头上时,早有夺位野心的朱棣便乘机起事,和侄儿打了起来,一直打了三年,最后攻入南京,逼得侄儿建文帝投火自焚,也有人说是出家为僧了。朱棣夺得政权,又连带杀了数万人,登基后的朱棣迁都北京,改年号为永乐。朱棣笃信佛教,认为自己是武力称帝,又杀了这么多人,怕遭来世报应,总想得以解脱。由于佛法认为铸造佛钟能消灾灭难,于是,朱棣便在"惟功大者钟大"的指导思想下,决定铸造一口满饰经咒的特大佛钟,既表示自己对佛的虔诚,又表达了"歌功颂德,志面定鼎"的意思。这样,一口全国最重、铸有经咒铭文最多、质量最好的特大佛钟便问世了。

明代宗朱祁钰死后为何未葬十三陵

明朝自朱元璋起共传12代16帝。这16位皇帝中,除明太祖朱元璋死后葬于南京明孝陵,明惠帝朱允炆因靖难之役不知去向外,其他14帝中的13帝,包括吊死在煤山的明思宗朱由检都葬在十三陵,惟有明代宗朱祁钰死后没葬在十三陵,原因何在?

明代宗朱祁钰是因土木堡事变当上皇帝的。1449年,蒙古瓦剌部队大举南下入侵,明英宗朱祁镇在太监王振挟持下率大军迎战,结果在土木堡兵败被俘。皇帝被俘,引起京城一片混乱。当时留守京城的于谦等人,为安定民心,粉碎瓦剌人的要挟阴谋,拥立英宗的弟弟朱祁钰为帝,即代宗,年号景泰,遥尊被俘的英宗为太上皇。结果,瓦剌人要挟目的没达到,入侵又屡遭失败,被迫将英宗送回。英宗回来之后,与代宗发生了帝位之争。1457年,英宗趁代宗病重之际,发动了夺门之变,重新做了皇帝。重新做了皇帝的朱祁镇,以谋逆罪杀害了拥立代宗的于谦等人,废除了代宗的帝位,贬为郕王,改元天顺。不久,朱祁钰死去。对于朱祁钰之死,有的说是病死,有的说是为英宗所杀。夺门之变时,代宗确实病得很重,英宗夺位成功后,即对其严加限制,不准医生为他治病,不准他随意活动。谁知这一限制倒救了他。他的病本因纵欲过度所致,帝位被废,活动受到限制,无法接近女色,病竟慢慢好起来。这一来,倒使英宗感到了威胁,于是,英宗派太监用帛将他勒死了。

朱祁钰死后,英宗不准他葬于十三陵,下令将他在十三陵营造的寿陵废掉,改以亲王身份葬于北京西山,称景泰陵。英宗死后,他的儿子朱见深继位,即宪宗。宪宗念其叔父迎还英宗有功,恢复了景泰年号,并以皇帝之礼重新布置了景泰陵,但他毕竟没进十三陵,于是,朱祁钰成为明朝惟一失去进十三陵资格的皇帝。

康熙是怎样当上皇帝的

康熙是我国历史上一位颇有作为的皇帝,他在位61年,励精图治,使中国成为一个疆域辽阔、民族众多、经济繁荣的封建帝国。

但很少有人知道,康熙当上皇帝全靠一名德国传教士的一句话。

康熙的父亲顺治皇帝福临是患天花突然死去的,死时年仅24岁。当时天花是一种不治之症。福临有八个儿子,长子和四子早已夭亡。四个幼子尚在襁褓之中,惟有二皇子福全和三皇子玄烨稍大,但也都没满十岁。是传位给二皇子福全,还是传位给三皇子玄烨,还是传位给四个幼子中的一个,顺治皇帝在病危时尚拿不定主意。于是,他让人把汤若望找来,想听听他的意见。

汤若望是德国的传教士,精科学,通历法,懂医学,曾治好过顺治皇帝皇后的病。皇太后认汤若望为"义父",顺治皇帝称他爷爷。当时,汤若望主持清朝钦天监的工作,是负责天文工作的最高官员。顺治皇帝十分宠信他,加封他为正一级,经常召见他,与他商讨重大事务。他也经常直言进谏,少有顾忌。这次,顺治皇帝召他来征求皇室立嗣的重大问题,可见对他的器重和依赖。

在中国,皇位继承有传嫡不传庶、立长不立幼的传统。玄烨既不是皇后所生,也不是长子,而且他的生母还是汉族女子,这三条都是他继承皇位的障碍。然而,汤若望却对顺治皇帝说:"陛下当立三子玄烨为皇太子。"他的理由是,玄烨已出过天花,有了免疫能力。二子福全没有出过天花,将来有可能患这种不治之症。顺治皇帝听后感到很有道理,于是决定传位给三子玄烨。就这样,一名德国传教士的一句话使玄烨当上了皇帝。

清宫四大奇案

清宫四大奇案,首推顺治帝出家。顺治帝名福临,庙号世祖。他生前好僧,自称是"佛门弟子"。顺治十八年正月,朝廷突然以大丧告天下,说是年仅24岁的顺治帝死了。但另有传说,说顺治帝没死,而是伤感于皇贵妃董鄂氏之死,遁迹五台山出家去了。

另有两件皆和雍正帝有关,即他的继位谜和身死谜。雍正帝名胤禛,庙号世宗,为康熙帝的第四子。康熙帝生前似乎无意传位于他,倒是对十四子颇为倚重。因此雍正帝如何爬上了皇帝宝座,就成了众说纷纭的谜。历来传说是雍正帝与尚书隆科多合谋篡改遗诏,将"传位十四子"改为"传位于四子",使雍正帝名正言顺地成了继位人。不过,对这一传说也有人提出异议。主要是:"十"和"于"在当时绝不通用,这一看法也有一定道理。

雍正帝上台后,大肆杀戮,文字狱更是害死了不少人。浙江学者吕留良,曾与黄宗羲、高斗魁等结识,明亡后,图谋复兴,备尝艰苦,事败后,剪发为僧。死后多年竟因为曾静劝说川陕总督岳钟琪反清一案牵涉,被人告发,吕留良被戮尸,家族被夷灭,一家只逃了一个孙女吕四娘。后来吕四娘学得拳脚绝技,终于割去了雍正帝的脑袋。据传说,雍正帝暴死后,是用黄金刻了个脑袋入殓的。

第四奇案当数光绪帝之死。光绪帝名载湉,庙号德宗,本是慈禧太后妹夫醇亲王的儿子。慈禧亲生儿子同治帝19岁死后,慈禧便选中这个只有4岁的姨侄做了皇帝。不过,光绪帝名为皇帝,实为傀儡,处处受制于慈禧,双方矛盾愈演愈烈,直到戊戌变法失败,慈禧便干脆把光绪帝囚禁在瀛台。由于光绪帝死于慈禧之前,因此,过去有慈禧毒死光绪帝一说,近来又从故宫历史档案中查到有关资料，认为光绪帝确系病死。

太平天国封了多少王

1851年，金田起义之后，洪秀全自称天王。攻占永安之后，洪秀全制定官制，分封杨秀清为东王，萧朝贵为西王，冯云山为南王，韦昌辉为北王，石达开为翼王。这时，太平天国封王很严格，诸王都是对太平天国很有贡献的将领，是太平天国的领导核心。当时他们都很年轻，洪秀全38岁，杨秀清29岁，萧朝贵二十余岁，冯云山37岁，韦昌辉26岁，石达开20岁。以后，太平天国又陆续分封了一些王，到1861年时，分封的王就有一百多位了。但这时大部分被分封的王还是有作为的，有的表现还很突出，如燕王秦日纲、豫王胡以晃、求王林凤祥、清王李开芳、遵王赖文光等。天京事变之后的封王，就很混乱了。洪秀全在经历了天京事变之后，对周围的人都不敢相信了，于是便分封自己的亲属，其兄长、侄儿、外甥、女婿都被封了王。仅本家子侄就封了二十多个王。其堂兄洪仁政为天王管了几年衣服，也被封为恤王。为了调节矛盾，又不得不分封一些外姓王，这样越分越多，越分越乱，到最后竟封了二千七百多个王。以至到后来无王号可封了，就一律称"列王"，"列王"封得多了，竟别出心裁地在王字上面加"三点"。这充分暴露了太平天国后期的腐败状况。后期分封的诸王中，也有几位出色的年轻将领，如为太平天国后期斗争做出重要贡献的英王陈玉成和忠王李秀成。

被捕后的戊戌六君子

发生在1898年的戊戌变法，仅仅经过103天，就被以慈禧为代表的顽固势力镇压了，光绪皇帝被囚禁，变法领袖康有为、梁启超亡命海外，六位参与变法的人被残酷地杀害，时人概称被杀的这六人为"戊戌六君子"。这六位变法参与者被捕之后，表现不尽相同。谭嗣同、林旭、杨深秀、刘光弟被捕之后，视死如归，以能为变法献身而感到自豪，可谓真君子。

谭嗣同被捕前，本有机会脱险，但他没有走，他说："各国变法，无不从流血而成，今日中国未闻有因变法而流血者，此国之所以不昌也，有之，请嗣同始。"被捕之后，在狱中神色从容，曾题诗壁上以明叫志；临刑前，奋力高呼"有心杀贼，无力回天，死得其所，快哉快哉！"林旭被捕入狱后，泰然自若，"时时作微笑"，就刑时神色不变。杨深秀在狱中写下了"缧绁到头真不悔，未知谁复请长缨"的豪迈诗句。刘光弟就义时"神气冲夷，澹定如平日"，昂首不跪。这四人的表现令世人敬佩。

杨锐和康广仁与上述四人情况有所不同。杨锐是张之洞为安插亲信，托湖南巡抚陈宝箴举荐给光绪的。在变法形势严峻的时候，杨锐动摇了，感到胆怯，想抽身而退。被捕时，他说，"我当差方五日，而未上一折，同遭祸，岂非冤孽乎！"临刑之际，还提出"愿明心迹"，要向慈禧申诉。康广仁确是屈死鬼，他对康有为的变法本就持反对态度，他"力言新旧水火，大权在后，决无成功，何必冒祸"。并多次要康有为逃离北京。被捕后，在狱中，他成天以头撞壁，又哭又叫，说："天哪，哥哥的事，要兄弟来承担。"这两人的表现有欠君子本色。

戊戌变法后的翁同龢

翁同龢是江苏常熟人，26岁中状元，曾先后担任同治和光绪的老师二十多年。他在国家民族危亡之时，坚决主张抵御列强入侵，实行维新变法。在中法战争时，他明确主张抗战，支持张之洞，反对李鸿章。甲午战争时，他力主抗日，《马关条件》签订后，他当面斥责李是"中国头号卖国贼"。在戊戌变法中，他积极支持光绪皇帝变法，成为光绪的智囊，是支持变法职位最高的官员，他曾密访康有为，讨论变法事宜，曾为光绪皇帝起草了许多变法文件，他对慈禧独揽朝政、压制变法不满，慈禧对翁同龢也非常忌恨。当变法运动兴起之时，慈禧曾厉声质问翁："阁下究竟有多大，竟有这样能量，把好端端的大清王朝搅得如热锅上蚂蚁。"翁同龢则坚定地回答："我现在已经68岁了，但我只是维新强国的一名童子，但愿还能活上68岁，看到这变法的成果。"慈禧十分恼怒，逼迫光绪皇帝立即解除他的职务，送回原籍。翁同龢回家乡常熟不久，传来变法失败，皇帝被囚，六君子被杀，康有为、梁启超逃亡的消息。翁同龢深知慈禧阴险狠毒，一定会继续迫害于他，为了预防杀身之祸，他为自己的住处写下"瓶庵"两字，意守口如瓶。后来又在院子里挖了一口井，一旦事急，就投井自杀。果然，慈禧没有放过他，她下了一道诏书，把他削职为民，宣布永世不得叙用，并且将他交地方官严加管束，每月初一、十五要汇报思想。削职罢官，翁同龢没当回事，可让他向地方官每月两次汇报思想，翁受不了这种侮辱。于是，他想了个办法，每当地方官要来时，他便早早地离家、上虞山翁氏墓地白宫堂回避了。地方官也不愿让当朝名人、两帝老师向自己叩拜，但圣旨难违，又不能不来，所以，总是迟迟来，翁府家人说翁大人出去了，他也不究，有时就在堂上坐一会；欣赏墙上"瓶庵"二字，并连连称赞。以后，就形成了默契。早走晚来，不需见面。慈禧倒也没有深究。就这样，翁同龢于1904年在乡下平淡地去世。去世后葬虞山翁氏墓地。墓碑上写着"清朝削籍大臣之墓"。1985年，翁同龢墓地被江苏省人民政府列为江苏省文物保护单位，并被修葺一新。

迫于八国联军压力而遭赐死的清朝官员

义和团运动沉重地打击了帝国主义，粉碎了帝国主义瓜分中国的迷梦。

义和团运动被镇压之后，八国联军向清政府施加压力，要求清政府惩办支持过义和团的官员。此时，腐败无能的清政府已无力保护自己的大臣。尤其是慈禧得知帝国主义不再追究于她后，在惩办支持过义和团的官员问题上，更是处处屈服讨好于帝国主义。慈禧最后下令，治罪庄亲王载勋，军机大臣赵舒翘，查营大臣英年，以"庇拳启衅"的罪名赐这三位大臣自尽。

庄亲王被赐自尽前,已被削去爵位,圈禁在山西蒲州御史行台。**当奉诏前来宣读赐自尽谕旨的钦差葛保华到达时,门外还放炮迎接。**钦差进门登堂稍作寒暄后,即出堂巡看,发现行台后面有一座古庙,便选中一间,令左右在梁间悬帛,然后锁上房门,重返大堂后,令载勋跪听圣旨。载勋听完圣旨后,愤愤地说:"自尽耳!我早知必死,恐怕老佛爷亦不能久活。"接着要求和亲人话别,他嘱咐儿子说:"尔必为国尽力,不要将祖宗的江山送洋人!"说完,询问:"死所何处?"钦差引他至古庙中那间空房,他看到梁间已经悬帛,便主动上吊死去。

赵舒翘的自尽颇有点曲折。他被夺职软禁后,还对慈禧抱有幻想,认为太后一定会赦免他。当时,老百姓对清政府一味屈服迁就洋人感到愤慨,便聚集到军机处,请求免于处死赵舒翘。荣禄见群情汹汹,不可遏止,很是害怕,便建议慈禧迅速赐赵舒翘自尽。慈禧表示同意,派陕西巡抚岑春煊前往宣读。赵舒翘听完圣旨后,问还有后旨没有,此时他还不相信慈禧会杀他。待确信无望后,开始吞金自尽,结果没死,反而精神大增。岑春煊又令他吞大烟,仍没死,最后让他服下砒霜,又用棉纸将其口鼻等孔粘上,这才使他慢慢死去。

武昌起义时间两次变动的原因

四川保路运动促进了湖北革命运动的发展,也为武装起义创造了条件。1911年9月24日,湖北的两个革命组织文学社和共进会合并,召开联合大会,成立湖北革命军总指挥部,讨论和决定发动起义的计划,决定于1911年10月6日中秋节那天举行起义。

清北军政府旧址

正当起义准备工作紧张进行时,两件意外事件的发生,打乱了原定的起义日期。一件是,南湖炮队士兵与长官发生冲突,引起各方警觉,加上当时社会上"八月十五杀鞑子"的流言四起,清政府大为惊慌,开始加强戒备、增派部队、收缴新军子弹,中秋节时还实行了戒严。起义日期不得不推迟,起义总指挥部决定改在10月11日起义。不料,10月9日又发生一件意外事件:当时,总指挥部参谋长孙武与军事筹备委员邓五麟在汉口俄租界福善里14号机关装备炸弹,一

位叫刘同的同志在旁边观看,他叼着一支烟卷,不小心烟灰弹到炸药上,引起爆炸,孙武头部受伤,血流满面,被人从后门抬出14号机关,送往德租界同仁医院抢救。不远处的俄国巡捕听到爆炸声,马上奔来搜查,发现了起义用的旗帜、文件、名册等,俄巡捕将搜查到的东西送交清政府湖广总督瑞澂,起义秘密泄露。瑞澂立即宣布戒严,调派巡防营搜捕革命党人。武昌、汉口的机关被破获,三十多名革命党人被抓。起义总指挥蒋翊武得知事变后,认为"与其坐而被捕,不如及时起义",于是,蒋翊武以临时总司令名义发布起义命令,规定10月9日晚12时以南湖炮队鸣炮为号,一起发动起义。但负责向南湖炮队传达命令的同志却因清军戒备森严没有及时赶到。各路起义军因没听到炮响便都没行动。而清军却于当晚逮捕了彭楚藩、刘复基、杨洪胜三位革命党人,并于10日凌晨将他们杀害。消息传来,群情激愤。在失去领导的情况下,革命士兵自发行动起来,拉开了起义的序幕,并最终取得了这场改变中国命运的伟大战役的胜利。

只供袁世凯一人读的报纸

袁世凯的长子袁克定十分支持帝制,他认为,一旦帝制建立,他就是明正言顺的太子。为了促使袁世凯早下决心改制称帝,袁克定和袁世凯的几个心腹亲信策划印制了一份专供袁世凯一人阅读的《顺天时报》,报纸上刊登的是清一色的拥护帝制和赞扬袁世凯的文章。袁世凯对这份报纸十分满意,每天必看。袁世凯称帝之后,这份特殊的报纸还在印着,袁世凯一直被蒙在鼓里。

有一天,袁世凯的一位大臣赵尔巽前来谒见,当时袁世凯不在,赵看到袁桌上有一份《顺天时报》,顺手拿起翻看,大为惊奇。正在此时,袁世凯来了,问赵怎么回事。赵结结巴巴地回答:"这份《顺天时报》怎么和我家的那份不一样?"袁世凯立即派人去赵尔巽家拿来他那一份《顺天时报》,两张报纸一对照,方知自己上当受骗。从赵尔巽家里取来的那份《顺天时报》登载了许多反袁、讨袁的文章以及护国军胜利等方面的消息,而袁世凯自己的这一份《顺天时报》却都是拥戴他的文章和消息。后来,袁世凯得知这是他的几个心腹和他的大儿子搞的名堂,结果把几个心腹找来大骂一顿,对他的大儿子也不再信任了。

曹汝霖、陆宗舆、章宗祥被免职后的结局

五四运动时,愤怒的人民要求严惩曹汝霖、章宗祥、陆宗舆三个卖国贼。1919年6月10日,北洋政府迫于全国人民的压力,下令罢免了这三人的官职。

被免职后的这三人,最后结局如何呢?

陆宗舆在罢官之前,他的家乡浙江海宁盐官镇的乡民就召开万人公民大会,通过公决,将他开除乡籍,并为此发表公报,通电全国。被罢官之后,乡民又为他立了三块石碑,上刻"卖国贼陆宗舆",每块长约五尺,分别竖在邑庙前、北门外海塘镇与海塔下,至今还有一块陈列在南湖革命纪念馆中。五四运动后,陆宗舆无颜回故乡,曾任过一些闲职,最后躲进租界公寓,1941年因肺炎死于北

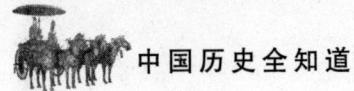

京，终年 66 岁。

曹汝霖被赶下台后，极力为他的罪行辩护，并发誓今后再不卷入政治，要做一个"在野"之民，并自号"觉庵"。此后，他热衷金融。抗战时期，曾出任华北敌伪政权的"咨询委员"。抗战胜利后，被国民党政府以汉奸罪抓捕，后由蒋介石下令释放。解放前夕，他逃往香港，后移居日本，1957 年迁往美国，与女儿一起生活，1966 年 8 月 4 日病死在美国底特律，终年 90 岁。

章宗祥被免职后，曾到银行供过职，后长期避居青岛。抗战时，尚能明哲保身。日本投降后，他改名换姓，迁居上海，在兆丰公园摆一书摊，代人写信，挣钱度日。1949 年后不再设摊，而靠在大学任教的儿子赡养。1962 年 10 月病逝于上海，终年 83 岁。

在"二十一条"上签字的中国外长当了修道士

1915 年，日本乘西方列强忙于第一次世界大战无暇东顾之机，加强了对中国的侵略。它凭借强权，抓住袁世凯想复辟称帝的心理，提出了旨在灭亡中国的"二十一条"。袁世凯得知条约内容，也意识到这是灭亡中国的条件，如要答应，必遭致全国人民的讨伐，成为千古罪人。他曾想让英美等国出面干预。但英美等国也只是对日本照会一下而已，没有具体表示。日本因此越发嚣张，步步紧逼，同时明确表示，如袁世凯答应"二十一条"，日本将支持他做皇帝。当时，日本公使日置益对袁世凯说："总统如能接受此种要求，日本政府从此对袁总统亦能遇事相助，日本希望贵大总统高升一步。"袁世凯既怕遭国人唾骂，但更怕失去日本这个靠山，失去复辟称帝的机会。最后，他还是不惜出卖国家利益，接受了日本的"二十一条"。

袁世凯令外交总长陆征祥前往办理签字手续，陆征祥深知签字的责任和罪孽，可又不敢违命得罪袁世凯，陆在签字的前一天，将此事告诉了他的比利时夫人培德。洋太太听了大为震惊，没想到自己的丈夫竟同意去签这样的卖国条约，她卑视地说："真不了解你们中国人，以中国这样的广大众民，对付三岛的日本国，竟然像老鼠见了猫一样的怕。"陆征祥甚感惭愧，无言以对。后来，他的夫人离开了他，去了法国；陆征祥为袁世凯在"二十一条"上签字之后，来见袁世凯，袁说："陆先生累了。"陆征祥说："精神倒也支持得了，不过我签了字，即是签了我的死案。"

1926 年，培德病逝在法国巴黎的一所医院。弥留之际，她给陆征祥留下一段遗言："文欣，你平生一切都对得起我，只有一件事，我认为最不光彩，这件事不仅对不起我，也对不起你的国家。我死了之后，你最好赶快到比利时从前我学习的教堂里去服务，也许能得到上帝的赦免。永别了。"陆征祥得知夫人临终遗言，痛哭不止，绝饮数天之后，便依照遗言，去了比利时，进入布鲁日本笃会修道院做了修道士，后升为本笃会司铎，1946 年调比利时刚城圣伯多禄修道院任名誉院长，1949 年 1 月去逝，终年 78 岁。

中山陵为何选址紫金山

孙中山是广东香山人,晚年病逝于北京,他在南京的时间很短暂,为何陵址却选在南京紫金山呢?

原来,孙中山在南京任临时大总统时,曾和胡汉民等人到东郊打猎,他们从明孝陵转到半山寺时,孙中山放目四望,指着远处的方山和回环如带的秦淮河说:"你们看,这里地势比明孝陵还要好,山水相衬,气势恢宏,不知明孝陵为何不选在这里。"胡汉民说:"这里确实比明孝陵好,前有照,后有靠,左右有沙环抱,加之秦淮河环绕着,真是一方大好墓地。"孙中山笑着对众人说:"他日我辞世后,愿向国民在此乞一抔土,以安置躯壳。"

1925年3月,孙中山病重弥留之际,宋庆龄、何香凝、汪精卫等人在病房悄悄谈起后事,谈到墓地问题时,汪精卫说道:"我认为总理倘有不测,葬在北京景山最宜。"淡论时,孙中山本已昏睡,但恰在此时醒来,听得汪精卫之语,连声说道:"不,不,我要葬紫金山。"在场的人都很吃惊,为安慰他,齐声应允,但无人知道紫金山在何处。

孙中山病逝之后,在讨论归葬之地时,汪精卫说,孙总理欲葬紫金山,但不知此山在何处。大家议论纷纷,但都说不清楚。当时在场的国民党元老陈去病是江苏吴江人,曾担任过江苏省博物院院长,对南京十分熟悉,他对众人说,总理欲葬的紫金山,就是明孝陵所在的钟山。经他这么一说,大家顿时醒悟过来。原来孙中山说的紫金山,就是当年他看中的钟山半山寺这一地方。为此,陈去病还专门写了一篇《紫金山考》,送各家报刊发表。宋庆龄、孙科和葬事委员会的代表还亲自来紫金山做了实地勘察。最后,墓地确定了下来,这就是今天南京中山陵所在地。

张作霖皇姑屯被炸秘闻

皇姑屯炸车案是一起典型的政治暗杀案,主谋就是日本政府。日本人为什么要杀害张作霖呢?

张作霖是日本人扶植起来的,为此,张作霖出卖国家利益,给了日本人很多好处。但日本无止境的索取和扩张,也使张作霖有所顾忌,因为自从日本向袁世凯提出灭亡中国的"二十一条"后,反日浪潮很高,张作霖也不敢完全满足日本的要求,这引起了日本的不满。

1927年,日本政府决定向张作霖提出其在满蒙的各项特权,并准备迫使他全部答应,否则就用武力解决奉系,或者"换马"。于是,日本人开始向张作霖步步紧逼,张作霖对此深感恼火。

一日,张作霖正在打牌,日本公使芳泽紧急来访,向张作霖提出中日合资修筑吉会铁路的无理要求。芳泽说,如能答应,日方可设法阻止北伐军过黄河。张作霖正色回答说,家中的事,不劳邻居费心,即便被北伐军打败,也可以退回关外。芳泽见张作霖不肯答应,便威胁说,如果满洲治安受到影响,日本政府将不得不采取措施;同时提出,张宗昌的部下在济南杀死几十名日本侨民,张作霖要负全部责任。张作霖气得从座位上一跃而起,把手里的翡翠旱烟袋摔成两段,恼怒地说:"此事一无报告,二无调查,叫我负责,岂有此理!我这臭皮囊不要了,也不能叫我子孙抬不起头来。"说罢,扔下芳泽扬长而去。

日本人见张作霖不肯就范,便下决心除掉他,并把这一任务交给日本关东军高级参谋河本大作大佐去策划执行。

河本决定用炸车的手段谋杀张作霖。他将爆炸地点选在皇姑屯附近的京奉、南满铁路的交叉点,炸药的引爆装置设在200米外的一个哨舍里,当时特设了两个起爆按钮,以防万一。河本还组织了一支突击队,一旦张作霖没被炸死,则突击队趁着混乱冲上去将张作霖杀死。他还找了三个吸毒的无赖充当替死鬼,以便到时转移视线,把水搅浑。

1928年6月3日,张作霖的专列一启动,日本人即给河本拍去电报。随后,沿途的日本情报人员按时将列车行进的时间准确无误地报告给河本。张作霖的专列驶进爆炸地点,河本命令东宫大尉起爆,东宫随即按下了起爆按钮,但没有爆

张作霖像

炸,急得他大叫:"糟了,快按备用按钮。"旁边的神田中尉马上按下备用电钮,只听一声巨响,张作霖乘坐的车箱被炸飞了。张作霖乘坐的这节车箱,是当年慈禧太后乘坐的专用花车。东宫在确认张作霖必死之后下令撤退,撤退前他命令部下收好全部引爆用的电线,还亲自用靴子仔细地将被电线压倒的野草撩起来,直到全部消除了电线留下的痕迹才退去。炸车后的第二天,日本人还假惺惺地邀奉天交涉署的人员一同去查看现场,并说这是南方便衣队干的。

20世纪80年代,在日本发现了30幅张作霖被炸现场的照片,这些照片是原侵华日军陆军特务机关的佐久间德带回日本保存的,它们是日本谋杀张作霖的有力证据。

溥仪是怎样当上伪满洲国皇帝的

1911年的辛亥革命将溥仪赶下了皇帝宝座,但他还享受着国民政府的优待,仍然住在皇宫之中。1917年张勋复辟,他又被扶上皇帝宝座,但只过了十几天,又被赶下了台。1924年,溥仪被冯玉祥赶出皇宫,彻底结束了他在北京做皇帝的历史。

但溥仪并没死心,还在重新寻找做皇帝的机会。被赶出皇宫之后,他开始住在醇王府,后避居日本使馆,不久又逃往天津,住进静园。九·一八事变后,日

本侵占了中国东三省。为了平息国际舆论,日本便想借助傀儡政权进行统治,于是溥仪又被抬了出来。

设计这一阴谋并为之活动的,是臭名昭著的特务头子土肥原。1931年10月,土肥原潜入天津,他的任务是"扰乱天津地区,策动溥仪出走"。土肥原见到溥仪后煽惑说:满洲3000万人民生活困苦,日本人权益和生命财产得不到保障,这样日本才不得不出兵,关东军对满洲绝无领土要求。土肥原鼓动溥仪不要错过这个机会,迅速回到祖先发祥地,亲自领导新的国家。

溥仪开始还有些犹豫,一天,溥仪的侍从突然接到一盒装有炸弹的礼物,溥仪大惊失色。以后,又接连收到几封恐吓信,溥仪越发紧张了。土肥原威吓溥仪说,这是张学良派人干的,劝溥仪还是早点动身去东北。从11月8日起,土肥原又指使收买的流氓、地痞发动"便衣队"武装暴乱。趁着混乱,溥仪跟随日本人离开了天津。溥仪是被藏在一辆汽车的后箱里偷偷运出住所的,然后他又化装成日军军官,坐上日军的军车,来到英租界的一个码头,乘一艘"淡路丸"号日本船驶往营口,尔后去了东北。

开始日本人提出在满洲建立"满蒙共和国",让溥仪出任"总统",但溥仪要求实行帝制,反对共和。后来日本人又提出让他做"执政",溥仪仍坚持要做皇帝。这时,日本人凶相毕露,威胁说这次不能更改,否则就被视为敌对态度,溥仪被迫同意,但仍坚持不用"共和",只称"满洲国",日本人勉强同意。1932年3月9日,溥仪在长春举行了"执政就职典礼",正式当上了"满洲国"的"执政"。1934年1月,溥仪又升格为"满洲国"的皇帝。

长征中两组令人肃然起敬的数字

红军长征是人类历史上的伟大创举,它所铸就的长征精神已成为中华民族宝贵的精神财富。长征中有两组数字令人肃然起敬:一组是反映红军将领年青有为、才华横溢的年龄数字,一组是反映长征艰苦卓绝历程的数字。

长征开始时,带领部队克服千难万险、转战十几个省区、长驱二万余里、粉碎敌人围追堵截的红军将领的平均年龄仅仅25岁,这在世界战争史上可谓奇迹。

1955年中国人民解放军首次授衔的将帅中,中将以上的共254人,其中222人参加过长征。以长征开始时计算他们的平均年龄,9位元帅为36.5岁,8位大将为31.7岁,48位上将为25.9岁,157位中将为23.8岁。我们所熟知的胡耀邦、肖华,当时只有18岁,杨得志24岁,李先念25岁,王震26岁,杨尚昆27岁,罗瑞卿28岁,许世友29岁,陈云29岁。

长征中红军战士表现出的不畏艰险、勇于牺牲的精神和压倒一切敌人、战胜一切困难的英雄主义气概,更是令世人赞叹和敬佩。

红军长征途中,几乎平均每天就有一次遭遇战,路上一共368天,有15整天用在打大决战上,有235天用在白天行军上,18天用于夜行军。长征路上,红军只休息了44天,平均走365华里才休整一次,日平均行军74华里。路上共爬过18条山脉,其中5条是终年积雪,渡过24条河流,经过11个省,占领过大

小62个城市，突破了10个地方军阀的封锁包围，通过6个不同的少数民族地区。红一方面军从瑞金出发时8.6万人，到达陕北时，仅剩6500人，平均每行进一公里，就有三四个红军战士献出生命。这是一部悲壮的历史史诗。

"八一三事变"秘闻

1937年，日本发动卢沟桥事变之后，侵占了北平和天津，接着分路进攻华北。日本企图速战速决，妄图在三个月内灭亡中国，在南方急于挑起事端进攻上海。1937年8月9日下午5时许，一辆日本军用汽车载着两名日军，向中国驻军防区虹桥机场直冲而来。当时在机场值勤的是国民党陆军独立旅的一名姓胡的班长，他持枪喝令停车，日本兵不予理睬。胡班长和另外一名卫兵气愤之极，当敌人进入射程之后，他们端起枪来一阵射击，两名日军当场毙命。后来得知，坐在车上的叫大山勇夫，是日本海军陆战队中队长；驾车的叫齐滕与藏，是一名水兵。

打死了日本人，事态严重，独立第二旅旅长钟松立即赶到现场。这位旅长足智多谋、处事果断，他急中生智，一边向师长报告，一边布置封锁消息，保护现场，并立即同上海警备司令杨虎联系，从提篮桥监狱提来一名待决的死囚。钟松向死囚晓明大义，给他换上中国军人的军装，配上武器。然后钟旅长摘下日军中队长的枪，将伪装成机场卫兵的死囚击毙在适当的位置上。

日本侵略者得知两名日本兵已被打死，认为制造事端的目的已经达到，立即向上海当局提出"严重抗议"，并于第二天早晨广邀中外记者，大肆张扬。钟松奉命到记者会上介绍情况。当钟松介绍了日军如何冲闯我方警戒线，又不听阻拦，强行冲闯机场，并首先开枪打死我卫兵，我军被迫还击的情况后，主动邀请中外记者和日本军方去现场察看。当他们来到现场，发现现场保护完好，被击毙的中国卫士和日军的尸体都躺在原来位置上。日方技术人员测量计算，查验枪膛都没发现破绽。日本军方在中外记者面前十分尴尬。

制造事端没得逞，侵略借口没找到，日军干脆撕掉伪装，悍然发动了赤裸裸的侵略。于是，1937年8月13日晨，日军突然从上海闸北向上海发起进攻，挑起了八·一三事变。钟松旅长对这一事端的机智处置，为中国备战赢得了宝贵时间。

淞沪会战蒋介石险些被炸内幕

1937年，八·一三事变发生后，日军向上海大规模集结部队，蒋介石准备亲自去上海前沿阵地视察，这一决定是在一次重要会议结束前突然宣布的。副参谋总长白崇禧建议蒋乘坐英国大使许阁森的车去，说他的车上覆盖着床单大小的英国国旗，日本人不敢轰炸。蒋介石表示同意。第二天一早，大使那辆林肯轿车刚要开向蒋介石官邸时，秘书接到蒋侍从室打来的电话，说蒋有要事，不能同大使一起去上海了。其实蒋并非有要事，而是感到以一国之元首，为避日机轰炸去搭乘外国使馆的车赴战地视察，太有损国体和领袖尊严。蒋不去，大使独自去了上海，不想车到无锡路段时，竟遭日本飞机轰炸，英国大使受重伤被送进医院。

很显然，日本人事先得到了情报。这样机密的情报是怎样泄露出去的呢？参加会议的都是国民党军政中枢要员，负责文字的是蒋介石的秘书陈布雷和汪精卫的秘书黄秋岳。

事件发生之后，特务头子戴笠进行了严密的侦察，最后发现出卖情报的竟是参加会议的汪精卫的秘书黄秋岳父子。黄秋岳的儿子黄晟有一个女舞伴叫廖雅权，是日本女特务，真名叫南造云子。黄秋岳得到情报，一般是交给儿子黄晟，再由儿子转给南造云子。如遇紧急情报，黄秋岳就将情报放到自己的礼帽中，到新街口附近一家外国人开的咖啡店中喝咖啡，信手将礼帽挂在衣帽钩上，而事先这里已有一顶完全一样的礼帽挂在旁边。临走时，他们不动声色地相互交换礼帽，日方特务就这样巧妙地取走了情报。

黄秋岳父子和南造云子被捕之后，对出卖情报一事供认不讳。黄秋岳父子被处决，而南造云子后来却从监狱中神秘地逃跑了。汪精卫公开叛变之后，南造云子又出现了，但最后，她还是于1942年被击毙在上海霞飞路上。

白求恩是谁请来中国的

白求恩是伟大的国际主义战士、加拿大共产党员、著名的胸外科专家。中国抗日战争爆发后，为了支援中国人民的抗日斗争，不远万里来到中国。

白求恩是受教育家陶行知邀请来到中国的。

1936年7月起，陶行知为联合华侨和国际人士支持国内抗战、促进国际反法西斯力量的联合，奔走于世界28个国家和地区。1937年7月30日，陶行知应邀参加美国洛杉矶医疗局举行的欢迎西班牙人民之友宴会。加拿大蒙特利尔的皇家维多利亚医院的外科专家白求恩参加了这次宴会。宴会主人向陶行知引见了白求恩。白求恩听说陶行知来自中国，立即紧紧握住陶行知的手。陶行知向白求恩介绍了中国抗日形势，表达了希望得到国际援助的愿望。白求恩被陶行知的话深深感动，当即表示"如果需要，我将愿意到中国去！"陶行知代表中国人民对白求恩表示欢迎。陶行知在这一天的记事簿上，记下了白求恩的名字。白求恩没有辜负中国人民的期望，1938年3月当陶行知第四次访问加拿大时，白求恩已经率领一支由加拿大人和美国人组成的医疗队奔赴延安。白求恩到达延安的第二天晚上，毛泽东便在自己所住的窑洞中接见了他并与他进行了亲切交谈，毛泽东说："你长得很像列宁。"白求恩风趣地回答："因为我是列宁主义的实践者。"

日本"仁丹"广告实是路标暗语

1937年，日军攻占上海、南京等城市之后，在这些城市的街头巷尾贴满了"仁丹"的广告招贴。这种广告招贴画上是一个头戴石拱式帽子、胸前标有"仁丹"二字、唇留两撇八字胡的日本人半身像。当时人们很反感，认为这是日本人宣传军国主义、向中国倾销日本货的广告。没有人想到，这竟是日本人一种暗藏杀机的、用于指引军事行动方向的路标，其秘密就在两撇八字胡里。当两撇胡子角微微向上翘时，说明此路通行无阻；当胡子左角下垂，说明左拐弯不通，应向右转；当胡子右角下垂时，说明右拐弯不通，应向左转；当胡子两角都下垂时，则说明此路不通。日军刚进入中国的城市，对市内街道不熟悉，他们就通过特务和内奸，将市内大街小巷的交通情况调查清楚，然后贴上这些看似平常的商业广告。而日军则根据广告上胡子的提示，毫无困难地走街串巷，大肆捕杀中国军民，进行军事行动和阴谋破坏。直到日本战败投降后，日本军方才公开了这一秘密。

罪恶的731部队为何长期不为人知

抗日战争时期，残暴的日本侵略者在我国东北成立了专门研究细菌战的部队，主要从事霍乱、伤寒和鼠疫等病菌的研制和战争医学的研究。被用来做实验的有被抓来的中国军民，也有朝鲜、苏联、美国等国的战俘。

负责这支细菌部队的是日本军医少佐石井四郎，故这支部队又被称为"石井部队"，也称"满洲731部队"，这是一支毫无人性、惨无人道的部队。为了实验，有时他们把人推进水中煮；或将其活活烧死、冻死；或送其进压力实验室，直到看见人的眼球从眼眶中爆裂出来；他们还将活人不加麻醉地直接解剖。据当年参加这一罪恶活动的日本军医回忆，身体较差的人，被解剖之后便没有声息了；身体健壮的，被解剖之后还能发出"咻！咻！"的声响，这时731部队的日本军医要趁机把空气打入这人的心脏，观察他的反应。

这支部队曾将他们研制的细菌装入炸弹之内，多次在中国境内撒播，造成有关地区大面积的瘟疫流行。日本投降之前，准备于1945年9月22日执行"夜樱花"计划，向美国投放黑死病病毒跳蚤，后由于美国提前在日本投放了原子弹，迫使日本投降，美国才免于此难。

1949年12月底，苏联曾对原日本731细菌部队的12名医生和军官进行了为期5天的公开审判。当时，为了让更多的苏联人民了解这支细菌部队的罪恶，除允许人们在室内旁听外，还在法庭外安装了扩音器。人们听到了731细菌部队如何对受害者输入动物血液，如何将胃切除后把食管和肠子接在一起，如何先截肢然后将左右肢反接，如何将受害者倒挂直到死亡等等令人发指的惨无人道的实验。

大战结束之后，美国未去调查并追究731部队，从而使石井四郎这样十恶不赦的罪犯逍遥法外。当时苏联对12名731部队成员进行审判，美国还说这是苏联在搞"蛊惑宣传"。

后来，人们才清楚，这是美国同日本做的一笔肮脏交易。当时，美国出于对细菌战研究的需要，要利用731部队的研究成果，于是便以石井四郎交出研究成果、美国不予追究其战争罪行并给予保密为条件进行了交易。所以，长期以来，日本不承认有此部队，美国则给予掩盖，从而致使这一罪恶长期不为人知晓。现

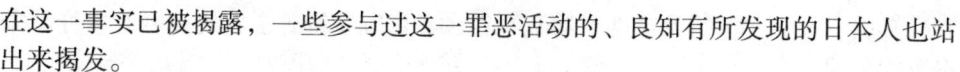

在这一事实已被揭露,一些参与过这一罪恶活动的、良知有所发现的日本人也站出来揭发。

中国政府已决定将日本原 731 部队遗址进行全面清理和保护,将它改建为一座呼唤人类和平的遗址公园。

杀害项英的叛徒刘厚总的下场

皖南事变中,新四军军长叶挺被扣押,副军长项英、副参谋长周子昆被叛徒杀害。这个叛徒,就是项英的副官刘厚总。

项英、周子昆等突围出来之后,辗转来到濂坑地区,在当地党组织的掩护下,隐蔽在一个名为蜜蜂洞的石洞中。转移过程中,周子昆曾落入河中,上岸烤衣服时,刘厚总发现他带有黄金、银元。刘厚总曾当过土匪,后为新四军收编,充任军部副官,但他劣性未改,在革命遇到挫折时产生了恶念。1941 年 3 月 23 日夜,刘厚总趁项英、周子昆和警卫员黄诚在洞中熟睡之际,开枪杀害了项英、周子昆,黄诚受重伤。之后,刘厚总劫走了项英、周子昆所带的黄金、银元、手表、手枪,下山投奔国民党,邀功请赏去了。但他并没有得到敌人赏识,反落了一个可悲下场。

刘厚总开始来到太平县一个村,找到村里的保长,想让他代为请功。结果包被抢走,人被捆绑起来关进一间水碓房里。半夜里,刘厚总磨断了绳子跑了出来。后来,他又化装成乞丐去找国民党大官报功。当他来到旌德县时,又被当作汉奸抓起来。旌德县长拷打逼供时,他说出了他杀害项英的经过。县长派人押着他回蜜蜂洞搜查,到达目的地时,发现山上有人活动,刘厚总惊叫山上有埋伏,趁着混乱,他又逃跑了。后来,他到了屯溪,找到了国民党省党部皖南办事处,办事处主任黄绍耿听了他的陈述,又惊又喜,立即派人核查,果是事实。于是,让他在《屯溪日报》上刊登了叛变文章《我为什么杀害了项英、周子昆》。这些事办完之后,黄绍耿就将他交特务机关监禁起来了。直到 1948 年,他才被释放。此时刘厚总已是重病缠身,穷困潦倒。为此,他给蒋介石写了报告,供述杀害项英、周子昆的经过,诉说自己的"冤苦",并抱怨国民党官员贪赃枉法。蒋介石将此信转批保密局处理。特务见刘厚总告他们的状,便趁大陆解放前的混乱之机将他杀掉了。他写给蒋介石的那封摇尾乞怜的信,现存放在中国第二历史档案馆中。

日本投降的签字仪式
为何选在密苏里号军舰上

1945 年 9 月 2 日,日本投降签字仪式在停泊于东京湾的一艘美国战舰上举行,仪式由美国陆军上将麦克阿瑟主持。当时盟军总部设在日本横滨新大饭店。由陆军统帅主持的投降签字仪式,为何不设在陆地的盟军总部,而要设在海军的一艘军舰上?

原来，这是美国海军统帅上将尼米兹和美国陆军统帅上将麦克阿瑟争夺战争荣誉的结果。

1945年8月15日，日本宣布无条件投降，杜鲁门总统发布命令，任命麦克阿瑟为远东盟军最高司令，并指示他安排受降仪式。这一安排引起太平洋舰队总司令、海军上将尼米兹的极大不满。尼米兹愤愤不平地说："是谁打赢了太平洋战争？是海军！从瓜岛到冲绳岛，洒遍了海军将士的鲜血。"他愤怒地表示，如果不能体现海军在太平洋战争中的巨大作用，他宁愿不出席受降仪式。然而，尼米兹作为与麦克阿瑟平级的美国太平洋舰队司令，是必须出席仪式的。为了解决这一问题，美国海军部长福雷斯特提出了一个折中方案：一是日本投降仪式由陆军将领主持，但该仪式应在海军军舰上进行；二是军舰选定密苏里号；三是麦克阿瑟代表盟国方面签字，而尼米兹代表美国政府签字。此方案，麦克阿瑟和尼米兹都能接受，密苏里是杜鲁门总统家乡的州名，密苏里号战舰是由杜鲁门的女儿出面命名的，因此杜鲁门欣然批准了在这艘军舰上举行日本投降签字仪式的提案。

1945年9月9日，中国陆军总司令何应钦接受日本侵华军总参谋长小林浅三郎递交的投降书

尼米兹为了显示海军的贡献，还专门派人坐飞机回美国取来1853年佩里将军率舰队首次敲开日本大门时悬挂的美国国旗，举行仪式时将其挂在签字桌后面的舱壁上，非常醒目。

按美军规定，军舰上应悬挂最高指挥官的将旗。而举行仪式那天，却并排挂出一红一蓝两面将旗，红旗代表麦克阿瑟，蓝旗代表尼米兹。

仪式结束时，上千架美国飞机低空掠过，其中半数是海军的舰载机，半数是陆军航空队的飞机。

整个仪式，处处体现海军和陆军的对等地位，真是煞费苦心。

密苏里号战舰后又参加了朝鲜战争和海湾战争，1992年退役。现陈列在檀香山。

孟良崮战役来自一份偶然的电报

歼灭蒋介石"五大主力"之一的整编七十四师，并击毙中将师长张灵甫的孟良崮战役，本不在作战计划之中，完全是由一份偶然的电报促成的。

1947年，国民党军队进攻山东解放区沂蒙山区时，采用的是密集靠拢、齐头并进的战术，使解放军不易捕捉战机。

1947年5月11日，陈毅、粟裕、谭震林率领的华东野战军正准备实施对敌

第七军和整编四十八师一部的包围，电台工作人员突然收译了一份关于敌七十四师行动的绝密电报。电报内容是："明天，七十四师将进攻蚌埠。"而蚌埠地区，当时正是我华东野战军主力集结地。这等于是撞到我军枪口上来了。当时，我军向沂水、苏村之间集结部队，包围敌人的命令已下，部队正在调动。如果电报是假的，必将打乱原来的战略部署，贻误战机，后果是不堪设想的。如果电报是真的，这则是一个绝好的消灭敌七十四师的机会：一、它遇上了我军主力；二、它从敌军整个战线中部突出来了。经紧急侦察，当晚就判断此电报是真的。于是，各纵队立即停止了前进，各部司令员火速赶回华野司令部开会，研究布署了这场震惊世界的战役。

经过激烈战斗，这支被蒋介石封为"模范军"的全副美式武装的七十四师被全部歼灭，师长张灵甫也被击毙。当敌人大批援军逼近我军时，突然天降大雨，为我军转移提供了方便，这一突然变化的天气，为这场战役增添了一分神秘色彩。

两年后，当年参加孟良崮战役的一位参谋来到南京，在玄武湖旁发现一块石碑，上面刻着"灵公升天，天为之泣"。确实，张灵甫死时，天降大雨，但这雨不是为他哭泣，而是帮助了解放军转移。

是谁镌刻了中华人民共和国的国玺

有人说是著名篆刻家顿力夫，有人说是著名篆刻家张樾丞。

据知情者回忆并经访问张樾丞的儿子得知，中华人民共和国的国玺是篆刻家张樾丞和王景华合作完成的。

张樾丞，新中国成立之前在北京琉璃厂开设同古堂图章墨盒店，是当时很有名气的篆刻家，曾为清朝末代皇帝溥仪刻过"宣统御笔"、"无逸斋精鉴玺"等印章，也曾为鲁迅刻过"会稽周氏藏本"、"俟堂石墨"等印章。

1949年初，齐燕铭找到张樾丞，要他为新中国刻国玺。张樾丞很激动，感到能为国家刻国玺很荣耀。接受任务后，自感责任重大，他反复琢磨，设计了一个又一个方案，最后精心拟定了四个稿样，送齐燕铭，齐送周恩来审阅，周恩来直接送毛泽东审定。毛泽东在四个稿样中选了宋体字的方案。大印的材料是铜料，张樾丞擅长刻石、象牙等材质章。当时最擅刻铜质章的是王景华，王有"刻铜状元"之称。张樾丞将方案设计好后，将印文写好，交王景华先行镌刻。王刻好后，又交给张樾丞，由张樾丞再做精心加工。国玺长宽各为3.5寸，上刻"中华人民共和国中央人民政府之印"，形状朴实无华，体现了新中国处处节俭、务实求真的精神。

刻制国玺是严格保密的，所以人们一直不知国玺是何人镌刻。而且还规定，刻完后不准打样留底，刻好之后国玺四角要保留四个小角柱。这样，大印在启封前无法使用。在送交国玺时，这四个小角柱要当着保管国玺者的面磨掉。

开国大典为何没留下纪录片

我们现在所能看到的 1949 年 10 月 1 日开国大典的原始资料片,只有毛泽东宣布中华人民共和国成立的一二分钟的镜头。如此重要隆重的开国大典为何没有留下纪录片?说来让人痛惜。

原来,开国大典之前,中央政府不仅考虑到了要拍纪录片,而且为了确保拍摄成功,还专门邀请了前苏联莫斯科电影制片厂的摄影师来拍摄。这些苏联摄制人员在现场拍摄了几个小时,直到大典结束。拍摄结束之后,他们带着拍摄的几十盒沉甸甸的胶片回到西华宾馆休息。当时,负责保卫工作的北京纠察总队派有一个班的战士保卫西华宾馆。10 月 2 日凌晨 5 点多钟,有战士报告,说西华宾馆失火了。时任纠察总队一大队副政委的骆骥急忙赶赴现场,只见几个苏联摄影师在门外大嚷大叫:"完了,完了,全部完了。"火被扑灭之后,骆骥得知,拍摄的开国大典的电影胶片,除被抢救出极少的一点外,全部被大火烧掉了。所幸的是,被抢救出来的这一点,正是毛泽东宣布中华人民共和国成立的珍贵镜头。

事发后,周恩来亲自过问此事,责成公安部门迅速调查。经仔细侦察,排除了敌特破坏的可能。大火是因二楼客厅丢弃的烟头点燃了沙发引起的,当时苏联摄影师在三楼休息,胶片就放在二楼靠近客厅的办公室中。当住在三楼的摄影师被浓烟熏醒,再想去二楼抢救电影胶片时已经来不及了。

追根求源

《孙子兵法》是谁写的

《史记》记载,春秋时的孙武以兵法见吴王阖闾。《孙子兵法》作者是孙武,这已经为大家所熟知。然而,从北宋开始,就有学者对孙武撰写《孙子兵法》表示怀疑。北宋文人梅尧臣、清代文人姚鼐以及近代学者梁启超,都认为《孙子兵法》是"战国相倾之说"。

那么,究竟谁是《孙子兵法》的作者呢?《史记》的作者司马迁在写给任安的书信中提到,"孙子膑脚,兵法修列。"也就是说,在中国历史上,还有一位撰写兵书的古代军事家,这位"孙子"是受过膑刑的。在《史记·孙子吴起列传》中,司马迁说他是孙武的后世子孙,在孙武死后百余年出生。孙膑有个同学,名字叫庞涓,曾经和他一起学习兵法。庞涓在魏国当了惠王将军,深知自己的才能比不上孙膑,暗中让人把孙膑找来,断了他的双足,还在他脸上刺了字,希望他不能见人,永远隐居。后来,齐国的使者到魏国来,孙膑以刑余之人的身份私下去见齐国使者。一番交谈后,齐使认为他很有才能,就把他藏在车中,偷偷带回了齐国。孙膑到了齐国,先是帮助齐将田忌赛马,显现出自己的才干;又在魏国攻打赵国,赵国前来求援的时候,给田忌出了"魏救赵"的点子;最后在与庞涓的决战中,使用"减灶计",在马陵道消灭了庞涓。在山东临沂银雀山出土的文物中,有《孙膑兵法》16篇。有专家认为,孙武和孙膑其实是同一个人,"武"是他的名字,而"膑"是他受了断足的膑刑后自称的、或别人叫他的绰号。所以,《孙子兵法》一书,作者是孙武,也就是孙膑。不仅中国的学者,日本的学者中也有持这一观点的。

也有人认为,"武"就是"伍",也就是伍子胥,他才是《孙子兵法》的作者。

更有甚者,认为根本不存在孙武这个人和《孙子兵法》这部书。公元1200年,南宋的军事研究者叶适断然下了一个结论:孙武并无其人,纯系辩士们妄造出来的偶像。他的根据是:如果孙武像世人传说的那样南服越人、西灭强楚、北威齐晋,为什么并没有升为卿大夫?在举世公认的权威史书《左传》中,

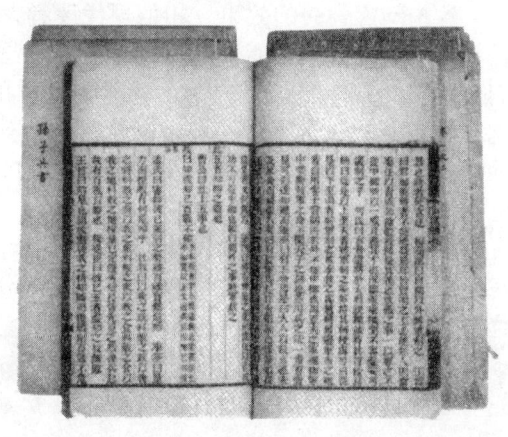

清版《孙子兵法》书影

为什么没有记载孙武一字一句?叶适的观点在当时影响巨大,并且一直绵延至近代。

时至今日,出土文物已经证明《孙子兵法》和《孙膑兵法》同时存在,它们的著作权分属两个人,可能更符合实际情况。

到底有没有卧薪尝胆这回事

说到发奋图强、刻苦自励,卧薪尝胆是我们常举的例子。可是也有人提出疑问:勾践真有"卧薪尝胆"的事吗?

《史记·越王勾践世家》写道:"吴既赦越,越王勾践反国,乃苦身焦思,置胆于坐。坐卧即仰胆。饮食亦尝胆也。曰:汝忘会稽之耻耶?"所以,越王确有卧薪尝胆之事。

只是和后来的传说相比,史书上所记载的勾践故事就相形见绌了。南宋时,大量书籍都提到勾践卧薪尝胆,尤其是在小说和戏曲中。这些通俗的文艺形式很容易传播,勾践卧薪尝胆的事就被越来越多的人知道,并在流传的过程中变得越来越丰富复杂了。到明代文人梁辰鱼的手里,勾践的故事已经成了一幕四十五出的大戏。在这出名叫《浣纱记》的戏中,由西施担任了"女一号",但勾践的戏也并不少。比如,戏中专门有一出,名叫《问疾》,讲的是勾践问疾尝粪的事。

战胜越国以后,夫差纵情享乐,耽于声色,弄了一身病。勾践进宫问安的时候,恰好宫人抬着吴王夫差用的便桶出来,勾践跪下来,恭恭敬敬地用手沾一点粪便放在嘴里,尝后说:"主公的病到己巳日就会痊愈,再到壬申月就全好了。"吴王听说后,亲自问勾践,勾践回答说:"我喜欢读药书,颇懂一点医道。凡人的粪便,须顺五谷的味道,违逆时气的就会死,顺时气的就能活。我刚才尝了尝大王的粪便,它的味道苦中带酸,正好应了春夏之气,所以我想,您在己巳日可以痊愈,到壬申月就全好了。"吴王听了非常感动,许诺说:"如果真像你所说的那样,我病好之日,就放你回国。"后来,吴王的病果然如勾践所言好了起来,吴王也不食言,将勾践放归故里。

这个问疾尝粪的故事,相信现代读者大多不会喜欢,但它是勾践卧薪尝胆的进一步发挥,而且它能引发我们对很多问题的思考。比如:站在勾践的立场,我们会感叹,一个人忍辱含垢,竟能到这样的地步,其意志力的坚强的确无与伦比;站在夫差的立场,我们会警觉,千万不要相信那些奴颜婢膝的人,卑贱的举动后面往往隐藏着不可告人的目的。不过,它的真实性是大可怀疑的,传说而已,不可当真。

当然,勾践忍辱负重,花了二十二年的时间,消灭了吴国,这是肯定的;也正是因为有这么一段经历,勾践在吴王夫差前来求和的时候虽然心有不忍,但最终还是拒绝了他,使吴王自杀身亡。至于这段历史当中的细节,不要说史书语焉不详,就是史书记载了,根据中国早期史书的特点,也不一定就可靠。我们只能姑妄听之,从中选取一些有益的东西罢了。

谁家美女叫西施

说起西施，大家都知她是美女，而且不是一般的美，是那种"淡妆浓抹总相宜"的美，美得自然，美得惊人。她先是被越国进献给吴王夫差，夫差兵败死后，她又与意中人范蠡泛舟江湖，留给世人无限遐想。

然而，这只是出现在我们脑海中的西施，并不一定是真正的西施。真正的西施究竟是谁，还值得推敲一番。

首先是生活年代问题。《管子》这本书，相传是春秋时齐国管仲所撰，尽管专家们一致认为是后人假托其名而作，但其内容之古老是没有疑义的。在这本书中讲到："毛嫱、西施，天下之美人也。"可见西施和毛嫱在当时就是出了名的美女。那么，管仲生活在春秋初期，公元前645年就去世了，而勾践去世在公元前465年，其间相距大约二百年，美人西施怎么也到不了勾践的手下，纵然她长寿有方，也不可能驻颜有术到这种地步吧？

其次，是西施的美好结局问题。在《史记》的"越王勾践世家"中，关于范蠡发财致富的过程写得明明白白，还清清楚楚地写到范蠡几个儿子以及他们的母亲，但就是没有说这个母亲就是出了名的大美人西施。相反，在《墨子》的"亲士"篇中提到，西施因为太美，结果被沉入江中，还评论说这是因为"太盛难守"。这大相径庭的两种说法只能说明一个问题，那就是：其实我们并不知道西施最后的结局。

最大的可能是，春秋初期应该已经有个美女叫西施，而后来西施则成了美女的指代了。

端午节是纪念屈原吗

农历五月初五，是传统的端午节，民俗有裹粽子、饮雄黄酒、龙舟竞渡、挂蒜头菖蒲、熏艾枝等。其中，裹粽子和龙舟竞渡被解释为是为了纪念屈原。

其实，端午的习俗并非起自纪念屈原，而是在屈原自沉之前就已经存在了。端午的来历往上可以追溯到周代。周代忌讳"五"字。民间信仰认为五月为毒月，初五为毒日，有蛇、蜈蚣、蝎子、蜥蜴和癞蛤蟆"五毒"。此月多灾多难，甚至生孩子都会夭折，因此要在五月初五举行祓除活动。这种驱邪避疫的色彩，在今天的端午节习俗中仍然看得见。比方说，饮雄黄酒，在门前插艾蒿之类。这些举动的实质是，人们在生活实践中发觉，农历五月时序已交夏令，蚊蝇孳生，百虫出洞。人的健康容易受到毒虫的侵害，所以想些办法出来防病强身。雄黄是一种矿物，中医用为解毒、杀虫药；蒜头含有大蒜素，具有杀菌、抗滴虫作用，中医一直用蒜作为散寒化湿、杀虫解毒药；菖蒲和艾枝也都有驱虫作用。随着时间的流逝，端午作为一个节日固定下来，逐渐便有了喜庆的成分，这时候，已经到了六朝之后了。可见，端午节的形成是一个过程，这个过程中，各时、各地都会产生各种习俗，并赋予它不同的意义。纪念屈原，就是人们因为爱戴这位杰出

的爱国主义诗人而加诸端午节的。

近来也有人提出,端午节不是为了纪念屈原,而是为了纪念伍子胥。主要依据是,东汉邯郸淳在《曹娥碑》上说,每年农历五月五日,浙江上虞人民要迎涛而上,迎接"伍君",而所谓的"伍君"便是伍子胥。伍子胥虽然不像屈原那么有建树,但他功高被杀,难免叫人扼腕叹息,他又活动在吴地,吴地的人们愿意把端午节和纪念伍子胥联系在一起,完全是可以理解的。从本质上说,这与楚地的人们愿意把这一节日与纪念屈原联系在一起,是同样的道理。

孟姜女不是秦始皇时代的人

孟姜女哭长城的故事一直在民间流传。早在唐代已有《孟姜女变文》(一种说唱艺术的底本),说孟姜女哭倒长城后,发现下面尸骨累累,她滴血验骨,找到丈夫的遗骸,作文祭祀。如果细考一下孟姜女故事的来源,你会发现,其实孟姜女并不是秦始皇时代的人。

杞梁,名殖,是春秋时的齐国大夫。齐庄公四年(公元前550年),齐袭莒。杞梁和华周进军到莒的郊外,被俘而死。他的妻子姓姜,字孟,也就是我们平时说的孟姜,到郊外去迎丧。齐庄公也派人到郊外去凭吊。孟姜认为这不合礼仪,于是齐庄公只得亲自到她家中去凭吊。《左传》中记载了这件事,并认为孟姜的哭改变了国俗。

汉代刘向的《烈女传》在"贞顺"条下较为详细地记载了孟姜的事迹:(孟姜)"齐杞梁妻也。庄公袭莒,殖战死……杞梁之妻无子,内外皆无五属之亲,既无所归,乃枕其夫之尸于其城下而哭,内诚动人,道路过者,莫不为之挥涕。十日而城为之崩。"这里已经有了"哭城"这一关键情节,但刘向主要表扬的,是孟姜的"贞顺"。杞梁死了之后,孟姜既没有儿子,娘家和夫家又都没有近亲(五属,也即五服,是旧时的丧服制度,根据亲疏,有斩衰、齐衰、大功、小功、缌麻五种;穿五服的,必定是有血缘关系的亲戚),在茕茕孑立、形影相吊,无法殡葬丈夫的情况下,孟姜用她的真情感动了周围的人,也感动了上苍。

这两则材料都清楚地告诉我们:杞梁和他的孟姜都是春秋时期的人,早秦始皇时期三百年有余。是什么时候,人们把孟姜女的故事背景搬到了秦始皇时期,并且把杞梁的死由战死改成了修长城而死,现在很难说得清楚。不过这种改变是百姓痛恨暴政、不堪其苦的反映。

项羽没有火烧阿房宫

许多年以来,项羽火烧阿房宫几乎已经成了历史常识。《史记》上明确写着:"项羽引兵西屠咸阳,杀秦降王子婴;烧秦宫室,火三月不灭。"

可是,考古学家在对咸阳遗址进行发掘后,爆出一个惊人的消息:阿房宫根本就没建成过!

中国社会科学院考古研究所和西安市文物保护考古所组建的阿房宫考古工作

队,历经两年多时间,对现存的秦代阿房宫前殿遗址进行了"地毯式"的全面考古勘探,结果仅发现了阿房宫的前殿基址。没有发现秦代宫殿建筑的遗迹如殿址、明柱、廊道、排水设施等,也没有发现秦代必不可少的建筑材料瓦当。由此,考古专家认为,当年阿房宫工程只完成了前殿建筑基址和部分宫墙的建设,而宫殿建筑基址以上部分并未来得及营建。

清人绘制的阿房宫图卷(局部)

同时,根据记载,从秦始皇晚期至秦二世再到秦王子婴的全部政治活动都是在咸阳宫或望夷宫,而从未提到过阿房宫。《秦始皇本纪》中还有一段明确的表述:"……阿房宫未成;成,欲更择令名名之。作宫阿房,故天下谓之阿房宫。"因为这个宫殿就盖在近旁,暂时就叫作"阿房宫",这实在不算什么名字,所以秦始皇原是打算造完后起个好名字的。但是,它没完成,所以也就没有名字,"阿房宫"也就一直叫到现在。

唐代诗人杜牧的《阿房宫赋》写得绘声绘色,只不过是文人的艺术想象罢了,而明代以后出现的阿房宫图,则是建筑在杜牧的想像之上。历史上常有以讹传讹、最后让人深信不疑的事。

有了司马迁才有《史记》吗

司马迁是中国古代伟大的史学家和文学家,他为我们留下了千古不朽的名作《史记》。然而,是不是有了司马迁才有《史记》呢?事实并非如此。

中国文化中,史学是非常发达的。早在殷商时期,就有了所谓的"巫"和"史"。巫是娱神的专职人员,史则负责记录当时人神沟通的活动。这可以说是后代史官的雏形。春秋战国时期,史学已很发达。各个诸侯国都有自己的历史。晋国的历史叫《乘》,楚国的历史叫《梼杌》,最著名的,当然是孔子修订过的、鲁国的历史《春秋》。春秋战国时期还出现了非常尽职的史官,比如大名鼎鼎的董狐,他不畏强权,毫不留情地在史书上记载"赵盾弑其君"。春秋战国时期的历史著作在体式上也已经多样化。有像《春秋》这样的编年体,也有像《国语》《国策》这样的国别体。《春秋》还有很多人做诠释,形成所谓"春秋三传"。以

上种种可以证明,我国的史学起源很早。

那么,是不是我国的史学著作虽然出现得很早,但都没有用"史记"这个名字,直到司马迁才用呢?也不是。"史记"原是历史书的通称。高步瀛的《史记举要》中说:"《史记》称太史公书,殆起后汉之末年,魏以后因之。"就是说,从东汉末年开始,一直到魏以后,司马迁的《史记》都是被叫做"太史公书"的。据王国维先生考证,一直到唐代,人们在编《隋书》的时候,按经史子集四部排列,司马迁的著作被放在史部的最前面,由此,《史记》才成了专称。

中国有那么多的第一吗

20世纪中叶,英国科学家李约瑟涉足研究中国古代科技史,提出了轰动世界的"四大发明"说。他在《中国科学技术史》一书中,把中国古代的科学技术抬到前所未有的高度。

实际上,李约瑟并不是一位职业汉学家,也不是一位历史学家。他三十七岁才开始自学汉语,不曾受过汉语和科学史的正规教育,只是在埋头实验工作之余,顺便涉猎而已。李约瑟关于中国科技史的研究在中国所产生的影响是极其巨大的,他的《中国科学技术史》在中国被奉为科技圣经。但李约瑟的研究也明显存在问题。最大的问题是,他常常从史料、随笔中去找到一点中国科学的闪光片断,就进行不实事求是的拔高。比如,他谈中国数学发展,根本不去研究中国古代的数学体系是什么,是否有专门的研究方向,数学作为一门学科在中国的发展轨迹,历代数学家研究的动机和问题的来源,只是找到零星的数学成就,比如宋代秦九韶的解高次方程等等,就得出结论说:中国古代数学发展成就巨大。

李约瑟的有些行为言论在今天看来几乎是笑谈。比如李约瑟在典籍中看到这样一个故事:西汉时期,汉武帝在平城,被匈奴冒顿单于围困。汉将陈平得知冒顿的妻子阏氏好妒。于是陈平就命令工匠制作了一个精巧的美人,打扮得花枝招展,然后把它放在城堞上,发动机关,让它翩翩起舞。阏氏在城外看到这个情景,误以为真的是人间美女,生怕破城后冒顿会专宠这个中原美姬而冷落自己,于是劝冒顿网开一面,放走了刘邦。李约瑟认为,这个木头美人就是机器人,所以中国是世界上第一个发明机器人的国家!

除此之外,李约瑟还认为中国人在春秋时期就有了"生化武器"——蛋;中国人制作豆腐的工艺,叫"激素结晶体提取法";中国人的漆,叫"工业塑料";中国的皮影戏,叫"麦卡托投影技术";中国儿童玩具竹蜻蜓,叫"直升飞机水平旋翼和螺旋桨";中国的冶金炉,叫"西门子式"炼钢法,等等。如此这般推演下去,中国人的第一实在太多了。

西方人热爱中国文化,赞赏中国文化,这固然很好,但我们不能沾沾自喜,应该对自己有冷静的认识。

关羽也好色

《三国演义》中,关羽降曹以后,曹操让他与刘备的两个妻子"共处一室",关羽"秉烛立于户外,自夜达旦,毫无倦色"。曹操送他十个美女,关羽也不闻不问,"尽送入内门,令伏侍二嫂"。

然而,事实果真如此吗?

《三国志·蜀书·关羽传》中,记载了这么件事,曹操与刘备把吕布包围在下邳,关羽向曹操请求说:吕布让秦宜禄去讨救兵了,秦宜禄的妻子杜氏还留在下邳,攻下下邳后,是否可以让我娶杜氏为妻?曹操答应了。快要攻破下邳的时候,关羽又三番五次向曹操提出这一请求。这倒让曹操在意起来,觉得这杜氏一定美貌异常。于是派人把杜氏接来看看。这一看,曹操就被迷住了,他顾不上食言,把杜氏留在了自己身边。

《三国志·魏书·明帝纪》里,写到了关于秦宜禄的另一些事情,正好可以作为《关羽传》中所讲的故事的注脚。秦宜禄是秦朗的父亲,下邳被围时,他被吕布派到袁术那儿讨救兵,袁术不知出于什么动机,不管秦宜禄已有妻室在下邳,把一个汉朝的宗室女子嫁给了他。这就成就了关羽求娶杜氏的前提。

曹操横刀夺爱,这且不去说他。在攻城打仗的紧急关头,关羽居然动了这番脑筋,他那不好色的美名恐怕也值得怀疑。在战前提出要娶杜氏,不仅说明他有渔色之心,而且很难洗刷以此作为勇猛作战的交换条件的嫌疑。最可笑的是,眼看破城在即,不是为战争的胜利而高兴,而是惟恐杜氏不能到手,一而再、再而三地将求娶杜氏挂在嘴上,好色之心太重,最终自食其果。

《三国演义》、《水浒传》这些英雄传奇小说,都明显地鄙视女性、鄙视两性关系,如刘备的"妻子如衣服"论、宋江杀阎婆惜、武松杀嫂、杨雄杀潘巧云,等等。把关羽塑造成不近女色的英雄,才使他更像一位神。

包拯到底有多神奇

据《宋史·包拯传》记载,包拯,字希仁,出生于北宋真宗咸平二年(公元999年),庐州合肥(今安徽)人。宋仁宗天圣年间进士。父亲名令仪,号肃之,进士及第,官至刑部侍郎。包拯初举进士的时候,曾授建昌知县,因父母俱老,一直没有到任视职。直到几年后,双亲都过世了,包拯守孝完毕,才到扬州天长县当了知县。这段史实说明,包拯是与其父母生活在一起的,并无为父母遗弃的事。

包拯出名是在他任开封府尹的时候,直到现在,人们习惯地把开封府叫做包府。其实包拯在北宋担任过许多官职,地方官如端州、瀛州、扬州、庐州、池州、江宁等地的知府,京官如检察御史、天章阁待制、龙图阁直学士和枢密副使

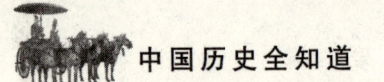

等等。宋仁宗嘉祐七年（公元1062年），他病逝于枢密副使任上，死后追授礼部尚书。

包拯确实有廉洁刚正和善于断案的名声。《宋史·包拯传》记载，包拯在宋仁宗康定元年（1040年）调任端州（今广东肇庆）知府。端州出产优质砚台，时称"端砚"，官吏往来，人们时常用它做人情。包拯在端州为官三年，为当地百姓做了不少好事，临走时两袖清风，不带一砚归。民间传说：包拯船行到端州之外的羚羊峡，水面忽然波翻浪涌，包拯情知一定有蹊跷。一个跟班跪下说："刚才有人送了一方砚，我忘了禀报。"说罢，拿出一方用黄色绫缎包裹着的精致砚台，包拯随手把砚台抛进了江中。江风把黄绫吹散开来，端砚沉没之处，浮起一块沙洲，人称"砚洲"；那块黄绫则变成了砚洲的金色沙滩，人称"黄布滩"。传说当然只是传说而已，但透过这则传说，我们不难看到包拯的高风亮节给当地百姓留下的深刻印象。

包拯任开封府知府的时候，大开正门，让老百姓诉冤。一般的民事纠纷，听完当事人双方的陈述，他当堂就能判断出是非曲直。若是遇到疑难的案子，他一定会多方侦察，务必要查个水落石出。在整个办案过程中，他铁面无私，一视同仁，在老百姓当中有很高的威望。

不过，在文学作品中，包拯的破案能力被逐渐神化，无所不能，"包公案"就像一个筐，各种破案故事的主角都可以是包公。包拯是一面镜子，它照出了官场的黑暗、百姓的无奈，照出了人们对刚正不阿的清官的希望。

董小宛做了顺治皇帝的妃子吗

明末清初，有一群色艺出众的青楼女子活跃在秦淮河畔。她们当中，有后来做了著名诗人钱谦益小妾的柳如是，有后来成为孔尚任笔下《桃花扇》中女主角的李香君，还有就是传说做了顺治皇帝贵妃的董小宛。

董小宛（又作"琬"）生于明熹宗朱由校天启四年（公元1624年），名白，明末为秦淮名妓，16岁时与文士冒襄相遇，深相爱恋，成为他的妾。清兵南下，董小宛辗转离乱之间，长达九年之久。清世祖福临顺治八年（公元1651年）辛卯正月二日，董小宛去世，连30岁也没有活到，鲜花早谢，令人唏嘘。

清世祖福临是大清国第一任帝王皇太极的儿子，登基时年仅六岁，年号顺治。成年后与科尔沁卓礼克图亲王吴克善的女儿博尔济锦氏结婚。帝后关系不好，隔了两年，顺治帝把皇后降为静妃，改册科尔沁镇国公绰尔济之女为后。但他最为宠爱的，却是宫中的董鄂妃。顺治十七年，董鄂妃病逝，顺治帝非常伤感。次年正月也撒手人寰。在位18年。

有传说讲，顺治帝本来就笃信佛教，董鄂妃的早夭，更使他看破红尘，于是抛下江山，去五台山落发为僧。而这个令福临伤心到出家的董鄂妃，后来就被指认为董小宛。说是董小宛先是嫁给了冒辟疆，后来清兵南下，战乱中，董小宛进入宫中，深得福临宠爱，也就是所谓的"董鄂妃"。一些影视剧作品，也采纳了这一情节。

董小宛真的做过清世祖福临的贵妃吗？这是不可能的。首先是卒年问题。董鄂妃和董小宛虽然都属鲜花早谢，但去世的时间相去八年，分明不是一人。其次是年龄问题。福临出生在1639年，董小宛生于明天启四年（公元1624年），比福临年长十岁有余，董小宛去世时28岁，当时福临只有14岁。很难设想一个少年天子会要一个比自己年长许多的女子入宫为妃。再次是民族问题。满人宫廷，向来"汉人无入选之例"，董小宛一个汉族女子，而且又是青楼出身，怎能入宫当上贵妃？

还有更荒唐的：清代文人沈瓶庵和王梦阮，他们在研究《红楼梦》后得出结论说，林黛玉就是董小宛，也就是董鄂妃；那么贾宝玉自然也就是那位顺治皇帝福临了。贾宝玉出家，暗指福临五台山为僧，真是贻笑大方。

纪晓岚何许人也

纪晓岚，原名纪昀，雍正二年（公元1724年）出生于直隶献县（今河北献县），字晓岚，又字春帆。四岁开蒙读书，二十四岁在顺天乡试中一举夺魁，三十岁京城会试得中甲戌科进士。之后，纪昀曾多次主持各种考试，门生极多。他从乡试主考官、同考官到侍读、侍读学士，一直做到礼部尚书、协办大学士，成为朝廷的文学重臣。乾隆三十三年（1768年），纪昀的生活中出现了坎坷：他的亲家做官亏空库银，将被抄家，纪昀向他的姻亲透漏了这一消息，为此，他被流放到乌鲁木齐。四年之后，他获赦回京，重新回到翰林院，总纂《四库全书》的编修。嘉庆十年（1805年）纪昀离世，谥文达。他死的时候，很多高级官员临穴致祭，嘉庆皇帝御赐碑文，备极哀荣。

纪昀一生所做的最伟大的一件事，就是纂修《四库全书》。就《四库全书》本身而言，这是中国历史上最大的一部丛书，囊括了清朝乾隆以前中国历史上的主要文史百科典籍。作为《四库全书》的副产品《四库全书总目》是我国封建社会最大的一部官修目录，是中国封建社会目录学成果的集大成者，是中国封建时代学术的渊薮。《四库全书总目提要》，具有极高的学术价值，被历代文人看作读书和做学问的门径。对于这样一个重大的文化成果，纪昀功不可没。他担任的是《四库全书》的总纂管总揽编纂事宜。虽说还有另外两人担任过总纂管之职，但是或任职短暂，或晚来早逝，只有纪昀自始至终参与其事，并在《四库全书》和《四库全书总目》的纂修过程中起到了举足轻重的作用。他把一生最重要的阶段献给了修书伟业，为中国文化事业做出了巨大贡献。

纪晓岚像

除了纂修《四库全书》之外,他也写诗歌和骈文,他的《阅微草堂笔记》是清代重要的笔记小说集。当前的电视剧把他写成一个主持正义、勇斗贪官的英雄人物,是进行了文学加工。

雍正皇帝是死于吕四娘之手吗

雍正皇帝在位13年,和他的父亲、在位61年的康熙大帝比,实属短命。更重要的是,他的死毫无征兆,从得病到死亡,中间只有两天工夫。

民间传说雍正皇帝是遇刺身亡,凶手是个女人,名叫吕四娘。因父亲吕留良被雍正帝处死,她为报父仇,潜入宫中杀了雍正帝。这个传说中有真实的成分。历史上确有吕留良其人,他是明清之际的思想家,民族主义者。明亡后,曾散家财结客,图谋复兴,备尝辛苦。清廷开博学鸿词科,他誓死拒荐,后削发为僧。不过,他并不是被雍正帝杀死的。吕留良死于1683年,其时还在康熙朝。他死后,湖南书生曾静,读他的遗著,受到影响,立意反清,派他的学生张熙去游说川陕总督岳钟琪谋反,被岳钟琪告发。受曾静案的牵连,吕留良被剖棺戮尸,朝廷还焚毁了他的著述。至于他有个女儿是侠女之类,那就传说的成分居多了。更有传奇色彩的传说是,因为吕四娘一剑砍掉了雍正帝的脑袋,因此,安葬雍正帝时用的是一颗金子铸成的假脑袋。从宫中还传出这样的消息:自从雍正帝出事后,嫔妃侍寝必须脱去内衣,外面罩上长袍,由宫监背进去,再把长袍也脱了,裸体入御。安全措施严格到这种地步,好像是有点"一次被蛇咬,十年怕井绳"的意思。

最新的一种说法,是雍正帝服毒身亡。雍正帝当然不是服毒自杀,恰恰相反,他是希望自己能够长生不老,因而像其他很多中国的帝王一样迷信起了丹药。从雍正四年(1726)开始,雍正帝就经常吃一种叫"既济丹"的丹药。

稍有医学常识的人都知道,丹砂有毒,服用不当,就会死于非命。雍正帝曾在田文镜的一件奏折上,用朱砂笔写道:"此丹修合精工,奏效殊异,放胆服之,莫稍怀疑,乃有益无损良药也。朕知之最确。"雍正帝劝自己的宠臣,对御赐丹药,放开胆子吃,丝毫不用怀疑,正可见大臣们对这种东西是持怀疑态度的,而雍正帝竟不惜现身说法,可见他对自己所服用的丹药已是确信不疑了。根据这些情况来看,雍正帝很可能是误服了什么丹方,致使一命呜呼。当然,这也仅是又一种可能性比较大的推断而已。

光绪皇帝是谁害死的

光绪皇帝一直受慈禧太后控制。光绪二十四年(1898)八月,在慈禧太后的镇压下,维新变法失败,康有为、梁启超出逃,谭嗣同等"戊戌六君子"遇害,珍妃被囚禁在钟粹宫后北三所,并且给她立下一条规矩:今后不许再见皇上。光绪帝本人也被囚禁在中南海瀛台。慈禧重新出面训政。

关于光绪的死，有多种传说。传说之一：光绪是慈禧太后所害。慈禧想过要把光绪帝废掉，当然也想过要杀害光绪帝。于是，晚清文人恽毓鼎的《崇陵传信录》中就有了这样的记载："有谮上者，谓帝闻太后病，有喜色。太后怒曰：我不能先尔死。"光绪帝在慈禧死的前一天咽气，应验了慈禧这句恶狠狠的话。徐珂编著的《清稗类钞》也说是慈禧病危期间，害怕自己死后光绪帝重新执政，令人将光绪帝害死。

传说之二：光绪帝是被袁世凯所害。如末代皇帝溥仪在《我的前半生》里说，他听一个叫李长安的太监讲过，"光绪帝在死的前一天还是好好的，只是因为用了一剂药就坏了。后来才知道这剂药是袁世凯使人送来的"。

传说之三：光绪帝是被李莲英所害。英国人濮兰德·白克好司的《慈禧外传》和德龄的《瀛台泣血记》认为，清宫大太监李莲英等人平日仗着慈禧的权势中伤和愚弄光绪帝，他们怕慈禧死后光绪帝清算他们的罪孽，于是在慈禧将死之前先把光绪帝害死。

传说之四：光绪帝被不知何人所害。民国时期的杂志《逸经》第29期，发表清宫御医屈贵庭的文章，说在光绪帝临死的前三天，他最后一次进宫为皇上看病，发现光绪帝本已逐渐好转的病情突然恶化，在床上乱滚，大叫肚子疼。没过几天，光绪帝便死了。这位御医认为，虽不能断定是谁害死了光绪帝，但却可以肯定光绪帝是被人暗中害死的。

关于光绪帝死因的官方说法，是因病不治身亡，属于正常死亡。近人翻检了很多文献资料，比如，清宫档案中的宫内御医为光绪帝诊病用药的医案，1908年光绪帝去世前几个月的《申报》（该报一直密切关注光绪帝病情的变化，连续报道达30次以上，并多次刊出御医入诊的"脉案"和药方），发现光绪帝37岁时遗精已将近20年，腰腿肩背经常酸沉，耳鸣也有近10年，可见他一直身体不好。从现代医学角度分析，他患有严重的神经官能症、关节炎、骨结核和多系统的慢性消耗性疾病以及血液系统疾病，这是导致光绪帝壮年夭亡的直接原因。当然，光绪帝之所以患有这些疾病，与他的政治处境的艰难和精神生活的压抑有密切的关系。从这个角度说，他的政敌慈禧、他手下的叛徒袁世凯、他身边的监视者李莲英等，的确都是杀害光绪帝的凶手。

谁在甲午海战中率先逃跑

中日甲午海战中，中国水师惨败，成为国人心中永远的痛。很长一段时间，济远舰管带方伯谦被指为临阵逃脱的罪人。战后，水师提督丁汝昌向李鸿章报告海战情形，说"济远首先退避，将队伍牵乱，广甲随逃。若不严行参办，将来无以儆效尤而期振作"。李鸿章根据丁汝昌的报告上报军机处，请将济远舰管带方伯谦即行正法。军机处依报同意。随即，方伯谦在旅顺被斩首。广甲舰管带吴敬荣则受到"撤职留营"的处分。现在使用的历史教科书，基本上都是这样陈述的。

但是，方伯谦究竟是否海战中逃跑第一人，很早就有人提出疑问，20世纪80年代以来，这个问题更是引起了有关研究人员的关注。

亲历甲午海战的广甲舰管轮卢毓英，在广甲舰触礁搁浅后，搭乘济远舰回到旅顺。他留下一份手稿，题为《卢氏甲午前后杂记》。他陈述说，真正首先逃跑的是他所在的广甲舰，而不是济远舰。广甲舰原在邓世昌为管带的致远舰的后面，看到致远舰被击沉，顿时"全军胆落，心愈慌乱"，在"未受一炮"的情况下就仓皇逃离战场，慌乱中触礁。而济远舰则是因为首当其冲，迎击既久，炮多炸裂倾倒，无从应敌，才被迫撤出战场的。从时间先后来说，广甲舰远比济远舰逃离得早；从性质来说，广甲舰是临阵脱逃，而济远舰是因为受到重伤不能再战才撤出战列的。

也有专家对卢氏手稿中所说是否正确，提出了质疑。专家分析，卢氏在广甲舰里亲眼见到并记录了致远舰沉没的情形，而方伯谦在他的报告中对致远舰沉没这一重大事件却只字未提。可见，致远舰沉没的时候，方伯谦已经逃离了现场，而广甲舰是在致远舰沉没后才离开战场的。

关于济远舰是否因受重伤不能再战才退出战斗的问题，也有人指出，日本海军方面的材料对和定远、镇远、来远、靖远、经远、致远等中方舰只的交战情况描写非常详细，偏偏没有对济远舰有所描述，说济远受伤如此严重值得怀疑。而且，济远舰处于队列的左翼，而海战的焦点却是在右翼。

尽管众说纷纭，但有两个问题几乎是毋庸置疑的：第一，即使方伯谦率先退出战场，也不能把甲午海战失败的原因全部归咎于他。第二，无论怎么说，方伯谦在战斗正在进行的时候就离开战场是不可否认的事实。

走近真实的李鸿章

多年来，李鸿章因代表清政府签订了丧权辱国的《马关条约》、《辛丑条约》而遭到很多人的唾骂，成了千古罪人。其实我们应该看到，由李鸿章出面签署那些条约，并不等于就应该由李鸿章来承担全部责任。李鸿章作为一个衰落帝国的首辅大臣，他也有很多的无奈。

李鸿章是洋务运动的中坚人物之一。在当时的中国，他创下很多第一：

中国第一个近代军工企业，李鸿章利用富绅的银两引进洋人的机器设备，在上海创办了上海洋枪三局。他造武器，毫无疑问，不论是政治目的还是经济目的，都是为着巩固清政府。比如，在政治上，他是从镇压太平军的过程中获得的灵感；在经济上，他算的是"肥水不外流"这笔账。但这的确是中国近代史上第一个军工企业。

中国第一条电报电缆线在李鸿章的支持下，从大沽口到天津城铺设了中国第一条电报电缆线。而当时朝野上下的很多人还沉浸在风水之说中，生怕电缆线在地下横冲直撞，会断了"地脉"。

中国第一个电报公司随着电报电缆线的铺设，由清政府投资，成立了李鸿章称之为"官督商办"的、以赢利为目的的电报公司。

中国第一家民营轮船公司，清中叶以后，由于京杭运河淤塞，朝廷南北货物的调运部分改为海路，李鸿章抓住时机，督办创立了"招商局轮船公司"。它承揽了朝廷"官物"运输一半的运量，而其随后展开的客运业竟挤垮了英美合办的旗昌公司。

由于李鸿章的主持和参与，洋务派创办了中国近代第一条铁路、第一座钢铁厂、第一座机器制造厂、第一所近代化军校、第一支近代化海军舰队……

梁启超在《李鸿章传》中称李鸿章为数千年中国历史上一人物，19世纪世界历史上一人物；表示"敬李鸿章之才"，"惜李鸿章之识"，"悲李鸿章之遇"。李鸿章的外交生涯也让西方人知道了中国有个"相貌堂堂"且"矜持、自信和傲慢"的李中堂，甚至洋人只知有李鸿章而不知有朝廷。日本人对李鸿章的评价是：知西来大势，识外国文明，想效法自强，有卓越的眼光和敏捷的手腕。美国人的评价是：以文人来说，他是卓越的；以军人来说，他在重要的战役中为国家作了有价值的贡献；以从政来说，他为这个地球上最古老、人口最多的国家的人民提供了公认的优良设施；以一个外交家来说，他的成就使他成为外交史上名列前茅的人。

胡适说过"历史是任人打扮的小姑娘"吗

胡适是现代中国的重要学者，五四新文化运动中的著名人物，曾任北京大学教授、校长。20世纪50年代，胡适遭到了严厉的政治批判。在这场批判运动中，有一句话广为流传，那就是胡适说的："历史是个任人打扮的小姑娘。"历史可以"任人打扮"，成了胡适唯心主义历史观的罪证。但近来却有学者站出来证明，胡适从来就没有说过那样的话。那句话是由另外的话变化过来的，而且与胡适的原意恰好相反。

这句话出自胡适的名文《实验主义》，是胡适当时的一个长篇演讲稿，最初发表在《新青年》上，是胡适介绍詹姆士的实在论哲学思想时说的。原话是："实在是我们自己改造过的实在。这个实在里面含有无数人造的分子。实在是一个很服从的女孩子，他百依百顺的由我们替他涂抹起来，装扮起来。实在好比一块大理石到了我们手里，由我们雕成什么像。"（《胡适作品集》第四集，台湾远流出版公司，1986年10月）也就是说，胡适在阐释对"实在"的理解的时候，用了两个比喻：一是把"实在"比作很服从的女孩子；一是把"实在"比作由人雕刻的大理石。但不知为什么，后一个比喻鲜为人知，前一个比喻却在被篡改后弄得几乎尽人皆知。说它被篡改，是因为胡适原话是讲哲学的，与历史毫无关系。但这句话在很长时间内却变成了胡适评价历史的一个基本态度。好多人写文章一上来就是"胡适说过，历史是个任人打扮的小姑娘"。

其实，胡适是很实事求是的人，他对历史的态度非常认真，最提倡说话要有

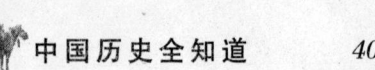

证据。他怎么会说出那样的话呢？但在极左年代的批判运动中，人们是不敢也不愿意去搞清真实情况的。

再者说，如果用现代的历史观来看问题，"历史是个任人打扮的小姑娘"这个陈述也不见得没有道理。因为人们在认识历史的时侯，往往会带有浓重的主观色彩。

少数民族

匈 奴

匈奴是古代兴盛于东亚大陆北方的一个游牧民族，广泛分布在今天的蒙古高原之上，以畜牧业为主，逐水草而居。

战国时期，匈奴与秦、赵、燕三国交界，经常进入三国境内骚扰边境，掳掠财物人口。秦、燕、赵三国各自修建长城，以御匈奴。西汉初年，匈奴达到极盛时代。

匈奴君王号为单于，以下置左右贤王等。左、右贤王是地方的最高长官，左贤王为最尊贵。

秦末农民起义爆发后，秦朝无暇北顾，匈奴遂南下占领大片领土。汉高祖七年，汉高祖亲率军队攻打匈奴，被冒顿单于围困于白登山，后通过行使反间计方得以逃脱。次年，接受匈奴和亲。

经过数年休养生息，武帝开始对匈奴反击，经过两次决定性的战役，匈奴大败，不得不退出河套及其以西一带，从此"漠南无王庭"。

公元前57年，匈奴统治集团内部发生分裂和内讧，五单于争立，内部大乱，陷于绝境。后来匈奴首领呼韩邪单于稽侯珊在位（前58年~前31年）时，匈奴附汉为藩臣，于是汉与匈奴结为一家，关市大开，至王莽摄政以前，60余年和平共处，汉、匈人民都得以安定，出现了民众富庶，牛马布野的局面。匈奴单于也巩固了自己的地位。

西汉末年及王莽篡位时期，王莽采取侮辱匈奴单于的政策，破坏了持续半个多世纪的和平相安、共同发展的汉匈关系，至东汉光武时始得到改变。光武帝建武二十四年（公元48年），驻牧于匈奴之南、管领南边八部之众的呼韩邪单于稽侯珊之孙归附汉朝，自立为呼韩邪单于，于是匈奴遂分裂为南北两部。建武二十六年，置使匈奴中郎将于南匈奴，帮助其设立单于庭帐（南庭）于五原西部塞，随后又让他入居西河郡美樱县（今内蒙古准噶尔一带）。

其后，鲜卑兴起于北方，匈奴多降于鲜

匈奴武士复原图

卑或汉朝。到二世纪中叶，匈奴人足迹渐渐在大漠南北消失。他们的后代多与其他民族融合，并为之同化，因而匈奴作为一个民族就渐渐消失于无形之中。

鲜　卑

乌桓和鲜卑是战国时北方东胡族的分支。东汉和帝永元三年（91年），北匈奴被汉朝击败被迫西迁，于是鲜卑大规模呈扇形南迁与西迁，进至匈奴故地。

当汉桓帝在位时（147年—167年），鲜卑首领檀石槐（？年—181年）建廷于高柳北弹汗山。檀石槐任用汉人，制定法律，促进了鲜卑社会的发展。

鲜卑南迁与西迁后，复与匈奴、丁零、乌桓、汉人等混血而形成许多新的部族。东晋与十六国对峙时期，鲜卑中的慕容氏、宇文氏、段氏、乞伏氏和拓跋氏、秃发氏，都曾与汉人及其他民族中的统治阶级结成雄踞一方的政治势力。而慕容氏曾建立前燕、后燕、西燕、南燕，乞伏氏曾建立西秦，秃发氏曾建立南凉等割据政权。拓跋氏先建立代国，后终于统一北部中国，成为南北朝时强大的北魏王朝，北魏分裂为东、西魏之后，鲜卑化的汉人高氏，与鲜卑宇文氏分别建立北齐、北周。

晋与十六国以及南北朝时期，各民族在互相交往与斗争中而自然同化。尤其北魏（386年～534年）在统一中国北部过程中和统治148年的时间里，尽量吸收中原汉人先进文化，使鲜卑贵族与汉人名门大姓结合，并吸收到统治集团之中。而孝文帝时的一系列改革，使鲜卑人进一步封建化，北魏制度也完全中央集权化。同时鲜卑人将许多有益于中国封建社会发展的政治、经济、文化因素，在其改革过程中，与中原固有制度相结合，形成了一些对后世有重大影响的制度，如北魏均田制、北周府兵制，均为隋、唐两朝所承袭。

隋唐以来，鲜卑已不再作为政治实体和民族实体存在，但他们的后裔却在这两个朝代居于重要地位。隋唐的建国者杨、李二家即是鲜卑化的汉人，而他们的母、妻又是汉化的鲜卑人。至于两朝的达官显贵有很多鲜卑人，位至宰相的就有20余人，其他如尚书、侍郎，地方上的都督、刺史，更不胜枚举。后世汉人百家姓中的"慕容、宇文"均起源于鲜卑族。

突　厥

突厥是对我国历史有重要影响的少数民族。原为铁勒（又名丁零、狄历、敕勒、高车）的一部，最初活动于叶尼塞河上游，后迁至高昌北山（今新疆博格达山）。5世纪中期，受柔然侵扰，被迫迁至阿尔泰山南麓。六世纪中期，突厥族建立突厥汗国。与内地王朝有了较多的政治经济联系，促进了突厥社会的发展。582年，隋朝用重兵打败突厥，促进了突厥贵族内部的分裂。突厥形成西突厥和东突厥。

630年东突厥为唐所灭，唐政府在突厥故地设置定襄、云中等都督府，任用突厥贵族为都督，进行统治。东突厥奴隶主政权的瓦解，有利于我国北部地区经济的发展和民族的融合。西突厥也于657年，被唐朝灭掉。西突厥的覆灭，为唐与西方各国的交往扫除了障碍。

六世纪突厥开始崛起，到八世纪已经衰亡，至十世纪之后，就基本上再也见不到有关它的任何记录了。直到近代西学东进以来，中土之人才辗转得悉原来西亚亦有一古老帝国，似为古突厥后裔。极盛时曾地跨欧亚非三大洲，兵锋直指维也纳城下，建都于东罗马帝国旧京君士坦丁堡，扼东西方交通之要道，可与东亚之中华帝国相媲美。从那以后，中国人才开始注意到，突厥原来并没有真正地消失，而是远赴他乡重新建立了相当强大的国家。这一来，突厥就不再是中国的古代民族了，而是世界性的民族。

"土耳其"是"突厥"的另一种发音，两者所指相同。西方学者大多从语言的角度入手，把凡是说突厥诸族语言的人都归为古突厥人的后裔，因此将他们都叫做突厥人。帝国时代的土耳其人本来已几乎忘掉了自己的来源，因其历史完全被奥斯曼帝国的历史所遮盖，若再往前追溯，就会扯到伊斯兰教义和穆罕默德身上。当时帝国的臣民只以自己是"奥斯曼人"为荣，丝毫没有"土耳其人"的概念，只是到共和国建立之后，为了提高普通民众的民族自豪感和爱国热情，这才开始注意研究突厥民族在前奥斯曼时代的历史和文化，从而不可避免地带上了较多的主观色彩。结果之一是，土耳其人开始以古突厥人的正统苗裔自居，遂把公元552年土门可汗建立突厥汗国作为其开国之时，并在公元1952年举行了隆重的仪式，纪念"突厥建国一千四百周年"。

吐 蕃

吐蕃人是藏族的祖先，七世纪前期，吐蕃杰出的首领松赞干布统一各部，建立了强大的奴隶制政权，都城在逻些。

松赞干布是藏族历史上也是中国历史上的一个杰出人物，他在位的时候，创制了吐蕃文字，即今天的藏文，同时还制定了官制、兵制和法律。原来寂寞无闻的中国广大西部地区，因强有力的吐蕃奴隶制政权的出现，变得有声有色了。

当时藏族还处在原始的民族部落时代，就开始和汉族建立了联系，年轻的松赞干布决心跟唐朝建立友谊。634年，第一批吐蕃使臣访问长安，唐朝使臣很快到吐蕃回访，成为汉藏两族友好关系的良好开端。松赞干布遣使献贵重礼物向唐王室求婚，唐太宗未允。640年，又命大相（宰相）禄东赞为使官，以黄金5000两及珍宝数百件作聘礼，请许婚。唐太宗允将宗室女文成公主出嫁到吐蕃。

松赞干布和文成公主对汉藏两族的友谊和吐蕃社会的进步作出了重要贡献，直到今天藏族民间仍流传着许多有关公主的美好传说；拉萨市的布达拉宫和大昭寺内还供奉着松赞干布和文成公主的塑像；布达拉宫还保存着他俩结婚的同房遗迹；大昭寺前的唐柳，传说是公主亲手所栽。这些无不说明汉藏人民建立起亲如一家的关系。

唐中宗时，吐蕃首领尺带珠丹向唐求婚，唐中宗把金城公主嫁给了他。尺带珠丹上书唐朝皇帝时说：吐蕃同唐朝已经"和同为一家"了。821年，唐蕃正式结盟，并建立了会盟碑。后世称为"甥舅之盟"。这块碑至今仍屹立在拉萨大昭寺前，成为汉藏两族团结友好的历史见证。

松赞干布和文成公主

9世纪中叶，吐蕃王室分崩离析，王室后裔或割地自据，或流窜荒原，在青藏高原各自建立起7个小王国。今天看来，这些王国中影响最大，遗迹最丰富的，首推古格王国。10世纪中叶至17世纪初，古格王国雄踞西藏西部，弘扬佛教，抵御外侮，在西藏吐蕃王朝以后的历史舞台上扮演了重要的角色。

回　纥

回纥是维吾尔族的古称，又称回鹘。回纥源于铁勒族（西汉时称丁零，后晋时称狄历、敕勒等。因其所造车辆车轮高大，又称高车）。

北朝时期，铁勒各部分布于东至独洛河（今图拉河）以北，西至西海（今里海）间的广阔地区，以游牧经济为主。铁勒九部之一的袁纥部，主要活动于贝加尔湖之南的婆陵河（今色楞格河）和温昆河（今鄂尔浑河）流域。与其他诸部均受突厥统治。隋大业元年（605年），突厥处罗可汗诛杀铁勒诸部酋长，激起铁勒各部的反抗。袁纥部遂与仆骨、同罗、拔野古等部联盟，总称回纥。

隋末唐初，回纥日益强大，又相继兼并一些部落，遂脱离铁勒部落联盟。唐贞观二十年（646年），回纥联合铁勒诸部助唐灭薛延陀，兼并其部落，自此雄踞漠北。回纥首领吐迷度自称可汗，建立回纥汗国。辖有东起兴安岭，西至阿尔泰山，南抵贺兰山，北至北海的广大区域。漠北铁勒诸部尽归于回纥。唐廷于漠北置瀚海都督府，封吐迷度为怀化大将军兼瀚海都督。其后，回纥与唐朝关系密切。安史之乱爆发后，曾两度派兵助唐平叛，收复东西二京。唐贞元四年（788年），回纥向唐德宗请改族名为回鹘。此后，回鹘势力西渐，与吐蕃争夺西域，一度势力远及中亚。9世纪30年代始，回鹘连年遭受自然灾害，牲畜大量死亡，生产受到严重影响。是时统治集团内部权力之争迭起，实力迅速衰弱。唐开成五年（840年），回鹘汗国被铁勒黠戛斯部所灭。部落离散，一支迁往葱岭西楚河一带，为葱岭西回鹘；一支迁至河西走廊，称河西回鹘、甘州回鹘，即今裕固族祖先；主要的一支则居留于西州（今新疆吐鲁番）、轮台（今新疆米泉境）一带，并建立了高昌回鹘政权。后逐渐与当地部族融合，成为今维吾尔族祖先。

元、明时期，回鹘译作畏兀儿、畏吾儿等。主要分布于嘉峪关（今属甘肃）以西，哈密（今属新疆）和天山以南地区。清代改称维吾尔。

乾隆二十四年（1759），清廷于镇压漠西厄鲁特蒙古准噶尔部的叛乱后，正式宣布将天山南、北路称为新疆。并于伊犁（今属新疆）设伊犁将军，总管新疆军政事务；又于喀什噶尔设参赞大臣，总理回疆（即天山南路）；于叶尔羌、乌什、阿克苏、库车等11城各设办事大臣或协办大臣一员，管理地方事务。

自元至正十三年（1353）起，伊斯兰教逐渐在维吾尔族中传播。至16世纪上半叶，吐鲁番当地的居民已信奉伊斯兰教。与此同时，阿拉伯字亦取代回鹘文，成为维吾尔族通行的书写文字。

契 丹

契丹族是中国历史上一个有深远影响的少数民族。

契丹是鲜卑的一支，4世纪中从鲜卑族中分离出来，游牧于潢水、土河一带。唐初形成部落联盟，曾臣服于漠北的突厥汗国。唐太宗贞观二年（628年），契丹部落归附唐朝。907年，契丹建立了政权，成为中国北方一股强大势力。916年，契丹族首领耶律阿保机创建契丹国。947年，太宗耶律德光改国号为辽，辽成为中国北方统一的政权。契丹王国强盛一时。1125年，辽为金所灭，此后契丹逐渐被融合。

契丹是一个进取开放的民族，通过与中原及西方的密切交往，创造了具有特色的文化。仿汉制实行科举，制订成文法典。建立全体男丁皆入兵籍的兵制，又依本身游牧民族习俗而首创五京制。契丹人于920年仿汉字偏旁创制了契丹文字，史称大字，后又仿回鹘文创制了契丹小字，契丹文字的创造标志着契丹族的进步。契丹族广建佛寺和佛塔，使辽王朝的文化颇为昌盛。

契丹是骑马打天下的民族，骑兵骁勇善战，与宋、西夏战争中经常取胜。契丹王国与周边各族各国的交往甚为密切，经济文化各方面都融合了其他民族因素，尤其与汉文化的交融最为深入。

契丹王国统治者崇信佛教，自太祖以来一代胜似一代，至道宗时达到极盛。百多年间，契丹皇族和高级僧侣投入巨资，请能工巧匠建造了大量佛教寺院，与寺院密不可分的佛塔和佛教法器也大量出现。内蒙古地区现存著名的辽朝佛塔有中京大明塔、上京南塔、庆州白塔、丰州万部华严经塔等。在庆州白塔内出土的释迦涅槃石雕像、万部华严经塔砖雕菩萨头像、白瓷迦叶、阿难像等文物，都是辽代佛教艺术的代表作。

契丹王国在沟通东西方经济、文化交流方面，也有很大贡献，由于辽国的疆域东西横长，正好成为东西方交流

彩塑契丹武官像　五代

的渠道。在辽代贵族墓葬中出土的琥珀、玛瑙和玻璃等文物,很多都来自西方。

党 项

党项是6—14世纪活跃于中国西北地区的羌族的一支,故又称党项羌。居今四川西北至青海河曲一带山谷间。以姓氏为部落,一姓之中复分为小部落,大者五千至万骑,小者千余骑,无法令、徭役,不相统属。大姓有细封氏、费听氏、往利氏、颇超氏、野辞氏、房当氏、米擒氏、拓跋氏,其中拓跋最强。党项拓跋氏,或谓即鲜卑拓跋氏。隋时党项各部有降隋者,如585年拓跋宁丛等率众内附;亦有役属于吐谷浑者。

629—631年(唐贞观三至五年)其大酋细封步赖、拓跋赤辞等先后率部归唐,唐于其地析置羁縻州数十。后因吐蕃逼迫,唐徙拓跋等部于庆州(今甘肃庆阳),置静边等州以处之。留于原地者为吐蕃统治,吐蕃称之为"弭药"。安史之乱后,内迁党项又徙于灵(今宁夏吴忠东北)、庆、银(今陕西米脂西北)、夏(今内蒙古白城子)等州。765年后,因盐(今陕西定边)、庆等州党项与吐蕃邻近,往往联合入侵内地,唐再徙之于银川之北、夏州之东。以后,居夏州者称平夏部,居庆州者称东山部,在夏州以南山地者称南山部。东山部、平夏部且有移至石州(今山西离石)者,依水草而居。

842年之后,振武军、云州、太原等处出现党项,当与迁至石州者有关。唐末,平夏部首领拓跋思恭助唐镇压黄巢起义,被授为定难军节度使,赐姓李。五代时,拓跋思恭势力增强。以夏州为中心的党项势力控制了当时的中西交通线,从中继贸易中获利甚丰。1038年(宋宝元元年),思恭后代元昊正式即西夏皇帝位(即西夏景宗李元昊)。元时蒙古人称党项及其所建西夏为唐兀或唐兀惕(Tangut)。

西 夏

西夏是由党项族拓跋氏建立的封建王朝。由党项拓跋部首领李元昊建于1038年。宋天圣九年(1031),党项首领李德明死,其子李元昊嗣位。他反对其父臣事宋朝的做法,与宋廷公开对抗。在其父发展党项社会经济、建立统治制度、扩拓统治疆域的基础上,开始筹建政权。宋明道二年(1033),李元昊改兴州(今宁夏银川)为兴庆府,并制定官制。于中央设中书省、枢密院、三司,分掌政、军、财三权;又设御史台,掌监察。还设置翊卫司、官计司、受纳司、农田司、群牧司、磨勘司等机构,分掌具体事务。还设有宁令、丁卢等一套蕃职官职,专授党项人充任。在军事上,李元昊分辖区为左右厢,共设12个监军司分驻各地,总兵力达50万。他令大臣野利仁荣(一说野利遇乞)仿汉字创制西夏文字,奉为"国书"。还更定礼乐。同时他继续扩拓疆域,统治区域东至黄河,西到玉门关,北迄大漠,南临萧关(今宁夏彭阳东),方圆2万余里。宋景祐五年(1038),李元昊正式称帝,是为夏景宗,国号大夏(又称白上国,宋人称之为西夏，后世沿袭这一称号），改元天授礼法延祚，定都兴庆府。西夏遂成为与北宋、辽并立的政权。

李元昊建立西夏政权后，次年又改革官制，增置尚书令，总理朝廷庶务，下辖十六司，分理六部权统治的加强，引起拓跋统治集团内部的权力之争，天授礼法延祚十一年（1048），李元昊被太子宁凌噶刺杀身亡。其子李谅诈即位后，继续完善政权建设，并大兴汉学，促进党项社会"崇文"风尚的兴盛。西夏自建国后，与北宋时战时和，先后爆发三川口、好水川、麟府、定川砦等四大战役，订立"庆历和议"；与辽既有联合，又有摩擦。夏元德四年（1123），金灭辽，西夏转而向金朝称臣。及至金灭北宋，西夏遂与金、南宋并存。夏大德五年（1139），李仁孝即位，对西夏社会的政治、经济、文化教育再行改革，促进西夏社会的文明发展。但武备日渐弛废，政治日趋腐败，统治集团内部矛盾加剧，终导致爆发"任得敬乱邦"和"安全废立"两个事件，严重削弱西夏的实力。夏宝义二年（1227），西夏被蒙古所灭。西夏立国190年，共传十帝。境内居民以党项族为主体，还有汉、吐蕃、回鹘等族。政治制度多仿唐、宋。社会经济以畜牧业、农业为主，手工业多控制在官府，尤以金属制造业最为发达。国内流通货币分西夏文币与汉文币两类，以汉文币种类居多。商业贸易主要与宋、金之间进行，边境贸易一度十分繁盛，密切了西夏与内地的联系，促进了西夏社会经济的发展。在西夏王朝时期，边疆地区得到进一步的开发。

南诏国

南诏是唐代西南地区建立的少数民族政权。隋唐时期，在今云南地区分布有诸多民族，其中以生活在洱海地区的白蛮和乌蛮最为强盛。唐贞观末年，乌蛮诸部逐渐形成10余个酋邦，称为"诏"。之后，经兼并形成六诏：蒙舍、蒙嶲、浪穹、邆赕、施浪、越析。蒙舍诏因其地处诸诏之南，故又称南诏。

唐永徽年间，南诏主细奴罗灭白蛮白子国。永徽三年（652年），细奴罗唐高宗封为巍州刺史。唐景云年间，吐蕃侵入洱海，乌蛮诸诏相继归附吐蕃，唯南诏独附唐朝。唐开元元年（713年），玄宗封南诏皮逻阁为台登郡王。二十五年（737年），南诏攻占太和城（今云南大理）。次年，唐玄宗又封皮逻阁为云南王，赐名蒙归义。在唐廷的支持下，是年南诏兼并乌蛮五诏。

二十七年（739年），皮逻阁迁都太和城，建立南诏国。南诏立国后，中央设清平官执掌政务，大军将掌军务；另设六曹，后改九爽，执掌具体事务。按府编制军队，分太府、中府、下府、小府4级，其主将分别称演习、缮裔、澹酋、幕。地方行政多仿唐制，赆为地方行政单位，相当于唐的州。全国共设两都督，为各节制一方的军政长官。

南诏在皮逻阁及继位者阁逻凤等在位期间，不断扩土展疆，全盛时其疆域包括今云南全境和四川西南部、贵州西北部，成为当时西南地区最大的少数民族政权之一。南诏国农业经济最为发达。主要种植稻、麦，一年稻麦两季。手工业生产也很进步，冶铁、丝织业很发达。建筑技术具有较高的水平，大理崇圣寺及三

塔，即建造于南诏时期。

南诏自皮逻阁始，与唐朝保持着和好的关系。但至唐中期，唐边将对南诏贪索无厌，致使关系恶化。唐天宝九年（750年），阁逻凤遭唐云南太守张虔陀凌辱，起兵杀张虔陀。此后南诏与唐交恶，常有攻战。直至唐贞元九年（793年），两国重修归好。自9世纪以后，南诏政局动荡，政权多为权臣控制。唐天复二年（902年），清平官郑买嗣杀南诏王舜化贞及其幼子，并诛杀南诏王室800余人，南诏亡。

大理国

大理国是五代至宋代西南少数民族建立的地方政权。又称段氏大理。唐天复二年（902年），南诏国被权臣、清平官郑买嗣所灭。其后统治集团内部纷争，权力几经易手。后晋天福二年（937年），爆发白族段思平领导的起义。他以减税粮一半，宽徭役三年相号召，联合滇东37部，攻入太和城（今云南大理南），自立为王，改国号为大理。其疆域与南诏国大体相同，包括今云南及四川西南部，设首府（大理）、八节度（会川、通海、弄栋、永昌、银生、丽水、拓东、剑川）等行政区划，故有"云南八国"之称。后期除首府外，改置八府、四郡、四镇、三十七部。统治机构亦承袭南诏旧制，王称骠信，中央设清平官，辅佐骠信执掌政务，其下置"九爽"，分掌具体事务，段思平建大理后，更易制度，废除繁苛。境内经济有长足的发展。北宋初年，宋太祖灭后蜀，大理王奉牒庆贺。宋太宗时，大理王乞请内附，受封为"云南八国都王"。此后，大理不断遣使入贡，宋政和七年（1117），大理王受封为云南节度使、金紫光禄大夫、检校司空、上柱国、大理王。南宋时，拒绝大理入贡，只准许其以大理马与宋人交易。大理国使用"文（白文）"，即以汉字为基础，用汉字写读白语；国内佛教盛行，有"妙香国"之称。宋理宗宝佑元年（1254），大理国被蒙古灭亡。

从女真到满洲

女真是中国古代活跃于东北的少数民族，五代时，契丹人称黑水靺鞨为女真，从此该名取代靺鞨。

黑水靺鞨在唐朝时建立渤海郡国，后为契丹族所建立的辽国消灭，女真族此后即臣服于辽国。契丹人依据统治方式的不同，分其为熟女真和生女真。生女真中的完颜部逐渐强大，该部于北宋政和五年（1115年）建立国家，国号为金，太宗天会三年（1125年）灭辽，取代其在东北的统治。金代统治时期，女真社会完成了从奴隶制向封建制的转化。宋端平元年（金天兴三年，1234年）金亡于蒙古。迁入中原各地的女真人同汉人杂居，逐渐融合于汉族。

元代统治时期，留居东北地区的女真人又分裂为许多部落。元代女真人较普遍地有了农业。明代女真是族种的泛称。明人通常将女真划分为三大部分：建州女真；野人女真，海西女真。

明朝时为借女真之力牵制蒙古，对女真采取招抚政策，并在开原立安乐州，辽阳立自在州，安置女真之归化人。明朝政府命女真各卫所凭敕书来京师朝贡和贸易，厚往薄来；并在开原、抚顺等地开设马市，接待女真人以其马匹及土特产来交换农具、耕牛、粮食、布匹等物。嘉靖二十年（1541）以后，女真各部群长争雄，抢夺敕书，先后出现强酋王台、王果、王兀堂等，体现了女真族群统一的历史趋势。

建州女真的努尔哈赤自明万历十一年（1583）起兵，经过三十多年的战争征服了建州女真各部、息伦四部和黑龙江呼尔哈、东海女真各部，基本上统一女真，建立国家，国号仍为金，史称后金。天启六年（1626年，后金天命十一年）努尔哈赤卒，其子皇太极继位，于明崇祯八年（1635年，后金天聪九年），宣布废除女真称号，规定只称满洲，标志着满族共同体的形成，次年改国名为清。从此满族代替女真为族名，女真其余各部亦各以赫哲、鄂伦春、鄂温克等族名通行，女真一名在清代渐行消失。

经史子集

孔子删定的《春秋》

孔子是我国古代伟大的思想家、教育家。《春秋》就是孔子删定而成的我国最早的一部史学著作。

《春秋》是鲁国编年史,以鲁史为主,记载了上起鲁隐公元年(公元前722年)下至鲁哀公十四年(公元前481年)共242年的鲁国历史。《春秋》主要记载春秋时期统治阶级的政治活动,也记载一些自然现象、经济文化等。

《春秋》是我国最早的一部编年体史书,有着重要的史学价值。首先《春秋》按照年月日的顺序记载历史事件,记述眉目清晰;其次《春秋》也是世界上第一部既有系统且内容又比较全面的史书,因而在世界史学史上占有一席之地。再次《春秋》又是我国第一部由私人独立编纂而成的一部史书,开创了我国私人撰史的先例,也正是由于孔子开创了私人著书的学术风气,开辟了研究近现代史的风气,成为后来诸子百家竞相著书立说的中国历史上的"百家争鸣"的先声。

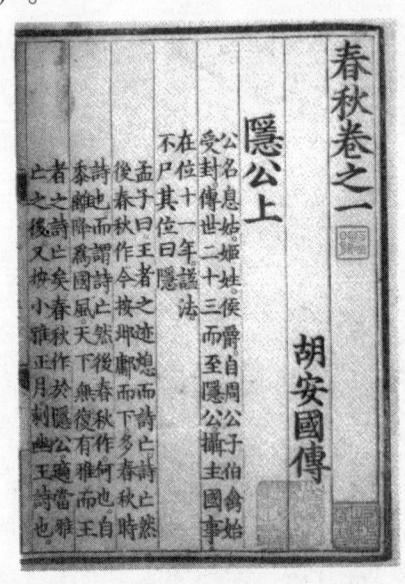

《春秋》书影

另外,孔子在《春秋》中确立了最著名的"春秋笔法",即用简约的文字表达复杂的微言大义,褒善贬恶。《春秋》一书仅仅16000余字,却记载了242年的历史,可谓文约义丰。同时孔子删修《春秋》,继承了秉笔直书、善恶必录的优良传统。这一优良传统,又进一步赋予了史学以"资治"的目的,通过把历史的原始记录改写成历史著作,创立了真正意义上的中国史学,奠定了此后2000多年中国史学发展的基础。应该说,孔子才是中国史学之父。

当然,孔子删修的《春秋》也存在一些不足,在行文上过于简约,致使内容空洞,不够具体,晦涩难懂,常使人误解。另外《春秋》一书也不可避免地夹杂着天命论、正统论、循环论、宿命论等糟粕的东西。

尽管《春秋》有一些缺陷,但由于它为我国史学的发展确立了许多首创原则和写作方法,为我们保留了许多珍贵的文献资料,因而在中外史学史上都占有不可替代的历史地位。

人文荟萃的稷下学宫

战国时代，争战不休，但在东方的齐国出现了足以与古希腊亚里士多德学院相媲美的稷下学宫。稷下学宫集中了当时各家各派的学者，一时间百家争鸣，百花齐放，蔚为大观。学宫位于齐国都城临淄的稷门附近地区，因此后世将其命名为"稷下学宫"。它创建于齐桓公（公元前374——前357年在位）时期，并在齐宣王（公元前319——前301年在位）时期达到鼎盛阶段。一直到秦国灭亡六国，稷下学宫才走向消亡。

在鼎盛时期，学宫曾容纳了当时诸子百家中的所有学派，主要的有道、儒、法、名、兵、农、阴阳、纵横诸家，汇集了天下贤士多达千人左右，其中著名的学者有孟子、淳于髡、邹衍、田骈、慎到、接予、季真、环渊、彭蒙、田巴、鲁仲连、荀子等。

当时，稷下学宫的文人学者，都可以自由发表自己的学术见解，这些学者们互相争辩、诘难、吸收，成为体现战国时代"百家争鸣"的典型。难能可贵的是，对学宫的学者文人优容有加，封其中的著名学者为"上大夫"，赐给上大夫的爵禄，享受优厚的待遇，允许他们"不治而议论"、"不任职而论国事"。因此，稷下学宫具有学术和政治的双重性质，它既是一个官办的学术机构，又是一个政治顾问团体。

稷下学宫学术博大精深，荟萃各家各派思想精华。就儒学而言，曾进驻稷下学宫的著名儒学学者，前有孟子，后有荀子。孟子长期居齐，他的思想颇受稷下学者的影响，如孟子关于"养浩然之气"的思想，就有学者认为是受稷下先生尹文等人"气论"的影响。

荀子是稷下学宫的最后一个大师，他立足儒家，对稷下学术进行了全面的批判总结，从人性论、认识论、政治理论、天人关系等诸方面对稷下学术进行了吸取和修正，从而将诸子学术推向高潮，成为战国诸子学说的总结者。在荀子"礼法结合"的思想催生下，荀子的弟子韩非和李斯等人进一步推动了法家的发展，并对秦朝的政治制度产生了巨大的影响。

司马迁的《史记》

司马迁的父亲司马谈，为汉武帝的太史令，崇尚道家，对儒、墨、名、法、阴阳、道等各家学说，进行过批判和总结。这种家学传统，对司马迁影响很大。司马迁在父亲死后继任父职，成为汉武帝的太史令，时年38岁。这样，使他有机会阅读宫廷图书馆中大量的文献典籍。公元前116年，司马迁开始撰写《史记》。

公元前99年，司马迁因为李陵投降匈奴事进行辩护，触怒了汉武帝，被下狱受了腐（宫）刑。为了完成父亲的遗训，司马迁忍受宫刑这一奇耻大辱，以坚忍不拔的精神，大约在公元前91年最后完成他所期望的"究天人之际，通古今之变,成一家之言"的《史记》。

《史记》又名《太史公书》,或《太史公》、《太史公记》。《史记》记载上起黄帝轩辕氏,下迄汉武帝天汉年间,上下贯穿近3000年的历史。全书130篇,由本纪12篇、表10篇、书8篇、世家30篇、列传70篇组成,计52.65万字。包括政治、经济、军事、文化、少数民族和外国历史等丰富的内容。可见,它是百科全书式的通史。

《史记》是我国第一部纪传体通史,创立了史书纪传体编纂体裁。它体现了司马迁进步的历史观。他歌颂人民的反抗斗争,同情人民所受的痛苦。司马迁不但承认历史是发展变化的,而且还试图从历史生活现象中,去寻求历史变化的原因。《史记》中充分体现司马迁重视经济的思想,为中国史学树立了重视经济活动的优良传统。

《史记》既是一部纪传史,又是一部传记文学集,描写人物栩栩如生,战争场面波澜壮阔,具有很大的文学价值。其影响已经远远超出中国的范围。

晚景悲凉的司马迁无父母兄弟,朋友皆避之惟恐不及,族人也隐姓埋名四散而居。在强权高压下,同时期作品无一敢提及其晚况和死因,以至卒年都不可考,这是司马迁的悲哀,也是全中国文人的悲哀。可是历史可以证明:司马迁为后人留下了一个个不朽的英雄形象,而他自己也与这些形象一起超越生死达到永恒。

班固的《汉书》

班固生在一个家学渊博的家庭中,父亲班彪是著名的儒学大师。班固在汉明帝时任兰台令史,他一面典教秘书,一面编纂国史。这件事,从27岁一直到57岁,前后30年,《汉书》名著就是在这期间完成的。

在编纂体例方面,《汉书》继承而又发展《史记》的编纂形式,使纪传体成为一种更加完备的编纂体例。对于年月的记载也比《史记》详细和明确。再者,《汉书》对于西汉的政治经济制度和社会文化的记载,比《史记》更加完备,从而提高了《汉书》的史料价值。对于传记的编排,《汉书》基本上按时间先后为序,体例上也比《史记》整齐划一。

《汉书》具有浓厚的封建正统思想。以维护封建神学思想为己任,神化西汉皇权、拥汉为正统的思想。因此,它首创《五行志》,专门记述五行灾异的神秘学说,还创立《眭两夏侯京翼李传》,专门记载五行家的事迹。

《汉书》开创断代为史和整齐纪传史的编纂体例。班固认为,通史体例,不利于宣扬"汉德",又难以突出汉代的历史地位。于是,《汉书》"包举一代",断限起自西汉建立,终于新朝的灭亡,为了突出刘邦,就将《高帝纪》置于首篇。这种断代为史的体例,受到后来封建史家的赞誉,并成为历代"正史"编纂的依据。

《汉书》资料丰富,保存许多重要的历史文献。《汉书》收入大量有关政治、经济、军事和文化方面的奏疏、对策、著述和书信。在《汉书》的10志中,也有类似的重要历史文献的收载，如《食货志》收入晁错的《论贵粟疏》等。《汉书》还保留了大量国内外各民族的资料。同时《汉书》又是一部文学名著，塑造了一群很有生命力的人物形象。

班固是我国继司马迁之后一位杰出的封建史家，他的《汉书》承袭《史记》，但不局限于《史记》，而是做了大胆的创新，他不仅是我国断代史的创立者，而且大大改善了司马迁的纪传体写作体例，在继承中求得发展，在发展中也做到了近乎完美！

刘知几的《史通》

随着史学的不断发展，史学批评也随之开展起来，唐代刘知几写出我国第一部系统性的史论专著《史通》。它兼有史学理论和史学批评两方面内容，是集唐以前史论之大成的宏伟巨著。

刘知几生于唐代名门，父兄都是唐高宗和唐玄宗时的官僚。但他仕途颇不得意，于是私家撰写《史通》来阐述他的思想和主张，到公元710年完成。

《史通》共20卷，包括内篇和外篇两部分，各为10卷。内篇有39篇，外篇有13篇，合计52篇。今存仅有49篇。另有《序录》一篇，为全书的序文。

《史通》在我国史学的发展中有着重要的意义。首先，它历述了中国史馆的起源及变迁，列举历代官修和私撰的各种史书，以及各家史书的体裁，加以评论，形成了唐以前史学史的规模，为我国史学史的发展奠定了基础。其次还对历史编纂学提出了一些可贵的见解。《史通》主张删除天文、艺文、五行三种，而增加都邑、方物、氏族等志。在编纂方法方面，指出叙事是撰史的重要手法，而叙事最避忌繁芜，提出使用"当世口语"撰史。此外，刘知几指出对史料需加以选择和鉴别。这些主张都有很大借鉴价值。再次提出了合理的史学方法。刘知几提出的史学方法自成体系，从史料的范围，史料的采摘，史料的鉴别，史料的区分，到编纂的次序，史事的判断，人物的评论等等，都作了创造性地研究和规划，给后来历史学者很大的影响，把中国史学向前推进了一大步。

另外，《史通》提出了史家修养的标准：刘知几认为史家要有科学的修养，公正的态度，实事求是的精神。有了这三个条件，历史才能反映社会真实情况。他提出的这些标准，在当时是很有见地的。

《史通》开辟了史评的道路，刘知几的评论立论高远，全面系统，史法谨严，把对史书的评论大大向前推进了一步。

司马光的《资治通鉴》

司马光是北宋人，他看到当时没有一部比较简明完整的通史，同时他为了给封建统治者提供历史借鉴，于是，他便决心动手编一部史书，并确定此书的宗旨是"鉴前世之兴衰，考当今之得失"，希望宋神宗借以改进政治，安定国家。

《资治通鉴》上起周威烈王 23 年（前 400 年），下止五代后周显德 6 年（959 年），共 1362 年的历史，分为 294 卷，共计 300 多万字；另外《目录》30 卷，《考异》30 卷。共花了 19 年的时间，才编成这部巨著。

《资治通鉴》的内容非常丰富，政治史是全书的主要部分，司马光把历史上的君主分为创业、守成、陵夷、中兴、乱亡五类，对他们都作了一定程度的揭露和谴责，以为后世君主的鉴戒。《资治通鉴》也注意关于经济的记载，对于商鞅变法、文景之治、北魏孝文帝的均田制等都有记载。

《资治通鉴》是中国现存的编年体史书中最大的一种，在史料价值上，在史学影响上，都有一定的地位和作用。

首先《资治通鉴》创立了修史先修长编的写作方法。司马光等人的编写分为三个步骤：按年月顺序，标明事目，剪粘排列起来，叫做丛目，这是第一步；第二步是把丛目中编排的史料，进行初步整理，经过选择，并从文辞上加以修正。由此写成第二稿，叫做长编；第三步由司马光就长编所载，考其异同，修改润色，最后定稿。

其次《资治通鉴》建立了编年体通史的规模。既改善了编年体的组织，又充实了编年体的材料，而且把断代编年改为通史编年，成为我国第一部编年体通史。

《资治通鉴》具有很大的史学价值，它栩栩如生的再现了历代阶级斗争和民族斗争的史实，在思想上反对阴阳术数、宗教鬼神的迷信。《资治通鉴》也有它的不足和缺点。由于司马光受时代和阶级的局限，在对待农民起义问题上，其立场与观点大有问题。另外，在体例上也有失当的地方。

郑樵的《通志》

我国史书浩如烟海，其中关于叙述典章制度的史书最著名的是"三通"，即杜佑的《通典》、郑樵的《通志》和马端临的《文献通考》。《通志》是南宋史学家郑樵穷毕生精力完成的 200 卷巨著。

《通志》是一部纪、传、表、志俱全的通史，内容所叙述的历史时间，各部分很不一致。本纪自三皇五帝到隋，《后妃传》自汉到隋，列传自周到隋，二十略自传说时代到北宋。

《通志》的体例和编纂方法，在我国史学发展史上有过一定的影响。清乾隆年间所修的《续通志》和《清朝通志》，就是根据《通志》的体例和方法修成的。甚至马端临的《文献通考》以及《九通》中的其他著作，在体例上也吸取了《通志》的成果。

《通志》的二十略是其精华，郑樵在这二十略中用了他大部分的精力，提出了一些超越一般史家水平的卓越见解。这二十略有些是郑樵独创的，提供了许多珍贵的史料。

郑氏在编纂《通志》这部 500 多万字的巨著时，其方法是值得重视的，他先从各个专门的学问入手，通过对史料的考订和实践的调查，把所有的史料"会同"起来，所谓"会同"，是指把各种史料加以综合整理，也就是尽可能全面地汇总各种史料，按照年代先后予以整理、编排，探其源流，理出各种事物从古到今的发展过程。

郑氏最后把其研究成果，归纳入纪、传、谱、略、载记等体例之中，编成了独创一格的《通志》。郑氏这种求实的治学态度，是他在史学史上最重要的贡献之一。

由于郑樵受时代和阶级的局限，《通志》也存在一些不足，譬如二十略的体例虽有所创新，但从《通志》的整体来说，它仍然没有突破正统的旧史的格式；在史料的考订方面，也难免有主观片面的臆断。还有其立场观点上的问题，对农民起义持批判态度。此外，郑樵还存在着地理史观、宿命论以及复古主义思想等。

袁枢的《通鉴纪事本末》

《通鉴纪事本末》完成于南宋淳熙元年（1174），它把《资治通鉴》中所载的战国至五代的史事，归纳成239个题目，附录66事，大小共305件事，详述事情本末。开创了史学研究中的"纪事本末体"。

《通鉴纪事本末》从内容上讲完全脱胎于司马光的《资治通鉴)，只是把原分散在各卷中的同一件事的有关联者集中在一起，并重新加上一个标题，整部书完全源自《资治通鉴》，因此，有人说：《通鉴纪事本末》是《资治通鉴》的重抄。

作者袁枢巧妙抄书，不仅抄出了一部著作，而且宣告了一个崭新的史书体例"纪事本末体"的诞生。梁启超将此誉为中国古代"善抄书者可以成创作"的典型范例之一。

在这部书问世之前，古代史籍所采用的体裁主要是两大类，即"纪传体"和"编年体"。纪传体以人为主线，对于时间、事件、人物各方面都可以兼而顾之，但也有各部分相互重复和脱节的缺点,；编年体则是以年代为线索，突出历史发展顺序，而记事却前后割裂，破坏了事件的完整性。比较而言，纪事本末体的手法更接近于现代史书，具有一定的进步性。这种体裁采用的是以事件为中心，标题立目，进行系统的阐述。这样一来，文中所记录事件的来龙去脉便一清二楚了。

虽然作者袁枢的实际工作不过是将《资治通鉴》打散重编，原文照抄，但是由此导致纪事本末体的出现，却促成中国历史编纂方法上的一大进步。但是，它也并非一无瑕疵。它只能从全部历史中选择某些方面做系统的叙述，却不能对全部历史做全面系统的叙述。如：在《通鉴纪事本末》的全部篇目中，记录的绝大多数是政治、军事方面的事件；而经济方面的只有唐朝两条："奸臣聚敛"和"两税之弊"；文化方面则一条也没有。这主要是因为这方面的材料十分零散，所以干脆放弃。

何谓"二十五史"

二十五史由来已久,指中国历史上记载各朝各代历史的二十五种史书,即:《史记》、《汉书》、《后汉书》、《三国志》、《晋书》、《宋书》、《南齐书》、《梁书》、《陈书》、《魏书》、《北齐书》、《周书》、《隋书》、《南史》、《北史》、《新唐书》、《新五代史》、《宋史》、《辽史》、《金史》、《元史》、《明史》、《旧唐书》、《旧五代史》、《清史稿》。

《三国志》及以前三部史书合称"前四史"。明朝时,以《元史》及以前诸史为正史,称"二十一史"。清朝乾隆年间,《明史》行世,与此前的正史合称"二十二史"。后又将《旧唐书》并入其中,从而得"二十三史"。后又有人将早已散佚的《旧五代史》依据《永乐大典》等辑录整理成书,经乾隆皇帝钦定,与"二十三史"合称"二十四史",成为过去传统史学领域中的"正史"。

民国年间,设清史馆,由赵尔巽统稿,写成《清史稿》,由此得二十五史。

古人编写史书有多种体裁,二十五史均采用纪传体,此种体裁创始于司马迁所作的《史记》。纪传体以"本纪"和"列传"为主体。"本纪"的内容是围绕帝王展开,按时间顺序记载重大事件,排列在全书之首。"列传"主要是人物传记。不论是《史记》,还是其他纪传体史书,"列传"在全书中的篇幅均为最多。在"二十五史"中,一般把列传放在最后面。"本纪"、"列传"之外《史记》还有"表"、"书"、"世家"。"表"采用表格的形式,按一定的顺序,谱列人物和事件。"书"专门记载各种典章制度,每一篇"书",犹如一部专门的典章制度史。"世家"则主要用来记载子孙世袭的王侯封国历史。

"十三经"的由来

两千年来,宣扬儒家思想的典籍浩如烟海。不过作为重要经典的儒家著作,最初只有六部,即孔子所说的《诗》、《书》、《礼》、《乐》、《易》、《春秋》,其中《乐》早在战国后期已失传。

后来历朝历代不断扩展和改变,到了宋朝时,定为十三部,这就是通常所说的"十三经"。它们分别是:《诗》、《书》、《易》、《周礼》、《仪礼》、《礼记》、《春秋公羊传》、《春秋穀梁传》、《春秋左氏传》、《论语》、《孝经》、《孟子》和《尔雅》。

南宋以后,有人把十三经以及比较好的注、疏、正义合刻在一起,形成一整套经书及其注文,称为《十三经注疏》。这十三部经书的注疏作者分别如下:

《周易正义》魏王弼、韩康伯注,唐孔颖达等正义;

《尚书正义》汉孔安国传,唐孔颖达等正义;

《诗经正义》汉毛亨传,汉郑玄笺,唐孔颖达等正义;

《周礼注疏》汉郑玄注,唐贾公彦疏;

《仪礼注疏》汉郑玄注,唐贾公彦疏;

《礼记正义》汉郑玄注,唐孔颖达等正义;

《春秋公羊传注疏》汉何休注，唐徐彦疏；
《春秋谷梁传注疏》晋范宁注，唐杨士勋疏；
《春秋左氏传正义》晋杜预注，唐孔颖达等正义；
《论语注疏》魏何晏注，宋邢昺疏；
《孝经注疏》唐玄宗注，宋邢昺疏；
《孟子注疏》汉赵岐注，宋孙奭疏；
《尔雅注疏》晋郭璞注，宋邢昺疏。

中国最大的百科全书

　　成书于明代初期的《永乐大典》，是我国古代最大的一部类书，也是我国历史上最大的一部百科全书。

　　1403年（永乐元年），明成祖朱棣命翰林院侍读学士解缙等人，组织编纂一部便于查索的大型类书。第二年，解缙等人编出《文献大成》，朱棣认为过于简略，又于1405年组织人力重修。这次参加编纂缮写工作的官员、文士，多达2169人，至1408年（永乐六年）冬全部完成，由朱棣将该书定名为《永乐大典》（以下简称《大典》）。

　　《大典》辑有上古至明初的图书七、八千种，包括经、史、子、集、释藏、道经、医药、戏剧、平话、工技、农艺等著作，汇集了当时的天下群书。全书计有22877卷，是一部规模宏大，内容极为丰富的煌煌巨制！《大典》的编排体例以《洪武正韵》为纲，按韵分列单字。天文、地理、人事、名物、诗文词曲、奇闻异见等等，都随字收载。尤其值得称道的是，当时规定所辑人的书，不准删改，必须照原著整部、整篇、整段地编入，因此《大典》保存了我国宋元以前大量的珍籍。

　　《大典》编成后，只缮写了一部。朱棣从南京迁都北京后，《大典》也运至北京。由于卷帙过多，此书始终未能刻版付印，直到明嘉靖末年，才照原本摹写了一部做为副本。《大典》的正本约于明亡之际被焚毁，副本在清朝前期由皇家档案库移至翰林院藏存。乾隆年间纂修《四库全书》时，由于官吏们的偷盗，《大典》缺失了二千四百多卷；1900年八国联军攻陷北京后，《大典》惨遭浩劫，部分被烧毁，部分被抢走，剩下的仅有六十四册了。这部出类拔萃的文化典籍遭到如此摧残，是我国文化史上无法估量的损失。

　　解放后，经多方努力，到1959年为止，已搜集《永乐大典》215册，加上复制本等，共730卷，1960年由中华书局影印出版。虽然这730卷只是原书的百分之三，但其中仍然保存了不少散佚的珍贵资料。

《四库全书》：
中华传统文化的集成之作

　　浩如烟海的中华文化典籍是世界文明历史上最博大、最宏伟的宝藏之一，二百多年前创修的《四库全书》(1773年)可以称为中华传统文化最丰富最完备的集成之作。中国文、史、哲、理、工、医,几乎所有的学科都能够从中找到它的源头和血脉,几乎所有关于中国的学科都能从这里找到它生存发展的泥土和营养。从那时开始,《四库全书》作为国家正统、民族根基的象征,已成为中国乃至东方读书人安身立命梦寐以求的圭臬和后代王朝维系统治宏扬大业的"传国之宝"。

《四库全书》分为经、史、子、集四部,共收书3460多种、79000多卷、36000多册。共44小类,分别为:

经部:易、书、诗、礼、春秋、孝经、五经总义、四书乐、小学(10类)。

史部:正史、编年、纪事本末、别史、杂史、诏令奏议、传记、史钞、载记、时令、地理、职官、政书、目录、史评(15类)。

子部:墨家、兵家、法家、农家、医家、天文算法、术数、艺术、谱录、杂家、类书、小说家、释家、道家等(14类)。

故宫武英殿,清代皇家修书处

集部:楚辞、别集、总集、诗文评、词曲(5类)。

为了保存这批精典文献,由皇帝"御批监制",从全国征集3800多文人学士,集中在京城,历时十年,用工整的正楷抄书七部,连同底本,共八部。建阁深藏,世人难得一见。虽然由数千人抄写,但字体风格端庄规范,笔笔不苟,如出一人。所以,无论从内容上还是从形式上看,都具有十分难得的研究、收藏和欣赏价值。后几经战乱,损毁过半,更使这套世界出版史上的巨制,成为举世罕见的无价之宝。

藏传佛教的宗派

佛教在西藏地区经过很长时间的发展,出现过多支教派,其中影响较大的有5个。

宁玛派(红教),形成于公元11世纪,是藏传佛教中最早产生的一个教派。有象征文殊、观音和金刚手菩萨的红、白、黑三色花条,故又称花教。萨迎四祖萨班贡噶坚赞,1247年被元朝统治者召于凉州,商洽西藏的归属。之后,萨班联络西藏各个封建势力归顺蒙古。之后,萨迎五祖八思巴又成为元朝中央的高级官员,受到元朝皇帝极大的恩宠。明朝,萨迎派高僧贡噶扎西前往南京朝见永乐皇帝,受封为明朝三大法王之一的"大乘法王"。

噶举派(白教)创始于11世纪,重视密宗学习,而密宗学习又必须通过口耳相传，故名噶举（藏语口传之意）。因该教派创始人玛尔巴和米拉日巴在修法时都穿白色僧裙，故噶举派又称白教。白教最初分香巴噶举和塔布噶举。香巴噶举在14、15世纪衰落，现在谈到噶举派，一般就是塔布噶举。塔布噶举实力雄厚，支系最多，其中一些不是直接控制过西藏地方政权，就是独占一方的封建势力。

格鲁派（黄教），创建于1409年，是15世纪西藏佛教史上的著名的宗教改革家宗喀巴在推行宗教改革过程中形成的，也是藏传佛教中形成最晚的一个教派。宗喀巴生在西藏帕竹政权取代萨迦政权之时，上层僧人不仅直接参与政治、经济权力的角逐，而且生活日趋腐朽，在社会上逐渐失去民心。针对这一情况，宗喀巴以重视戒律为号召，到处讲经说法，著书立说，抨击僧人不守戒律，积极推进西藏佛教改革。1409年藏历正月，他在拉萨大昭寺发起祈愿大法会，这就是流传至今的传召大法会。法会后，宗喀巴建起著名的甘丹寺，创建起严守戒律的格鲁派（格鲁，藏语意为善律）。由于宗喀巴及其追随者戴黄色僧帽，故又俗称黄教。黄教创建后，相继又建立起哲蚌寺、色拉寺、扎什伦布寺、塔尔寺、拉卜楞寺，它们与甘丹寺一起并称为格鲁派的六大寺院。此外，黄教还创建了达赖、班禅两个最大的活佛转世系统。

汉传佛教的宗派

佛教的宗派是一个无法避免的问题，因为佛法虽只有一味，但由于接受者的程度——根性的高下不一，以及生存时代与生活环境的差异，对于佛法的看法，也就因人而异，有不同的解释了。

佛教传入中国以后，最初没有宗派的门户之见，后来由于翻译事业的逐渐鼎盛，佛典的大量译成，以及佛教思想家对于佛法的分类，才有宗派的出现。

中国佛教的宗派，最先成立的是由于东晋时代鸠摩罗什译介的三论或四论宗，这是印度空宗的法脉，到嘉祥大师而集大成。同时依据小乘的成实论而有成实宗；依据小乘有部的俱舍论而有俱舍宗。依据涅经而成涅宗；依据十地论而成地论宗；依据摄大乘论而成摄论宗；由达摩西来，传佛心印，而成禅宗；由唐代道宣专弘四分律，而成（南山）律宗；依据法华经的综合，至智者大师而成天台宗；由玄奘大师西游归来，据唯识论而成法相宗；依华严经开发，至贤首大师而成华严宗；自慧远大师倡莲社专修持名念佛，至善导大师而成净土宗；最后由于唐代开元年间，西域来了善无畏等三位密教的高僧，译传了密部的经法，而成立了密宗。

白马寺，中国最早的佛寺。

这样，中国佛教共有十三宗之多了。后来，由于各宗的相摄相抗，十三宗仅剩下了十宗，涅槃宗归入天台宗，地论宗归入华严宗，摄论宗归入法相宗。

自晚唐以后的中国佛教，小乘不受重视，三论、唯识已无人研究，唐武宗会昌五年的法难之后，密宗在中国消失，倒是流去了日本。中国的地理及社会背景，无法严格地要求戒律的遵行，所以律宗也只是若隐若现；最盛的是禅宗，以致禅宗的六祖惠能之下，又分出了五家宗派，五家之中以临济及曹洞二派发展得最为盛久，今日的中国僧尼，几乎全部是出自这两家的法脉而来。至于讲说教理方面，仅有天台与华严勉强维持而已。到了宋明之际，中国出了几位主张禅净双修的高僧如永明延寿（唐哀帝天佑二年至宋太宗太平兴国元年），所以近代的中国佛教，除了念佛与参禅，似乎就没有别的事情可做了。

道教的宗派源流

道教是诸多道派的集合体。最早是东汉顺帝（126—144）时出现的五斗米道，至东晋南北朝，道教的派别渐多，影响也逐渐扩大。南宋与金对峙时期及其前后，是道教发展史上宗派繁衍最盛的时期。

道教各宗派大都出现在人民苦难深重，社会矛盾激化的时期。道派创建之初，大多数创教人皆以神降经书相张扬，借以耸人听闻，吸引群众。因此这些道派都以自称神授的经书之名称其派。这种自造经书而托名神授的创教方式，为其后许多年代的创教者所沿用。

除很多以道教经书命名的道派以外，还有不少以创教地区命名的道派，另外还有根据教义主旨命名的道派，如全真道以实行真功、真行为"全真"，故因以名其派。

尽管道教诸派出现的时间不同，名称各异，但其基本信仰和追求的目标则是大体相同的。其基本信仰是老子的"道"，终极目标是长生成仙。与此同时，各个宗派又各有其个性。这种个性源于对基本信仰和目标的不同理解和实现基本目标所采取的不同途径与手段。比如在早期道教，各派在追求长生不死的目标上，没有区别，只是在实现此目标的做法上各有不同。于是许多道派不得不在信仰目标上作出修正，即不再强调"形神俱妙"、"肉体飞升"，而只追求成仙证道的笼统目标。后起的全真道更干脆只追求"真性"解脱和"阳神"升天，把不死的意义缩小为"真性"不死，即精神不死。这是道教后期在信仰上的一个转变。

道教各派之间几乎没有理论上的纷争，只在修习方术上互有贬斥；相反，各派之间的互相汲取，却是比较突出的。其结果是各派特点的进一步融合。这也是后期道教各派能互相联合为两大派的原因之一。

到了十三世纪前后，金人统治下的北方和宋人统治下的南方道教分别联合为全真道和正一道。此两派以后即成为道教的主要宗派，但其间两派又分别有一些分支出现。如全真道在全真七子之后由七子分别传教发展出了全真七派。

历史上的全真教

在金庸小说《射雕英雄传》中,全真教掌门王重阳打败四大高手,博得天下第一的名号。这个全真教并非纯属虚构,而是实有其人其事,连王重阳七大弟子"全真七子"也确有其人。而且,全真教自王重阳以来,绵延不绝,1912年,全真道在北京白云观成立了全国性组织"中央道教会"。

全真道创立于金代初年,弟子大多乞食为生,不建宫观,在山野市井修炼、传教。全真道士解释教名"全真",说就是保全"真性"的意思。

丘处机掌教以后,以山东半岛为中心进一步发展全真教。经过前后二十余年的发展,全真教在鲁豫秦冀等地已有了相当深厚的基础,上闻于金廷。金世宗两次召见。全真教臻于极盛。1219年,蒙古成吉思汗遣使召见丘处机,成吉思汗敬而称其为"活神仙",令他"掌管天下的出家人",并赦免全真门下道士的差役赋税。丘处机1227年卒后,葬于今北京白云观。

元一统天下后,南北文化渐趋融合,全真道渡江南传。遍传南北,盛大至极。全真教的地位因元室册封全真祖师而达到无以复加的高度。

明永乐年间,属全真一系的道士张三丰,声望颇高,被称为"活神仙"。他的门下形成了一个新的全真派的支派。

全真正宗,自元代以来,"七真"门下各自开派,分为龙门(丘处机)、随山(刘处玄)、南无(谭处端)、遇仙(马钰)、仑山(王处一)、清静(孙不二)、华山(郝大通)七个支派,以龙门派最为壮大,该派传至明代,出现以戒律密传的"龙门律宗"。

清代,全真派诸派中龙门派呈中兴之象,以龙门律宗第七代律师王常月为中兴之祖。1656年,王常月134岁时,任北京白云观观主,顺治帝封其为国师,康熙帝皈依于王之门下。王常月广授度牒,还长途跋涉到江苏茅山,湖北武当山传戒,于是,龙门教风遍于天下。他严格管理白云观,清规戒律,道门严整,香火不断,成为全真龙门派的大总管,公认为"全真第一丛林",龙门派大盛于世。清末全真道逐渐势微。

今文经与古文经之争

经学今古文之争是汉代始兴的儒学内部的一场派系斗争。自汉代起一直波及到汉代末年。且其范围也远远超出了学术论争。

西汉时期,汉武帝将经过董仲舒改造过的儒家思想,作为官方认可的统治思想,儒家思想被提升到"经"的地位。

可是,经过秦朝"焚书"的浩劫,儒家经典遭到毁灭性的破坏。西汉流行的儒学多无旧典文本,而是靠幸存的经师口授相传而记录下来。他们记录所用的文字便是西汉通行的隶书,属当时代的"今文",故而这类经书被称之为今文经。

秦朝焚书之时,一些儒生冒死将一些儒学书籍藏在墙壁的夹层里。这些幸存的藏书都是用六国时代的蝌蚪文书写的,所以称为古文经。

从表面来看,今古文之争主要表现在文字及对经义的理解、解释的不同。今文学派注重阐述经文中的"微言大义",而古文学派则注重文字训诂。今文学派竭力把经书和神学迷信相联系,古文学派虽然还未能完全摆脱神学迷信的羁绊,但却反对讲灾异谶纬,注重实学。

西汉时期,今文经学盛行。西汉末年平帝时期,曾设古文经博。王莽改制失败后,东汉光武帝又废古文经倡今文经,但古文经仍在民间有相当的影响。到东汉中叶以后,古文经学崛起并压倒今文经学。

东汉以后,今古文经学之争随着学术风气和政治形势的变化时起时伏。东汉至唐,基本上是古文经占据优势,宋代则以怀疑而著称的"宋学"兴起。明代,经学进一步衰落。清代前期,古文经学复兴,至乾隆、嘉庆年间,随着乾嘉学派的出现而达到全盛时期。嘉庆、道光年间,古文经学进入尾声,今文经学却又兴起。随着清王朝的覆灭,长达两千多年的今古文学派之争也随之消亡。

今古文经学都对中国哲学思想史产生了极大的影响。正如周予同先生所指出的:"因经今文学的产生而后中国的社会哲学、政治哲学以明,因经古文学的产生而后中国的文字学、考古学以立,因宋学的产生而后中国的形而上学、伦理学以成。"

流行于两汉的谶纬神学

谶纬神学是流行于两汉,经过王莽、刘秀利用政治权力加以倡导、宣扬和推广,使之成为两汉之际宗教神学的主导思想。东汉末年,王莽为了篡夺皇位,多次利用所谓丹书著石、金匮策书等图徽,发布诸如"告安汉公莽为皇帝"、"摄皇帝当为真"之类的传言,为自己当皇帝制造根据。刘秀在反莽复汉时,为了证明自己是西汉统治者的合法继承人,也编造了"刘秀发兵捕不道,卯金修德为天子"(卯、金、刀合起来即为繁体的"刘"字)等谶语。

谶和纬竟然具有改朝换代的魔力,那么它究竟是怎么样的一种事物呢?原来,谶的本义是应验,它同人的语言有关,凡是有应验的预言即称为"谶"。它带有宗教的诡秘性,宣扬者往往托名于天帝、神仙,并且力图证明预言事后有应验。宣扬这种预言的书就叫做"谶书"。

纬本是指织布机上的横丝,相对于纵丝而言。纵为经,横为纬。汉代的宗教神学家用神学观点赋予它神学的含义,将它与儒家的经如《诗》、《书》、《礼》、《易》、《乐》、《春秋》相对应,假托神意,把经学神学化。因此,用神学的观点来穿凿附会地解释经书的书,就叫做"纬书"。

谶和纬的含义虽有不同,但都具有十分浓厚的宗教神秘色彩,又都同时成为统治者手中的思想工具,如上文提到王莽和刘秀均是利用谶来达到改朝换代的目的。

谶纬神学开始比较简单粗陋,并且各讲一套,刘秀当上皇帝后,便令尹敏、薛汉等人校定图谶,在中元元年(公元56年)正式宣布图谶于天下,将其抬到合法地位。汉章帝时,皇帝亲自主持由官员和儒生参加的白虎观会议,并由班固作《白虎通义》将谶纬和今文经学相糅合,从而更加精致,成为东汉王朝统治思想的一个主要部分。

乾嘉学派的考据之学

清朝,屡次禁毁书籍,大兴"文字狱"。当时的文人学士不敢抒发己见,议论时政,所以他们把时间和精力用在古代典籍的整理上,寻章摘句,逃避现实。乾隆即位后,大力提倡经学的考据,考据学大盛,渐渐形成一个影响巨大的学派,后世称为乾嘉学派。

乾嘉学派出现于清代乾隆、嘉庆年间,是以考据为治学主要内容的学派。他们反对宋明理学好发空论言之无物的弊病,走上从书本上寻找疑难问题进行考据的务实道路。所以在思想发展史上,他们建树不大,在学术研究方面,却有一定的造诣和贡献。

乾嘉学派的奠基人,大致可以追溯到清初学者黄宗羲、顾炎武、方以智、阎若璩、胡渭和毛奇龄等人对儒家经典的重视研究。但是,乾嘉时期的考据学家,沉溺于故纸堆中,脱离实际,放弃了顾炎武等经世致用的本意。

乾嘉学派,一般说来可以分成以惠栋为首的"吴派"和以戴震为首的"皖派"。吴派推崇汉代经说。主要学者有沈彤、江声、余萧客、江藩、王鸣盛等。皖派则以语言文字学为治经的途径。戴震的学生很多,以段玉裁和王念孙、王引之父子最为有名。

乾嘉学派在经学、史学、文学、音韵、天算、地理等学科作出了很大的成绩,为后来的研究者提供了可靠的材料和读书的便利。其重视客观资料、不以主观想象轻下判断、广泛收集资料、归纳研究、有着细致、专一、锲而不舍等可贵的治学精神。但是,乾嘉学派也存在着严重的缺点:他们只讲证据不讲道理。结果在细枝末节上功夫很深,涉及需要说明解决问题时,却无能为力,造成了不通世务、不切实际的后果。烦琐细碎主要表现在许多考据家的作品都是以繁为贵,一字的偏旁、音训考证动辄千言。结果是杂引衍流,不知所归。

学者们毕生的精力,耗于一字一句的正讹、一名一词的渊源,造成很大的浪费。嘉庆以后,有人从不同的角度对考据学派提出异议和批评,乾嘉考据学也开始由极盛转向衰落。

敦煌学:历百年而成国际显学

在19世纪末20世纪初我国文化学术史上的四大发现中,敦煌文书具有数量庞大、形式多样、跨越时间长、使用语言多、内容丰富、翔实可靠等几大特点。这五六万件古代写本、刻本及拓本文书的写刻年代上至十六国,下迄宋初,所用文字以汉文为主,另有藏文、梵文、回鹘文、于阗文、龟兹文、粟特文、佉卢文、突厥文等古民族文字。内容更是包罗万象,涵括至广,既有佛教、道教、摩尼教、景教等宗教经籍，又有涉及政治、经济、军事、法律、考古、民俗、历史、地理、语言、文学、艺术、科技等众多领域的世俗文书。其中相当一部分是已失传的佚书或正统文人从不屑于保存的民间文本，具有无法估量的文物珍藏和文献研究价值。所以敦煌文书一经再现，便立即引起了各国学者的普遍关注与高度重视。

早在1909年，著名学者罗振玉在偶然看到法国人伯希和盗劫的少量敦煌文书后，迅速撰成并刊发了《敦煌石室书目及发见之原始》一文，这篇具有学术研究意义的论文被公认为是世界上有关敦煌学研究的首篇文章，敦煌学即由此发轫。不过，在最初的十余年中，从事敦煌研究的主要是中国、日本、法国的少数学者，所采用的研究方法也主要是通过写作简单的序跋提要对文书进行考证。这是因为当时学者了解敦煌文书的途径十分有限，仅仅能够看到被西方文化强盗劫往英法的敦煌文书的少量照片。

为获取必要的研究资料，从20世纪20年代起，我国学者一方面为尚留国内的劫余文书编目，另一方面又进行了大规模的欧陆访书活动。那些历尽曲折抄录回来的资料虽然仅为全部敦煌文书的一小部分，仍然大大拓宽了敦煌研究的领域，使有关唐史、归义军史、文字学、音韵学、俗文学，以及古代科技等方面的研究都取得了较大进展，为日后敦煌研究的全面发展奠定了基础。在此基础上，学界泰斗陈寅恪先生于1930年提出了"敦煌学"概念，此后学术界渐用"敦煌学"来指称这一以敦煌文书和敦煌石窟艺术为主要研究对象的新兴学科。

敦煌文书潜在的研究价值非常大。这是因为：其一，有些文书至今还未编目公布，学者们在见其"庐山真面目"后便可开始研究；其二，已公布文书中的学术信息尚未得到充分挖掘，某些文书的意义需重新认识；其三，目前已经被学者们研究剖析的主要是一些汉文文书，大量用古民族文字写成的文书还未获解读，这些非汉文文书大多是孤本，几乎每一种都值得作专题研究。值得注意的是，上述文书同出一地，彼此之间必然存在着千丝万缕的联系，某一文书的正确诠释，很可能带动其他文书，甚至敦煌石窟艺术资料的全新阐释。

自1909年首篇敦煌研究文章问世至今，敦煌学已经走过近百年历程，早已成为国际显学。当今的敦煌学研究状况堪称日新月异，影响深远，研究者已遍布亚、欧、北美、澳近20个国家，研究范围涉及众多学科，研究成果已改写了中华乃至世界文明史的许多篇章，而今日的敦煌学研究仍处于蓬勃发展生机无限的上升时期。我们相信，随着各项研究工作的深入展开，敦煌学必将为中华和世界文明史增添更多的绚丽篇章，其自身也必将步入一个更加辉煌的时代。

史学观点

中国人起源于非洲吗

人类的起源是史前史首先要面临的问题。神话和传说、宗教和科学对此有五花八门的解释。基督教的《圣经》宣称,上帝创造了人类,即亚当和夏娃。中国古代则有所谓盘古开天辟地、女娲造人的传说,这当然是荒诞不经的神话。

近代以来,古人类学、考古学的研究,使我们对于古人类的起源,有了比较科学的认识。

然而,国际学术界关于"现代人类"的"单一起源论",近来呼声很高。他们根据分子生物学的研究,提出一种假设:现代人类起源于非洲,这就是所谓"夏娃理论"。这种"夏娃理论"认为,目前地球上的各个人种,都是二十万年前某一个非洲女性祖先的后代,这个非洲女性祖先被称为"夏娃"。"夏娃"的后代离开非洲,扩散到欧洲、亚洲等地。

复旦大学生命科学院的研究人员及其全球合作伙伴,2001年在美国《科学》杂志上披露他们对一万二千条染色体的研究结果,在东亚人身上发现了七万九千年前非洲人特有的遗传标记。这一课题组负责人金力认为,这是目前支持"东亚人非洲起源说"的有力证据。

这种"夏娃理论"遭到中国古人类学家和考古学家的质疑。2002年,中国科学家对具有解剖学上现代人特征的柳江人进行重新测定,得到的结论是:柳江人生活在距今约七万年至十三万年之间的华南地区,用有力的实证反驳了中国现代人类起源于非洲的观点。中国人的主体是东亚大陆的土著居民。

当然,我们并不否认,迄今为止,非洲发现的古人类化石,历史最为久远。这一问题不仅学术界高度关注,而且新闻界也极为敏感,经常有最新研究成果在报端披露,新闻界的高度关注,使这个离我们遥远而枯燥的话题,透露出新鲜的活力。历史诱人的魅力,以这样的方式显露无遗,我们真的需要对历史刮目相看了。

近世史家对炎黄传说的认识

从晚清时代起,进步的中国知识界在接受西方文化影响的同时,对于中国传统文化开始反思。20世纪20年代初,以"古史辨"为旗帜的疑古思潮兴起。这一思潮当时对于摧毁正统历史体系的构成,对于冲破封建文化传统的网罗,从而解放民族精神,具有积极的意义,对于史学革命,也表现出重要的推进作用。

"古史辨"派的创始人顾颉刚提出了"层累地造成的中国古史"的观点,他认为，古史中三皇五帝的传说都有后人增饰的痕迹，因而可以断定其为伪古史。他的学说一提出，就引起史学界的轰动。

但是，我们也应当看到，在这些传说中也许隐含着真实的历史的若干遗存。摩尔根在《古代社会》一书中谈到传说时代的人物和传说时代的历史时曾经说，"无论罗马那七位所谓的国王究竟真有其人或是神话人物，无论归功于他们的任何立法活动究竟实有其事或是出自虚构"，其实都"无关紧要"，"人类进步的事件不依靠特殊的人物而能体现于有形的记录之中，这种记录凝结在各种制度和风俗习惯中，保存在各种发明与发现中。"从这样的认识出发，我们考察文明起源与"三皇五帝"古史系统的关系，就可以排除若干疑虑，深入探索传说背后所体现的历史真实。

一些学者认为，结合考古学的新成就，我们对于炎黄二帝的传说应该有新的理解。有不少学者认为，从伏羲、神农到黄帝的古史传说，表现了中华文明的萌芽最初发生和早期发展的过程。李学勤在《论古代文明》一文中指出，"《史记》一书沿用《大戴礼记》所收《五帝德》的观点，以黄帝为《五帝本纪》之首，可以说是中华文明形成的一种标志。"黄帝设官置监，迎日推策，播植百谷，驯化鸟兽的事迹，已经表现出早期文明的特点。"因此，以炎黄二帝的传说作为中华文明的起源，并不是现代人的创造，乃是自古有之的说法。"李学勤还说道："黄帝、炎帝代表了两个不同的地区，一个是中原的传统，一个是南方的传统。这种地区的观念对我们研究古史传说颇有意义。"我们读《史记·五帝本纪》，可以看到，司马迁追述古史，大体是以中原文化系统为中心的。但是确实也涉及南方文化系统的历史存在。

地理环境对民族关系的影响

历史的面貌与发展方向，一向与自然地理条件有密切的联系。中国的长期统一和各民族的内聚趋势，在一定程度上受益于东亚的自然环境。

中国北方有辽阔的蒙古草原。蒙古草原上则相继有北狄、匈奴、鲜卑、突厥、回纥和蒙古等部，盘马弯弓，四处游牧。他们向往长城以内的富庶与繁荣，钦慕中原的文化，一直具有南下的趋势。

中国的东北，有辽阔的东北平原与丘陵地带。这里森林密布，沃野千里，北部宜于狩猎放牧，南部可以农耕。相继有东胡、肃慎（满族祖先）、乌桓、鲜卑（锡伯族祖先）、室韦（蒙古族祖先）、契丹和女真等族居处。东北与华北大平原之间，沿着渤海之滨，有一条狭长的走廊，由长城东端的山海关控扼其间。几千年来，起源于东北的民族，有的西向越过兴安岭，进入蒙古草原，如鲜卑、室韦；但更多的则相继沿着这条走廊南下，向温暖富庶和更为辽阔肥沃的中原发展。

中国的西北边陲，古称西域，即今天的新疆和巴尔喀什湖以东以南的中亚地区。新疆西边和北边有帕米尔高原和阿尔泰山阻挡，南边是巍巍喀喇昆仑山，阻断了与青藏高原的交通。可见，这里是一个南北西三面环山的区域，只有东边敞开。这里自古相继有塞人、乌孙、月氏、匈奴、突厥、回纥和蒙古准噶尔部等部居处，他们都以东部的中原和蒙古草原为主要的交流和发展方向。

中国的西南边界，则由世界最高的一列山脉，海拔5000米以上的喜马拉雅山和谷深水急的横断山脉连接而成，构成世界上最难以逾越的天险屏障。在古代，这里是中国交通最不方便的区域——世界屋脊青藏高原和由千山万壑组成的云贵高原。在这片区域中，自古就生活着吐蕃（藏族祖先）、门巴、羌、白、苗、傣等几十个民族。受西南方天堑屏障的阻挡和中原的吸引，这些民族活动和发展的方向也都是东北方的中原。

中国大陆的东南，则由一万余公里的海岸线组成，东南方的滔滔大海，长期被古代祖先们视为陆地的尽头。

自古生活于中原四边的少数民族，一方面他们向外发展受到各种天然屏障和自然环境的阻隔与限制，另一方面中原温和的气候，辽阔肥沃而平坦的土地，丰富的资源和物产，特别是先进的文化，对他们有无限的吸引力。于是，几千年来，中国四边的少数民族，他们各种重大的政治、经济和军事的活动，都是向着中原的方向，即黄河与长江中下游流域发展。这种地理环境因素，产生了中华民族几千年来不断内聚的总体趋势。

解读"封建"的本意

周朝建立以后，为了稳定新征服的地区，实行大规模的"封建"。所谓"封建"，其本意是"封邦建国"、"封建亲戚"。现今人们习以为常地说"封建社会"时，已经不再是"封建"的本意了。

"封邦建国"既是巩固和扩大周朝统治的手段，又是贵族内部权力和财产再分配的方式。

周天子把土地和人民分封给诸侯，叫做"建国"；诸侯再把土地和人民分封给卿、大夫，叫做"立家"。政治与血缘的结合，看似牢不可破，其实不然。春秋战国的历史充分证明了这一点。

封建的本质是分地分民，与它相联系的，必然是一种领主式的土地关系，具体表现为农村公社与井田。

西周时的"邑"、"里"，就是农村公社。农村公社的土地分配方式是井田制。农村公社的特点，就是土地公

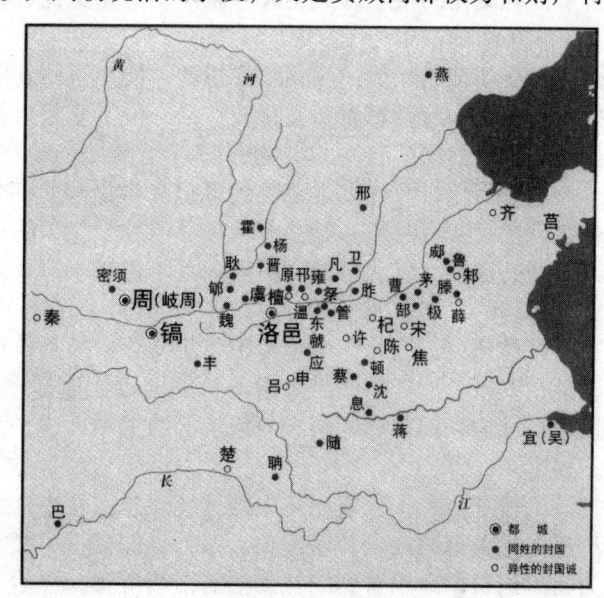

周初诸侯国的分封图

有,共同生产,共同消费。后来由于这种方式愈来愈不适应生产力的发展,商鞅变法,废除井田制,是顺应历史潮流之举。

后世儒家学者鉴于土地私有造成的贫富分化,对已经消失的农村公社充满向往、羡慕之情。这种田园牧歌式的美景,多半出于儒家学者对农村公社与井田制度的理想主义回忆。

为什么人们的改革思路始终离不开井田制度,公社的幽灵如此难以摆脱?实在值得深思。

到了近代,"三农"问题尖锐化,上述思路再一次以高水平的形式重现。

令人尊敬的民主革命的先行者孙中山,针对"三农"问题的症结——地权不均,提出"平均地权"的主张。如果不为尊者讳,实事求是分析的话,其中颇有一些问题。他的平均地权,只不过是古已有之的井田制度的再版,令人惊讶的是,他把民生主义与王莽"想行的井田方法",王安石的"新法",排在一个行列里。从中人们不难看出某种一脉相承的传统思想:对公社与井田的赞美与怀恋。公社与井田,以及恢复公社与井田的尝试,竟然成为"平均地权"的出发点,实在是耐人寻味的。

重新认识秦亡汉兴

秦王朝建立后,饱受战争之苦的老百姓和广大知识分子无不虚心仰上,斐然向风,但新政权的许多举措很快打破了他们的梦想。秦始皇为追求天下大一统,实行专制的思想文化政策,焚书坑儒不仅造成大量文化典籍的毁灭,限制了思想的自由发展,还导致秦朝世风日益恶化。秦朝统治者的这些举措,使其政权既丧失了传统文化的根基,又丧失了激活创造新文化、新制度的文化原动力。这正是秦王朝短命的根本原因。

与秦朝截然相反,汉朝建立伊始,便注意用新的思想、新的方法来诠释传统文化,并把构建新思想新文化放在第一位。立足于社会现实,对当代历史进行深刻反思,成为汉朝君臣的自觉意识。

应物变化、与时俱进是汉代思想文化建构上一个显著特点。大规模的思想文化建设在汉武帝时代开始。儒术独尊的社会意识的形成是这个时期思想文化建设最显著的成果,汉武帝的文治武功无不得益于这种思想文化的建构,同时它也为此后帝国的发展夯实了基础。

以德化民、以礼为治是传统思想文化中最具价值的内核。汉代统治者以此为圭臬,把以孝治天下作为坚定不移的国策,这是他们远远高明于秦王朝的地方。以孝来维护和调节尊尊亲亲的宗法等级关系,这是两汉社会延续四百年之久的真正秘密。

汉代统治者十分重视从中国传统思想文化中探求施政治国之道,而中国传统思想文化丰富的内涵和多元化,又为他们提供了极为广阔的游刃空间。汉代从无为而治到王霸杂用再到以礼为治的治政历程,显示了国家兴衰与传统思想文化的密切关系。

当我们重新审视秦亡汉兴这一重大课题时,如果说秦王朝在中央集权制度的建设上还卓有成效的话,那么在新的政治模式中包容传统思想文化并赋之以新的诠释,构建一个适应新制度的全新的思想文化模式则完全是失败的,这也许才是秦亡汉兴之根本所在。

五胡十六国时期的汉胡互化

西晋八王之乱以后,北方游牧民族南下,纷纷建立割据政权,中原地区陷入分裂状态,直到北魏统一北方,长达一百三十多年,历史上称为五胡十六国时期(304—439)。这一时期表面上看来,似乎是一个大分裂大动乱时期,其实深入探究起来,应该说是由分裂走向统一的时期。关键就是胡人汉化与汉人胡化,各民族在融合中求同存异,为大一统帝国的重建奠定了基础。

北方游牧民族南下,进入汉族农业区,必然为先进的社会所同化,这就是所谓汉化。它当然是一个缓慢的过程,匈奴及其他民族的汉化都是如此。

建立后赵国的羯族人石勒,汉化程度很深。他尽量利用汉人的治理方略。氐族建立的前秦国的君主苻坚,重用汉族寒门士人王猛,按照汉法改革政治,发展经济、文化。这样的事例可以举出很多。他们的共同之处在于,胡人汉化,中原的儒学起到了关键作用。

民族的同化总是双向进行的,胡人汉化的同时,就是汉人胡化。所谓汉人胡化,是在长期的交流中,汉人在生产、生活中潜移默化地吸收了胡人的习俗。十六国时期,随着骑马民族的南下,把畜牧及与其有关的生产技术带到了中原地区。据北魏贾思勰《齐民要术》记载,牛、马、骡、羊等牲畜的饲养、役使方法,兽医术、相马术,以及制作毛毡、奶酪、油酥的技术,逐步为汉人所接受。

胡语、胡歌、胡乐、胡舞、胡戏的流行,给中原文化增添了新的活力和色彩。胡乐对中原音乐的影响是深远的,胡笳、羌笛、琵琶等乐器,随着民族大迁徙,从漠北、西域以及其他地区传入中原,使传统音乐显得更加丰富多彩。

我们不难从中窥知,当年中原胡歌、胡乐盛行的斑斓景象,汉胡互化的累累硕果。我们先人的这种大智慧,令人敬佩,也令人感动。

唐朝是中亚竞争的失败者吗

中央电视台组织大型文化活动"玄奘之路",出新疆喀什的吐尔尕特口岸,穿越吉尔吉斯斯坦、乌兹别克斯坦、阿富汗,由开伯尔山口进入巴基斯坦。这里原属安西都护府范围之内,而唐朝疆域的西端一度远达咸海。

不过,稍作考察就会发现,唐朝的极盛疆域尽管堪称中国历史之最,但并没有巩固的基础,实际存在的时间很短,以后难以恢复也有其必然因素。

这一带本属突厥,唐朝显庆二年(657年)灭西突厥后收入版图,到龙朔元年(661年)才扩展到咸海,但到麟德二年(665年)就撤回葱岭(今帕米尔高原)一线。开元三年(715年)唐朝又扩展到葱岭以西,但天宝十年(751年)

怛罗斯（今哈萨克斯坦江布尔）一战被大食（阿拉伯帝国）击败，又退至葱岭。安史之乱爆发（755年）后，更连河西走廊都无法保住了。正因为如此，在这片土地上已经很难找到唐朝留下的遗迹，刻有汉字的石碑也属凤毛麟角。要没有玄奘的《大唐西域记》等史料的记载，这段历史就很难复原。另一个原因是，唐朝的建筑大多是土木结构，难以持久，破坏起来却很容易，所以早已荡然无存。

相比之下，其他政权、民族、文化留下的影响要大得多。

早在公元前3世纪前，希腊文化就随着马其顿的军队传入，并因亚历山大帝国的建立而扩大，加上希腊文化本身的魅力和生命力，使它留下了不可磨灭的影响，至今随处可见。由印度传入的佛教曾盛极一时，并且向东传播到中国。佛教的建筑和艺术广泛吸收希腊文化的精华，遗址与珍品至今犹存，令人叹为观止。东西突厥虽被唐所灭，但突厥民族的后裔不断繁衍，其语言系统也长盛不衰。阿拉伯帝国不仅驱逐唐朝的势力，还用伊斯兰教取代佛教和当地曾流传的其他宗教，形成一个长期延续的穆斯林文化区和聚居区。

尽管形式不同，手段各异，但它们大多拥有强大的军事实力和行政机构，先进又适于当地条件的文化，发达的宗教和强力推行的手段，众多的人口或移民，能生产或运输充足的粮食和物资。而唐朝即使在其巅峰年代也没有具备这些条件，或者因路途遥远鞭长莫及，或者因轻视边远地区而不愿集中人力物力以改变不利局面。

历史学家葛剑雄说，在中亚的竞争中，唐朝是失败者，而转折点就出现在其极盛之时。无论是出于自愿还是被迫，这都是历史事实。如果我们一味强调唐朝的辽阔疆域和盛唐的伟大，却对这一事实视而不见，或一笔带过，就不可能总结出兴衰治乱的历史经验。

元朝在中国文化史上的地位和影响

中华文化是中国各民族人民智慧的结晶。草原文化与黄河文化、长江文化碰撞，曾经激起过无数绚丽的火花，为中华文化绵延发展提供了不竭的动力。

元朝作为中国历史上的一个重要朝代，不仅在中华文化史上发挥了承上启下的作用，而且在诸多领域出现了新的飞跃，推进了中国多元一体文化的发展进程，开创了中国各民族文化全面交流融合的新局面，对中华文化的繁荣和发展作出了重要的贡献。

如果从中国文化史角度观察，蒙元王朝的影响主要体现在两个方面：

促进了中国的国际化。在中国古代历史上，对外影响最大的王朝是唐朝和元朝。但是，如果从对外影响范围、往来国家数量和国际地位角度比较，唐朝与元朝是无法比拟的。优惠的通商政策、通畅的商路、富庶的国度、美丽的传说，使元朝对西方和阿拉伯世界的社会各界形成了巨大的吸引力。上都、大都、杭州、泉州、广州已具有国际化都市的色彩，泉州港成为国际最大的对外贸易口岸。旅行家、商人、传教士、政府使节和工匠，由陆路、海路来到中国，他们当中的部分人长期旅居中国，有些人还担任政府官员。据统计，这些人分别来自波斯、伊拉克、阿速、康里、叙利亚、摩洛哥、高丽、不丹、尼泊尔、印度、波兰、匈牙利、俄罗斯、英国、法国、意大利、亚美尼亚、阿塞拜疆、阿富汗等国。归国后一些人记录了他们在中国的见闻。正是这些游记，使西方人第一次较全面地掌握了中国和东方的信息，一个文明和富庶的中国真实地展示在世界面前。这些信息改变了欧洲人对世界的理解和认识。学术界普遍认为，马可波罗等人的著作对大航海时代的到来产生了至关重要的影响。

开创了古代中西文化交流最繁荣的时代。元朝通过海上"丝绸之路"进行经贸往来的国家和地区由宋代的50多个增加到140多个。海路到达非洲海岸，陆路往来直抵西欧，统一的环境为国际间、地区间的交往创造了前所未有的便利条件，史称"适千里者，如在户庭；之万里者，如出邻家"。在大量阿拉伯人、欧洲人涌向东方的同时，中国人的视野也更加开阔，对周边国家、中亚、南亚和印度洋地区的了解更加清晰，足迹甚至延伸到西亚和西欧。人们对外部世界的了解和介绍，不再局限于道听途说，而大多是亲身经历。如汪大渊的《岛夷志略》一书，所记印度洋沿岸和南海各国史实"皆身所游览，耳目所亲见，传说之事，则不载焉"。该书记录了数百个地名，以及各地的山川险要、气候物产、人物风俗，与我国的经济、文化交往情况等等，多属前人未载内容。类似的文献还有《西游记》、《西游录》、《北使记》、《西使记》、《真腊风土记》、《异域志》等，反映了元代中国人对外部世界的新认识和开阔的文化视野。

中西经济文化交流的空前繁荣，使不同地区、国家和地区间的经济文化双向交流加速。中国的火药、指南针、印刷技术传入阿拉伯和欧洲，推进了这些地区的文明进程。阿拉伯的医学、天文学、农业技术，欧洲的数学、金属工艺，南亚的雕塑艺术等传入中国，促进了中国古代文化的丰富和发展。元代中西文化交流信息量之大、传播范围之广、对未来历史影响之大，都是人类历史上空前的。可以说，中西方文明成就第一次出现了全方位共享的局面。

东林书院："一支重整道德的十字军"

晚明史上轰动一时的东林书院，于万历三十二年（1604年）创建，天启五年（1625年）被政府当局禁毁，只存在了短短的二十一年，却在当时社会激起巨大反响，成为政治家们关注的焦点。东林书院原本是宋儒杨时的讲学场所。杨时师事二程（程颐、程颢），研究孔孟之道，告老致仕后，在无锡城东创办东林书院，在此著书讲学。万历二十二年（1594年），吏部验封司员外郎顾宪成被革职为民，回到家乡无锡。万历三十二年，顾宪成等得到常州知府、无锡知县的支持，修复杨时的祠堂，又由志同道合者募捐出资重建精舍，这就是以后名噪一时的东林书院，号称"东南讲学之盛遂甲天下"。

顾宪成，他们是想通过书院的讲学，继承儒家的正统学脉，纠正风靡一时的王阳明心学"束书不观，游谈无根"的倾向，拨乱反正，回归程朱理学。东林书院显然是为学问而学问，远离现实政治的标榜的。近人不加细察，却把它误解成为一个议论政治的讲坛、改革政治的团体。

美国学者贺凯（Charl O. Hucker）在《明末的东林运动》一文中说得好："明末东林运动的失败，代表传统儒家价值观念与现实恶劣政治势力斗争的一个典型，他们是一支重整道德的十字军，但不是一个改革政治的士大夫团体。"美国学者费正清与赖肖尔《中国：传统与变革》一书中论及东林书院时，写道：东林书院"以一场道德的改革运动重新确立儒家行为的传统准则"，"他们强调道德完善的极端重要性"。

东林书院那些谦谦君子们，以澄澈明净的心境来对待他们视为灵魂寄托的学问功夫，用一种近乎宗教般虔诚的态度来对待讲学。无怪乎吴觐华要说："宗教者，奉泾阳（顾宪成）、启新（钱一本）、景逸（高攀龙）三先生之教，宗而主之也。"称他们是"一支重整道德的十字军"，实在是再恰当不过了。

东林党究竟是不是一个"党"

晚明政治史上的"东林党"，人们耳熟能详，习以为常，很少有人反问一句：东林究竟是不是一个"党"？是政党还是朋党？历史上真的存在过一个"东林党"吗？

"党"这个字，在现今国人的话语体系中的含义，主要指"政党"。中国古代史籍中常见的"党"，是朋党之"党"。

其实东林无所谓"党"，"党"是它的政敌强加的，《明史·孙丕扬传》说："南北言官群击李三才、王元翰，连及里居顾宪成，谓之'东林党'。"这就是东林书院被称为"东林党"的由来。

李三才是万历后期官僚队伍中少见的干才，万历三十六年，内阁中朱赓病逝，李三才成为理想的候选人。当时政坛上派系林立，互相倾轧，内阁权臣李廷机企图阻止李三才入阁，指使其亲信弹劾李三才，影射李三才身后有一个"党"，而且这个"党"，含沙射影地指向东林书院。书生气十足的顾宪成写信给内阁大学士叶向高、吏部尚书孙丕扬，为李三才辩护。政敌们抓住把柄，攻击顾宪成"讲学东林，遥执朝政"，与李三才结成"东林党"。万历四十年五月，顾宪成在一片诽谤声中与世长辞，此后对东林书院的攻击愈演愈烈，诬蔑它是"遥制国是"的"党"。

鉴于"东林党"的称呼容易产生误解，不少学者在论述这段历史时，不称"东林党"而称"东林运动"，大概便是出于这种考虑。《剑桥中国明代史》的第九章"隆庆和万历时期"，出于黄仁宇的手笔，在写到"东林书院与朋党之争"时，措辞非常谨慎，特别避开"东林党"的字样，而采用"开创东林运动的人"、"东林运动的成员"之类说法。韩国汉城大学教授吴金成在《明清时期的江南社会》中也有类似的表述："以东林书院为中心的讲学运动即东林运动"，"所谓东林运动是通过讲学所产生的乡村评论和舆论集中为主的活动"。

如此看来，以往人们习以为常的"东林党"提法，实在有改一改的必要了。

晚明时期中国真的衰落了吗

当代史学家樊树志先生在《国史十六讲》中提出，我国的晚明时期，正经历一个历史大变局，人们应该放宽历史的视野，回过头去看一看16世纪下半叶至17世纪中叶的中国曾经发生的巨变。

"全球化"初露端倪的时代。15世纪末至16世纪初，世界历史出现了大变局，历史学家称为地理大发现时代或大航海时代。美国学者弗兰克震动国际学术界的著作《白银资本》，其副标题就叫做《重视经济全球化中的东方》，而他所讨论的时间段，恰恰是1500年至1800年。在他看来，1500年以后的几个世纪已经有了"经济全球化"。晚明中国：贸易顺差与巨额白银资本的流入。在这个"全球化"初露端倪的时代，中国当然不可能置身事外。

1580年以后，西班牙的马尼拉当局，为生丝、丝织品、棉布、瓷器等中国商品，找到了一条通向墨西哥的航路——太平洋海上丝绸之路。稍后来到远东的荷兰人，为了和葡萄牙、西班牙展开商业竞争，1602年建立了统一的"联合东印度公司"，他们以马来半岛、爪哇、香料群岛为基地，向中国和日本发展，台湾很快成为进口中国商品的固定贸易中转地。

值得注意的是，这些新兴的欧洲强国，在与中国的贸易中，无一例外地都处于贸易逆差之中，而中国始终处于贸易顺差之中。由于这种贸易以中国的丝绸为主角，因此被西方学者概括为"丝—银"对流。中国学者全汉升，他的论文《明清间美洲白银输入中国》、《明季中国与菲律宾的贸易》等，从大量第一手资料中提炼出结论：1571年至1821年间，从美洲运往马尼拉的白银共计4亿西元（比索），其中二分之一或更多一些，流入了中国。

这无论如何是中国历史上罕见的辉煌！

这种辉煌出现在晚明时期，它以无可争议的姿态显示，以往的所谓定论——晚明时期中国经济已经走上了下坡路，是多么不堪一击。

闭关自锁的"天朝"

长期以来，生丝与丝织品是中国出口的主要商品，直到清朝中叶依然如此。中国的丝绸、棉布、瓷器、茶叶等大批量由广州出口，进入海外远程贸易。

就在这样的全球化贸易的背景下，清廷却制定了不合时宜的闭关政策。

清朝的海外贸易政策，大体上可以划分为三个阶段：第一阶段，实行海禁政策，禁止民间商船出海贸易，显然是针对沿海抗清势力而采取的非常措施。

康熙二十二年（1683年）形势发生了很大的变化，三藩之乱平定，台湾郑氏集团投降，先前所面临的"反清复明"问题已经烟消云散。于是康熙皇帝宣布于康熙二十三年（1684年）重新开放沿海贸易。当然这种开放是有限的。到了乾隆时代逐渐收缩通商口岸。

乾隆二十二年（1757年）清廷下令关闭江海关、浙海关、闽海关，指定外国商船只能在粤海关——广州一地通商,并且对出口商品的出口量加以限制,对中国商船的出洋贸易规定了许多禁令。这就是人们通常所说的闭关政策。

直到乾隆晚期,中国在对外贸易中依然处于出超的地位,大多数年份都有贸易顺差,英国政府为了改变这种状况,扩大通商与联络邦交,派遣马戛尔尼伯爵为正使的使节团,于乾隆五十八年(1793年)来到中国。清朝方面对马戛尔尼一行给予热情招待,但对于加开通商口岸、互派公使等要求,不予理睬。英国于嘉庆二十一年再次派遣使节团,来到中国,由于礼仪的纠纷无法解决,谈判还未开始已告决裂。

西方已经进入资本主义时代,急于打开中国的大门,而中国实施严厉的闭关政策,两者之间必然要发生激烈的冲突,以何种方式打开中国大门,只是一个时间问题。

卡尔·马克思在英国报纸上发表的时评中说:闭关自守的中国,就像一具木乃伊,一直密闭在棺材中,不与外界接触,一旦与新鲜空气接触,就立即腐烂。

后来的事态发展,充分证实了这一论断。

清朝中叶的人口压力与社会危机

清朝人口迅猛增长,乾隆时期全国总人口突破3亿大关。清朝前期两个世纪中人口迅猛增长的原因,是一个值得研究的复杂问题,应该考虑多种因素。

首先,最基本的因素当然是明朝中叶以来农工商各业的发展,经济高度成长带来的经济总量的扩大,为人口的增长提供了有利条件。其次,政策方面的因素也不容忽视。康熙宣布新增人丁不再有人头税负担。雍正时期的人头税负担全部转移到土地。这就大大刺激了人口的迅猛滋生。再次,传统农业要提高单位面积产量的主要手段就是集约化经营,这就需要不断增加投入土地的劳动力,人口增加便成为提高产量的主要生产力来源。最后,外来的高产粮食作物番薯、玉米等的引进与推广,为新增人口提供了新的粮食来源。

但是,人口的迅猛增长毕竟给社会带来了巨大的压力,特别是乾隆时代,这种压力愈来愈明显。

面对同样的社会问题,著名学者洪亮吉在这一年提出了他的人口论。洪亮吉的人口论,与比他晚五年发表的马尔萨斯人口论,有许多相同之处。

人口压力的负面作用,在清朝中期已经凸现出来了。其一,人均耕地面积日趋减少。其二,由于人均耕地面积下降,每人所得粮食日益减少,导致粮食价格持续上涨。

乾隆末年、嘉庆初年震动全国的川楚白莲教起义,可以看作人口压力与社会危机的一个标志。此后的将近半个世纪中(1796—1840年),见于记载的武装暴动、民众起义,共有九十三次。再往后的九年中(1841—1849年),暴动、起义竟达一百一十次之多。太平天国起义前,各地的暴动、起义武装大小约有一百四五十股。席卷全国的太平天国运动持续十多年,以几千万人死亡而告终。人口压力以这种形式得以缓解。正如晚清民众喉舌《申报》所说,光绪初年,"富者愈富,贫者愈贫","富者则坐拥数十万者亦有之,而贫者常至家无担石之储"。在这种大背景下,社会的动乱是难以遏制的,革命运动将无可避免。

对历史上盛世的透视

中国古代除了西汉、盛唐、清初以外,在其他朝代里也出现过一些盛世或治世,只不过没有文景之治、贞观之治、康雍乾盛世那么典型罢了,例如东汉的"光武中兴",明代的"仁宣之治"等。

是否成为盛世,最根本的评价标准是民生有无较好的保证和改善。没有老百姓的安居乐业,所谓盛世就是空中楼阁。古代的著名盛世有一个共同点是轻徭薄赋,与民休息,人丁滋生,社会安定。盛世都注重发展经济,然而,历史上不乏有经济发展而民生艰难的事例。有的王朝如秦朝,表面上盛极一时,但民众却无法生存下去,所以不可能出现真正的盛世。有的王朝如明代中后期的嘉靖万历年间,生产力亦有发展,但封建王朝搜刮不已,官吏暴富,皇帝内库积聚了大量钱财,社会上却流民遍地,反抗蜂起。因此,凡是盛世,必定以民为本,藏富于民,以换取民心的支持。清代从康熙起,断然放弃对长城的修葺,主张以民众的支持为长城,是很有见地的。古代的每个王朝都重视农桑,然而是把重视农桑作为横征暴敛的前提还是作为改善民生的根本,是形成盛世与乱世的分水岭。

另外,盛世的形成,需要有相当的时间。一般来说,需要几代人的努力。汉代的盛世,经历了高祖、惠帝、文帝、景帝,直到武帝时才达到高峰。唐代的盛世,也经过高祖、太宗、高宗、武后、中宗、睿宗,直到玄宗时才达到高峰。清代的盛世,尽管康熙和乾隆在位时间很长,也是经过几代人的努力才实现的。在盛世形成的期间,不乏政策的调整和变化,但是,治理国家的指导思想和基本方针必须一以贯之。没有基本国策的稳定性和延续性,盛世就难以形成。而中国古代的"家天下"性质,使皇帝的继承人在治国能力上缺乏制度的保证,这是古代盛世难以出现的原因之一。当然,这一问题在古代的君主专制体制内是不可能解决的。

在封建社会,统治集团的历史局限,使盛世不能长期保持。每个盛世的后期,都会积聚起日益严重的社会矛盾,统治集团日益腐化,民生日趋艰难,从而引起新一轮的乱世。而且越到封建社会的后期,这种由治到乱的转化速度越快。古代的封建王朝,都不能摆脱这种一治一乱、治乱交替的"周期律",无一例外,这是由当时的社会性质所决定的。

中国历史上的"士"

"士"在中国历史上的作用及其演变是一个十分复杂的现象,决不是任何单一的观点所能充分说明的。而文化和思想的传承与创新自始至终都是"士"的中心任务。

如果从孔子算起,中国"士"的传统至少已延续了两千五百年,而且流风余

韵至今未绝,这是世界文化史上独一无二的现象。孔子所最先揭示的"士志于道"便已规定了"士"是基本价值的维护者;曾参发挥师教,说得更为明白:"士不可以不弘毅,任重而道远。仁以为己任,不亦重乎?死而后已,不亦远乎?"这一原始教义对后世的"士"发生了深远的影响,而且愈是在"天下无道"的时代也愈显出它的力量。"士"作为一个承担着文化使命的特殊阶层,自始便在中国史上发挥着"知识分子"的功用。

"士"是随着中国史各阶段的发展而以不同的面貌出现于世的。概略地说,"士"在先秦是"游士",秦汉以后则是"士大夫"。但是在秦汉以来的两千年中,"士"又可更进一步划成好几个阶段。秦汉时代,"士"的活动比较集中地表现在以儒教为中心的"吏"与"师"两个方面。魏晋南北朝时期,"非汤、武而薄周、孔"的道家"名士"以及心存"济俗"的佛教"高僧"反而更能体现"士"的精神。隋唐时代,除了佛教徒(特别是禅宗)继续其拯救众生的悲愿外,诗人、文士更足以代表当时"社会的良心":宋代儒家复兴,"以天下为己任"和"先天下之忧而忧,后天下之乐而乐"的风范,成为此后"士"的新标准,一直延续下来。

中外学人往往视"士"或"士大夫"为学者——地主——官僚的三位一体。这是以决定论来抹杀"士"的超越性。事实上,如果"士"完全不能超越他的社会属性,中国历史上是不可能出现那许多"为民请命"的"士大夫"的。

史家小传

黄仁宇和他的"大历史观"

黄仁宇，1918年生于湖南长沙。天津南开大学肄业，抗战期间及战后，曾担任国军下级军官十年。1943年加入驻印军，任新一军上尉参谋。1944年曾在缅甸密支那负伤，受颁陆海空军一等奖章。抗战结束，任第三方面及东北保安司令长官司令部少校参谋。1950年退伍后，赴美国入密歇根大学攻读历史，获博士学位。曾在南伊利诺大学任教，1968年至1980年任纽约州立大学NewPaltz分校教授，又曾任哥伦比亚大学访问副教授及哈佛大学东亚研究所研究员。2000年1月8日病逝于纽约上州的医院中，享年82岁。

主要著作有《万历十五年》、《十六世纪明代中国之财政与税收》、《中国大历史》、《资本主义与二十一世纪》等。

黄仁宇先生是史学界的异数，致学于哈佛学派和剑桥学派之间。他的"将宏观及放宽视野这一观念导引到中国历史研究里去"从而高瞻远瞩地考察中国历史的"大历史观"，在史学界影响深远。他的作品在不失史家谨严之基本原则下，同时又能让大众愿意去接受，使得了解历史不再被识为畏途、不再是几个历史学家斋中之物。按现代大史家钱穆先生之不知一国之史则不配作一国之国民以观之，则黄仁宇先生之欲树国民历史性格功不可没。从历史观点和著作风格来看，他继承了钱穆先生的特点：作一个真正的平民学者。

吴晗与《海瑞罢官》

吴晗（1909—1969），原名春晗，字伯辰，吴店乡苦竹塘村人，著名历史学家。7岁始在乡村学堂读书，11岁时读《御批通鉴》，成了他学习历史的启蒙教材。17岁毕业于省立金华中学后，在本村湖山小学任教。1927年考入杭州之江大学预科。1928年入国立清华大学史学系，1931年被清华大学史学系破格录取。

1934年他在清华大学毕业后，留校任教，因才华出众，1937年，年仅28岁的吴晗被聘为云南大学文史教授，1940年又到西南联大执教。1949年北平解放，吴晗参加接管北大、清华的工作，任清华大学校务委员会副主任、文学院长、历史系主任等职，并参加了开国大典，后历任一、二、三届全国人大代表，一届全国政协委员，二、三届政协委员，常务委员、副主席以及全国青联副主席、秘书长、民盟北京市主任委员，民盟中央副主席等职。从1949年11月起，他还担任了北京市副市长。

吴晗是中科院哲学社会科学部学部委员，对明史研究造诣颇深。1957年，吴晗加入中国共产党，他积极响应时代精神，写了《海瑞骂皇帝》、《论海瑞》和历史剧《海瑞罢官》，与邓拓、廖沫沙一起，为《前线》撰写《三家村札记》思想性文学都很强。"文化大革命"后，因《海瑞罢官》和《三家村札记》受"四人帮"迫害致死。1979年7月，北京市委为吴晗恢复党籍，恢复名誉。

吴晗的代表作有《朱元璋传》、《读史札记》、《投枪集》、《灯下集》、《春天集》、《吴晗历史论著选集》等。

博大精深的陈寅恪

陈寅恪（1890—1969），又宁（今修水县）人，是我国著名历史学家。他学识渊博，精通我国历史学、古典文学和宗教学，通晓20多种文字，著有《隋唐制度渊源略论稿》、《唐代政治史述论稿》、（元白诗笺证稿》、《寒柳堂集》、《柳如是别传》等。在国内外学术界享有崇高的声誉。

陈寅恪出生于书香门第，祖父陈宝箴做过湖南巡抚，父亲陈三立是清末民初著名诗人，长兄陈衡恪（字师曾）为民国初年的著名书画家。

陈寅恪几度出国留学，就读的几乎都是名牌大学。但是，他的目的只是为了求得真知，从不在意学历、文凭之类在现代人看来至关重要、甚至是惟一孜孜以求的东西。所以，他没有要一个文凭。但他的学识却是举世公认的。

1925年，陈寅恪出任清华国学研究院导师；清华改制后，任中文、历史、哲学三系合聘教授。陈寅恪在清华大学任教20余年。其授课以博大精深著称。他的一个学生后来回忆说：陈先生讲课时，学生总觉得学识不够。他会的文字非常之多，英、法、德、俄、日、希腊诸国文字自不必说，还精通满文、蒙文、藏文、拉丁文，甚至一些已死的古文字，如梵文、巴利文、突厥文、西夏文等等。授课时，学生常常听不懂，一写才知道这是德文，那是梵文。倒是一些著名教授经常去听陈先生的课，如吴宓、朱自清等。他的学生说：只要得到陈先生任何一个方面的真传，都可以成为名家。的确如此，他的许多学生后来都成为著名的学者。所以，时人称陈寅恪为教授的教授。

陈寅恪对佛经翻译、校勘、解释，以及对音韵学、蒙古源流、李唐氏族渊源、府兵制源流、中印文化交流等课题的研究，均有重要发现。在《中央研究院历史研究所集刊》、《清华学报》等刊物上发表了四五十篇很有分量的论文，是国内外学术界公认的博学而有见识的史学家。1938年日本史学权威白鸟库吉研究中亚史遇到疑难问题，向德、奥知名学者求助，未能解决，柏林大学乃推陈荐寅恪。他向陈寅恪请教后，才得到满意解答。前苏联考古学家发掘一突厥文碑石，无人能辨识，请教陈寅恪，终于得到准确破译。

新中国成立后，他先后被选为中国科学院社会科学部委员、中国文史馆副馆长、第三届全国政协常务委员等职，继续任中山大学教授。自1956年，陈毅、陶铸、周扬、胡乔木等中央领导人，都先后去看望过他。1962年，胡乔木前往看望，关心他的文集出版。他说："盖棺有期，出版无日。"胡乔木笑答："出版有期，盖棺尚早。"

十年动乱期间，陈寅恪遭到残酷折磨。使他最伤心的是，他珍藏多年的大量书籍、诗文稿，多被洗动。1969年10月7日在广州含恨离开人世。

钱穆与《国史大纲》

钱穆（1895—1990），中国现代历史学家，江苏省无锡人，字宾四，笔名公沙、梁隐、与忘、孤云。钱穆九岁入私塾，熟习中国的传统文献典籍。十三岁入常州府中学堂学习，1912年因家贫辍学，后自学。1913—1919年任小学教员。1923年后，曾在厦门、无锡、苏州等地任中学教员。1930年以后，历任燕京、北京、清华、四川、齐鲁、西南联大等大学教授，也曾任无锡江南大学文学院院长。1949年迁居香港，创办了新亚书院，任院长。1966年，钱穆移居台湾台北市，1990年8月逝世。

钱穆是完全靠自修苦读而在学术界确立地位的一个学者。其治学颇受清儒章学诚"六经皆史"思想的影响。对中国历史尤其是对中国历代思想家及其思想源流的研究和考辨，均自成一家之言。

在历史研究中，他重视中国历史发展的特殊性和悠久的传统，在通史、文化史、思想史、史学理论与方法等方面都有深入研究，闻名海内外。

钱穆重视探求中华民族文化的内在精华，并给予其以高度评价，他认为"我民族国家之前途，仍将于我先民文化所贻自身内部获其生机"。晚年的钱穆比较偏重于文化哲学的研究，并就中西文化的问题作了很多深入的思考。

钱穆著述颇丰，专著多达80种以上。其代表作有《先秦诸子系年》、《中国近三百年学术史》、《国史大纲》、《中国文化史导论》、《文化学大义》、《中国历代政治得失》、《中国历史精神》、《中国思想史》、《宋明理学概述》、《中国学术通义》等。

"学衡派"史家吴宓

吴宓（1894—1981），字雨僧、雨生，笔名余生，陕西省泾阳县人。早年赴美国留学，攻读新闻学，1918年改读西洋文学。留美十年间，吴宓对19世纪英国文学尤其是浪漫诗人作品的研究下过相当的功夫，有过不少论著。

1926年吴宓回国，即受聘在国立东南大学文学院任教授，讲授世界文学史等课程，并且常以希腊罗马文化、基督教文化、印度佛学整理及中国儒家学说这四大传统作比较印证。吴宓在东南大学与梅光迪、柳诒徵一起主编于1922年创办之《学衡》杂志，11年间共出版79期，于新旧文化取径独异，持论固有深获西欧北美之说，未尝尽去先儒旧义，故分庭抗议，别成一派。这一时期他撰写了"中国的新与旧""论新文化运动"等论文，采古典主义，抨击新体自由诗，主张维持中国文化遗产的应有价值,尝以中国的白璧德自任。他曾著有《吴宓诗文集》、《空轩诗话》等专著。

吴宓离开东大后到东北大学、清华大学外文系任教授,1929年9月钱钟书考入其父钱基博曾执教的清华大学外文系,成为吴宓的得意门生,师生间常有诗词赠答与唱和,然而1937年因钱钟书一篇书评,师生关系曾紧张了多年。

吴宓于1941年被教育部聘为首批部聘教授。1943—1944年吴宓代理西南联大外文系主任,1944年秋到成都燕京大学任教,1945年9月改任四川大学外文系教授,1946年2月吴宓推辞了浙江大学、河南大学要他出任文学院院长之聘约,到武昌武汉大学任外文系主任,1947年1月起主编《武汉日报·文学副刊》一年,其间清华大学梅贻琦和陈福田一再要他回去。解放前夕,广州岭南大学校长陈序经以文学院院长之位邀他南下,且其好友陈寅恪亦在岭南;教育部长杭立武邀他去台湾大学任文学院长;女儿要他去清华大学。而他决定到重庆到相辉学院任外语教授,兼任梁漱溟主持的北碚勉仁学院文学教授,入蜀定居了。1950年4月两院相继撤销,吴宓到新成立的四川教育学院,9月又随校并入西南师范学院历史系(后到中文系)任教。结果是虎落平阳,晚景甚为不佳。

至"文革"到来,吴宓成为西南师院批斗的大罪人,以种种罪名蹲入"牛棚",到平梁劳改,受尽苦难。76岁的老人干不动重活,还被架上高台示众,头晕眼花直打哆嗦,被推下来跌断左腿。之后又遭断水断饭之折磨。腿伤稍好,即令打扫厕所。

1971年病重,右目失明,左目白内障严重,就只好让他回重庆养病。1977年吴宓已生活完全不能自理,只好让其胞妹吴须曼领回陕西老家,终于使他感受到了一些亲情。1981年1月17日病逝老家,终年87岁。

开一代风气的梁启超

梁启超(1873—1929)著名政治家、学者。字卓如,一字任甫,号任公,别署饮冰子、饮冰室主人、哀时客、中国之新民等。广东新会人。12岁中秀才,17岁中举,次年访康有为,被这位文经学大师所折服,于是依毅然退出学海堂,从学康三年,自称"生平知有学自兹始"。戊戌政变后,出亡日本,广读西书。1912年回国,1918—1920年旅欧,回国后不遗余力地从事讲学和著述,研究重点为先秦诸子、清代学术、史学和佛学。1922年起在清华学校兼课,1925年应聘任清华国学研究院导师。

梁启超的研究范围十分广泛。他对史学研究领域的贡献也是非常巨大的,影响深远。在他生活的时代,达尔文进化论的影响非常之大,自立自强成了每一个爱国知识分子的强烈愿望。梁启超在呼唤社会的同时,深感到历史的重要。他认为,要探讨一个民族、一个国家盛衰的根本原因,仅仅旧的历史是不够的。他说,历史是国民的明镜,是爱国心的源泉,要想救国,必须进行史学的革命。他的史学革命,不仅要求扩大史学研究的范围,更要求阐明社会进化的原理。在当时的国情下，他的史学革命表达了他强烈的爱国激情。

他不仅说，而且以身作则地去实践。他写了许多历史著作。其中不少是各门类的开山之作，《清代学术概论》、《中国近三百年学术史》等更是其中的经典之作。

在历史教学中，为了指导学生对中国史的研究，他还写了一部《中国历史研究法》。在书中他不但讲述史料种类，采集整理的方法，做史的目的、任务等等，还提出史家应有"四长"，即史德、史学、史识、史才。史学、史识、史才是唐代史学家刘知几提出来的史学家应具备的品质，称为"三长"。梁启超不仅对三长进行了阐明和补充，还增加史德一长，要求做史的人，心术应该端正。他以为，史家第一件道德，莫过于忠实。"对于所叙述的史迹纯采客观的态度，不丝毫参以自己的意见"。《中国历史研究法》是中国第一部系统阐述资产阶级史学理论及其方法的专著，在史学界具有重大影响，在中国近代史学史上也是一座里程碑。

自学成才的陈垣

陈垣（1880—1971），著名历史学家、教育家。字援庵，广东新会人。自幼好学，无师承，靠自学闯出一条广深的治学途径。在宗教史、元史、考据学、校勘学等方面，著作等身，成绩卓著，受到国内外学者的推重。他重视教育事业，在大学和科研机构任教四五十年间，对广大青年学者热心传授，影响深远，造就了众多的人才。他曾任国立北京大学、北平师范大学、辅仁大学的教授、导师。1926—1952年，任辅仁大学校长；1952—1971年，任北京师范大学校长。1949年以前，他还担任过京师图书馆馆长、故宫博物院图书馆馆长。1949年后，任中国科学院历史研究所第二所所长。历任第一、二、三届全国人民代表大会常务委员会委员。

他曾在一段时期内信仰宗教，故从1917年开始，他发愿著中国基督教史，于是有《元也里可温考》之作。他认为，中国基督教初为唐代的景教，以次为元代的也里可温教、明代的天主教、清以后的耶稣教。所谓"也里可温"，是元代基督教的总称。元亡，也里可温就绝迹于中国。但作为宗教史来说，它又是世界宗教史的一个组成部分。他这一著作不但引起中国文学界的注意，也受到国际学者和宗教史研究专家的重视。此后，他又先后写成专著《火祆教入中国考》（1922）、《摩尼教入中国考》（1923）。

在研究宗教史的同时，他还注意研究元史，从事《元典章》的校补工作，并采用了两百种以上的有关资料，写成《元西域人华化考》一文，在国内外史学界获得高度评价。

他在校勘学、考古学的成果还有《旧五代史辑本发覆》（1937）、《二十史朔闰表》和《中西回史日历》等书。他阅读了大量宋人、清人有关避讳的述作，并广泛收集引用了一百种以上的古籍材料，写成《史讳举例》一书，"意欲为避讳史作一总结,而便考史者多一门路、一钥匙也"。

新中国成立时,他已经六十九岁。在掌握了丰富的历史知识并曾深入研究、著作等身的基础上,他很快接受了新事物,终于加入中国共产党,并继续在学术上做出贡献。

大胆疑古的顾颉刚

顾颉刚(1893—1980),江苏苏州人。是现代古史辨学派的创始人,也是中国历史地理学和民俗学的开创者。是中国近代学术发展史上有着重要影响的一位学者。

顾颉刚于1913年考入北京大学预科,1920年北京大学本科哲学门毕业后留校,开始古书辨伪,发起编辑《辨伪丛刊》。

北京大学哲学门的前身是京师大学堂的经学门,顾颉刚对经学颇有兴趣,于是进了哲学门。在北京大学,他听了五四运动的主将之一胡适讲授的《中国哲学史大纲》。胡适提出:史料的真伪须要有证据方能使人心服,都须经过校勘、训诂、贯通的整理。胡适还提出"大胆假设,小心求证",并以身作则,写了《水浒传考证》。所有这些使顾颉刚大受启发。

1923年,顾颉刚在《读书杂志》上提出"层累地造成的中国古史"说,认为中国的上古史是后人一步一步不断积累造成的。他说,在西周时,周人心中最古不过的人物是禹,但是到孔子的时候增加了尧舜,到战国时增加了黄帝和神农,到秦时增加了三皇,到汉代则又增加了盘古。他指出"时代愈后,传说的古史期愈长";他说周人心中最古的人物是禹,但禹原来并不是人,而是上帝派下来的神,逐渐被变成了人。他把儒家津津乐道的上古三皇五帝的辉煌彻底推翻。

1930年,顾颉刚写了《五德终始说下的政治和历史》,揭露西汉末年按"五德终始说"编造的从"太昊伏羲氏"到王莽的古代帝王体系,并弄清每一帝王被编入这一体系的来龙去脉,对中国封建古史体系以致命的一击。

顾颉刚大胆疑古,惊世骇俗,虽得到许多人称赞,也曾受到不少批评。他的《古史辨》的出版,在史学界掀起了强大的疑古之风,形成了史学界中的疑古派,或称"古史辨派",对我国的古史研究产生了重大影响。顾颉刚原打算对旧的古代史进行一次彻底的清算,他对大量典籍进行了深入的研究,特别是对《尚书》多有发明。他曾任教多所大学。解放后,任中国科学院历史所研究员,担任(资治通鉴)的总校,并为中华书局标点《二十四史》工作的完成做出了重要贡献。

顾颉刚一生著述颇丰,除所编《古史辨》之外,重要的尚有《汉代学术史略》、《秦汉的方士与儒生》、《尚书通检》、《中国疆域沿革史》、《史林杂识》等等。

为时代殉身的王国维

王国维(1877—1927),字伯隅、静安,号观堂、永观,浙江海宁人。近代中国著名学者，杰出的古文字、古器物、古史地学家，诗人、文艺理论学、哲学家。

王国维家境清寒，早年屡应乡试不中，后结识"东方学社"主持人罗振玉，并在罗的资助下于1901年赴日本留学。

1902年王国维因病从日本归国。后又在罗振玉推荐下执教于南通、江苏师范学校，讲授哲学、心理学、伦理学等，复埋头文学研究，开始其"独学"阶段。1906年随罗振玉入京，任清政府学部总务司行走、图书馆编译、名词馆协韵等。其间，著《人间词话》、《宋元戏曲史》等名著。

1911年辛亥革命后，王国维随儿女亲家罗振玉逃居日本京都，从此以前清遗民处世。其时，在学术上穷究于甲骨文、金文、汉简等研究。1922年受聘北京大学国学门通讯导师。翌年，与罗振玉、杨宗羲等人应召任清逊帝溥仪"南书房行走"，食五品禄。1924年，冯玉祥发动"北京政变"，驱逐溥仪出宫。王国维引为奇耻大辱，愤而与罗振玉等前清遗老相约投金水河殉清，因阻于家人而未果。

1925年，王国维受聘任清华研究院导师，教授古史新证、尚书、说文等，与梁启超、陈寅恪、赵元任、李济被称为"五星聚奎"的清华五大导师，桃李门生、私淑弟子遍充几代中国史学界。

1927年6月，国民革命军北上时，王国维留下"经此世变，义无再辱"的遗书，投颐和园昆明湖自尽。在其50岁人生学术鼎盛之际，为国学史留下了最具悲剧色彩的"谜案"。

作为中国近代著名学者，王国维从事文史哲学数十载，是近代中国最早运用西方哲学、美学、文学观点和方法剖析评论中国古典文学的开风气者，又是中国史学史上将历史学与考古学相结合的开创者，确立了较系统的近代标准和方法。这位集史学家、文学家、美学家、考古学家、词学家、金石学家和翻译理论家于一身的学者，生平著述62种，批校的古籍逾200种。

王国维被誉为"中国近三百年来学术的结束人，最近八十年来学术的开创者"。梁启超赞其"不独为中国所有而为全世界之所有之学人"，而郭沫若先生则评价他"留给我们的是他知识的产物，那好像一座崔嵬的楼阁，在几千年的旧学城垒上，灿然放出了一段异样的光辉"。

融会贯通的吕思勉

吕思勉（1884—1957），字诚之，江苏常州人，幼年因家贫无力延师，由其父母授以史部著作。十五岁，考入阳湖县学。十六岁，自学古史典籍，以求系统了解古代政治历史和政治制度。1905年起，先后在苏州东吴大学、常州府中学堂、南通国文专科学校、上海私立甲种商业学校、沈阳高等师范学校（后改为东北大学）、江苏省立第一师范专修科任教，并任中华书局、商务印书馆编辑。1926年起，任上海光华大学国文系教授，后任历史系教授兼系主任。1941年，上海租界沦陷，光华大学迁川，乃携眷归乡，闭户著书。抗战胜利后，重返光华大学。1949年后，任华东师范大学历史系一级教授、上海历史学会理事、江苏省政协委员。

吕思勉注重排比史料，分类札记，长于综合研究和融会贯通，坚持不懈地涉猎古文献，又广泛阅读新出报刊和从西方引进的新文化、新思想和研究方法。他著述宏富，主要有：《白话本国史》、《吕著中国通史》、《中国民族史》、《理学纲要》（1931）、《中国制度史》、《吕思勉读史札记》等。其中《白话本国史》强调中国是多民族国家，按照历史顺序，分别叙述每个王朝与周围少数民族的关系，为通史写作开辟了新路。《吕著中国通史》上册分门别类、系统论述社会经济、政治制度和文化学术的发展情况；下册分章按历史顺序叙述政治历史变革，其中婚姻、族制、阶级、财产、衣食住行等题，都是过去史书缺乏系统记载的。他所著先秦、秦汉、两晋南北朝、隋唐五代四部断代史，共三百余万字。每书分前后两部分，前半部是政治史，包括王朝兴亡盛衰、各种重大历史事件的前因后果、政治设施的成败得失，以及与少数民族的关系等，采用新的纪事本末体；后半部是社会经济、文化史，分社会经济、政治制度、民族疆域、文化学术等方面的发展情况，采用新的叙述典章制度的体例。这四部书对先秦到隋唐五代的历史研究有疏导开拓之功。其他涉及民族史、思想史、文化史、制度史，以及史学方法方面的著作，也各具有特色。

吕思勉对经学、文字学、文学亦有独到见解。他治学严肃，作风踏实，为人诚朴，谦虚谨慎。晚年想通读《道藏》，研究道教思想，为后人开辟途径，惜未如愿，于1957年10月9日逝世于上海。

口述史专家唐德刚

唐德刚（1920年—），美籍华人学者，历史学家、传记文学家、红学家。安徽合肥人。幼时在私塾念书，旧学邃密，十多岁即已圈点过一遍《资治通鉴》。1939年秋考入重庆国立中央大学（1949年更名南京大学）历史学系，和黄彰健等人同学；此一时期的中大历史系有"沙坪坝的黄金时代"之说，柳诒征、朱希祖、缪凤林、郭廷以、向达、沈刚伯、贺昌群、白寿彝、韩儒林等史学家皆执教于此；1943年毕业，获学士学位。1944年在安徽学院史地系讲授《西洋通史》。1948年，赴美留学，获哥伦比亚大学博士学位后，留校任教，曾讲授《汉学概论》、《中国史》、《亚洲史》、《西洋文化史》等课程，并兼任哥伦比亚大学中文图书馆馆长7年。1972年受聘为纽约市立大学教授，后兼任系主任12年。曾任纽约文艺协会会长。

唐德刚的散文可读性颇高，旅美学人夏志清教授誉之为"唐派散文"。夏志清先生在《胡适杂忆》序中说，唐德刚先生"应公认是当代中国别树一帜的散文家。他倒没有走胡适的老路，写一清如水的纯白话。德刚古文根柢深厚，加上天性诙谐，写起文章来，口无遮拦，气势极盛，读起来真是妙趣横生。"

唐德刚与师郭廷以,都是中国近代史的大家,也是华裔史学家中口述史的主要推动人物。

他受柳诒征及其他学衡前辈影响极深,肯定中国文化。对美国华人史有所研究。

他在中国时曾在国军内当小兵,做过中学教员。在美国长期从事历史研究及口述历史工作,与当时政要如顾维钧、李宗仁、陈立夫等人多有接触。和当时人在纽约的胡适则为忘年之交,有师生之谊,曾著《胡适口述自传》、《胡适杂忆》。

他曾参与发起在全球征集一亿人签名要求日本偿付战争赔款的运动。代表作有《晚清七十年》、《袁氏当国》等。

国学大师章太炎

章太炎(1869—1936),名炳麟,初名学乘,字枚叔。后改名绛,号太炎。浙江余杭人。清末民初民主革命家、思想家、著名学者,研究范围涉及小学、历史、哲学、政治等等,著述甚丰。

1897年任《时务报》撰述,因参加维新运动被通缉,流亡日本。1900年剪辫发,立志革命。1903年因发表《驳康有为论革命书》并为邹容《革命军》作序,触怒清廷,被捕入狱。1904年与蔡元培等合作,发起光复会。1906年出狱后,孙中山迎其至日本,参加同盟会,主编同盟会机关报《民报》,与改良派展开论战。1911年上海光复后回国,主编《大共和日报》,并任孙中山总统府枢密顾问。曾参加张謇统一党,散布"革命军兴,革命党消"言论。1913年宋教仁被刺后参加讨袁,为袁禁锢,袁死后被释放。1917年脱离孙中山改组的国民党,在苏州设章氏国学讲习会,以讲学为业。1935年在苏州主持章氏国学讲习会,主编《制言》杂志。晚年愤于日本侵略中国,曾赞助抗日救亡运动。

早年接受西方近代机械唯物主义和生物进化论,在他的著作中阐述了西方哲学、社会学和自然科学等方面的新思想、新内容,主要表现在《訄书》中,认为"精气为物","其智虑非气";宣称"若夫天与上帝,则未尝有矣",否定天命论说教。其思想又受佛教唯识宗和西方近代主观唯心主义影响。随旧民主主义革命失败,思想上渐趋颓唐。

在文学、历史学、语言学等方面,均有成就。宣扬革命的诗文,影响很大,但文字古奥难解。所著《新方言》、《文始》、《小学答问》,上探语源,下明流变,颇多创获。关于儒学的著作有:《儒术新论》、《订孔》等。

一生著作颇多,约有400余万字。著述除刊入《章氏丛书》、《续编》外,遗稿又刊入《章氏丛书三编》。

郭沫若与《中国古代社会研究》

郭沫若(1892—1978),原名郭开贞,又名郭鼎堂,四川乐山人,著名诗人、学者、社会活动家。他在史学方面也造诣颇深,对我国古代社会的研究产生重大影响。

他根据对甲骨文的研究写出的《中国古代社会研究》,是第一部以马克思辩证唯物主义的观点和方法研究中国古代社会的社会形态的著作。1930年由上海联合书店出版。它对中国古代的社会分期及社会形态的研究产生了巨大的影响。

1928年2月,由于遭到国民党政府的通缉,郭沫若逃往日本。在10年流亡期间,写下了《甲骨文字研究》、《殷周青铜器铭文研究》、《金文丛考》等极有学术价值的作品。

他在甲骨文的研究方面取得了重要的成就,与罗振玉、王国维、董作宾齐名,被钱玄同推誉为"甲骨四堂":罗振玉号"雪堂",王国维号"观堂",董作宾号"彦堂",郭沫若号"鼎堂"。

其实,郭沫若在研究甲骨文方面采用马克思辩证唯物主义的观点和方法,利用甲骨文这一新材料,对中国古代社会的社会形态进行研究,写下了《中国古代社会研究》。

在《中国古代社会研究》的序言中,他指出:对于未来的期望使得我们不能不清算过去的社会,要清算中国的古代社会,就必须跳出国学的圈子。他认为世界上的人,无论人种肤色,其所组成的社会是一样的,其社会的发展也应有相同的规律。他明确地说,他用以研究中国古代社会的方法,就是恩格斯《家庭、私有制和国家的起源》的方法。

《中国古代社会研究》得出的"商代和商代以前的社会都是原始公社社会的结论",是在对甲骨文研究尚不够充分的情况下得出的。随着殷墟考古的不断发现,甲骨文的不断破译,郭沫若对这一结论又做过修改,将商代的社会形态定为奴隶制社会。但他所采用的方法是正确的。它是第一部以马克思辩证唯物主义的观点和方法研究中国古代社会的社会形态的著作。

郭沫若多才多艺,是近代以来所罕见的。他文思泉涌,充满激情,学识渊博,著作等身,在学界被视为泰山北斗。

启蒙导师胡适

胡适(1891—1962),字适之,祖籍安徽绩溪。幼年在绩溪老家私塾受过9年旧式教育,打下一定的旧学基础。1904年到上海进新式学校,接受《天演论》等新思潮,并开始在《竞业旬报》上发表白话文章。1910年夏赴美留学,在哥伦比亚大学追随实用主义哲学家杜威学习哲学。1917年完成博士学位论文《古代中国逻辑方法之进化》。在此期间,胡适热心探讨文学改良方案,并试作白话诗。而与《新青年》主编陈独秀的通信,以及《文学改良刍议》一文的发表,更引发了一场声势浩大影响深远的文学革命。同年胡适学成归国,被聘为北京大学教授,并参与《新青年》杂志的编辑,至此一发而不可收,成为新文化运动的主将之一。

在新文化运动中,胡适另一主要贡献是输入新思想。其《易卜生主义》、《贞操问题》,当年都是振聋发聩之作。而从问题与主义之争,到《人权论集》,再到主办《独立评论》,胡适始终坚持独立姿态和批判精神。抗战军兴,胡适出任驻美大使;胜利后又先后担任北京大学校长和中央研究院院长。但其始终保持书生本色,不曾背叛五四主义知识分子。

胡适称新文化运动为"中国的文艺复兴",并断言其有四重目的:研究问题;输入学理;整理国故;再造文明。照他的理解,所谓整理国故,就是用科学方法对三千年来破碎的古学进行一番有系统的研究。故胡适治学特重方法,屡次撰文介绍清儒与西哲的"科学方法",以至于再三声称他的学术研究都是为了证明并推广其"科学方法"。

胡适治学有两个主要领域,一是中国哲学史,一是中国文学史。尽管《中国哲学史大纲》只出版了上卷,《白话文学史》也没有下编,可这两部书都是建立规范并奠定学科基础的经典性著作。后人可以赞赏,也可以批评,却无法漠视其存在。前者的平视诸子以及历史的眼光,后者的双线文学观念,都是对本世纪学术发展影响甚深的"大胆假设"。另外,他首创新红学,重修禅宗史,以及用历史演进法来研究中国章回小说,都是开一代新风,功不可没。

抗战以后,因奔走国事,再加上自身学术路数的内在限制,胡适学术上未能更上一层楼。晚年沉醉于《水经注》疑案,下力甚大,可惜成果不尽如人意。

近代史专家蒋廷黻

蒋廷黻(1895—1965)中国历史学家,民国时期外交家。生于1895年12月7日,1965年10月9日卒于纽约。1911年由教会资助赴美求学。先后就读于派克学院、奥柏林学院和哥伦比亚大学研究院,攻读历史,获哲学博士学位。1923年回国,先后任南开大学、清华大学教授,清华大学文学院院长、历史系主任。他主张兼重中外历史,兼采中外史学研究方法,在研究中国近代外交史过程中,形成了一套对近代中外关系变化如何影响中国历史发展的看法,十分重视中国近代对外关系史档案资料的整理工作。他以当时首次影印刊布的清宫档案《筹办夷务始末》为基础编辑了《近代中国外交史资料辑要》(上、中两卷),收购散藏于民间的档案,编辑道光、咸丰、同治三朝《筹办夷务始末补遗》(同治五年以下未编成)。

1935年12月蒋廷黻以非国民党员的学者身份参加国民党政府,任行政院政务处长,从此离开清华大学。后从事外交事务,1945年被任命为中国驻联合国常任代表。1961年11月改任台湾驻美"大使",兼"驻联合国代表"。

蒋廷黻非常重视中俄、中苏关系与东北问题的研究。于1932年写成《最近三百年东北外患史》一书中从顺治到咸丰部分,以后又发表有关文章多篇。1938年写成大纲性的《中国近代史》一书,提出中国人能否近代化将关系国家兴亡的观点。

蒋廷黻是台湾"中央研究院"院士。著作还有《近代中国外交史资料辑要》（上、中）、《蒋廷黻选集》（台北文星出版社），译著有海斯著《族国主义论丛》。

纯粹的学人余英时

余英时（1930—），安徽潜山人，生于天津。1950年至1955年就读于香港新亚书院及新亚研究所，师从钱穆先生。1956年至1961年就读于哈佛大学，师从杨联陞先生，获博士学位。曾任密西根大学、哈佛大学、耶鲁大学教授、香港新亚书院院长兼中文大学副校长。后任普林斯顿大学讲座教授，台湾"中央研究院"院士。

余英时治学自史学起，后达至中西、古今贯通，其对儒家思想及中国道统文化的现代诠释自成一体。他的中、英文著述多达数十种。《士与中国文化》、《中国思想传统的现代诠释》、《文化评论与中国情怀》、《中国文化与现代变迁》、《犹记风吹水上鳞——钱穆与现代中国学术》、《现代儒学论》等，传承中有创新，其学术思想和研究方法为中外史学界提供了不可多得的重要参照系。

其中的《士与中国文化》，在中国国内一再加印，很具影响，这是一本集结了12篇历史研究的专论，主要的对象都是"士"，采取了文化史和思想史的角度来看中国历史上的士人所扮演的角色和所起的作用。

在《到思维之路》中，余英时谈到中国已成为历史上思想战争战火最激烈的角落，学术界激荡着形形色色的思潮，其结果是铲除了旧有的一切思想根基，摧毁了西方学术界传布过来的一切思想幼苗，带来的并不是创建，而是教条，束缚了全中国人的智慧。余先生指出，中国知识界还没有完全摆脱殖民地的心态，一切以西方的观念为最后的依据。甚至反西方的思想也还是来自西方，如依赖理论、批判学说、解构之类，有些所谓思潮似乎是临时借西方人的杯酒来浇自己胸中的块垒。

在《中国思想传统及其现代变迁》一书中，他把一个史家的深浓学养和一个现代知识分子的价值关怀结合得相当成功，正如他自己说的，"一个知识分子必须具有超越一己利害得失的精神。他在自己所学所思的专门基础上发展出一种对国家、社会、文化的时代关切感。这是一种近乎宗教信持的精神。用中国的标准来说，具备了类似'以天下为己任'的精神才是知识分子。"

余英时的气质中自有一种独特的人格魅力，他的尊严在于他从不为学术外的其他势力所束缚。作为追求纯粹的学人，他坚守着一份传统知识分子的"迂"，一种单纯的倔犟。

2001年余英时从普林斯顿大学退休，但仍然保留了荣誉教授头衔，定居在美国。

2006年11月，余英时获得美国国会图书馆颁发的有"人文诺贝尔奖"之称的克鲁格人文与社会科学终身成就奖。

考古学家李学勤

李学勤，1933年3月生于北京，现任中国社会科学院甲骨文殷商史研究中心主任，兼多所大学教授。在学术界，他被称为"百科全书式"的学者，集历史学家、考古学家、文献学家于一身，是对考古发现利用最及时、探讨最全面、成果最显著的学者。

李学勤年轻时就学于清华大学哲学系。学习期间，甲骨文等富于神秘感的古文字吸引了他，于是他专读古文字，钻研起殷墟甲骨文来。他的研究成果受到甲骨学家的赏识，1952年，他应邀参加了中国科学院考古研究所编著《殷墟文字缀合》的工作，从此开始了古文字学、考古学、历史学研究的学术生涯。

1996年5月，作为我国"九五"期间重点科技攻关计划项目，夏商周断代工程正式启动。工程目标是研究夏、商、西周三代的年代学，制定有科学依据的夏商周年表，为中华文明寻根。这个科研项目，涉及历史学、考古学、天文学、科技测年等学科，分9个课题，44个专题，直接参加的专家学者就有200人。李学勤被任命为这一工程的首席科学家和工程专家组组长。

2000年5月，李学勤和工程组的其他研究人员提出了《夏商周年表》：定夏代始年约为公元前2070年；盘庚迁殷约为公元前1300年；夏商分界为公元前1046年。"夏商周断代工程"使中华文明发展的重要时期夏商周三代有了年代学标尺，填补了我国古代纪年的一段空白，为继续探索中华文明的起源打下了基础。

主要著作有：《殷代地理简论》、《古文字学初阶》、《中国青铜器概说》、《比较考古学随笔》、《走出疑古时代》、《古文献丛论》等。

"西方现代中国学之父"费正清

费正清原名John King Fairbank（1907—1991），他的中国名字是梁思成所取，取儒门史家刚正不阿，秉笔直书的治史美德之意，费氏欣然接受。而他一生实践也实践了这一点。

费正清是美国著名的历史学家，西方现代中国学之父，推动中美关系的主要学术发言人。他历任美国亚洲研究协会主席（Association for Asian Studies）、美国历史协会主席（American Historical Association）。在其漫长的学术生涯中，虽毁誉参半，然就其崇高的学术地位及巨大的影响力而言，在西方当代的学术思想史上，可超而不可越。

他念哈佛大学时，接受一个英国教授的建议，决定研究中国近代外交史，因为当时故宫档案正大量印行。于是他进入牛津大学攻读外交史，并结识了英国的中国通马士（Housea Ballou Morse）；当时马士已自中国海关退休多年，正在撰写近代中外关系史,适时给费氏以亲切和鼓励,费氏遂决定博士论文写中国海关。二十五年后,他的论文改写成书,命名为《中国沿海贸易与外交:通商口岸之开放,一八四二——一八五四年》,借以纪念马士,以表感怀景慕之意。

1932年费氏到北平,至清华大学历史系主任蒋廷黻指导下,研究故宫清季档案。1936年牛津毕业后,返哈佛任教。二次大战时短期从政,曾任美国驻华大使特别助理及美国驻华新闻处处长。他战后复回哈佛,1959年升为讲座教授;首创哈佛东南亚研究中心,任主任职务凡十八年(1955—1973),贡献极大。1977年,为表彰他的巨大贡献,该中心被改名为"费正清东亚研究中心"。

费氏一生致力于中国史研究,成就巨大,主要著作有:《美国与中国》(The United States and China)、《伟大的中国革命(1800—1985年)》(The Great Chinese Revolution 1800—1985)《观察中国》(China Watch)及《中国:传统与变迁》(China: Tradition and Transformation)等。主编了《剑桥中国史》(The Cambridge History of China)。

美国汉学家孔飞力

孔飞力(Philip A. Kuhn),美国哈佛大学东亚研究中心主任。他在其长达40年的中国历史研究中,一直致力于对18世纪以来的中国近现代政治史和社会史研究。在美国的清史研究中,他上承费正清(John K. Fairbank)和史华兹(Benjamin I. Schwartz)等第一代中国学家,自20世纪60年代中后期起,成为美国的中国学的第二代"中国中心观"的代表人物。20世纪90年代以来,他又引领美国的中国学新的发展方向。孔飞力的清史研究,不仅在其本人的中国学成就中居有核心地位,而且在美国的清史研究中也独树一帜。

他最著名的代表作是《叫魂——1768年中国妖术大恐慌》,曾荣获1990年李文森中国研究最佳著作奖。此书最早的渊源要追溯到1984年。当时,孔飞力正在北京查阅文献,本想研究清政府通讯系统如何影响其行政运作。结果,却被关于1768年的一系列"剪辫案"所吸引,以至于征博左引写出了《叫魂》。孔飞力的《叫魂》文风新颖,并不似一般史学著作那般的刻板冰冷,而是充满灵动活泼之感。他那种将故事娓娓道来的本事似乎不逊色于史景迁或是黄仁宇,以至于很容易给人一种在看小说的错觉。作为一部学术类著作,这部书十余年间在美国重版多次,销量颇为可观,从中也能看出孔飞力笔法的引人入胜。

所谓"叫魂"便是通过写下或是呼喊别人名字来吸取他人精气为己所用,长久以来便是相传于中国民间的巫术,本不足为奇,但却在1768年酿成了全国性的大恐慌,以至于整个帝国都为之震动。谣言如同细菌繁殖一般在华夏大地蔓延滋生,叫魂的阴森恐惧笼罩着整个帝国。然而滑稽的是,当全国百姓、各级官僚以及乾隆皇帝都为了叫魂妖术寝食难安的时候,人们却开始逐渐发现所谓的"叫魂"妖术似乎并没有那般的邪门。一场人吓人的荒唐闹剧,终于在乾隆三十三年结束前，草草地收了场。

在孔飞力看来"叫魂"恐慌的升级和失控，实际上是源于清朝整个官僚系统的沉弊，也是传统"愚民政策"下的产物。他在书中精辟地评价道：各级官员"利用操纵民众的恐惧，将之转变为可怕的力量"，最后以至于变得难以驾驭，反使王朝的统治遭受动摇。故事的最后，乾隆则是借题发挥将整个事件归咎于江南各级官员的失职和腐败，从而使得他能通过清剿"妖党"之机来整肃吏治。

乾隆年间的叫魂风波，未尝不是近代中国一系列悲剧的开端。